W0202001

RICHARD STRAUSS – HUGO VON HOFMANNSTHAL

BRIEFWECHSEL

RICHARD STRAUSS

HUGO VON HOFMANNSTHAL

BRIEFWECHSEL

HERAUSGEGEBEN VON

WILLI SCHUH

ATLANTIS

FÜNFTE, ERGÄNZTE AUFLAGE

1. Auflage 1952
2. Auflage 1955
3. Auflage 1964
4. Auflage 1970
5. Auflage 1978
Atlantis Musikbuch-Verlag Zürich/Freiburg i. Br.

Gesamtherstellung Passavia Passau
Printed in Germany
ISBN 3 7611 0276 3

VORBEMERKUNGEN DES HERAUSGEBERS

Zur Fünften Auflage (1978)

Die vorliegende Fünfte Auflage folgt (mit einigen Korrekturen und einer größeren Anzahl von erweiterten oder neuen Fußnoten) der Vierten Auflage. Neu aufgenommen wurden ein von Rudolf Hirsch in der «Neuen Zürcher Zeitung» (15. Nov. 1970, Nr. 532; Fernausgabe Nr. 314) mitgeteilter Strauss-Brief vom 12. 5. 16 (über den «Ariadne»-Schluß) sowie fünf Briefe Gerty von Hofmannsthals an Strauss. Jener erscheint in den «Nachträgen», diese wurden in die Abteilung «Nach Hofmannsthals Tod» eingefügt. Das Namenregister wurde überarbeitet.

Zur Vierten Auflage (1970)

Die vorliegende vierte Auflage des Briefwechsels Strauss–Hofmannsthal konnte um neun neu aufgefundene Briefe – sechs des Dichters und drei des Komponisten – sowie um drei Telegramme vermehrt werden. Um einen vollständigen Neusatz und damit eine starke Verteuerung des Bandes zu vermeiden, wurden sie dem Anhang beigefügt. Die Stellen, wo sie einzuschieben wären, sind gekennzeichnet, und im Anhang selbst findet man bei jedem Brief einen Verweis auf die entsprechende Seite. Im übrigen konnte der Text der dritten Auflage im wesentlichen übernommen werden. Immerhin sind in einigen Fällen Daten korrigiert und – wo dies notwendig war – Verschiebungen in der Reihenfolge vermerkt worden. Die Ausmerzung von Druckfehlern versteht sich von selbst. Berichtigt wurde nach Möglichkeit auch das Namenregister.

Für wertvolle Hinweise ist der Herausgeber insbesondere den Herren Dr. Rudolf Hirsch (Frankfurt a. M.) und Prof. Dr. Martin Stern (Basel), für die Bekanntgabe der neu aufgetauchten Briefe den Herren Dr. Rudolf Hirsch, Dr. Karl Dachs (Bayerische Staatsbibliothek München) und Dr. Werner Volke (Schiller-Museum Marbach) zu Dank verpflichtet. Eine Mitteilung Hofmannsthals fand sich auf einem Libretto-Typoskript im Richard Strauss-Archiv in Garmisch.

VORBEMERKUNGEN ZUR GESAMTAUSGABE
(Dritte Auflage 1964)

Was Richard Strauss im Jahre 1925 veranlaßte, seinem Mitarbeiter Hugo von Hofmannsthal die Veröffentlichung ihres Briefwechsels vorzuschlagen, hat der Dichter in seinem Brief vom 4. Mai 1925 zusammengefaßt: «Es sollte einerseits der Ernst unserer gemeinsamen Arbeit in Evidenz gebracht werden, andererseits das noch fehlende Verständnis für manche Arbeit durch den zwanglosen Kommentar, den unsere Briefe geben, herbeigeführt werden. Desgleichen jene Erwärmung, welche bei den Deutschen oft auf indirektem Wege erst erzeugt werden muß». Aus diesen Zielsetzungen, sowie aus dem Umstand, daß die künstlerische Zusammenarbeit der beiden Briefschreiber – die «etwas Höheres als der Zufall zusammengeführt» hatte – im Zeitpunkt der Herausgabe keineswegs abgeschlossen war, im weiteren auch aus mannigfachen Rücksichten sachlicher und persönlicher Art, ergab sich die Art der damaligen Präsentierung[1]. Auf Hofmannsthals Vorschlag wurde die Auswahl – denn um eine solche handelte es sich – auf die Jahre 1907–1918 beschränkt. Darüber, daß aus den Briefen alles zu entfernen war, was böswilliger Kritik «Waffen in die Hand hätte geben und Stoff zu neuen Mißverständnissen hätte bieten können», waren sich beide Partner einig. Zahlreiche Briefstellen meist persönlichen Charakters wurden gestrichen, einzelne Namen weggelassen oder unkenntlich gemacht, scharfe Äußerungen gemildert und anderes mehr, wie es der besondere Fall – d. h. die Veröffentlichung eines Briefwechsels lebender, im hellsten Licht der Öffentlichkeit stehender Autoren – eben erforderte.
Für die *Gesamtausgabe*, mit deren Vorbereitung schon zu Lebzeiten von Richard Strauss und auf dessen ausdrücklichen Wunsch begonnen worden ist, fielen die vor einem Vierteljahrhundert noch unerläßlichen Rücksichten dahin. Es galt, das

[1] Richard Strauss, Briefwechsel mit Hugo von Hofmannsthal. Herausgegeben von Dr. Franz Strauss, Paul Zsolnay Verlag, Berlin – Wien – Leipzig, 1926.

Bild der einzigartigen, über mehr als zwanzig Jahre sich erstreckenden Zusammenarbeit in ihrer Gesamtheit, d. h. mit all ihren Wechselfällen, ihren glücklichen und ihren schwierigen Phasen, sichtbar zu machen.

Die erste Auflage der Gesamtausgabe erschien 1952, die zweite, verbesserte und um neun Briefe erweiterte, im Jahre 1955. Bei der Vorbereitung der vorliegenden *dritten Auflage* konnte der Herausgeber, dem bisher zum größeren Teil nur Briefabschriften zugänglich waren, endlich die Originale benützen. Nur einige wenige Briefe, die verschollen scheinen, mußten nach den früher verwendeten Abschriften wiedergegeben werden. Der Text der *zweiten Auflage* (1955) konnte nun ganz wesentlich verbessert werden: Flüchtigkeitsfehler der Abschriften, falsch gelesene Wörter und andere Irrtümer, aber auch unbeabsichtigte Auslassungen – oft handelt es sich nicht nur um einzelne Wörter, sondern um größere Satzteile, ganze Sätze oder Abschnitte – wurden richtiggestellt bzw. ergänzt. Die bisher aus Rücksichten persönlicher Art unterdrückten Stellen – darunter manche ziemlich umfangreiche – sind nunmehr einbezogen. Eine ganze Reihe von Briefen konnte, zum Teil auf Grund der inzwischen veröffentlichten Briefwechsel Hofmannsthals und Strauss' mit anderen Partnern, genauer oder auch ganz neu datiert werden. So wird man in dieser neuen Ausgabe manchen Brief an anderer Stelle eingereiht finden.

Den größten Gewinn brachte die Auffindung einer beträchtlichen Anzahl von bisher unbekannten Briefen beider Partner. Von Hofmannsthal werden 11, von Strauss 75 Briefe (insgesamt also 86) in der vorliegenden Neuausgabe zum ersten Male veröffentlicht. Die zweite Auflage hatte 532 Briefe umfaßt, die Neuausgabe enthält insgesamt 618. Besaßen bisher die Hofmannsthalschen Briefe ein auffallend starkes Übergewicht, so ist nun eine Korrektur eingetreten, indem 335 (bisher 324) Briefen des Dichters immerhin 284 (bisher 208) des Musikers gegenüberstehen. Viele Lücken sind geschlossen, die Kontinuität des Briefwechsels tritt jetzt noch stärker in Erscheinung. Und selbstverständlich wird auch der innere Zusammenhang der Briefe deutlicher. Neben weniger belangreichen sind auch sehr wichtige Briefe neu hinzugekommen, und die weniger wichtigen fügen dem Gesamtbild doch auch manche biographische und werkgeschichtliche Einzelheit hinzu. Zudem fällt auf die menschlichen Beziehungen, sowohl in Zeiten besten künstlerischen Einvernehmens, als auch in Krisenzeiten, neues Licht. In einigen wenigen Fällen wurden – wie schon in den früheren Auflagen – auch Briefe von Richard Strauss an Frau Gerty von Hofmannsthal einbezogen, in einem einzelnen Fall auch ein Brief Hofmannsthals an Dr. Franz Strauss. Auszuschließen waren auch diesmal nach dem Wunsche von Dr. Franz Strauss diejenigen Briefstellen, die sich auf rein geschäftliche Angelegenheiten beziehen. Die Auslassungen wurden durch drei Punkte in eckiger Klammer angedeutet. Die wenigen kleinen Ergänzungen und Verdeutlichungen stehen ebenfalls in eckiger Klammer.

Wo die vorliegende *dritte Auflage* der *Gesamtausgabe* von der *Ersten Ausgabe* (1926) und von den ersten beiden Auflagen der Gesamtausgabe abweicht, handelt es sich um die *Wiederherstellung des originalen Textes.* – Hofmannsthal hatte in der Ersten Ausgabe ziemlich zahlreiche Stellen leicht überarbeitet. Um die Gesamtausgabe nicht mit Lesarten zu belasten, werden nur die wichtigeren Änderungen der *Ersten Ausgabe* in Fußnoten angegeben. Hofmannsthal hatte außerdem versucht, eine größere Anzahl von undatierten Briefen zu datieren; leider sind ihm dabei zahlreiche Fehler unterlaufen, was zur Folge hatte, daß die betreffenden Briefe an falscher Stelle (zuweilen um mehrere Jahre versetzt) erschienen. In den ersten beiden Auflagen der Gesamtausgabe konnten sie zum größten Teil richtig eingereiht werden. Immerhin ergaben sich für die *dritte Auflage* neuerdings einige Neudatierungen. Die indirekt ermittelten Daten sind in eckiger Klammer zugesetzt.

Bei den erklärenden Fußnoten hat sich der Herausgeber auf das Notwendigste beschränkt. Im Register der Namen sowie in dem Verzeichnis der von Strauss und Hofmannsthal gemeinsam geschaffenen Werke (nebst den die Uraufführungen betreffenden Ortsangaben, Daten und Namen) findet der Leser ergänzende Hinweise. Eine Übersicht über die für die Entstehungsgeschichte der einzelnen Werke hauptsächlich in Frage kommenden Briefgruppen soll dem Leser, der sich über ein bestimmtes Werk orientieren möchte, die Benützung des Briefbandes erleichtern.

Ein behutsames Eingreifen erforderte die oft sehr unvollständige, flüchtige oder eigenwillige Interpunktion, insbesondere der gänzlich unsystematische Wechsel von Kommas und Gedankenstrichen in Hofmannsthals Briefen. Hier war – bei sorgfältiger Wahrung gewisser Eigentümlichkeiten – eine Vereinheitlichung oft unerläßlich, um die Deutlichkeit und Lesbarkeit des Textes sicherzustellen. Die Neuauflage weist in dieser Hinsicht sehr zahlreiche Änderungen auf. Die Rechtschreibung ist dem heutigen Gebrauch entsprechend modernisiert, und kleine Flüchtigkeitsfehler wurden stillschweigend verbessert. Eigennamen erscheinen stets in der richtigen Schreibweise. Zwischen Briefen und Postkarten wird nicht unterschieden, dagegen sind Telegramme als solche bezeichnet.

Der Herausgeber möchte auch an dieser Stelle den Eigentümern der Briefe, Herrn und Frau Dr. Franz und Alice Strauss (Garmisch) und Herrn Raimund von Hofmannsthal (London) für die Überlassung der Originale zur Überprüfung und Ergänzung der Neuausgabe seinen herzlichen Dank zum Ausdruck bringen. Sein Dank gilt ferner der Sekretärin von Raimund von Hofmannsthal, Miss Pamela Gregory, für die Besorgung der einzelnen Briefsendungen, Herrn Hanns Hammelmann, dem Übersetzer der Hofmannsthal-Briefe an Strauss in der englischen Ausgabe des Briefwechsels[1], für Hinweise auf Fehler im Wortlaut und in der Datierung einzelner Briefe, Herrn Günther Erken (München) für wertvolle Hilfe bei der Neudatierung einzelner Hofmannsthal-Briefe und den Herren Dr. Steiner und Prof. Dr. Richard Alewyn für ergänzende Beiträge.

[1] The Correspondance between Richard Strauss and Hugo von Hofmannsthal. Translated by Hanns Hammelmann and Ewald Osers. Introduction by Edward Sackville-West. Collins, London 1961.

Besondern Dank schuldet der Herausgeber den Herren Dr. Martin Hürlimann und Dr. Daniel Bodmer vom Atlantis Verlag, die sich der neuen Ausgabe mit großer Liebe und Sorgfalt angenommen haben.

*

Die Zusammenarbeit Richard Strauss' und Hugo von Hofmannsthals – eines großen Musikers und eines großen Dichters – hat in der Geschichte des deutschen Musiktheaters nicht ihresgleichen. Der Briefwechsel erlaubt, nicht nur die Entstehungsgeschichte der gemeinsamen Werke, die «hundertfache Bemühung ums Einzelne, ums Kleinste oft» zu verfolgen, er macht auch den «guten Willen, den Ernst und die Konsequenz» sichtbar, mit welchen von beiden Seiten während mehr als zwanzig Jahren an dieser Zusammenarbeit festgehalten wurde, und er bestätigt, daß – wie Hofmannsthal es in einem Briefe ausspricht – «Nüchternheit, nicht Verschwommenheit, die Atmosphäre des künstlerischen Hervorbringens» ist. Eindringlich geht aus dieser weitgespannten Brieffolge aber auch hervor, was einer dem andern verdankt, und wie hoch jeder den Gewinn für die eigene Arbeit eingeschätzt hat.

WILLI SCHUH

VORWORT ZUR ERSTEN AUSGABE
1926

Als mein Vater mir vor einem Jahr die Sichtung aller wertvollen im Laufe von vierzig Jahren an ihn gelangten Korrespondenz übergab, griff ich mit Interesse zuerst nach den Briefen Hugo von Hofmannsthals. Die Lektüre hat mich derart gefesselt, daß mir der Gedanke kam, der Briefwechsel zwischen meinem Vater und Hofmannsthal müßte auch einem breiteren Publikum Genuß, den Fachgenossen Anregung bieten. Ich erbat mir die Erlaubnis, diese Korrespondenz auch den Freunden der Strauss-Hofmannsthalschen Werke vorzulegen. Sie bietet – von allem Unwesentlichen und allzu Persönlichen gereinigt – einen Einblick in eine künstlerische Werkstatt, wie er bis jetzt den Kunstfreunden noch niemals vergönnt war.

Sehr dürftig ist das musikgeschichtliche Material über die Zusammenarbeit von Textdichter und Komponist. Die großen Musikdramatiker des achtzehnten Jahrhunderts: Gluck, ganz theoretische Kraft, Mozart, ganz genialer Instinkt, verweigern uns hierüber fast jede Auskunft. Gluck hat uns wohl wertvolle Äußerungen über seine künstlerischen Absichten in Hinblick auf die Ausdrucksmöglichkeiten der Musik, sowie bedeutende Anleitungen für deren Vortrag hinterlassen. Von Calsabigi aber und Du Roulet, welche ihm die Dramen des Euripides und Racine bearbeitet haben, kennt man kaum mehr als die Namen. Wenn der temperamentvolle Salieri einmal geschworen hatte: «Eher lasse er sich die Hand abhacken, als daß er je wieder einen Vers Da Ponte's in Musik setze» (A. Schurig, Mozart-Biographie, II. Band), so muß man annehmen, daß Mozart gewaltigen Anteil an der Gestaltung der Charaktere, besonders des Don Giovanni genommen hat, bis ein trotz mancher Mängel immerhin hoch über das normale Niveau der Opernbühne des achtzehnten und wohl auch des neunzehnten Jahrhunderts hinausragendes Buch geschaffen wurde. Aus Briefen Mozarts an seinen Vater kennen wir interessante Stellen über die Entstehung der «Entführung»; daß der Meister mit Da Ponte manch heißen Strauß um den prächtigen Aufbau des «Figaro»-Finales ausgefochten hat, wissen wir auch, aber im allgemeinen ist, besonders von den Kämpfen mit dem Autor der «Zauberflöte», dem theaterkundigen

Schikaneder, nicht allzuviel bekannt. Welche Anregungen hätte uns ein treuer Chronist dieser Entwicklungen bieten können!

Von Carl Maria von Weber weiß man, welche Leiden ihm die Dichterin der «Euryanthe» bereitet hat. Auch über den Schmerzensweg, den «Leonore» gehen mußte, bis sie endlich Beethovens Kunstideal soweit entsprach, daß sie als «Fidelio» der herrlichsten Musik würdig befunden wurde, wären intimere Bekenntnisse den Kunstfreunden willkommen.

Der geniale und erfindungsreiche Eugène Scribe ist fast gänzlich hinter den Partituren seiner Komponisten Auber und Meyerbeer verschwunden, und es wäre sehr interessant zu erfahren, welche Umstände den geschmackvollen Dichter des «Glas Wasser» vermocht haben, Meyerbeer das mysteriöse Gallimathias des «Robert der Teufel» in die Hand zu geben, und zu untersuchen, ob in den Glanztagen der Großen Oper die Unverständlichkeit des Textes das naive Publikum nicht weniger verblüfft hat, wie es von der effektvollen Musik geblendet wurde.

So viel über die Oper im allgemeinen schon geschrieben wurde, das Verhältnis des Textdichters zum Musiker scheint mir zu wenig beachtet und beleuchtet, besonders seit in der übergewaltigen Gestalt Richard Wagners der deutschen Kunst ein Genie geschenkt wurde, das in seltener Vollkommenheit Dichter und Musiker vereinte, wie es niemals dagewesen ist und vielleicht niemals wiederkommen wird. Man glaubte, daß nach dieser alles überragenden Erscheinung eine abermalige Zweiteilung der beiden Hauptkomponenten der Oper unmöglich sei.

Aus dieser Überzeugung heraus ist «Guntram» entstanden, dessen schwacher Erfolg nahezu acht Jahre in meinem Vater jeden Gedanken, für das Theater zu schaffen, verscheuchte. Aus dieser Zeit stammen nur Skizzen zu Goethes «Lila». (Wie intensiv sich Goethe für das deutsche Singspiel interessiert hat, dafür zeugen die mannigfachen Schöpfungen auf diesem Gebiet bis zum Versuche eines zweiten Teils der «Zauberflöte».) Die im Jahre 1900 entstandene «Feuersnot» ist mehr die spöttische Improvisation des launigen Symphonikers, als ein ernsthafter Schritt, sich ganz der Bühne zu bemächtigen. Oscar Wildes «Salome» war inzwischen von Hedwig Lachmann ins Deutsche übertragen worden und hatte bereits dreißig Aufführungen bei Max

Reinhardt hinter sich, als mein Vater Gelegenheit hatte, den merkwürdigen Einakter auf der Bühne zu sehen. Nach diesem Abend bemerkte ein Berliner Freund: «Sie, Strauss, das ist doch ein Operntext» – worauf mein Vater lächelnd erwidern konnte: «Ich komponiere bereits daran!» Nur noch ein französischer Komponist, dessen Partitur (ohne daß einer von dem anderen wußte) gleichzeitig mit meines Vaters Werk fertig wurde, hatte den «Operntext» gesehen. Der große Erfolg, den wider alles Erwarten der Dresdner Auguren «Salome» schon zwei Monate nach der Erstaufführung unter dem mutigen Ernst Schuch verzeichnen konnte, gab meinem Vater das volle Vertrauen in seine dramatische Mission zurück. Aber schon die Umschau nach weiteren Sujets ergab vorläufig ein negatives Resultat.

In diesem entscheidenden Moment erstand ihm in Hugo von Hofmannsthal ein Mitarbeiter, der glücklichste Erfindungsgabe, dramatischen Impuls, feinste Kultur, seltenstes Feingefühl für die Eigenart der Begabung meines Vaters mit allen Eigenschaften des Dichters von Gottes Gnaden vereinigt. Wie Hugo von Hofmannsthal durch zwanzig Jahre hindurch meinem Vater teils anregender Führer, teils mitempfindender Gefolgsmann durch die verschiedensten Stoffgebiete, deren rascher Wechsel den Bedürfnissen der expansiven Natur des Komponisten entsprach, war, soll dieser Briefwechsel dartun. In dem Vertrauen, daß der Einblick in die von äußerster Gewissenhaftigkeit und größtem Verantwortlichkeitsgefühl getragene gemeinsame Arbeit dieser beiden Künstler allen, die sich mit dem Problem der Oper beschäftigen, Teilnahme erwecken und Anregung und Förderung bieten werde, übergebe ich das Buch der Öffentlichkeit.

Garmisch, 1. Oktober 1925 — DR. FRANZ STRAUSS

1900

Wien III, Salesianergasse 12, 17. XI. [1900]

Sehr geehrter Herr,

Ich weiß nicht, ob Sie sich noch eines Gespräches in Paris erinnern, und daß ich Ihnen damals von dem Einfall zu einem Ballett Erwähnung tat, worauf Sie sehr freundlich äußerten, Sie würden ein solches allenfalls gern komponieren.

Mein Ballett[1] ist nun fertig, oder nahezu. Zwei Akte liegen in der Reinschrift vor, vom dritten, der ohnehin kurz werden soll, eine Art von Apotheose, kann ich detailliertes Szenarium beilegen. Ich würde mir nun sehr gerne erlauben, Ihnen dieses Ganze vorzulegen. Da ich Ihre augenblickliche Stimmung einer solchen Sache gegenüber aber nicht kenne und nicht gerne Sie und mich mit einer ganz vergeblichen Sendung belästigen möchte, so frage ich an, ob Sie sich noch irgendwie für eine solche meinige Sache interessieren und ob Sie mir freundlichst zusichern wollen, sich dann innerhalb 14 Tagen, von Empfang der Sendung an, irgendwie über die vorläufig zu Ihrer Verfügung stehende Arbeit zu äußern. In Erwartung Ihrer Antwort bin ich Ihr sehr aufrichtig ergebener *Hugo Hofmannsthal*

Wien III, Salesianergasse 12,
30. November [1900]

Hochgeehrter Herr,

In der Annahme, daß ein Brief, den ich vor etwa 10 Tagen an Ihre vermeintliche Adresse (Knesebeckstraße 30) gerichtet habe, infolge irgendwelcher Umstände Ihnen vielleicht nicht zugekommen ist, da ich mir fast nicht erklären könnte, daß Sie ihn sonst nicht wenigstens durch eine ablehnende Zeile beantwortet hätten, erlaube ich mir, seinen Inhalt heute zu wiederholen.

Angeregt durch einen von Ihnen in Paris ausgesprochenen Wunsch, von einem Dichter das Textbuch eines Balletts zu erhalten, habe ich ein solches verfaßt, dreiaktig, mit Teilen mehr pantomimischen Charakters und Teilen, die mehr Entfaltung

[1] «Der Triumph der Zeit». Gesammelte Werke, Dramen I.

von Tänzen gestatten. Ich glaube, daß der Stoff oder die Kette von ersten Einfällen recht glücklich war, und daß der Charakter Ihrer Musik, sowohl der begleitenden, wie der absoluten, recht entgegenkommt. Ich möchte nun nicht gern das Manuskript ganz vergeblich aus der Hand geben und erlaubte mir demgemäß in dem ersten Brief die Anfrage, ob Sie sich für eine solche Arbeit von mir überhaupt noch interessieren und dieselbe zu sehen wünschen. Ich wäre Ihnen für eine baldige Antwort, wenn etwa auch verneinend, sehr dankbar. Ihr ergebener

Hugo Hofmannsthal

Charlottenburg, 14. Dez. [1900]
Sehr geehrter Herr! Knesebeckstr. 30

Anbei sende ich Ihnen mit wärmstem Dank Ihr schönes Ballett zurück. Nach einiger Überlegung habe ich mich entschlossen, Ihnen schon heute zu sagen, daß ich es nicht komponieren werde, so sehr es mir gefällt. Besonders der II. Akt ist ausgezeichnet, auch der erste enthält so viel Momente von großer poetischer Schönheit, daß es mir schwer wird, von dem feinen Dinge Abschied zu nehmen. Und doch bin ich's Ihnen schuldig, es heute schon zu tun. Der Grund dafür ist nicht schwer zu erraten: mein eigenes Ballett[1], das ich mir diesen Sommer zusammen gedichtet habe, steht mir, trotzdem es wahrscheinlich schlechter ist als Ihre Dichtung, doch so weit näher, daß ich es jedenfalls zuerst in Angriff nehmen werde, sobald ein kleines Öperchen[2] fertig ist. Und *nach* diesem Ballett (also ungefähr in 3 Jahren) wird wahrscheinlich der schon seit 2 Jahren vollständig schlummernde Sinfoniker mit Gewalt hervorbrechen und zu einem zweiten Ballett vermutlich Kraft und Lust fehlen.

Ich hoffe, Sie sind nicht bös: ich versichere Sie aufrichtigst, Ihre Dichtung ist Etwas, was man nicht gerne zurückschickt, aber ich darf Sie nicht hinhalten, wo ich schon heute sagen muß, ich

[1] «Kythere», Ballett in drei Akten, zu welchem das vollständige Szenarium und zahlreiche musikalische Skizzen vorhanden sind. Vgl. Richard Strauss-Jahrbuch 1959/1960, Bonn 1960.

[2] «Feuersnot».

werd's wahrscheinlich doch nicht mehr «dermachen»! Schönsten Dank nochmals und herzlichste Grüße Ihres verehrungsvoll ergebenen *Richard Strauss*

1906

Rodaun bei Wien, 7. III. 1906

Lieber und sehr geehrter Herr,

und wie steht's mit Ihnen und «Elektra»? Es ist doch die Hoffnung auf keine geringe Freude, die Sie in mir so unerwartet rege gemacht haben. Wollen Sie mich durch ganz wenige Zeilen wissen lassen, ob diese Hoffnung wach bleiben darf oder sich schlafen legen soll?

Je mehr ich nachdachte, desto ausführbarer schiene mir's – Ihnen ging's vielleicht entgegengesetzt.

Ich werde für die kleine Nachricht, in jedem Fall, dankbar sein. Ihr herzlich ergebener *Hofmannsthal*

Berlin W 15, Joachimsthalerstr. 17, 11. 3. 1906

Verehrter Herr von Hofmannsthal!

Ich habe nach wie vor die größte Lust auf «Elektra» und habe mir dieselbe auch schon bereits ganz schön zum Hausgebrauch zusammengestrichen. Die Frage, die ich mir noch nicht endgiltig beantwortet habe (das wird wohl im Sommer, der Zeit, wo ich produzieren kann, entschieden werden), ist nur, ob ich unmittelbar nach «Salome» die Kraft habe, einen in Vielem derselben so ähnlichen Stoff in voller Frische zu bearbeiten, oder ob ich nicht besser tue, an «Elektra» erst in einigen Jahren heranzutreten, wenn ich dem Salomestil selbst viel ferner gerückt bin.

Darum wäre es mir immerhin wertvoll, zu wissen, was Sie etwa an Anderem für mich auf Lager haben und ob ich einen der «Salome» entfernteren Stoff Ihrer Hand vielleicht vor «Elektra» vornehmen könnte. Sie sprachen außer der «Semiramis», auf die ich höchst gespannt bin, noch von einer anderen Arbeit, die

Sie unter der Feder haben; könnte ich davon vielleicht bald etwas sehen? Bis Ende Mai hätten Sie damit Zeit, denn erst von diesem Zeitpunkt ab könnte ich mich wieder dem Schaffen zuwenden.
Jedenfalls bitte ich Sie dringend, mir in allem Komponierbaren von Ihrer Hand das Vorrecht zu lassen. Ihre Art entspricht so sehr der meinen, wir sind füreinander geboren und werden sicher Schönes zusammen leisten, wenn Sie mir treu bleiben.
Haben Sie einen schönen Renaissancestoff für mich? So ein ganz wilder Cesare Borgia oder Savonarola wäre das Ziel meiner Sehnsucht!
Mit wärmstem Gruß Ihr aufrichtig verehrungsvoll ergebener
Dr. Richard Strauss

Lieber Herr von Hofmannsthal! Berlin, 25. April 1906
Haben Sie meinen letzten nach Rodaun adressierten Brief erhalten? Darf ich «hoffen»? Ich bin vom 10. bis 20. Mai in Graz (Hotel Elefant), um «Salome» dort am 16., 18. und 20. zu dirigieren. Hätten Sie Zeit und Lust, dahin zu kommen? Oder könnten wir uns in Wien oder auf dem Semmering (oder in Rodaun) Rendezvous geben? Was sind Ihre Sommerpläne: ich bin im Juni und August in Marquartstein (Oberbayern) zwischen München und Salzburg. Im Juli wahrscheinlich in Wengen (Berner Oberland). Ich möchte mich sehr gern mal ein paar Stunden mit Ihnen tüchtig ausplaudern!
Mit herzlichen Grüßen Ihr *Dr. Richard Strauss*
Sind Sie 9. und 10. Mai in Wien (Rodaun)?

Verehrter Herr! Rodaun, 27. IV. [1906]
Ihr gütiger Brief, für den ich so verspätet zu danken sehr beschämt bin, kam mir nach Rom nach und leider verlor ich ihn und wußte dann die Adresse nicht mehr. Ihre Karte nun gibt sie mir wieder und zugleich die freundliche Aussicht, Sie hier bei mir zu sehen. Denn nach Graz[1] – wie gerne möchte ich hin! – werde ich wohl kaum können: denn gerade in der zweiten

[1] In Graz fand die österreichische Erstaufführung von «Salome» statt.

Hälfte des Mai erwartet meine Frau ihre Entbindung. (Dagegen bin ich im August auch nur eine Stunde weit von Salzburg.)
Es hat mich aufs herzlichste gefreut, auch in Ihrem Brief ausgesprochen zu sehen, was lange mein Gedanke und Wunsch war: daß wir etwas zusammen früher oder später machen werden und müssen.
Nun muß ich schon sagen, daß ich, wie die Dinge mir nun zu liegen scheinen, allerdings sehr froh wäre, wenn Sie es möglich fänden, zunächst an der «Elektra» festzuhalten, deren «Ähnlichkeiten» mit dem Salome-Stoff mir bei näherer Überlegung doch auf ein Nichts zusammenzuschrumpfen scheinen. (Es sind zwei Einakter, jeder hat einen Frauennamen, beide spielen im Altertum und beide wurden in Berlin von der Eysoldt kreiert: ich glaube, darauf läuft die ganze Ähnlichkeit hinaus.) Denn die Farbenmischung scheint mir in beiden Stoffen eine so wesentlich verschiedene zu sein: bei der «Salome» soviel purpur und violett gleichsam, in einer schwülen Luft, bei der «Elektra» dagegen ein Gemenge aus Nacht und Licht, schwarz und hell. Auch scheint mir die auf Sieg und Reinigung hinauslaufende, aufwärtsstürmende Motivenfolge, die sich auf Orest und seine Tat bezieht – und die ich mir in der Musik ungleich gewaltiger vorstellen kann als in der Dichtung –, in «Salome» nicht nur nicht ihresgleichen, sondern nichts irgendwie Ähnliches sich gegenüber zu haben.
Aber es ist nicht meine Sache, diese Aufgabe, die Ihnen zu meinem eigenen großen Erstaunen sich darbot und Ihnen einen Augenblick lockend schien, Ihnen aufzuschmeicheln: aber – ich sehe in absehbarer Zeit (und ums Absehbare handelt sich's doch dem, der schaffen und weiterbauen will) nicht die Möglichkeit, eine andere Dichtung hervorzubringen, die nach Stoff und Umfang geeignet scheinen könnte, Ihnen als Grundlage einer Tondichtung zu dienen.
In weiter Ferne kündigt sich, fata-morganahaft, die Vision der «Semiramis» an: aber diesen Stoff mit Gewalt herbeizuziehen, ist mir unmöglich, und wenn es etwa gelänge – so wäre gerade dieser Stoff im orientalischen Gewebe der Farben leicht in Ge-

fahr, mit «Salome» zu konkurrieren, mehr als «Elektra». Sie sprachen von einem Stoff aus der Renaissance. Lassen Sie mich Ihnen darauf, verehrter Herr, offen antworten: ich glaube, daß nicht nur ich, sondern jeder dichterisch schaffende Mensch unserer Zeit keine Epoche mit so präziser Unlust, ja mit sicherem Widerwillen aus seinem Schaffen ausschließen wird, wie diese Epoche. Die Stoffe aus der Renaissance scheinen dazu bestimmt, die Pinsel der unerfreulichsten Maler und die Federn der unglücklichsten Dichter in Bewegung zu setzen. Trotz umlaufender Phrasen – die übrigens seit ein paar Jahren schon mehr im Verstummen sind – glaube ich, daß uns keine Epoche in ihrem Lebensinhalt so völlig fern ist als diese –, und daß sogar keinem Kostüm auf der Bühne eine geringere Suggestionskraft innewohnt (nicht einmal der Allongeperückenzeit) als jener bis zum Grausen abgebrauchten Lieblingsdrapierung der sechziger bis achtziger Jahre: Renaissance!

Was nun den nächsten meiner eigenen Stoffe anlangt, so steht es damit für Ihre Arbeitszwecke nicht zum Besten, wie ich – leider hierin gegen mich selber ohnmächtig – es wohl wünschen würde. Dieser Stoff, die Todesstunde behandelnd, anklingend an jenes mittelalterlich naive Stück «Jedermann», formt sich mir unwiderstehlich zu einer Szenenfolge ziemlich realen Gepräges um, in Prosa, ja im Wiener Dialekt will es sich gebären –, und wenn sich dem trotzdem etwas Musik abgewinnen ließe, so habe ich ja noch nichts davon niedergeschrieben, und darüber gingen dann die Sommermonate, Ihre kostbaren Arbeitsmonate hin. So scheint mir, mehr als ich dies in Berlin noch absehen konnte, alles wieder auf «Elektra» hinzudrängen.

Lassen Sie mich nun hoffen, daß ich hierüber Ihre Meinung mündlich zu empfangen die freundliche Gelegenheit am 9. oder 10. Mai hier draußen haben werde. Meine Frau ist noch hinreichend wohl, jedenfalls werde ich da sein und ganz außerordentlich froh, Sie einmal zu Tisch, oder wann es Ihnen sonst paßt, hier zu haben.

Sie schreiben mir, bitte, eine Zeile, bevor Sie ankommen und sagen mir das Hotel. Ihr herzlich ergebener *Hofmannsthal*

London, 8. Mai 1906
Claridge's Hotel

Lieber Herr von Hofmannsthal!

Ich treffe Freitag 5.25 mit dem Ostendeexpreß in Wien Westb. ein, bin von 6 bis 7 Uhr im Gartenrestaurant des Südbahnhofes, um 7.25 von da nach Graz abzudampfen.

Wäre es Ihnen möglich, mich zwischen 6 und 7 Uhr in diesem Südbahnhofrestaurant aufzusuchen? Meine Zeit ist leider so knapp, daß ich mich nicht länger in Wien aufhalten kann. So aber könnten wir immerhin ein Stündchen nett zusammen verplaudern. Graf Kessler, den ich heut beim deutschen Botschafter traf, läßt Sie mit herzlichem Gruß bitten, zum 22. Mai, dem Fest der Ausstellungseröffnung (?) hier zu sein.

Hoffentlich auf frohes Wiedersehen!

Schönstens grüßend

Ihr aufrichtig ergebener
Dr. Richard Strauss

Ihren lieben Brief dankend erhalten! Habe heute im British Museum vor den Ninive-Ausgrabungen bereits Semiramisstudien gemacht!

Marquartstein, Oberbayern, 5. Juni 1906

Sehr verehrter Herr Hofmannsthal!

Ich möchte mit «Elektra» anfangen, kann aber mit Fischer wegen des Textbuches nicht einig werden. Er will das Textbuch behalten, im eigenen Verlag herausgeben und mir nur einen Anteil am Verkauf desselben einräumen. Dies wäre ja an sich ganz schön, wenn es nicht für den Vertrieb höchst unvorteilhaft wäre, daß die Theater mit 2 verschiedenen Verlegern verkehren müssen. Außerdem würde bei den eigentümlichen Verhältnissen im Opernverlag der Wert einer Partitur um ein erhebliches herabgedrückt, der Verkauf derselben an einen Verleger im höchsten Grade erschwert, wenn nicht gar ganz unmöglich gemacht, kann ich dem Verleger mit der Partitur nicht auch das Textbuch mit allen, auch den Übersetzungsrechten, übergeben. Ich bitte Sie herzlich, machen auch Sie Ihren Einfluß bei Fischer geltend, daß er meinen Wunsch erfüllt. Wenn auf dem Textbuch erwähnt ist:

Verlag S. Fischer
und Verlag so und so

so dürfte Fischers Verlegerstolz, der ja an sich so berechtigt ist, wohl Genüge geschehen sein. Er soll seinen Preis nennen, soll sagen, welchen Anteil er vom Textbuch beansprucht – aber er soll mir's abtreten. Tut er's nicht, weiß ich wirklich nicht, ob ich auf die Ehre und Freude, Ihre «Elektra» zu vertonen, nicht ganz verzichten muß. Man braucht dabei noch gar nicht «Geschäftsmann» zu sein, aber wenn man so 2 bis 3 Jahre an einer himmellangen Opernpartitur die Nächte hindurch gesessen hat, will man doch schließlich auch einigen anderen Lohn davon haben, besonders nachdem dann die Freude des Schaffens vorbei und für den nun beginnenden Ärger von Aufführungen und liebe Beurteilungen höchstens ein hübsches Honorar uns schadlos halten kann. Halten Sie mich darum nicht für zu prosaisch; aber ich sage gern offen heraus, was andere «Idealisten» sich nur denken. –
Haben Sie Calderons «Tochter der Luft» (Semiramis) gelesen?

Marquartstein, 5. Juni 1906

Sehr verehrter Herr von Hofmannsthal!
Heute las ich Rückerts: «Saul und David» (Ges. Werke, IX., Sauerländers Verlag 1869, Frf. a. M.), da wäre viel Verwendbares darin. Und da mich der rasende Saul schon lange interessiert, möchte ich gerne, daß Sie sich's ansehen. Recht konzentrisch ließen sich da zwei feine Akte herausschälen!
Samuel sich von Saul abwendend und David krönend.
David vor Saul spielend.
David erschlägt Goliath, zieht als Sieger unter Jubelchören von Sauls Tochter geführt vor Saul.
Sauls Speerwurf.
Saul verfolgt David, begegnet ihm. David schont Saul, den er im Schlafe überrascht.
Sauls Ende vor der Hexe von Endor.
Davids Krönung zum König.

In dem Stoffe liegen feine Sachen, und gerade Sie könnten aus Sauls Prachtfigur etwas Famoses machen. Lesen Sie bitte doch den alten Rückert mal, vielleicht regt er Sie an.
Seit ich Rembrandts «Saul und David» im Haag gesehen, verfolgt mich der Stoff, ich kann ihn aber nicht selbst gestalten. Aber der Schöpfer der tanzenden Elektra könnte es!
Mit herzlichem Gruß Ihr ergebener *Dr. Richard Strauss*

Verehrter Herr, Rodaun, 9. VI. [1906]
ich habe seit einer Stunde einen Brief Fischers in Händen, der mir die angenehme Gewißheit gibt, daß es mir unbedingt möglich sein wird, diese Sache schließlich so zu ordnen, wie ich wünschen werde, und da mein Wunsch vor allem der ist, Ihnen jede unnötige Schwierigkeit aus dem Weg zu räumen, so hoffe ich, wir werden in wenigen Tagen die Sache hinter uns haben. (Hätten Sie nur gleich mich verständigt!)
Ich möchte Ihnen nun nach reiflicher Überlegung folgenden unverbindlichen Vorschlag machen, zu welchem Fischers Zustimmung mir durch seinen Brief implizite gegeben scheint, jedenfalls, hoffe ich, von mir erreicht werden wird. Sowohl ich als mein Verleger begeben uns zugunsten Ihres Musikverlegers unserer materiellen Rechte auf das von Ihnen gekürzte und dadurch von dem Schauspiel unterschiedene Textbuch «Elektra» gegen Zusicherung eines zwischen den Verlegern festzustellenden prozentualen Gewinnanteils sowohl an den deutschen als an sämtlichen fremdsprachigen Auflagen des genannten Textbuches. Da ich mich aber schon heute, namentlich dem Ausland gegenüber, namhafter Rechte und Chancen hiermit begebe, so verlange ich für die fremdsprachigen Auflagen einen Vorschuß (resp. eine Garantiesumme späterer Vorteile) von Mark 2000, welche mir mit Abschluß dieses Vertrages zu zahlen sein werden und welcher Vorschuß von meinem Gewinnanteil an den fremdsprachigen Textbüchern späterhin abzuziehen sein wird.
Vielleicht haben Sie die Güte, verehrter Herr, mir nach Empfang dieses Briefes in Kürze Ihr prinzipielles Einverständnis zu

depeschieren. Diese Depesche wird dann die Grundlage meiner präzisen Wunschäußerung an Fischer sein und hierauf [werden sich] die beiden Verleger rasch und endgiltig verständigen.
Darf ich Sie vielleicht auch bitten, mir in bezug auf den mündlich vereinbarten Anteil von 25% der Tantieme einen kurzen Vertragsentwurf gütigst schicken zu lassen, damit alle diese Dinge, deren Wert wir beide wohl nicht überschätzen und darum auch nicht affektieren zu unterschätzen, bald hinter uns sind.
Ihr herzlich ergebener *Hofmannsthal*

Verehrter Herr! Marquartstein, 13. Juni 1906
Danke herzlich für Ihr freundliches Schreiben und die gütige Vermittlung bei Fischer. Die 25% der Aufführungsrechte für Sie ist ja bereits abgemacht und wird, sobald die Textbuchfrage geordnet, durch Vertrag stipuliert werden. Zur sofortigen Zahlung einer Garantie von 2000 Mark auf Ihren Gewinnanteil bin ich gleichfalls bereit, sobald die Komposition der «Elektra» von mir fest in Angriff genommen ist. In Ihrem Brief ist mir unklar, ob diese Summe ein Vorschuß auf den an Sie zu bezahlenden Tantièmenanteil oder auf den Verkauf der Textbücher vorstellen soll, welch letztere Frage doch zwischen Herrn Fischer und mir abzumachen ist. Bitte dies genau festzustellen.
Wenn Herr Fischer also definitiv bereit [ist], mir alle Rechte am Textbuch dergestalt abzutreten, daß dasselbe ganz in meinen Besitz resp. den meines Verlegers übergeht, so schlage ich vor, daß Herr Fischer für jedes verkaufte Tausend die feste Summe von 150 Mark erhält. Mein Verleger übernimmt dafür den Vertrieb, die Herstellung und die Übersetzungskosten des Textbuches. Das Textbuch, im Handel 60 Pfennig, wird an die Theater mit, glaube ich, 40 Pfennig geliefert. Von diesen 40 Pfennig 15 an Herrn Fischer bleiben meinem Verleger 25 Pfennig, wofür er Vertrieb und Herstellung zu leisten hat. Vielleicht hat Herr Fischer die Güte, sich bei Herrn Fürstner über diese Summen, für die mein Textbuch zu «Feuersnot» (von dem Wolzogen ebenfalls 15 Pf. pro Exemplar bezieht) ein gutes Analogon bildet, zu informieren. Ein Textbuchpreis von 75 Pf. pro Exem-

plar, wie Herr Fischer ihn mir s. Z. proponiert, ist, glaube ich, für unsre Opernverhältnisse zu hoch gegriffen.
Auf einen Absatz von 30 bis 40000 Exemplaren eines von mir vertonten «Elektra»-Textbuches ist wohl leicht zu rechnen.
Bitte herzlich, machen Sie Herrn Fischer meine Propositionen plausibel und versuchen Sie ihn, sich vielleicht telephonisch bei Fürstner über die Ziffern des «Feuersnot»-Textbuches, bezüglich dessen ich nicht ganz sicher bin, aufzuklären.
Ich beschäftige mich schon fest mit «Elektra» und wäre herzlich froh, wenn die geschäftlichen Miseren bald geordnet wären.
Mit herzlichem Gruß Ihr ergebenster

Dr. Richard Strauss

Verehrter Herr,

[...] R[odaun], 16. VI. [1906]

wenn wir mit dem Geschäftlichen überm Berg sind, freue ich mich, Ihnen einen andern Brief zu schreiben, mit etwas Zukunftsmusik, die Stoffe «Saul» und «Semiramis» betreffend.
Ihr herzlich ergebener *Hofmannsthal*

Brief Strauss vom 16. IV. 1909 siehe Anhang S. 711

Marquartstein, 16. Juni 1906

Verehrter Herr von Hofmannsthal!

Ihren freundlichen Brief und Fischers Depesche dankend erhalten: die Bedingungen sind also abgemacht [...]
Ich beschäftige mich bereits mit der ersten Szene der «Elektra», es geht mir aber noch etwas schwer von der Hand. Sobald die Sache definitiv im Fluß, lasse ich Ihnen durch meinen Rechtsanwalt Dr. Samter, den auf obigen Abmachungen basierten Vertrag zugehen.
Auf «Zukunftsmusik» stets lüstern mit herzlichen Grüßen Ihr

Dr. Richard Strauss

Wie wärs mal mit einem Stoff aus der französischen Revolution? Kennen Sie Büchner: «Dantons Tod»? Sardou's (horribile dictu) «9. Thermidor» wird mir von recht maßgebender Seite warm empfohlen: ich kenne ihn nicht, habe bis jetzt starkes Mißtrauen gegen ein derartiges sujet à la grand opéra!

Verehrter Herr, R[odaun], 18. VII. [1906],

daß Sie in die Arbeit hineingekommen sind, freut mich riesig und die Abänderung finde ich einfach ausgezeichnet und könnte mit bestem Willen kein Wort daran anders wünschen oder vorschlagen, als Sie es auf dem Zettel durchgeführt haben. Ich möchte gleich vorgreifend etwas bemerken. Ich versuchte unlängst auf einem Spaziergang, mich in Ihrem Sinn, und die Wirkung der Musik suchend, in die «Elektra» zu vertiefen und fand dabei die kleine Zwischenszene: Koch und junger Diener Seite 51 oben bis Seite 54 oben durchaus entbehrlich. Wenn Sie sie also streichen wollen, haben Sie im voraus meine Zustimmung.

Zu Seite 76 hätte ich folgenden Vorschlag für die stumme (aber wichtige) Szene, wo der alte Diener lautlos vor Orest niederfällt und seine Füße küßt. Wäre dies nicht für die Musik (und auch für die poetische Stimmung) schöner, wenn hier *viele* alte Diener, die sämtlichen älteren Diener des Hauses auftreten würden: drei oder vier von ihnen wagen sich zu Orest hin, die anderen fünfzehn, zwanzig alten Gesichter drängen sich in die Eingangstüre des Hofes zusammen. Im Augenblick, wo jene drei oder vier zu Orests Füßen fallen, sinken auch die anderen dort in der Tür zu Boden. Dann rafft sich's lautlos auf und schleicht lautlos, angstvoll, auf alten Beinen wieder davon. Damit könnte *(wenn ich nicht irre)* die Musik etwas anfangen[1]. Natürlich ist jeder solche Vorschlag absolut unmaßgeblich gemeint.

Zum Semiramis-Stoff hatte ich viele starke Einfälle, kann aber im Augenblick nicht davon sprechen, weil ich die nächsten 6 bis 8 Wochen arbeiten muß wie ein Teufel und sehr achtgeben muß, daß da nicht andere Stoffe mir dazwischen kommen und mir die Phantasie verwirren.

Dies ist es auch, was mich nicht leicht zu einer Begegnung, die mir so große Freude machen würde, wird kommen lassen. Ich bin circa 1½ Stunden von Salzburg, in Lueg am Wolfgangsee, von übermorgen bis Anfang September. Das Gegebene wäre,

[1] In Partitur und Textbuch sind drei Diener vorgesehen.

sich in dem schönen Salzburg zu treffen. Vielleicht in der 2. Hälfte August? Paßt Ihnen das?
Zu jeder (auch mühevolleren als die heutige) Mithilfe an Veränderungen des Textes wissen Sie mich immer bereit. Den Vertrag erbitte ich auch, gelegentlich, nach Lueg am Wolfgangsee.
Ihr Ihnen herzlichst ergebener *Hofmannsthal*

Verehrter Herr, Rodaun, den 1. X. 1906

Das folgende wollte ich Ihnen schon um die Mitte September sagen, doch sah ich damals aus den Zeitungen, daß Sie in Italien waren und so ließ ich es sein: nämlich, daß es wirklich nicht meine Schuld war, wenn die Nachricht, daß Sie an der «Elektra» arbeiten, plötzlich durch die österreichischen Zeitungen ging und dann allerorten wiederholt wurde. Ich hatte zu niemandem, absolut zu niemandem, davon gesprochen und auch Fischer beauftragt, es nicht zu sagen. Ich denke, daß es von Graz ausgegangen ist, so kommt's mir vor.
Ich komme gegen den 10. Dezember für ein paar Tage nach Berlin. Da möchte ich Sie aufsuchen und über künftige Dinge ein bißchen plaudern. Denn es ist mir viel mehr ein Wissen, als ein bloßes Für-möglich-halten, daß wir bestimmt sind, miteinander etwas oder mehreres recht Schönes, Merkwürdiges noch zu machen. Auch meine Gedanken über das, was ich an Opernsujets für *möglich* halte (sie sind ziemlich weitherzig) und was ich andererseits für absolut nicht mehr möglich halte (Thermidor!), möchte ich Ihnen entwickeln.
Nur noch eines: Sie schrieben im Juli, daß der Vertrag über die brieflich vereinbarten Punkte mir zugehen würde, sobald Ihr Rechtsanwalt aus den Sommerferien zurückkäme. Das hat sich nun offenbar etwas verschoben. Aber nun ist der Sommer stark hinter uns – sollte hier vielleicht eine kleine Bummelei von Fischer vorliegen, daß ich noch gar nichts hörte?
Darf ich um ein ganz kurzes trockenes Wort darüber bitten? Wir haben beide vielerlei dergleichen nach vielen Richtungen abzutun – ich würde gern auch dieses zum Erledigten rechnen dürfen. Ihr herzlich ergebener *Hofmannsthal*

Berlin, den 2. Oktober 1906

Mein lieber Herr von Hofmannsthal!

Ich freue mich sehr, aus Ihrem freundlichen Briefe zu ersehen, daß ich Sie bald hier erwarten darf: ich bin bis incl. 12. Dezember hier und stehe jederzeit zu Ihrer Verfügung. Am 12. abends fahre ich nach Wien, um dort ein philharmonisches Konzert zu dirigieren. 7. Dezember in Kassel.

Wir essen gewöhnlich um 2 Uhr Mittag: sobald Sie uns das Vergnügen machen wollen, daran Teil zu nehmen, haben Sie die Güte sich einfach telephonisch anzusagen:

Amt Charlottenburg 1145.

Verzeihen Sie, daß ich die Erledigung des Vertrages bis heute verschoben habe – Schreibfaulheit – eine andere Entschuldigung muß ich nicht anführen. Ich werde heute zu meinem Rechtsanwalt gehen und die Ausfertigung veranlassen.

Daß ich «Elektra» komponiere, braucht von mir aus kein Geheimnis zu sein, da ich ja schon angefangen habe.

d'Annunzio habe ich in Mailand gesprochen: er hat mir herzliche Grüße für Sie aufgetragen.

Verehrungsvoll ergeben Ihr

Dr. Richard Strauss

Daß ich kolossal gespannt bin, was Sie mir von neuen Plänen oder schon Fertigem im Dezember mitbringen, ist wohl überflüssig auszusprechen. Wollen Sie die Güte haben, diese Phrase als unsichtbares Motto allen meinen weiteren geschäftlichen und ungeschäftlichen Mitteilungen aufgedruckt zu erachten!

Lieber und sehr geehrter Herr Strauss, [Oktober 1906]

Sie können sich denken, wie sehr ich mir wünsche, die «Salome» endlich zu hören – wie nötig es mir auch um der Gestaltung künftiger Pläne willen ist, mir von Ihrer dramatischen Musik so viel abzumerken und anzueignen als möglich. Nun bin ich diesen Monat in Dresden. Ich lese dort den 29., bin aber auch die Abende des 27., 28., 30. und eventuell 31. dort. Vielleicht können Sie Seebach vermögen, für einen dieser Abende die «Salome» anzusetzen? Natürlich *nicht* den 29. Ich wäre sehr froh. Ihr ergebener *Hofmannsthal*

In Berlin sehen wir uns also den 8., 9. Dezember.

Berlin, [7.? XII. 1906]

Lieber Herr von Hofmannsthal!
Ich freue mich sehr, Sie bald hier zu sehen. Leider treffen Sie es insofern ungünstig, als ich Freitag verreisen und erst von Montag früh ab wahrscheinlich wieder hier bin. Wegen meiner in München krank liegenden Frau kann ich in so ferne auch nichts weiteres bestimmen. Wollen Sie Montag 10. hier sich «Salome» ansehn? Vorläufig hoffe ich Sie Montag irgend wo entweder in Ihrem Hotel oder abends im Theater zu erreichen, wo wir eventuell für Dienstag weiteres verabreden können. Vielleicht fragen Sie Montag früh mal telephonisch bei mir an: Amt Charlottenburg 1145.
Mit schönstem Gruß

Ihr ergebenster
Dr. Richard Strauss

Verehrter Herr, Savoy-Hotel, Berlin, [7. XII. 1906]
würden Sie mit meiner Zeiteinteilung so große Nachsicht und die Güte haben mich morgen Sonnabend 4–5 im Savoy zu besuchen? Freilich fürchte ich, daß unser Gespräch Sie enttäuschen wird. Es ist noch alles so im weiten.

Ihr herzlich ergebener
Hofmannsthal

Savoy-Hotel, Berlin, Sonntag [9. XII. 06]

Lieber Dr. Strauss,
ich hoffe vor allem sehr, daß das Befinden Ihrer Frau Gemahlin sich nicht verschlimmert hat. Was nun die morgige Besprechung betrifft, so möchte ich nicht, daß Sie mir vergeblich nachlaufen – ich denke wir brauchen eine ruhige Stunde einmal, dann ists ja wieder genug, man kann sich in einer Stunde über vielerlei verständigen. Ich brauche wegen künftiger Dinge

eine Orientierung und auch wegen gegenwärtiger. Falls Ihre Frau Gemahlin nicht bald zurück ist und Sie mich nicht ganz sans façon zu einem Frühstück zweier Junggesellen draußen bei sich sehen wollen, so kommen Sie doch bitte einen dieser Tage zu mir herein ins Savoy frühstücken. Ich bin jedenfalls bis Freitag abend da. Auch eine Stunde nachmittags ist mir recht, auch morgens, aber bitte verständigen Sie mich durch ein Wort, damit ichs weiß. Meine Einteilung ist immer schwer, die Ihrige natürlich auch.

Ihr ergebener *Hofmannsthal*

1907

Berlin, den 22. Dez. 1907

Sehr geehrter Herr von Hofmannsthal!

Ihr lieber Besuch neulich hatte mich insofern überrascht, als ich nicht mehr die Zeit gefunden hatte, vorher die «Tochter der Luft», wie ich wollte, nochmals durchzulesen. Ich hole nunmehr nach, was eine neue Lektüre des Calderonschen Werkes in meinen Gedanken rege gemacht.

Wenn ich mich Ihres eigenen Entwurfes noch recht erinnere, so schloß der erste Akt bei Ihnen mit der prunkvollen Ankunft des Königs. Ich meine, das ist dramatisch etwas zu wenig, und ich glaube, Sie stellen sich auch hier die rein äußerliche Wirkung der Musik mächtiger vor, als sie nach heutigen Verhältnissen, wo so viele Effekte schon abgebraucht sind, noch sein kann. Ich habe das Gefühl, es müßte schon in den ersten Akt eine starke dramatische Verwicklung hinein und möchte Ihnen vorschlagen, sich zu überlegen, daß die ganze Memnon-Tragödie in diesen Schluß des ersten Aktes hineinverdichtet wird. Was meinen Sie zu folgender Disposition?

Anfang des Aktes: Sonnige, idyllische Stimmung, unterbrochen durch den Gegensatz der ersten düsteren Prophezeiungen des Teiresias. Ankunft des Memnon, der Semiramis findet, sich mit ihr verlobt, und, nachdem er von ihr den Treueschwur empfängt, abgeht, um den auf der Jagd befindlichen König vorzubereiten und seinen Plänen gefügig zu machen. Während Memnon fort ist, Ankunft des Königs, der, wie vielleicht bei Calderon, durch Semiramis gerettet werden kann. Der König verliebt sich in Semiramis. Rückkehr des Memnon, der den König verfehlt hat, und nun bereits das Aufeinanderplatzen Memnons und des Königs, das mit der Verbannung und Blendung des Memnon schließt, nachdem sich Semiramis für den König entschieden hat. Hierauf wird Semiramis unter Blitz und Donner, wie bei Calderon, zur Königin erhoben. Dies könnte bereits der Abschluß sein, wenn Sie es nicht vorziehen, nach Abgang des ganzen Hofes mit Semiramis noch dem im Sturm geblendet herumirrenden Memnon eine große Soloszene zu geben, wie sie sich in der Oper als Abschluß immer sehr gut macht. Ich bemerke hierzu, daß in der Oper alle Massenszenen, große Ensembles schlechte Aktschlüsse sind, dagegen Soloszenen oder Liebesduette, entweder mit jubelnden Fortissimo- oder ganz poetisch ausklingenden Pianissimo-Schlüssen, das dankbarste sind.

Wenn nun so der erste Akt die Linie hätte vom sonnig-ernsten, breiten Anfang bis zur tragischen Katastrophe, Sturm und wilden Flüchen, so müßte der zweite Akt mit einem sehr glänzend heiteren Bilde beginnen, also etwa entweder: Semiramis bei der Toilette, wie Sie's, glaube ich, schon selbst gedacht hatten, oder Semiramis in einer Liebesaffaire befangen, von der sie dann, durch die Trompeten und Schlachtlärm geweckt, zum Kampf hinausstürmt. Ob Sie nun Festlichkeiten und Ballett usw. hier in diesem zweiten Akt bringen wollen, etwa zu Anfang, oder nach Semiramis' Rückkehr als Siegerin, muß ich Ihnen überlassen. Der zweite Akt schließt doch wohl, wenn ich mich recht erinnere, mit dem großen Liebesduett, in welchem der Liebhaber den Fluch von Semiramis' todbringender Nähe empfindet und dahinstirbt. Die wilde Verzweiflung Semiramis' ist auch ein guter Aktschluß, wenn Sie nicht etwa hier die Ankunft des Ninias mit hereinbringen wollen, der, vom Volke bejubelt, ankommt, und vor dem sich Semiramis, wie bei Calderon, in ihr

finsteres Gemach zurückzieht, und unter dem Eindruck des Todes ihres Liebhabers der Krone entsagt. Doch ob Sie dieses Niniasdrama hineinbringen wollen, überlasse ich natürlich ganz Ihnen. Nun könnte man immerhin in einem dritten Akt den schlecht regierenden Ninias bringen, der im Schlafe von Semiramis überwältigt wird, und an dessen Stelle dann Semiramis Recht spricht. Dieser Akt könnte eventuell in den hängenden Gärten spielen, auf die ich sehr ungern verzichten möchte, und ich möchte Ihnen doch gern dringend anraten, sich zu überlegen, wo man diese hängenden Gärten anbringen kann, als Dekoration natürlich, da sie doch das Einzige ist, was das große Publikum von Semiramis kennt und was jeder eventuell auf der Bühne auch sehen möchte. Sie glauben nicht, wie dumm das Publikum heute immer noch ist und wie es mehr als je auf dekorative Kunst hereinfällt.Ein ergänzendes Beispiel erleben wir jetzt hier wieder, wo die alte ausgefallene «Aida» von Verdi, bloß weil sie neu ausgestattet ist, wöchentlich zweimal ausverkauftes Haus erzielte, alle Wagner etc. schlägt, nur weil eben die neue schöne ägyptische Ausstattung da ist. Also bitte sparen Sie bezüglich prunkvoller Ausstattung, reicher dekorativer Gegensätze bei «Semiramis» keine Kosten und Mühen. Meine Ausstattungen waren sowieso bisher immer so billig, und einmal können die Theaterdirektoren für mich schon in ihren Geldbeutel greifen.
Ich hoffe, daß ich im Februar oder März, wenn Sie wieder nach Berlin kommen, wobei ich Ihnen verspreche, daß mein Original von Frau keine Schlüssel mehr zur Tür hereinwerfen wird, oder bestimmt am 1. März, wenn ich nach Wien komme, die Freude habe, von Ihnen schon Genaueres über «Semiramis» zu hören, für die ich anfange, mich immer mehr und mehr in der Idee zu begeistern. Ich bitte Sie nur um eines: Denken Sie bei der Komposition des Textes gar nicht an die Musik, das besorge ich allein, und schaffen Sie mir ein recht *handlungs-* und *gegensatzreiches* Drama mit wenig Massenszenen, aber zwei bis drei sehr guten, ausgiebigen Rollen.
Was unsere neuliche Unterredung über «Elektra» betrifft, so

meine ich, daß wir Aigisth doch nicht ganz weglassen können. Er gehört unbedingt mit zur Handlung und muß mit erschlagen werden, womöglich vor den Augen des Publikums. Wenn es nicht möglich ist, ihn früher nach Hause zu bringen, so daß er unmittelbar nach Klytämnestra erschlagen wird, so lassen wir die nächste Szene so, wie sie jetzt ist, aber Sie überlegen sich's vielleicht.

Es ist nicht gut, daß nach dem Mord von Klytämnestra die ganzen Weiber gelaufen kommen, dann wieder verschwinden, dann, nach dem Morde des Aigisth, mit Chrysothemis wieder ankommen. Das sind zu stark gebrochene Linien. Vielleicht fällt Ihnen da noch etwas ein. Könnte man nicht Aigisth nach Hause kommen lassen, unmittelbar nachdem Orest ins Haus getreten ist? Und die Morde dann kurz hintereinander vollziehen, etwa in der Weise, daß man in dem Moment, wo Aigisth ins Haus getreten, die Tür hinter ihm geschlossen ist, von fern den Schrei der Klytämnestra hört, und nach einer kurzen Pause dann die Ermordung des Aigisth vollzogen wird, wie sie schon steht, und hierauf dann die ganze Frauen- und Schlußszene? Ich meine wohl, das ginge.

Bitte teilen Sie mir gelegentlich Ihre Meinung mit, und schicken Sie mir natürlich, sobald Sie mit «Semiramis» etwas fertig haben, und wenn es auch nur Entwürfe sind, dies zu, da es mich, wie Sie es sich wohl denken können, furchtbar interessiert.

Mit herzlichstem Gruß Ihr verehrungsvoll ergebener

Dr. Richard Strauss

1908

Verehrter Herr, Rodaun, den 3. Januar 1908

Ich glaube, es läßt sich ganz leicht in den Ermordungsszenen die doppelte Kurve, die Sie stört, in eine einfache Kurve auflösen, und zwar durch eine einfache Umstellung, wie folgt. Bis Seite 85, Elektras Aufschrei: «Triff noch einmal!» (letzte Zeile auf

Seite 85) bleibt alles, wie es ist. Dann kommen nicht die Mägde heraus, sondern es bleibt alles ruhig, totenstill, und Elektra horcht in der äußersten Spannung. Da erscheint Aigisth am Eingang rechts, Elektra läuft ihm entgegen und führt nun ihr unheimliches Spiel mit der Fackel für ihn auf. Also: Szene des Aigisth, vom Auftreten des Aigisth (Seite 88) bis zu seiner Ermordung (S. 92, Elektra: «Agamemnon hört Dich!» – Aigisth: «Weh mir!») bleibt alles, wie es ist. Dann kommen die Frauen von links herausgelaufen, aber ohne Chrysothemis, und es kommt nun die kleine Szene, wo sie wie geängstigte Fledermäuse herumschwirren, wobei nur die Worte, die jetzt Chrysothemis hatte, an die erste Dienerin zu geben sind, die der ersten an die zweite, usf. Elektra steht in der Tür, mit dem Rücken gegen die Tür gepreßt. – Diese kleine Szene geht bis zu der Zeile: Mehrere: «Elektra, laß uns in das Haus!» In diesem Augenblick geht die Tür des Hauses von innen auf, die Mägde springen entsetzt zurück, aufschreiend: «Zurück! Zurück!» Elektra tritt seitwärts, die Augen auf der Tür. Und nun steht Chrysothemis in der Tür (in der Mitteltür zum Haus) und schreit ihre Botschaft heraus, ganz wie auf Seite 92, nur mit einer kleinen Veränderung: «Elektra! Schwester, komm zu mir! so komm zu mir! Es ist der Bruder drin im Haus!» – – – Und dann geht alles weiter wie jetzt.

Ich hoffe, das paßt Ihnen. – Über den Semiramisstoff möcht' ich Ihnen nur dies sagen, daß ich mich vor allem an das halten will, daß ich für mich dichte und nicht für Sie, mit aller Freiheit; und zwar ein möglichst handlungsreiches Gedicht mit einigen starken Figuren und nicht viel Massenszenen. Im übrigen werde ich vielleicht mit den Vorgängen des Calderonschen Stückes sehr wenig anzufangen wissen, und es wird für mich nur den Ausgangspunkt bilden, nicht die Unterlage. Mit der Semiramis, ihrer Regierung und der ganzen Staatsaktion wüßte ich gar nichts anzufangen, überhaupt muß sich das Ganze erst in eigene Träume von mir auflösen, und aus solchen sich wieder zum Drama kristallisieren. – Aber das erste Bild mit den Todesprophezeiungen, mit der merkwürdigen Episode der Ermordung eines jungen Fischers durch die Tempeldiener (suchen Sie das nicht im Calderon, es steht nichts davon drin), mit der herannahenden Jagd des Königs, mit der Ungewißheit der Semiramis, ob sie eine Göttin oder ein Weib, ob ihr ein Gemahl, ein Blitzstrahl oder der Tod jetzt nahe, und mit dem Selbstmord des geheimnisvollen alten Priesters zum Schluß, der sich in den Bergsee wirft, dies alles steht mir wunderbar fest, doch soll es entweder ein kurzes Vorspiel sein oder das erste Bild nur von sieben Bildern, und dafür hat es reichlich, aber reichlich genug Handlung. Seien Sie ganz ruhig, lieber und verehrter Herr Doktor Strauss: ich werde mich in dem ganzen Gedicht nur auf mich selbst verlassen und gar nicht auf die Musik; das ist auch die einzige Art, wie wir zusammen arbeiten können und sollen. Nur gibt mir Ihre Musik dann noch etwas sehr Schönes dazu, etwas, was natürlich weit mehr ist, als Schauspieler und der Dekorationsmaler mir jemals dazugeben können.

Ich bin mit allen guten Wünschen für 1908, für Ihre Gesundheit, Ihre Freude und Ihre Arbeit Ihr aufrichtig ergebener

Hofmannsthal

P. S. Ich denke bestimmt, im Februar für eine nicht zu kurze Zeit nach Berlin zu kommen.

Hotel Bristol, Warschau, 20. Febr. [1908]

Lieber Herr von Hofmannsthal!

Ich bin vom 6. bis 8. März in Wien (Hotel Imperial) und frage schon heute bei Ihnen an, ob und wann und wo ich Sie dort sehen kann. – Wären Sie so freundlich, mir die kleinen Ergänzungen zu «Elektra» (Chor und Schlußszene) zu machen? Wenn Sie mir bis 1. Juni Greifbares von «Semiramis» liefern könnten, wäre ich dankbar. Vergessen Sie dabei nicht ausgiebiges *Ballett*, Kriegsmusik, Siegesmarsch, welches mir außer den erotischen Elementen besonders liegt. In Rom sprach ich Dr. Schanzer, der die beste Übersetzung der «Elektra» verfertigt hat und sie nicht herausgeben kann. «Elektra» schreitet tüchtig vorwärts. In Wien könnte ich Ihnen vorspielen.

Mit besten Grüßen stets Ihr *Dr. Richard Strauss*

Verehrter Herr! Montag, [Berlin, 24. Februar 1908]

Habe gestern schon telephonisch Umfrage nach Ihnen gehalten: ohne Erfolg!

Ich habe nachmittags in der Stadt zu tun und werde versuchen Sie zwischen 3 und 4 Uhr aufzusuchen. Sollte es Ihnen nicht passen, genieren Sie sich nicht und lassen Sie mir bitte einfach sagen, wann Sie morgen zu mir kommen wollen. Ich bin den ganzen Tag frei!

Telefon: Amt Charlottenburg 1145 Ihr

Dr. Richard Strauss

Dienstag, [Berlin, 25. Februar 1908]

Lieber Herr von Hofmannsthal!

Unsere Rendezvous sind ein Lustspiel. Ich warte seit gestern auf Bescheid von Ihnen, vergebens. Und meine Köchin vergißt, mir Ihre telefonische Mitteilung auszurichten!! Als ich sie frage, ob sie dies Ihnen gesagt habe, erwidert sie, sie habe sich nicht getraut, weil Sie «so aufgeregt gewesen seien»! Natürlich!

Die Köchin ist wiederum zu entschuldigen, weil sie heuer schon einmal von einem zudringlichen Besucher, den sie abzuweisen hatte, eine feste «Watschen» bekommen hat. Lustspiel! Na, vielleicht kommen wir doch noch zusammen! Ich bin heute Dienstag den ganzen Nachmittag bis 7 Uhr, morgen Mittwoch den ganzen Vormittag zu Hause und erwarte Sie. Telefonieren Sie daher ungeniert!!! Beste Grüße Ihr

Dr. Richard Strauss

Adresse Berlin.

Lieber Herr von Hofmannsthal! Garmisch, 22. Juni 1908

Ich brauche «Elektra» Seite 77 einen großen Ruhepunkt nach dem ersten Aufschrei der Elektra: «Orest!»

Ich werde ein zärtlich bebendes Orchesterzwischenspiel einfügen, während Elektra den ihr wiedergeschenkten Orest betrachtet; ich kann sie öfters stammelnd die Worte: «Orest, Orest, Orest!» dazu wiederholen lassen, und von dem weiteren passen nur die Worte: «Es rührt sich niemand! O laß Deine

Augen mich sehen!» in diese Stimmung. Könnten Sie mir da nicht ein paar schöne Verse einfügen, bis ich dann (als Orest sie zärtlich umarmen will) in die düstere Stimmung übergehe, die mit den Worten beginnt: «Nein, Du sollst mich nicht berühren» etc.
Ihre erste Verssendung dankend erhalten; sehr schön, aber etwas wenig. Bitte drücken Sie noch ein bißchen, es kommen sicher noch etwa 8 Verse für jede heraus, ich muß hier Material haben, um beliebig steigern zu können. 8, 16, 20 Verse, soviel Sie können, und alles in derselben ekstatischen Stimmung, immer sich steigernd.
Nun noch eines; ich verstehe am Schluß immer noch nicht den szenischen Vorgang.
Orest ist doch *im* Haus; die Haustür in der Mitte ist doch geschlossen. Chrysothemis und die Dienerinnen sind Seite 88 *ins Haus links* abgelaufen. Seite 91 kommen sie «wild herausgelaufen». Woraus? *Links* oder durch die Mitte?
Seite 93: Chrysothemis läuft *hinaus. Wo hinaus?* Durch die Hoftüre *rechts? Warum?* Orest ist doch in der Mitte des Hauses! Warum läuft Chrysothemis Seite 94 wieder herein? Warum schlägt sie am Schluß an die Tür des Hauses? Doch wohl, weil sie verschlossen ist?
Bitte beantworten Sie mir recht genau diese Fragen. Das Szenarium war mir nach der Lektüre niemals ganz klar.
Die Partitur ist fertig bis zum Eintritt des Orest. Ich habe gestern begonnen, weiter zu komponieren und bin, glaube ich, dafür jetzt in sehr guter Stimmung.
Was macht Casanova?
Sehe ich Sie im Sommer noch? Ich bleibe bis Mitte September hier und dann wahrscheinlich etwas Venedig (Lido).
Mit schönstem Gruß (auch an Ihre Gattin) Ihr

Dr. Richard Strauss

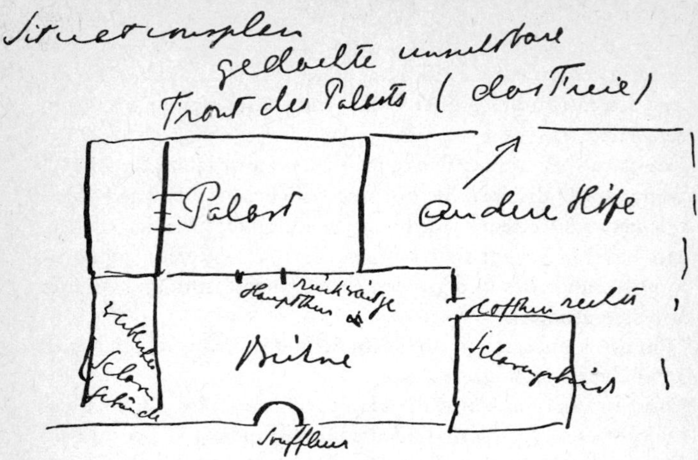

Seite 77. Elektra: ...., «Orest!
(flüsternd) Es rührt sich niemand. (zärtlich) O laß deine Augen
Mich sehen. Traumbild, mir geschenktes! schöner
Als alle Träume! unbegreifliches,
entzückendes Gesicht, o bleib bei mir

ad libitum – zu kürzen {
lös nicht in Luft Dich auf, vergeh mir nicht –
es sei denn, daß ich jetzt gleich sterben muß
und du dich anzeigst und mich holen kommst:
dann sterb ich seliger als ich gelebt!»

Lieber Herr Doktor! Rodaun, 25. VI. [1908]

Hoffentlich paßt dies. Meine Ergänzungen zu Seite 93 bitte schicken Sie mir umgehend, ich werde sie erweitern.
Nun die Direktiven für Chrysothemis und die Mägde.
Seite 91 kommen die Frauen «wild herausgelaufen» aus ihrem Dienerinnengebäude, Harem, *links*. Seite 93 läuft Chrysothemis durch die Hoftür rechts hinaus, weil sich indessen das ganze Kampfgetöse, der tödliche Kampf zwischen den zu Orest haltenden Sklaven und den Angehörigen des Aigisth (dieser große Stoff für die Hintergrundmalerei des Orchesters) in die inneren

Höfe gezogen hat, mit denen die Hoftüre rechts kommuniziert; Seite 94 läuft Chrysothemis wieder herein, weil sie den Hof gedrängt voller Menschen, Verwundeter, Fackeln, Leichen findet, Orest selbst aber nicht findet, der inzwischen wohl im Innern des Palastes sich zu dem Heiligtum des Hauses geflüchtet hat, vielleicht schon von den Furien umringt ist – und deswegen schlägt Chrysothemis in ihrer Aufregung, statt wieder den Umweg durch den Hof zu nehmen, an die Mitteltür des Hauses, die noch von dem Mord her durch Orest von innen verriegelt sein mag.

P. S. Wegen der Komödie aus Casanova[1], woran schon stark arbeite, schreibe Ihnen dieser Tage.

Mein lieber Herr Doktor, Rodaun, 4. VII. 1908

Bitte schicken Sie mir den Zettel mit den Korrekturen doch recht bald, damit ich alles erledige. Im September hoffe ich, vielleicht auf einen Sprung nach Garmisch zu kommen, weiß aber noch nicht, ob es geht, denn ich habe für diesen Sommer außerordentlich viel Arbeit vor. Ich hatte mich Ende Mai zu entscheiden, welchen von meinem zum Teil angefangenen Szenarien und Entwürfen ich mich zuwenden sollte, und zwar ausschließlich aus Rücksicht auf Sie, sehr verehrter Herr Doktor. Hätte ich nämlich jetzt an einem anderen Stück zu arbeiten angefangen und wäre in der Phantasie von jener glücklich erfaßten Casanovakomödie wieder abgekommen, so hätte es sich leicht ereignen können, daß ich auch im nächsten Frühjahr nicht wieder hineingekommen wäre. Mein Kopf ist sehr launisch und ich habe eine Fülle von Stoffen, und da wären Sie dann im nächsten Frühjahr enttäuscht und mit Recht auf mich ärgerlich dagesessen. Ich habe also diesen Stoff angefangen und bin schon dort, wo er dem Mädchen nach ins Boot springt, wenn auch der vorliegende Text vielleicht nicht als definitiv bestehen können wird, sondern nur als eine sehr genaue Untermalung.

Aber lassen Sie mich nun sogleich Ihren Hauptpunkt zur Sprache bringen und antworten Sie mir zugleich zu meiner Beruhi-

[1] «Cristinas Heimreise»

gung. Nicht wahr, Sie begreifen es und haben es auch gar nicht anders erwartet, als daß ich die Komödie zunächst so, wie ich sie niederschreibe, auf dem Sprechtheater zur Aufführung bringe. Ich glaube, anders wäre es auch gar nicht zu machen, vor allem künstlerisch, denn was mich an dem Stoff anzieht, und worauf ich losarbeite (nachdem das gute, schlanke Szenarium gegeben ist), das ist eine möglichste Rundung der Figuren und ein möglichst natürlicher Dialog mit vielfach gebrochener Linie. Es ist nun sehr möglich, daß Sie sich dieses Dialoges, mit starken Kürzungen, so wie bei der «Salome», werden direkt bedienen können. Das ist ja dann um so besser. Aber es ist ja auch möglich, daß Sie von mir bei genauer Einhaltung des Szenariums eine gewisse Transponierung des Ganzen ins Vereinfachte und Lyrische verlangen werden, wie sie Da Ponte an dem Lustspieltext von «Figaros Hochzeit» vorgenommen hat. Dazu werden Sie mich gerne bereit finden, aber niemals wäre ich imstande, von Anfang an auf diese lyrische Formulierung des Textes, die das meiste der Charakterisierung dem Musiker überläßt, loszuarbeiten. Ich würde dabei alle Sicherheit verlieren und etwas nach beiden Seiten hin Verfehltes liefern. Liegt dagegen die Komödie vor, hat sie sich auf dem Theater bewährt und existiert jede ihrer Figuren sozusagen wie etwas Wirkliches schon, so hat man auch die nötige Frechheit, dann eventuell alles sehr en raccourci zu behandeln. Sie sind so sehr Künstler und verstehen auch von meinem Metier so viel, daß Sie sich diesen Argumenten gewiß nicht verschließen werden. Und warum auch einen Modus verlassen, der sich bei «Salome» so schön bewährt hat und bei «Elektra», wie wir hoffen dürfen, bewähren wird.
Ich habe Ihnen das offen dargelegt und erhoffe in Kürze von Ihnen ein paar freundlich zustimmende Zeilen. Wie ich mich freue, zu denken, daß Sie das Szenarium mit so lebhafter Freude aufgenommen haben und daß hier unter Ihrer Hand wirklich etwas ganz Einziges an Spieloper entstehen könnte, brauche ich Ihnen ja nicht zu sagen.
Ich bin mit vielen Grüßen Ihr herzlich ergebener

Hofmannsthal

Geehrter Herr von Hofmannsthal! Garmisch, 6. 7. 08

Ihren freundlichen Brief vom 4. dankend erhalten! Anbei Ihre Schlußverse, die ich so viel als möglich zu erweitern bitte als Zwiegesang von Elektra und Chrysothemis *neben*einander. Nichts Neues, nur Wiederholungen und Steigerungen desselben Inhalts.

Ihre Verse bei der Erkennung des Orest durch Elektra sind wunderschön und bereits komponiert. Sie sind der geborene Librettist, in meinen Augen das größte Kompliment, da ich es für viel schwerer halte, eine gute Operndichtung zu schreiben als ein schönes Theaterstück. Sie werden natürlich anderer Ansicht sein und haben dabei ebenso recht wie ich! Was Ihre Wünsche bezüglich des Casanova betrifft, so ist es nicht ganz leicht, darauf zu erwidern. Prinzipiell ist natürlich dagegen nichts einzuwenden, und meinen Standpunkt, daß jeder Künstler so viel Nutzen als möglich aus seinen Werken ziehen soll, kennen Sie ja.

Meine Bedenken, den Casanova zuerst als Lustspiel laufen zu lassen, sind künstlerischer Art insofern, als ich nicht weiß, ob es für mich gut ist, wenn eine Komödie, die so sehr auf eine Pointe zugespitzt ist, wie Ihr Entwurf, vor meiner Opernpremière als Lustspiel abgenützt ist. Ich werfe in meinem Interesse vorläufig diese Frage auf. Erwägen Sie's bitte!

II. scheint mir Ihr Entwurf so rein und so schön lyrisch, daß ich nicht weiß, ob er gesprochen die Wirkung nur annähernd machen wird, die er als Oper machen *muß*.

III. Wenn Sie ihn jetzt als rezitiertes Lustspiel aufführungsreif machen wollen, fürchte ich, daß Sie ihn mir dialogisch zu sehr zersplittern und gedanklich zu sehr belasten.

IV. Halte ich den Stoff für ein gesprochenes Stück für zu mager und dünn. Er ist der geborene Operntext. Ich fürchte also zweierlei: Wenn Sie ihn jetzt ganz als Lustspiel ausarbeiten in der Art Ihres «Der Abenteurer und die Sängerin», werde ich keine Oper mehr daraus machen können. Ferner, wenn das Lustspiel, von Ihnen doch mit einem Auge nach der Oper schielend, nicht ganz glückt und keinen Erfolg hat (was Gott

verhüten möge), tue ich mir schwerer es zu komponieren wie jetzt.
Entschuldigen Sie, daß ich all diese Bedenken aufwerfe, aber mir liegt an dem Stoff so viel, daß ich gerne jedes Opfer bringen will, als schließlich mit dieser Oper nicht voll und ganz zu reussieren.
Meine Bitte geht nun vorläufig dahin: lassen wir die von Ihnen aufgeworfene Frage vorläufig noch offen, bis Sie mit der Arbeit fertig sind und entscheiden wir uns, je nach dem Eindruck, den das fertige Stück auf mich und andere Kenner machen wird. Ich wäre Ihnen dankbar, wenn Sie nur vorläufig über Ihre Arbeit Stillschweigen beobachten würden, bis ich mich endgültig entschieden habe. Wollen Sie mir den Gefallen tun? Sie werden mich nicht undankbar finden!
«Elektra» schreitet vorwärts und wird gut. Die Szene zwischen Elektra und Orest ist, glaube ich, *sehr* gelungen: ich hoffe, die Première bis spätestens Ende Januar zu erzwingen.
Über Ihren Besuch im September werde ich mich sehr freuen: komme übrigens auch gerne überall hin, wohin Sie mich beordern, um schon was aus Casanova zu hören.
Mit freundlichsten Grüßen Ihr *Dr. Richard Strauss*

[Beilage:][1]
Seite 93: [Blatt] A
Chrysothemis: Hörst Du denn nicht, sie tragen ihn,
sie tragen ihn auf ihren Händen.
Elektra (vor sich hin, ohne auf sie zu achten):
Wir
sind bei den Göttern, wir Vollbringenden.
Sie fahren wie die Schärfe eines Schwertes

[1] Dieses Blatt A sandte Strauss, wie Hofmannsthal es in seinem Briefe vom 25. VI. [1908] gewünscht hatte, an den Dichter zurück mit folgenden Eintragungen (Ergänzungswünschen): Zu Elektras «Wir sind bei den Göttern» 4 bis 8 Verse, und zu Chrysothemis' «Allen schimmern ...» ebensoviele. Dazu die Bemerkung: «immer derselbe Inhalt, nur andere Worte. Sinnwiederholungen». Auf Blatt B (siehe S. 45) hat Hofmannsthal Straussens Wünschen entsprochen.

Durch uns dahin, die Götter, aber ihre
Herrlichkeit ist nicht zuviel für uns!

Chrysothemis: Allen schimmern die Augen und die alten
Wangen
von Tränen! Alle weinen, hörst du's nicht?
Ah!

Elektra: 4 bis 8 Verse immer desselben Inhalts.

Chrysothemis: ebensoviel nur andere Worte, Sinnwiederholungen.

Elektra (vor sich, ekstatisch):
Ai! Liebe tötet! Aber keiner fährt dahin
und hat die Liebe nicht gekannt!

Chrysothemis: Elektra!
Ich muß bei meinem Bruder stehn!
(läuft hinaus).

Elektra hat sich erhoben. Sie schreitet von der Schwelle usf. Seite 93 letzter Absatz.

Alternierend oder gleichzeitig, ad libitum des Komponisten

[Von Strauss' Hand]

[Auf der Rückseite von Blatt A:]

Lieber Herr Dr. Venedig, 19. Mai [1908]

ich hoffe, es paßt Ihnen, wie umstehend. Es war nicht ganz leicht zu finden. Erbitte Empfangsbestätigung nach Rodaun. Ich beschäftige mich viel mit «unserem Figaro».

Herzlichen Gruß Ihres *Hofmannsthal*

Verehrter Herr Doktor, Rodaun, 8. VII. 1908

Vielen Dank für Ihre lieben Zeilen. Ich bin ganz sicher, daß wir beide uns unser Leben lang über jede Angelegenheit schnell und einfach verständigen werden. So wie Sie es in dem Brief sagen, wollen wir es halten. Kainz habe ich seit damals nicht gesehen, und er hat keine Ahnung, daß ich an der Sache arbeite.

Jedes von Ihnen gebrachte Argument sehe ich als vollkommen richtig und treffend ein. Nur, wie es halt in solchen unberechenbaren Dingen geht, schaut das Produkt ganz anders aus, als Sie sich wahrscheinlich träumen lassen. Es ist in Prosa, ist meilenweit vom «Abenteurer», enthält keine Zeile Reflexion, kaum ein poetisches Bild, ein Gleichnis, ist ganz Handlung, Fortgang,

Pantomime, lebendiges Theaterspiel und ähnelt weit mehr dem «Barbier von Sevilla», mit dem es hoffentlich auch die Eigenschaften gemein haben wird, zuerst ein gutes Lustspiel und dann eine gute Oper abzugeben. Was die Schlußpointe anbelangt, so hübsch sie ist, so spielt sie keine alles überragende Rolle im fertigen Stück als bei der nackten Erzählung des Stoffes, denn sie wächst aus dem ganzen Stück hervor. Was aber die Wirkung einer Pointe betrifft, so wird sie dadurch, daß sie bekannt ist, nicht im geringsten abgeschwächt, eher verstärkt in ihrer Wirkung. Das ist eine alte, merkwürdige Theatersache. Wenn es nämlich mit Überraschungen auf der Bühne stünde wie im wirklichen Leben, so müßte ja jede solche Pointe durch den Premièreabend zumindest für die betreffende Stadt ganz aufgebraucht sein, und doch ist das Gegenteil der Fall. Also zunächst arbeite ich eifrigst und mit großer Lust und Freude weiter. Im September sieht man sich etwa irgendwo, und ich glaube sagen zu dürfen, wir werden beide Freude haben. Das Kompliment, ein guter Librettist zu sein, namentlich aus Ihrem Munde, schätze ich sehr hoch und es macht mir sehr große Freude. Die neuen Ergänzungen schicke ich morgen oder übermorgen. Ihr herzlich ergebener *Hofmannsthal*

Lieber Herr Dr. [Bad Fusch] 15. VII. [1908]

Hoffentlich paßt es Ihnen jetzt[1], wo nicht, bitte ungeniert nochmals retournieren (hierher, Bad Fusch bei Salzburg). Die Stelle ist ja für die Oper sehr wichtig. Ich habe getrachtet, auch textlich die beiden auseinanderzuhalten.

Herzlichsten Gruß Ihr *Hofmannsthal*

Meine Arbeit an der Komödie geht ausgezeichnet. Ich *schiele* nicht. (Im Gegenteil, im andern Fall hätte ich geschielt.) Ich glaube wir werden an der Sache noch Freude haben.

[1] Bezieht sich auf Blatt B

einzufügen in Blatt A. [Blatt] B

ad libitum abwechselnd oder gleichzeitig

Elektra: Ich habe Finsternis gesät und ernte
Lust über Lust. Ich war ein schwarzer Leichnam
unter den Lebenden, und diese Stunde
bin ich das Feu'r des Lebens und eine Flamme
verbrennt die Finsternis der Welt!

Chrysothemis: Gut sind die Götter! Gut! es fängt ein Leben
für dich und mich und alle Menschen an.
Die überschwänglich guten Götter sinds,
die das gegeben haben!

Elektra: Mein Gesicht
muß weißer sein, als das weißglühende
Gesicht des Monds. Wenn einer auf mich sieht,
muß er den Tod empfangen oder muß
vergehn vor Lust. Seht ihr denn mein Gesicht?
Seht ihr das Licht, das von mir ausgeht?

Chrysothemis: Wer hat uns je geliebt? Wer hat uns je
geliebt? Nun ist der Bruder da und Liebe
fließt über uns wie Öl und Myrrhen, Liebe
ist Alles! Wer kann leben ohne Liebe?

Elektra: Ai! Liebe tötet, aber keiner fährt dahin usf.

Lieber Herr von Hofmannsthal! Garmisch, 10. 8. 08

Anbei die französische Übersetzung! Bitte, prüfen Sie dieselbe, bevor ich versuchen lasse, ob sie sich der Musik anpaßt. Ich fürchte, daß sie für meinen Zweck nicht wörtlich genug übersetzt ist. Erbitte baldige Rücksendung! Was macht Casanova? Wann höre ich was davon? «Elektra» naht der Vollendung: ich bin beim Eintritt des Ägisth! In der Partitur ist die Orestszene bereits fertig und, glaub ich, sehr gut geworden!

Mit besten Grüßen Ihr

Dr. Richard Strauss

Trafoi, den 16. VIII. 1908.

Meine bleibende Adresse ist nunmehr: Aussee, Obertressen 14

Lieber Herr Doktor,

Ich freue mich von Herzen, daß Sie in der Arbeit glücklich weitergekommen und zufrieden sind. Nun wünsche ich Ihnen Kraft und Freude für den Schluß, der ja in Ihrem Werk viel bedeutungsvoller und wuchtiger sein wird als in der Dichtung. – Die französische Übersetzung, die ich gleichzeitig retourniere, ist mir bekannt. Versübersetzungen vom Deutschen ins Französische gehören zu den mißlichsten Dingen. Immerhin hat diese, trotz eines gewissen Mangels an Präzision und Schärfe, doch sehr beträchtliche Vorzüge und ich glaube, daß man nicht leicht eine bessere oder selbst brauchbarere bekommen wird. Aber vielleicht kann die Firma Fürstner von Herrn Strozzi für den speziellen Zweck eine Überarbeitung durchsetzen, die mehr Knappheit hätte. Die Übersetzung hat übrigens, wie ich weiß, den Beifall recht ernst zu nehmender Beurteiler gefunden, wie Maeterlinck und André Gide.

Mit der Komödie steht es so: ich bin am Ende des dritten Aktes – nämlich, ich beabsichtige die Komödie vieraktig zu halten; als Oper wäre sie dreiaktig anzuordnen, indem die Akte I und II zusammenfielen, mit Zwischenmusik (Akt I = Bekanntschaft und Sprung ins Boot, Akt II Liebesnacht und Abschied). Ich hoffe, in circa 3 bis 4 Wochen *fertig* zu sein, inklusive einer notwendigen Überarbeitung und Fertigstellung von Akt I. Bedürfte Akt I nicht dieser Überarbeitung (ich fand zunächst nicht den rechten Ton, dessen ich nun ganz sicher bin), so hätte ich ihn schon an Sie geschickt. Nun frage ich: Wie lange bleiben Sie in Garmisch? Könnten Sie es einrichten, daß Sie etwa gegen 15. bis 20. September für 24 Stunden nach Salzburg kämen (das mitten zwischen Aussee und Garmisch[1] liegt), wo ich Ihnen dann das fertige Stück oder fast fertige Stück vorläse und wir uns sicher und leicht mündlich über alles einigten?? Erbitte *bald* an obige Adresse ein Wort, ob Ihnen dieser Vorschlag paßt.

Ihr herzlich ergebener *Hofmannsthal*

[1] im Original irrtümlich: Salzburg.

Lieber Herr Doktor, Rodaun, 7. XI. 08 [1]

bitte seien Sie nicht traurig! Es wäre mir äußerst peinlich, zu denken, daß Sie jemals meinetwegen traurig sein sollten, und es wird auch hoffentlich niemals ein Anlaß dazu vorliegen. Wenn Sie in Ihrem Brief sagen, daß aus dem schönen Opernstoff, auf den Sie sich gefreut hatten, jetzt ganz etwas anderes geworden ist, so ist das richtig und nicht richtig. Aber der Augenschein wird Sie besser überzeugen als mein Gerede. Ich schicke Ihnen, sobald als möglich, jedenfalls noch in der Mitte Ihres Aufenthaltes in Garmisch, mehrere Akte, vielleicht womöglich das ganze Stück. Dieses typierte Exemplar bleibt dann Ihr Handexemplar. Ich bitte Sie, es mit dem Bleistift in der Hand zu lesen und sich mit aller Freiheit anzumerken, was Ihres Erachtens wegfallen müßte und andererseits aber auch jene Punkte sich anzumerken, in welchen das Lyrische für die Oper wird herausgearbeitet werden müssen. Was ich gemacht habe, ist ein Konversationsstück, und wo mein Text aus 20, 30 kleinen Reden und Gegenreden besteht, wird in der Oper jede der betreffenden Figuren vielleicht ihr Gefühl in einer einzigen lyrischen Phrase ausströmen. Aber die Handlung, das Knochengerüst, das Sie erfreute und Ihnen einleuchtete, ist vollkommen unberührt geblieben: erste Bekanntschaft, Verführung, Lust und Trennung; unerwartete Wiederkunft und Einführung des Bräutigams; Hochzeit und Schluß sind genau an ihrer Stelle und bilden die Angelpunkte der 4 Aufzüge. Ich spreche von 4 Aufzügen, denn die Komödie hat ihrer 4, aber die Oper wird nur 3 haben, denn hier fällt ja das ganze psychologische und konversationelle Detail fort und die Aufzüge I und II, nämlich Bekanntschaft und gemeinsame Abfahrt und dann Verführung und Abschied bilden zusammen, durch ein Zwischenspiel verbunden, den ersten Aufzug der Oper. Wenn Sie sich solcherart in Garmisch mit dem Manuskript bekanntgemacht haben werden, so rechne ich aufs bestimmteste auf die so dringend notwendige Begegnung in Wien am 10. Dezember. Ein längeres Gespräch nach soviel Korrespondenz tut uns beiden sehr not.

[1] Bisher irrtümlich auf den 7. X. 1908 datiert, gehört zu Seite 52.

Was mein eventuelles Eingreifen bei Dresdner Proben betrifft, so werde ich es so einzurichten trachten, daß ich im Jänner hin kann und werde eingreifen, das heißt, falls Sie mir nach Lage der Dinge diesen Wunsch nochmals wiederholen, und nur im Sinne einer persönlichen Gefälligkeit für Sie, denn in gar keinem Sinne betrachte ich mich etwa als Mitautor und gedenke mich in keiner Weise als solcher aufzuspielen. Im gleichen Sinne bitte ich Sie, es aufzufassen, wenn ich Ihnen über Wien jetzt eine Bemerkung mache; ich mache sie als ein Ihnen wohlgesinnter Bekannter und mit dem Vorbehalte, daß ich mich irren kann und daß meine ganze Warnung gegenstandslos ist. Ich habe aber sehr den Eindruck, daß die Art, wie «Elektra» in Wien vorbereitet wird, wenn nicht von einem direkten Übelwollen, so doch von einem auffallenden Mangel an Liebe diktiert wird. (Nicht von Opern,)[1], nur von den Theaterverhältnissen im allgemeinen verstehe ich etwas und so ergibt sich das Fazit meiner Betrachtung: Da das Wiener Publikum noch immer gegen jedes Neue genau so stützig ist, wie zu Zeiten, da es einen «Fidelio» und «Don Juan» hat durchfallen lassen, und da es ferner gerade in Wien weniger auf das Werk selbst den Leuten (die in einer Première sitzen)[2] ankommt, als auf das Drum und Dran, nämlich auf eine erste Besetzung und einen Dirigenten, von dem sie sich in ihrem eingebildeten Musikverständnis einbilden, er sei ein großer Mann, so habe ich den Eindruck, daß sich hier eine, in diesem vulgären Theatersinn *glanzlose* und daher nicht ungefährliche Première vorbereitet. Ich sage Ihnen dies alles aus zwei Gründen: entweder, damit Sie eingreifen und es ändern oder aber, falls Sie dazu nicht in der Lage sind, damit Sie einfach durch Ihren Verleger es durchsetzen, daß die Wiener Première nicht zu bald auf die Dresdener folgen darf, sondern erst erfolgen darf, wenn schon Berlin und etwa auch eine ausländische Hauptstadt absolviert sind. Denn wenn schon eine ganze Reihe von Erfolgen, an denen ich nicht zweifle, vorliegen, so fällt natürlich der halbe Mißerfolg in Wien, an dem ich unter diesen Umständen auch nicht zweifle, weniger in die Waagschale. Auf

[1] und [2] Text in Klammern von Hofmannsthal für die *Erste Ausgabe* ergänzt.

die Inszenierung in Wien hätte ich, wenn Sie es gewünscht hätten, beim Vorhandensein eines so außerordentlichen Menschen wie Roller den erfreulichsten und weitestgehenden Einfluß nehmen können. Voraussetzung dazu ist aber eine dem Werk wirklich wohlgesinnte musikalische und theatralische Oberleitung. Andernfalls wäre es ja besser, wir halten uns beide von der Sache ganz fern und desavouieren das, was da gemacht wird, wenigstens durch persönliches Fernbleiben. Sie wissen ja darin übrigens viel besser Bescheid.
Ihr aufrichtig und herzlich ergebener *Hofmannsthal*

Mein lieber Doktor Strauss, Rodaun, 18. X. 1908
es ist mir sehr peinlich, zu denken, daß Sie meinen könnten, ich ziehe Sie mit der Komödie herum oder habe da eine geheime Nebenabsicht oder so etwas, aber ich hoffe herzlich, daß Sie die Sache so einfach auffassen, wie sie ist: nämlich, daß ich jetzt schon gegen meine eigene Erwartung den 5. Monat an dem Stück arbeite und noch immer nicht fertig bin. Ich fühle mich auch verpflichtet, Ihnen zu sagen, daß ich nun nicht mehr in der Lage bin, dieses Stück eventuell auf der Sprechbühne *nicht* spielen zu lassen. In dieser Lage glaubte ich während des Sommers, daß ich im Herbst sein würde, aber es ist eben anders gekommen. Ich hielt es für möglich, spätestens Anfang September mit dieser aus dem Casanova geschöpften Komödie fertig zu werden und dann noch meine vorjährige, halb fertige, im österreichischen Dialekt geschriebene Komödie[1] zu Ende zu bringen, so daß ich dann in der Lage gewesen wäre, Reinhardt, der mir nun schon zum zweitenmal die beste Zeit für Ende Jänner frei hält, eventuell diese andere Komödie anbieten zu können. Daraus ist nun nichts geworden, und es ist ganz ausgeschlossen, daß ich nun etwas anderes tun kann, als ihm diese Komödie zu geben, und im gleichen Moment muß ich sie natürlich auch Kainz geben, der bis jetzt keinerlei Nachricht von mir empfangen hat. Diese Situation würde ich im Hinblick darauf, daß ich so gerne hier einen Wunsch erfüllt hätte, den Sie andeuteten,

[1] «Silvia im ‹Stern›».

und den ich nun in seinem ganzen Umfang nicht erfüllen kann, aufs stärkste bedauern, wenn ich nicht so vollkommen überzeugt wäre, daß Sie die Arbeit, wie sie nun einmal geworden ist, direkt und unverändert zur Vertonung nicht brauchen können (ebensowenig wie Mozart oder sonst jemand das Prosa-Lustspiel «Figaros Hochzeit» unverändert hätte benützen können), und daß wir andererseits zu dem brauchbaren Libretto einer Spieloper, zu der wir hoffentlich doch noch kommen werden, niemals, das ist meine feste Überzeugung, gekommen wären, wenn ich nicht zunächst den Stoff in dieser mir individuellen Form eines psychologischen Prosalustspieles niedergeschrieben hätte; denn nun erst stehe ich dem Stoff mit voller Sicherheit und Freiheit gegenüber, nun erst habe ich den Mut und die Lust, wenn andererseits Sie Ihre Lust an dem Wesentlichen des Stoffes und des Szenariums nicht verloren haben werden (und wenn das Stück seinen Erfolg als Lustspiel, sei er groß oder klein, gehabt hat), mit Mut und sogar einer gewissen nötigen Leichtfertigkeit das ganze Stück in der für die Spieloper möglichen Weise zu überarbeiten, das Lyrische stärker herauszuholen zu suchen und das Charakterologische zurückzudrängen. Obendrein kommt dann dem Libretto zugute, daß die Figuren ihre feinere psychologische Modellierung latent an sich tragen, wie dies auch bei Figuren wie Figaro, Susanne, Cherubin sehr der Fall ist. Dieser frischen Arbeit, an die Sie mich mit aller Freude und Lust werden gehen sehen, muß eine sehr gründliche Verständigung über den Stil, den Sie Ihrer Spieloper zu geben wünschen, vorangehen. Denn wenn ich Ihre Andeutungen recht verstand, die mir ganz ungeheuer vielversprechend erschienen, so wollen Sie ja etwas stilistisch ganz Neues schaffen, das (wie ja jede Entwicklung in der Kunst rhythmisch verläuft) der alten Spieloper ähnlicher sehen wird als den «Meistersingern» oder der «Feuersnot». Sie wollen, wenn ich Ihre Andeutungen nicht ganz mißverstand, eine Abwechslung zwischen geschlossenen Nummern und anderen Stellen, welche den alten Secco-Rezitativen nahekommen werden. Über alles wird es der subtilsten Verständigung bedürfen, und ich hoffe sehr, daß ich den Ehrennamen eines Librettisten, den ich wohl zu schätzen weiß, mir dabei verdienen werde. Aber wie gesagt, ins Blaue hinein erschiene mir alles fast undurchführbar, soviel Respekt habe ich vor den Schwierigkeiten eines wahrhaft guten Libretto, dagegen mit dem Lustspiel als Grundlage fühle ich allen Mut und alle Lust in mir. Nunmehr aber, wann werde ich Ihnen endlich die Komödie zeigen können? Sie sprachen früher davon, daß Sie gegen Ende Oktober nach Wien kommen würden. Bleibt es dabei? Andernfalls möchte ich in den ersten Tagen November nach Berlin und rechne bis dahin, mit dem Stück fertig zu sein. Welcher Ort führt uns endlich zusammen? Hierüber erbitte ich eine kurze, aber recht umgehende Verständigung.

Ihr aufrichtig ergebener *Hofmannsthal*

Berlin, den 2. November 1908
Hohenzollernstraße 7

Lieber Herr von Hofmannsthal!

Ihre beiden Briefe habe ich nunmehr erhalten und bin allerdings etwas traurig darüber, daß aus meinem schönen Opernstoff, auf den ich mich schon so sehr gefreut habe, wie es scheint, so etwas ganz anderes geworden ist. Nun, des Schöpfers Wille ist aber maßgebend, und ich werde mich fügen.

Jetzt nach Wien zu kommen, ist unmöglich. Ich bin vom 7. November bis 27. November in Garmisch und möchte diese notwendigen Tage der Erholung nicht unterbrechen. Nach Wien werde ich erst am 10. oder 11. Dezember kommen.

Es wäre riesig nett von Ihnen, wenn Sie mir Ihr Stück,[1] sobald es ins Reine geschrieben ist, nach Garmisch schicken würden, wo ich es in Ruhe lesen und überdenken kann. Sollten Sie dieses nicht wünschen, warte ich natürlich bis zum 10. Dezember, damit Sie es mir in Wien vorlesen. Heute Abend spreche ich Reinhardt, und werde die Angelegenheit mit ihm gleichfalls zur Sprache bringen. Wenn Sie mir das Werk zuschicken wollen, verspreche ich, es Ihnen möglichst bald zurückzuschicken.

Es wäre natürlich reizend, wenn Sie vor dem 6. November

[1] «Cristinas Heimreise».

doch noch nach Berlin kommen könnten. Die «Elektra»-Première in Dresden ist nunmehr auf den 25. Januar festgelegt. Die Regieverhältnisse sind dort nicht die allerersten, und es wäre sehr wünschenswert, daß Sie bei den Arrangierproben des Werkes, die ungefähr Mitte Januar, etwa vom 10. ab, stattfinden, persönlich dort nach dem Rechten sehen könnten.
Mit besten Grüßen Ihr *Dr. Richard Strauss*

Brief Hofmannsthal vom 7. XI. 1908 siehe S. 47

Mein lieber Herr von Hofmannsthal! Garmisch, 25. Nov. 1908
Ich höre mit großem Bedauern, daß Sie krank sind und wünsche von Herzen baldige Genesung.
Die beiden Akte habe ich mit Dank erhalten und bin von vielen Partien des ersten Aktes entzückt. Was ich aber schon befürchtet – von einer Oper ist das Ding jetzt weit entfernt. Es müßte viel einfacher und lyrischer werden. Ob Sie sich dazu wohl je werden entschließen können? Doch über Alles dies mündlich! Ich bin am 10. und 11. Dezember in Wien (Hotel Imperial) und hoffe Sie im guten Wohlbefinden anzutreffen.
Mit herzlichem Gruß Ihr sehr ergebener *Dr. Richard Strauss*

Hotel Bellevue, Dresden, 7. Dez. 1908
Lieber Herr von Hofmannsthal!
Ich freue mich sehr, aus Ihrem Briefe zu ersehen, daß es Ihnen wieder besser geht.
Ich treffe entweder Mittwoch Früh oder Abend bestimmt in Wien (Hotel Imperial) ein und kann Sie jedenfalls am *10. Nachmittags 3 Uhr* im Hotel erwarten.
Sollte ich schon am 9. Früh in Wien sein, dann können wir uns am Mittwoch Nachmittag sehen. Ich werde Sie sofort nach Ankunft antelefonieren.
Auf Wiedersehen! Herzlich grüßend Ihr *Dr. Richard Strauss*

Lieber Herr Doktor! Mittwoch [Rodaun, 9. Dezember 1908]
Ich ziehe heute nachmittags für 2 Tage in die Stadt *I. Elisabethstraße 6*, II. Stock, Telephon 229.

Falls ich dorthin keine andere Weisung bekomme, bin ich morgen 3 Uhr (welche Stunde mir ausgezeichnet paßt) bei Ihnen zu eingehender, Sie vielleicht überraschender Aussprache.
Ihr ergebener *Hofmannsthal*

P. S. Bitte sagen Sie dem Hotel-Portier, daß Sie mich erwarten, damit kein langes Hin und Her ist.

1909

Lieber Herr Doktor, Weimar, den 11. II. 1909

Herr Hoftheatermaler Kautsky schreibt mir ganz aufgeregt, Sie hätten zu ihm gesagt, ich wäre «unglücklich» über seine Dekoration. Das muß ein ganzer Irrtum sein, ich finde seine Dekoration ganz gut, blödsinnig fand ich nur (unter uns) den «Einfall» des Herrn von Hülsen, aus dem Palast einen Hühnerhof zu machen – hätte er mir das in einem eigenen Stück gemacht, wäre ich saugrob geworden und hätte ihn von seiner eigenen Bühne heruntergejagt, solcher präpotenter Blödsinn ist mir noch nie untergekommen, so aber, da ich doch die Wirkung der Oper und Ihre Wünsche (diesfalls den Wunsch nach Frieden) als das *einzige* Maßgebende betrachte, habe ich dieses ganze Detail, außer einer Bemerkung auf der Probe Ihnen gegenüber, nie und gegen niemanden erwähnt – außerdem ist die ganze Sache ganz *wurscht.* Dem Kautsky habe ich nervenberuhigend depeschiert, mit einem nichtssagenden Kompliment für seine Dekoration.

Was aber für uns beide (wie ich hoffe) viel wichtiger ist: ich habe hier in drei ruhigen Nachmittagen ein komplettes, ganz frisches Szenar einer Spieloper[1] gemacht, mit drastischer Komik in den Gestalten und Situationen, bunter und fast pantomimisch durchsichtiger Handlung, Gelegenheit für Lyrik, Scherz, Hu-

[1] «Der Rosenkavalier».

mor und sogar für ein kleines Ballett. Ich finde das Szenarium reizend, und Graf Kessler, mit dem ich es durchsprach, ist entzückt davon. Zwei große Rollen für einen Bariton und ein als Mann verkleidetes graziöses Mädchen à la Farrar oder Mary Garden. Zeit: Wien unter Maria Theresia. Ich bin von Sonntag ab in Berlin, Schadowstraße 4. Sehen wir uns? (Aber nicht in Gesellschaft, das hat keinen Zweck.) Ihr *Hofmannsthal*

Lieber Dichter! Garmisch, 5. 3. 1909

Ich habe in Wien mit Herrn Oberregisseur Wymetal gesprochen; er wird sich freuen, Sie auf den letzten Proben zu sehen und hat versprochen, sich mit Ihnen ins Einvernehmen zu setzen. Die Première ist auf 24. März festgesetzt.

Ich reise am 15. nach Mailand, dann Rom und hoffe bei meiner Rückkehr am 15. April den ersten Akt hier vorzufinden.

«Elektra» geht überall kolossal. München jede Woche total ausverkauft.

Mit besten Grüßen von Haus zu Haus Ihr *Dr. Richard Strauss*

Lieber Herr Doktor, Rodaun, den 16. III. [1909]

Es war sehr voreilig und ungeschickt von mir, Ihnen zu schreiben, daß ich nicht vorlesen wollte. Im Gegenteil, ich möchte Ihnen Anfang und Ende des 1. Aktes (die Mitte fehlt noch) bestimmt hier vorlesen, um mir über bestimmte Dinge klar zu werden. Das Szenarium ist ja ausgezeichnet, voll amüsanten fast pantomimischen Details – ich arbeite auf äußerste Knappheit hin, rechne auf Spielzeit von 2½ Stunden, also die Hälfte der «Meistersinger». Nur ob ich nicht in meiner Rücksichtslosigkeit gegen das *konventionell* Opernhafte zu *weit* gehe und mich, immer bestrebt den charakteristischen Ton zu halten, zu wenig dem Singbaren akkommodiere – das möchte ich von Ihnen erfahren und werde dann um so vergnügter weiterarbeiten. Ich bin ab Donnerstag 6 Uhr jeden Tag zu Ihrer Verfügung, heraußen oder drinnen, wo Sie wollen. Es wäre charmant, wenn Sie einen Abend herauskämen, man spräche dann alles gründlich durch; das wäre ein großer Gewinn. Aber falls Ihre

Frau Gemahlin mit ist, wird das nicht gehen, denn dabei würde sie sich natürlich langweilen, und wir haben ihr heraußen gar nichts zu bieten als zerfließenden Schnee. Und da Sie abends gewiß lieber Skat spielen, so komm ich auch gern einmal zwischen 6 und 8 Uhr hinein. Also bitte schreiben Sie mir gleich.

Ihr ergebener *Hofmannsthal*

Brief Strauss vom Juni 1906 siehe Anhang S. 711

Lieber Herr Doktor, Rodaun, 19. IV. [1909]

Hier schicke ich indessen in Eile die erste Szene. Weiteres folgt schnellstens. Ich war indessen sehr fleißig im zweiten [Akt], wo mir die Übergänge etc. viel Mühe machten und wollte mich nicht mit Diktieren von I aufhalten. Ich wünsche Ihnen II und womöglich III in absehbarer Zeit zu schicken, weil ich es für nützlich für Sie halte, wegen der Kontraste, dynamischer Verhältnisse zwischen den Akten usf., wenn Sie möglichst viel Überblick über das Ganze haben. Die Akte werden ungefähr gleich lang, sie enthalten das Notwendige der Handlung und gerade soviel Charakteristik als nötig ist, um Anteil an den Figuren zu erwecken. Wenn die Musik nirgends sehr verbreitert, dürfte jeder Akt 3/4 Stunden spielen. Das wäre ideal.

Meinem Brief, Weingartners zweifelhaftes Vorgehen betreffend, dem sicher kein anderes Motiv zugrunde liegt als den (für Wien) ungeheuren Erfolg der Première und den kolossalen Zudrang des Publikums möglichst herabzuschwächen und zu unterminieren – habe ich folgendes hinzuzusetzen. Nun ist wieder für Donnerstag eine «*Elektra*» angesetzt, nach 9 Tagen (Montag 12. – Donnerstag 22.) wiewohl jede Vorstellung, sobald sie angekündigt, im Vorverkauf ausverkauft ist und die Billetenhändler enorme Summen verdienen. Weingartners Neid auf den Komponisten der E. ist offenbar viel stärker als sein Interesse als Theaterdirektor. Die Marcel *will* angeblich nur einmal die Woche singen. Die Elizza aber läßt er nicht singen. Warum nicht? Ferner: die Weidt hat schon die Chrysothemis *abgegeben*, mit der sie solchen Erfolg hatte – offenbar auf Weingartners Betreiben. Ferner teilt mir Bahr mit, daß die Hilgermann (Ersatz für Mildenburg) keine Probe noch gehabt hat, auch die Rolle nicht gelernt. Das wird offenbar von der Direktion gewünscht – und gerne gesehen. Es gibt dies die Möglichkeit wenn die Mildenburg auf Urlaub geht (schon 20. Mai) – die Oper «mit Bedauern» wieder wochenlang nicht zu bringen. Bitte rühren Sie sich. Sie können denken, daß ich mich nicht in dieser Weise einmischen würde, wenn es sich nicht um Wien handeln würde und wenn es sich nicht um eine so offenkundige Gemeinheit handeln würde, die zu tolerieren direkt unmoralisch ist. Da Sie den Erfolg, das ganze Publikum und in diesem Fall sogar die Presse auf Ihrer Seite haben, werden Sie alles durchsetzen, da die Gegenseite natürlich eben so feige als tückisch. Es liegt direkte böswillige Schädigung vor und ich fände die Drohung des Zurückziehens ganz am Platz! Bitte schreiben Sie mir 2 Worte, was Sie tun werden.

Ihr *Hofmannsthal*

P. S. In diesen 4 Wochen konnte es korrekter Weise 10mal sein, anstatt 5mal! Nur in Wien *scharf* sein! Es ist solches Gesindel.

Mein lieber Herr von Hofmannsthal! Garmisch, 21. 4. 09

Ihre Briefe sowie die ersten Szenen dankend erhalten, erwarte mit Ungeduld die Fortsetzung. Die Szene ist reizend, wird sich komponieren wie Öl und Butterschmalz, ich brüte schon. Sie sind da Ponte und Scribe in einer Person. An Weingartner habe ich einen ziemlich saftigen Brief geschrieben und um Erklärungen gebeten; wenn er *fortfährt*, empfehle ich Ihnen, der Sie an Ort und Stelle sind, sich direkt an die Presse zu wenden, um W. auf die Finger zu klopfen, das hilft in Wien am meisten.
Auch Bahr bitte meinen herzlichsten Dank zu sagen, daß er mich so prompt informiert hat. Frl. Paalen habe ich W. bereits als Klytämnestra vorgeschlagen; an Frau Weidt schreibe ich heute selbst.
Hier ist's jetzt herrlich, schöner als im staubigen, dreckgeschwängerten Italien.
Herzliche Grüße und Dank Ihr *Dr. Richard Strauss*

«Elektra» in Mailand war eine überraschend gute Aufführung: Elektra-Kruszelnicka in jeder Beziehung ersten Ranges, die andern Rollen gesanglich hervorragend, nie habe ich die ganze Oper so schön gesungen gehört. Orchester sehr gut, Erfolg kolossal, die größten Einnahmen der Saison.
Ich glaube, jetzt sind wir wirklich mit «Elektra» über alle Berge. Ich gratuliere Ihnen und mir!

Verehrter und lieber Herr Doktor, Rodaun, 24. IV. 1909
Vor allem herzlichen Dank für Ihren so lieben Brief. Ich freue mich ganz außerordentlich, daß Ihnen das Zusammenarbeiten mit mir Vergnügen macht. Wie sehr es meinerseits der Fall ist, brauch' ich wohl nicht zu sagen. Ich plage mich gehörig mit der Komödie, besonders mit manchen Partien: das Zusammenkriegen fließender Übergänge, das Herauskriegen der Figuren bei einer nirgends stocken bleibenden Handlung, dies alles ist kein Kinderspiel, und sowohl Scribe als Daponte arbeiteten vielleicht innerhalb einer simpleren Konvention. Aber ich arbeite mit dem größten Vergnügen und schmeichle mir, daß es gut, ja hoffentlich, daß es ausgezeichnet werden wird und daß wir mit der Komödie so viele Zehntausende schlagen werden als wir mit der «Elektra» Tausende geschlagen haben, wie es in der Bibel von Saul und David heißt: und hier wie dort ist ja von Philistern die Rede!
Das Diktieren kostet unerwartet viel Zeit wegen der vielen Dialektworte, Interpunktion und anderem. Ich hoffte, den ersten Akt in einem Mal herunterzudiktieren, nun diktiere ich schon zweimal je zwei Stunden und bin noch nicht fertig, und das Schreibbüro ist auch mit dem Abtypieren des Stenogramms noch nicht nachgekommen, doch rechne ich, Ihnen spätestens Montag den größten Teil des ersten Aktes zu schicken.
[...] Mit vielen Grüßen Ihr *Hofmannsthal*

P. S. Gar so «gut» zum Komponieren werden natürlich nicht alle Stellen sein wie diese erste rein Lyrische. Es werden auch spießige Stellen kommen, wenn auch, wie ich hoffe, keine einzige, bei der die Möglichkeit musikalischer Verwertung nicht stark bedacht ist ... und die «guten» werden, glaub ich, überwiegen. Lassen Sie sich für den letzten Akt einen altmodischen, teils süßen, teils frechen Wiener Walzer einfallen, der den ganzen Akt durchweben muß.

Lieber Herr Doktor, Rodaun, 24. IV. [1909]

Nun ist «Elektra» nach korrekter 6tägiger Pause wiederum für Donnerstag angesetzt, wohl schon eine Folge Ihres Briefes, also zunächst alles gut. Es wäre ausgezeichnet, wenn Sie der Marcel[1] einen Brief schrieben. Solche Sachen wirken immer sehr gut. Ich war neulich drin und fand sie gesanglich ganz ausgezeichnet, viel besser als in der Première. – Beendete heute wichtige Szene im 2. Akt: Octavian-Sophie.

Herzlich Ihr

Hofmannsthal

Lieber Dichter! Garmisch, 30. April 1909

Erhalte soeben mit Dank die Seiten 19–27, ist famos.

Nun fehlte aber zwischen der ersten Szene, die ich schon hatte und die damit schließt: «So spielt sie sich mit mir! Ich bin ein unglücklicher Mensch» – noch ein ganzes Mittelstück bis Seite 19 (Schreibmaschinendiktat).

Kommt das auch bald?

Schönsten Gruß und Dank!

Dr. Richard Strauss

Garmisch, 4. Mai 1909

Mein lieber Herr von Hofmannsthal!

Ersten Akt gestern erhalten: bin einfach entzückt. Es ist wirklich über alle Maßen reizend: so fein, vielleicht ein bißchen zu fein für den großen Haufen, aber das tut nichts.

Der mittlere Teil (Antichambre) nicht leicht zu gestalten, aber ich werd's schon schaffen. Hab ja den ganzen Sommer vor mir. Schlußszene herrlich, wird sich wie Öl und Butter komponieren, hab heute schon dran rumprobiert, ich wollt, ich wär schon so weit. Da ich aber der symphonischen Einheit wegen der Reihe nach komponieren muß, heißt es halt Geduld haben.

[1] Lucille Marcel (1887–1921), die 1911 die Gattin Felix Weingartners wurde.

Aktschluß entzückend, kurz und gut, Sie sind ein Prachtkerl. Wann krieg ich das andere?
Alle Figuren sind famos, scharf gezeichnet, brauche leider wieder sehr gute Schauspieler; mit den gewöhnlichen Opernsängern geht's schon wieder nicht.
Wenn Sie den 2. Akt fertig haben, bringen Sie mir ihn doch selbst und ruhen sich hier bei mir ein bißchen aus. Es ist so schön hier, wird Ihnen gefallen. Nur über Pfingsten bin ich in Aachen, sonst immer hier.
«Elektra» ist diese Woche wieder in Berlin, Frankfurt, München. Wie geht's in Wien weiter? Halten Sie mich bitte über Wien mit Hülfe des lieben Polizeispitzel Bahr immer auf dem Laufenden, damit ich dem hohen Direktor und Auch-Komponisten zur rechten Zeit auf die Finger klopfen kann. –
Nochmals allerschönsten Dank und herzlichen Glückwunsch. Mit vielen Grüßen auch von meiner Frau an Sie und die liebe Gattin Ihr getreuer *Dr. Richard Strauss*

Lieber Herr von Hofmannsthal! Garmisch, 7. Mai 1909
Wie kommt diese Notiz in die Zeitungen?
Ich hatte Sie doch so dringend gebeten, den Namen Semiramis auch nicht mal zu nennen!
In einem Jahre erscheint jetzt eine Oper d'Alberts:

«Semiramis».

Wie wäre als Titel: *Der Ochs von Lerchenau*
und die silberne Rose?

Ich komponiere fleißig: ich hoffe bis Ende Juni den ersten Akt in der Skizze fertig zu haben, Ende September den zweiten.
Herzliche Grüße Ihr *Dr. Richard Strauss*

Mein lieber Herr Doktor, Rodaun, 12. V. [1909]
Für Ihre lieben Worte, mit denen Sie den Empfang des 1. Aktes und Ihre Zufriedenheit bestätigt haben, danke ich Ihnen aufs herzlichste. Es ist mir eine große Freude, wenn Sie mir so etwas schreiben – und ich kann als Erwiderung darauf nur sagen, daß

ich mit sehr großer Lust und Liebe mit Ihnen und für Sie arbeite und wirklich mit aller Kraft mich in die Bedürfnisse, Möglichkeiten und Stilgesetze der heitern Oper hineinzudenken suche –, wodurch dann auch, wie ich bestimmt hoffe, etwas herauskommen wird, was gewissen Teilen Ihrer künstlerischen Individualität sehr entspricht (eben in der Mischung von Charakteristisch-Groteskem mit Lyrischem) und was sich viele Jahre, vielleicht viele Dezennien auf dem Repertoire wird zu halten vermögen. Der 3. Akt soll, wie ich hoffe, der allerbeste werden, zuerst frech und sinnlich, dann burlesk, am Schluß zart ausklingend.
Ihr Bedenken, die Arbeit könnte *zu fein* sein, macht mich nicht ängstlich. Der Gang der Handlung ist ja auch für das naivste Publikum simpel und verständlich: ein dicker, älterer, anmaßender Freier, vom Vater begünstigt, wird von einem hübschen jungen ausgestochen – das ist ja das non plus ultra an Einfachheit. Die Ausführung aber muß, glaub ich, so sein, wie sie ist, nämlich völlig abgehend vom Trivialen und Konventionellen, denn der wirkliche und dauernde Erfolg setzt sich zusammen aus der Wirkung auf die groben *und* feinen Elemente des Publikums, und die letzteren schaffen das Prestige, ohne das man ebenso verloren ist, wie ohne Populärwirkung.
Einen schauspielerisch wirklich begabten Sänger braucht, streng genommen, nur die Titelrolle[1]. In diesem Genre soll ja Pini-Corsi, der berühmte Leporello, ein wahres Genie sein. Auch an der Opéra comique gibt es sicher ein begabtes Individuum dieser Gattung. Und auch an den deutschen Bühnen wird's sich schon machen lassen. In Wien kann ich mir die Aufführung ganz charmant denken. Roller ist Feuer und Flamme, uns Regiebuch mit Ausstattung (Bühnenskizzen und Figurinen) für ein für allemal zu liefern, so daß Fürstner es zugleich mit Musikalien eventuell in Vertrieb nimmt[2]. (So macht es Sonzogno z. B.) Wir werden das noch näher besprechen.
In herzlicher Ergebenheit Ihr *Hofmannsthal*

[1] Gemeint ist der Ochs von Lerchenau, nach welchem die Oper anfänglich genannt werden sollte.
[2] Dies ist geschehen.

P. S. Der Zeitungstratsch tat mir leid. Hab keine Ahnung, woher er kommt. Ich mach den Mund nicht auf, seh auch *keine* Seele aus journalistischer Sphäre. Ist aus Lüge und Wahrheit sonderbar zusammengestoppelt, z. B. «*Silvia im ‹Stern›*», wirklich der Titel einer älteren Komödie von mir. Aus dem bloßen Namen «Semiramis» kann N. [sic!] nichts machen, weil «Semiramis» kein bestimmter Stoff, keine bestimmte Situation. Meine ganze eventuelle «Semiramis» ist freie Erfindung. Also nicht ärgern, die Hauptsache ist, daß wir mehr Talent haben!!

Lieber Herr von Hofmannsthal! Garmisch, 16. Mai 1909

Herzlichen Dank für Ihren lieben Brief. Meine Arbeit fließt wie die Loisach, ich komponiere alles mit Haut und Haar. Morgen beginne ich schon mit dem Lever. Die Szene des Barons ist schon fertig; nur müssen Sie mir noch etwas nachdichten. Am Schluß der Arie des Barons nach der Stelle: «und ein Heu muß in der Nähe dabei sein» brauche ich eine große musikalische Konklusion in Form eines Terzetts: der Baron wiederholt in schnellstem Parlando:

> «Dafür ist man kein Auerhahn und kein Hirsch,
> sondern man ist der Herr der Schöpfung.
> Wollt ich könnt sein wie Jupiter selig
> in tausend Gestalten,
> Wär Verwendung für jede.»

Nun soll er sich in immer weiteren Prahlereien dessen, was er alles leisten kann, unaufhörlich steigern, womöglich in daktylischem Rhythmus:

> 16 bis 20 Verse in Buffo-Charakter.

Darüber ein Duett der Marschallin, Fortsetzung des Inhalts

> «Er agiert mir gar zu gut,
> laß er mir doch das Kind,
> er verdirbt mir das Mädchen,
> schweig er doch still» etc.

Dazu Octavian, den ich nach den letzten Worten des Barons

«Nur ein Heu muß dabei sein».

in eine große Lache herausplatzen lassen möchte und der sich in Glossen über den Baron lustig macht. Das gibt eine famose Terzettsteigerung bis zu dem Moment, wo der Baron sich besinnt und einlenkt mit den Worten: «Geb sie mir doch den Grasaff da etc.» Wollen Sie mir dazu noch etwas nachdichten[1]: die Musik ist schon fertig, ich brauche nur Worte zur Begleitung und zum Ausfüllen?

Sehr schön wäre es, wenn Sie für den 2. Akt an ein kontemplatives Ensemble dächten, nach dem Moment, wo vielleicht gerade eine dramatische Bombe geplatzt ist, die Handlung stille steht und alles sich in Betrachtungen verliert. Solche Ruhepunkte sind sehr wichtig.

Beispiele: 2. Akt «Lohengrin», das große Ensemble, das sogenannte «dumpfe Brüten».

Das Meistersingerquintett.

Auch «Barbier von Sevilla», Schluß des ersten Aktes: As-dur-Ensemble: «Seht nur den Bartolo und den Basilio.»

Jeder Musiker kennt die Sachen und kann sie Ihnen vorspielen. – Wenn's so weitergeht, kann der erste Akt Anfang Juni in der Skizze fertig sein.

Ich freue mich sehr, wenn Sie mich hier besuchen, bin mit Ausnahme der Pfingstfeiertage, wo ich nach Aachen zum Musikfest muß, immer hier. Mit schönsten Grüßen von Haus zu Haus

Ihr *Dr. Richard Strauss*

Lieber Herr von Hofmannsthal! Garmisch, 22. Mai 1909

Der erste Akt ist in der Rohskizze so gut wie fertig: ich erwarte mit Ungeduld den zweiten und dritten.

Brauche nur noch einige Nachdichtungen:

S. 33 *Octavian:*

[1] Hofmannsthal hat diesem Wunsche entsprochen, in die Buchausgabe des «Rosenkavalier» ist das Nachgedichtete jedoch nicht aufgenommen worden.

«Ja, ist sie da?
Dann will ich sie halten und sie
pressen» – noch 3 bis 4 Zeilen
Liebesgestammel mehr – !!!
bis «daß sie mir nicht wieder entkommt».

Ferner Seite 35 *Octavian:* folgende Verlängerung:

«Wenn's *so* ein Tag *geben* wird, ich *denk* ihn *nicht*»

jetzt noch 3 bis 4 Verse derselben Faktur, z. B.

Daß *diese* Zeit *kommen* soll, ich *will* es *nicht*, etc. etc.

Außerdem habe ich eine Umstellung vorgenommen, mit der Sie sicher einverstanden sind.
Ich glaube, es ist gut geworden, die gewisse Wiener Sentimentalität der Abschiedsszene gut getroffen.
Meiner Frau gefällt es sehr gut und sie läßt bestens grüßen.
In Eile Ihr herzlich grüßender *Dr. Richard Strauss*

Lieber Herr von Hofmannsthal! Garmisch, 26. Mai 1909
Ich bin vom 1. bis 5. Juni verreist (in Aachen und Stuttgart). Vom 6. Juni ab werden wir uns sehr Ihres lieben Besuches freuen. Ich brauche für diesen Sommer ausgeführt nur mehr den II. Akt. Vom III. Akt nur mehr genaue Inhaltsangabe nebst Szenarium, da ich den III. auch komponieren erst im nächsten Sommer will.
Der I. Akt dauert in Musik eine Stunde, trotzdem der Dialog durchaus fließend, teilweise prestissimo behandelt ist. Es wäre sehr zu wünschen, daß der II. viel kürzer wäre.
Mit schönsten Grüßen Ihr *Dr. Richard Strauss*

Starnberg, 12. VI. [1909], Villa Cantacuzene
Lieber Herr Doktor,
Alles, was Sie mir aus der Oper vorgespielt haben, ist wirklich wunderschön und hat mir große, bleibende Freude gemacht.

Ich habe indessen den 2. Akt nochmals durchgelesen und bin absolut entschlossen, den Aktschluß, die letzten 5 Minuten des Aktes, energisch zu ändern. Drei stille Aktschlüsse sind unmöglich. Das könnte die Gesamtwirkung sogar gefährden. Ich weiß auch schon wie: Annina verlangt Botenlohn, der geizige Ochs weist sie ab, Valzacchi kommt ihr zu Hilfe, die beiden Italiener werden frech, der Baron ruft seine Dienerschaft zu Hilfe und läßt von dieser die Italiener hinausprügeln, wobei er behaglich zusieht und sein Liedchen trällert; so haben wir einen energischen, grotesken, ballettmäßigen Aktschluß, in welchem Ihr schönes Walzermotiv verflochten auftreten kann. Ich bin glücklich, daß mir dies eingefallen ist, bevor es zu spät wird.
Noch eines – erlauben Sie mir da ganz aufrichtig zu sein: in der Arie des Ochs störte mich ein Detail ganz ungeheuer. Die Zeile: «muß halt ein Heu in der Nähe dabei sein», ist nur in einem Ton, schauspielerisch ebenso wie musikalisch, *denkbar*. Nämlich vertraulich plump, pfiffig *geflüstert*. Als eine dumm-schlaue Intimität zu der Marschallin, mit vorgehaltener Hand *geflüstert*, aber um Gottes willen nicht gebrüllt! Daß er ff brüllt: «*Heuuu*» hat mir geradezu einen Stich gegeben. Ich bitte vielmals, ändern Sie das, nicht mir zuliebe natürlich, sondern um des Ganzen willen. Wie wundervoll *nuanciert* Wagner solche Dinge in der Deklamation. Ich schicke Ihnen morgen die unwesentliche Umfassung dieser Arie. Vielleicht, wenn Sie erst ins Detail des Komponierens gehen, ergeben sich Ihnen überhaupt noch mehr deklamatorische, charakteristische *Nuancen* dieser Arie, die *zwecklos* ist, wenn sie nicht dazu dient, den Ochs so scharf zu charakterisieren, wie z. B. Beckmesser charakterisiert ist. Hier muß die Musik die Sänger direkt *zwingen*, gut und richtig zu *spielen*, wie dies auch bei Wagner so schön der Fall ist.
Vielen Dank noch für die schönen Tage. Herzlichst Ihr

Hofmannsthal

Lieber Dichter! Garmisch, 26. Juni 1909

Wann bekomme ich die Zusätze zum I. Akt:
Seite 25 Terzett: Marschallin, Octavian, Baron.
Seite 33 Liebeserklärung Octavians: von «Ja, ist sie da?»
4 bis 5 Verse.
Wann den Schluß des II. Aktes?
Für den Schluß des dritten Aktes, das ausklingende Duett von Sophie und Octavian, habe ich eine sehr hübsche Melodie: Wär es Ihnen möglich, mir circa 12 bis 16 Verse zu schreiben in folgendem Rhythmus:

Süße / Eintracht, du / holdes / Band,
voll treuer / Liebe / Hand in / Hand
fest ver / eint für / alle / Zeit
fest ver / eint in / Ewig / keit

Mir fällt gerade nichts Besseres ein, handelt sich nur um den Rhythmus. So ein recht populäres Vaudeville-Gedicht: etwa 3 Strophen, 12 Verse. Nach obigem Schema!
Vielleicht fällt Ihnen was Hübsches ein.
Mit besten Grüßen Ihr *Dr. Richard Strauss*

Lieber Herr Doktor, Rodaun, 26. VI. [1909]

inliegend erstens: die gewünschte Ergänzung zu Seite 6 (Sophie). 2. eine unerläßliche kleine Einschiebung zu Seite 27. Diese ist *absolute Notwendigkeit*, um die Gefahr abzuwenden, daß die Figur des Quinquin unsympathisch wird. Es *muß* daher der Vorschlag zu der Intrigue von den Italienern ausgehen, 3. der nun lebhafte und singspiel-ballettmäßige Schluß, der Ihnen hoffentlich gefallen wird. Ich habe absichtlich dieses Finale nicht ins Chormäßige gesteigert, was durch Herbeiziehen männlicher und weiblicher Faninalscher Dienerschaft jeden Augenblick möglich wäre, – absichtlich, um mit dem Finale von II. Meistersingern keine Konkurrenz zu schaffen. Es wäre sehr schön, wenn Sie *diesen* Schluß fast ganz *auf die Singstimmen* stellen würden, auf die Verwendung der rhythmisch sehr scharf textierten Verse der Italiener mit dem Walzerlied des Barons, zum Unterschied von den Aktschlüssen I und III, die ganz aufs Orchester gestellt sind.

Das Ballett «Kythere»[1], das mir sehr hübsch und malerisch erfunden scheint, geht mit gleicher Post. Ihr herzlich ergebener

Hofmannsthal

P. S. Seite 9, 4. Zeile von oben, ist die Zeile mit den Ohrfeigen, welche eine zu lebhafte unangenehm karikaturale Nuance für Sophie sind, zu streichen, d. h. zu verändern, wie folgt: ...

«so will ich, meiner Seel', ihr schon beweisen, daß ich ...»[2]

Lieber Herr von Hofmannsthal! Mürren, 9. Juli 1909

Drei Tage Schnee, Regen und Nebel haben heute einen Entschluß in mir gereift, den ich Ihnen nicht länger vorenthalten will. Bitte nicht böse sein und alles ruhig überlegen, was ich Ihnen jetzt sage. Schon bei der ersten Lektüre des II. Aktes[3] fühlte ich, daß daran was nicht stimmte, daß er matt und flau sei und die richtige dramatische Steigerung entbehre. Heute weiß ich auch ungefähr, was fehlt. Der erste Akt als Exposition mit seinem beschaulichen Schluß ist ausgezeichnet. Der zweite entbehrt des notwendigen Gegensatzes und der Steigerung, die unmöglich erst der III. Akt bringen kann. Der III. muß die Steigerung des II. noch übertrumpfen, das Publikum kann nicht bis dahin warten: mit einem flauen Erfolg des II. Aktes ist die Oper verloren. Auch ein guter dritter kann dann nichts mehr herausreißen.

[1] Vgl. die Fußnote zu Strauss' Brief vom 14. Dez. 1900, Seite 16.

[2] So in der Buchausgabe. Das Textbuch hat: «so will ich, wenn es sein muß, meiner Seel', ihr beweisen»; in Partitur und Klavierauszug blieb: «so will ich, wenn es sein muß, mit Ohrfeigen ihr beweisen».

[3] Diese ursprüngliche Fassung des Zweiten «Rosenkavalier»-Aktes erschien (mit einem Geleitwort von W. Schuh) zuerst in «Die Neue Rundschau», 64, Jg. 1953, Heft 3; jetzt auch in Hugo von Hofmannsthal, Sämtliche Werke, Bd. XXIII, Operndichtungen 1, Der Rosenkavalier, Hg. von D. Hoffmann und W. Schuh. Beides S. Fischer Verlag, Frankfurt a.M., 1953 bzw. 1979.

Nun hören Sie zu, wie ich mir den II. Akt denke. Fällt Ihnen noch was Besseres ein, tant mieux!
Also bis zum Auftritt des Baron ist alles famos. Aber von hier ab muß es anders werden.
Die zwei Szenen des Barons mit Sophie sind falsch disponiert. Alles Wichtige dieser beiden Szenen muß gleich in die erste Szene hinein, in der sofort der Baron Sophie so unsympathisch werden muß, daß sie den Entschluß faßt, ihn nie zu heiraten. Octavian muß Zeuge der *ganzen* Szene bleiben, innerlich immer wütender werden, wenn der Baron, sich vor ihm gar nicht genierend, im Gegenteil ihm als jungen Dachs mit seinem Glück bei Weibern vorrenommierend, mit Sophie seine Kapriolen macht. Dann Abgang des Baron zur Unterschrift nebst seinen Abschiedsworten an Octavian, wo er ihm rät, Sophie etwas zu «degourdieren».
Dann Erklärung zwischen Octavian und Sophie nebst dem Knalleffekt der Überraschung durch die beiden Italiener.
Aber von jetzt ab: auf das Geschrei der Italiener kommt der Baron selbst herbei, die Italiener erzählen ihm alles. Der Baron, anfangs mehr belustigt als wütend, zu Octavian: na, mein Bürschchen, du hast ja rasch von mir gelernt. Der Disput zwischen Octavian und dem Baron wird immer heftiger; Duell, worin Baron von Octavian am Arm verwundet wird. Auf des Barons Geschrei: «er hat mich ermordet» stürzt alles herbei, großes Tableau, Skandal: «der Rosenkavalier hat den Bräutigam verwundet!» Faninal entsetzt, des Barons Gefolge verbindet seinen Herrn, Sophie erklärt, sie werde den Baron nie heiraten. Nun kann die Rolle Faninals auch etwas pointierter werden, er weist den Octavian fort, erklärt Sophie, daß der Heiratspakt durch Unterschrift fix und fertig sei, daß er sie ins Kloster schicke, wenn sie den Baron nicht nehme.
Octavian wütend ab, zu dem Baron: wir sehen uns wieder, Baron. Sophie wird ohnmächtig aus dem Saal getragen.
Baron bleibt allein, diesmal noch als Sieger, zurück. Kleiner Monolog, worin er teils auf Octavian schimpft, teils über seine Wunde stöhnt, teils sich seines Glückes von Lerchenau freut.

Dann schleichen die Italiener herbei und überbringen die *Einladung zum Rendezvous mit Mariandel.* Dies kann für das Publikum noch gut als Überraschung wirken. Nicht vorbereiten. Der Schluß des Aktes bleibt wie früher, vielleicht nur einflechten, daß der Baron kein Honorar gibt, die spätere Szene, die Sie mir nachgeschickt, ist nicht nötig[1].

Das Einverständnis zwischen Octavian und den Italienern kann zu Anfang des III. Aktes kurz nachgeholt werden, bevor Valzacchi dem Baron die Kammerjungfer übergibt. Als der Baron Mariandel erblickt, ruft er wieder: «die Ähnlichkeit». Welches hübsche Motiv dann in den Szenen zwischen Mariandel und dem Baron öfters wiederkommen kann. Der Baron im Rendezvous mit verbundenem rechten Arm ist auch komisch.

Was meinen Sie dazu? Seien Sie mit der Motivierung des Stimmungsumschwungs bei den Italienern nicht ängstlich. Vielleicht finden Sie auch noch eine Gelegenheit, wo in dem Durcheinander des Skandals, Ensemble mit Chören, die kleine Szene, wo Octavian den Baron bei den Italienern überbietet, eingeflochten werden kann. Das Publikum *braucht sie nicht.* Errät ja auch was. Je mehr Octavian Schwerenöter ist, desto besser. Jedenfalls muß es schon im zweiten Akt zum Krach kommen, der ausklingende Schluß wirkt dann famos. Jetzt wirkt er nicht, da die Steigerung vorher zu schwach ist. Habe ich mich deutlich ausgedrückt? Bitte überlegen Sie sichs. Wenn Sie wollen, komme ich auch nach Aussee, mich mit Ihnen zu beraten. So kann ich den zweiten Akt unmöglich gebrauchen. Er ist nicht gut disponiert und matt. Glauben Sie mir, mein Gefühl trügt mich nicht. Das Lied: «Mit dir, mit dir keine Nacht mir zu lang» kann schon in der ersten und einzigen Szene zwischen Baron und Sophie gebracht werden. Wirkt dann am Schluß als Reminiszenz famos.

Auch denke ich mir sehr komisch, wenn im dritten Akt der Baron während seiner Zärtlichkeit zu Mariandel durch die Ähnlichkeit immer an den Hundsfott von Rosenkavalier erinnert wird und wütend wird. Das denke ich mir sehr lustig. So schwankt

[1] Siehe Hofmannsthals Brief vom 12. VI. 1909.

er zwischen Verliebtheit und Wut über die Ähnlichkeit mit der verfluchten Visage. Ist, glaube ich, ein gutes Lustspielmotiv.
Nun bitte, seien Sie nicht böse. Aber ich fühle, mit dem II. Akt wie er jetzt ist, kann ich nichts anfangen, das geht zu sehr auf einer Linie, ich muß einen großen dramatischen Aufbau haben, wenn ich mich so lange an einer Welt interessiert halten will.
Eventuell könnte sich Octavian nach dem Duell schon erklären, daß er bereit sei, Sophie gleichfalls zu heiraten, man könnte Octavian zum Baron, den Lerchenau zum Grafen machen, Faninal als komische, adelssüchtige Natur schwankt zwischen Baron und Graf und gibt doch schließlich dem Grafen den Vorzug. – Nur ein Vorschlag!
Jedenfalls ist gut, daß Octavian im zweiten Akt geschlagen, der Lerchenau, wenn auch schon lädiert, doch noch als Sieger hervorgeht, bis er im III. Akt ganz vermöbelt ist.
Eventuell ist auch eine gute Einführung für die Marschallin im III. Akt, wenn sie durch den Skandal schon erfahren hat, was in Faninals Hause sich zugetragen hat. Also eine Fülle an Motiven, fehlt nur der Dichter, der dies zusammenschreibt und in zierliche Worte kleidet, und das sind Sie. Bitte, lassen Sie mich nicht im Stich!
Soll ich nach Aussee kommen? Oder haben Sie mich verstanden? Habe ich mich deutlich genug ausgedrückt?
Nichts für ungut! Ich habe mit der Skizze des II. Aktes bereits begonnen und werde ihn vorläufig bis zum Auftritt des Lerchenau komponieren.
Mit herzlichen Grüßen von Haus zu Haus Ihr

Dr. Richard Strauss

Ab 16. Juli wieder in Garmisch.

Sehr geehrter Herr Doktor, Rodaun, 9. VII. [1909]
Die beiden Einschreibebriefe mit allen Ergänzungen zu Akt I und II sind hoffentlich in Ihren Händen? Bitte um ein Wort!
Mit Roller habe ich vorgestern in Ihrem Namen und auf Grund des in Garmisch Besprochenen *abgeschlossen*. Er ist einverstanden mit einem Pauschale von 5000 Mark und einer Beteiligung

am *eventuellen* Mehrgewinn. Er geht mit großer Lust an die Arbeit, schrieb mir heute, er habe schon die Grundrisse der Dekoration fixiert.

Herzlichste Grüße und Empfehlungen Ihr *Hofmannsthal*

Lieber Herr von Hofmannsthal! Mürren, 10. Juli 1909

Nachdem ich nun schon einmal im Kritisieren bin, riskiere ich, da Sie nun den ersten Schrecken über meinen gestrigen Brief überwunden haben, mit weiterem Freimut fortzufahren. Ich denke fortgesetzt über den II. Akt nach, und mehr und mehr befestigt sich bei mir der Gedanke, daß mein gestriger Brief im wesentlichen, was Architektur und Entwicklung des Aktes betrifft, das Richtige getroffen hat. Auch bei Ihnen wird, wie so oft bei mir, der Fall sein, daß man selbst mit etwas unzufrieden ist, sich dessen aber erst voll bewußt wird, bis dann ein anderer den Finger in die Wunde legt. Sie selbst fühlten, daß im II. Akt nicht alles stimmt, als Sie mich so nachdrücklich auf den III. Akt verwiesen. Aber wie gesagt, der III. Akt allein kanns nicht bringen. Der II. Akt muß der Erfolg sein, der III. Akt denselben befestigen und verstärken.

Also ich flehe nochmals, die beiden Duette des II. Aktes zwischen Octavian und Sophie, besonders aber zwischen Baron und Sophie, in je eine Szene zusammenzuziehen, wenigstens alles Wesentliche der je zweiten Szene schon in die ersten, so daß auch von der zweiten Szene zwischen Octavian und Sophie nur der *letzte Höhepunkt* übrig bleibt. Das heißt: in der ganzen Szene zwischen Baron und Sophie (nebst Octavian als allmählich immer wütenderer Zuhörer) muß die Stimmung innerlich so drohend werden, der Widerwille von Sophie gegen den Baron so stark, daß sie, sobald der Baron zur Unterschrift geht (Sophie braucht gar nicht zu unterschreiben oder kann es vorher schon getan haben) ausbricht: «Retten Sie mich vor diesem Ungeheuer» und Octavian in die Arme fällt und nur ein kurzes leidenschaftliches Duett bis zum Kuß und Überraschung durch die Italiener.

Und nun noch eines: da Sie nun doch schon gründlich um-

arbeiten müssen, revidieren Sie, bitte, den ganzen Dialog zwischen Baron und Sophie nochmals. Ich finde denselben im Verhältnis zu allem Übrigen etwas erfindungsarm, matt, und habe das Gefühl, Ihr Geschmack und Talent könnten da noch etwas viel Geistreicheres und feiner Geschliffenes schaffen. Dieser Dialog steht nicht auf der Höhe des I. Aktes.
Nun seien Sie nicht böse, daß ich Ihrem Pegasus also die Sporen ansetze: aber diese Oper muß prima werden und, wie gesagt, der II. Akt entspricht nicht dem, was ich von Ihnen mir erwarte und was Sie schaffen könnten.
Hoffentlich höre ich bald Gutes von Ihnen und bleibe mit herzlichsten Grüßen Ihr aufrichtig ergebener *Dr. Richard Strauss*

Lieber Herr Doktor, Rodaun, 11. VII. [1909]
Sie werden nicht im Ernst glauben, daß ich Sie in einer solchen Situation im Stiche lassen oder Ihnen Schwierigkeiten machen könnte.
Was Sie fordern, ist Ihnen für Ihren (musikdramatischen) Standpunkt unerläßlich; es widerspricht weder der Anlage der Hauptfiguren, noch – im großen ganzen – der Linie des Stückes, also werde ich es ausführen, und zwar sobald als möglich. Eine gewisse Zeit braucht es, um den Fremdkörper in der Phantasie aufzusaugen und das Ganze wieder lebendig und einheitlich zu fühlen und vor mir zu sehen.
Für die in eines zusammenzuziehende Szene Baron-Sophie (Auftreten Lerchenaus bis zu seinem Abgang mit dem Notar) müssen Sie mir, damit mir die Figuren nicht haltlos werden, eine gewisse Breite des Fundaments konzedieren (analog «Meistersinger»); ich meine *keine größere* Breite, aber die *gleiche* als jetzt die Szene hat, bis Seite 14 unten ungefähr, dann ziehe ich den wesentlichen dramatischen Inhalt der jetzigen Schlußszene (höchste Zudringlichkeit und entschieden zornige Abweisung) herüber und – weiter nach Ihrem Vorschlag.
Meine Bitten und Mitteilungen (bezüglich des jungen Franzosen[1], bezüglich Roller, ferner Ergänzungen zu Akt I) finden Sie in

[1] Edgar Varèse.

Garmisch. Bitte darüber ein bestätigendes Wort nach Aussee, Obertressen.
Ihr herzlich ergebener *Hofmannsthal*

Lieber Herr Doktor, Rodaun, 11. VII. [1909]
Dies nur zu Ihrer Beruhigung. Ich denke nicht daran, Ihnen Schwierigkeiten zu machen und werde den Akt in angedeutetem Sinne (das Duell ist, wie die Figuren einmal sind, der naheliegendste und wirkungsvollste Vorgang) umgestalten.
Ausführlichen Brief schrieb [ich] soeben nach Garmisch.
Herzlichen Gruß *Hofmannsthal*

Lieber Herr von Hofmannsthal! Garmisch, 16. Juli 1909
Zurückgekehrt, danke ich Ihnen herzlich für Ihr liebenswürdiges Entgegenkommen im II. Akte. Ich freue mich sehr, daß mein Vorschlag Ihnen sympathisch ist, und glaube, so wird's famos werden.
Bitte nur bei dem Duell und nach der Verwundung des Baron ein ausgiebiges Entrüstungsensemble mit Chor: Hauspersonal bei Faninal, die Diener des Baron als komische Extragruppe und alle Anwesenden je nach persönlicher Stimmung.
Auch die Szene des Baron, wenn alles ihn allein gelassen hat und er nur mit seinen ihn pflegenden Dienern noch allein ist, über Octavian und seine Wunde flucht, sich trotzdem seines Lerchenauschen Glückes freut, denk ich mir sehr komisch und drastisch. *Nach* dieser lebhaft bewegten Szene genügt also, glaube ich, die Schlußszene mit den Italienern in ihrer ersten Fassung, höchstens ein bißchen erweitert und eben ohne dramatische Affekte, damit die absteigende Linie des Aktes nicht mehr unterbrochen wird.
Nach dieser dramatischen Explosion kann der II. Akt ebenfalls wieder ganz ruhig und beschaulich auslaufen. Nur nicht vergessen, daß das Lied: «Mit dir, mit dir» schon in der ersten Szene mit Sophie gebracht wird, damit es dann am Schluß des Aktes nur mehr als Reminiszenz wirkt.
Das Arrangement mit Roller wird sich, denke ich, realisieren

lassen: ich bitte Roller nur, mir für den definitiven Abschluß Zeit zu lassen bis zum Herbst, wo ich erst mit meinem Verleger konferieren kann. Über Varèse schreibe ich demnächst.
Die Ergänzungen zum 1. Akt habe ich noch nicht vorgefunden.
Mit schönstem Gruß und herzlichem Dank Ihr

Dr. Richard Strauss

Lieber Herr Doktor, Aussee, Obertressen 14, 18. VII. [1909]
Danke sehr für die Zeilen aus Garmisch vom 16. Aber die Ergänzungen zu I (Terzett etc.) gingen Anfang Juli *eingeschrieben* nach Garmisch. Bitte sehen Sie die mehreren großen Kuverts nach, die ich an Sie sandte. Andernfalls bitte gleich um eine Verständigung, damit ich reklamieren kann. Vielleicht lagert der Einschreibebrief noch auf der Post. [...]
Ihr 2. Brief aus Mürren vom 10. enthält eine kleine kritische Bemerkung über die Dialogführung der Ankunft und Werbeszene Lerchenaus mit Sophie, die ich, offen gestanden, ungerechtfertigt finde. Ich möchte aber momentan darauf nicht näher eingehen, da solches Eingehen mir selbst den Schwung und die Laune zu der Umarbeitung gefährden könnte und ohnedies, wenn die zwei Szenen zwischen Lerchenau und Sophie in eine verschmolzen werden (mit dem Liedchen als Endpunkt), nicht nur der Zug des ganzen, sondern auch manches Detail sich ändern wird. Ich sehe jetzt ganz auf den großen Zug der Sache, mit einem aufgeregten Ensemble als Höhepunkt, dann Abschwung.
Diese Kritik war entschieden sehr fördernd und fruchtbar. Dieser Akt, in dem Octavian und Ochs schon aneinandergeraten, erscheint mir jetzt auch als eine viel bessere Basis für die Vorgänge in III. Herzliche Grüße Ihr *Hofmannsthal*

P. S. Manuskript bitte nochmals retournieren an Edgar Varèse, Berlin-Wilmersdorf, Nassauische Straße 61.

Lieber Herr von Hofmannsthal! Garmisch, 20. Juli 1909

Lassen Sie sich bitte durch meine Kritik ja nicht entmutigen: ich kann nur nach mir urteilen, dem nichts so wohl bekommt, dessen Ehrgeiz und Schaffenskraft nichts so fördert und befruchtet, als eine abfällige Kritik eines, auf dessen Urteil man einigen Wert legt. Meine Kritik soll Sie *stacheln*, nicht entmutigen. Ich will das Beste aus Ihnen herausziehen.

Die Sache Roller ist natürlich, nachdem Sie sich so weit engagiert haben, in Ordnung. Sagen Sie ihm nichts mehr, als daß er die Sache machen soll. Das Materielle wird geregelt, ob so, ob so. –

Für die Werbeszene zwischen Baron und Sophie fällt Ihnen sicher bei der Überarbeitung noch was Besseres, Komischeres und Drastischeres ein. Ich kenne das, man ärgert sich, daß einem andern was nicht gefällt, aber es wurmt einen doch so lange, bis man was Besseres gefunden hat. Ergänzungen 1. Akt alles inzwischen richtig erhalten. Ich vergesse nur immer die sofortige Empfangsbestätigung. Darum keine Sorge.

Mit schönsten Grüßen Ihr *Dr. Richard Strauss*

Vergessen Sie nicht, daß das Publikum auch *lachen* sollte! *Lachen*, nicht lächeln und schmunzeln!

Mir fehlt in unserem Werke bis jetzt eine wirklich *komische* Situation, es ist alles bloß heiter, nicht *komisch!*

Lieber Herr Doktor, Aussee, 26. VII. [1909]

Bin mit großem Fleiß und mit Liebe an der Arbeit, die Szenen sind umgestellt, das zweite Duo Octavian-Sophie hat nur seinen letzten gefühlsmäßigen Höhepunkt behalten, ohne alles Retardierende, ist dafür um ein zartes, jugendliches, wie ich glaube, sehr hübsches Liebesduett von 21 Zeilen vermehrt, der Baron ist schon verwundet, das große Ensemble schon absolviert, in [ein] paar Tagen hoffe ich, Ihnen das ganze zu schicken, hoffe, daß Sie Freude haben werden und sehe, daß die ganze, rein theatermäßig, sehr viel besser ist als die frühere Fassung, bin Ihnen also sehr dankbar für Ihr energisches Eingreifen.

Für heute nur eine Kleinigkeit, worauf *gleich* per Postkarte zu antworten bitte: nämlich wegen der Zeile, die der Baron refrainartig und andere (ihm nachspottend) öfter wiederholen sollen. Ihnen ist folgende Fassung im Ohr: «Das ist das Glück von Lerchenau», diese rhythmische Wortverbindung ist Ihnen aber (und allen Leuten im Publikum) nur als mehr oder minder unbewußtes, meist aber bewußtes Zitat im Ohr, als Refrain von Uhlands bekanntester, in allen Schulbüchern enthaltener Ballade, wo jede Strophe endet: «Das ist das Glück von Edenhall!» Das geht also nicht; dagegen wäre mir folgende Fassung sympathisch, rhythmisch gut, wiegend, behaglich, dem Baron Ochs angepaßt: «Ich hab halt ja ein Lerchenauisch Glück! (Wobei als sehr derber Unterton: «ein *sauisch* Glück!» anklingen mag.) Die andern singen dann: «Er hat, halt ja, ein Lerchenauisch Glück», gerad in seinem deplorabelsten Moment.
Paßt Ihnen dieser Satz? Sonst müßte ich einen andern aussinnen.
Bitte Antwort. Ihr *Hofmannsthal*

Lieber Herr von Hofmannsthal! Garmisch, 29. Juli 1909
Das ist das Glück von Lérchenau – geht natürlich nicht. Kennen Sie den bekannten Gassenhauer:

«denn dort in Líndenau
da ist der Hímmel blau...»

Auch die zweite Fassung: Ich háb halt já ein lerchen*au*isch Glück, gefällt mir nicht besonders.

Wie wäre: «Nein, haben die von Lerchenau a Glück»

Rhythmus
Walzer

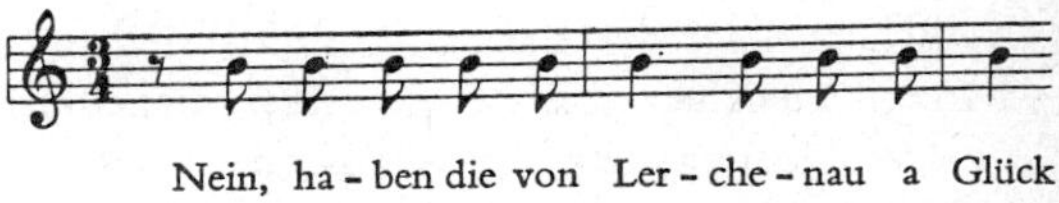

Das ist allerdings ein wenig unpersönlich, man müßte eine Fassung finden, die sich noch direkter auf den Baron exemplifiziert.

⊥ ⌣ ⌣ ⌣ ⊥ ⌣ –

Oder: «Glück ham die von Lerchenau».

Oder: «Nein, so ein Glück wie {der Lerchenau...» / ein}

Das letzte ist vielleicht das beste. Vielleicht finden Sie doch noch was Besseres und Drastischeres.

⌣ ⌣ ⊥ ⌣ – ⌣⌣ ⊥ ⌣ –

«Nur ein Lerchenau hat a solches Glück»

behaglich

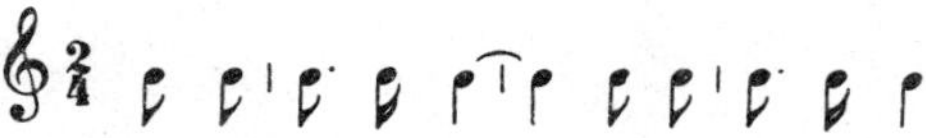

etc. etc.

Mit schönsten Grüßen Ihr *Dr. Richard Strauss*

Lieber Herr Doktor, Aussee, 3. VIII.[1] [1909]

Hoffe, Sie haben an dem 2. Akt nun Freude, die Sie in erster Linie sich selber verdanken. Ich habe an diesem einen Fall für dramatische Arbeiten für Musik etwas Fundamentales und nicht zu Vergessendes gelernt.

Die Werbeszene habe ich auch umgekrempelt und finde, daß sie als fortwährendes Ensemble mit fortwährendem, ziemlich drastischem Spiel des Barons, kulminierend in dem unverschämten Liedchen, mit der grotesken Begeisterung Faninals (und der Duenna) und der wachsenden Wut Octavians eine wirklich lustige Szene ist. Desgleichen hoffe ich, daß mir die in dem Duell gipfelnde Szene als eine solche gelungen ist, die bei *halbwegs* drastischem Spiel des Baßbuffo sehr wohl über das

[1] Im Original irrtümlich: VII.

Lächeln hinaus ein Lachen hervorrufen kann. Ich verschließe mich nämlich Ihren Gedanken über den Unterschied zwischen dem bloß Heiteren und dem drastisch Komischen durchaus nicht – sage mir aber, daß eine heitere Gesamtatmosphäre mit lebensvollen kontrastierenden Figuren und ohne langweilige Maschinerie und öde Strecken doch *auf die Dauer* auch beim Publikum jeder Annäherung an das drastischere operettenhaftere Genre überlegen sein wird. (Siehe «Meistersinger» oder «Figaro», worin auch wenig zum *Lachen*, viel zum Lächeln.)

Übrigens, wenn der erste Akt behaglich und von sentimentalem Reiz ist, der zweite – nun sehr lebendig und hierauf der dritte in der Souper- und Polizeiszene der ergiebigste an drastischem Quipro-Quo und Durcheinander – so sind wir, denk ich, aus dem Wasser. Aus III, sowohl dem komischen wie dem gefühlsmäßigen Teil, hoffe ich, mit Muße *sehr* viel herauszuholen.

Unsere Refrainstelle macht mir wirklich Sorgen. Alle von Ihnen vorgeschlagenen Zeilen passen ganz elend in die Sprechweise der Figur, die ihren eigenen, mehrfach abschattierten persönlichen Ton hat. (Ähnlich wie z. B. Beckmesser einen solchen Ton hat.) Habe mit gutem Willen versucht, Ihre Zeilen (z. B. «Nein, so ein Glück wie ein Lerchenau») in den Text einzusetzen, sie wirken halt ganz fremd, ganz aufgepickt, haben auch im Mund der Nachspotter nichts besonders Charakteristisches.

Bestehen Sie sehr auf dieser kleinen Sache? und – im Text, wie Sie ihn vor Augen haben werden – können da nicht die Fassungen, die er jetzt enthält, beibehalten werden, so daß er nicht jedesmal den ganz gleichen Wortlaut sagt? Auch hat mich – laienhaft für Musik, wie ich bin – ganz konsterniert, daß Sie so *viele* Möglichkeiten, diese Stelle zu komponieren, sehen (Sie schreiben sogar etc.) – nämlich hätten Sie mich zu *einem* Rhythmus gezwungen, so hätte es halt sein müssen – jetzt bin ich momentan ganz ratlos.

Bitte schreiben Sie mir ein paar Zeilen, wie Ihnen jetzt die ganze Geschichte zusagt. Mit vielen Grüßen und Empfehlungen Ihr

Hofmannsthal

Garmisch, den 9. August 1909

Lieber Herr von Hofmannsthal!

Also nochmals: bravissimo für den 2. Akt, ganz ausgezeichnet. Nur eines: wie wird der Umschwung der beiden Italiener motiviert? Kommt das am Anfang des III. Aktes, daß man erfährt, wie Octavian sie gewonnen hat, daß der Baron sie nicht bezahlt hat etc.

Nach dem bisherigen Durchlesen gefällt mir nur der Chor der Lerchenauschen Diener am Schluß des II. Aktes nicht recht: ich hätte gern den Triumph- und Schimpfmonolog des Barons etwas drastischer und ausführlicher. Vielleicht fällt Ihnen dazu noch etwas ein. Ohne Chor! Soloszene. Ich bin schon beim Eintritt des Barons im Komponieren.

Mit besten Grüßen und Dank und Glückwunsch Ihr

Dr. Richard Strauss

Haben Sie die beiden Akte schon einen Fachmann: Schnitzler, Bahr etc. lesen lassen?

Lieber Herr Doktor, Aussee, 11. VIII. 1909

Den Umschwung der Italiener in Kürze zu motivieren, ist in III mehrfach möglich, hier in II hätte es aufgehalten. Übrigens, wie Sie selbst in dem Brief aus Mürren sehr richtig sagten, ist das Publikum in solchen Dingen sehr tolerant, besonders wo es sich um professionsmäßige Intrigenmacher handelt. In der kleinen vorletzten Szene zwischen Abgang Faninal und Auftreten Anninas mit dem Brief sollte die Dienergruppe wohl auf der Bühne *bleiben* (um zu starke Analogie mit Schluß I zu vermeiden) kann ja aber s'Maul halten. Für den Baron scheint Ihnen hier etwas Bestimmtes vorzuschweben: Eine Art Arie? Ähnlich, nur ganz anderen Inhalts, wie die in I? Wieviel Zeilen etwa? *Kurze* Zeilen? Bitte Postkarte! Ihr *Hofmannsthal*

Lieber Herr von Hofmannsthal! Garmisch, 13. August 1909

In Verdis «Falstaff» ist ein so hübscher Monolog zu Anfang des letzten Aktes: er beginnt mit dem Wort: «Schandvolk» – ich denke mir die Szene des Baron nach dem Abgang des

Faninal[1] ähnlich: der Baron auf dem Sofa, Arzt bei ihm, die Diener stumm am Bettende aufgestellt und der Baron in Pausen sprechend, halb für sich, halb zu den andern: halb Siegerstimmung, halb Katerstimmung, immer von Orchesterzwischenspielen unterbrochen

Schmerzen leidend,
auf Quinquin fluchend,
die Braut glossierend.

Die Anlage ist gut, aber noch ein bißchen ausführen, etwa 8 Zeilen. –
Nun aber noch etwas Wichtigeres!
Von Seite 19 ab die Szene zwischen Sophie und Octavian, ist mir noch nicht recht. Ich brauche da etwas viel Leidenschaftlicheres. Nach der vergangenen Szene und vor der unheilschwangeren Szene, wo der Baron die zwei überrascht.
Das Jetzige ist zu zahm, zu geziert und zaghaft und zu lyrisch, und das Duettchen werde ich wohl nicht placieren können, da ich die Lyrik bereits am Anfang des 2. Aktes stark aufgebraucht habe.
Können Sie mir diese Szene nicht noch neu zustellen?
Sophie viel entsetzter und verzweifelter, sich Octavian direkt an den Hals werfend, von Seite 21 ab Steigerung – Steigerung und nichts Sanftes mehr.
Ginge es? Wenn nicht, muß ich auch mit dem fertig zu werden suchen.
Aber ich empfinde hier etwas ganz anderes an der Stelle als die Stimmung des zärtlichen Schweigens.
Zuerst leidenschaftlicher Ausbruch Sophies: «Lieber Vetter, rett Er mich, schaff Er mir dies Scheusal vom Hals, ich geh lieber ins Kloster, als den Bauern heiraten» und dann allmählich zur vollen Liebeserklärung übergehen bis zum *Kulminations*punkt, wo die Italiener losschreien!
Mit schönstem Gruß Ihr *Dr. Richard Strauss*

Bin schon auf Seite 18 mit Komponieren!

[1] Im Original versehentlich: Baron.

Garmisch, 13. 8. 09

Zum heutigen Brief nachtragend: bis Seite 20 Ende kann es bleiben, aber von Seite 21 ab anders: Verzweiflungsausbruch, leidenschaftliche direkte Aussprache und Liebeserklärung.

In Eile grüßend *Dr. Richard Strauss*

Aussee, 15. [VIII. 1909] Sonntag morgens

Lieber Herr Doktor,

Es ist mir sehr lieb, daß Sie – wie die Nachtragskarte zu Ihrem Brief vom 13. sagt – wenigstens den Anfangsstil der Duoszene beibehalten wollen, denn für diesen Anfang, der aus dem Konversationellen, Ruhigen herauswachsen *muß*, fiele mir nicht leicht etwas Besseres ein, und verändert man ohne Lust und Inspiration, so geht an solchen Stellen das Charakteristische und der Stil des Stückes flöten. Leider ist mein Manuskript und Ihre Abschrift nicht gleich paginiert, doch vermute ich, Sie wollen bis zu der Stelle des Kusses (Oct.: «Ich hab' sie recht von Herzen lieb») beibehalten und wollen nur dann an Stelle des *gehaltenen* Duettes ein leidenschaftliches sich steigerndes Durcheinanderreden auf den Text: «Ich hab' Dich lieb – ich hab' Dich lieb» – von circa 15 Zeilen. Diese Lösung wäre mir die liebste, bitte befreunden Sie sich mit ihr und geben Sie mir sogleich definitive Antwort.

Für den Monolog des Barons weiß ich nun genau, was Sie wollen, durch Ihre suggestive Andeutung: Sofa. Ich glaubte im Gegenteil, Sie wollten etwas *Bewegtes*. Das Ruhende leuchtet mir viel besser ein und ich werd's baldigst machen. Bitte nur um eine Zeile wegen der Duoszene, ob ich bei dem Angedeuteten bleiben kann. Ihr *Hofmannsthal*

P. S. Die Duoszene, Quinquin-Marschallin in Akt I, Schluß, erscheint mir bei jedem Durchlesen schon im Text von *gefährlicher* Länge. Ich möchte mit Opferung einer poetisch ganz hübschen, aber entbehrlichen Stelle zunächst einen Strich Seite 36 vorschlagen, nämlich alle Repliken beider Figuren, die auf Seite 36 stehen. Es ist ein ganz erträglicher Übergang. Übermäßiges Dehnen in der letzten Viertelstunde eines langen Aktes erscheint mir höchst gefährlich.

Lieber Herr Doktor! Aussee, 2. IX. [1909]

Vielleicht paßt Ihnen einliegende Textstelle für Octavian-Sophie gleich nach Abgang der *Duenna*. Es wäre mir lieb. Insbesondere das beliebig zu wiederholende: «O blieb' er nur bei mir!» gibt vielleicht den gewünschten Anlaß zu *gesteigerter*, nicht bloß zärtlicher Musik. Zu einem eigentlich erotischen à la Wagnerischen Aufeinanderlosschreien möchte ich diese beiden jungen, naiven, gar nicht walküren- oder tristanartigen Geschöpfe womöglich nicht zwingen. Paßt es noch nicht ganz, so bitte ich gleich um eine Zeile, wir werden's schon finden.

Ihr ergebener *Hofmannsthal*

Lieber Herr Doktor, Aussee, Obertressen, 8. IX. [1909]

Ich bin sehr glücklich, daß es nur eine Kleinigkeit ist, die Sie an diesem unerwünschten Ort für kurze Zeit festhält.

Auch mir ist mitten in der Arbeit etwas nicht Angenehmes widerfahren – eine kleine aber recht peinliche Nervendepression –, so daß ich in den letzten drei Wochen fast nichts gemacht habe: denn gerade der fröhliche Aufzug und die Veränderungen am ersten Aufzug, die mir vorschweben, das muß mit leichtem Herzen und einem munteren Kopf gemacht werden. Ich hoffe, dies hier zu erreichen in einer so lieblichen als vertrauten Landschaft. Wenn ich dann etwa um den 10. Oktober nach München käme, oder gegen den 15., würde es Ihnen passen? Wir kommen in dieser Sache sicher zusammen und haben noch gemeinsame Freude daran, das fühle ich.

Mit allen guten Wünschen Ihr herzlich ergebener *Hofmannsthal*

Lieber Herr von Hofmannsthal! Garmisch, 15. 9. 09[1]

Bekomme ich für die Schlußszene des II. Aktes (Baron allein) noch einige drollige Verse: Flucherei auf Octavian, Triumph

[1] Diese Postkarte ist (gleichlautend) zweimal vorhanden, einmal nach Aussee, das andere Mal nach Rodaun adressiert.

über den Sieg, Schmerzen im Arm, so ein Gemisch von Kater und Lustigkeit? Bin nahe dabei und hoffe den II. Akt noch in diesem Monat zu vollenden.
Ab 1. Oktober Berlin W, Joachimsthaler Straße 17. Schönsten Gruß! *Dr. Richard Strauss*
Bitte um telegraphischen Bescheid!

Lieber Herr Doktor! Aussee, Obertressen 14, 16. IX. [1909]
Aus Ihrem Schweigen möchte ich schließen, daß es mit der Duoszene jetzt stimmt, doch könnte es auch sein, daß Sie momentan nicht arbeiten, unwohl sind usf. und sich deswegen nicht geäußert haben. Ich bitte aber nach Empfang dieser Zeilen um ein kurzes umgehendes Wort hierüber, nämlich, weil ich vom 22. an für etwa 6 Wochen aus der Welt verschwinde, d. h. mich mit meiner Komödie[1] irgendwo, in Italien, Haute-Savoie oder wo immer verkrieche, wohin mir keine Briefe oder Depeschen, auch nicht von Ihnen, nachgeschickt werden würden. Vorher schicke ich Ihnen noch morgen oder übermorgen die kleine Veränderung für die vorletzte Szene vom Akt II, Monolog des Barons auf dem Ruhelager.
Ihr herzlich ergebener *Hofmannsthal*

Garmisch, 18. Sept. 1909
Besten Dank für Brief: erwarte mit Ungeduld den Monolog des Baron, um so mehr als der letzte Schluß des II. Aktes bereits fertig komponiert ist und, wie ich glaube, ein Schlager ersten Ranges geworden ist. «Ich bin mit mir zufrieden!» Ich bin gesund und frisch und wünsche Ihnen gleichfalls alles Gute für glückliche Vollendung des Lustspiels. Geben Sie mir doch für *alle* Fälle Ihre Adresse: ich werde Sie nicht ohne triftigen Grund stören, um so mehr, als ich in Berlin 1. Oktober mit der Instrumentierung der zwei ersten Akte beginne. Eine saure Arbeit!
Mit besten Grüßen Ihr ergebenster *Dr. Richard Strauss*

[1] «Cristinas Heimreise».

Lieber Herr Doktor, Aussee, 18. IX. [1909]

Umstehend serviere ich Ihnen als Monolog mit Pausen für Orchesterzwischenspiel:

a) Katerstimmung.
b) Zorn auf Octavian.
c) Erwachendes Behagen.
d) Völliges Behagen mit Übergang zum Refrain-Liedchen.

Ihr ergebenster *Hofmannsthal*

NB. Mit morgiger Post schicke ich Ihnen den gedruckten Klavierauszug der schon öfter erwähnten einaktigen Oper[1] meines alten Freundes Franckenstein, mit der *inständigen* Bitte, falls Ihnen die Sache nicht mißfällt, dafür ein *gewichtiges* gutes Wort in Dresden einzulegen, wofür ich Ihnen *besonders herzlich* dankbar sein und mich erweisen werde.

Lieber Herr Doktor, Aussee, 20. IX. [1909]

Angenehmere Nachricht als Ihre letzte Karte enthält, wüßte ich nicht zu wünschen und bin Ihnen herzlich dankbar für den Ausdruck Ihrer freudigen Stimmung in bezug auf die gemeinsame Arbeit.

Sobald ich die Komödie unter Dach habe, gehe ich an den III. Akt und ich weiß im voraus, daß diese Pause von ein paar Monaten ihn nur gereift und bereichert haben wird. Er muß der beste von allen werden, lustig und gefühlvoll, und in der Person der Marschallin auch wiederum die höhere Region des Rührenden erreichen.

Wohin ich mich verstecke, weiß ich noch nicht, doch wird mich durch meine Frau *jeder* Brief Ihrer Schrift sofort erreichen, wenn Sie adressieren: 23.–28. IX. München, Hotel Marienbad (schreiben Sie doch dahin, wann Sie durchfahren); 29. IX.–12. X. wieder Aussee, 12.–25. X. Schloß Neubeuern am Inn, Oberbayern. Ihr *Hofmannsthal*

Ich glaube, daß Sie dem … [sic] Direktor Weingartner jetzt

[1] «Fortunatus»(?)

wieder auf die Kappe gehen müssen und ihm eventuell durch einen zunächst freundschaftlich-inquirierenden Brief etwas aufmuntern.
Er gab während der größten Hundstagshitze «Elektra» dreimal rasch nacheinander, 26. August, 2. und 5. September, mit einem schlecht rezensierten Gast aus *Barmen*, seither (seit dem 5. IX.) ist es *gar nicht* angesetzt. Es ist als habe er im schlechtesten Moment, in der schlechtesten Besetzung (der Intendanz) den Beweis liefern wollen, daß auch diese Oper schlechte Häuser machen kann. Die Marcel hat jetzt in andern Opern viel Erfolg, fängt an große Stellung beim Publikum zu kriegen, es ist dringend darauf zu sehen, daß er sie nicht aus «Elektra» *herausescamotiert*.

Schloß Neubeuern a/Inn
Oberbayern Dienstag [12. Okt. 1909?]

Lieber Herr Doktor,
Ich bin wirklich ganz konsterniert, aus dem Wiener Repertoire zu sehen, daß «Elektra» wieder nicht angesetzt ist. Es ist mir ganz außerordentlich peinlich, daß das gerade in Wien passieren muß und ich so gänzlich außerstande bin, helfend einzugreifen, ja, daß es mir eben bewußt ist, ich könnte bei meiner großen persönlichen Unbeliebtheit und dem gänzlichen Mangel an Beziehungen (auch zu dem Obersthofmeister Fürsten Montenuovo, an dessen Intervention ja zu denken wäre, habe ich keinerlei Beziehung) nur die Situation verderben, wenn ich mich einmische. Sie verfügen ja aber in Pötzl und Bahr über zwei wenigstens in der vorliegenden Angelegenheit zweifellos zuverlässige Leute.
Aber vielleicht haben Sie schon etwas getan. Oder vielleicht haben Sie andererseits von Weingartner irgendwelche präzise Zusicherungen oder Garantien erhalten – und ich ärgere mich ganz umsonst. Deshalb und weil ich gerne in meiner stark fortschreitenden Arbeit mich jedes ärgerlichen Nebengedankens entschlagen (oder wenigstens lieber einer präzisen, rundum-

schriebenen Unannehmlichkeit gegenüberstehen möchte als dieser Ungewißheit), so bitte ich Sie herzlich, schreiben Sie mir in zwei Worten auf einer Postkarte, aber möglichst bald, den Stand der Sache. Ihr herzlich ergebener *Hofmannsthal*

Schloß Neubeuern a/Inn, 15. X. [1909]
Oberbayern

Lieber Herr Doktor,

Vielen herzlichen Dank, daß Sie so gut waren, mich zu informieren. Auf so planmäßige Gemeinheit war ich nicht gefaßt gewesen. Da steigt einem wirklich das Blut ins Gesicht. Ich finde Ihren Brief ganz ausgezeichnet, in der Mischung von Mäßigung und Drohung.

In Herzlichkeit Ihr *Hofmannsthal*

P. S. Da wird man bei einem künftigen Werk einen gehörig vorsichtigen Vertrag machen müssen!

Lieber Herr von Hofmannsthal! Berlin, 27. Oktober 1909

Der brave Bahr schreibt mir soeben, daß es durch allerlei Zufälle etc. endlich gelungen ist, in Wien für den 9. November «Elektra» mit der Mildenburg durchzusetzen.

Es handelt sich nun darum, für diesen Tag ein total ausverkauftes Haus zu bekommen: bitte, machen Sie bei all Ihren Freunden die größte Propaganda, daß an diesem Abend alles zur Stelle ist.

Ich bin fleißig am Mariandel und rechne bestimmt darauf, bis 1. Januar spätestens von Ihnen den III. Akt zu bekommen!

In Eile bestens grüßend Ihr *Dr. Richard Strauss*

Lieber Herr Doktor, [Oktober? 1909]

Vielen Dank. Vielleicht hat man auch mich aufgehetzt! Es kann ja sein. Jedenfalls ist es in bester Absicht geschehen. Vielleicht gehören Mildenburg und Bahr zu den Menschen, die ein bißl Verfolgungswahn haben. Ich werde den näheren Inhalt von Weingartners Brief *nicht* wieder an Bahr zurückreferieren, namentlich bezüglich Paalen, weil sonst ein Rattenkönig von

Tratsch entsteht. Also auf Wiedersehen, ich arbeite täglich und mit viel Vergnügen. Ihr *Hofmannsthal*

Lieber Herr von Hofmannsthal! Berlin, 24. Nov. 1909

Ich gedenke in circa 10 Tagen mit der Partitur fertig zu sein[1] und will dann mit meinem Verleger (wahrscheinlich wieder Fürstner) in Verbindung treten und abschließen, damit sofort Abschrift, Klavierauszug und Drucklegung in Angriff genommen werden kann. Bevor ich zu verhandeln beginne, muß ich als sichere Basis mir die genaue Präzisierung Ihrer Forderungen, wie wir sie im Sommer mündlich vereinbart haben, erbitten. Ich hoffe natürlich, noch bessere Bedingungen für das «Mariandel» zu erreichen als für «Elektra», weiß aber nicht, ob es mir gelingt. [...]

Mit herzlichem Gruß und Dank im Voraus Ihr

Dr. Richard Strauss

Lieber Herr von Hofmannsthal! Berlin, 4. 12. 09

Aus Ihrem freundlichen Briefe entnehme ich mit Bedauern, daß mein Notschrei auf Sie nicht so überzeugend gewirkt hat, wie ich erhoffte. Hoffentlich gelingt es mir nun mündlich, so peinlich mir die Sache selbst ist, Sie in Freundschaft zu meinem Standpunkt zu bekehren. Ich bin von morgen bis 10. Dezember im Harz, aber 11. und 12. Dezember hier voll zu Ihrer Verfügung. 13. Dezember muß ich zu «Elektra» nach Hamburg, 15.–23. bin ich wieder hier. Auf baldiges Wiedersehen!

Mit herzlichem Gruß Ihr *Dr. Richard Strauss*

[1] Gemeint ist die Partitur des I. Aktes, die am 20. Dezember 1909 beendet wurde.

1910

Lieber Herr von Hofmannsthal! [Berlin, 14. 2. 1910]
Wir gehen morgen Dienstag abend in «Cristina». Können wir darnach irgendwo, vielleicht Kaiserhof Grillroom, zusammen sein?
Mit schönstem Gruß Ihr *Dr. Richard Strauss*
Berlin W 15. Telefon: Charl. 9285.

Lieber Herr von Hofmannsthal! Garmisch, den 23. April 1910
Ich bin in Garmisch und warte mit Schmerzen auf den III. Akt! Die Partitur des II. ist schon in Druck!
Mitte Juni bin ich in Wien! Samstag ist böhmische «Elektra»-Première in Prag.
Alles Schöne für glückliche Vollendung unseres «Ochs» und herzliche Grüße Ihres aufrichtig ergebenen *Dr. Richard Strauss*
Rollers Figurinen sind prachtvoll!

Lieber Herr Doktor, Rodaun, 27. IV. [1910]
Angelegenheit «Neue Freie Presse» sofort nach Empfang Ihrer Depesche ablehnend erledigt. Freue mich sehr, daß Ihnen Rollers Mitarbeit so sehr einleuchtet. Es ist sehr wertvoll, daß uns ein solcher Helfer zur Verfügung ist, um (auch in der Regie) den neuen *Stil*, um den es sich handelt, durchzusetzen, was ohnedies eine harte Arbeit sein wird, aber eine conditio sine qua non für den jahrzehntelangen *Bestand* des Werkes, den wir ambitionieren. Nur was als neu und einheitlich im Stil zunächst befremdet, dann allmählich akzeptiert wird, kann lange leben.
Bin sehr bestürzt, daß Sie schreiben, Sie *warten mit Schmerzen*. Zunächst ahnte ich nicht, daß Sie schon zuhause und in Ruhe wären, da ich fortwährend lese, Sie seien da und dort. Ferner: da die in Ihren Händen befindliche Souper- und Verhörszene so ganz in sich geschlossen, so hoffte ich, Sie würden, ebenso wie bei Akt I, zunächst an diesem arbeiten können. Geht denn das nicht? Bitte um ein Wort per Postkarte. Morgen vormittag

diktiere ich das Weitere der Schreiberin in die Maschine und Sie bekommen es schleunigst. Nur für den allerletzten Schluß, Terzett-Duett, worin viel Diskretion und doch viel Süßigkeit liegen soll, mußte ich ein besseres physisches Befinden und bessere Stimmung abwarten, die sich auch wohl eingestellt hat, – nur jammerschade, daß nach *einem* schönen Frühlingstag jedesmal wieder eine Woche lang eisiger Winterwind um die blühenden Obstbäume fegt. Ich hätte die Schlußszene, es handelt sich nur um 3 bis 4 Seiten, so gerne im Garten geschrieben.
Im Juni, wo Sie herkommen, werde ich leider nicht da sein. Konnte es nicht anders einteilen, als ab 10. Juni am Lido zu mieten. Herzlichst Ihr *Hofmannsthal*

Lieber Herr von Hofmannsthal! Garmisch [2. Mai 1910]
Ich beginne jetzt mit der Komposition des III. Aktes. Der Schluß hat noch Zeit. Ich habe nur alles gern eine Zeit vorher, damit ich den Text durcharbeiten und verdauen kann, bevor ich zu musizieren anfange!
Also warten Sie ruhig auf die «gute Stunde»! Titel? Ich bin doch für den «Ochs»!
Mit herzlichem Gruß Ihr *Dr. Richard Strauss*
«Elektra» letzten Freitag in Frankfurt vor ausverkauftem Haus mit Mildenburg ein Bombenerfolg!

Lieber Herr Doktor, Rodaun, 4. V. [1910]
Hier ist das Weitere, bis unmittelbar an den Schluß heranführend, so daß Sie jetzt den nötigen konstruktiven Überblick haben werden.
Den Schluß hätte ich schon längst gefunden, wenn nicht seit Wochen so greuliches, die Stimmung verdüsterndes Wetter wäre. Der Schluß muß *sehr* gut werden, sonst ist er schlecht. Er muß psychologisch richtig und zugleich zart sein, muß hübschen, sangbaren Text ergeben, sich richtig in Konversation und wieder Nummern einteilen, muß in bezug auf die jungen Leute befriedigen und doch in bezug auf die Marschallin nicht kränken – kurz und gut, man muß ihn mit Freude und Verve

machen, und dazu muß ich im Garten sitzen und Sonne haben, nicht eisigen Regensturm.
Ich fahre morgen nach Budapest, zu einer Aufführung von «Cristina» in neuer verkürzter Fassung[1].
Gratuliere zur «Salome» in Paris und anderem Schönen.
Wird der Riesenerfolg in London, zu dem alle Leute einem gratulieren (es scheint ganz ungewöhnliches Aufsehen gemacht zu haben), sich in 8 Vorstellungen erschöpfen? Gereicht hätte er offenbar für eine Serie von 400 Vorstellungen. Herzlichst Ihr

Hofmannsthal

Lieber Herr von Hofmannsthal! Garmisch, 20. Mai 1910

Der Tod meiner armen Mutter[2] hat mich jäh in der Arbeit aufgescheucht. Heute komme ich wieder dazu, an unsre Pläne zu denken.
In aller Kürze: das letzte Stück (anbei!), das Sie mir schickten, gefällt mir in der Disposition gar nicht.
Zu breit, zu zerflatternd, alles hintereinander, statt aufeinander platzend. Der Eintritt der Marschallin und die folgende Szene muß der Brennpunkt der Handlung und Spannung und äußerst konzentriert sein. Wenn der Baron und der ganze Trubel fort, dann muß sich erst alles allmählich in Lyrik auflösen und in weichen Linien zurückgehen.
Der Brennpunkt ist die enorme Verlegenheit des Baron, als er sich plötzlich den drei starr ihm gegenüber stehenden Gesichtern gegenüber sieht: Marschallin, Octavian, Sophie. Wie er nun zwischen den drei hin und her taumelt, muß äußerst drastisch sein. Vielleicht finden Sie für diese Situation noch bessere Schlagworte, als ich nebenbei skizziert habe, aber im Ganzen ist der Aufbau, den ich Ihnen anbei schicke, glaube ich, gut disponiert. Bitte, lesen Sie ihn aufmerksam, verbessern Sie mit Ihrem Geschick, was bei mir ungeschickt – aber in den Grundzügen muß es, glaube ich, so bleiben.

[1] Die neue Fassung ohne den vierten Akt.
[2] Josephine Strauss, geb. Pschorr, geboren am 10. April 1838 in München, gestorben daselbst am 16. Mai 1910.

Der Kommissär muß rasch erledigt sein: nebenbei. Hat kein Interesse mehr, wenn sich die 4 Hauptpersonen drohend gegenüberstehen. –

Sagen Sie mir bald, was Sie denken!

In Eile herzlich grüßend Ihr *Dr. Richard Strauss*

Freue mich herzlich, daß «Cristina» in Wien endlich ein Publikum von Geschmack und Kunstsinn gefunden hat.

Lieber Herr Doktor, 23. V. [1910]

Ich war sehr erfreut über Ihre produktive Kritik. Ich hatte die letzten Tage gespürt, daß die Stelle nicht sitzt, wußte aber nicht ganz, woran es liegt; Sie haben den Nagel auf den Kopf getroffen: ich hatte zu lange mit der Figur des Kommissars, die nebensächlich ist, herumgetrödelt. Ihre Umstellung und Zusammenschiebung ist ausgezeichnet, ich folge ihr genau, suche nur die einzelnen Wendungen (besonders im Mund des Barons) möglichst charakteristisch und komisch herzustellen. – Nur eines: die Stelle, wo Sophie voreilig Octavian als ihren Bräutigam bezeichnet, ist unmöglich. Das ist viel zu grob und herausplatzend. Ein solches Wort an dieser Stelle müßte auch, rein theatralisch, zu einer viel schärferen, definitiveren Auseinandersetzung führen, als zu einem bloßen Zusammenzucken der Marschallin. Doch ist ein paar Verse früher Gelegenheit, Octavian und Sophie einigermaßen (nur nicht so gröblich) sich verraten und die Marschallin zusammenzucken zu lassen. Daß die Sophie links, die Marschallin rechts auf einen Stuhl sinkt, ist rein im konventionellen burlesken Sinn ganz richtig, verwischt mir aber zu sehr den für die Schlußsituation nötigen Ranges- und Charakterunterschied der zwei Frauen. Sophie muß trotzig links stehen, die Marschallin traurig rechts sitzen, Octavian zwischen beiden hin- und herpendelnd. Ihre Umformung ergibt ein verbessertes Fundament für die lyrische Schlußszene, einen besseren Übergang zu dieser. Also besten Dank! Ihr *Hofmannsthal*

[Auf einem aus dem Englischen übersetzten Brief an eine unbekannte Empfängerin, der Bemerkungen Sir Phillips' zum «Rosenkavalier» – Verhältnis von Hofmannsthals im Zeitalter

Maria Theresias spielendem Lustspiel und Strauss' moderner, mit Walzern durchsetzten Musik – enthält][1]

Garmisch, 30. Mai 1910

Kritische Bemerkungen von Sir Phillips, Direktor der Wallace Collection in London! Wann bekomme ich meinen Schluß vom III. Akt: ich bin mit dem Komponieren so weit.

Besten Gruß Ihr *Dr. Richard Strauss*

Rodaun, 6. VI. [1910]

von Sonntag an: Venedig – Lido, Excelsior, Palace

Lieber Herr Doktor,

Ich erwarte stündlich aus Wien die typierte Reinschrift von Akt III, die dann sogleich an Sie geht. Der Mittelteil hält sich genau an die von Ihnen gewünschte Linienführung. Mit dem lyrischen Schlußteil werden Sie, hoffe ich, zufrieden sein. Erstens ist er kurz. Vom Abgehen des Barons bis zum Fallen des Vorhangs etwa 12 Minuten. Noch kürzer dürfte es nicht sein, um der Figur der Marschallin nicht ihre Bedeutung zu nehmen. Es ist diese Figur, die das Publikum, namentlich die Frauen, als Hauptfigur empfinden und mit der sie *gehen*. Ferner ist es mir gelungen, den ganzen psychologischen Inhalt des Schlusses in *Nummern*, Duett oder Terzett, unterzubringen, mit Ausnahme ganz kurzer Parlandostellen. Das ist sicher ein Vorteil, wenn der Schlußakt nicht nur der lustigste, sondern auch der *singendste* ist. Für das allerletzte Duett, Quinquin-Sophie, war ich ja durch das von Ihnen gegebene Versschema sehr gebunden, doch ist eine solche Gebundenheit an eine Melodie mir eigentlich sympathisch gewesen, weil ich darin etwas Mozartisches sehe und die Abkehr von der unleidlichen Wagnerischen Liebesbrüllerei ohne Grenzen, sowohl im Umfang als im Maß, – eine abstoßend barbarische, fast tierische Sache, dieses Aufeinander losbrüllen zweier Geschöpfe in Liebesbrunst, wie er es praktiziert[2].

Ich hoffe also, Sie sind zufrieden – mir war die Arbeit an dieser

[1] Der Brief von Sir Phillips in Hofmannsthal-Blätter, Heft 12, 1974, S. 457/59, mit Kommentar von H.-A. Koch, Lothar Stiehm, Heidelberg.

[2] *1. Ausgabe:* weil ich darin etwas nach dem alten vorwagnerischen Stil sehe.

Sache so sympathisch, daß es mich fast traurig machte, *Vorhang* darunter schreiben zu müssen.

Bezüglich Wien möchte ich etwas sagen, was ich *dringend* bitte, nicht in den Wind zu schlagen – wahrscheinlich stimmt es ohnedies mit Ihrer Ansicht überein. Es ist die dringende Bitte, mit Weingartner sich auf *keinerlei* Abmachungen einzulassen. Er fällt entweder schon im Herbst, spätestens im nächsten März. Der Besitz unserer Spieloper könnte ihn höchstens *stützen;* oder er embrouilliert durch Lügen bei den Verhandlungen alles und stiftet auf ewig Verstimmung zwischen Ihnen und der Intendanz resp. Montenuovo. Behalten Sie dagegen die Karten in der Hand und weisen seine perfide Annäherung aufschiebend zurück, so ist gegen jeden Nachfolger die Situation günstig und alles (auch bezüglich «Elektra») zu erreichen. Verschiebung der Wiener Aufführung steigert nur das große Interesse. Wahrscheinlich kommt ein Provisorium, vielleicht mit Walter an der Spitze (für Sie *höchst* günstig), worüber aber *strengste* Diskretion zu wahren bitte.

«Ihr» *Hofmannsthal*

Lieber Herr Doktor, Rodaun, 10. VI. [1910]

Vielen Dank für Ihre gütige Depesche[1]. Ja, ich glaube auch, daß der lyrisch-sentimentale Schluß gut ist und die burleske Hauptszene (Souper und Verhör) gut ist. Aber nach einer Vorlesung an zwei verständige Freunde ist es mir ganz klar: noch immer *nicht* gut, trotz Umarbeitung, ist der verbindende Mittelteil, vom Auftreten der Marschallin bis zum Abgang des Ochs, circa Seiten 27 bis 33. Dieser Teil fällt ab, ermüdet. Er hat folgende Fehler:

a) noch immer zu lang,
b) nicht Fleisch und nicht Fisch, nicht komisch, nicht lyrisch, zu ernst, zu trocken,
c) aus den Hauptfiguren, besonders Ochs, ist nicht das Letzte, Komische herausgeholt,
d) die Sache mit dem Staunen über die Ähnlichkeit wird totgehetzt, langweilt schließlich,

[1] Fehlt.

e) der 5. Fehler fällt mir nicht ein, aber er wird mir wieder einfallen.

Das muß also frisch *gesehen*, frisch erfaßt und frisch gemacht werden. Werde mich am Lido (Excelsior Palace) sogleich damit beschäftigen, möchte freilich lieber ausruhen, aber das ist hochwichtig! An einer Arbeit wie dieser darf beiderseits keine erkannte oder nur geahnte Schwäche beibehalten bleiben. Indessen absolvieren Sie, denke ich, Ihre diversen «Elektren» sowie die Strauss-Woche[1].

Paßt der allerletzte Schluß vollkommen zu der Schlußmelodie, die Sie sich gedacht haben? Schreiben Sie mir doch einmal ein Karterl an den Lido. Herzlich Ihr *Hofmannsthal*

Briefe Hofmannsthal vom 11. VI. und 26. VI. 1910 siehe Anhang S. 712

[Nachschrift zu einem (hier nicht mitgeteilten) Brief des Grafen Seebach] Garmisch, 1. Juli 1910

Lieber Herr von Hofmannsthal!

Lesen Sie und erwägen Sie, bitte, diesen Brief[2] mit Hoftheaterstempel.

Schluß des «Rosenkavaliers» erhalten, scheint mir perfekt. Bahr, den ich in München den III. Akt lesen ließ, findet Sophie nicht naiv und reizvoll im Ausdruck. Er wird Ihnen selbst darüber schreiben.

«Elektra» im Prinzregententheater mit Faßbender überwältigend.

In Eile schönstens grüßend Ihr *Dr. Richard Strauss*

Lieber Herr von Hofmannsthal! Garmisch, 3. Juli 1910

Ich habe Ihnen irrtümlich die Summe von [...] M. (Honorar für «Rosenkavalier») zweimal zugesandt. Bitte schicken Sie einmal [...] M. wieder an die Discontogesellschaft Berlin W, Unter den Linden, an mein Konto zurück.

Mit bestem Gruß Ihr *Dr. Richard Strauss*

Was sagen Sie zu Seebach?

[1] In München. [2] Es handelt sich um Bedenken des Dresdener Intendanten, Graf Seebach, wegen gewissen «anstößigen» Textstellen im «Rosenkavalier».

Ich meine, es ist am besten, einen Teil des Beanstandeten nur für Hoftheatergebrauch etwas zu mildern und umzudichten. Bahr ist jetzt in Ober St. Veit!

Lieber Herr Doktor, Rodaun, 12. VII. [1910]

Verzeihen Sie, bitte, die arge Verspätung, ich war gar nicht wohl.

Die Einwendungen Graf Seebachs scheinen mir sehr beachtenswert. Denn was ihn so choquiert, wird auch andere choquieren (nicht bloß in Hoftheatern), und wozu sich einen Teil des Publikums überflüssigerweise entfremden?

Also

1. Daß die Marschallin schon außer Bett, ist ja mit Roller (bezüglich Regiebuch und Dekoration) schon längst fixiert.
2. Die Stelle in Akt II, daß man in Paris Einladungen macht, um zu sehen, was zwischen jungen Eheleuten vorgeht, möchte [ich] vorschlagen *wegzulassen.* Hoffe, daß Sie es auch in der Musik möglich machen können. Denn was immer ich an die Stelle setzte, ist pointelos, eine öde leere Stelle; denn eben nur, daß er *das* sagt, ist ein Witz. Also, *bitte*, lassen Sie es weg und stellen den Übergang her.
3. Die etwas arge Stelle des Ochs im Terzett (Akt I) werde ich durch eine zahmere im gleichen Rhythmus ersetzen.
4. Die Stellen in der großen Arie des Ochs, insbesondere daß «er nicht nach dem Kalender forciert ist», scheinen mir doch nicht so arg. Vielleicht läßt sich darüber mit Seebach noch sprechen, ich meine *Ihrerseits*, denn ich will nur mit Ihnen zu tun haben, die Vertretung nach außen soll einheitlich durch Sie geschehen. –

Wenn Sie dann schließlich wünschen, ändere ich solche Stellen, aber durch solche Verwässerung ist diese «Arie» natürlich sehr in Gefahr, hundslangweilig zu werden. – Da wir jetzt die gemeinsame Arbeit sozusagen abschließen, so möchte ich Ihnen sagen, daß mir das Zusammenarbeiten mit Ihnen, angefangen von der ersten Besprechung bis zum letzten Brief, einschließlich Ihrer gelegentlichen, sehr wertvollen Einwände, ein *großes Ver-*

gnügen war, wofür ich Ihnen herzlich danke. Im nun bevorstehenden Verlauf der Dinge gedenke ich mich, ebenso wie bei «Elektra», durchaus im Hintergrund zu halten und würde jedem Versuch anderer, meinen Anteil an der gemeinsamen Arbeit übermäßig zu betonen, natürlich sehr ablehnend gegenüberstehen. Die freundliche Hervorhebung derselben, sobald sie von Ihnen ausgeht, nehme ich natürlich dankbar an. (Wie schon in einem Berliner Interview es mich sehr freute).
Bahrs Bemerkung über Sophie ist mir, wenn er nur Akt III kennt, ganz irrelevant, denn dann hat er keinen Schlüssel zu der Figur und ihrer durch ihre Ausdrucksweise gegebenen Charakteristik. Kennte er auch Akt II, so muß er doch wohl bemerkt haben, daß Sophie über einem Untergrund von naiver Persönlichkeit und Ausdrucksweise immerfort Anempfundenes von sich gibt, teils aus dem Kloster, teils sogar aus dem Jargon des Herrn Vaters. Sie ist ein recht hübsches gutes Dutzendmädchen, das ist ja der Witz der Sache – der wahre Charme der Ausdrucksweise, ebenso wie der stärkere Charme der Persönlichkeit ist bei der Marschallin zu suchen. Eben daß Quinquin bei diesem verkreuzten Doppelabenteuer an die *erste beste* Junge gerät, das ist ja der Witz, der das Ganze zu einer Einheit macht, die beiden Handlungen zusammenhält. Dabei bleibt die Marschallin die dominierende weibliche Figur, zwischen Ochs und Quinquin – gegen diese Hauptfiguren tritt Sophie entschieden um eine Stufe zurück. Wie sehr die Frauen, dieser wichtige Teil unseres Publikums, dies so empfinden und das ganze bunte Abenteuer aus dem Gesichtswinkel der Marschallin sehen, mögen Sie aus dem beigelegten Brief der Fürstin Lichnowsky entnehmen, den ich gelegentlich zurückerbitte. Und genau ebenso empfindet meine Frau, empfindet die Frau meines Verlegers Fischer, die Fürstin Marie Taxis u. s. f. Ich lege Ihnen dies besonders ans Herz, jetzt, wo Sie im Komponieren vielleicht bald an die sentimentale Schlußszene kommen, weil es auch der musikalisch geistigen Einheit des Ganzen schaden würde, wenn die Figur der Marschallin zu kurz käme und wenn nicht ein starker Bezug des Schlusses von Akt 3 auf den Schluß des ersten

Aktes die Gemütseinheit sozusagen der ganzen Aventure herstellte.
Ich bin bis 18. hier. 23. bis 26. träfe mich ein Brief in Konstanz, Inselhotel.
Ihr herzlich ergebener *Hofmannsthal*
P. S. Hammerstein will uns die letzte Quote stehlen.

Aussee, Obertressen 14 [Mitte August 1910]

Lieber Herr Doktor,
inliegend die drei wichtigsten Milderungen (Fasanenstelle, Stelle über Paris, Heu-Stelle). Diese Milderungen wollen wir aber dann gleichmäßig für alle Theater akzeptieren, denn zweierlei Textbücher herstellen wäre sehr mißlich, und wozu durch die paar Stellen, die in der gemilderten Form ungefähr ebensogut sind, unnötig Teile des Publikums vor den Kopf stoßen!
Die mit der Partitur übereinstimmenden Exemplare habe geprüft und an Fürstner gesandt. Ein Bogen mit ein paar unvermeidlichen Bemerkungen hierüber liegt bei. Wenn Sie diese akzeptieren, wie ich hoffe, dann bemühen Sie sich bitte mit gar keiner Antwort an mich. (Bedenken Ottone Schanzers habe, natürlich ihm beistimmend, erledigt).
Eine Anzahl kleiner, aber mich sehr störender, *anscheinend zufälliger* Alterationen des Wienerischen (z. B. Therese anstatt Theres', was im Mund Octavians ganz *unmöglich*) müssen *womöglich* im gesungenen Text, *unbedingt* aber im Textbuch getilgt werden. Ihnen scheinen diese Silben- und Buchstabenveränderungen gewiß minimal, für mich sind sie so störend, wie es für Sie wäre, wenn man Ihnen in der Partitur Noten verändern würde.
Herzlich Ihr *Hofmannsthal*

Gewünschte Veränderungen[1].

Akt I. 25 (Fasanenstelle)

[1] Die Veränderungen wurden nur zum Teil und nur im Textbuch, nicht aber in der Partitur und im Klavierauszug, vorgenommen. Vgl. hierzu Strauss' Brief vom 29. 8. 10.

Baron: «Weiß mich im Heu und im Stroh zu benehmen,
Weiß im Alkoven mich zu benehmen.
Hätte Verwendung für tausend Gestalten
Tausend so Jungfern festzuhalten.
Wäre mir keine zu junge, zu herbe
Keine zu niedrige, keine zu derbe!
Tät mich für (= vor) keinem Versteck nicht schämen,
Tät aufm Baum und im Korn mich bequemen –
seh ich was Liebs, ich muß mir's nehmen!»
usf.

Akt II. Seite 15 (Stelle über Paris)
«Geniert sie sich leicht vor dem Vetter Taverl?
Da hat sie Unrecht. In der großen Welt,
wo doch die hohe Schul' ist für Manieren,
da gibt's frei nichts,
was man nicht willig pardonnieren tät',
wenn's nur mit einer adligen Noblesse
und richtigen Galanterie vollführet wird.»

Ferner schlage vor Akt I, Seite 25, die Stelle:
«Muß halt ein Heu in der Nähe dabei sein»
zu mildern in:
«Darf halt kein Mensch in der Näh' nicht dabei sein!»
(was im gleichen dummdreisten schlauen Ton zu singen ist).

Letzte Bemerkungen,
betreffs endgültiger Fassung des Textes.

Akt I, Seite 9 hat der Rotstift aus einem «napoletanischen» General einen «russischen» gemacht. Das ist unmöglich, denn 1. ist wohl ein Napolitaner, nie und nimmer aber ein Russe synonym mit Davonlaufen (wenn «russisch» dasteht, wird die Stelle einfach unverständlich). 2. ist «russisch» politisch anfechtbar, «napoletanisch» dagegen harmlos, weil das Königreich Neapel nicht mehr besteht. (Für Italien mag immerhin «napoletanisch» durch ein anderes Wort ersetzt werden).
Seite 43a muß es heißen: die schöner *oder* jünger ist (nicht schöner und jünger).

Akt II, Seite 9 «mit *Ohrfeigen* ihr beweisen» hab' ich in der zweiten Fassung *ausdrücklich gestrichen*, als den Charakter der Sophie vergröbernd. Ich habe es jetzt ersetzt durch «meiner Seel ihr beweisen», das ja im gleichen sehr energischen Ton gesungen werden kann. Die Ohrfeigen haben *durchaus* aus dem Text zu verschwinden (auch aus der Partitur, bitte vielmals!)[1].
Seite 11 ist ein peinliches Mißverständnis!!
«und *da* der *Faninal*» soll heißen: «und *hier* der Faninal gehört ja sozusagen jetzo ...» Sie verstanden offenbar: und da der Faninal = und weil der Faninal; eine komplizierte Satzwendung, die der charakterisierten Sprechweise des Barons sehr widerspricht. Könnte nicht der ursprüngliche Text, den ich geschrieben habe, hier hergestellt werden ohne Alteration der Musik?? Das jetzige ist fast sinnlos. Wenn schon diese unglückliche Veränderung (aus einem Mißverständnis hervorgegangen!) *bleiben* muß, so müßte es wenigstens heißen (wie ich mit schwarzer Tinte hineinschrieb):

> «und *weil* der Faninal sozusagen jetzo
> zu der Verwandtschaft gehört,
> mach Dir doch kein dépit *darum*, Rofrano» ...

Aber, wie gesagt, diese Aneinanderfügung der beiden Sätze ist absolut sinnlos, und die Herstellung des ursprünglichen Textes wäre sehr wertvoll[2].

[1] Vgl. hierzu die Fußnote zu Seite 66.

[2] In Hofmannsthals Text (Buchausgabe) lautet die Stelle:

> Hab's aus der Fürstin eigenem Mund
> und da der Faninal gehört ja sozusagen jetzo
> zu der Verwandtschaft.
> Macht dir doch kein dépit, Cousin Rofrano,
> daß dein Herr Vater ein Streichmacher war?

In der Partitur lautet die Stelle:

> und weil der Faninal sozusagen jetzo
> zu der Verwandtschaft gehört,
> mach' dir kein dépit darum, Rofrano,
> daß dein Vater ein Streichmacher war, ...

Im Textbuch ist die Stelle durch sinnwidrige Interpunktion verdorben.

Seite 31 lassen Sie Octavian und Sophie einander: «Geliebter – Geliebte» zurufen; dieses pathetische, der naiven Sprechweise beider widersprechende, in diesem Sinn unwienerische Wort an so markanter Stelle stellt mir die Charakteristik der zwei Figuren geradezu auf den Kopf! Ich habe es also durch «Liebster» – «Liebste» ersetzt und bitte *dringend*, diese Veränderung zu genehmigen. Ihr ergebener *Hofmannsthal*

Lieber Herr von Hofmannsthal! Garmisch, 31. Juli 1910

Hier die beiden I. Akte, übereinstimmend mit meiner Partitur. Bitte sehen Sie dieselben durch, ob sie Ihnen so recht sind und druckreif. Dann senden Sie dieselben sofort an Fürstner zurück. Mit bestem Gruß Ihr *Dr. Richard Strauss*

Lieber Herr von Hofmannsthal! Garmisch, den 22. 8.10

Werde alle Textfragen möglichst nach Ihren Wünschen erledigen. Graf Seebach beanstandet in der Fasanenstelle auch jetzt noch

«Heu und Stroh, Baum und Korn».

Können Sie das noch mildern? Erbitte *baldige* Antwort! Mit besten Grüßen Ihr *Dr. Richard Strauss*

Lieber Herr Doktor, Aussee, 25. VIII. [1910]

Proponiere also:

Weiß mich ins engste Versteck zu bequemen
weiß im Alkoven galant mich zu nehmen u.s.f.

und die gleiche Zeile dann in der Wiederholung. Freilich schmeckt der Trank um so schaler, je mehr Wasser man auf die Art hineintut, und das Faunische ist ja eigentlich die raison d'être dieser ganzen Szene. Aber sei's immerhin. Alle guten Wünsche für die Arbeit und viele herzliche Grüße Ihres ergebenen *Hofmannsthal*

Lieber Herr von Hofmannsthal! Garmisch, 29. 8. 10

Die Änderung zugunsten der Prüderie und Heuchelei ärgert mich nach wie vor.

Ich habe nun folgendes getan und erbitte hierfür Ihre Zustimmung! Fasanenstelle in Textbuch und Klavierauszug geändert, Fasanenstelle in der Partitur stehen gelassen!
«Muß halt ein Heu» im Textbuch geändert, in Klavierauszug *und* Partitur stehen lassen.
Die Stelle wäre musikalisch zu matt, und es handelt sich doch nur darum, nicht unsere Komödie abzuschwächen, sondern die Leute, die *vorher* das Textbuch in böser Absicht lesen, zu bluffen!
Die Stelle von Paris *im Textbuch* geändert, im *Klavierauszug und Partitur stehen gelassen!*
Ihre andern textlichen Wünsche korrigiert und ausgebessert.
Ists Ihnen so recht?
Mit bestem Gruß Ihr *Dr. Richard Strauss*

Unterach am Attersee, 30. VIII. [1910] (morgen wieder Aussee)
Lieber Herr Doktor,
Das folgende bitte ich, *sehr* zu beherzigen, und nicht leicht zu nehmen, auch wenn es Ihnen im ersten Moment unbequem ist. Es ist von äußerster entscheidender Wichtigkeit für unsere Spieloper.
Ich las gestern hier die Spieloper in einem Zuge Felix Salten und noch vier bis sechs Freunden vor. Das ganze wirkte sehr, sowohl das Poetische wie das Heitere. Ein *merkliches Abflauen* der Stimmung zeigte sich im III. Akt nach Abgang des Barons. Hier wurde eine fühlbare ermüdende Länge empfunden. Man hört hier schon den Vorhang rascheln, alles drängt zum Schluß. Eine Ermüdung hier (und drei Minuten zuviel können Ermüdung und Ungeduld auslösen) wäre tödlich für den Gesamterfolg. Ich habe sogleich unter Beihilfe von Felix Salten die nötigen Kürzungen gemacht. Sie beziehen sich auf die Seiten 34 bis 38. Ich schreibe diese Seiten in gekürzter Form nun auf und lege sie bei, und beschwöre Sie, diese definitive Fassung Ihrer Komposition zugrunde zu legen, widrigenfalls ich die Verantwortung für ein Abflauen im letzten Akt von mir abwälzen müßte – das Unglückseligste, was sich bei einer Première er-

eignen kann, wodurch der Erfolg auf 1/4 des möglichen großen weitgehenden Erfolges herabgedrückt werden könnte. In Herzlichkeit Ihr *Hofmannsthal*

(Akt III). Ich beginne Seite 34 unten.

Marschallin: Geh Er doch schnell und tu Er, was sein Herz ihm sagt.

Octavian: Theres', ich weiß gar nicht –

Marschallin (lacht zornig): Er ist ein rechtes Mannsbild, geh Er hin!

Octavian: Wie Sie befiehlt (geht hinüber).

Sophie: wortlos.

Octavian (bei ihr): Eh bien, hat Sie kein freundlichs Wort für mich? nicht einen Blick? nicht einen lieben Gruß?

Sophie (dem Weinen nah): Verkriech mich in ein Kloster, lieber heut als morgen, so jung ich bin. Laß Er mich gehen.

Octavian: Ich laß Sie nicht (faßt ihre Hand).

Sophie: Das sagt sich leicht.

Octavian: Ich hab Sie übermäßig lieb.

Sophie: Er hat mich nicht so lieb als wie Er spricht. Vergeß' Er mich, vergeß' Er mich. Er hat mich nicht so lieb als wie Er spricht. Vergeß' Er mich.

Octavian: Ist mir um Sie, und nur um Sie. Mag alles drunter oder drüber gehn. Seh allweil Ihr Gesicht, hab allzu lieb Ihr lieb Gesicht.

Marschallin (vor sich): Heut oder morgen oder den übernächsten Tag.

Usf. wie Seite 38.

Lieber Herr von Hofmannsthal! Garmisch, 7. Sept. 10.

Ihren Brief habe ich natürlich nicht leicht genommen, kann Ihnen aber zur Beruhigung mitteilen, daß ich 1. einmal am Schluß von selbst manches gekürzt habe, daß aber 2. weder Sie noch Herr Salten heute schon beurteilen können, wie musikalisch gerade der Schluß wirken wird. Daß es beim Vorlesen abflaut, ist klar. Daß der Musiker dagegen an dem Schluß, wenn ihm überhaupt etwas einfällt, gerade seine besten und höchsten Wirkungen erzielen kann – dies zu beurteilen, können Sie beruhigt mir überlassen. Ich bin nahezu fertig, und ich glaube, daß mir das letzte Drittel glänzend gelungen ist. Die flaueste Stelle des dritten Aktes ist die Stelle Annina und dann Polizeikommissär, wo sich der Musiker etwas schwer tut. Ich hoffe, daß diese durch die Situation wirken wird. Für den Schluß vom Abgang des Barons ab *garantiere ich*, wenn Sie die Garantie für die anderen Teile des Werkes übernehmen. Für mich wäre ich mit den Hoftheatern Dresden, Berlin schon in Ordnung. Sie wissen vielleicht, daß Graf Seebach in letzter Minute den Vertrag nicht unterschrieb, und nunmehr ist der ganze Bühnenverein wegen meiner unerhörten Bedingungen gegen mich losgegangen. Noch kämpfe ich, ob ich siegen werde, ist heute zum mindesten noch zweifelhaft.

Mit besten Grüßen *Dr. Richard Strauss*

Ich werde nicht siegen, aber die Uraufführung wird trotzdem in Dresden stattfinden.

Untertitel: «*Komödie für Musik*» ist weitaus das Beste und Freieste.

«*Burleske* Oper» unmöglich: es ist ja gar nichts Burleskes drin. Denken Sie doch, was sich das Publikum darunter vorstellt: Offenbach – «Mikado» – etc. Oper allein geht auch.

Aber lassen wir's bei «Komödie für Musik»; das ist deutlich und neu und frei. Auf Witze pfeifen wir!

Lieber Herr Doktor, Aussee, 10. IX. [1910]

Es tut mir aufrichtig leid, daß Sie so viel Plage und Ärger mit den Kontraktfragen haben – heute lese ich wieder von einem, wie mir scheint, *mißverständlich* gekränkten Brief Seebachs – ich muß sagen, ich hoffe sehr, daß sich dies ordnet; Dresden scheint mir so *sehr* der prädestinierteste Ort für diese Uraufführung – ein Wechsel in diesem Punkt, eine Aufgabe der von Ihnen selbst geschaffenen Tradition schiene mir wie ein böses Omen. Falls diese Sache vielleicht schon beigelegt ist, wäre ich Ihnen sehr

dankbar, wenn Sie mir durch eine kleine Zeile davon Nachricht geben würden – ich wäre dann sehr erfreut.
Ich darf nun nicht versäumen, Ihnen meinen reiflich überlegten Vorschlag wegen des Untertitels zu machen. Ich nannte provisorisch meinen Text «Komödie für Musik». Es ist natürlich unmöglich, daß wir die fertige Spieloper so nennen. Es ist *sprachlich* unmöglich, denn Komödie für Musik heißt: Komödie, die bestimmt ist, in Musik gesetzt zu werden. Dieser unmögliche Titel würde uns den chronischen Witz eintragen, daß Ihre Musik eben keine Musik sei, und die Oper noch immer darauf warte, in Musik gesetzt zu werden.
Sehr abgeneigt bin ich auch den pretiösen und pretentiösen Titeln, wie *musikalisches* Lustspiel etc. (oder musikalische Komödie). Es sind immer die Herrschaften dritten Ranges, die Lehár, Oscar Straus, Wolf-Ferrari, die es lieben, sich mit diesen anspruchsvollen Bezeichnungen, die dem natürlichen Titel aus dem Wege gehen, zu schmücken. Je höher man steht, desto unbedingter ist Einfachheit, traditionelle Korrektheit geboten.
Ich sehe also drei mögliche Untertitel:

1. Oper in drei Akten (siehe «Meistersinger»).
2. Komische Oper und
3. burleske Oper.

Diesem letzten Titel bin ich aus ernsthaften Gründen sehr zugeneigt. Nämlich: die ungewöhnlich starken drastisch-komischen Teile könnten eventuell ein Naserümpfen und Befremden hervorrufen, wenn das zahme Genre durch den Titel affichiert wird. Nimmt man dagegen durch «burleske Oper» jegliches Staunen über die wilden Szenen (namentlich des 3. Aktes) vorweg – so werden uns die poetischen zarten Teile, die psychologische Feinheit und der Reichtum höherer Elemente doppelt angerechnet.
Ich wäre sehr erfreut durch Ihre Zustimmung in der nicht unwichtigen Sache. Der Titel «Rosenkavalier» scheint, wie ich vielfach höre, sehr hübsch und sympathisch gefunden zu werden. – Wenn Sie zustimmen, so nenne ich also meine Buchausgabe «Burleske für Musik» und das Gesamtwerk heißt definitiv.

Der Rosenkavalier
Burleske Oper in 3 Akten
von Hugo von Hofmannsthal
Musik von Richard Strauss

Herzlichst Ihr *Hofmannsthal*

P. S. Durch «*burleske* Oper» bringen wir einen Teil dessen wieder herein, was der Titel «Ochs von Lerchenau» andeuten sollte.

Lieber Herr Doktor, Aussee, 17. IX. [1910]

Vielen Dank für Ihren lieben Brief samt P. S. Hoffentlich stimmt es, daß es bei Dresden bleibt, es wäre mir aus *vielen* sachlichen Gründen sehr lieb.

Die Gedanken über Längen in der Schlußszene fühlte ich mich verpflichtet vorzubringen, weil ich glaubte, Sie wären im Komponieren noch nicht so weit. Wenn es schon komponiert ist und Sie auch noch dazu so zufrieden damit sind, so ist ja alles gut. Die Erinnerung an den Schluß des zweiten Aktes bleibt immer köstlich. Für die vorhergehenden Szenen glaube ich allerdings garantieren zu können, wenn sie nur *halbwegs gespielt* werden. Sie wirken beim Vorlesen immer und vor *jeder* Zuhörergruppe, und wo drei Menschen in einem Zimmer oft und laut lachen, da müßte es im vollen Haus, wenn es mit rechten Dingen zugeht, zu Lachstürmen kommen.

Wenn Sie auf dem Untertitel beharren wollen, so ist er sprachlich richtig nur so:

Der Rosenkavalier
Komödie für Musik von H. v. H.
Musik von Richard Strauss,

niemals aber: Der Rosenkavalier, Komödie für Musik von Richard Strauss – – –, dafür müßte es heißen: Der Rosenkavalier von Richard Strauss.

Ich bin vom 24. an für 8 Tage in München, Hotel Marienbad. Ist das Wetter *gut*, so möchte ich sehr gerne mit meiner Frau und meinem Vater einen Ausflug nach Garmisch machen, mit Übernachten in Partenkirchen, und dabei den III. Akt hören, worauf ich mich unendlich freue. Oder sind Sie um diese Zeit in München? Bitte um eine Karte darüber.

Herzlich Ihr *Hofmannsthal*

Berlin, 8. Oktober 1910 Hotel Adlon,

Lieber Herr von Hofmannsthal!

Ihr letzter Brief traf mich schon in Berlin, wo ich bis Ende des Monats bleibe. Ich bedaure sehr, Sie nicht gesehen zu haben und gratuliere herzlich zum großen Erfolg des «Oedipus» in München.

Alle Schwierigkeiten bezüglich des «Rosenkavalier» sind nunmehr beendigt und die Abschlüsse schreiten wacker fort. Wie steht es nun mit Ihrem Regiebuch, das Sie mit Roller zusammen ausarbeiten wollten? Die Sache eilt sehr, da die ersten Arrangierproben in Dresden doch schon von Mitte November ab, spätestens im Dezember stattfinden müssen. Wichtig ist also, daß Ihr genaues Regiebuch dafür schon vorliegt. Ebenso wichtig ist, daß Sie bei den Arrangierproben in Dresden persönlich anwesend sind, da der dortige Regisseur nur ein gewöhnlicher Opern-Normalregisseur ist und kaum imstande sein dürfte, ein solches Lustspiel zu inszenieren.

Mit freundschaftlichstem Gruß, Ihr ergebener

Dr. Richard Strauss

Jetzt wird's Zeit, an «*Semiramis*» zu denken!

Lieber Herr Dr.! Schloß Neubeuern a. Inn, 12. X. [1910]

Vorarbeit für das Regiebuch hat Roller schon gemacht, und in drei Tagen bin ich auch in Rodaun und bereit, mit ihm energisch diese Arbeit aufzunehmen – aber dazu ist unerläßlich, daß ihm Fürstner sofort in irgendwelcher Form die Musik von I und II schickt –, ohne die absolute Übereinstimmung der Gebärde und des Schritts mit der Musik ist ja das Regiebuch eine zwecklose, dilettantische Sache. Roller und ich nehmen uns dann einen Klavierspieler und es entsteht ein Regiebuch, an

dessen Hand der trottelhafteste Provinzopernregisseur eigentlich kaum eine Stellung oder Nuance verfehlen kann. *Also bitte sofort Hinsendung veranlassen!!*
Wie unerläßlich es ist, mit Roller in dieser Musik alles festzulegen (auch wenn wir künftig wieder etwas zusammen machen), ergab sich mir neulich im Prinzregententheater beim Anblick der wahrhaft schrecklichen Ausstattung der «Elektra» im Geist eines Konditors. In Eile herzlichst der Ihre *Hofmannsthal*

Schloß Grätz bei Troppau

Lieber Herr Doktor 31. X. [1910]

Ich bin morgen wieder in Rodaun und rechne bestimmt darauf, Sie Anfang November in Wien zu sprechen, wo ich für die Besetzung «Rosenkavalier» Ihnen meine auf Bekanntschaft mit dem Personal beruhenden paar unmaßgeblichen Vorschläge machen möchte, insbesondere für die darstellerisch so sehr wichtigen zweiten Rollen: Faninal, Valzacchi etc.
Um die Hauptrolle (Quin-quin) bewirbt sich die Gutheil sehr und hat, wie ich höre, schon durch Mahler, Roller, Walter auf Sie einzuwirken gesucht. Ich muß nun allerdings sagen, daß, soweit das Darstellerische in Frage kommt, sie die *einzige* in Betracht kommende Person ist, auch der Gestalt nach. Wir sprechen ja auch darüber noch. (Kiurina, die Weingartner vorschlägt, ist eine Null und plump.)
«Semiramis» ist mir meilenfern. Keinerlei geistige oder materielle Vorteile vermöchten, diesen Stoff aus mir herauszupumpen, auch mein festester Wille nicht, wie ja überhaupt Wille in solchen Dingen machtlos ist. – Auch war es, abgesehen von dem innerlich ganz fertigen *Vorspiel*, niemals ein *Stoff*, sondern nur eine Stoffmöglichkeit. Auch hätte ich musikalische, oder sagen wir musikpolitisch-stilistische Bedenken.
Dagegen trage ich allerdings seit dem vorigen Frühjahr den Stoff eines phantastischen Schauspieles in mir, eine einfache, in drei Akte gegliederte Handlung, in starken faßlichen Kontrasten, starke sinnfällige Aktschlüsse, das Ganze düster, doch nicht eintönig – für welchen Stoff sich sehr wohl Musik denken ließe,

obwohl ich mir die Musik ursprünglich nur begleitend, untergeordnet, gedacht hatte.
Also auf Wiedersehen! Ihr *Hofmannsthal*

Lieber Herr von Hofmannsthal! Budapest, 9. Nov. 1910
Eintreffe Sonntag 12.14 in Wien (Hotel Imperial). Bleibe bis Montag.
Levin trifft schon morgen in Wien (Bristol) ein.
Ich schlage vor, daß wir alle: Sie, Roller, Levin und ich Sonntag $^1/_2$2 im Hotel Bristol essen! Roller habe ich schon gebeten.
Kommen Sie?
Schönsten Gruß Ihr *Dr. Richard Strauss*

Auf neue Stoffe *sehr* gespannt, ohne dabei auf «Semiramis» zu verzichten!

Lieber Dichter! Grand Hotel St. Moritz, 30. 12. 10
Teile vollkommen Ihre Bedenken bezüglich Perron und bin ganz Ihrer Meinung, daß die Oper mit einem nur genügenden Ochs nicht herausdarf. Ob Mayr fertig wird, hängt eventuell von Schalk ab: ihn von Weingartner loszueisen, wäre eine cura posterior. Bleibt Bender (München), der ist fertig. Könnten Sie nicht an ein paar Münchner Proben sich beteiligen: da sehen Sie gleich, ob Bender eventuell für Dresden taugt. Wenden Sie sich bitte deshalb direkt an Hofkapellmeister Cortolezis (München), der mit Mottl die Oper einstudiert und Ihnen in allem an die Hand gehen wird.
Ich habe jetzt an Schuch geschrieben, daß man Sie, Roller und Reinhardt ab 9. Januar zu den Arrangierproben einlädt.
Wenn es Ihnen und Reinhardt nicht gelingt, Perron heranzubilden, gebe ich Ihnen alles Vetorecht, die Première am 26. mit Perron zu inhibieren. Letzterer ist ein so famoser Künstler, daß er unsere Bedenken verstehen und teilen wird. Behandeln Sie ihn, er gibt sich rasende Mühe, zartfühlend, aber seien Sie unerbittlich, denn das Schicksal der Oper steht auf dem Spiel.
Depeschieren Sie mir sofort Ihren Eindruck und seien Sie streng.

Schuch ist von unseren Bedenken informiert, sonst *niemand* in Dresden. Also Takt und Vorsicht!
Ich mache vielleicht am 16. Januar eine Probe in München mit, um mir Bender anzusehen, und bin am 17. Jänner früh in Dresden.
Mit herzlichem Gruß Ihr *Dr. Richard Strauss*

1911

Schloß Neubeuern a/Inn, Oberbayern, 2. 1. [1911]

Mein lieber Herr Doktor,

Ich bin sehr froh, daß Sie in diesen Dingen (Wichtigkeit der Rolle, Gefahr für das Ganze, überragende Bedeutung *dieses* Punktes) genau so denken wie ich. Ich werde mich in München und daraufhin in Dresden genau so verhalten, wie Ihr Brief es vorschlägt. Sie können sich darin auf mich verlassen. Mayr wird am 26. *nicht* frei sein; Schalk ließ mir keine Hoffnung, daß es anders der Fall sein könnte. 14 Tage später wird er frei sein, und er ist nicht nur ein guter, sondern fast ein idealer *Darsteller* der Rolle, und wie mir Schalk sagte, wird er auch musikalisch *tadellos* sein. Das ist halt viel, sehr viel *für* ihn. –
Was kein Autor und kein Reinhardt in den Perron hereinbringen kann, sind gerade die allerwesentlichsten Elemente der Gestalt, das *Buffo*mäßige, das Falstaffische, das Behagliche, das Lachenerweckende. (Der III. Akt mit einem humorlosen, fast gespenstisch, anstatt behaglich wirkenden Ochs, das ist ja der Tod!) Mir ist diese Besetzung so absolut unbegreiflich. Wenn ich nur früher davon gehört hätte! Seit 1½ Jahren schwebt mir nichts vor, als die eminente Wichtigkeit, gerade *diese* Rolle richtig zu besetzen, buffomäßig, meinetwegen mit einem Ausländer, einem Italiener, wem immer (ich brachte Pini-Corsi in Vorschlag!) – –
Also ich telegraphiere Ihnen meinen Eindruck ganz nach der Wahrheit.
Auf Wiedersehen! Ihr *Hofmannsthal*

P. S. Für das «Steinerne Herz» hatte ich neulich auf der Eisenbahnfahrt die, wie ich meine, entscheidenden Einfälle.

Grand Hotel St. Moritz, 5. 1. 11

Lieber Herr Hofmannsthal!

Brief dankend erhalten. Gehen Sie zu den Arrangierproben ab 9. Januar nach Dresden? Reinhardt kommt am 10. dahin.

Anbei schicke ich Ihnen Mottls Probeplan. Ich wünschte dringend, daß Sie (eventuell nach Dresden) an einigen Bühnenproben in München teilnehmen. Habe Mottl schon informiert. Ich bin wahrscheinlich am 16. in München, ab 17. in Dresden und kann erst wieder zur Münchner Generalprobe am 28. in München sein.

Jedenfalls sehen Sie sich Bender als Ochs (München) genau an, der eventuell für Perron einspringen könnte.

Heil zum «Steinernen Herzen»! Bitte viel Naturstimmungen, deutscher Wald. Sturm, wenn der Holländer Michel seine Äste fällt, damit könnte das Werk beginnen. Ich bin sehr gespannt, bald was von Ihnen darüber zu hören. Die Liebesgeschichte bei Hauff ist flau und uninteressant.

Aber Spielszenen und derlei! Fein!

Mit herzlichem Gruß Ihr *Dr. Richard Strauss*

Bevor Sie nach München fahren, fragen Sie, bitte, nochmals bei Mottl an.

Was ist das mit der Wiener Zensur?

Schloß Neubeuern a/Inn, 8. 1. [1911]

Mein lieber Herr Doktor,

Ich bin also morgen früh in München, sehe mir Proben an, habe schon Cortolezis und Mottl verständigt, werde alles so machen, wie Sie wünschen, muß dann für 3 Tage nach Berlin und bin am 16. in Dresden. Es ist auch besser, so eine wirkliche Entscheidung können wir nur *zusammen* treffen. Nun höre ich mit Schmerz, daß der Bender auch kein Falstaff ist, nichts weniger als das, also auch kein Ochs, wenigstens nicht dazu prädestiniert. Ja, wenn die Baßbuffos lang und dürr sind, und nur die Quinquins dick und fett, dann muß ich wohl das Geschäft aufgeben! Das «Steinerne Herz» ist ja vorläufig eine reine cura posterior – aber durch die Stelle in Ihrem Brief wird es mir plötzlich eine cura proxima. – Was war ich für ein unglückseliger Esel, Ihnen den Namen und den Stoff zu sagen, dadurch in Ihrer Phantasie das Hauffsche Märchen hervorzurufen, mit dem mein Phantasiegebilde nichts als den innersten Kern gemein hat, und dadurch in Ihnen bestimmte Vorstellungen, Wünsche zu erregen, so daß mein Szenarium Sie nun auf jeden Fall enttäuschen wird. Ich ärgere mich wirklich zu sehr. Und dabei ist mein Szenarium wirklich sehr schön, wirklich das Glücklichste, glaub ich, was mir für Sie einfallen konnte, die alte romantische Oper und doch ein Ding, das nur heute entstehen konnte, real und symbolisch, fähig, die differenziertesten Menschen zu fesseln und auf die einfachsten zu wirken, wenige starke Hauptfiguren, eine Handlung, schön und fest in 3 Akte aufgeteilt, und rings um die Hauptfiguren die ganze Welt, Haus und Gasse, Kirche und Bankett, Brandstätte und Friedhof, menschliche Stimmen und unmenschliche Stimmen, Orgel und Kloster und Tod und Teufel. Das Ende des 1. Aufzuges ganz im Sinne der Schlußszene Akt I des «Freischütz», die Sie mit Recht so sehr schätzen, und auch kaum sonst eine Szene, kaum eine Situation, die Ihrer Kunst nicht entgegenkommt, – – aber freilich durchaus nicht das Hauffsche Märchen, weder Holländermichel noch Glasmännlein, und nichts von den Schwarzwälder Bauern Hauffs, mit denen ich nichts anfangen kann, und vor allem *kein Wald*, es paßt mir kein Wald hinein[1], also bitte, spannen Sie Ihre Phantasie nicht gerade auf den Wald, wo ich Ihnen gerade etwas Reiches und Starkes zu bringen hoffe, aber eben gerade das nicht. Auch hat Wagner ja zwar Natursphärenszenerien fast erschöpft, dagegen bleiben Herz und Schicksal, schlagendes Herz und erstarrtes Herz als Grundmotiv, das ist so gut wie unerschöpflich. Alles weitere mündlich.

Herzlichst Ihr *Hofmannsthal*

[1] In der *Ersten Ausgabe* steht als Zusatz Hofmannsthals: sondern die Stadt Wien.

Hotel Marienbad, München 12. 1. [1911]

Lieber Herr Doktor,

Habe von hiesigen Proben *recht* guten Eindruck. Bender ist kein idealer Ochs, aber ein sehr guter doch immerhin, und läßt sich alles sagen und hat Reichtum an schauspielerischen Nuancen. Für den Notfall ist sein Einspringen jedenfalls eine Rettung. (Ich habe hier nichts von diesem Plan erwähnt.) Oberregisseur Fuchs gibt sich die erdenkliche Mühe, tut auch viel Gutes. Einiges Zuviel an «Nuancen» habe ich ihm abgeschminkt.

Also auf Wiedersehen in Dresden am 16. Ihr *Hofmannsthal*

Ihre Musik macht mir riesige Freude. Es ist wie eine Girlande aus lauter hübschen Blumen und so zauberhaft organisch in den Übergängen.

Lieber Herr von Hofmannsthal! Garmisch, 17. 3. 11

Schon längst sollte und wollte ich Ihnen schreiben, Ihnen von der Bataille in Mailand[1] berichten – wenn das Schreiben nicht so schrecklich wäre. Habe mir immer das Erzählen auf Wien verspart, wo ich am 3. April eintreffe.

Heute muß ich aber doch Ihnen mitteilen, daß nunmehr nach Rücksprache mit dem Kaiser und all den Bombenerfolgen, Extrazügen nach Dresden etc. auch Herr von Hülsen den «Rosenkavalier» für Anfang nächster Saison angenommen hat, wenn ich mich entschlösse, seine «mildernde» und «verfeinernde» Hand über dem Ganzen walten zu lassen[2]. Na, zu schlimm wird's nicht werden, 's sind mehr Phrasen, um das in Dresden Geleistete nicht gelten zu lassen und noch zu übertrumpfen. Näheres mündlich! Sie sind doch in Wien und auch vom 3. April ab. Ich hoffe, daß Sie und Roller an den Wiener Arrangierproben tätigen Anteil nehmen.

Ich bin sehr gespannt, was Sie mir vom «Steinernen Herzen»

[1] Über die widerspruchsvolle Aufnahme des «Rosenkavaliers» an der Mailänder Scala vgl. Richard Strauss: «Betrachtungen und Erinnerungen».

[2] Proben aus Hülsens Textbearbeitung bot Julius Kapp in «Richard Strauss und die Berliner Staatsoper», Berlin 1934.

und der kleinen Molièresache zu erzählen haben. Vergessen Sie nicht, ich habe für den Sommer noch nichts zu arbeiten. Symphonien schreiben freut mich gar nicht mehr.
Hoffentlich sind Sie gesund und fröhlich an der Arbeit!
Auf frohes Wiedersehen! Mit herzlichen Grüßen von Haus zu Haus Ihr aufrichtig ergebener *Dr. Richard Strauss*

Mein lieber Herr Doktor, Rodaun, 20. III. [1911]
Das ist sehr nett, daß Sie mir schreiben – ich habe auch schon öfter gedacht, Ihnen zu schreiben, wußte aber halt gar nicht, wo Sie sind. Über Mailand hatte ich genauen Bericht durch den guten Placci und habe auch den «Corriere» und den «Secolo» zu lesen. Es gibt da immer manches zu lernen (wenigstens für mich), und ich meine, *ganz* unrecht hat ein Publikum ja nie. Hier handelt es sich ja allerdings, der Musik gegenüber, um Stilfragen, die die heikelsten von allen sind. Mein Textbuch hat freilich den einen *schweren* Fehler, daß so vieles, was seine Besonderheit und seinen Charme ausmacht, in jeder Übersetzung schwinden, fast verschwinden *muß*. Wenn man wieder einmal etwas zusammen machen wollte (ich meine etwas Großes, ganz abgesehen von der 30-Minuten-Oper für kleines Kammerorchester, die in meinem Kopf so gut wie fertig ist, benannt «Ariadne auf Naxos», und gemischt aus heroisch-mythologischen Figuren im Kostüm des XVIII. Jahrhunderts in Reifröcken und Straußenfedern und aus Figuren der commedia dell' arte, Harlekins und Scaramouches, welche ein mit dem heroischen Element fortwährend verwebtes Buffo-Element tragen) – also wenn man wieder einmal etwas Großes zusammen machen wollte, so müßte es eine bunte und starke Handlung sein, und das Detail des Textes minder wichtig. Mir schwebt da etwas ganz Bestimmtes vor, etwas, das mich sehr fasziniert, und das ich ganz sicher ausführen werde, ob für Musik oder nur als Ausstattungsstück mit begleitender Musik, das werden wir uns ja entscheiden können, es ist ein Zaubermärchen, worin zwei Männer und zwei Frauen einander gegenüberstehen, und zu einer dieser Frauen könnte man sehr wohl

Ihre Gattin mit aller Diskretion Modell stehen lassen – dies aber ganz unter uns gesagt, es ist auch nur halbwichtig, es ist halt[1] eine *bizarre* Frau mit einer sehr guten Seele im Grund, unbegreiflich, launisch, herrisch, und dabei doch sympathisch, sie wäre sogar die Hauptfigur, und das Ganze bunt, Palast und Hütte, Priester, Schiffe, Fackeln, Felsengänge, Chöre, Kinder – das Ganze schwebt mir wirklich mit Gewalt vor Augen und stört mich sogar im Arbeiten und hat den andern Plan, «das steinerne Herz» ganz zurückgedrängt, weil es um so viel *heller* und *freudiger* ist. Das Ganze, wie ich es da in der Luft hängen sehe (aber es ist noch unfertig, noch fehlen mir wichtige Zwischenglieder), verhielte sich, beiläufig gesagt, zur «Zauberflöte» so wie sich der «Rosenkavalier» zum «Figaro» verhält: das heißt, es bestände hier wie dort keine Nachahmung, aber eine gewisse Analogie. Die bezaubernde Naivität vieler Szenen der «Zauberflöte» kann man natürlich nicht erreichen, aber der Einfall ist, glaub ich, sehr glücklich und sehr ergiebig. Wenn Sie herkommen, müssen wir *mehrmals* je ein paar ruhige Stunden haben, damit ich Ihnen diesen Plan[2] genau erzählen kann, und Levin soll und muß bestimmt mitkommen, ich brauch ihn zum Zuhören. Auch für «Ariadne» bedarf es mit eines Gespräches, ich glaube, das kann etwas sehr Reizendes werden, ein neues Genre, das *scheinbar* auf ein älteres wieder zurückgreift, wie ja alle Entwicklung sich in der Spirale vollzieht.

Auch glaub ich, es bedarf dieser Zwischenarbeit, mindestens *für mich*, um mich mit der Musik, speziell mit Ihrer Musik, noch mehr auskennen zu lernen, und etwas zu machen, worin wir doch noch viel vollständiger zusammenkommen als im «Rosenkavalier», der mich als ein Ganzes von Text und Musik zwar *recht sehr*, aber nicht *völlig* befriedigt (und von dem ich übrigens hoffe, daß er sich durch einige, vielleicht durch viele Dezennien auf der Bühne, der deutschen zumindestens, erhalten kann).

[1] An die Stelle dieser drei Wörter setzte Hofmannsthal in der *Ersten Ausgabe*: die eine ein Feenwesen, die andere irdische.

[2] «Die Frau ohne Schatten».

Durch die kleine Zwischenarbeit wird mir vielleicht noch völliger klar werden, wie es möglich sein wird, ein dramatisches Ganzes aufzubauen, in welchem die *Nummern* die größte Bedeutung mehr und mehr wieder gewinnen müssen und wie dabei das zwischen den Nummern Liegende stilistisch richtig zu behandeln ist, ohne daß man auf das Secco-Rezitativ und die Prosa zurückgreifen kann. (Oder vielleicht kann man es doch, aber wie? bis zu welchem Punkt?) Das ist ja ganz klar, daß, wenn man allenfalls weiter wieder etwas zusammen macht, in dem allen eine stilistische bestimmte Linie der Entwicklung liegen muß. (Das meine ich natürlich nicht trocken-kunsttheoretisch, sondern als lebendiges Gefühl, Instinkt, innerer Antrieb.) Also auf Wiedersehen. Bitte, kommen Sie *bestimmt* schon am 31., nicht erst am 3., wir müssen hier mit den *beiden Marschallinnen arbeiten.* Sie dirigieren paarmal und ich brauche Ihren Kopf zu Besprechungen. Später ist's zu spät! Also *bitte* am 31. mit Levin. Herzlich Ihr

Hofmannsthal

Lieber Freund! Berlin, 11. 4. 11

Für Köln ist leider schon Fuchs (München) fest in Aussicht genommen: hätte sonst mit Vergnügen W[ymetal?] empfohlen. Diesmal ist's leider zu spät! Dichten Sie, bitte!
Mit schönsten Grüßen, auch an die liebe Gattin Ihr

Dr. Richard Strauss

Lieber Dichter! Garmisch, 15. 5. 11

Ich möchte mich erkundigen, was die «Frau ohne Schatten» macht, ob ich nicht bald einmal einen fertigen Entwurf oder gar einen 1. Akt zu sehen kriege. Auch was Molière macht, wüßte ich gerne. Zugleich möchte ich Sie, damit Sie nicht etwa die Arbeit für mich unterbrechen, darüber beruhigen, daß ich noch keinen Text von d'Annunzio komponiere, sondern nach wie vor auf Sie sehnlichst warte.
D'Annunzio ließ neulich durch Sonzogno mir mitteilen, daß er gerne für mich was arbeiten möchte und frug an, welche Art des Stoffes ich bevorzugen würde. Ich ließ ihm einige Ideen mit-

teilen, besonders meinen Wunsch, einen ganz modernen Stoff, sehr intim und von nervösester Psychologie: nun wollen wir erst sehen, was er etwa zustande bringt. Ich habe nicht allzu viel Hoffnung auf ihn, aber man muß alle Stränge ziehen. Auch Levetzow wird mir ein neues Drama, eventuell zur Komposition geeignet, wie *er* meint, schicken. Also alle von den Zeitungen gemeldeten festen Abmachungen mit d'Annunzio sind vorläufig reine Enten. Ich warte auf Sie und quäle mich inzwischen mit einer Symphonie herum, was mich aber eigentlich noch weniger freut wie Maikäfer schütteln. Mit Seebach bin ich wegen der infamen Dresdner Striche ganz übers Kreuz, trotz der Verstümmelung ist dort der «Rosenkavalier» schon bis zur 28. ausverkauften Vorstellung gediehen. Bleiben die Tantièmen als einziger Trost. Haben Sie Wagners Biographie[1] schon gelesen? Ein wahrhaft ergreifendes Buch, das man nicht ohne Tränen der Rührung aus der Hand legt. Welche Schaffenskraft bei diesem wahrhaft trostlosen Leben, dessen Schicksale eines der traurigsten Kapitel deutscher Kulturgeschichte darstellen. – Also arbeiten Sie, arbeiten Sie und erfreuen Sie bald durch etwas «Positives» Ihren Sie und Ihre liebe Gattin herzlich grüßenden

Dr. Richard Strauss

Ist es nicht hübsch, wie auch in Wien bei *dem* schlechten Text der «Rosenkavalier» geht. *Das macht eben nur ganz allein die schöne Musik!* Etsch! Nichtsdestoweniger arbeiten Sie!!

Mein lieber Doktor Strauss, Rodaun, 15. Mai [1911]

Ich hab Sie sehr gern, arbeite gern für Sie, verdanke Ihnen viel Schönes, Gutes und Angenehmes, und es war mir überaus leid, Sie damals von Wien für den Augenblick mit zwei Körben abziehen zu lassen.

An einem schönen Stoff, wie die «Frau ohne Schatten» es ist, das reiche Geschenk einer glücklichen Stunde, an einem solchen Stoff, so fähig, Träger schöner Poesie und schöner Musik zu werden, an einem solchen Stoff wäre es ein Frevel, wollte man hasten, wollte man sich forcieren. Da muß alles Detail fest und

[1] «Mein Leben», 1911 erstmals erschienen.

unverrückbar, knapp und präzis und *wahr* vor der Phantasie stehen, da muß im Stillen, unter der Schwelle des Bewußtseins, das Verhältnis der Gestalten zueinander sich ausbilden und ungezwungen in buntes Geschehen von ungezwungener Symbolik sich hinüberleben, da muß Tiefes zur Oberfläche, da darf nichts leer bleiben, nichts abstrakt, nichts bloß gewollt und bloß gemeint – dann wird der Musik so vorgewaltet sein, daß sie nichts braucht, als in das Bette einzuströmen und Erde und Himmel im Strömen abzuspiegeln. Aber hier kommt alles auf den Reichtum und die Dichtigkeit der wirklichen Eingebungen an, und – le temps ne fait rien à l'affaire.

Hätten Sie mich vor die Wahl gestellt, es gleich zu machen oder auf Ihre Musik dafür zu verzichten, so hätte ich das letztere gewählt.

Nun aber kommt ein anderes Lied: Ich *habe* den Molière, immer hatte ich nur an die minder bekannten seiner Stücke gedacht; in Paris stand es auf einmal klar vor mir, wie vortrefflich der «Bourgeois Gentilhomme» sich eigne, ein solches opernartiges Divertissement einzulegen. Er hat 5 Akte, diese ziehe ich mühelos auf zwei zusammen, lasse die türkische Zeremonie weg (da sie in lingua franca abgefaßt ist, ist sie unübersetzbar, der Spaß aber, den ein französisches Publikum an diesem barbarischen Halbfranzösisch findet, fällt für ein deutsches fort), und mit der türkischen Zeremonie fällt natürlich die ganze Nebenhandlung, fallen die Figuren der Tochter, des Cleante[1], des Covielle, mehr als ein Drittel des Stückes. Das Divertissement «Ariadne auf Naxos» wird nach dem Dîner vor Jourdain, dem Grafen und der zweifelhaften Marquise gespielt, hie und da mit kurzen Zwischenbemerkungen der zuschauenden Personen, und beschließt das Stück. Der Zettel sieht so aus:

Der Bürger als Edelmann

Eine Komödie mit Tänzen von Molière nach der alten Übersetzung von Bierling (1751), eingerichtet von *Hugo von Hofmannsthal.*

[1] Im Original: Cléandre.

Personen ....

Zum Schluß des zweiten Aufzuges

Divertissement:

ARIADNE AUF NAXOS

(Musik von Richard Strauss)

Ariadne	Harlekin
Bacchus	der eine Scaramouche
Echo	der andere Scaramouche
1. Nymphe	Tartaglia
2. Nymphe	Brighella etc.

Die kleinen Tänze innerhalb des Stückes bleiben (nicht alle, sicherlich die Schneider und die kleine Szene der Musiker). Zu dem Dîner möchte ich Instrumentalmusik, keinen Gesang, weil ja gleich nachher die Oper anfängt.

Vielleicht lassen Sie sich sofort die alte Bierlingsche Übersetzung kommen, Sie finden Sie in Cottas Bibliothek der Weltliteratur, Molière, Band III, «Der adeliche Bürger», und lassen sich gleich für die Tafelmusik und für die kleinen Balletts, die ganz kurz sein müssen, was einfallen. Die lange Gesangsszene in Akt I möchte ich weglassen oder auf ein Minimum reduzieren, da ja alle diese Szenen sehr verkürzt werden müssen – Wassmann wird als Jourdain vortrefflich sein.

Sobald dieser Brief Sie erreicht, geben Sie mir, bitte, auf einer Karte Nachricht. Ich schreibe nicht gern ins Blaue. Ich schicke Ihnen dann gleich die Skizze zur «Ariadne». Die Ausführung, zu der es auch noch etlichen Einfalls bedarf, kann ich Ihnen, soweit man überhaupt etwas versprechen kann, für *Anfang* Juli versprechen, vielleicht auch für Ende Juni. Sie haben dann für Juli-August Beschäftigung.

Also hoffentlich kann Ihnen diese Nachricht eine kleine Freude machen und ich höre bald von Ihnen.

Herzlich und aufrichtig Ihr *Hofmannsthal*

Lieber Freund! Garmisch, 17. 5. 11

Hochentzückt über Ihren Brief! Schicken Sie – ich bin bereit!

Herzlichste Grüße Ihr *Dr. Richard Strauss*

Lieber Dr. Strauss, Rodaun, 19. V. [1911]

Lesen Sie bitte das[1] durch und sagen mir, wie weit es Ihnen entspricht. So denke ich es mir. Nicht als eine sklavische Nachahmung, sondern als eine geistreiche Paraphrase des alten heroischen Stils, durchflochten mit dem Buffo-Stil. Die Figur der Ariadne denke ich mir zart umrissen, aber ganz *wirklich*, so wirklich wie die Feldmarschallin. Zu Nummern, Duetten, Terzetten, Quintetten, Sextetten ist reichlich Gelegenheit. – Sie werden gut tun, mir anzudeuten, an welchen Stellen Sie präzise *Nummern* legen wollen, an welchen Sie diese Form nur effleurieren wollen, so wie dies im «Rosenkavalier» mehrmals geschen ist. Diese kleine Unterlage für Ihre Musik hätte ihren Zweck erfüllt, wenn sie Ihnen Gelegenheit gäbe, sich in einer absichtlich verengten Form halb scherzhaft und doch *von Herzen* zu manifestieren. Herzlichst Ihr *Hofmannsthal*

Lieber Dichter! Garmisch, 20. 5. 11

Habe die freche Notiz über Sie in Nr. 6311 des N[euen] W[iener] Journals durch beiliegenden Brief heute berichtigt.

«Gentilhomme» gelesen: die erste Hälfte ist sehr hübsch, besonders die erste Szene: Komponist und Tanzmeister, die Sie vielleicht aktuell noch etwas verschärfen. Man könnte hier der Kritik was Hübsches auswischen. Die zweite Hälfte ist mager, und meine ich, Sie müßten da noch manches hinzudichten, was die Handlung besser abrundet und zuspitzt. Ich finde, es fehlt dem Stück die eigentliche Pointe.

Sie haben ganz recht: von III. Handlung, 8. Auftritt ab wird es schwach. Gut ist eigentlich nur mehr der 2. Auftritt der IV. Handlung, alles andere müßte neu erfunden werden. Das musikalische Gespräch, I. Handlung, 2. Auftritt, ist auch mager, auch hier müßten Sie Neues schaffen.

Für die Tänze der Tanzmeister, Schneider und Köche läßt sich hübsche Unterhaltungsmusik komponieren.

[1] Das diesem Brief beigelegte Szenarium zu „Ariadne auf Naxos" wurde vom Herausgeber veröffentlicht in Heft 1/1960 der Zeitschrift „Die Neue Rundschau" (S. Fischer-Verlag, Frankfurt a. M.)

Mir wird die Sache sehr viel Spaß machen, und ich bin sicher, ich bringe was Apartes zustande. Ich harre mit Ungeduld Ihrer Sendung. –

Mahlers Tod hat mich sehr ergriffen: nun wird er wohl auch in Wien der große Mann werden.

Mit herzlichen Grüßen Ihr *Dr. Richard Strauss*

Bitte mit *niemand*, außer Reinhardt (ihm ganz allein, ohne Regisseure und Dramaturgen), auch nur ein Wort über den «Gentilhomme»! Niemand! Auch ich schnaufe nicht!

[Die beigefügte Abschrift des Briefes an den Herausgeber des «Neuen Wiener Journals» lautet:]

In Erinnerung an unsere Begegnung in St. Moritz möchte ich Sie herzlich bitten, Ihren Redaktoren bezügl. aller Notizen über mich etwas mehr Vorsicht anzuempfehlen. Die Notiz in Nr. 6311 ist bis auf die zwei ersten Zeilen wieder mal vollständig aus der Luft gegriffen. Erstens ist mir von Hofmannsthal kein Text «überreicht» worden, zweitens würde ich denselben, wenn er ihn für mich schreiben würde, mit *Freude sofort komponieren*. Ich und einige andere, nicht allzu unintelligente Menschen, stehen in der Beurteilung dieses Dichters allerdings auf einem anderen Standpunkt als die verehrliche Wiener Kritik. Ich bin dafür aber auch kein Wiener und habe nicht die Verpflichtung, ein großes einheimisches Talent gering zu schätzen. Bitte herzlich, berichtigen Sie in irgend einer Ihnen passenden Form das Märchen der «Überreichung» und der «Nichterledigung». Diese beiden Worte bilden eine wahre Bereicherung des Sprachschatzes über künstlerische Sitten und Gepflogenheiten.

[nach 20. V. 1911]

Hier ist die Rohandeutung der zweiaktigen Einrichtung, noch ohne Kürzungen, zu Ihrer Orientierung. Daß das Stück, wie Sie so richtig bemerkten, keine Pointe hat, kommt eben der Einfügung unseres Divertissements so sehr zustatten. Einem Stück, das gut und pointiert abschlösse, könnte man kaum noch eine Oper anhängen. Den Abschluß habe ich mit Reinhardt schon durchgesprochen, das wird sich szenisch alles ganz ausgezeichnet *runden*, mit viel amüsantem Zeremoniell etc.

[*Hofmannsthal*]

Lieber Herr von Hofmannsthal! Garmisch, 22. 5. 11

«Ariadne» kann sehr hübsch werden. Da das dramatische Gerippe an sich ja dünn ist, hängt eben alles von der poetischen Ausführung ab. Bei Ihnen aber braucht man um schwungvolle Verse nicht zu bangen. Also satteln Sie den Pegasus.

Ariadne denke ich mir	Alt
Bacchus	lyrischer Tenor
Najade, Dryade	gewöhnliche Soprane
Zerbinetta	hohe Koloratursängerin
(Paraderolle)	(Kurz, Hempel, Tetrazzini)
Arlekin	Spiel-Bariton
die 3 andern	Tenor-Buffo und 2 Bässe

Musikstücke geschlossen nach Beginn:

a) Rezitativ und Arie der Ariadne
b) Lied des Arlekin
c) große Koloraturarie: Andante und dann Rondeau, Thema mit Variationen und allen Koloraturspäßen (womöglich mit obligater Flöte) der Zerbinetta, wo sie von ihrem Ungetreuen spricht (Andante) und dann Ariadne zu trösten sucht: Rondeau mit Variationen (zwei bis drei). Paradenummer.
d) Männerquartett (Arlekin): «komm mit mir», geht in Quintett mit Zerbinetta über.
e) Männerterzett (buffo), wenn Arlekin und Zerbinetta verschwunden sind.
f)[1] Das Finale (geschlossen und fortlaufend) beginnt mit der Meldung der Najade. Ein hymnenartiges Marschthema (dazu Duett: Ariadne, Zerbinetta) steigert sich und schließt mit dem Eintritt des Bacchus ab.
Liebesduett.
Schlußensemble.

[1] Im Original irrtümlich: e).

Bezüglich der Form der bekannten Koloraturarien lassen Sie sich bitte von Kurz: Sonnambula, Lucia, Arie aus «Zweikampf» von Hérold, Gilda, auch Mozartsche Rondeaus vorsingen. Wenn Frau Kurz mir aber bei der Sache wieder absagt, bin ich für immer böse. Bei alledem äußerste Diskretion, keine Namen, keinen Stoff nennen. Am besten gar nichts sagen, nur vorsingen lassen.
Orchester *auf* der Bühne unmöglich: ich brauche gerade für diese Kammermusiksache erstklassige Leute (nur vom k. Hoforchester in Berlin): die spielen keine Komödie.
Dagegen muß Reinhardt schon jetzt im Sommer den Orchesterraum des Deutschen Theaters so umbauen lassen, daß wir offenes, hochliegendes Orchester kriegen wie im Münchener Residenztheater.
Ich denke mir folgende Besetzung: 2 Violinen, Bratsche, Cello, Baß, 1 Flöte, Oboe, Klarinette, Fagott, 1 bis 2 Hörner, Cembalo, Harfe, Celesta, Harmonium (eventuell noch eine Trompete und etwas Schlagzeug): 15 bis 20 Mann.
Nun: Dionysos erleuchte Sie! Ich warte!
Schönste Grüße Ihr *Dr. Richard Strauss*

Mein lieber Dr. Strauss, Rodaun, 25. V. [1911]
Ich danke sehr für Ihre beiden Briefe. Solche Andeutungen, was jeder sich unter der gemeinsamen Arbeit vorstellt, sind unerläßlich und werden noch mehrfach nötig sein. Der Überblick über die geschlossenen Nummern, die Sie wünschen, ist mir fördernd und *suggestiv*, desgleichen alles, was Sie mir noch an speziell musikalischen Wünschen und Absichten mitteilen werden. Nur so ist Zusammenarbeiten möglich. Ich werde gelegentlich Ihr Entgegenkommen fordern, wo eine Dichtung ein mehr dienendes Verhältnis der Musik in gewissen Szenen erheischt – so war es schon bei der Szene der Marschallin – umgekehrt hier soll alles nur wie ein Drahtgestell sein, um Musik gut und hübsch daran aufzuhängen. Man muß nicht nur miteinander, sondern geradezu *ineinander* arbeiten. – Daß Sie Zerbinetta so ganz ins stärkste musikalische Licht stellen wollen, war mir zuerst überraschend, dann sehr einleuchtend. Über das Formale

der Koloraturarie werde ich mich informieren, wenn auch nicht durch die Kurz, mit der ich nicht so stehe und die ich durchaus in nichts hineinziehen möchte. Überhaupt verwirrt es mich etwas, daß Sie die Namen Kurz – Hempel – Tetrazzini hineingeschrieben haben. Denn abgesehen von der materiellen Unmöglichkeit (das Abendhonorar *einer* solchen Mitwirkenden würde die Hälfte von Reinhardts Bruttoeinnahmen ausmachen, und wie könnte man bei einer solchen Überlastung des Etats an eine lange Reihe von Wiederholungen denken?!), aber davon wirklich ganz abgesehen, aber eine solche Aussicht, mit diesen unerträglichen Bühnenerscheinungen, Primadonnen ohne jedes Spieltalent, arbeiten zu müssen, das würde ja, gerade für eine Rolle wie Zerbinetta, auf meine Phantasie geradezu lähmend wirken! Soll ich Lust an der Sache behalten, so muß ich mir etwas sehr Raffiniertes in Stil und Spiel vorstellen (das ist doch gewiß auch Ihr Wunsch), etwas durchaus Reinhardtisches, und nichts, was an *Hofoper* auch nur erinnert. Womöglich exotische Kräfte, eine reizende Amerikanerin, Dänin, Italienerin mit exquisiter (nicht übermäßig *großer*) Stimme, eine Farrar, Mary Garden, junge Bellincioni, nicht wahr, so meinen wir's doch?? Bitte um ein Wort darüber.

Das Szenarium nennen Sie ein wenig *dünn*, das ist ganz richtig. Vielleicht wäre der noch richtigere Ausdruck: ein wenig *geradlinig*, vielleicht ein wenig allzu geradlinig.

Es gibt keine Umbiegung, keine eigentliche dramatische Wendung. Denke ich an die heroische Oper, deren Geist wir beschwören, an Gluck, an «Titus», «Idomeneus», so erscheint mir dies *Dünne*, *Geradlinige* nicht verfehlt. Auch bringt die Verflechtung mit dem anderen, buffonesken Element ja einen starken Reiz, hebt die Monotonie auf. Daß Sie sich von meiner poetischen Diktion alles Gute erwarten, ist mir sehr wohltuend, aber wir wollen uns von der Diktion *allein* auch nicht allzuviel erwarten. «Es ist nichts in der Haut, was nicht schon in den Knochen wäre», sagt Goethe irgendwo. Ein Gerüst, das für Ihre Phantasie *unbefriedigend* wäre, *wenn* es dies wäre, könnte durch die Diktion allein Ihnen niemals anziehend und befeuernd werden, daran muß man festhalten. Auch an einer so kleinen spielerischen Sache muß das Eigentlich-Poetische der Vorlage Sie zur Komposition reizen, der relative Reichtum der Gefühlsmotive, die Kontraste, der Aufbau, nicht etwa bloß die Diktion, die einem hübschen Teint zu vergleichen ist, der aber nur an einer gutgeformten und -gebauten Person erfreulich wird. Auch ist mein Vers ja nicht eigentlich schwungvoll oder blühend, seine Qualität, die ihm schwer abzustreiten ist, liegt woanders: er ist inhaltsvoll, prägnant, rhythmisch biegsam; er ist nirgends flau, süßlich oder beiläufig – worüber Sie ja aus so verschiedenen Werken wie «Elektra» und «Rosenkavalier» hinlänglich unterrichtet sind.

Also bitte, überlegen Sie nochmals, wägen ab, seien objektiv und strenge gegen mich wie gegen sich. Wir wollen doch immer etwas sehr Gutes machen, wenn es auch nur eine Zwischenarbeit ist, das sind wir *uns* vor allem schuldig.

Dann bitte lassen Sie sich meinen Entwurf kopieren und schikken mir das Original zurück (oder auch die Kopie, wenn sie ganz genau ist).

Noch eines: wir müssen die Ressorts reinlich trennen. Alles Szenische, auch das Malerische, das Stilistische, die Tänze usf. obliegen mir. Andere Wünsche an Reinhardt – wie den bezüglich des Orchesterumbaus – lassen Sie bitte direkt oder durch Levin oder wie immer an ihn gelangen, auch wird er im Sommer auf lange in München und immer zu ihrer Verfügung sein. Ich sprach von der Sache nur mit ihm und mit keinem Dramaturgen. Aufrichtig Ihr *Hofmannsthal*

P. S. Vielen Dank, daß Sie sich meiner so lebhaft gegen eine Wiener Zeitungs-Unanständigkeit angenommen haben, von der ich übrigens gar nichts gewußt hatte.

Lieber Herr von Hofmannsthal! Garmisch, 27. 5. 11

Natürlich wäre eine Art Farrar, junge Bellincioni das beste: und für die Reinhardtsche Aufführung muß auch so eine «Spezialität im Anfang» gefunden werden. Aber wo? Damit aber nach

Reinhardt die Hoftheater mit angegliedertem Schauspiel (z. B. Münchener Residenztheater) sich der Sache mit Glück und Erfolg bemächtigen, müssen ein paar Paradegesangsrollen drin sein, denn die Handlung an sich interessiert nicht, ebensowenig wie interessante Kostüme den Ausschlag geben. Mich persönlich interessiert die Sache auch nicht gerade übermäßig, darum bat ich Sie, Ihren Pegasus etwas zu stimulieren, damit der Versklang mich etwas aufreizt. Sie kennen vielleicht meine Vorliebe für Schillerische Hymnen und Rückertsche Schnörkel. Sowas regt mich zu formalen Orgien an, und die müssen hier herhalten, wo das Innere der Handlung einen kalt läßt. Eine schwungvolle Rhetorik kann mich genügend betäuben, um mich über nicht Interessantes glücklich hinwegkomponieren zu lassen. Das Formenspiel: der Architektur-Garten muß hier in seine Rechte treten. Sonst sind wir also d'accord!

Herzlich grüßend Ihr *Dr. Richard Strauss*

Ich hoffe, «Ariadne» fix und fertig bis 1. Juli zu haben. Ouvertüre und erste Tänze und so manches andere ist schon skizziert.

Mein lieber Herr Doktor, 28. V. [1911]

Wir haben uns immer gut verstanden, sind aber, glaub ich, auf dem besten Weg, uns diesmal nicht zu verstehen.

Da man seinen Kopf nur bei *einer* Sache haben kann, so hab ich mich in den letzten Tagen Ihnen zuliebe mit Hintansetzung aller anderen Gedanken ganz intensiv und ausschließlich mit der «Ariadne» beschäftigt. Zur Ausführung dieser Sache veranlaßt mich zunächst nur der Wunsch, Ihnen (und in zweiter Linie Reinhardt) gefällig zu sein und einen Dienst zu erweisen. Ich gebrauche diese Ausdrücke absichtlich, die ich niemals auf unser Zusammenarbeiten bei einer Hauptarbeit («Rosenkavalier», «Frau ohne Schatten») anwenden würde. Bei der «Ariadne» kommt kein anderes Stimulans in Frage. Der dabei auf mich *etwa* entfallende materielle Gewinn stimuliert mich *nicht*, und im übrigen werde ich nur pöbelhaftes Unverständnis dafür ernten, je besser, zarter und stilvoller die Sache wird.

Nun habe ich in den letzten Tagen (und bevor Ihr Brief kam,

der mich eher aus der Stimmung als in sie hineingebracht hätte), die schwerste und reizvollste Arbeit hinter mich gebracht, nämlich die seelischen Motive der Sache übereinzubringen, mir innerlich den Bezug zwischen den Figuren sowie zwischen den Teilen des Ganzen herzustellen, kurz, das ganze Schema der inneren Motive zu entwerfen, das dem Dichter (ähnlich wie wohl Ihnen ein symphonisches Gebilde) vorschweben muß, damit ihn die Arbeit anziehen, beleben und festhalten kann. Dieses seelische Gewebe ist das *Eigentliche* und das andere (was Sie mit dem treffenden Wort Architekturgarten bezeichnen) ist nur drum herum, so wie im «Rosenkavalier» das Zeitkolorit, das Zeremoniell, der Dialekt usf. um das Eigentliche herum ist. Dieses *Eigentliche* zwischen Ariadne und Bacchus nun schwebt mir so nuanciert, so zart bewegt, so psychologisch und so lyrisch zugleich vor der Seele, daß ich es schon miserabel ausführen müßte, wenn es Sie nicht schließlich in der gleichen Weise «interessieren» sollte, wie die Texte Ihrer Lieder, oder wie die Szenen Marschallin-Octavian, mit denen ja auch ein Durchschnittskomponist gar nichts anfangen könnte und aus denen Sie doch etwas ganz Neues, ganz Entzückendes, und dem Text ganz Adaequates gemacht haben. *So* sehe ich die Arbeit «Ariadne» – über deren Zutaten, Zerbinetta, etc., wir ja ganz d'accord sind. Bietet Ihnen mein Text, wenn er vor Ihnen liegt, *diese Art* Anziehung nicht, so lassen Sie ihn in Friede und Freundschaft unkomponiert, denn auf das Zentrale bei einer Sache kommt es an, und die Schnörkeln dürfen von zwei Leuten, die etwas können, zwar nicht geringgeschätzt werden, können aber die Hauptsache nicht ersetzen. – Im übrigen geht mir durch den Kopf: wäre denn faute de mieux nicht die Bosetti eine ganz charmante Zerbinetta??
Und nun, bitte, bezeichnen Sie mir in inliegendem Textbuch genau, *welches* die Koloratur-Arie mit Rondeau ist, und lassen mir desgleichen aus dem «Zweikampf» von Hérold genau den Text (ohne Noten) der betreffenden Arie herauskopieren (ich kann kein Textbuch des «Zweikampf» auftreiben), damit ich mir das Schema klarmache.

Im übrigen war es mein Fehler, Ihnen zuzumuten, daß Sie aus dem Szenarium mehr sollten herauslesen können, als vorläufig (außer für meine Augen) drinsteht.
Aufrichtig und herzlich der Ihrige. *Hofmannsthal*

P. S. Recht wichtig, damit Ihre Phantasie nicht im vornherein einen Irrweg in bezug auf die Figur des Bacchus geht. Dieser lyrische Tenor wird ganz zart zu halten sein, fast knabenhaft. (Aber es ist ganz richtig, die Rolle für einen Mann zu komponieren, nicht wieder für einen Sopran.) Es ist ein kaum aus dem Ei geschlüpfter Bacchus, der erst ein einziges Abenteuer, mit Circe, gehabt hat und *schüchtern* ist. Ich glaub', es kann ein reizender Einakter werden!

Lieber Herr von Hofmannsthal! Garmisch, 1. Juni 1911
Wir verstehen uns durchaus nicht «miss». Ich habe eine Dummheit gemacht, als ich Sie auf die blöden Koloraturarien verwies, aus deren Texten Sie gar nichts entnehmen können. Ich wollte Sie nur auf das musikalische Schema verweisen, wie es sich etwa in der Briefarie der Donna Anna, in der Arie der Gilda («Rigoletto») darstellt.
Mir fiel die Form von Koloraturvariationen unwillkürlich ein, als ich Ihren Entwurf der ersten Zerbinetta-Arie las. Lassen Sie sich also nicht weiter irritieren. Ich dachte mir die erste Rede der Zerbinetta, wo sie sich bei Ariadne einzuschmeicheln sucht, als Rezitativ mit langsamer Cavatine, dazu dann die Reden der vier Männer, am Schluß dann Allegro mit Variationen, wo sie an jedem der vier etwas unwiderstehlich findet. Es genügt aber für Sie vollkommen, wenn Sie alles dies mit ein paar wohlklingenden Versen (à la Mägdeerzählung des Ochs) charakterisieren. Das andere ist dann meine Sache. Die Hauptsache ist natürlich dann Ariadne und Bacchus.
Ich habe schon eine kleine Ouvertüre zum Stück, eine weitere zur Oper selbst, und die Tänze der Schneider etc. entworfen. Das Ganze ist bis zum Herbst fertig. Bosetti-Zerbinetta sehr passend.

Arbeiten Sie also, um mich unbesorgt, nur schön weiter.
Mit herzlichen Grüßen Ihr *Dr. Richard Strauss*
Was Sie an Detail, ersten Szenen, etwa fertig haben, schicken Sie mir bitte sofort.

Mein lieber Dr. Strauss, Rodaun, 5. VI. [1911]
Wir haben uns ja wirklich keinen Augenblick mißverstanden, es war das nur ein recht ungeschickter Ausdruck von mir.
Ich nehme jetzt meine ganze Kraft für diese eine kleine aber nicht leichte Sache zusammen, denke an nichts anderes, schreibe keine Briefe, also seien Sie ganz ruhig – *ich tue was ich kann.*
Ganz und gar *nicht* irritiert hat es mich, Ihre Wünsche und Andeutungen für feste Nummern kennenzulernen, im Gegenteil, das ist mir nützlich und anregend, ich *bitte* Sie nochmals, schikken Sie mir die genaue Textabschrift einer Koloraturarie mit Rondeau und Variationen, ganz genau, wenn der Text auch noch so albern ist, aber *gleich*, das nützt mir nur, gibt mir Anhaltspunkte für Umfang, Struktur* etc.
Viele Grüße *Hofmannsthal*
*Gilda oder welche Arie immer, am allerliebsten Mozart oder Gluck.

Lieber Herr von Hofmannsthal! Garmisch, 7. 6. 11
Lassen Sie sich über der Koloraturarie keine grauen Haare wachsen: ich habe nichts derartiges zur Hand. Es genügt der Entwurf, den ich Ihnen für die Anlage der Szene der Zerbinetta mit Ariadne gegeben habe. Ich dirigiere am 17. und 18. Juni in Köln den «Rosenkavalier». Bin am 26. wieder hier und zur Arbeit bereit. Mit herzlichem Gruß Ihr *Dr. Richard Strauss*

Lieber Herr von Hofmannsthal! Garmisch, 10. 6. 11
Wie vollzieht sich denn der Übergang vom Stück zur Oper: offene Verwandlung? Oder fällt der Vorhang? Kann vor der Oper eine etwas längere Ouvertüre gespielt werden? Oder sind besser nur ein paar einleitende Takte und dann gleich beginnen: «Schläft sie»?

Vor dem Stück selbst habe ich eine kleine rustikale Ouvertüre gedacht, die dann in das Liedchen übergeht, das der Schüler eben komponiert. Dies ist bereits fertig. Vielleicht ist dann nochmals ein längeres Stück vor Beginn der Oper zuviel und gibt einen toten Punkt bei offener Bühne. Erbitte eine kurze Nachricht darüber nach Köln, Neumarkt 8. Ihr *Dr. Richard Strauss*

Wir wollen alle künftigen Schreiben ohne Anrede und Grüße abfassen. Ist's Ihnen recht?
Kennen Sie den Gesang zu «Bacchus und Ariadne» von Lorenzo Magnifico, dessen Kehrreim:

Quanto e bella giovinezza
Che si fuggo tuttavia!
Chi vuol esser lieto, sia:
Di doman non c'è certezza.

Burckhardt im II. Band seiner «Kultur der Renaissance in Italien» erwähnt, Seite 150?
Überhaupt ist da die Schilderung der italienischen Feste, Aufzüge sehr interessant. Wäre etwas für Reinhardt und Roller.

Lieber Herr von Hofmannsthal! Garmisch, 10. 6. 11

Schönsten Dank für die erste Szene, ist famos und wird sich prächtig komponieren lassen. Sie haben wirklich schon große Übung als Librettist: ich habs immer gesagt, Sie werden Scribe No. II, nachdem man mich schon zu Meyerbeer gestempelt hat. – Fehlt nicht das Lied des Harlekin? Oder kommt das später?
Ich verstehe nur den Gedanken nicht recht:
«Jetzt hab ich's – Götter! daß ich's nur behalte!»
«Den Namen nicht» – etc.

???

Ich fahre morgen nach Köln, dirigiere dort am 17. und 18. Juni «Rosenkavalier», spreche dort Hülsen über die Berliner Besetzung, die recht schwierig ist, begleite am 19. meine Frau nach Westerland-Sylt, bin am 26. wieder hier. Bitte all Ihre Sendungen *hieher* zu adressieren!

Können Sie mir sagen, wie Frl. Windheuser als Marschallin ist? Mir fehlt's an Marschallinnen für England und Amerika.
Mit schönsten Grüßen Ihr *Dr. Richard Strauss*

Also ohne Anrede! Rodaun, 15. VI. [1911]

Freue mich sehr, daß Ihnen Anfang «Ariadne» gefiel. Hoffe, es soll weiterhin immer besser werden. Bin zwar unwohl, arbeite aber täglich, habe gestern die Arie der Zerbinetta gemacht, die Ihnen nicht mißfallen wird. Überhaupt, wenn zwei Menschen wie wir eine solche «Spielerei» machen, so muß es eben eine sehr ernsthafte Spielerei werden, wir müssen nach Kräften von unserem *Besten* hineinstecken, irgendwann, irgendwo, irgendwie wird's uns schon gelohnt werden.

Das herausgefallene Blatt mit dem Liedchen des Harlekin ging expreß nach Garmisch.

Der Übergang zur Oper vollzieht sich auf offener Szene. Vorher geht eine kleine Überleitung (von mir) in Prosa, eine kleine Szene, worin sich Tanzmeister und Komponist – welche die Arrangeure dieser Opernaufführung in Jourdains Haus sind – über Publikum, Kritik etc. unterhalten. Während dieses Gespräches wird im Saal die Bühne für die Oper aufgestellt, Harlekin und Ariadne schminken sich, andere laufen halb kostümiert hin und wider. Die Lichter werden angezündet, die Musiker stimmen ihre Instrumente, Zerbinetta läßt ein paar Rouladen hören: dann ist alles fertig, Jourdain und seine Gäste erscheinen und nehmen auf Fauteuils Platz – und nun scheint mir allerdings eine kleine Ouvertüre stilistisch unentbehrlich, eine kleine Symphonie nach älterer Art, die Hauptmotive der Oper vereinigend, ich glaube, das könnte ganz reizend sein; vielleicht machen Sie sie aber besser erst am Ende, denn ich glaube, der zweite Teil der kleinen Dichtung wird Ihnen Motive suggerieren – das Fremdartige, Orientalisch-Märchenhafte, wovon Bacchus umwebt ist, und die vibrierende schattenhafte Totenreich-Atmosphäre, das zarte Lyrisch-Gespenstische, woran Ariadne festhält – dies im stärksten Kontrast zu der melodisch durchsichtigen Tonwelt, in welcher Zerbinetta und Har-

lekin zuhause sind. Meine Qualität als Librettist – vielleicht nicht schwer zu definieren – vielleicht etwas ganz allgemein Künstlerisches (künstlerische Qualitäten sind unter den Deutschen selten) –, daß ich es auf Kontraste, und über den Kontrasten auf Harmonie des Ganzen anzulegen weiß. («Die Frau ohne Schatten» könnte, denke ich manchmal, die schönste aller existierenden Opern werden.)
Die dunkle Stelle im Text: Ariadne bemüht sich, in ihrem zerrütteten Kopf das Bild ihres eigenen unberührten Selbst heraufzurufen, des Mädchens, das sie war – (und dieses Mädchen, meint sie, wohnt nun wieder hier in dieser Höhle) – aber des Namens Ariadne will sie sich bei diesem Hervorrufen nicht bedienen – der Name ist ihr allzu eng verknüpft, verwachsen mit Theseus, – sie will die Vision, aber ohne Namen – deshalb, als ihr die drei Nymphen den Namen zurufen – sagt sie ängstlich abwehrend: «Nicht noch einmal!» (= Laßt mich diesen Namen nicht noch einmal hören!)
Herzlichen Gruß Ihr *Hofmannsthal*

P. S. Fragte Schalk über Windheuser, stimmlich sehr gut, Spiel hilflos. Erscheinung recht ungünstig. (Doch ließe sich vielleicht beides beheben).

Mein lieber Doktor Strauss, Rodaun, 27. VI. 1911
Was ist denn mit Ihnen? Mir ist ganz bange, wenn ich von meinem zweiten Ich so lange nichts höre. Trotz einer Zahnfistel und Schindeldeckern auf dem Nachbardach war ich äußerst fleißig: Arie der Zerbinetta, großes Ensemble der fünf komischen Figuren, Bericht der drei Nymphen über Bacchus, Heranschreiten und Lied des Bacchus liegen vor mir. Morgen kommt die Szene Zerbinetta-Ariadne (Schmückung der Ariadne) dran, dann die große Schlußszene. Ich hoffe, es wird alles recht gut.
Werden Sie Anfang August in Garmisch oder München findbar sein?? Möchte es gerne wissen. Herzlich Ihr *Hofmannsthal*

[Garmisch, 2. Juli 1911]

Lieber Dichter! Sie sind komisch. Sie wollen von mir was hören! Aber ich will von Ihnen was *lesen*, *dann* erst können Sie von mir was «hören»! Also dichten Sie und warten Sie! Jedenfalls schicken Sie baldigst alles Gedichtete! Ich bin bis 8. August hier in Garmisch; dann teils in München, um zu dirigieren! Jetzt will ich feste arbeiten! Also schicken Sie, dann hören Sie!

Ihr *Dr. Richard Strauss*

P. S. «Rosenkavalier» in Köln ohne jeden Strich war ein glänzender Erfolg. Première in Berlin (mit sehr schönen Dekorationen) 7. November.

Gute Besserung der Zahnfistel!

Mein Lieber, Rodaun, 5. VII. [1911]

war ich wirklich komisch? Konnten Sie das nicht verstehen, daß ich ein Lebenszeichen zuerst wollte, bloß die Meldung, daß Sie in Garmisch zurück und *in Ruhe* seien? Daß ich mein Manuskript nicht ins Leere schicken wollte? Hatte mich ja recht sehr geplagt, mit wachsender Freude auch den Termin, den Sie sich gewünscht hatten, aufs Haar eingehalten, – wie jetzt der Schluß aus dem Spielerischen immer mehr ins Seelenhafte hinaufführte und das Ganze doch nur für Sie, nur für Ihre Musik gedacht; ist Ihnen da unbegreiflich, daß ich gerade da den Wunsch nach Kontakt hatte, den Wunsch, zu wissen, daß dort *Sie* wären und bereit und fähig, das nur für Sie Gemachte aufzunehmen, nicht ein leerer Schreibtisch!

Die große Szene Bacchus-Ariadne (fertig ist alles seit dem letzten Juni) feile ich noch durch, in ein bis zwei Tagen schicke ich den Rest. Was bis jetzt in Ihren Händen ist (mit dem heutigen), ist ungefähr die Hälfte, vielleicht ein bißchen mehr. Herzlich Ihr *Hofmannsthal*

[Auf dem Manuskript von «Ariadne auf Naxos»:]

R[odaun], 12. VII. [1911]

Hier ist der Schluß. Ich habs so gut gemacht als ich konnte, das

Ganze, hoffe, es freut Sie zum Komponieren und ich habs nicht verfehlt.
Bin sehr begierig und ungeduldig auf ein Wort von Ihnen, das mich von Donnerstag an Aussee Obertressen 14 trifft.
Herzlich Ihr *Hofmannsthal*

Lieber Herr von Hofmannsthal! Garmisch, 14. Juli 1911
Seit heute ist nun die ganze «Ariadne» glücklich in meinem Besitz und gefällt mir bis auf den Schluß recht gut: ich denke, es wird sich alles hübsch verwenden lassen. Nur die Aussprache zwischen Ariadne und Bacchus hätte ich mir noch bedeutender gewünscht, mit lebhafterer innerer Steigerung. Das muß noch mehr in die Höhe gehen, wie der Schluß der «Elektra»; sonniger, dionysischer – bitte spannen Sie Ihren Pegasus noch ein bißchen, ich kann Ihnen ruhig noch vier Wochen Zeit dafür geben, bis ich mit dem Komponieren nachgekommen bin.
Jetzt habe ich eben die hübsche Tanzszene: «Die Dame gibt mit trübem Sinn» fertig, auch Ariadnes Erwartung des Todesboten ist gut geworden.
Das Rondeau der Zerbinetta ist zum Teil skizziert, Sie sehen, ich feiere nicht, aber für den Schluß brauch ich mehr Schwung: «Freude schöner Götterfunken» – Hoppla! hü!
Sehe ich Sie in München im August? Damit wir das Materielle der Angelegenheit besprechen können. Nun ruhen Sie sich schön aus, legen Sie sich unter die Buchen und träumen Sie noch ein bißchen von Dionysos und Ariadne!
Mit herzlichem Gruß Ihr *Dr. Richard Strauss*

Aussee, Obertressen [Mitte Juli 1911]
Mein lieber Doktor Strauss,
ich will es offen sagen, daß mich Ihre sehr dürftigen und kühlen Worte über die fertige «Ariadne», verglichen mit der freundlichen Aufnahme jedes einzelnen Aktes des «Rosenkavalier», die mir als eine der wesentlichsten Freuden in jener Sache lebhaft im Gedächtnis sind, ein bißchen verdrossen haben. Ich bin der Ansicht, hier etwas mindestens so Gutes, ebenso Eigen-

artiges und Neuartiges geleistet zu haben, und so sehr wir darin übereinstimmen, eine gewisse gegenseitige Verhimmelung unaufrichtiger Art, wie sie unter mittelmäßigen Künstlern im Schwung ist, lieber von uns fernzuhalten, so müßte ich doch fragen, wessen Beifall in aller Welt mich hier für das Ausbleiben des Ihrigen entschädigen könnte! Doch wohl der keines anderen Menschen und noch weniger der materielle Ertrag.
Sie mögen ja beim Schreiben dieses Briefes oder beim Lesen des Manuskriptes nicht ganz bei Laune gewesen sein, wie das bei schöpferischen Menschen so leicht widerfährt; auch entgeht es mir nicht, wie viel schlechter sich ein solches ziemlich subtiles Gebilde in der Handschrift präsentieren muß, als in übersichtlicher Maschinenschrift (leider war meine Schreiberin auf Krankheitsurlaub); und so bin ich nicht ohne Hoffnung, daß ein näheres Bekanntwerden Ihnen die Vorzüge des Textes auch stärker wird hervortreten lassen. Ein Stück, wie das «Intermezzo» etwa, Arie der Zerbinetta und Ensemble, wird, das darf ich wohl sagen, von niemandem, der heute in Europa schreibt, in seiner Art übertroffen werden. Wie hier, unter Einhaltung der konventionellen Form, die, richtig verstanden, auch für den Textdichter voll Reiz ist, zugleich der geistige Angelpunkt des Stückes – in der diametralen Kontrastierung[1] des Frauencharakters – in Ariadne-Zerbinetta zwanglos gegeben ist, oder wie die Ankunft des Bacchus aufgebaut ist, durch das Terzett der drei Frauen zuerst, die einander das Wort vom Mund nehmen, dann durch das Circe-Liedchen, dann durch den Bericht der Zerbinetta, der, selbst bedeutsam, dem Orchester für sein hymnisches Marschmotiv den besten Raum gibt – das alles schien mir gerade von dem, *für* den es geträumt, konzipiert und ausgeführt ist, den Ausdruck einer gewissen Freude verdient zu haben. Auch glaub' ich, daß sich nicht leicht in einem einaktigen Operntextbuch drei Lieder finden werden, die sich an Zartheit und zugleich charakteristischer Bestimmtheit mit dem Lied des Harlekin, dem Rondeau der Zerbinetta und dem Circelied des Bacchus messen können.

1 *Erste Ausgabe:* in der polaren Entgegensetzung des Frauencharakters.

Das alles hätte ich freilich lieber von Ihnen sagen hören, als daß ich es an Sie schreibe. –
Eine Steigerung des Schlusses in der von Ihnen angedeuteten Weise wird sich gewiß finden lassen, doch bevor wir uns über das Wieviel und Wie einer solchen Steigerung verständigen, möchte ich es doch versuchen, mit einigen Sätzen die Idee oder den Gehalt dieser kleinen Dichtung auszusprechen. Es handelt sich um ein simples und ungeheueres Lebensproblem: das der Treue. An dem Verlorenen festhalten, ewig beharren, bis an den Tod – oder aber *leben*, weiterleben, hinwegkommen, *sich verwandeln*, die Einheit der Seele preisgeben, und dennoch in der Verwandlung sich bewahren, ein Mensch bleiben, nicht zum gedächtnislosen Tier herabsinken. Es ist das Grundthema der «Elektra», die Stimme der Elektra gegen die Stimme der Chrysothemis, die heroische Stimme gegen die menschliche. So steht hier die Gruppe der Heroen, Halbgötter, Götter – Ariadne – Bacchus – (Theseus) – gegen die menschliche, nichts als menschliche Gruppe der leichtfertigen Zerbinetta und ihrer Begleiter, dieser gemeinen Lebensmasken. Zerbinetta ist in ihrem Element, wenn sie von einem zum andern taumelt, Ariadne konnte nur *eines* Mannes Gattin oder Geliebte, sie kann nur *eines* Mannes Hinterbliebene, Verlassene sein. Eines freilich bleibt übrig, auch für sie: das Wunder, der Gott. Sie gibt sich ihm, denn sie nimmt ihn für den Tod: er ist Tod und Leben zugleich, die ungeheueren Tiefen der eigenen Natur enthüllt er ihr, macht sie selber zur Zauberin, zur Magierin, die die arme kleine Ariadne verwandelt hat, zaubert ihr in *dieser* Welt das Jenseits hervor, bewahrt sie und verwandelt sie zugleich. Was aber ein wirkliches Wunder ist für göttliche Seelen, für die irdische Seele der Zerbinetta ist es das *alltägliche*. Sie sieht in dem Erlebnis der Ariadne das, was *sie* eben darin zu sehen vermag: den Tausch eines neuen Liebhabers für einen alten. So sind die beiden Seelenwelten in dem Schluß ironisch verbunden, wie sie eben verbunden sein können: durch das Nichtverstehen. Bacchus aber ist in dies monologische Abenteuer der einsamen Seele Ariadne nicht als ein deus ex machina eingestellt

– sondern auch er erlebt das bedeutsame Erlebnis: unberührt, jung, ahnungslos der eigenen Gottheit, fährt er, wie ihn der Wind treibt, von Insel zu Insel. Sein erstes Abenteuer war das Typische: nennen Sie es die Kokotte, nennen Sie es Circe. Der Chok für eine junge, unberührte, unendlicher Kräfte volle Seele ist ungeheuer: wäre er Harlekin, so wäre es nichts als der Anfang einer langen Kette: aber es ist Bacchus, das Ungeheuerliche des erotischen Erlebnisses tritt an ihn heran, alles entschleiert sich ihm, das Tierwerden, die Verwandlung, die eigene Göttlichkeit, alles in einem Blitz. So entzieht er sich Circes Armen, unverwandelt – aber nicht ohne eine Wunde, eine Sehnsucht, ein Wissen. Wie es ihn nun treffen muß, das Wesen zu finden, das er *lieben* kann, das ihn verkennt, aber in diesem Verkennen sich gerade ganz ihm hinzugeben, die ganze Lieblichkeit ihm zu enthüllen weiß, das sich ihm ganz anvertraut – wie man sich eben nur dem Tod anvertraut, das brauche ich einem Künstler, wie Sie es sind, nicht weiter mit Worten auszuführen.

Es wäre mir eine sehr große Freude, wenn Sie mir auf diesen persönlichen und freundschaftlichen Brief durch eine recht baldige Antwort das Gefühl des schönen, mir nun schon unentbehrlichen Kontaktes geben würden, das ich bei der früheren Arbeit so sehr genossen habe. Herzlichst Ihr *Hofmannsthal*

Lieber Herr von Hofmannsthal! Garmisch, 19. Juli 1911

Es tut mir herzlich leid, daß ich in meiner trockenen Art Ihnen nicht den freundlich erhofften Lohn gespendet habe, den Ihr Werk sicher verdient. Aber ich gestehe offen, ich war für den ersten Eindruck enttäuscht. Vielleicht weil ich zuviel erwartet hatte. Ich habe mir Ihr Manuskript jetzt mit Maschinenschrift ausschreiben lassen und hatte heute bei rascher Lektüre allerdings einen wesentlich besseren Eindruck (bis auf den letzten Schluß, wofür ich doch noch ein größeres Crescendo brauche), ganz überzeugte mich aber das Werk erst nach dem Lesen Ihres Briefes, der so schön ist und den Sinn der Handlung so wundervoll erklärt, wie er mir oberflächlichen Musikanten allerdings nicht aufgegangen war. Ist das aber nicht etwas bedenklich? Und fehlt da nicht doch einiges von *Deutung* in der Handlung selbst? Wenn's ich schon nicht gesehen habe, denken Sie doch an Publikum und – Kritik. So wie Sie mir's schildern, ist's famos. Das kommt aber im Stück selbst nicht so recht deutlich und anschaulich heraus. Ich freue mich nun doppelt, daß ich mich auch diesmal nicht habe verstellen können und daß meine Kühle Ihnen den herrlichen Brief entlockt hat.

Ich werde Ihnen Stück *und* Brief in Maschinenschrift zugehen lassen in ca. 3 Tagen. Bitte vergleichen Sie dann ruhig nochmal Brief und Stück und schauen Sie, ob nicht einiges vom Brief noch in's Stück hinein kommen kann, um die Symbole *noch anschaulicher* werden zu lassen. Der Autor sieht in's Stück Dinge hinein, die der nüchterne Zuschauer nicht sieht, und daß auch ich, der willigste Leser, so wichtige Dinge nicht herausgelesen habe, muß Ihnen doch zu denken geben. Wenn ich Ihr Stück jetzt nach Ihrer Erklärung anschaue, finde ich wohl alles drin, aber die Deutlichkeit, die ein Theaterstück braucht – denken Sie doch an die Ochsen von Zuschauern alle, vom Komponisten angefangen. –

Die Zerbinetta-Szene ist ja sehr hübsch und die Szene vor der Ankunft des Bacchus, auch sein Lied, ist ja ganz famos, wie ich, von Ihnen mit der Nase darauf gestoßen, jetzt gestehen muß. Aber ist das ganz das Richtige? Das Symbol muß doch von selber lebendig aus der Handlung herausspringen, darf nicht nachträglich mühsam herausgedeutelt werden. Außerdem bin ich nur ein Mensch, kann mich irren, bin tatsächlich schlechter Laune, seit 4 Wochen mutterseelenallein hier, seit vier Wochen der Zigarette entsagt – da soll der Teufel genußfroh sein. Also seien Sie gut: vielleicht gibt Ihnen mein Unverständnis doch eine Anregung, nur als solche bitte ich's zu betrachten. Wir wollen uns doch gegenseitig steigern. Und über den Schluß können wir ja dann in München plaudern!

Genießen Sie recht den schönen Sommer und seien Sie herzlich gegrüßt von Ihrem *Dr. Richard Strauss*

Mein lieber Dr. Strauss, Aussee, 23. VII. [1911]

Diese gegenseitige Aussprache ist mir sehr lieb. Ich danke Ihnen sehr für Ihren Brief. Sie konnten nichts aussprechen, was mir sympathischer sein könnte, als daß wir uns gegenseitig steigern wollen nach Möglichkeit. Schicken Sie mir nur baldigst die Abschriften von Brief und Stück. Ich werde mit allem guten Willen lesen und wieder lesen, prüfen, vergleichen. Die Abschrift des Stückes schicken Sie mir, bitte, in zwei Exemplaren, von denen ich eines, versehen mit der Korrektur der beim Abschreiben entstandenen Fehler, sogleich wieder an Sie zurückgehen lasse. Bei einer so durchgearbeiteten gereimten Sache war mir jede Veränderung einer Silbe mißlich. Ohnedies war es mir kränkend, daß ich beim «Rosenkavalier» infolge der Überhetztheit mich nicht mit Ihnen über [die] Tilgung gewisser kleiner Veränderungen meines Wortlautes in der Partitur verständigen konnte; es sind dies kleine, vielleicht halb unbewußt Ihnen unterlaufene Verbindungen, einzelne Silben nur, die aber für mich das dialektische Bild empfindlich stören, fast ebenso wie für Sie, wenn durch's Abschreiben einzelne Noten verändert werden. –

Auf Ihren lieben Brief lassen Sie mich zunächst das Folgende erwidern. Es gibt eine Produktivität nicht nur des Schaffens, sondern [auch] des Aufnehmens. Einmal kann ich meinen Goethe oder Shakespeare mit einer gesteigerten reproduktiven Phantasie in die Hand nehmen und genieße ihn grenzenlos, ein andermal fehlt mir das geistige Band, gerade das Eigentliche, das leuchtend-schimmernde Medium, worin die geistige Erscheinung erst wirklich Erscheinung wird. Auf diese empfängliche Produktivität mußte ich bei Ihnen gerade in einer so zarten Sache, wie es die Anfertigung einer für Musik bestimmten Dichtung ist, rechnen dürfen. Sie hat Ihnen in den letzten Wochen gefehlt. Die lange Einsamkeit im Haus ohne Ihre Frau – und die den Nerven zunächst so fühlbare, eine chronische leise Depression herstellende Entziehung der Zigarette: jede dieser beiden Ursachen für sich allein würde hinreichen, diesen negativen Zustand zu motivieren, um wieviel mehr beide zusammen. Daß dieser Zustand besteht, habe ich gewußt oder gefühlt, ehe ich die Blätter mit der «Ariadne» an Sie schickte. Ich fühlte einen Mangel an Kontakt, als Sie mir Ihr Zurückkommen nach Hause, Ihre Ungeduld nach dem Text nicht spontan anzeigten – vor zwei Jahren, als ich die ersten Bruchstücke des «Rosenkavaliers» an Sie schickte, bestand der entgegengesetzte Zustand; Sie kamen dem von mir Geleisteten über Erwarten entgegen und ich wußte wohl, wieviel Anteil an dieser Freude Ihre eigene entgegenkommende Produktivität hatte. Daß ich Sie diesmal auf wirklich Gelungenes «stoßen» mußte, ist mir für den Moment bedauerlich; doch kann es mich ebensowenig deprimieren, als ich damals aus Ihrer Lebhaftigkeit übertriebene Folgerungen zog: Ich zweifle nicht, daß Dinge wie das Intermezzo und die Stelle der drei Nymphen Wasser auf Ihre Mühle sein werden, sobald nur einmal die Hauptschleuse nicht länger gesperrt ist. Desgleichen weiß ich, daß die drei Liedchen, das liebevolle, das leichtfertige und das verträumte, einmal unter Ihren schönsten Liedern mitzählen werden.

Lassen Sie mich nun noch über den Punkt, der Sie beschäftigt: das Verstehen und Nichtverstehen, Ihr eigenes erstes Nichtverstehen, das wahrscheinliche Nichtverstehen des Publikums, das sichere Nichtverstehen der Kritiker, ein paar Worte sagen. Das eigentlich Poetische eines Dichterwerkes, der wirkliche Gehalt, wird zunächst niemals verstanden. Verstanden wird nur das, woran nichts zu verstehen ist, die glatte Anekdote: «Tosca», «Madame Butterfly» etc. Das Höhere, das Wesentliche bleibt unerkannt, *ausnahmslos*. Ich erinnere Sie an die Schrift Wagners von 1851[1], worin er ausführt – was uns heute fast unbegreiflich ist – daß Gebilde von solcher Einfachheit, von so sicherem, theatralisch klugem Aufbau wie «Lohengrin» und «Tannhäuser» nicht *verstanden* wurden, und zwar nicht etwa die Musik, sondern die Dichtungen, so daß man fragte: Was soll das alles eigentlich? und die großlinige, dem Volksmärchen angelehnte, *einfache* Symbolik auch nicht einmal ahnte, die Handlungsweise der Figuren absurd und unbegreiflich fand. Und ist denn – von

[1] «Oper und Drama».

den Kritikern zumindest – mein simples Textbuch zum «Rosenkavalier» verstanden? Wer es versteht, findet den Reiz heraus, die Kritiker haben aber keinen Reiz herausgefunden. Und hat denn – über lauter Hängenbleiben am Äußerlichsten – aus häufigem Vorkommen des Wortes «*Blut*», an einer gewissen heftigen, gewaltsamen Ausdrucksweise – auch nur der zehnte Teil der Kritiker das eigentliche Grundmotiv der «berühmten Elektra» bis heute auch nur *erkannt, geahnt?* Nein, mein lieber Richard, das poetisch Wesenhafte wird allmählich, sehr allmählich begriffen; von ganz wenigen, die dem Dichter nahestehen, geht dies Verständnis aus und braucht Dezennien, um sich zu verbreiten. Aber freilich muß dem dichterischen Gebilde auch noch irgendeine Kraft innewohnen, die sich als wirksam auch auf die nichtverstehende Masse betätigen muß. Das ist die Kraft einer nicht wesenlosen, nicht gewöhnlichen Erscheinung. So hat eben die «Elektra» und der «Rosenkavalier» gewirkt. (Die «Cristina»-Komödie kam um ihre Wirkung durch gewisse Fehler, die ich schon während der Proben einsah – und sie kam um ihre Wirkung nur um Haaresbreite.) Hier in der «Ariadne» ist dem Publikum in dem stilistischen Reiz dieser Rahmen-Oper, in der bizarren Mischung des Heroischen mit dem Buffo, in den zierlich gereimten Versen, den geschlossenen Nummern, dem ganzen scheinbar puppenhaft Spielerischen, *zunächst* etwas gegeben, womit es nach Kinderart ins Maul fahren kann. Dann habe ich die Haupthandlung wohlweislich so behandelt, daß sie dem Durchschnittshörer etwas äußerst Vertrautes ist; Ariadne, von Theseus verlassen, vom Bacchus getröstet, kurz «Ariadne auf Naxos», das ist wie «Amor und Psyche» etwas, was jeder vor sich sieht, und wäre es auch als gipserne Ofenfigur. Das Symbolische nun, die Gegenüberstellung der Frau, die nur einmal liebt, und der, die viele Male sich gibt, ist so zentral behandelt, in einem so simplen und entschiedenen Kontrast, worauf sich noch eine so entschiedene *musikalische* Kontrastierung aufbauen kann, daß es zu einem gänzlichen Nichterkennen seitens des Publikums (und unsere Erfolge macht das Publikum, gegen die Kritik) doch vielleicht nicht kommen wird. Auch habe ich noch ein Vehikel, um diesen Hauptpunkt den Leuten näherzubringen: nämlich die der Oper vorhergehende Prosaszene. In dieser wird die Bühne aufgebaut, die Sänger sind im Begriff, sich zu schminken, im Orchester wird gestimmt. Auf der Bühne befinden sich der Komponist und der Tanzmeister. Es soll unter Leitung des Komponisten zunächst eine kurze heroische Oper aufgeführt werden: «Ariadne auf Naxos». Ariadne soll klagen und den Tod ersehnen, dann kommt Bacchus und holt sie. Nach der Oper sollen die italienischen Masken (Zerbinetta und die ihrigen) als heiteres Nachspiel auftreten, tanzen und singen. Der Tanzmeister ist Regisseur dieses Nachspieles. So ist es auf dem Programm. Nun läßt Jourdain plötzlich durch den Lakaien sagen, er wünsche die beiden Sachen *gleichzeitig;* er wolle keine Ariadne auf einer *wüsten Insel*, sondern die italienischen Masken sollten diese wüste Insel bevölkern und ihre Späße vor Ariadne treiben. Kurz, man solle es *arrangieren*, aus den zwei Opern *eine* zu machen. Bestürzung. Wut des Komponisten. Der Tanzmeister begütigt. Endlich wird die kluge Soubrette vorgerufen (Zerbinetta), ihr wird die Handlung der heroischen Oper erzählt, der Charakter der Ariadne erklärt; sie wird beauftragt, mit ihren Gesellen so gut als möglich *ohne Störung* sich als Intermezzo in diese Oper einzumischen. Zerbinetta sieht sogleich den springenden Punkt; eine Figur wie Ariadne ist ihr eine Heuchlerin oder eine Närrin, sie verspricht, nach Kräften, aber diskret, in die Handlung einzugreifen. So ist eine scherzhaft verkleidete Gelegenheit gegeben, das Symbolische im Gegenüberstehen der beiden Frauen sehr deutlich zur Sprache zu bringen. Ist Ihnen das sympathisch?

Herzlich Ihr *Hofmannsthal*

Lieber Herr von Hofmannsthal Garmisch, 24. Juli 1911

Besten Dank für Ihren sehr interessanten Brief. Daß ich nicht so ganz unrecht hatte, und daß es besser ist, sich über alle Durchfallsmöglichkeiten eines Bühnenwerkes vor der Aufführung,

statt nachher, zu unterhalten, beweist, daß Freund Levin nach der Lektüre der «Ariadne» mir sagte: «Ich habe keine Ahnung, was das bedeutet und welche Beziehungen das zu Molière haben soll.» Ecco! Haben Sie Bahrs ablehnende Kritik des Rosenkavaliertextes gelesen? Hat mich sehr frappiert; denn Bahr ist sonst von gutem Riechorgan, wenn auch unmusikalisch. Ich glaube, auch Bahr ist an dem Schlagwort: «komische Oper» gescheitert und bedachte nicht, daß es eine wirklich *komische* Oper überhaupt nicht gibt. Wann ist je zur Musik im Theater gelacht worden; an zwei oder drei Stellen in der ganzen Opernliteratur; sonst nur bei Schauspielerextempores und *bei Dialogstellen* (im «Wildschütz», «Zar und Zimmermann», «Fra Diavolo»). Ich bin fest überzeugt, daß alle, denen man heute als Novität «Die lustigen Weiber», «Figaro» vorführte, erklären würden, es sei kein Humor drin. – Na!
Ihr Brief bringt den glänzenden Einfall, die «Ariadne» durch eine große Szene vorzubereiten, worin die ganze Handlung *erklärt und motiviert wird.* Das ist ausgezeichnet. Am besten wär's, wenn man Ihren letzten Brief dabei vorlesen könnte. Überhaupt sind Komponist und Tanzmeister zwei Figuren bei Molière, *die ungeheuer erweiterungsfähig sind.* Angelegt sind sie gut, *aktuell können sie nur durch Sie werden.* Lassen Sie da Ihren ganzen Witz schießen, kühlen Sie Ihr Mütchen an Kritik und Publikum, lassen Sie auch einige Bosheiten über den «Komponisten» einfließen, das amüsiert das Publikum am meisten, und jede Selbstpersiflage nimmt der Kritik die stärksten Waffen aus der Hand. Das Molièresche Stück ist etwas dumm: es kann ein Schlager[1] werden, wenn Sie die beiden Rollen des *Komponisten und Tanzmeisters so ausbauen, daß alles darin gesagt ist, was heute über das Verhältnis von Publikum, Kritik und Zunft zu sagen ist.* Es kann das Gegenstück zu den «Meistersingern» werden, 50 Jahre später. Packen Sie alles hinein, was Sie auf der Seele haben, einen günstigeren Anlaß finden Sie nicht mehr. Haben Sie Bosheit genug? Sonst nehmen Sie sich bitte noch einen Mitarbeiter; solche Sachen gehen *zu zweit* am besten. – Ich war 2 Tage sehr

[1] *Erste Ausgabe:* Treffer. (Von Strauss geändert).

elend, hatte mich etwas überanstrengt; muß jetzt unbedingt mit Arbeiten etwas aussetzen!
Mein Brief hat nur den Zweck, Sie in dem begonnenen Vorhaben fest zu bestärken: diese Szene *vor* der Oper muß das *eigentliche* Stück werden. Zerbinetta kann ein Verhältnis mit dem Komponisten haben, wenn derselbe nicht *zu* porträtähnlich mit mir wird.
Nun schönsten Gruß! Auf Wiedersehen in München: bin 8., 9., 10. August, 14., 15. August und 29., 30. August dort (4 Jahreszeiten). Herzlichst Ihr *Dr. Richard Strauss*

Aussee, Obertressen 14
26. VII. [1911]

Mein lieber Dr. Strauss,

Also auch Freund Levin (den ich sehr liebe und schätze)! – Aber mir scheint, seine zwei negativen Urteile heben eins das andre auf. Er weiß nicht, was die ganze Geschichte bedeuten soll: das könnte bedenklich machen. Aber er begreift auch nicht, wie *das* mit einem Molière zusammen gehen soll. Und da ist er offenbar im Unrecht. Da liegt ein kleines Versagen der Vorstellungskraft vor und ein kleiner Mangel an Kultur. Die ganze Sache ist ja aus den beiden theatralischen Elementen der Molièreschen Zeit förmlich herausdestilliert, aus der mythologischen Oper und aus den «maschere», den tanzenden und singenden italienischen Komödiantenfiguren. Lully könnte das vertont, Callot es entworfen haben. Auf den ersten Blick – ich sage: auf den ersten Blick – wäre man ja nicht einmal überrascht, dieses ganze Divertissement dem Text, dem authentischen Text, unserer comédie-ballet «Bürger als Edelmann» beigedruckt zu sehen.
Hier hat also Freund Levin beweisbares Unrecht. – Immerhin war ich stutzig, und da ich denke, ich könnte ja verbohrt oder verblendet sein, so lud ich mir gestern eine kleine Gruppe netter, aber gar nicht übergebildeter und keineswegs vorbereiteter Menschen ein, sagte ihnen: Hier ist etwas, ein Impromptu, vielleicht ist es auch nichts, laßt es auf Euch wirken und sagt dann frei Eure Meinung – skizzierte ihnen erst in Kürze die einleitende Szene und las dann munter den Text herunter – es

waren, wie gesagt, eher naive Menschen – meine Frau, die eher streng und nicht leicht zu haben ist, die Tänzerin Grete Wiesenthal, ein junger Maler[1], die Gräfin Degenfeld aus Neubeuern – und das Resultat war eine solche Freude, ein solches Mitgehen (das man für geübte Vorleser niemals heucheln kann) und ein so erstaunliches Verstehen! Ich fragte: fehlt Euch etwas? ist Euch etwas nicht klar? wißt Ihr, was die Sache mit Circe hier soll? – und bekam die nettesten Antworten. Spontan, ohne daß ich danach fragte, wurde der Reiz des Schlusses verstanden, der Humor, der darin liegt, daß Zerbinetta nun einfach sich denkt: Was ist's denn weiter? Sie hat halt auch den Liebhaber gewechselt – nur mit viel Ziererei! ... Kurz, ich war sehr befriedigt. Nun bin ich ja wirklich kein Idiot, auch fehlt es mir durchaus nicht an Selbstkritik, aber ich werde in dem Gefühl nicht erschüttert, hier, nach meinen Kräften etwas wirklich Gutes, Geschicktes und, unter den besondern Umständen für die Bühne, speziell für die Vereinigung Ihrer Kunst mit Reinhardts Bühne, höchst Brauchbares geschaffen zu haben. Darüber aber wollen wir uns mündlich unterhalten, wir beide zuerst allein, im Detail, mit aller Freiheit und Laune, dann mit Reinhardt, der in Theaterdingen so überaus sicher fühlt und sieht und ja auch mit seine Haut zu Markt trägt, und eine ganz einzige Chance nicht leichtfertig vergeuden wird.

Aber ich will dies bald, baldigst hinter mir haben, und auch Ihnen wird es lieb sein. Ich möchte ein paar nette, bequeme [Tage] mit Ihnen haben, und zwar, bevor Sie nach München gehen, in Garmisch. Ich möchte den 5. und 6. in Garmisch oder Partenkirchen wohnen, nehme mir Arbeit und Bücher mit, komme ohne meine Frau, komme nicht zu Ihnen, lebe für mich, freue mich darauf, viele Stunden allein zu sein, aber gegen Abend, oder wann immer, gehen wir zusammen spazieren und bringen diese Sache auf's Reine, dann – unter uns geeinigt, bereden wir das Nötige mit Reinhardt. Ich träfe den 3. abends in München ein (Marienbad), hätte den 4. dort zu tun, käme den 5. hinaus. *Bitte*, lassen Sie sich's so recht sein, ich kann sehr

[1] Erwin Lang

schwer ändern. Also, bitte, schreiben Sie mir doch sofort auf einer kleinen Karte Ihre Zustimmung, dann den Namen des besten Hotels in Garmisch-Partenkirchen – (ich wohne gar nicht gerne in kleinen, sogenannten gemütlichen Gasthäusern) –. Und noch eines: für den ersten Mozart, den Sie dirigieren (am 8.? oder 10.?), lassen Sie mir zwei Plätze reservieren, auf das freue ich mich sehr. Also auf bald und arbeiten Sie doch um Gottes willen, wenn Sie herunter sind, wenig oder nichts, das ist ja zu dumm, daß ich eigens etwas für Sie mache, weil Sie so unglücklich sind, nichts zu tun zu haben, und daß Sie sich dann krank arbeiten. Es ist doch ganz gleich, wann diese Sache fertig wird. Herzlich Ihr *Hofmannsthal*

P. S. Bitte laden Sie mich nicht ein, bei Ihnen zu wohnen, ich möchte, daß wir beide ganz frei bleiben. Wenn Levin in der Nähe ist, würde mich sehr freuen, ihn zu sehen. Der retourgehenden Kopie (viele sinnstörende Fehler, bitte durchlesen) lege ich ein Feuilleton von Bahr über Siegfried Wagner bei, woraus Sie erraten werden, woher im speziellen Fall der Wind weht und warum der «Rosenkavalier» nicht sehr gut und besonders keine komische Oper sein kann. Je bälder Sie eine taumelige, unleidliche Renegatennatur wie Bahr durchblicken, desto lieber ist es mir. Übrigens sind Sie ja, da er Ihnen ein Buch gewidmet hat[1], dazu prädestiniert, von ihm gründlich und bald renegiert zu werden, so wie er in dieser Verherrlichung S. Wagners wieder, ohne ihn zu nennen, Reinhardt renegiert, den er durch fünf Jahre vergöttert hatte (wie mich durch 15 Jahre!). Solche Menschen sind nicht urteilslos, aber freilich weit, weit schlimmer und gefährlicher.

[Beilage:]

Prosa-Einschiebsel in «Ariadne»

nach Ariadnes: «mein Kopf behält nichts mehr»

Jourdain: Es ist ein wenig eintönig, was sie singt. Finden Sie nicht?

[1] Die Komödie «Das Konzert».

Dorantes: Pst, das ist die Einfachheit des großen Stils. Das ist es, was die Kenner über alles setzen.
Jourdain: Ich finde es ja auch recht hübsch. Nur schade, daß er das Waldhorn nicht verwendet.

nach Ariadnes: «Götter, daß ich's nur behalte ...»
Jourdain: Sie tut nichts als sich beklagen. Man wird traurig davon. Ich wollte, man hätte mehr Kerzen aufgesteckt. Es sind wahrlich genug davon im Hause.
Dorantes: Sie träumt von Theseus, der sie verlassen hat.
Jourdain: Kommt er wieder?
Dorimene: Still, hören wir doch zu.
Jourdain: Ich wollte es käme bald was Kurzweiliges. Ich habe doch anbefohlen – (hebt sich im Sessel, um nach dem Tanzmeister zu sehen).
Dorimene u. Dorantes: Sst ...
(die Musik hat wieder eingesetzt)

Lieber Doktor Strauss, Rodaun, 22. X. [1911]
Im Juli haben wir lange Briefe genug gewechselt, so ließen wir es dann beide genug sein – wie angenehm überrascht war ich aber dann, als ich in Neubeuern auf einmal in der «Neuesten» die aller-allerunerwartetste Nachricht fand, daß Sie fertig wären! Wenn auch wohl nicht mit dem Instrumentieren? So muß ich mich wohl mit der kleinen, möglichst lustigen Überleitungsszene beeilen? Da muß ich nun einiges sagen und einiges fragen. Welches Stück lassen Sie denn in der Anfangsszene des «Bourgeois Gentilhomme» dem Jourdain vom Komponisten vorführen?? (An Stelle jenes «musikalischen Gesprächs»?) Das muß ich wissen, daran muß ich anknüpfen. Ich lasse in dieser Szene den *Schüler* des Komponisten als überflüssig und verwirrend wahrscheinlich fort, vielleicht verwende ich ihn auch *gerade* als junges musikalisches Genie und lasse ihn den Autor der «Ariadne» sein, denn mit der Figur des Komponisten selbst, behäbig und bürgerlich, wie Molière ihn hingestellt hat, da ist wenig anzufangen, die Figur ist gar nicht biegsam.

Ferner: die entrée de danse, wo der Tanzmeister ihm vier Tänzer vorführt, lasse ich weg, lasse als erste entrée de danse *die* bestehen, wo die Schneidergesellen ihm den Rock anziehen: die wird lustig, die andere müßte seriös werden und reine Stilkopie eines historischen Tanzes, das möchte ich nicht.
Bezüglich des Materiellen war ich im Sommer der Meinung, es wäre für uns beide ganz angenehm, wir ordneten das durch Levin, ist Ihnen aber die direkte Form lieber, so werden wir's direkt auch in einer Viertelstunde erledigen, der Kontrakt über den «Rosenkavalier» liegt ja vor und bedarf nur unbedeutender Anpassung.
Nur eines möchte ich jetzt schon sagen, damit es rechtzeitig gesagt ist: weder in diesem noch generell in irgendeinem künftigen Falle jemals wieder werde ich das freie Recht des Vorabdruckes meines Textes aus der Hand geben. Dies hat gar keine materielle Bedeutung, aber es hat in anderer Weise Bedeutung für mich, und ich gedenke niemals wieder aus Gründen rein betriebstechnischer Art darauf zu verzichten. Wenn Fürstner an der etwas imaginären französischen Sache festhält, so möge er sich darnach richten und eine kleine Auflage des Textes rechtzeitig in Frankreich herstellen lassen, jedenfalls nehme ich mir die Freiheit, meine Arbeit in einem Tagesblatt (Weihnachtsnummer) oder einer Revue einige Wochen vor der Première drucken zu lassen.
Ich weiß, wie *sehr* Sie persönlich in jeder Weise und bei allen Gelegenheiten meinem so schwer abzugrenzenden Anteil an solchen gemeinsamen Arbeiten Gerechtigkeit widerfahren lassen. Es macht mich auch weiter nicht ungeduldig, wenn mit plumper Nichtachtung Ihrer immer so richtigen und zarten Ausdrucks- und Erzählweise hier von Anfang an von einer neuen *Straussischen Oper*, anstatt von einer einigermaßen von der Schablone abweichenden Arbeit zweier mit Phantasie und Anstand neue Wege suchenden Künstler geredet, telegraphiert und ins Endlose weiter geschwafelt wird, – aber um so schärfer wird mein Bedürfnis, wenigstens einmal vor Eröffnung der Feindseligkeiten die Existenz meiner Arbeit an und für sich und mein Verfügungsrecht über sie zu dokumentieren.

Ich weiß, daß Sie mich verstehen, auch die Nuance in meinem Wunsch nicht verkennen und im übrigen wissen, daß es mir eine große und reine Freude ist, für Sie zu arbeiten – oder Sie für mich arbeiten zu machen – was für mein Gefühl beides zusammenfällt. Ich freue mich, wenn ich daran denke, wie schön Sie es sicher gemacht haben, wirklich unaussprechlich auf die Proben. In Herzlichkeit Ihr *Hofmannsthal*

Berlin, [Anfang November 1911]

Lieber Herr von Hofmannsthal!

Leider seit acht Tagen Patient an einem ekelhaften Darmkatarrh, dazu täglich Konzert- und Rosenkavalierproben, sonst hätte ich schon geschrieben und für Ihren Brief gedankt. «Rosenkavalier» wird in Besetzung und musikalisch hier sehr gut; ob szenisch, kann ich heute noch nicht ermessen, da Hülsen selbst sich erst seit zwei Tagen mit der Regie beschäftigt. Wollen sehen! Première am 14., Generalprobe am 13. Darf ich Sie dazu hier erwarten? Wenn ja, könnten wir die ganze «Ariadne»-Angelegenheit, auch das Geschäftliche, am besten mündlich besprechen. Sonst schreibe ich Ihnen. Ich bin bis 15. November hier, dann bis Ende des Monats in Haag.

Mit schönsten Grüßen, auch an die liebe Gattin, Ihr

Dr. Richard Strauss

Freitag bespreche ich mit Reinhardt, ob er überhaupt in der Lage ist, «Ariadne» auf die Beine zu stellen; ich sehe immer noch nicht, wo er Orchester und Sänger hernehmen soll. Am ehesten ginge es noch im Sommer in München.

Mein lieber Doktor Strauss, Rodaun, 4. XI. [1911]

Vielen Dank für Ihre lieben Zeilen und für die Einladung zur Première. Man muß aber stille, konzentrierte[1] Zeiten, wie ich jetzt eine habe, nicht vergeuden. Die jetzige kommt auch der «Frau ohne Schatten» zugute; manchmal bohrt ein glücklicher Gedanke einen Stollen ins Dunkel des sehr schwierigen Mittelaktes.

[1] *Erste Ausgabe:* gesammelte.

Bezüglich Berlin, wo mir im stillen für *meinen* Teil des «Rosenkavaliers» graut, möchte ich Sie bitten, bei Proben des Szenischen darauf hinzuwirken, daß nicht mutwillig und gröblich von der *authentischen* Aufführung abgewichen wird und daß vor allem das Zeremoniell, bezüglich Eintreten, Niedersitzen etc. richtig eingehalten wird. Das hält dann das Ganze einigermaßen zusammen.
Bezüglich «Ariadne»-Reinhardt möchte ich heute nur sagen: Sie wissen, ich bin nicht stützig, aber nicht zehn Pferde bringen mich dazu, die Adaptierung des Molière und die Einleitungsszene auch nur zu *machen*, wenn es nicht Reinhardt sein sollte, der es herausbrächte. Dies nicht aus sentimentalen Gründen, sondern weil dieses bizarre Ganze nur in Reinhardts Atmosphäre bestehen kann, auf die es berechnet ist. Die Urpremière dieser Sache an irgendeinem Hoftheater ist der glatte Durchfall oder auch Achtungserfolg; bei Reinhardt kann es und wird es ein glanzvoller Abend sein. – Aber Reinhardt ist in diesem Jahr überlastet, so etwas bedarf der Ruhe, frischer Freude, keines Darmkatarrhs, so machen wir's doch *um alles!* erst heute über's Jahr, nicht früher.
Ich mache Ihnen, wenn Sie wollen, für den Sommer den ersten Akt der «Frau ohne Schatten», und im Herbst gehen wir dann mit Lust und Liebe an den «Bourgeois Gentilhomme».

Mit herzlichem Gruß Ihr *Hofmannsthal*

P. S. Die Idee, «Ariadne» im Sommer in München herauszubringen, hätte schon viel für sich, d. h. mit Reinhardt im Residenztheater, wenn das zu machen wäre. Aber davon müßte man Reinhardt vielleicht jetzt schon sprechen, damit er mit der Bande von üblen Geschäftsleuten, die ihn voriges Jahr für ihr Künstlertheater als Regisseur in Pacht hatten, nichts abschließt, was ihn dann an jeder anderen Ausübung einer Tätigkeit hindern würde. Aber es müßten im Molière natürlich auch Reinhardts Schauspieler mitspielen! En somme bin ich doch viel mehr für eine unter einem guten energischen Kapellmeister (Fried?) zusammenzustellende kleine Truppe bei Reinhardt selbst.

Mein lieber Doktor Strauss, Rodaun, 18. XII. [1911]

Ich schreibe diesen Brief mit Ruhe, hier, allein, mit aller Überlegung und im großen Ernst und bitte Sie, ihn ebenso zu lesen, ihn wiederzulesen, und sich durch den Kopf gehen zu lassen, wieviel hier auf dem Spiel steht zwischen uns zwei Menschen, die vielleicht etwas Höheres als der Zufall zusammengeführt hat, und die jeder dem andern zur *Freude* bestimmt sind – und alles tun müssen, dieser Bestimmung nicht entfremdet zu werden (welche Gefahr uns in diesem kritischen Moment zu drohen scheint)! Ich erhielt eine Depesche von Max Reinhardt aus London, die mir zeigte, *wie* es ihn treffen würde, wenn die «Ariadne» ihm entzogen werden sollte, zugleich schickt mir das Deutsche Theater in Berlin die inliegende höchst überflüssige Notiz, von der ich fürchte, daß sie einer *ungewollten* Indiskretion eines Freundes entspringt; zugleich hatte ich Zeit, meine Berliner Eindrücke, unsre Gespräche etc. etc. zu resümieren, und so muß ich es Ihnen heute aussprechen, daß Sie ein schweres Unrecht an dem *Werk und an mir* begehen, wenn Sie ohne die letzte zwingendste Notwendigkeit (die in Monaten erst als vorhanden erkannt werden könnte) dieses Werk für die jeden Eindruck entscheidende Uraufführung der einzigen Bühne entziehen, für die und für deren Eigenart es von mir erfunden, in jedem Detail erfunden und ausgeführt ist. Es ist diese «Oper» mit ihrer raffinierten Stilmischung, ihrem unter Spiel versteckten tiefen Sinn, ihrer Einrahmung in den Molière, welche wieder als symbolisch gedacht ist (Jourdain = das Publikum), eines der allerheikelsten Gebilde, der aller-inkommensurabelsten. Es ist eine meiner persönlichsten und mir wertesten Arbeiten; als ein aus Teilen komponiertes Ganzes gedacht, kann sie nur dort existieren, nur dort zur Entstehung kommen, wo ein höheres theatralisches Genie Teile zu einem Ganzen zu formen imstande ist; gerät sie in die Hände trübseliger Routine – so wird das Ganze, die Einheit auch nicht einmal von dem Leiter der Aufführung empfunden, nicht geahnt, – wie sollte es nur entfernt in die Seelen der Zuschauer geworfen werden! – Eine Aufführung, wie die Dresdener mit Perron, stellte mir eine

Figur in Frage; da konnte ich mich tolerant und accomodant verhalten; hier wird meine ganze Konzeption in Frage gestellt – an Stelle eines geistreichen Ganzen tritt ein trübsinniges Flickwerk –, hier *muß* ich mich wehren, oder ich wäre ein Dilettant oder was Schlimmeres.

Lassen Sie es mich ruhig aussprechen. Ich trage gerne eine freundliche Disposition zur Schau, depeschierte gerne auf Ihren Wunsch an Hülsen, habe Ihnen und anderen Personen über das Anerkennenswerte in der Inszenierung des «Rosenkavalier» mich freundlich geäußert – resümiere ich mir aber allen Ernstes, wie diese Aufführung vom subalternsten, borniertesten Geist erfüllt ist, wie sie, bei unteroffizierhaftem Fleiß und großem Geldaufwand allen Charme geradezu austilgt, alle Kontraste verwischt, alle Akzente in Akzentlosigkeit auflöst, rechne ich hierzu die empörend hundsgemeine Rohheit des blauen Vorhangs, auf welchem von einem im Klosett-Ausschmücken geübten Maler Figuren *aus dem Werk selbst* (!!) hineingeklext sind – dies, in Ihre Sphäre übersetzt, wäre etwa so, wie wenn im Buffetraum oder in den Garderoben, während man sich auszieht, von einem Pianola die Hauptstellen Ihrer Musik abgeleiert würden –; rechne ich dazu, daß die Berliner Oper doch noch halbwegs in einer kosmopolitischen Luftströmung steht, dagegen das Schauspielhaus die ödeste Zweitklassigkeit und Provinzatmosphäre repräsentiert, – so muß ich es Ihnen aussprechen, daß ich, mich so weit zu degradieren, unfähig bin, als daß ich ein Werk von der größten Zartheit und Geistigkeit diesen Händen überließe –, daß ich also zu einer Ur-Aufführung bei Hülsen meine Zustimmung unter *keinen* Umständen erteilen würde. Dann schon, wenn es sein muß, Dresden oder München oder Wien.

Sie haben es mir schon des öfteren in einer lieben und freundlichen Weise ausgesprochen, wie unangenehm es Ihnen ist, wenn die schreibenden Subjekte *meinem* Anteil an dem «Rosenkavalier» mit Unverständnis und Roheit begegnen. Ich fand den Wunsch, dem entgegenzutreten, sehr lieb und freundlich von Ihnen, aber die Tatsache selbst läßt mich, offengestanden,

kalt. Ich weiß – bei aller Bescheidenheit gegenüber den unvergänglichen Werken, die den Besitz unserer Literatur ausmachen – was eine Arbeit wie die meinige wert ist, weiß, daß seit Generationen kein Dichter vom ersten Rang – den ich mir unter den Lebenden wohl zuerkennen darf – mit Freude und Hingebung für den Musiker gearbeitet hat, – und wenn dies unter dem Beifall fast aller Menschen, auf deren Urteil mir's ankommt, unter fast beispielloser Teilnahme des großen Publikums vor sich geht, aber aus irgendwelchen meskinen Gründen ein paar hundert schreibende Federn gegen mich in Bewegung setzt, so läßt mich dies kalt; ich habe nichts als Geringschätzung dafür – es trifft mich *nicht*, oder trifft mich, wo ich gepanzert bin. – Dies dagegen, daß Sie hier es für möglich finden könnten, über alles, woran mir liegt, über *alles*, was in mir Verwirklichung meines Phantasiegebildes bedeutet, hinwegzugehen, – mich an eine Stätte zu drängen, an der zu stehen für mich eine Erniedrigung bedeutet, das *trifft* mich, schon die bloße Absicht, die Erwägung der Möglichkeit verletzt mich, verletzt mich über dieses eine Mal hinaus. Hier sehe ich mich von Ihnen im tiefsten und zartesten Punkt unserer künstlerischen Beziehung verkannt und beleidigt. Wenn Sie der besondern Natur dieser Arbeit so wenig Rechnung tragen, ich meine über die Sphäre Ihres Teiles hinaus, im dichterisch-musikalischen Sinn, der ja in Ihnen zur Einheit werden muß, wenn unser Zusammenarbeiten etwas wert sein soll – wie soll ich dann einen weiteren Plan ähnlicher Art mit Liebe in mir entwickeln? Wie soll ich nur einen Strich an der «Frau ohne Schatten» schreiben, wenn Sie mir in dieser Angelegenheit mein eigenes Verhältnis zu Max Reinhardt nicht nur trüben – wer kommt in der erregten Welt des Theaters über eine derartige Enttäuschung hinweg? – sondern wenn sich mir damit auch die bestimmte Perspektive auftut, für das Aufbauen jenes zukünftigen Gebildes, subtil und der Routine widersprechend, wie es werden muß – auf die Mithilfe Reinhardts bedingungslos verzichten zu müssen, also gerade das Instrument entbehren zu müssen, dessen ich über alles bedarf!
Ja, um wessen willen soll ich denn weiterhin Musiktexte schrei-

ben, die mir die halbe Welt gegen mich aufbringen, darunter auch wertvolle Freunde –? Um des materiellen Vorteils willen es zu tun, bin ich durch manches, was sich in meiner privaten Lage verschoben hat, enthoben – wenn ich der Gesinnung und Laune fähig wäre, mich durch diesen Vorteil anregen zu lassen. Auch beträgt der nach unsern Vereinbarungen auf mich entfallende Anteil um nichts mehr, als ein halbwegs erfolgreicher Verkauf einer eigenen Sache auf der schauspielerischen [Ebene] mir gleichfalls zubringt.

[...] Was mich anregt und wiederholt anzuregen vermag, ist die Aussicht auf das Schöne, welches durch die Verbindung unserer Künste zu entstehen vermag, ist die Antizipation der Freude eines schönen harmonischen Schauens und Hörens. Von solcher antizipierter Freude lebe ich beim Hervorbringen dieser Arbeiten. – Aber es gibt Erinnerungen und Antizipationen, die entgegengesetzt wirken. Die peinliche Erinnerung an alles, was sich bei der Dresdner und Berliner «Elektra» dem Auge darbot, sowohl als bewegter Körper wie als Bühnengestaltung, mußte ich gewaltsam wiederholt unterdrücken – sonst hätte ich mitten im zweiten Akt des «Rosenkavalier» zu arbeiten aufgehört – hier haben Sie es in der Hand, mir für immer die Lust zu weiteren Unternehmungen ähnlicher Art zu nehmen.

Sie sind mir bei der «Ariadne» etwas Freude schuldig geblieben, die reinste, zwischen uns persönlichste, die mir beim «Rosenkavalier» so reichlich von Ihnen zuteil geworden ist. Ich meine die Freude, Sie selber freudig zu wissen über das für Sie Geschaffene. Sie waren in nicht glücklicher Stimmung, als das Manuskript zu Ihnen kam und haben mir damit auch viele trübe Tage gemacht. Trotzdem haben Sie dann aus dem kleinen Werk etwas unvergleichlich Schönes gemacht, das alle Menschen, die es hören durften, mit der reinsten, seltensten Freude erfüllt. – Ich darf Sie heute ruhig daran erinnern, daß ich Ihnen in diesem Sommer meine eigene Arbeit, meine Prosakomödie, aufgeopfert habe. Sie schrieben mir im Mai ein paarmal so traurig und enttäuscht, daß ich die Arbeit an «Jedermann» liegenließ und Ihnen die «Ariadne» machte. Dann hatte ich große

Mühe, die gewaltsame Unterbrechung der Arbeit am «Jedermann», zu überwinden und den Schluß dieses Werkes rein und einfach, wie er jetzt geworden ist, zu Ende zu führen. Und nachher war ich mit meiner Nervenkraft momentan zu Ende und mußte die Komödie sein lassen, um ein Jahr hinausschieben. Ich sage das nicht wie einen Vorwurf – aber ich sage es, weil es wahr ist. *Tun Sie mir in dieser Sache nicht weh, ich bitte Sie um alles*, tun Sie uns beiden nicht weh, unserem Verhältnis nicht weh. Wenn Sie mich Ihnen hier entfremden, werden Sie in Deutschland und im Ausland Männer von Talent und Rang finden, die Ihnen Operntexte machen; aber das wird's nicht mehr sein.

Und tun Sie auch unserem Werk nicht weh, indem Sie ihm einseitig wohlzutun vermeinen. Auch wenn ich nur an «*Ariadne*» denke, nicht an die 1¼ Stunden, die vorhergehen und die zu dem Ganzen dieses Theaterabends unlösbar dazugehören, auch wenn ich nur an die Oper, nur an die zwei Gruppen Ariadne-Bacchus und Zerbinetta und die vier Männer denke, so muß ich mir sagen, daß sie, um zu existieren, um in einem höheren Sinn überhaupt zur Erscheinung zu kommen, noch einer höheren geheimnisvollen Kraft bedürfen als bloß der Musik. Das ausgeklügelt *Enge* dieses Spieles, diese zwei Spielergruppen nebeneinander, engster Raum, sorgfältigste Berechnung jeder Gebärde, jedes Schrittes, das Ganze ein Konzert und gleichzeitig ein Tanz, verloren, sinnlos, ein wüster Fetzen wird dies unter den Händen von Hülsen und Mucks und Droeschers und Brandts, und kann unter Reinhardts, Ihren, meinen Händen eine singende Blume, ein tanzendes Feuer werden. *Liebe* braucht ein solches Ding, Enthusiasmus, imprévu braucht eine Bühne, die sich bewußt ist, heute das Außerordentliche zu leisten, braucht einen Kerl wie Fried, dem es bei dieser Gelegenheit um Leib und Leben geht, nicht die entsetzliche Atmosphäre des Gewöhnlichen, die graue Routine, den Dirigenten mit kaltem Herzen, die Opernsänger, die es eben heruntersingen. Ums Leben muß es allen gehen, das Unmögliche muß möglich gemacht werden, Reinhardt muß opfern, was Sie wollen, um

Raum für die Musiker zu schaffen, die 36 Musiker vom ersten Rang wird Fried herbeischaffen, die Ariadne haben Sie, zu den kleinen Rollen kriegt man Konzertsänger ohne blöde Opernroutine, die unter Reinhardts Händen sich verwandeln (denken Sie an die Siems!), bleibt die *eine* Schwierigkeit die Zerbinetta. Und diese eine Person sollte man nicht kriegen, und müßte man für die Première (denn aufs *Hinstellen* der Sache kommt Ihnen und mir alles an, das andere, das Ausnützen, brauchen wir nicht), die wird man eben bekommen, sei es die Hempel von Amerika, sei es eine Italienerin, eine Engländerin, vor Eröffnung der Scala, das ist eine Sache des Willens, der Intensität – alles will ich gerne mit Ihnen erleben, mein lieber Dr. Strauss, aber das lassen Sie mich nie erleben, daß Sie in künstlerischen Dingen gegen das Höhere, gegen die reichere Möglichkeit für das Bequemere optieren, so sind Sie nicht, das hieße gegen Ihre eigene wahrhaft künstlerische, anarchische Natur handeln, – und in diesem Augenblick, wo das einträte, hätten Sie auch mich für immer von Ihrer Seite gestoßen, denn ich bin dazu da, mich dem Höchsten in Ihrer Natur zu verbinden, nicht mit Ihnen bequeme Geschäfte zu machen. Jetzt seien Sie gegrüßt und behalten mich in gutem Angedenken, das ich immer mir zu bewahren bestrebt sein werde. Ihr *Hofmannsthal*

P. S. Noch eines, das die Situation gegenüber Reinhardt für mich noch aufs peinlichste verschärft. In Berlin, noch bevor Sie da waren, und bevor mir noch der Gedanke kam, Sie könnten die Richtung, in der einzig diese Sache geplant war, plötzlich verändern wollen, – sagte mir Reinhardt, einer seiner Autoren habe ihm projektiert, aus den verschollenen «Amants magnifiques» des Molière ein großes Ballett und Schaustück zu machen (welches sehr viel Chancen hätte) –, er frage mich, ob mir wegen des Rahmens Molière diese Sache in bezug auf «Ariadne» störend erschiene, dann würde er sie sofort fallenlassen. Ich bejahte, und er telegraphierte dem Betreffenden am selben Tage ab. – Man kann und darf gegen einen Mann wie Reinhardt nicht so handeln, es ist ein Widersinn, wenn zwischen den wenigen Menschen unserer Art, unseres Ranges inmitten dieser Einöde wimmelnder Mittelmäßigkeit so gehandelt wird, dann geht eben das *Letzte* verloren, und ehe das verloren geht, will ich lieber aufhören, fürs Theater zu arbeiten, das sag ich Ihnen ganz ruhig.

Lieber Dichter! Garmisch, den 21. Dez. 1911.

So gern ich Ihre Briefe lese, die in ihrer Art jedes Mal Kabinettstücke sind, so leid tut es mir, daß Sie sich diesmal so unnötige Sorgen gemacht haben. Mein Telegramm hat Sie hoffentlich über das Wesentlichste beruhigt. Seien Sie versichert, daß ich genau weiß, was Sie an Aufführungen in den Berliner und Dresdner Opernhäusern verletzt. Bin ich in malerischer Hinsicht nicht so sensibel wie Sie und vor allem bei späteren Aufführungen meiner Werke an sich ziemlich interesselos und lasse Vieles passieren, was mich bei einer ersten Aufführung tief alteriert hätte, so kenne ich doch sehr genau den Unterschied zwischen einem Max Reinhardt und den sonstigen Meisterregisseuren. Ein für alle Mal können Sie sich die Mühe sparen, mich hierüber noch aufklären zu wollen. Ich kenne auch das trostlose Milieu des Berliner Schauspielhauses – aber hier stehen wir vor der realsten [?] Tatsache, daß «Ariadne» im Deutschen Theater überhaupt nicht möglich ist – darüber bin ich nun absolut kompetent (ich kann nur mit einem erstklassigen Orchester, das man eben nicht *zusammenstellen* kann, das seit 100 Jahren eingespielt sein muß und einem Sängerpersonal arbeiten, das in vereinzelten Exemplaren nur an den ersten Hoftheatern zu finden ist). Konzertsänger sind ganz ausgeschlossen, Bayreuth hat bei diesen Versuchen immer Pech gehabt und gerade für unsre Aufgaben sind Konzertsänger gar nicht zu gebrauchen. Ich habe die ganze Materie 6 Wochen lang angestrengt und sehr energisch durchgearbeitet. Und wenn ich am Ende dieser Bemühungen als vernünftiger Mensch einsehen muß, daß die Sache unmöglich ist, *dann müssen Sie mir glauben.* Das versteht weder Reinhardt, noch sonst wer – wenn «Ariadne» am Deutschen Theater in's Wasser fällt, gibt man doch mir die

Schuld, daß ich vom Anfang an zu wenig Rückgrat gezeigt habe.

Der Fall Perron in Dresden ist mir noch in zu guter Erinnerung: *das* passiert mir ein zweites Mal nicht. *Darum* geht eben «Ariadne» nicht im Deutschen Theater.

Aber daß sie nur *mit Reinhardt* und dem von Ihnen bestimmten Maler an einem Theater, das mir kontraktlich alles zusichert, wessen ich für ein volles *künstlerisches* Gelingen der Sache bedarf, das Licht der Welt erblicken darf, darüber bin ich mir klar.

Dieses Theater zu finden und dazu Reinhardt zu gewinnen, das ist nun unsere Aufgabe.

Das bißchen Molière kann jedes Hoftheater spielen, wenn Reinhardt offiziell und von Anfang an die Regie führt, die Besetzung mit Ihnen selbst macht, kurz er im[1] Theater schaltet wie bei sich zu Haus.

Nicht wie beim «Rosenkavalier».

Das Theater muß gefunden werden, das uns diesmal volle Gastfreundschaft *ohne* jede Beschränkung gewährt und ich denke, es wird Dresden sein. Levin hat schon die Unterhandlungen eingeleitet. Nur Edmund Reinhardt, der natürlich wütend ist, daß «Ariadne» nicht ins Deutsche Theater kommen kann, darf uns bei seinem Bruder, der ein echter Künstler und kein Theaterdirektor ist, keinen Strich durch die Rechnung machen. Ich kann doch nichts dafür, daß das Theater in der Schumannstraße eben kein Opernhaus ist.

Ich habe an Max Reinhardt gestern einen langen Brief geschickt, ihm gesagt, wie leid es mir ist, aber auch definitiv erklärt, daß die Uraufführung weder, noch spätere Aufführungen im Deutschen Theater möglich ist. Diese Tatsache ist unverrückbar, damit *müssen* wir uns abfinden. Über das, was weiter geschehen kann und muß, wollen wir uns von jetzt ab unterhalten. *Nicht ohne Reinhardt!*

Aber wo mit Reinhardt und einem Opernpersonal, mit dem ich keinen Mißerfolg riskiere? Denn auch Reinhardt kann ohne Orchester und Sänger nicht Regie führen.

[1] im Original: dem

Vorläufig ruht die Sache bis Reinhardt aus London zurück ist. Mitte Februar bin ich in Berlin, etwa 21. Februar in Wien, da wollen wir die Sache definitiv festlegen.
Sind Sie eventuell mit *Dresden incl. Reinhardt* und allen unsern Bedingungen einverstanden?
Ich sitze täglich 7 bis 8 Stunden an der Partitur, sie schreitet wacker vorwärts.
Mit herzlichen Grüßen Ihr *Dr. Richard Strauss*

Rodaun, 26. XII. [1911]
ab Freitag: Schloß Neubeuern am Inn, bis 8. I.

Mein lieber Doktor Strauss

In Ergänzung meiner heutigen Depesche. – Erwarte, daß Sie mein «*unmöglich* ohne Reinhardt!» ebenso *glauben* und akzeptieren, wie ich das Ihrige. Über weiteres, Dresden als Grundlage, sind wir einig. Die materielle Seite, Geld und Orden, durch Levin-Edmund zu behandeln, *ist richtig*, dagegen Max Reinhardt gegenüber, der äußerst feinfühlig, äußerst empfindlich für das *wie* einer Verhandlung ist, bitte ich Sie dringend, mit Ihrer Person (brieflich) nicht zu sparen, sowie Sie auch mich, Ihnen gegenüber und sonst, in einer künstlerischen, wichtigen Angelegenheit nie werden mit Briefen und dergleichen sparen sehen. Ich schrieb schon vor vier Tagen an Edmund Reinhardt und an Max Reinhardt (durch Gersdorff) zunächst begütigend, alles zu Verhandelnde aber auf Sie abschiebend.
Nochmals: Reinhardt ist unentbehrlich: a) für «Ariadne» selbst (dies Werk zerplatzt unter jeder andern Hand wie eine Seifenblase), b) für die Zwischenszene, die lustig, glänzend, geistreich, elegant sein muß; c) für den Molière selbst. Diesen und seine Schwierigkeit unterschätzen Sie gewaltig. Das «bißchen Molière» ist genau so schwierig wie Mozart. Bisher *existierte* Molière auf der deutschen Bühne nicht – wurde ausschließlich zu Tode gespielt. Das *bißchen Molière* bildet drei Fünftel des Theaterabends, und ich trage meine Haut dafür zu Markte, denn nur, wenn das *Ganze* herauskommt, ist meine Zusammenkoppelung ein geistreicher Scherz, andernfalls ist sie ein Dreckzeug. –

Bezüglich Begegnung bitte *festzuhalten*, daß ich um den 21. Februar *nicht* in Wien, dagegen um den 15. II. in Berlin zu Ihrer Verfügung und gerne bereit bin, mit Ihnen nach Dresden zu gehen. Maler bleibt mir vorbehalten, bien entendu, und ich bleibe für die Wahl *Ihnen* gern verantwortlich. – Lassen Sie mich nun nicht lang ohne Lebenszeichen, das geht auf die Nerven, habe Ihnen dann gelegentlich auch noch manches zu schreiben.

Herzlich Ihr *Hofmannsthal*

P. S. Wäre Ihnen aufrichtig dankbar, wenn Sie gelegentlich mündlich oder schriftlich Gelegenheit nehmen könnten, *Speidel* bezüglich «*Jedermann*» zu stupfen[1] (angenommen, hat er es schon), nur stupfen: bezüglich respektheischender Bedeutung des Werkes, bezüglich Brauchbarkeit der Berliner Musik, die er gut besetzen muß, sowie bezüglich meiner Kompetenz für Ausstattung etc. etc.

1912

Lieber Herr von Hofmannsthal! Garmisch, 2. 1. 12

Aus beiliegendem Brief ersehen Sie, daß der Aktionär des Deutschen Theaters noch schärfer dagegen ist, als ich selbst. Ich glaube auch nicht daran, daß «Ariadne» im Rahmen des Deutschen Theaters möglich ist, wenn dasselbe sich nicht inzwischen in ein k. Hofopernhaus verwandelt, war aber bereit, die Sache bis zur Rückkehr Max Reinhardts ruhen zu lassen. Levin aber drängt und sieht in Dresden das Heil. Natürlich muß Reinhardt mitmachen: Sie können noch ein Gutes tun, wenn Sie bei Edmund Reinhardt, der nicht an meinen guten Willen zu glauben scheint, beruhigend einwirken möchten. Ich habe schon vor 10 Tagen einen langen Brief, so freundlich und verehrungsvoll als nur möglich, an Max R. nach London geschrieben, bin aber noch ohne Antwort. Fried und Edmund R. glauben immer

[1] Im Original irrtümlich: stupfen könnten.

noch an die Möglichkeit, ich aber *weiß*, daß es nicht geht. Wissen gegen Glauben! Wer behält da Recht? Mit Speidel habe ich bezüglich «Jedermann» gesprochen, er hat bereits einen Regisseur nach Berlin geschickt; möchte aber natürlich auch nicht kopieren, sondern selbst «schaffen». Er hat viel Hoffnung auf das Werk; am besten kommen Sie selbst zu den Proben hin, daß die dortigen Regisseure nicht zuviel selbstschöpferisch sind.
Die Partitur der «Ariadne» ist zur Hälfte fertig; bis 1. April ist alles in Ordnung. Ich muß nur bald den ganz genauen Text des Molière wegen Vor- und Zwischenspielen, Liedern etc. haben – aber glauben Sie mir, das Entscheidende für den Erfolg ist der *Schluß*, und der ist nun die Oper von Hofmannsthal-Strauss und nicht der Molière-Reinhardt.
Haben Sie also lieber Geduld und versichern Sie sich nur Reinhardts, daß er uns nicht im Stiche läßt. Ihm ein schönes Honorar und einen guten Orden von Dresden zu besorgen, ist Sache W. Levins.
Glauben Sie mir, daß es mir einen starken inneren Kampf gekostet, bis ich mir das Stück, das doch von Anfang an nur für Reinhardt und Deutsches Theater gedacht war, selbst vor meinem Gewissen davon losgerissen habe. Aber zuerst kommt die Kunst – und dann kommen die anderen Rücksichten!
Ich wünsche Ihnen ein gutes Jahr 1912 in fröhlicher Gesundheit und stetem Aufstieg und darin eine schöne «Frau ohne Schatten».
Herzlich Ihr *Dr. Richard Strauss*

Mit schönsten Grüßen von Haus zu Haus!
Adresse: 6. Januar bis 10. Februar St. Moritz, Grand Hotel, bis 15. Februar Berlin (bei Levin).

Mein lieber Dr. Strauss, R[odaun], 18. I. [1912]
Zunächst vielen Dank für die lieben Worte Ihres Neujahrsbriefes.
Dann wegen der Dresdner Begegnung: zufolge Ihres Briefes und gleichlautender Aviso's von Levin hab ich mir alles für den 18. Dresden festgelegt. Wäre für dort eventuell auch den

17. verfügbar, auch den 19. oder 20., aber *vor* dem 17. *absolut* nicht. Mir ist nun diese Besprechung, das gemeinsame Dortsein von uns beiden und Reinhardt (mit dem ich ja bestimmtestens, durch Levins Briefe ermutigt, rechne) natürlich hochwichtig, endlich muß dort alles festgelegt werden, auch das Szenische, erst dann kann ich (Hand in Hand mit Reinhardt) an die dichterische Verfertigung der gewissen «Zwischenszene» gehen, also bitte, machen Sie es mir zulieb möglich, die Konferenz in Dresden auf den 18. zu belassen – oder sie auf die *letzten* Tage Februar zu legen, das möchte ich aber sofort wissen. Für Festhalten am 18. wäre ich besonders dankbar. [...]

Nun noch eines – außerhalb des Vertrages: es liegt mir, *aus guten Gründen* (rein literarischer Art, wobei Materielles natürlich gar keine Rolle spielt) *sehr* viel daran, über die «Ariadne» als Vorabdruck (z. B. «Neue Freie Presse» oder «Neue Rundschau»)[1] verfügen zu können. Glauben Sie mir, der ich ja das beurteilen kann, daß dies von größtem Nutzen auch für das Werk ist.

Es steht nichts im Wege als die wirklich alberne Formalität mit dem Schutz in Frankreich in Gott weiß welchen Zeiträumen nach unserer beider Tod! Überdies in Frankreich, wo gerade dieses Werk, schon wegen des sakrosankten Molière, von allen Ländern der Welt die geringsten Chancen hat. – Also lassen Sie mich darauf rechnen, daß Sie mir in diesem Falle unnötige Behinderung wegräumen (im Falle der «Frau ohne Schatten» würde ich ja eher so etwas respektieren) – ich wünsche das sehr.

Also hoffentlich auf Wiedersehen in einem Monat, *und zuvor* noch brieflich.

Ihr *Hofmannsthal*

P. S. Demnächst schreib ich Ihnen wegen der 1. Szene des «Bourgeois Gentilhomme», welche Musik? Liedchen des Harlekin paßt mir da absolut *nicht!*

[1] Der Vorabdruck von «Ariadne auf Naxos» erschien am 26. Mai 1912 in der «Neuen Freien Presse» in Wien. – Vgl. Gesammelte Werke, Prosa III.

Lieber Herr von Hofmannsthal! St. Moritz, 11. Januar 1912

Anbei die Verträge, die ich bitte an Fürstner zurückzusenden, wenn Sie einverstanden sind. Eventuelle Änderungswünsche erbitte hieher!

Es wäre überhaupt nett, wenn Sie ein bißchen hieher kämen; bringen Sie doch Ihre Gastgeber aus Neubeuern mit. Etwas anständige, anregende Gesellschaft ist hier dringend vonnöten. Es sind fast nur amerikanische Juden minderster Sorte hier.

Landschaft und Wetter wundervoll, 2 Meter hoher Schnee, Rodel, Ski, Schlittschuhbahn vollendet.

Levin erwartet M. Reinhardts Rückkehr am 17. und wirkt inzwischen in Dresden. Möchte Mitte Februar mit Ihnen, Reinhardt und mir selbst in Dresden sein, um eventuell Molière zu besetzen. Könnten Sie 18. Februar oder 3. bis 5. März oder 10. März in Dresden sein?

Ich arbeite fleißig. Schönste Grüße Ihr *Dr. Richard Strauss*

St. Moritz, 20. Januar 1912

Mein lieber Herr von Hofmannsthal!

Herzlichen Dank für Ihren Brief. Am 18. Februar kann ich erst 10.33 abends in Dresden eintreffen und muß am 19., 11.30 Uhr früh, nach Prag weiter. Wenn Sie am Tage alles mit Reinhardt und Seebach festgelegt haben, würden ja für mich ein paar Abendstunden genügen, um das Resultat mit Ihnen durchzusprechen.

23. und 24. März wäre ich bequemer frei für Dresden: da kann ich ja schließlich meine Musicalia mit Schuch weitermachen.

Lassen wir also die Drei-Kaiserzusammenkunft ruhig auf den 18. Februar.

[...]

Was die Vorveröffentlichung des Textes betrifft, so neige ich schon zu Ihrer Ansicht, der allerdings der Rat der Geschäftsleute Fürstner-Levin sehr schroff gegenübersteht. Ich bitte Sie, die Regelung dieser Frage bis zur mündlichen Besprechung aufzubewahren.

Die Partitur schreitet wacker ihrem Ende zu; hoffe dieselbe fast fertig Mitte Februar nach Berlin zu bringen.
Bin wohl und vergnügt und hoffe auch Sie in fröhlichem Schaffen! Mit herzlichem Gruß Ihr *Dr. Richard Strauss*

Lieber Herr von Hofmannsthal! St. Moritz, 27. Jan. 1912
Levin schreibt, daß in Dresden das kleine Haus unmöglich und nur das große Opernhaus für «Ariadne» zur Verfügung stehe. Das wäre Selbstmord, um so mehr, als wir von Seebach endlose Schwierigkeiten bezüglich einer Elitebesetzung zu erwarten hätten. Ich habe daraufhin nach Stuttgart geschrieben und die Uraufführung angeboten, wenn die von Ihnen, Reinhardt und mir ausgewählte Besetzung (*Hempel*-Zerbinetta, *Destinn*-Ariadne), Reinhardt als Regisseur, der von Ihnen gewählte Maler etc. alles, das unser Herz wünscht und im übrigen plein pouvoir bewilligt wird. Ich erhalte heute beiliegenden Brief, den ich Ihnen zur Kenntnis schicke. Ich glaube, wir können uns nichts Besseres wünschen. Es handelt sich nur darum, daß Reinhardt mitmacht, Hempel und Destinn zusagen, dirigieren tue ich eventuell selber, und dann könnte die Sache in zwei Musteraufführungen Mitte Oktober in Stuttgart steigen.
Hernach kann Dresden im großen Opernhaus, München im Residenztheater, Berlin im Schauspielhaus nachfolgen – wie Sie wollen, das Werk ist zweimal in einer Musteraufführung gegeben worden, und das ist doch die Hauptsache.
Ich schreibe sofort an Hempel und Destinn, Levin muß uns Reinhardt besorgen, und Sie teilen mir mit, was Sie von Ihrer Seite an Wünschen auf Lager haben. Was Levin beiliegend schreibt, ist Unsinn!
Mit herzlichem Gruß Ihr *Dr. Richard Strauss*

Mein lieber Doktor Strauss, Rodaun, Dienstag 30. I. [1912]
Levin depeschiert mir Gutes, die Bereitwilligkeit Reinhardts, in Dresden mit uns zu arbeiten, da wäre ich nur überglücklich und hätte endlich das Gefühl, über die Berge zu sein. – Sie ahnen vielleicht nicht, wie sehr ich an der kleinen Sache hänge und wie

mich diese nun 5 Wochen dauernden Schwierigkeiten okkupiert und in meiner Arbeitsfähigkeit gemindert haben – nun wäre ich endlich ganz vergnügt und entlastet, wäre nicht diese Episode mit Stuttgart dazwischen gekommen, der ich so gar gar keine gute Seite abgewinnen kann. – Denn denke ich mir selbst Reinhardt bereit, nun abermals eine Schwenkung mitzumachen und uns auch nach Stuttgart zu folgen, denke ich mir selbst einen *oder* den anderen der beiden Stars für «Ariadne», d. h. für zwei Vorstellungen gewonnen – so bleibt der wirklich deprimierende Gedanke, daß alle unsere Arbeit, die Reinhardts und Sterns eingeschlossen, für *niemanden* gemacht ist als für zweimal 800 Menschen, wovon neunzig Hundertstel von der ekelhaftesten Sorte, Kritiker, neidische Fachkollegen, Leute vom Bau – fürs eigentliche Publikum ist ja buchstäblich kein Platz, – dann weiterhin aber sieht das, was wir geschaffen haben, *niemand*, ja, es existiert eben nicht mehr, sobald die Stars oder der Star herausgetreten sind, und was noch existiert, *wer* sieht es in Stuttgart, dem abgelegensten Nest auf Gottes Erdboden, wogegen in Dresden, man mag über Dresden denken wie man will, bleibt das, was wir vier Menschen geschaffen haben, doch eine Saison hindurch bestehen, Tausende und Tausende Menschen sehen es, und unter diesen sind die anonymen, wirklich fühlenden vornehmen Elemente des Publikums – für irgend jemand auf der Welt will doch auch ich ein solches Ding geschaffen haben – das verstehen Sie, nicht wahr, und billigen mir's zu. Daß Sie mir, nachdem Reinhardt so anständig und nicht kleinlich war, uns auf den ersten Antrag zuzustimmen –, daß Sie mir nun auch nur einen Moment lang noch eine Aufführung ohne Reinhardt zumuten würden – dem steht nicht nur Ihr gegebenes Wort im Wege, sondern noch zarter, noch bindender als dieses das Verhältnis unbedingten Wohlwollens für den Arbeitsanteil des anderen, ohne das ein Verhältnis, wie das zwischen uns nicht nur augenblicklich abbrechen müßte, sondern implicite schon abgebrochen wäre.

Ich käme gar nicht auf den Gedanken, dies auszusprechen, wenn ich nicht in einem der Briefe von Freund Levin, nebst anderen indiskutablen Möglichkeiten, auch die Möglichkeit einer Uraufführung bei Hülsen aufgeführt sähe, welche «Möglichkeit» ja doch gar keine «Möglichkeit» ist, weil durch eben jenes mir von Ihnen gegebene Versprechen ausgeschlossen.

Vielleicht übrigens machen Sie sich, mehr in der Musik als in der *Vision* der «Ariadne» lebend und webend, vorläufig noch gar nicht klar, welche Schwierigkeiten und Geheimnisse selbst es – ganz abgesehen vom ganzen Theaterabend – *innerhalb der «Ariadne»* selbst gibt – Momente, wo nur ein genialer Regisseur dem von uns Geschaffenen zur Existenz verhelfen kann. Ich meine vor allem die Bacchus-Szene. Bis zu dieser ist das Spielerische, Bühne auf der Bühne, Reifröcke, Wachskerzen, Anklänge an Händel etc. ein Hauptingrediens. Mit dem Auftreten des Bacchus sind wir mit eins in dem Schoß großer Poesie, hoher Musik. Hier weiß ich ganz genau, was mir vorschwebt, aber nur Reinhardt (Reinhardt und Stern) kann mir's realisieren. Hier muß ein Wunder an Beleuchtung (Dunkelheit von überall, magisches Licht von oben) die puppenhafte Bühne in eine traumhafte *große* Bühne verwandeln – vielleicht die Kulissen ganz verschwinden – nachdem das Duett in der Höhle verklungen, schiebt sich erst die kleine Bühne wieder zusammen – – dergleichen Dinge müssen gemacht werden, aber sie müssen auch irgendwo gemacht werden, wo sie weiterexistieren und wo sie als Beispiel dienen können, denn schließlich hat doch die Dresdener «Rosenkavalier»-Aufführung Unendliches gefruchtet in bezug auf das Niveau (siehe Berlin) durch den Wunsch, das dort Geleistete zu überbieten. Bei «Ariadne» aber ist Unendliches zu leisten und zu zeigen. –

Also lassen Sie mich herzlich bitten, als der, welcher ja doch nächst Ihnen der innigst Beteiligte ist – keine anderen Gesichtspunkte als den: wo ist und wie ist das Maximum des *Ganzen* (nicht eines einzelnen Teiles oder Elementes) zu realisieren.

Hoffe bald gute, womöglich definitive Nachricht und hoffentlich schönes, fröhliches Wiedersehen in Dresden.

Herzlich Ihr *Hofmannsthal*

Lieber Herr von Hofmannsthal! St. Moritz, 3. Februar 1912

Schillings (mit allen Vollmachten von Baron Putlitz) und Levin waren drei Tage hier. Ihren lieben Brief dazu erhalten. Was Sie über Dresden und Stuttgart sagen, ist gewiß richtig – aber über allem steht eine *wirklich vollendete* Aufführung, die in Dresden unter obwaltenden Verhältnissen (Beschränkung auf einheimisches Provinzialpersonal) unmöglich ist. Resultat unserer Beratungen: *wenn Reinhardt einwilligt und mitmacht*

dies immer conditio sine qua non

3 Festaufführungen Mitte Oktober in Stuttgart mit dem gesamten Personal des Deutschen Theaters (!!!!)

Mit Hempel (Zerbinetta), hat so gut wie zugesagt,
Destinn (Ariadne), Antwort steht noch aus,
Erb (Stuttgart) Bacchus, vorzüglich dafür geeignet.
Dekorationen: Stern.
Orchester verbessert durch erste Künstler, die ich auswähle, ich selbst dirigiere die Première.

Reinhardt und Sie mit unumschränkten Vollmachten.
Wollen Sie mehr?
Dresden kann dann Anfang November mit der normalen Theateraufführung nachfolgen, da dann Berlin-Hülsen, immer um ein halbes Jahr voraus[1], wieder wie der «Rosenkavalier» laufen mag. Levin unterhandelt jetzt mit Reinhardt; wenn der mitmacht, willigen, bitte, auch Sie in Stuttgart. Es bietet sich uns dort durch Putlitz' Einsicht und Schillings' Entgegenkommen eine Gelegenheit, wie nie mehr zu einer wirklichen Musteraufführung. Dagegen müssen alle praktischen Wünsche zurückstehen.
Ich bin am 11. Februar in Berlin! Mit herzlichem Gruß

Ihr *Dr. Richard Strauss*

Wann erhalte ich den endgültigen Text des «Bourgeois» mit den musikalischen Einlagen?

[1] Sic! Es müßte sinngemäß heißen: hinten nach.

Daß in Stuttgart, wo ich absolute Vollmacht bekomme, alles tip top wird, dafür lassen Sie mich sorgen.

Lieber Herr von Hofmannsthal! St. Moritz, 6. Februar 1912
Reinhardt hat für Stuttgart zugesagt; mit seinem ganzen Ensemble! Putlitz schließt heute in Berlin mit ihm ab.
Hempel so gut wie sicher.
Destinn hat gestern telegraphisch zugesagt – es wird etwas, das außer Bayreuth noch nie dagewesen ist, an einem Hoftheater überhaupt nicht. In Stuttgart ein *neues* Theater (mit 800 Plätzen), mit allen Schikanen mit Dekoration und Beleuchtung. – Mitte Oktober. Dresden kann dann Anfang November mit der normalen Theatervorstellung aus «*eigenen Kräften*» nachfolgen!
Was sagen Sie nun? Sind Sie einverstanden?
Herzliche Grüße Ihres doch gar nicht so dummen

Dr. Richard Strauss

Im Frühjahr 1913 dann das ganze Stuttgarter Ensemble mit Reinhardt, Deutschem Theater, Hempel, Destinn nach Paris, England, Holland! Das wäre mein Plan!
Bin ab 11. in Berlin, Hohenzollernstraße 7.

Mein lieber Doktor Strauss Semmering, 7. II. [1912]
Danke für Ihren lieben Brief. Mit Stuttgart in dieser Form natürlich rückhaltlos einverstanden. Ich unterschreibe jetzt die Kontrakte und sende sie an Fürstner.
Nun folgendes: eine Begegnung zwischen uns in nächster Zeit ist unerläßlich. Ich weiß, daß Sie 11. bis 17. in Berlin sind, zu dieser Zeit kann ich aber nicht dorthin. Ich bin in Berlin 21. II. bis 29. II., kann auch bis 2. oder 3. III. bleiben. Fällt innerhalb dieser Zeit ein Berliner Tag von Ihnen? oder kann ich Sie dann in den ersten Tagen März in Wien sprechen? Bitte, sogleich Antwort hierauf per Postkarte.
Ferner: bitte ich Sie: Stern, wenn Sie ihn in Berlin sprechen, ganz an meine Instruktionen (die ihm mündlich erteilen werde)

zu verweisen und sich in diesem Punkte *ganz* auf mich (und Reinhardt) zu verlassen.
Ferner: Sie schreiben, was ist mit Molière und Einlagen? Ich verstehe die Frage nicht ganz. Sie haben den Molière in Händen, mit den *richtigen Strichen*. Geändert wird daran meinerseits gar nichts (außer Kleinigkeiten in der *ersten* Szene des Stückes). Die Zwischenszene zwischen Molière und «Ariadne» (Szene des Schminkens, Erklärung der Vereinigung von opera seria und opera buffa) werde [ich] im März schreiben. In dieser Szene ist nichts zu komponieren.
Die übrigen musikalischen Einlagen (Schneider, Köche) ergeben sich aus dem Molière.
Als Tafelmusik während des Speisens möchte ich (da nachher die Oper kommt) dringend bitten, nur Instrumentalmusik, keinen Gesang.
Wegen der *ersten* Szene, wo ein Zitat aus «Ariadne» vorzukommen hat (bitte *nicht* das Liedchen des Harlekin), müssen wir noch sprechen; die Tänzer fallen dort weg, da ja bei uns nicht ein Ballett aufgeführt wird, sondern eine Oper.
Nun noch eines: der Vorabdruck in der «Neuen Freien Presse»[1]. Daß Sie ihn mir prinzipiell zugestanden haben, ist mir sehr lieb und ich bin Ihnen dafür dankbar. Es gibt sehr wenige Gelegenheiten (und dies ist eine davon), wobei Sie mir durch eine kleine Handlung, wie dies Zugeständnis, meine schwierige und nicht dornenlose Position als Dichter-Librettist (über den ausschließlich *Musik*-Kritiker referieren) erleichtern können. Solche Erleichterungen (auch das eventuelle Veranlassen einer Äußerung von Bie) haben nur im *vorhinein* taktischen Wert, nachher, wenn alles Alberne und Unzulängliche von tausend Musikkritikern festgelegt ist, nützen sie gar nichts mehr.
Ich sprach heute hier Benedikt, den Herausgeber der «Neuen Freien Presse». Er lag mir sehr an wegen dieses Vorabdrucks. Er legt, wie alle diese Leute, auf das Mitarbeiterverhältnis großen Wert. Kann ich ihm diesen Beitrag konzedieren, so hab ich es in der Hand, *wen* er zur Premiere nach Stuttgart schickt und

[1] Erschienen am 26. Mai 1912. Vgl. Anm. 1, S. 160.

wie überhaupt über dieses Werk referiert wird. Bei der enormen Publizität, die Ihre Arbeiten und meine mit Ihnen verbundenen Arbeiten haben, muß ich Sie direkt bitten, mir in einem solchen Punkt bei dem Blatt, welches mir so viel unnötige Unannehmlichkeiten bereiten kann, freundschaftlich entgegen zu kommen. – Daß die Sache für unser Stück nur nützlich ist, bitte ich mir, der ich doch weder ein Kretin noch ein krasser Egoist bin, zu glauben. Es ergibt sich hier die Möglichkeit für mich, authentisch, in Form einer Einleitung zu der Zwischenszene, die Idee der «Ariadne» (analog meinen Briefen von diesem Sommer) darzulegen. Ich *brauche das wirklich*, im Moment, wo ich dies ausspreche, weiß ich auch, daß Sie es konzedieren werden.

Sie wollten Levin und Fürstner darüber sprechen. Levin wollte mir (beim «Rosenkavalier») sogar zur Durchsetzung der gleichen Sache gegenüber Fürstner behilflich sein. Fürstner wird natürlich widersprechen, ahnungslos, um was es sich wirklich handelt, mit der bornierten Verlegereitelkeit und seiner sonstigen Unkenntnis aller Dinge, die über das Engste des Musikverlags hinausgehen. Ich werde daher die Verträge noch nicht unterschreiben, um gegenüber Fürstner (natürlich nicht Ihnen gegenüber) dieses formale Pressionsmittel in der Hand zu haben.

(Dafür konzediere ich Fürstner, daß ich in diesem Fall die mir vertraglich zustehende gleichzeitige Buchausgabe unterlasse, aber ich *bitte* Sie, machen Sie es so, daß ich mich über Fürstner nicht zu ärgern brauche, ich ärgere mich so ungern, werde dann unnötig heftig u.s.f.)

Also bitte [ich] um eine kurze Zeile und *freue mich*, daß wir endlich (dank Levin!) alle unter einen Hut gebracht sind.

Herzlich der Ihre *Hofmannsthal*

Hatte letzte Nacht schöne Einfälle für die «Frau ohne Schatten». Das könnte schon ein *schönes*, *schönes* Ding werden, hoffen wir.

Mein lieber Dr. Strauss, Rodaun, 10. II. 1912

Hier sind die Verträge. Mein Wunsch bezüglich des Vorabdruckes (Ihnen gegenüber eine Bitte) bleibt dringend aufrecht. Ich brauche eine Stelle, wo ich, *bevor* Meinungen und Irrtümer in Umlauf gebracht sind, gleichzeitig mit dem Text, authentisch, meine Erklärung über das Was und Wie und Wieso der Verknüpfung mit dem Molière an den Tag geben kann. Sonst bleibe ich unnötigen Mißdeutungen und Angriffen ausgesetzt.

Wann und wo aber kann ich Sie sprechen zwischen 21. II. und 5. III.? Hierüber bitte Depesche. Wir müssen uns über die Einlagen in Akt I, Szene 1, und über vieles andere verständigen. Auch glaube ich nicht, daß Akt I ganz ohne ein (noch so kurzes) musikalisches Nachspiel – und ein paar wiederaufgenommene Takte aus der Ouvertüre oder dergleichen schließen kann.

Ferner glaube ich, daß ich an Stelle des «Musikalischen Gesprächs», S. 67, etwas Frisches dichten muß, etwas Eigenes wird hier besser sein als eine Szene aus «Ariadne», nur muß ich von Ihnen erfahren, was Sie wollen, ein Duett, Quartett oder was. Ich glaube, das müßte sogar etwas besonders Schönes, Glanzvolles werden, eine Art Konzertnummer.

Mit vielen Grüßen Ihr Sie durchaus nicht für dumm haltender, Ihnen sehr wohlgesinnter *Librettist*

Mein lieber Dr. Strauss, Rodaun, 10. II. [1912]

ich bin in Verzweiflung, weil ich plötzlich von Schalk höre, daß Sie *nicht* Anfang März nach Wien kommen, wie ich irrtümlich angenommen hatte. Wo erwisch' ich Sie denn? Ich lese den 16. in Prag – den 17. und 18. könnte ich in Dresden sein, wenn Sie da mir zulieb einen Zug überschlagen und mit mir inkognito ein paar Stunden verbringen wollten! Dann sind Sie, wie ich höre, den 19. in Prag! Oder fahren Sie von dort wieder nach Berlin zurück??* Bitte Depesche! Ihr *Hofmannsthal*

* Da würden Sie mich in Berlin finden.

Lieber Herr von Hofmannsthal! St. Moritz, 10. Februar 1912[1]
Besten Dank für Brief. Werde sofort mit Fürstner sprechen.
Meine Adressen:

12.–15. Februar
25.–29. Februar } Berlin, Hohenzollernstraße 7
6.–9. März

21. Februar in Wien (Imperial)
18. Februar abends in Dresden
19. Februar in Prag

Mit herzlichen Grüßen Ihr *Dr. Richard Strauss*

In *Ruhe* lesen! H.

Mein lieber Dr. Strauss, Rodaun, 8. III. 1912

Heute einmal etwas anderes als «Ariadne».
Ich habe mir oft gedacht, daß in unseren Stoffen – «Rosenkavalier», «Ariadne», «Frau ohne Schatten» –, wo es sich um Läuterung, um eine Goethesche Atmosphäre handelt, durch deren tiefes Verständnis Sie mich unendlich erfreut haben –, daß bei allen diesen Stoffen vieles von dem, was in Ihnen liegt, hervorgerufen wird, vieles, was «Elektra» und «Salome» wohl ahnen, aber nicht ganz als Ihren Besitz hatten erkennen lassen: Seelenhaftes, Liebliches, vieles auch, was an die Lieder, und vieles, was an «Don Quixote» und «Eulenspiegel» anknüpft, ans Licht gebracht wird, andere Seiten Ihrer produktiven Natur aber wieder weniger in Tätigkeit gebracht werden, ich meine das Wuchtige, das Grandiose, das wirklich Gewaltige, wodurch Sie am meisten unter den gegenwärtigen Komponisten aller Länder ganz vereinzelt und unvergleichlich dastehen. –
Mit Absicht bin ich, nach der «Elektra», dieser Linie nicht gefolgt – habe mit Absicht den Semiramis-Stoff zur Seite gestellt –, mußte ja auch darin meiner eigenen Linie folgen. Um Ihr Librettist in einem höheren Sinne zu sein, mußte ich damit anfangen, es im banalen Sinne *nicht zu sein.*

[1] Poststempel: 9. Februar 1912.

Aber jenes Element, über das Sie auch gebieten, jene Kraft für das Finstere, Wilde – der ich mit Absicht keine Nahrung gab – ist darum nicht weniger eine Ihrer kostbarsten Kräfte – und manchmal, wenn wir einen Stoff besprachen, fühlte ich Ihr Verlangen nach einer Nahrung für dieses Element, nach einem Anlaß zu einem Weitergraben in neuen Schächten, aus denen für «Salome» und «Elektra» so viel gefördert wurde –, nach einem Gegenbild zu jenem Düsteren, nach einem Furioso allenfalls – und Furioso kommt von Furia, Furien sind wundervolle Rachegeister, haben schon dem Gluck ungeheuere Stellen von Musik eingegeben – wollen Sie, lieber Dr. Strauss –, wollen Sie eine tragische Symphonie schaffen, sich durch meine Vision des Hauptvorganges der antiken Tragödie zu einer solchen anregen lassen – zu einer Symphonie von 30 bis 35, *höchstens* 40 Minuten Dauer –: Orest und die Furien?[1]
Überlesen Sie, bitte, den beigelegten Entwurf und sagen mir, ob sich dazu nicht wundervolle, finstere, grandiose Musik machen ließe – etwas, das eine Synthese wäre aus Ihren Symphonien und Ihren beiden tragischen Opern –, und nun denken Sie sich Orest dargestellt von Nijinsky, dem größten Genie der Mimik, das die heutige Bühne kennt (neben der Duse, und als Mimiker – über der Duse) – das Ganze –, so wie Ihre Symphonie sich aufbauen würde auf einer Vision –, dann das Ganze mimisch, szenisch, malerisch reich aufgebaut auf Ihrer Musik – aus ihr hervorwachsend –, überdenken Sie das, und sagen mir, bitte, nicht nein.
Ich wüßte nicht, was Sie, nach der zierlichen «Ariadne» und vor der «Frau ohne Schatten», Schöneres, besser Kontrastierendes machen könnten als diese *Furien!* – Bisher hab immer ich gearbeitet, weil Sie wollten und warteten – diesmal bring ich etwas, weil *mir* daran liegt, weil ich mit diesem wunderbaren künstlerischen, malerischen Instrument, diesem Kunstkörper unvergleichlicher Art arbeiten will – sagen Sie mir nicht nein! Lehnen Sie's ab, so machen's die Russen mit einem französi-

[1] «Die Furien», Tragisches Ballett in einem Aufzug. Ungedruckt, in Privatbesitz.

schen oder russischen Musiker – aber dann ist's nicht mehr, was ich mir geträumt habe. Kanarienvögel, sagt Hebbel, dürfen nicht das Gewitter nachmachen wollen. –

Die rein äußerliche Berührung des Stoffes mit dem Elektrastoff darf und wird Sie nicht einen Augenblick beschäftigen. Die Tragödien des Atridenhauses sind eben die tragischen Sujets *κατ' εχοχην*. Auf der Figur der Elektra liegt hier *gar kein Akzent*, sie und Chrysothemis könnten als namenlose Töchter der Klytämnestra figurieren. Die Berührung der beiden Sujets ist so lose wie die zwischen der «Elektra» des Sophokles oder der des Euripides und den «Eumeniden» des Aeschylos. Für die Gestalt der Klytämnestra würden Sie entweder, wie ja auch Wagner dies tat, aus den von Ihnen so wundervoll geschaffenen Motiven manches hinübernehmen – oder auch nicht. Der Hauptakzent aber liegt auf Orest – sein ungeheures Tun und ungeheures Leiden – dies scheint mir – mit den Furien, lauernd, harrend, am Ende gräßlich und siegreich hervorbrechend – dies scheint mir ein ebensolches Motiv für eine tragische Symphonie – wie es das Tun und Leiden der Leonore für die 3. Leonorenouvertüre ist.

Jetzt lesen Sie, überlegen – und geben mir Bescheid. Ein beiliegender Zettel enthält die Skizze der Bedingungen, die Ihnen Diaghilew, der artistische Direktor des russischen Balletts, für die Vertonung meiner «Furien» anzubieten sich erlaubt.

Ein Näheres, Weiteres würden wir dann, wenn Sie herkommen, in Wien besprechen. Der Ihre, wie immer.

[...] *Hofmannsthal*

Lieber Herr von Hofmannsthal! Garmisch, 11. April 1912

Eigentlich sind in der «Ariadne» nur zwei Stellen, wo ohne Schaden dazwischen gesprochen werden kann:

I. nach Ariadnes «Mein Kopf behält nichts mehr» könnte Jourdain sagen: «ich finde das sehr langweilig».
   Marquis: «Nicht doch, das ist der erhabene Stil, der gefällt gerade den Kennern.»
   Jourdain: «Ja, ja, mir gefällt er auch.»

II. nach Ariadnes «Götter, daß ich's nur behalte».

Jourdain: «Dauert das noch lange? Was meint sie denn?»

Marquis: «Sie trauert um Theseus, der sie verlassen hat.»

Jourdain: «So. Ich wünschte doch, es käme bald etwas lustigeres.»[1]

Marquis: «Dafür wird Zerbinetta schon sorgen.»

Ich bitte bald um definitive Fassung dieser Zwischenreden und ebenso der letzten Worte, die Jourdain am Schluß der «Ariadne» zu sprechen hat. Auch den genauen Text des ganzen Molière, besonders der einzuschiebenden Szenen vor «Ariadne» wäre mir wichtig, bald zu kennen.

Mit bestem Gruß Ihr *Dr. Richard Strauss*

Lieber Herr von Hofmannsthal! Garmisch, [18. April 1912]

Sie haben mir «Ulrich und Brigitte» von Sternheim geschickt: was soll ich damit? War das kein Versehen des Einpackers? Notwendiger brauchte ich die letzten Schlußworte des Jourdain, um meine Partitur fertig zu machen! Ich bitte dringend darum! Bahr schreibt mir, daß Sie genaue Auskunft über das Hotel Excelsior am Lido geben könnten! Wollen Sie's tun? Wir gehen vielleicht hin! Wann bekomme ich die definitive Fassung des «Bourgeois Gentilhomme».

Mit schönsten Grüßen Ihr *Dr. Richard Strauss*

Lieber Herr von Hofmannsthal! Garmisch, 19. 4. 12

Ich *muß* die Schlußworte des Jourdain haben! Und auch den genauen Text des ganzen Stückes: ich kann doch sonst nicht weiterarbeiten.

Hoffentlich wird die Szene vor Beginn der Oper recht witzig: Lassen Sie bitte Raketen der Bosheit und Satire springen und jegliche Art von Selbstpersiflage.

Jourdain vor der Oper mit Musik eintreten zu lassen, paßt mir nicht; da ich vor Beginn der «Ariadne» die Musik eine gute Weile schweigen lassen möchte.

Muß zum Auftritt des Dorante und der Dorimène Musik sein?

[1] Hierzu von Hofmannsthals Hand mit Bleistift: Waldhorn.

Beginnt der 2. Akt damit? Wenn ja, könnte man kleine Zwischenaktmusik machen, und beim Heben des Vorhanges zu den Schlußtakten die beiden auftreten lassen.
Dann im II. Akt noch die Köche und die Tafel. Dann ist's aber genug.
Ist's Ihnen recht, wenn ich als Entreacte zum II. Aufzug zum Wein galante Musik bis Aufgehen des Vorhanges spielen lasse? Dann Fermate: Lakai: «Herr, der Herr Graf kommt» etc.
Jourdain: «O mein Gott! Ich habe noch Verschiedenes anzuordnen. Sag' ihnen» etc.
3 bis 4 Schlußtakte, während dessen Dorimène und Dorante auftreten. Wenn die Musik zu Ende ist, beginnt der Lakai: «Mein Herr sagt, er würde den Augenblick bei Ihnen sein.» Ich bitte nochmals um die genauen Schlußworte des Jourdain. Wann gehen Sie nach Italien?
Werden Sie mit Reinhardt und Stern Mitte Mai in Stuttgart sein, um an Ort und Stelle die letzten wichtigsten Sachen zu besprechen?
Sorgen Sie nur um Gottes Willen dafür, daß Stern keinen Kitsch macht. Die letzten Reinhardtausstattungen «Turandot», «Dandin» sind für mich genialer Kitsch: genial, aber Kitsch. Ich bin immer noch für Roller, der alles viel solider und gründlicher durcharbeitet. Bei Stern *sieht alles so auf Billiges hingehaut* aus: unsere «Ariadne» soll sehr prunkvoll, aber solid werden.
Ich möchte Kostümskizzen und Dekorationsskizzen jedenfalls vorher sehen.
Bitte setzen Sie sich dahinter. Sie sind mir verantwortlich, daß es *sehr* schön wird. Drängen Sie Stern, daß ja alles vor Juli fertiggestellt wird, damit wir nicht die gewohnte Reinhardt'sche Hetzjagd haben. Ich liebe dieses Fertigstellen eines Bühnenwerkes auf der Generalprobe absolut nicht. Kostüme und Dekorationen müssen am 1. September fix und fertig in Stuttgart sein. Es muß alles langsam und solide durchgearbeitet werden: so wie ich meine Partitur durcharbeite. Nicht à la Nelson. Daß Reinhardt trotz 10000 Mark und ? sich den G. Dandin nun doch nicht hat verkneifen können, finde ich nicht besonders

nett von ihm. Der Mißerfolg des Dandin hat unsere Sache schon ein wenig diskreditiert.

Schönste Grüße Ihr *Dr. Richard Strauss*

[Bemerkungen Hofmannsthals auf dem vorhergehenden Brief]

Nach den Worten:

«Jourdain vor der Oper» etc.: «Sehr richtig».

Nach den Worten:

«Muß zum Auftritt des Dorantes» etc.: «Sehr gut.»

Nach den Worten:

«Dann im II. Akt noch die Köche» etc.: «Hierüber Genaueres im Text als Schluß der Tafelmusik der Tanz des Küchenjungen Wiesenthal.»

Nach den Worten:

«Ist's Ihnen recht, wenn ich als Entreacte» etc.: «Ja.»

Lieber Herr von Hofmannsthal! Garmisch, den 19. 4. 12

Ich habe Ihnen heute früh, glaube ich, was Falsches geschrieben. Das Lied des Schülers, mit dem die Ouvertüre orchestral abschließt, muß gleich dem der Sängerin gesungen werden. Können Sie mir auf beiliegende Melodie was Passendes dichten? Anbei eine kürzere und eine längere Fassung.

Besten Gruß! Ihr *Dr. Richard Strauss*

Lieber Dr. Strauss, Rodaun, 19. IV. [1912]

Verzeihen Sie, bitte, meine *scheinbare* Bummelei, ich hatte nicht erfaßt, daß es Ihnen speziell mit den Einschiebestellen und den Schlußworten eilte – hier sind sie, ich schicke das Manuskript, weil typieren lassen in Wien ein Aufenthalt von 3 bis 4 Tagen wäre, bitte, schicken Sie dann eine Abschrift an Fürstner und veranlassen, daß die Stellen richtig auch ins Textbuch eingeschoben werden. – Ich habe die Stellen ganz nach Ihren durchaus richtigen Andeutungen gehalten, alles andere, zwischen Dorantes und Dorimène Vorgehende habe ich früher untergebracht, so daß hier die bloße Pantomime ihres Abgehens genügt, da Sie mir ja, aus gar nicht unbegreifbaren Gründen weiter keinen Platz für Einschübe gewährt haben.

Ich habe mich übrigens mit den verschiedenen unscheinbaren, winzigen Einschüben und Veränderungen im Molière geplagt wie ein Zughund, ganz besonders mit der berühmten «Zwischenszene», die zugleich knapp und bunt, zugleich diskret und lustig, vom Molière nicht abstechen und doch den ganzen Schlüssel zur «Ariadne» enthalten sollte, eine höllische Schachaufgabe. Ich hoffe aber, sie ist gut geworden. Habe heute Akt II abdiktiert, enthaltend das Dîner, und dann eben jene Zwischenszene, nun übergehe ich Akt I (wobei ja Molière größtenteils intakt bleibt), in spätestens 8 Tagen haben Sie das ganze Stück fix und fertig in Händen.

Zu Akt I bemerke ich: Es scheint mir nicht zu der *Primadonna* (Darstellerin der Ariadne) passend, daß sie hier vormittags in Jourdains Haus mit dem Musiklehrer auftritt. Ich würde hier nur die drei Sängerinnen von Najade, Dryade, Echo auftreten lassen, zwei davon haben das Duett (Berger und Bergère), die dritte, die ja Sopran ist, kann wohl vertretungsweise eine kleine Stelle aus dem Rezitativ der Ariadne vortragen. Das scheint mir auch richtiger, bühnenpolitisch, als die Ariadne-Sängerin hier schon zu zeigen.

Für das Duett Berger-Bergère kann ich, wenn ich mich auf den Kopf stelle, keine besseren, stilgemäßeren Verse finden, als die bei Molière, dort sind sie Terzett, ich adaptiere sie natürlich für Duett.

Excelsior-Lido ist ein ausgezeichnet geführtes, sehr elegantes Hotel (mit St. Moritzer Preisen und vorzüglicher Küche). Der Direktor (Herr Steinschneider) äußerst aufmerksam. Nehmen Sie Zimmer im *höheren* Stockwerk, sind viel luftiger. Unbedingt eigene *Capanna*, in erster Reihe, vorausbestellen!

Sternheim bat mich, gerade dieses Stück als höchst geeignet für Musik an Sie zu schicken. Jedenfalls ist er ein *höchst begabter* Dichter, nicht ohne jenes Höhere, das man wohl Genialität nennen darf, und einer der wenigen, den ich mir mit Ihnen ersprießlich arbeitend vorstellen könnte. Lesen Sie jedenfalls das Stück, bitte, einmal. Ich kenne *dieses* Stück von ihm nicht.

Mit herzlichen Grüßen Ihr *Hofmannsthal*

Lieber Dr. Strauss, 21. IV. [1912]

Vorgestern bekam ich inliegenden Brief von Stern, den ich mit dringender Bitte um Intervention an Sie zu schicken beabsichtigte und heute schreiben Sie mir, ich solle Stern noch *drängen!* Das heißt wirklich das Kind mit dem Bad ausgießen! Wenn ein hochbegabter Mensch jahraus, jahrein gehetzt und gedrängt wird zu improvisieren und billig zu arbeiten, *muß* etwas wie Kitsch herauskommen. Man sehnt sich, für uns exakt, solid und prunkvoll zu arbeiten. Autorisieren Sie ihn dazu noch einmal durch ein Wort! Il ne demande pas mieux. – Ich verstehe sehr gut, daß man nicht à la Reinhardt arbeiten und nur Première vorbereiten will – aber das Gegenteil, den Leuten im vorhinein keine Zeit zum Arbeiten geben, ist auch wahnsinnig. Stern steht hier vor einer unendlich subtilen und komplizierten Aufgabe. Er hat auf geistreiche und halb historische, halb anachronistische Weise verschiedene geistige Welten gegeneinanderzuhalten, zeichnerisch und durch die Farbe, eine Aufgabe, welcher der solide, aber ganz phantasielose Roller eben nicht gewachsen ist. Neben Stern wären noch Bakst und Benois in Frage gekommen, aus Bescheidenheit wollte ich nicht die ohnehin schon vorhandenen Komplikationen durch sprachliche und geographische Schwierigkeiten noch ins Unendliche steigern. Überdies sind die Russen nicht sehr verläßlich. Also bitte intervenieren Sie so, daß das Richtige geschieht, der Mensch aber auch den Spielraum hat, seine *Phantasie* arbeiten zu lassen, nicht bloß mit der Routine zu arbeiten. Geben Sie doch Stern Zeit bis etwa *20. Juli!*

Ihr *Hofmannsthal*

Bezüglich Akt I. Da die eine Sängerin das auf Ihre Melodie vom Schüler (bei mir heißt er: ein junger Komponist) komponierte Liedchen zu singen hat, die beiden andern (Alt und Sopran) das Schäferduett – so entfällt, soviel ich verstehe, das Singen einer Stelle aus «Ariadne». – Das ist vielleicht ganz gut, wenn von «Ariadne» hier in Akt I nur gesprochen – nichts daraus gesungen wird.

Lieber Dr. Strauss, Rodaun, 22. IV. [1912]

Inliegend zunächst Text für Ihr Liedchen (Akt I, 1. Szene). Ziemlich im Dunkel tappend, habe ich mich an Ihr Schema gehalten, dasselbe nur etwas nach Zeitkostüm zufrisiert. Ferner inliegend die größere Sache für Sopran und Alt, die, glaub ich, ganz nett geworden ist und Ihnen hoffentlich paßt. Alles für die ferneren Nummern von Akt I (Menuett zur Tanzlektion, wilde Musik zur Fechtlektion, ferner die Schneiderszene) finden Sie genau im Molière, daran ändert sich nichts. Übrigens werden Sie in 4 bis 5 Tagen den ganzen Text beider Akte in Händen haben.

Bezüglich der Schneiderszene bringe ich das in Berlin Besprochene in Erinnerung: zuerst womöglich etwas rhythmisch sehr Kräftiges für das *Heranhüpfen* der Schneider (Ziegenbockmotiv?) und das ruckweise Anziehen des Staatskleides, dann etwas Hübsches, Gravitätisches, Menuettartiges (1 bis 2 Minuten) für den *ersten Gesellen*, der ihm vormacht, wie man ein Staatskleid trägt und dazu etwas Parallel-Kontrastierendes im Orchester für Jourdain selbst, der es ihm tölpisch nachtut.

Bereuen Sie nicht die Arbeit. Sie kommt dem Molière zugute, macht es als ein Ganzes bizarrer Form erst möglich, hoffentlich für lange Zeiten.

Den 17. Mai bin ich in Siena, kann also unmöglich mit Reinhardt und Stern in Stuttgart sein, wie ich Ihnen, Reinhardt, Stern, Fürstner vor vielen Wochen bereits mitgeteilt habe. Meine Anwesenheit bei dieser technischen Bühnenbesichtigung ist auch durchaus überflüssig. Ich habe Reinhardt und Stern meine Absichten bis ins Einzelnste und Präziseste auseinandergesetzt, ihnen auch, wo es nötig war, die Freiheit gegeben, es je nach dem technischen Apparat *so oder so* zu machen. Seien Sie versichert, daß es keinen Dichter oder Librettisten in Europa geben wird, dessen Anordnungen für das Bühnenbild bis herab zu einem Detail der Beleuchtung oder der Feder auf einem Hut so genau und technisch präzise sind als die meinigen. Das wird Ihnen auch Reinhardt bestätigen, der mir oft sagte, er traute mir als dem einzigen Menschen, den er kenne, zu, ein genau so komplettes Regiebuch zu machen, wie er selbst (und das

will etwas heißen) – dies ist mir gegeben, wie etwa Ihnen die Instrumentierung als etwas Selbstverständliches gegeben ist – was ich nicht habe, und weshalb ich Reinhardt brauche, ist die *Durchführung* auf der Bühne, insbesondere das *Vormachen*.
Also lassen Sie mich friedlich nach Italien fahren, woran mich, außer Erkrankung meiner nächsten Angehörigen, nichts abbringen wird, und was ich höchst nötig habe. Mein Kopf ist miserabel, die Nächte schlecht, die Phantasie ganz tot, ich brauche Freude, Freiheit, nicht täglich 15 Geschäftsbriefe auf dem Tisch. Seit wir uns in Berlin sahen, also seit 2 Monaten, habe ich keinen Einfall gehabt, weder für die «Frau ohne Schatten» noch für einen anderen meiner Stoffe, keine im höheren Sinn produktive Minute. Das soll ein Hund aushalten. Ich bin 29. früh in München (Marienbad) und am 29. für dringenden Fall zu Ihrer Verfügung. Am 30. fahre ich südwärts.
Herzlich Ihr *Hofmannsthal*

Lieber Herr von Hofmannsthal! Garmisch, den 23. 4. 12
Habe bereits an Stern und Fürstner geschrieben, daß ihm jede Zeit bewilligt wird, die er zu solider, ausgereifter Arbeit braucht. Er muß selbst garantieren, daß alles rechtzeitig fertig wird. Ich hasse diese Fertigstellungen von Bühnenaufführungen zwischen Generalprobe und Aufführung, so nachmittags $^1/_27$ Uhr, eine halbe Stunde vor Kasseneröffnung!
Nun nur die kleinen Gesänge: die ersten Vierzeiler: Sängerin (können Sie mir da nicht ein paar Verse unter die übersandte Melodie machen?) kann das Echo singen?
Das Duett zwischen Schäfer und Schäferin kann dann Najade (Sopran) und Dryade (Alt) sein!
Bitte nur noch die genaue Fassung; da's bei Molière doch ein Terzett ist.
Diese beiden Sachen sofort, da ich dran bin.
Mit schönsten Grüßen Ihr *Dr. Richard Strauss*

Ich gehe höchstens im Mai auf 3 Wochen per Auto nach Oberitalien: Vicenza-Ravenna – bin sonst immer in Garmisch.

Die Schlußworte des Jourdain bringe ich alle unter; ebenso die vorhergehenden Zwischenreden.

Lieber Herr von Hofmannsthal! Garmisch, den 23. 4. 12.

Besten Dank für alle Zusendungen! Die Liederchen sind sehr hübsch! Jourdains Schluß famos, wird sich teilweise mit Musikbegleitung sehr gut machen.

Angelegenheit Stern nach Ihren Wünschen erledigt. Am 28. ist in München «Elektra»! Vielleicht sehe ich Sie am 29. in München, oder fahren Sie per Auto über Garmisch nach Innsbruck?

Ich hoffe auf Anfang Mai auf 14–18 Tage nach Oberitalien: Vicenza, Padua, Ferrara, Ravenna, Florenz, Siena, Pistoia, Bologna, Parma, Piacenza, Brescia zu gehen. Vielleicht treffen wir uns da! Geben Sie mir doch ein paar Ihrer italienischen Adressen an: so etwa vom 8. Mai ab!

Nun bitte ich noch um genaue Angaben verschiedener Namen in der «Ariadne», so daß ich sie nicht falsch in die Partitur schreibe:

Zerbinetta
Brighella
Scaramuccio
Truffaldin
Pagliazzo zz oder gg?
Ca*v*icchio v oder r?

Vielleicht auf Wiedersehen! Sonst vergnügtes Italien und bestes Schaffen (bei mir geht's dort immer am besten in Ruinen oder alten Klosterhöfen) wünscht

Ihr herzlich grüßender
Dr. Richard Strauss

«Ariadne» ist fertig und der Molière macht mir viel Spaß!

Lieber Dr. Strauss, 24. IV. [1912]

Hier ist Akt II vollständig.

Die Anfangsszenen von Akt I (bis zur Tanzlektion, weiterhin geht der Molière ohne nennenswerte Abweichungen) sandte ich heute an Fürstner, handschriftlich, er wird Ihnen gleich Maschinenkopie davon senden. Bezüglich der Tanznummer des Küchenjungen in II, die vielleicht musikalisch aus der Tafelmusik (namentlich aus dem Vogelgesang, letztes Gericht) herauswachsen könnte, schicke ich Ihnen morgen noch nähere Andeutungen. Ich hoffe, daß das Menu: Fisch, Hammel, Singvögel, Ihren Intentionen entspricht. Mit herzlichstem Gruß Ihr

Hofmannsthal

P. S. Die Zwischenszene scheint mir beim Überlesen ganz gut. Finden Sie, Reinhardt, ich selber was beizufügen, so läßt sich's bei Proben gut machen. Unter Reinhardts Händen wird leicht eher zu viel als zu wenig aus einer solchen Unterlage (und für die anderen Bühnen fixieren wir's dann als Regiebuch).

Lieber Dr. Strauss, 26. IV. [1912]

Vielen Dank für Ihren lieben, mich durch die Freude, die Sie über die Arbeit aussprechen, sehr erfreuenden Zeilen[1]. Vielleicht sieht man sich am 29. in München. Ich kann leider nicht über Garmisch fahren, hoffe auf Begegnung in Italien. Mein eigentliches Reiseziel ist Umbrien und südliches Toscana, bis gegen Rom hin: Viterbo, Terni, Orvieto. 5. bis 7. Mai bin ich in Florenz, Hotel Minerva, von dort Ausflug nach Lucca, Pisa.

Richtig: Pagliazzo zz
Cavicchio v

Noch zwei Worte über die Tanzszene des Küchenjungen in Akt II. Diese, zusammen mit der Tafelmusik, aus der sie herauswächst, darf schon eine recht schöne Nummer werden, mit der Grete Wiesenthal, und in jeder Stadt die begabteste und hübscheste Ballerine, etwas wirklich Reizvolles machen soll, dies schon darum, weil dann 12 bis 15 Minuten lang kein Ton Musik kommt. Diese Tanzszene ist also der gewisse schöne letzte Hügel, mit dem die musikalische Bergkette in die Ebene der Prosa verläuft, oder mit welchem sie sich in der Ebene ankün-

[1] Nicht vorhanden.

digt. Ich deute den Inhalt des Tanzes, auf den sich auch die Worte Dorantes' beziehen, auf beiliegendem Zettel an.
Mit herzlichem Gruß Ihr *Hofmannsthal*

Tanzszene des Küchenjungen (2 bis 3 Minuten Musik)
Zuerst, nach dem Herabsteigen von dem Wägelchen, Schüchternheit, sich in einem solchen Kreise zu finden. Bemächtigt sich mit verstohlener Lüsternheit eines Glases mit süßem Wein, nippt daran. Nun wird er mutiger, besieht sich die Herrschaft. Sieht bald alles durch den goldenen Schleier leichter Trunkenheit. Die Schönheit der Marquise berauscht ihn: er drückt durch Gebärden aus, daß sie ihn von Sinnen bringe, ihn *fliegen* mache. Nun trinkt er noch einmal ganz frech und herzhaft. Er küßt seine eigene Hand: das Ganze wird für ihn immer spaßiger, Jourdains Gegenwart immer drolliger, das Fluidum des Liebespaares scheint für ihn ein wirklich vorhandenes Element, an dem er sich stärker berauscht als an dem Wein – endlich wirbelt er wie ein Toller ein paarmal um den Tisch herum und hinaus. –

Mein lieber Dr. Strauss, [Siena,] 18. [V. 1912] abends
Das tut mir wirklich so leid! Traf wenige Stunden nach Ihrer Abreise hier ein. Ich wußte ja nicht, daß Sie so weit südlich gingen – sonst hätte ich Sie natürlich zu verständigen versucht. Ich muß morgen einen lange versprochenen und angekündigten Besuch im Appenin nächst Lucca machen, fahre von diesem Ort (Castelnuovo Garfagnana) Dienstag früh direkt über's Gebirg via Modena bis Padua (abends Padua, Stella d'oro), bin den 22. abends in Cortina d'Ampezzo, den 23. abends in Kufstein Hotel Post, muß den 24. mittags in München (Marienbad) eintreffen, um den 25. zu einer bestimmten Vorstellung der Russen in Paris zu sein (Wohne dort Hotel Castiglione bis circa 7. Juni). Kann leider aus Gründen nicht über Zeil-Garmisch fahren (wegen Neubeuern, wohin die mit uns fahrende Gräfin Degenfeld zurück muß).
Ist das Gespräch über «Ariadne» dringend?? Hoffentlich nichts Unangenehmes in zwölfter Stunde! Wollen Sie 22. abends in

Padua sein? Oder am 24. *nachmittags* (ich fahre erst abends [nach] Paris) in München?
Geht das nicht und ist die Sache sehr wichtig, so könnte ich am Rückweg von Paris in Stuttgart aussteigen! Bitte um *ein Wort* nach Padua, Stella d'oro. Herzlich Ihr *Hofmannsthal*

Mein lieber Dr. Strauss Rodaun, 14. VI. 1912

Wie geht es Ihnen? Wie waren Sie mit den Stuttgarter Proben zufrieden? Hoffentlich *sehr;* hoffentlich hat Ihnen Ihre Musik große Freude gemacht beim ersten Hören. – Diese Freude ist ja eine der reinsten, die einem beschieden ist – und auf diese reine Freude, die auch mir die Stuttgarter Tage bringen werden, freue ich mich schon voraus.

Wie Ihnen das Textbuch gezeigt haben wird, habe ich Ihre sämtlichen Einfügungen aufgenommen mit Ausnahme einer einzigen (der Bemerkung des Königs: alle modernen Opern seien ohne Melodie), und dies aus einem Grunde, dem Sie, glaube ich, beipflichten werden. Zunächst schien mir diese Bemerkung mit ihrer Spitze gegen *alles Moderne* (oder ihrer Spitze gegen Leute, die über *alles* Moderne absprechen) eher abschwächend als verstärkend. Das Ziel der Selbstpersiflage, die uns vorschwebte, sollte, meinem Gefühle nach, immer das *eigene*, vor allem das eben vorliegende Werk sein – hört man auf einmal von *allen* modernen Opern, so verflüchtigt der Scherz.

Ferner: bei einem Molière schwebt einem bei dem Wort «König» doch immer Ludwig der XIV. vor, in dessen Geist doch ein so scharf gegenteiliges Verhalten liegt (*nur* das Moderne, unter seiner Regierung Entstandene zu protegieren), daß mir dieser scharfe Anachronismus mißfiel und mir um ihn (alle anderen gewollten Anachronismen sind milde, keiner so schneidend) die ohnedies nicht sehr wirksame Einfügung zu teuer erkauft schien.

Ich möchte nochmals sagen, daß mir die so unfreundlich scheinende Eile meiner Rückreise von Italien sehr leid war. Ich hatte aber *versprochen*, am 25. morgens in Paris zu sein und wurde durch den fast unbegrenzten Genuß reiner Sinnenfreude, die mir die Abende des russischen Balletts schenkten, wirklich belohnt.

Herzlich Ihr *Hofmannsthal*

P. S. Die Widmung der Partitur an Reinhardt bitte ich in unser beider Namen erfolgen zu lassen und schließe mich gerne unbesehen der Formel an, die Ihnen angemessen scheint, um einem wirklich ungewöhnlichen Menschen, dessen Teilnahme an unserer gemeinsamen Arbeit uns noch unberechenbar viel Gutes schenken kann, die Freude an seinem Vorhandensein und jenes Gefühl der Dankbarkeit auszusprechen, welches gerade die Produktiven unter den gleichzeitig Lebenden einander nie schuldig bleiben sollen.

Mein lieber Herr von Hofmannsthal! Garmisch, den 20. 6. 12

Als Widmung an Reinhardt habe ich der Partitur vorgesetzt:

Max Reinhardt in Verehrung und Dankbarkeit.

Darunter unsere beiden Namen, Ihrem Wunsch gemäß den meinen zuerst, trotzdem es mir sympathischer wäre, der Name des Dichters stünde voran.

Wenn Sie eine poetischere Dedikation wissen, schicken Sie dieselbe an Fürstner bitte.

Die Proben in Stuttgart haben mir sehr schöne Freuden gebracht. Ich glaube, die Partitur wird einen neuen Weg der Spieloper weisen, für die, die was können. Beim Stil der Kammermusik müssen sich offenkundig die schwarzen von den weißen Schafen trennen. Das ganze Kunstmilieu in Stuttgart ist höchst erfreulich. Alles von ehrlichem Kunstwillen beseelt; ein sehr respektables Solopersonal. Ein idealer Intendant und in Gerhäuser und Schillings zwei Künstler, die wenigstens genau wissen, worauf es ankommt. Ich bin jetzt auch unbesorgt, wenn Hempel noch absagt, die wegen Amerika immer noch unsicher ist. Meine Partitur ist als Partitur wirklich ein Meisterstück, das mir sobald keiner nachmacht.

Nun habe ich nur noch ein Bedenken: scheint das Littmann'sche kleine Theater sehr hübsch und reizvoll und, nach der ersten Sitzprobe, auch sehr akustisch zu sein, so fürchte ich doch, daß

[bei] Ihrer Anordnung der Bühne für «Ariadne» die ganze Oper (noch dazu mit den häufigen, sehr wichtigen Gesängen hinter der Szene: Lied des Bacchus, Schlußduett) sich viel *zu weit im Hintergrund abspielt.*

Wäre es nicht möglich, die eine Ankleideszene in einem eigenen Nebenraum spielen zu lassen; vor dem Auftritt Jourdains und seiner Gäste dann *verwandeln* zu lassen, so daß die «Ariadne»-Bühne und die Theaterbühne *quasi eins* sind, d. h. die «Ariadne»-Bühne möglichst weit nach vorne gerückt wird. Überlegen Sie sich's bitte. Eine im Hintergrunde des Theaters spielende Oper ist sehr schlimm. –

Bitte besorgen Sie nach Stuttgart den *unterschriebenen* Kontrakt der Grete Wiesenthal.

«Jedermann» hat in München kolossalen Erfolg: jedesmal ausverkauft.

Wie geht es Ihnen sonst? Was macht die «Frau ohne Schatten»?

Mit herzlichen Grüßen und besten Wünschen für fruchtbaren Sommer ihr *Dr. Richard Strauss*

Wo verbringen Sie Ihren Sommer?

Mein lieber Dr. Strauss, Rodaun, 23. VI. 1912

Ihr Brief hat mich recht gefreut. Der Ausdruck der Zufriedenheit darin mit dem Erreichten, das ruhig ausgesprochene Gefühl von der Meisterschaft, von welcher Ihre Arbeit Zeugnis gibt – hat mir wohlgetan und mich, in diesem Sinne, den Sie verstehen werden, gerührt. Es tut mir wohl, zu denken, daß ich –, der ich mich im Verhältnis zu Ihrer Kunst kaum als einen im äußersten Vorhof Stehenden ansehen kann, aus dem Instinkt heraus, der alle produktiven Menschen sozusagen über die Köpfe der ganzen übrigen Menge hinüber verbindet –, in der Ausführung dieser bestimmten Arbeit, die Ihnen einen bestimmten Stil förmlich aufdrängte und Ihnen dadurch erst recht, auf einer höheren Ebene, alle Freiheit zurückgab, mich eben instinktmäßig richtig verhalten habe, und mir selbst das Wort eingelöst, das ich mir beim Aussinnen dieser Handlung in bezug auf den Musiker gegeben hatte und dessen Inhalt ich in der

kleinen Vorrede zum Abdruck der «Neuen Freien Presse», der ja wohl in Ihren Händen ist, beiläufig andeutete.
Inliegendes Blättchen, das mir irgendein beflissenes Bureau ins Haus schickte, soll mir halbwegs willkommen sein, wenn es als symptomatisch für das Verhalten der Presse zu *meiner* Arbeit anzusehen sein sollte. Wenigstens ein Teil der Absicht, der rein theatralische, wird hier verstanden und mit einem gewissen guten Willen aufgenommen. Gerade wo freilich das Höhere, das Eigentliche in der Gegenüberstellung Ariadne-Zerbinetta liegt, versagt sogleich das Verständnis. Ich glaube, Ihre Musik wird, was die Figur der Ariadne betrifft, es außer allen Zweifel setzen, daß hier nichts Barockes, nichts Verschäfertes, sondern Seelenhaft-Wirkliches, Wahres zu geben vermeint war.
Was die szenische Schwierigkeit betrifft, von der Sie sprechen, so seien Sie, bitte, guten Mutes. «Ariadne» ist die Sache, um derentwillen das Ganze geschaffen ist, also darf «Ariadne» nicht beeinträchtigt werden, weder im Mimischen, noch was den Klang angeht. Dieser Punkt muß dominieren, und meinetwegen soll dann die Ankleideszene hinter oder *seitlich* der *Bühne* supponiert werden und nochmals verwandelt werden. Ich will aber mit diesem Satz nur meine absolute Bereitwilligkeit in dieser Richtung aussprechen, nicht einem sicherlich nicht ausbleibenden Einfall Reinhardts vorgreifen. Denn gerade aus einer solchen Not auf die geistreichste Weise eine Tugend zu machen, eine rein technische Schwierigkeit, wie diese, so zu lösen, daß dabei eine Bereicherung des Phantasieelementes zutage tritt, ist ja eine seiner vorzüglichsten Stärken – hier müßten wir ihn herbeirufen, wenn wir ihn nicht schon drinnen hätten, und ich freue mich geradezu darauf, wie er hier seine Kräfte in unser Unternehmen einschalten wird.
Ich habe gelegentlich des «Orest», den ich Ihren Bedenken schnell und willig aufgeopfert habe, Introduktion genug betreffend der Ballett-Sache gemacht. Sie waren keineswegs abgeneigt, und mir schwebt nun wiederum vor, daß eine solche symphonische Arbeit, in der Länge von 25 höchstens 30 Minuten, als Zwischenarbeit Ihnen nicht ganz unwillkommen sein

sollte. Denn jede Entwicklung, so auch die Ihrige, bewegt sich in der Schraubenlinie – läßt nichts völlig hinter sich, kehrt im höheren Gewinde zum gleichen Punkt zurück. Wie Sie sich zu einem neuen Stil der Oper, der ganz Ihr eigen und dabei ganz *Oper* sein wird, unaufhaltsam hin entwickeln, so muß es andererseits wieder nicht ganz reizlos für Sie sein, mit aller Freiheit, gleichsam um einen Schraubengang höher, auf eine Arbeitsweise zurückzugreifen, in der einem großen, tausendfarbigen Orchester eine ganze Welt selbstherrlich entblüht. – Für die «Frau ohne Schatten» schwebt mir ja, entre parenthèse, eine Vermischung *beider* procédés vor – aber ich rede hier mehr und vorlauter über das mir im Grunde doch ganz verschlossene Geheimnis Ihrer Produktion, als recht ist.

Ich habe, zusammen mit Kessler, dem eine wahrhaft produktive, speziell malerische Phantasie eigen ist, ein kurzes Ballett für die Russen gemacht, «Joseph in Ägypten», die Episode mit der Frau des Potiphar, den knabenhaften Joseph natürlich für Nijinsky, den außerordentlichsten Menschen, den die heutige Bühne besitzt.

Ich schicke Ihnen morgen oder übermorgen den Entwurf, typiert. Bitte, lesen Sie ihn durch, auch auf's Malerische hin, auf's Schöne hin, mit dem Sinn, der Sie seinerzeit ein Ballett Boucher-Fragonard-Watteau[1] erfinden ließ. Gut an dem Entwurf ist, wenn ich nicht irre, zweierlei: der Einfall, das biblische Sujet in Kostümen des Paul Veronese und im Geist des Paul Veronese zu behandeln und, rein dramatisch, die scharfe Antithese der zwei Hauptfiguren, die zum Schluß in polarem Gegensatz, die eine zum lichten Himmel hinauf, die andere zum jähen Tod und zur Verdammnis führt. Wie weit die Ausführung gut ist, werden Sie beurteilen.

Lesen Sie und lassen mich nach ein paar Tagen Ihr Urteil hören. Ich kann, auch wenn Sie's nicht komponieren, diese Arbeit den Russen nicht abermals entziehen (Diaghilew und Nijinsky kennen den Entwurf). Aber ich würde die Form der Kollaboration mit dem von Diaghilew zu wählenden russischen oder französi-

[1] «Kythere».

schen Musiker möglichst so zu modifizieren trachten, daß sehr deutlich wird, es habe sich mir nur darum gehandelt, dem Tänzer, nicht dem betreffenden Musiker mit einer Arbeit zu Hilfe zu kommen[1].

Die von Grete Wiesenthal unterschriebene Antwort habe ich mit der Bitte um Nachsicht für die Verzögerung vor 8 Tagen an Baron Putlitz geschickt.

Mit herzlichen Grüßen Ihr *Hofmannsthal*

Lieber Herr von Hofmannsthal! Garmisch, den 23. 6. 12

Ich habe in Ihrer Veröffentlichung der «Neuen Freien Presse»[2] vollständig *Ihre Einleitung* vermißt und Ihre genaue Erklärung des Ariadne-Problems, die Sie in beiliegendem Brief an mich so schön gegeben haben.

Die Sache ist sehr wichtig, damit die Leute die «Ariadne» auch wirklich verstehen, was gar nicht so einfach ist. Lesen Sie beiliegenden Brief von Leopold Schmidt, in dessen *Almanach*[3] *die Sache nachzuholen wäre.*

Bitte, schreiben Sie ihm bis spätestens Mitte August eine gute Einführung in den Stil und Stoff unseres Stückchens. Es ist immer besser, man schreibt vorher den Leuten, was sie herauszuhören und zu schreiben haben.

Ich habe dafür weder Lust, noch vor allem das nötige Talent.

Mit schönstem Gruß Ihr *Dr. Richard Strauss*

Mein lieber Dr. Strauss, Rodaun, 28. VI. [1912]

Mit Dr. Leopold Schmidt sprach ich heute telephonisch und versprach ihm etwas der Art für seinen Almanach, auch hab' ich das gleiche schon vor Monaten Herrn Ecorcheville für die

[1] *Erste Ausgabe:* zu Diensten zu sein.

[2] Der Vorabdruck (mit Vorbemerkung) erschien am 25. Mai 1912.

[3] In dem von Leopold Schmidt herausgegebenen «Almanach für die musikalische Welt», Berlin 1912, erschien zuerst der «Ariadne-Brief» Hofmannsthals, eine für die Öffentlichkeit redigierte Neufassung des Mitte Juli 1911 an Strauss gerichteten Originalbriefes. 1918 in den 3. Teil der «Rodauner Nachträge», 1952 in die Gesammelten Werke (Prosa III) aufgenommen.

Musikrevue S. I. M[1]. versprochen, um die französische Musikwelt zu beruhigen. Sie sehen also, was an mir liegt, tue ich gern, aber wie kommen Sie auf den Gedanken, ich hätte in der Vorrede in der «Neuen Freien Presse», wo ich immer nur vorhatte, mich über das heikle Verhältnis zu Molière authentisch zu äußern, ich hätte da die «Ariadne» kommentieren und explizieren sollen, da doch, was ich damals brieflich Ihnen zu sagen genötigt war, jetzt punktweise in der Zwischenszene dem Hörer förmlich in den Kopf gehämmert wird, auch wohl keiner es wirklich nicht versteht, sondern höchstens, wie der Franzose, dessen Geschwätz Sie mir schicken, aus offensichtlicher Bosheit alles verdreht und so tut, als hätten wir etwas bloß *Lustiges* machen wollen.

Nun, wie gesagt, ich kommentiere mich also zum Überfluß nochmals im Almanach, man muß nur sehen, daß es dann von befreundeten Tagesblättern möglichst nachgedruckt wird und so unter die Leute kommt.

Daß Ihnen der «Joseph» als Zwischenarbeit recht ist, ist mir sehr lieb und wird Kessler und die Russen, die sich dies sehnlich gewünscht haben, *sehr* freuen. Wegen des Geschäftlichen wird Diaghilew von London zu Ihnen nach Garmisch kommen und direkt bei Ihnen vorher anfragen, welcher Zeitpunkt für diese Besprechung Ihnen recht ist. Er ist ein Russe von der sympathischesten Gattung, viel mehr Landedelmann als Manager und doch kein schlechter Geschäftsmann, weder vage noch engherzig; ich glaube, Sie werden sich mit ihm sehr gut sprechen und das Mögliche und Richtige wird schnell formuliert werden.

Die Ähnlichkeit mit Salome-Jochanaan ist wirklich eine Scheinähnlichkeit. In der Tat ist es ein Paar, in welchem jede Figur von der dortigen grundverschieden und auch das Verhältnis grundverschieden. Die Ähnlichkeit zwischen Elektra und Hamlet ist weit größer, da sind alle Grundmotive identisch, und doch, wer denkt bei Elektra an Hamlet!

Sie müßten sich viel Mühe geben, die beiden Sujets in der Mu-

[1] Revue musicale de la Société Internationale de Musique, Année VIII, Nr. 9/10, Paris 1912.

sik recht ähnlich zu machen, dann würde es vielleicht – und kaum – gelingen.
Lesen Sie übrigens die, wie alles von ihm Kommende, sehr gescheiten Zeilen von Kessler über diesen Punkt durch, die ich beilege. Herzlich Ihr *Hofmannsthal*

Garmisch, den 2. Juli 1912

Mein lieber Herr von Hofmannsthal!

Also nochmals, der «Joseph» ist ausgezeichnet: wird geschluckt! Habe schon zu skizzieren angefangen. Die Ausführungen des Grafen Kessler überzeugen mich zwar nicht ganz, aber sei's darum, ich werde um die Klippe schon herumkommen, besonders wenn im Textbuch (vielleicht beim Personenverzeichnis) der Charakter der Frau Potiphar genau bezeichnet wird.
Der Titel darf nicht sein: «Joseph in Ägypten», denn so heißt die bekannte, noch immer gegebene Oper von Méhul. Sondern «Joseph bei Potiphar».
Daß Sie für L. Schmidt was schreiben wollen, ist famos. Sie sind im Irrtum, wenn Sie meinen, in der nachgedichteten Szene sei schon alles richtig gesagt. Ja, für die ganz Feinen! Aber dem großen Publikum, und besonders denen von der Presse, kann man's gar nicht faustdick genug in die Nase schmieren. Und zwar *vorher;* bevor sich die ersten dummen Schlagwörter festsetzen, an denen man 50 Jahre lang dann krankt. Alle Kritik vorwegnehmen und ihnen genau vorschreiben, was sie bei allem sich zu denken, zu empfinden, und wie sie's überhaupt zu finden haben. Ich halte diese Vorarbeit für genau so wichtig, als die Arbeit selbst, und Sie schreiben so famos; lassen Sie sich's nicht gereuen und benützen Sie ja den Brief, den Sie mir seinerzeit geschrieben. Der war so ausgezeichnet. –
Nach Reinhardts und meiner Meinung muß die Pause vor der nachgedichteten Szene der Schauspieler stattfinden, wo unbedingt Aktschluß zu sein hat.
Ich empfehle, die beiden Molièreakte hintereinander spielen zu lassen, nur als Verwandlung, und erst nach dem Dîner Aktschluß und Pause.

Ich komponiere dann noch eine musikalische Einleitung zu Ihrer Garderobenszene, und Molière und Hofmannsthal sind auch äußerlich getrennt.
Nur ist der Aktschluß Seite 96 sehr schwach. Überlegen Sie sich, ob da nicht was aufzubessern ist. Wenn ich mit Musik nachhelfen kann, tu ich's gern.
Der erste Molièreakt schließt damit, daß man hinter der Bühne durch die Türe, wo die geohrfeigte Nicoline abgeht, das Orchester die «Ariadne»-Ouvertüre proben hört. Aber der zweite Akt *vor* der ersten *großen* Pause muß schlagender werden. Ich bin sicher, es fällt Ihnen da noch eine kräftige Molièreverbesserung ein.
Könnte man da vielleicht schon die sämtlichen Schauspieler ankommen lassen? Wäre nicht witzig. Es fehlt hier eine kräftige Pointe!
Herr von Hülsen schreibt mir gestern, daß er mein neues Werk «höchst reizend» fände! Jetzt plötzlich, nach 58 ausverkauften «Rosenkavalieren». Wie man da in der Wertschätzung steigt! Vorher war man Dreck! Wo sind Sie den Sommer? Kann man Sie mal sehen?
Mit herzlichen Grüßen (jedesmal auch an die Gattin, selbstverständlich) Ihr *Dr. Richard Strauss*

Hinterbrühl, Hauptstraße 19
übermorgen Aussee, Obertressen 14, 9. VII. [1912]

Mein lieber Dr. Strauss,
Darüber, daß man der Kritik alles vorkauen muß, mit Ihnen ganz einer Meinung, habe mit Herrn Leopold Schmidt vorige Woche alles abgeredet.
Was das anlangt, daß man die Pause vor die Verwandlung im II. Akt legen soll, anstatt nach dem Schluß des I. Aktes, so sehe ich's nicht recht ein. Wann immer die Pause fällt, so werden die Leute noch nicht entspannt, auch ungeduldig sein, weil sie von der Oper, um deretwillen sie eigentlich gekommen sind, noch keinen Ton gehört haben. Dies trifft in beiden Fällen ein. Legt man die Pause aber später, so wird diese Ungeduld und

leise Enttäuschung nur noch fühlbarer sein. Aber ich will durchaus nicht opponieren, wenn Sie und Reinhardt gewichtige Gründe haben sollten, die mir vielleicht später einleuchten werden. – Den Aktschluß Seite 96 – wollte man also nach diesem die Pause legen – durch szenische Einfälle oder durch Musik zu verstärken, scheint mir in der Situation durchaus nicht gegeben. Das Unorganische wirkt aber immer absichtlich und schwach. Doch würde ich meinen, wenn man bloß den letzten Satz ein klein wenig umändert (siehe unten), so würde ein sicherer Komiker ihn so bringen, daß gelacht wird, und auf ein Lachen kann man jeden Aktschluß wagen. Immerhin wäre, meinem Gefühl nach, die Pause am Ende von I zu belassen. Welchen Schaden kann sie dort bringen? Ich sehe keinen. – Man könnte Seite 96 etwa so schließen:
Jourdain: ... «Komm her, ich brauche Dich. Ruf den andern auch (die Lakaien stellen sich rechts und links zu ihm). Ich sage Euch, ich will jetzt sogleich noch etwas anordnen, das sehr wichtig und sinnreich ist – aber ich weiß noch nicht, was es sein wird.» Wenn er hier mit seinem recht albern-wichtigen Gesicht innehält, so ist das genug, uns lachen zu machen und weist zugleich sehr scharf auf das Folgende, die eigentliche Hauptsache des Abends hin.
Über die angebliche Ähnlichkeit zwischen dem Ballett und der «Salome» dachte ich nach, mit dem ehrlichsten Willen mir selbst nichts vorzumachen, kann aber wirklich keine Übereinstimmung finden als die, daß in beiden eine Dame von einem Herrn etwas verlangt, was wir gewohnt sind, nur als von einem Herrn verlangt und von der Dame gewährt oder nicht gewährt auf der Bühne zu sehen. An diesem Punkt berührt sich's, läuft aber dann für mein Gefühl ganz auseinander, weil zwischen den beiden Damen und zwischen den beiden Herren eine ganze Welt liegt, auch die Arten des Verlangens, die menschliche Atmosphäre und durch diese bedingte Besonderheit der Gefühlsspannung so unmeßbar verschieden ist – mir ist, als Nicht-Musiker, als hörte ich ganz verschiedene Instrumente zusammenklingen, wenn ich an die *Zwei* in der «Salome» und die

Hugo von Hofmannsthal und Richard Strauss
Rodaun 1912

Zwei in dem Ballett denke. – Ich bin Ihnen aufrichtig dankbar für Ihr Zartgefühl, mich zur Beschäftigung mit der «Frau ohne Schatten» nicht zu drängen, ja nur selten und leise daran zu mahnen. Dafür verspreche ich Ihnen, in allen reingestimmten und produktiven Stunden, die ich mir von den nächsten zwei Monaten sehnlichst erhoffe, den inneren Blick auch auf diese Gestalten zu richten und auf ihnen so lange verweilen zu lassen, als sie zu ihrem unterirdischen Wachstum dieser Betrachtung bedürfen. Sie könnten durch alle Mahnungen und durch alle Ungeduld der leidenschaftlichen und hoffnungsvollen Liebe, mit der ich diesen glücklichen, tiefen Stoff ihn mir hege, nichts hinzufügen – und ich weiß Ihre Zurückhaltung herzlich zu schätzen.

Ich bin, auch mit verehrungsvollen Empfehlungen an Ihre Gattin, Ihr *Hofmannsthal*

P. S. Grete Wiesenthal kommt im August (Anfang) zu uns nach Aussee. Ich wäre unendlich dankbar, wenn ich da die Tanzsachen, namentlich die Szene des Küchenjungen, in Abschrift dort haben könnte, damit sie es sich am Klavier zurechtlegt und produktiv durchdenkt und im wesentlichen fertig auf die Stuttgarter Proben kommt. Die Tanzkunst verträgt Improvisation so wenig als irgendeine andre ernsthafte Kunst.

Garmisch, den 21. Juli 1912

Lieber Herr von Hofmannsthal!

Ich danke bestens für Ihren freundlichen Brief und bin bei genauer Überlegung mit Ihrer Akteinteilung doch vollständig einverstanden. Sie haben ganz recht. Es ist besser so.

Der erste Akt von Molière ist lang genug und die von Stern vorgeschlagene Gliederung in Molière und Hofmannsthal wäre zu absichtlich. Immerhin könnte die von Ihnen vorgeschlagene Verschärfung des II. Aktschlusses, respektive Verwandlung nicht schaden. Die Hauptsache ist natürlich, daß dieser Zwischenakt auf ein Minimum reduziert werden kann, denn ich mache jetzt vor der Komödiantenszene keine Musik mehr, damit das Ohr für die Oper wieder frisch ist. Der Ballettext ge-

fällt mir immer ausgezeichnet, er ist ein Meisterstück und werde ich mich so rasch als möglich dahintersetzen.
Graf Kessler und der Russe werden am 3. August hier sein. Ich habe doch nur nötig, mit dem Direktor *meine* Bedingungen abzumachen? Bezüglich der Ihrigen sind Sie doch mit ihm bereits im Reinen?
[...]
«Ariadne» ist jetzt fertig. Fürstner erhält morgen die letzten Partiturseiten und den Befehl, Ihnen die zwei Ballettstückchen sofort in Abschrift oder gedruckt zuzusenden, damit Sie mit Frau Wiesenthal die Sache durchnehmen können.
Mit schönsten Grüßen *Dr. Richard Strauss*

Mein lieber Dr. Strauss! Aussee, 24. VII. [1912]
Vielen Dank für Ihre Zeilen und das Freundliche über unser Ballett, das ich mir für mich und zugleich für Kessler zu eigen mache: in diesem, wenn er mit Diaghilew zu Ihnen kommt, bitte ich Sie, einen Kollaborator im vollen Sinn des Wortes zu sehen. Diese Kunstform ist vielleicht die einzige, die eine wirkliche, intime Kollaboration zweier mit einiger Phantasie des Auges begabter Menschen gestattet, und ich habe an diesem Ballett weniger, Kessler mehr gemacht, als Sie denken würden. Das Materielle ist durch Ihre freundlichen Zeilen eigentlich schon erledigt. Ich habe (will sagen: wir haben, Kessler und ich) mit den Russen separat gar nichts ausgemacht, sondern ich habe bloß Diaghilew den Schlüssel der Aufteilung zwischen uns, wie wir ihn eingeführt haben, und wie ich ihn für gerecht halte (25%:75%) bekannt geben lassen, den er gern akzeptiert hat.
[...]
Skizze der Bedingungen, welche Diaghilew Ihnen für die tragische Symphonie die «Furien» bietet.
Das Werk kommt Mai 1913 in Paris im Châtelet mit dem von Ihnen zu bestimmenden Orchester zur ersten Aufführung. (Orest – Nijinsky, Klytämnestra – Ida Rubinstein, Elektra – Grete Wiesenthal). Sie räumen darauf dem russischen Ballett absolut Exklusivität für die Dauer von zwei Jahren ein.

Ab Mai 1915 verfügen Sie über die Symphonie für alle Konzertsäle der Welt.
Für die Exklusivität der ersten zwei Jahre zahlt Diaghilew an Sie 40000 Francs, inklusive Material – 10000 Franc von diesen würden auf mich entfallen (und führt das Ballett beliebig oft auf).
Ab Mai 1915 – Mai 1918 gewähren Sie Diaghilew, bei sonstiger Freiheit der Symphonie, noch die Exklusivität *auf dem Theater*. Hiefür bezahlt er Ihnen (= uns) 500 Francs von jeder Aufführung in ganz Europa auf seinen Tourneen. Er garantiert Ihnen ein Minimum von 10 Aufführungen pro Jahr, die er fest voraus bezahlt.
P. S. Diaghilew ist ein absoluter Gentleman, ein Edelmann, der sein großes Vermögen künstlerischen Unternehmungen so ziemlich aufgeopfert hat. Er bezahlt, wie er mir vorrechnete, unter diesen Bedingungen das Maximum dessen, was er für ein Werk von 30 Minuten (ein Viertel des abendlichen Spectâcle) bezahlen kann, dies aber mit größter Freude.
Im übrigen würden Sie natürlich direkt oder durch Fürstner dies mit ihm zu fixieren haben, ich wollte Ihnen nur über diesen Punkt im Vorhinein einige Orientierung schaffen.
Nun zur Antwort auf Ihre Frage bezüglich Paris–Wien–Berlin. Hier müßte ich Sie, reiflich erwogen, aufs dringendste im wohlverstandenen gemeinsamen Interesse bitten – den Spielraum der Ausnützung für die Russen ja nicht zu sehr einzuschränken. Die Russen spielen mit steigendem Prestige in den europäischen Hauptstädten, bei enormen Preisen in sehr großen Häusern – daher naturgemäß in nicht sehr ausgedehnten Stagiones. Eine geringwertige Nummer ihres Repertoire fällt gleich zu Boden, aber einen ihrer *großen* Erfolge (wie «Schéhérazade» oder «Le Spectre de la Rose», eine Glanzleistung Nijinskys auf Musik von C. M. Weber) sind sie gar nicht imstande, in 2 Saisons für Paris und London ganz auszunützen, weder künstlerisch, noch materiell. Das Unternehmen ist im Aufstieg, Nordamerika, Südamerika, Australien von ihnen noch nicht bereist, trotz stärkster Angebote. Es ist gar nicht abzusehen,

wie oft und wo überall sie ein Werk von Ihnen mit einer Glanzrolle für Nijinsky bringen können – aber Paris, Berlin, London müssen die Basis eines sich immer wieder erneuernden Erfolgs bleiben, durch zwei, drei, vier Saisons. Bitte befreunden Sie sich mit dieser gewiß nicht unrichtigen Auffassung, die ich ganz aus mir heraus äußere, denn ich habe mit D. nie über diese Sachen gesprochen, ihn überhaupt seit Entwurf des Szenariums nicht gesehen und nur ein paar kurze Depeschen gewechselt.
Noch eines: wie stellen Sie sich überhaupt solche Aufführungen in Berlin, Wien etc. vor? Von welchem Darstellermaterial durchgeführt? Da es sich doch für den Joseph und die Frau zumindest um die Vereinigung höchster schauspielerischer und tänzerischer Kunst handelt. Ich will nicht mit einem ängstlichen «Veto» herumfuchteln, zwischen uns wäre das ja gar nicht am Platz – aber Sie halten doch wohl, ebenso wie ich, es für *unmöglich*, daß dieses Ding etwa in Frankfurt, in Dresden, in Hamburg von dortigen Kunstkräften jemals gemimt würde? Dafür tauschen Sie, meines Erachtens, nichts Schlechtes ein: Buenos Aires und Madrid, Warschau, Sidney, Chicago etc. etc.
Bitte beruhigen Sie mich über diesen Punkt. Lassen Sie mich Ihre Gedanken darüber wissen. Dies tangiert ja gar nicht Diaghilew, wohl aber im höchsten Grade mich. Ich bin ja hier ganz in Ihrer Hand, – da ich doch nicht durch Schwierigkeiten alles umstoßen will. Aber denken Sie sich, Sie wären in ähnlicher Weise in meiner Hand und ich ließe Ihre Musik von den gemeinsten Pratermusikanten, Zirkuskapellen etc. herunterspielen. Ich bitte Sie sehr, mir darüber noch in Kürze zu schreiben, bevor Kessler mit Diaghilew und Nijinsky zu Ihnen kommen. Herzlich Ihr *Hofmannsthal*

P. S. Es ist mir lieb, daß Sie bezüglich der Akteinteilung «Bourgeois Gentilhomme» und den Pausen so denken wie ich. Die Verwandlung ohne jede Dauer. Ein umgebautes Theater hat doch natürlich Drehbühne oder ähnlichen Verwandlungsorganismus.

Mein lieber Herr von Hofmannsthal! Garmisch, 26. 7. 12

Dank für den freundlichen Brief. Sie können sich darauf verlassen, daß ich mit den Russen ganz in Ihrem Sinne verhandeln werde.

Mit schönsten Grüßen und besten Wünschen für fruchtbringenden, «schattenlosen» Sommer Ihr *Dr. Richard Strauss*

Heut war Placci hier.

Mein lieber Dr. Strauss, Aussee, 8. IX. 1912

Ich schreibe Ihnen dies, weil ich weiß, daß es Ihnen Freude machen wird: daß mir seit einer Woche die «Frau ohne Schatten» mit Gewalt vor die Seele getreten ist und daß ich nun, erst nun diesen Stoff wirklich besitze, Glied für Glied, Bild für Bild, jeder Übergang, jede Steigerung, alles im großen Ganzen und zugleich im Einzelnsten, so daß ich mir wohl sagen kann: dies ist gerettet, – möge es uns beiden vergönnt sein, es auszuführen, so wie es jetzt vor mir schwebt. Ich bin, über dies Einzelne hinaus, produktiv und einer glücklichen Epoche nahe, – wenn nichts von außen hereintretend mir diesen Herbst verstört: denn seit meinem achtzehnten Lebensjahre weiß ich, daß ich in den Herbstmonaten meine fruchtbare Zeit zu sehen habe. Stuttgart soll mir hierin nur eine freundliche Unterbrechung sein. Ich will vieles aufschreiben, von der «Frau ohne Schatten» mindestens den ersten Akt festhalten. Zunächst hungere und dürste ich nach Sonne; hier Regen, Regen seit 7 Tagen, nach einem schon verdorbenen August. Meine Frau war recht unwohl, ist sie genug erholt, zu reisen, so setze ich mich irgendwo in Südtirol oder Oberitalien hin.

Noch eines, ich schicke in diesen Tagen ein Exemplar mit soviel Strichen, als ich (in der *Prosa* des «Bourgeois») finden kann, an Reinhardts Sekretär. Schicken Sie mir doch, bitte, gleich die ganz gute, verschärfte Stelle für den Schluß des II. Aktes (vor der Verwandlung), die ich Ihnen brieflich vorschlug, als wir wegen der Pause schriftlich konferierten.

Herzlich Ihr *Hofmannsthal*

P. S. Ein großes italienisches Interview kam mir ins Haus, worin Sie sich, wie immer, scharf für mich einsetzen, wie es ja auch recht und richtig ist, und mich sehr freut. – Unter den Bewerbern um Speidels Nachfolger befindet sich auch ein Ihnen bekannter Jugendfreund, Baron Franckenstein. Durch seine Qualitäten (wirklicher Musiker, Theatermensch, Mann von Verstand und *Charakter*) sticht er alle mitkompetierenden Hofschranzen bei weitem aus, hat aber *trotz dieser Vorzüge* gewisse Chancen durch seine Verwandtschaft mit Schönborns, Oettingens etc. Bitte setzen Sie sich gegebenenfalls sehr für ihn ein, ich *bürge für den Mann in jedem Sinn*, und Sie wissen, daß ich das nicht leicht tue.

Lieber Herr von Hofmannsthal! Garmisch, 11. Sept. 1912

Gratuliere zur «Frau ohne Schatten», darauf freue ich mich! «Joseph» geht nicht so schnell, als ich dachte. Der keusche Joseph selbst liegt mir nicht recht, und was mich mopst, dazu finde ich schwer Musik. So ein Joseph, der Gott sucht, – dazu muß ich mich höllisch zwingen. Na, vielleicht liegt in irgendeiner atavistischen Blinddarmecke doch eine fromme Melodie für den braven Joseph. –

Die Stelle Ihres Briefes vom 9. Juli, den Schluß des I. Aktes «Bourgeois» betreffend, lautet:

Jourdain: «Komm her, ich brauche dich! Ruf die andern auch! – Ich sage Euch, ich will jetzt sogleich noch etwas anordnen, das sehr wichtig und sinnreich ist, – aber ich weiß noch nicht, was es sein wird.»

Für Franckenstein könnten nur einflußreiche hocharistokratische Verwandtschaft oder die Pfaffen was machen. Natürlich werde ich es auch nicht an mir fehlen lassen, wenn sich eine günstige Gelegenheit ergibt.

Auf Wiedersehen in Stuttgart! Ich bin kolossal gespannt auf die «Frau ohne Schatten»! Viel Glück weiterhin! Von Herzen gute Besserung der lieben Gattin! Und schönste Grüße! Ihr

Dr. Richard Strauss

Mein lieber Dr. Strauss, Aussee, 13. IX. [1912]

Ich bin betroffen, daß Sie gerade bei der Josephs-Figur stocken, die mir das Beste und glücklichst Erfundene, einzig Besondre und Reizvolle an dem ganzen Ballett scheint. Ich *muß* aber sagen, so wie Sie von der Figur sprechen, als dem «keuschen Joseph», zu dem eine *fromme* Melodie gefunden werden muß, so «mopst» mich die Figur auch und ich würde auch keine Musik dafür in mir finden. Wie ich die Figur sehe, so müßten Sie aber die Musik dafür nicht in einem atavistischen Schnörkel des Blinddarms, sondern in der reinsten Region Ihres Gehirns zu suchen haben, dort, wo Aufschwung, reine, klare Gletscherluft, Höhe, unbedingte scharfe geistige Freiheit zu finden ist – einer Region, zu der Sie, meine ich, gern und gut auffliegen. Dieser Hirtenknabe, geniales Kind eines Bergvolkes, der sich unten in üppiges Fluß- und Deltavolk verirrt hat, sieht für mich einem edlen, ungebändigten Füllen viel eher ähnlich, als einem frommen Seminaristen. Sein Gottsuchen, in wilden Schwüngen nach aufwärts, ist nichts anderes als ein wildes Springen nach der hochhängenden Frucht der Inspiration. Auf Bergeshöhen, in klarer funkelnder Einsamkeit ist er gewohnt, sich durch ein Noch-höher! Noch-höher! in einer einsamen reinen Orgie emporzuwerfen und aus einer unerreichbaren Klarheit *ober ihm* (welche Kunst, wenn nicht die Musik, kann dies ausdrücken?) einen Fetzen des Himmels herabzureißen, in sich hineinzureißen, – diesen flüchtigen, höchsten Zustand, diese Trance nennt er Gott, – und der so erschaute Gott ist es, den er mit emporgereckten Armen sich zu Hilfe zwingt, wie die Welt, dunkel, weich und schwül und ihm *fremd*, *fremd* bis ins Mark der Knochen, wie diese Welt die Arme nach ihm ausreckt und ihn sich einfangen will – und nichts als den Zeigefinger dieses Gottes, – der Licht ist und alles Höchste, Ihr Höchstes – (wann dürften Sie es andeuten, wenn nicht an einer solchen Stelle?) –, sein Zeigefinger, ein Strahl von ihm, ist der Engel, verleiblicht in eine Figur. – Ich kann mir – wenn ich Sie mit Staunen hier stocken sehe – nur denken, daß die Alpensymphonie, die ich nicht kenne, hier im Wege ist –, daß Sie ein dort Gesuchtes,

Gefundenes an Aufschwung, Emporklettern zu? – nun zu «Gott» – hier meiden wollen –, daß Sie sich hier nicht loslassen wollen. Aber ich fürchte eigentlich nichts. Denn ich erinnere mich an Klytämnestra und denke mir, daß aus solchen Stokkungen bei Ihnen das Besonderste hervorgeht. – Das Motiv der Ablehnung, jenes Motiv des «keuschen Josephs» – nennt man es so, so hat man freilich die Stimmung der Parodie, der Karikatur vor der Tür, ja schon in sich –, was wäre es anders als das grandiose und unheimliche Grundmotiv von Strindbergs ganzem Lebenswerk – vom Kampf des Geniehaften, gesteigert Intellektuellen im Mann mit dem Bösen, Dummen in der Frau, dem Herabziehen-Wollen, Verweichlichen-Wollen? – Ein Blick in ein Buch von Strindberg, vielleicht in den merkwürdigen Roman «An offener See», wird Ihnen vielleicht das Gefühl schärfen für das Wirkliche, das Ewige, das Symbolische dieses Konflikts, wo ein Schematisches, Parodistisches Ihre Phantasie schlagen und Sie «mopsen» will. – Es ist nicht möglich, daß Sie gar keine Brücke von diesem Knaben Joseph zur Erinnerung an die eigene Jugend fänden – ob Potiphar oder nicht: ein Höheres, funkelnd, schwer erreichbar, war *oben* und wollte herabgezwungen sein: das ist Josephs Tanz.

Herzlich Ihr *Hofmannsthal*

Brief Strauss vom 7. X. 1912 siehe Anhang S. 712

Mein lieber Dr. Strauss, München, Mittwoch [9. X. 1912]

Herzlichen Dank für den lieben Vorschlag, aber bitte lassen Sie mich noch hier, eine solche Zeit, ganz allein, ohne Frau und Kinder, ohne Ablenkung, nur mir selbst und der Arbeit gehören, viele Stunden allein in einem kleinen Hotelzimmer auf- und abgehen und meinen Gedanken folgen können, Träumen und Halbträumen nachhängen, das ist für mich so kostbar – ein wahres Regenerieren –, also lassen Sie mich bitte so lang als möglich hier, es kommt auch der «Frau ohne Schatten» zugute, durch die ich mich erst recht und für ewige Zeiten als Ihr Leib-, Hof- und Hausdichter zu erweisen hoffe, ich kann Ihnen im November, wenn es Sie freut, ein genaues Szenarium davon geben, alle drei Akte, acht Bilder, und im Frühjahr, sobald Sie wollen, haben Sie den ersten Akt – und fahren Sie jetzt allein nach Stuttgart, aber erkälten sich nur ja nicht, sonst ist ja die Première hin.

Beruhigen Sie bitte Schillings wegen der *Aktschlüsse*, die ihm, wie ich höre, Sorgen machen; eine lustige Pointe für Akt I hab ich schon in petto, kann aber den Wortlaut erst dort fixieren, weil der Witz Jourdains mit Ihrem musikalischen Schlußwitz (dem Gleichzeitigspielen aller Instrumente) übereinstimmen muß, – den Halbaktschluß im 2. Akt wird man vielleicht noch verschärfen, aber den letzten Schluß, die letzte kleine Rede Jourdains (nach der «Ariadne»), worin sich die komische Figur nochmals ganz zusammenfaßt, in die ausklingende Musik hinein, das finde ich ausgezeichnet und denke nichts daran zu ändern. Sie haben den 15. hier ein Konzert, kann ich dann den 16. mit Ihnen nach Stuttgart fahren??

Ihr *Hofmannsthal*

Lieber Dr. Strauss, München, Mittwoch [9. X. 1912]

schrieb Ihnen vor drei Stunden, werde zu diesem abermaligen Schreiben genötigt durch Ärger über einen horrenden, echt provinziellen Blödsinn aus Stuttgart, den ich offiziell in der Zeitung finde: man wolle dort am Abend des 25. nach «Ariadne» ein *Bankett* veranstalten, an dem sich jedermann (sic!) gegen Erlag von 10 Mark beteiligen kann. Das geht denn doch über die Hutschnur! Hoffe, daß Sie dies durch energischen Einspruch in Stuttgart aus der Luft schaffen werden und bitte Sie sehr darum. Ich meinerseits *weigere* mich schon heute, einen Abend, an den die Erinnerung mir kostbar sein soll, in der Intimität von Zeitungsschmierern und Stuttgarter Spießbürgern zuzubringen, die Ihnen und mir beim Champagner das Du antragen. Und womöglich die Tischordnung von einem Hausknecht der Intendanz gemacht, und meine Frau sitzt zwischen Herrn Dillmann und dem Theaterdirektor aus Zwickau! Danke! Ich bin ein sehr freidenkender Mensch, aber beim Sozialen hört bei mir der Spaß auf. Ich bitte Sie also herzlich, redressieren Sie das mündlich. Die einzig mögliche Form ist die, welche sich beim

«Rosenkavalier» so gut bewährt hat, kleine, d. h. mittelgroße Tische, einen haben Sie mit Putlitz, Schillings, Reinhardt und wen Sie noch wollen, einen hat Fürstner, einen Levin und einen Tisch ich mit meinen näheren persönlichen Freunden. Geht man dort auf das nicht ein, so wäre ich leider genötigt wegzubleiben, was mir grenzenlos leid täte. – Ich bin aber sicher, Sie richten's mit ein paar, nötigenfalls energischen Worten.

Herzlich der Ihre *Hofmannsthal*

Lieber Herr von Hofmannsthal Frankfurt a. M. 13. 10. 12

Ich bin Dienstag 1 Uhr in München: wollen Sie um 1/2 2 bei mir in den Jahreszeiten essen? Dienstag Nacht fahre ich nach Berlin.

Gestrige Probe in Stuttgart sehr erfreulich verlaufen. Vortreffliche Besetzung in Oper und Schauspiel. Wenn Reinhardt, wie es scheint, uns mit zweiter Garnitur anrückt, ohne Wassmann, wird er keinen leichten Stand haben.

Das Werk wirkt vortrefflich. Molière ist unbeschreiblich komisch.

Mit herzlichem Gruß Ihr *Dr. Richard Strauss*

Bankett nach Ihren Intentionen, mit Einzeltischen, schon von Putlitz projektiert.

Lieber Dr. Strauss München, Montag 4 Uhr [14. X. 1912]

komme sehr gern morgen 1/2 2 Uhr zu Ihnen essen, fahre dann Mittwoch Stuttgart. Freue mich riesig, daß Ihnen die enorm poetische und theatralische Qualität des Molière nun lebendig entgegengetreten – und somit auch der tiefere Sinn meiner Kombination dieser fremden mit eigener Arbeit. Die Bemerkung über Reinhardt (2. Garnitur) verstehe ich vorläufig gar nicht, da ich mit Reinhardt die Besetzung im März bis ins kleinste festgelegt (Arnold anstatt Wassmann für Jourdain, Wassmann ist Possenreißer, schmeißt mir die Kontur der Figur und die Linie des Stückes um, Arnold wahrhafter Charakter und Schauspieler) u. s. f. und Reinhardt daran ohne meine Zustimmung sicher nichts geändert, sogar wunschgemäß für die kleine aber wichtige Rolle der Frau Jourdain eigens die Bertens engagiert hat, also – Alles weitere mündlich. Herzlich Ihr

Librettist

Auerbach i. Vogtland, 2. XII. [1912]

Mein lieber Dr. Strauss,

auf die ausdrückliche Bitte von Bruno Walter schreibe ich Ihnen, entgegen meiner prinzipiellen Zurückhaltung in diesen Dingen, um Ihnen meine vehemente Abneigung gegen eine Aufführung von «Ariadne» und «Bourgeois» im großen Münchner Haus, anstatt in dem wie dazu geschaffenen Residenztheater, auszusprechen und Ihnen alle die vielfachen Gründe für kleine Häuser ins Gedächtnis zu rufen, die Sie selbst mir in Stuttgart darlegten.

Walter scheint, nach einem Gespräch mit mir, schon einzusehen, daß ein Brief, den er Ihnen geschrieben hat, ziemlich absurd ist (dieser merkwürdige Mann scheint mir immer im Fieber, pro oder contra, nie imstande, eine Sache ruhig abzuwägen) und scheint nun zu wünschen, daß ich die Wirkung dieses Briefes bei Ihnen abschwäche, welchen Wunsch ich somit erfülle.

Zwischen uns beiden (Ihnen und mir) liegt etwas vor, was schließlich berührt und diskutiert wird werden *müssen*, mir aber zu berühren und zu diskutieren so äußerst unangenehm ist, daß ich den Entschluß, Ihnen darüber zu schreiben, nun schon seit drei Wochen hinziehe und wohl noch eine Weile hinziehen werde, zumal die finstere politische Situation mir zunächst alles andere beinahe gleichgiltig erscheinen läßt. Mit vielen Grüßen Ihr

Hofmannsthal

Mein lieber Dr. Strauss, Dresden, 5. XII. [1912]

ich habe nun hier die «Ariadne» gehört und war wieder aufs tiefste berührt von der Reinheit und Schönheit des Werkes.

Der Molière in dem großen Haus erscheint mir absurd. Das Haus war sehr schwach besucht, und das Abspielen der Komödie in dem halbleeren riesengroßen Raum hat etwas Tristes, dessen

Wiederholung in München um alles vermieden werden sollte. Denke ich über die ganze Sache nach, die ja, nicht ungestraft, in anderer Form und in anderen Häusern nun durchgeführt wird, als wofür sie geplant war, – so freue ich mich nachhaltig, Ihnen den zwingenden Anlaß zu einem so besonderen und bedeutenden Werk geliefert zu haben, verhehle mir aber nicht, daß ein gewisses höheres und raffiniertes Element des Ganzen, so wie es zugleich der musikalischen Reinheit große Avantagen bietet, zugleich auch dem Werk eine schwierige Stellung geschaffen hat, angesichts eines in störrischem Verismus (auch der Oper gegenüber) befangenen Publikums und einer Presse, die es niemals für ihre Aufgabe hält, Intentionen zu erfassen oder gar zu popularisieren, sondern einfach losschlägt wie die Axt aufs Holz. Daß diese «Ariadne», musikalisch wie dichterisch, eine ziemlich *komplette* Gestalt ist, unermeßlich gestalteter und kompletter als zehntausend Figuren, die Fräulein Müller oder Frau Meier heißen und deren Adresse und Einkommensziffer wir erfahren, daß sie ebenso «komplett» ist wie Elektra oder Salome, das zu erfassen, sind diese Rüpel ebenso unfähig, wie sie, scheint es, geschworene, ja berufsmäßige Gegner eines klaren, lichtvollen Genies wie Molière sind.

Ich höre, Sie sind Sonnabend hier. Ich fahre morgen nach Berlin, Hotel Adlon, bleibe dort bis zum 12., wünsche mir lebhaft, einmal eine Stunde mit Ihnen über verschiedenes zu sprechen.

Das von mir im letzten Brief Angedeutete möchte ich zunächst auf sich beruhen lassen, im Augenblick vermag ich mich nur auf das Höhere in unserer bestehenden und eventuell noch zukünftigen Kollaboration einzustellen.

Mit vielen Grüßen Ihr *Hofmannsthal*

Hotel Adlon, Berlin W. [9. XII. 1912]

Mein lieber Dr. Strauss, Montag 7 Uhr

also wir sehen uns morgen abend im Adlon, und da ich nach einer eben eingelangten Depesche aus Darmstadt (es handelt sich um die Generalprobe «Jedermann» und das Frühstück beim Großherzog) bis Donnerstag abends hierbleiben kann, so könn-

ten wir vielleicht noch Mittwoch oder Donnerstag etwa bei Levin zusammen essen oder so was (nicht *abends!*).
Bin recht froh über unser Gespräch neulich, Ihren glücklichen Einfall mit den Secco-Rezitativen (werde zu diesem Zweck die kleine Szene umarbeiten, alle Anspielungen, die auf den Molière zurückdeuten, ausmerzen) und auch über die mündliche Erledigung der Geldsache, daß Sie das Unrichtige davon eingesehen haben und mir eine Remedur schaffen werden.
Fürstner schickte mir einen Vertragsentwurf über die «Josephslegende», der die gleiche zweideutige Fassung hat, auch Paragraphen über Textbuch, indes ich für das Ballett die Herstellung eines Textbuches aus künstlerischen Gründen absolut ausschließe: es gibt keinen Text eines Balletts, das Ballett, das eines Textes bedürfte, wäre verfehlt[1] und die Publikation eines solchen Textbuches würde mir *mit Recht* sehr übelgenommen werden, ich kann aber Angriffe und Herabsetzungen nur mit Gleichgültigkeit ertragen, wenn ich ihre Unberechtigung in mir fühle und ihnen dadurch den Stachel abbreche. Das muß alles noch durchgesprochen werden, zum Unterschreiben werden wir wohl erst im Februar kommen.
Also auf morgen, Herzlich Ihr *Librettist*

Darmstadt, Freitag, 13. XII. [1912]
Mein lieber Dr. Strauss, Hotel «Zur Traube»
ich bin seit dem gestrigen Vorspielen in einer nachhaltigen Bestürzung, und zwar über den Stil der Josephs-Themen (genau gesagt, des *ersten* und *zweiten* der vorgespielten Josephs-Themen). Sie sprachen mir neulich in lieber und wohltuender Weise von *Vertrauen*. Nun bin ich ja ein musikalischer Analphabet, Idiot – was Sie wollen. Aber Stilgefühl, das Gefühl für Kongruenz und Inkongruenz habe ich – und so bitte ich Sie um alles, dies ist eine wahre Freundschaftsprobe: geben Sie dem folgenden aus williger Seele Kredit, es handelt sich um ein Entscheidendes, und noch ist nichts verfehlt, denn es handelt sich nicht um Definitives, nur um Skizze und Absicht. – Was mein

[1] Ein «Textbuch» zu «Josephslegende» ist trotzdem erschienen.

Verantwortlichkeitsgefühl quälend steigert, ist der Gedanke, daß ich Sie durch die Raffinements des einmaligen Experimentes «Ariadne» verwirrt habe; ferner, daß ich auch diesmal in Ihrem Kopf eine Verwirrung hervorgerufen habe durch das ganz nebensächliche Detail, daß wir dieses biblische Sujet in einem Veronese- oder was immer für welchem Kostüm spielen lassen wollen. Schalten Sie bitte dies Detail, welches rein malerische Interessen verfolgt, ganz aus Ihrer Phantasie aus. Ich mache dies, um ein beliebiges prunkvolles Kostüm zu fixieren und zugleich aus der stets trockenen archäologischen Genauigkeit herauszukommen. Aber Sie, den Musiker, geht diese Kostümfrage nichts an. Die Konzeption der «*Ariadne*» legte Ihnen auf, auch Ihre Musik *teilweise* zu kostümieren, als Zitat zu behandeln, und Sie haben dies mit wundervollem Takt gelöst. Aber hier ist nichts dergleichen gemeint. Sie stehen hier vor dem absoluten Gehalt des biblischen Sujets, das Sie als Musik in einer bestimmten Sprache, der Sprache Richard Strauss', auszuschöpfen haben – wie Sie die Salome- und Elektra-Sujets in Ihrer Weise ausgeschöpft haben. Verstehn wir uns hier, lieber Dr. Strauss? Bedenke ich alles, was Sie uns an fertiger Musik vorgespielt haben, so würde ich beschwören, wir verstehen uns bis aufs i-Tüpferl. Der Anfang, der Frauentanz, die schweren unheimlichen Takte oder Figuren (meine musiktechnische Ausdrucksweise ist ganz unsicher und idiotisch), mit dem die Boxerszene anhebt, vor allem das wundervolle monumentale Thema, mit dem die Potiphar sofort vor uns dasteht: das ist eine bestimmte Welt, ein Stil, Ihr höchst persönlicher Stil, der Stil, aus dem Klytämnestra geschaffen ist, um seinen vielleicht höchsten Moment zu nennen. Nun kommen die Josephsthemen (nicht das unvergleichliche dritte: das der Vereinigung mit Gott), sondern das zweite und erste: das ist bei Ihnen eine andere Welt: es ist nicht eine entgegengesetzte Gestalt, was richtig wäre, sondern eine andere Welt, eine jäh hereinbrechende Wendung im *Stil*, ein Bruch, eine Ohrfeige. Zugegeben: Sie tragen in sich, organisch, manches, das ans XVIII., an Mozart anklingt. Aber Sie tragen, als ein reicher, großer Musiker, eben *vieles* in sich. Es kommt darauf an, was man aufweckt und was man schlafen läßt. Darüber entscheidet von Aufgabe zu Aufgabe das Stilgefühl, als dessen Hüter und Wächter ich mich fühlen muß und mich Ihnen gegenüber verantwortlich fühle. Im «Rosenkavalier», noch mehr in der «Ariadne» war es recht und fruchtbar, das XVIII. Jahrhundert in Ihnen her*auf*zurufen. – Hier wäre es grundfalsch, so falsch wie in der «Salome». Vielleicht *steckt* in diesen Themen etwas absolut Richtiges für Joseph, ich bin zu inkompetent, um mir das zu zerlegen: aber so, wie sie hier sind, sind sie, oder wirken sie kostümiert, frisiert, pastoral, *unmöglich* für diese Welt, tödlich erkältend. Ich weiß sehr wohl, daß Ihre Themen in der Verwebung und Verschleierung des Orchesters niemals nackt hervortreten, aber das nützt mir nichts, – der Geist, die Essenz dieser beiden Themen widerspricht der Josephsfigur und widerspricht dem Stil des Ganzen. Irgendwie sind Sie hier verwirrt gewesen, und ich fürchte doch durch diese Kostümsache, und haben einen falschen Geist beschworen. Ich bin so kläglich unfähig, mich musikalisch so richtig und präzis auszudrücken, daß ich eben nur immer wieder – und in unser aller dreier Namen – des bestürzten Kessler, des bestürzten Nijinsky mit mir – an Ihren guten Willen, Ihr inneres Entgegenkommen, Ihr Verstehen-Wollen, appellieren kann. Sie haben eine düster schwüle Welt angedeutet: in diese tritt ein junger Held, ein Knabe-Heros –, aber er ist eine Figur der gleichen, im Ganzen tragischen Atmosphäre, und nichts von einer anderen, zierlichen, menuetthaften Welt darf ihm anhaften, sonst liegt dieses Werk in Trümmern. – Ich fürchte, es ist der Gedanke an *Ballett*, an die Notwendigkeit akzentuierter Rhythmen, der Sie verführt und verwirrt hat. So muß ich mich noch zum Dolmetscher von Nijinsky machen, der Sie anfleht, ihm für dieses Springen vor Gott, welches ein Ringen um Gott ist –, die gelösteste, die untanzmäßigste, die Nur-Straussische Musik von der Welt hinzusetzen: es ist ihm ja gerade ein Ziel der Sehnsucht, von Ihnen über alle Grenzen des Normalen hinausgeführt zu werden –, er ist ja doch wirklich ein Genie, und gerade dort, wo er «von keinem Wagen vorgegraben die Bahn

sich zieht», dort will er wirken, in einer Region, wie Sie in der «Elektra» sie erschlossen haben.
Mein lieber Dr. Strauss, nicht wahr, Sie verstehen mich –, Sie halten mich auch nicht für anmaßend, daß ich Sie etwa auf Ihre eigenen Werke, auf «Elektra», «Salome», festlegen will, alles in Ihnen ist Fortschritt und Entwicklung – aber hier handelt es sich um *Stil*, um bewußte Auswahl unter den inneren Möglichkeiten –, bitte beruhigen Sie mich durch eine nicht zu kurze Zeile nach Rodaun –, denn indem ich vor mir sehe, welches *ungewöhnliche* Werk hier entstehen kann, mit einem Instrument, wie diese Russen, so bin ich wirklich aufgeregt, wie noch selten, über eine Gefahr für das Werk, aus dem Innersten des Werkes.
Treulich Ihr *Hofmannsthal*

Lieber Herr von Hofmannsthal! Berlin, [ca. 18. Dez. 1912]
Danke herzlich für Ihren freundlichen Brief. Weit entfernt, denselben etwa übel zu nehmen, danke Ihnen sehr für die wichtige Anregung, die ich mir bestens ad notam nehme. Das Mozartthema, das übrigens einer früheren Zeit entstammt, ist bereits gestrichen und ich suche schon nach besserem, stilvollerem. In Braunschweig hörte ich eine ganz nette, in Köln unter Brecher eine ganz ausgezeichnete «Ariadne». Schauspiel in beiden Städten miserabel.
Von Durchfall in Köln keine Rede, Besuch sogar sehr gut. Es ist nur die schlimme Presse, die hetzt und faule Nachrichten in die Welt setzt.
Mit schönsten Grüßen Ihr getreuer *Dr. Richard Strauss*

Mein lieber Dr. Strauss, Rodaun, 22. XII. [1912]
Es ist mir sehr lieb, daß Sie meinen Brief so gut aufgenommen haben (was ich mir übrigens nie anders erwartete und Ihren Brief mit keinem anderen als angenehmen Vorgefühl in die Hand nahm) und den veränderten Entschluß auch schon in Tat, d. h. Musik, umgesetzt haben.
Jedes Auseinanderkommen zwischen uns, oder jedes Nichtzusammenkommen ist ja ein wahres Unglück, nämlich ein Un-

glück höherer Ordnung, eine blutende Wunde oder bleibende Krüppelhaftigkeit unseres gemeinsamen Kindes, – geschähe ein solches Auseinanderkommen oft und ohne Remedur, so wäre unsere Kollaboration im höheren Sinn illusorisch, also verwerflich, und es hätten alle *die* recht, die mir unablässig, brieflich und mündlich, direkt und indirekt, Fremde und Befreundete, sagen und sagen lassen, schreiben und schreiben las-sen, ich sollte diese Kollaboration aufgeben, – während ich mir lieber von meinem eigenen Kopf raten lasse, der mir sagt, es könne hier doch noch das eine oder andre Wertvolle, und vielleicht einmal etwas komplett Gutes und in jedem Sinn Übereinstimmendes entstehen, womit dann freilich viel gewonnen wäre, auch im allgemeinen, kulturellen Sinn.
Ich hoffe, daß wir uns über die stilistische Absicht des Ballettes, welche keine andere ist, als die: Ihnen wieder einmal jede erdenkliche Freiheit der Polyphonie als auch der Modernität, d. h. der Entwicklung Ihrer Persönlichkeit bis ins Kühnste und Bizarrste zu gestatten, im Reinen sind. Sie stehen hier unter keinem andern Gesetz als dem, die Einheitlichkeit des Stiles und des Verhältnisses der Teile untereinander zu wahren. Gegen dieses zweite haben Sie sich in der Szene des Frauentanzes ja freilich «vergangen»; für solches Zuviel der Musik irgend etwas Mimisches zu erfinden, ist freilich nicht schwer, und wenn es bloß darauf ankäme, wäre kein Wort zu verlieren. Aber gerade, wo es sich um sehr hohe Absichten der Mimik handelt, wie bei dem, was ein Genie wie Nijinsky hier aus sich hervorbringen soll und will (ich meine Nijinsky als Regisseur), käme freilich unendlich viel darauf an, daß ein solches Sichgehenlassen nicht öfter einsetzte: es geht einfach naturnotwendig darunter die Struktur des Ganzen zugrunde, die Akzente verschieben sich, und es wird etwas flau: aber gar nicht die betreffende verbreiterte Episode, sondern eine spätere, viel wichtigere, wird dadurch flau (kann es wenigstens dadurch werden), irgendwie wird eine andere Szene, die bestimmt wäre, die Krone des Ganzen zu werden, auf eine geheimnisvolle, nicht nachrechenbare Weise um ihr Bestes gebracht und das Ganze, niemand weiß wie, um eine Stufe

erniedrigt. Mit dieser etwas streng klingenden Warnung meine ich nicht, Ihnen eine Lektion zu geben: von uns beiden haben Sie, ganz abgesehen vom Maß der Begabung, den stärkeren dramatischen Instinkt, ohne jeden Zweifel. Aber ein Etwas in Ihnen, unterirdisch, will gelegentlich diesem Instinkt entgegen und läßt Sie manchmal das Ganze über dem Teil vergessen. Es gibt ja kein «lang» noch «kurz», kein «stark» noch «schwach» an sich: aber den Zauber der Verhältnisse stärker und stärker zu fühlen, scheint mir die normale Entwicklung des schöpferischen Genies: nirgends sind sie so wundervoll gefühlt als in dem zweiten Teil «Faust», als in den Spätwerken Palladios. [...]

Ich bin 28. XII. bis 5. I. in Neubeuern am Inn, vielleicht trifft mich dort eine Zeile von Ihnen, die das Ganze erledigt. Es wäre mir sehr lieb. Dort in N. will ich auch das Vorspiel zur «Ariadne» vornehmen und ein bißchen durchgehen, alle Anspielungen tilgen, die nach rückwärts (auf den «Bourgeois») deuten, so daß das Ganze für eine Behandlung mit Secco-Rezitativen als bleibendes Piedestal für «Ariadne» möglichst gut wird.

Ich hoffe, Ihre verehrte Gattin längst hergestellt und wünsche Ihnen ein gutes Fest, als Ihr Ihnen aufrichtigst zugetaner

Hofmannsthal

1913

Lieber Dr. Strauss, Rodaun, 9. I. [1913]

Ihr Gedanke mit den Secco-Rezitativen für das Vorspiel «Ariadne» erscheint mir recht fruchtbar, ein Hören von «Figaro» neulich in München belebte das darauf Bezügliche in mir, es schwebt mir eine Umschreibung der Vorszene vor, wodurch zwar mir eine gewisse Arbeit erwächst (die ich gerne auf mich nehme), aber dem Ganzen, wie ich meine, ein sehr großer Gewinn, ja vielleicht eine eigentliche Existenzbasis.

Ich lasse also dieses Vorspiel mit den bekannten Figuren (Kom-

ponist, Tanzmeister, Sängerin, Tenor, Zerbinetta u.s.f.) nicht *auf* der «Ariadne»-Bühne spielen, sondern hinter dieser, in einem Saal, wo die Garderoben improvisiert sind. Angegebener Schauplatz: auf dem Schlosse eines reichen Herren und Kunstmäzens. Der Mäzen (= Jourdain) bleibt namenlos, allegorisch, im Hintergrund, nur durch seine Lakaien vertreten, die seine bizarren Anordnungen melden. In den Mittelpunkt stelle ich noch stärker als bisher das Musikerschicksal, verkörpert durch den jungen Komponisten, führe die im wesentlichen beizubehaltende Handlung noch lebendiger, lustspielmäßiger (der Komponist als Verliebter, Genarrter, als Gast, fremd, Sieger und Besiegter in der irdischen Welt), es endet mit dem Zeichen des Inspizienten – diesem ganzen Vorspiel, für Secco-Rezitativ berechnet, gebe ich eine Dauer von 25 bis 30 Minuten, dann ein nicht langer Zwischenakt, dann die «Ariadne» strichlos, das Ganze ein normaler Theaterabend, zunächst fürs Ausland, weiterhin wohl auch fürs Inland; paßt Ihnen der kleine Plan, ich glaube, ich könnte es mit Glück ausführen – für wann würden Sie's haben wollen? Bitte um ein Wort.
In Neubeuern fand ich keinen Brief über die Fürstnersache, es wäre mir recht lieb, dies bald applaniert zu sehen; zwischen uns und um uns soll immer fester, ebener Boden sein.
Herzlich Ihr *Hofmannsthal*

Berlin W, Kaiserdamm 39, [1. Hälfte Jan. 1913]

Lieber Herr von Hofmannsthal!

Verzeihen Sie, daß ich so lange nichts von mir hören ließ. Die Bearbeitung der «Ariadne» zu Seccorezitativ eilt gar nicht. Es genügt mir, sie zum Mai zu haben. Bitte nur dringendst, gegen Niemand – Niemand, besonders nicht in Wien, ein Wort davon verlauten zu lassen. Wenn wir im Herbst die Sache an die Amerikaner geben, ist's früh genug, daß die Welt es erfährt. Bis dahin mindestens und hoffentlich auch weiterhin soll die «Ariadne» in Deutschland in der jetzigen Form laufen.
[...]
Ich fahre Dienstag zur «Ariadne»-Première nach Hamburg, wo

wir zum ersten Male den Versuch machen wollen, Ihre schöne Garderobeszene im Original wieder vollständig herzustellen. Bewährt es sich, will ich es auch für Berlin durchzusetzen versuchen, wo «Ariadne» am 18. Februar (nach Hülsen!) «schöne Uraufführung erleben soll»[1].

Mit herzlichen Grüßen Ihr aufrichtig ergebener

Dr. Richard Strauss

Mein lieber Dr. Strauss, Rodaun, 20. I. 1913

Ich danke Ihnen sehr für Ihren Brief. Über die Formulierung «um mich bei guter Arbeitslaune zu erhalten» mußte ich lachen. Aber sie ist wirklich vorhanden, diese gute Arbeitslaune. In den letzten 8 Tagen ist Entscheidendes für die «Frau ohne Schatten» entstanden. Die wichtigsten Szenen haben sich bis ins Letzte organisiert, der Dialog bis in die Wendungen und Gegenwendungen, – die Übergänge von einer Welt in die andere, siebenmal, erfüllen mich mit einer Art Neid auf den Komponisten, der sie ausfüllen darf, wo ich sie leer lassen, nur das Jenseits und Diesseits in ihnen in der Idee genießen darf. Der tiefe Gehalt dieses Stoffes, die zwanglose Symbolik aller Situationen, der ungeheuere Reichtum des Menschlichen, der sich an dieser Fabel hergeben läßt, erfüllt mich jedesmal mit freudigem Staunen. Daß mir dieser Stoff mit seiner inneren, unauslöschlichen Stimmung für Musik in der gegenwärtigen Phase meines Lebens aufging, wo ich reif war, ihn zu fassen, reif genug, ihn nicht zu übereilen, das ist ein großer Glücksfall, auch für Sie. In dem neuen Buch von Chamberlain ist alles zusammengestellt, was sich auf Goethes unablässige Versuche, eine Oper zu schaffen, bezieht – die schließlich daran ermatteten, daß er keinen zulänglichen Komponisten fand. Wie er sich den Begriff des Opernhaften klarzumachen sucht, ihn vom bloß Theatralischen einerseits, vom rein Dramatischen andrerseits abscheidet, das war das Resultat jahre-, jahrzehntelanger innerer Bemühung um die Form, die er «vielleicht die günstigste aller dramatischen Formen» nennt. «Bedeutende Situationen in einer künstlichen Fol-

[1] Die Berliner «Ariadne»-Première fand erst am 27. Februar statt.

ge»: dieses Wort, in dem er sich das für die Oper zu Erstrebende zusammenfaßt, hat mich für die «Frau ohne Schatten» unendlich ermutigt.
Ja, es ist, als zielte dieses Wort geradezu auf einen Stoff, wie den ich das Glück hatte zu finden, und eine Behandlungsweise, wie sie bei mir von Erfahrung und Instinkt diktiert wurde. Es sind elf bedeutende, fast pantomimisch prägnante Situationen – durch ihre Verbindung aber – indem in ihnen zwei Welten, zwei Menschenpaare, zwei Konflikte einander wechselweise ablösen, einander spiegeln, einander steigern und schließlich einander aufheben –, ist ein Ganzes hergestellt, das an sich, als Schauspiel, schon merkwürdig und reizend genug wäre, durch die Musik aber, die alles in alles schlingen, eines ins andere spiegeln, ja eines ins andere hinüberführen kann, wie der Alchemist die Elemente, erst seine letzte Vollendung und Weihe erhält.
Es ist sicher kein Zufall, daß zwei Individuen wie wir einander innerhalb der gleichen Epoche zu begegnen hatten. Und auf dem Wege, den wir miteinander zu gehen haben, möchte ich Sie bitten, auch keinen Schritt, den ich getan habe und den Sie mit mir tun mußten, dem bloßen Zufall einer schöpferischen Laune zuzuschreiben. Nicht meine Texte an sich, sondern was zwischen diesen Texten liegt, möchte ich gerade von Ihnen, unter vier Augen, als ein hohes und liebevoll erworbenes Verdienst angesehen wissen. Nachdem mir an «Salome» und «Elektra» klar geworden war, was, einmal getan, nicht wieder getan werden durfte – denn in der Kunst ist alles nur einmal zu tun –, habe ich im «Rosenkavalier» einen Weg eingeschlagen, der einerseits dem Konversationsstil eine Aufgabe von einer Prägnanz und Lebendigkeit stellte, wie sie eher nie gestellt worden war, andrerseits ein scheinbar ganz fernliegendes Stilelement – die geschlossenen Nummern – gewissermaßen hinterrücks wieder hereinzog. Nunmehr war es mir eine innere Notwendigkeit, mich mit diesen geschlossenen Nummern und den formalen und geistigen Möglichkeiten, die sie enthalten, bis zur Neige bekannt zu machen. Daher die Wahl eines fast kontra-

punktlich strengen Stoffes, die Schematisierung der Gefühlswelt – und um dies möglich, schmackhaft und in höherem Sinne wahr zu machen, die Erfindung des Rahmens, der archaisierende Gedanke –, lauter sehr ernsthafte, ziemlich weit von der Oberfläche entfernte Scherze. Wo ich jetzt stehe, weiß ich – habe aber keine Lust, es durch Worte, sondern nur durch die Tat, d. h. durch ein Gebilde, welches die volle und reine Opernform trägt, zu erweisen, welches Gebilde sich, wie ich hoffe, ebenso rein und wahr neben den Hervorbringungen Dapontes, Goethes oder Wagners bezeigen, als seine völlige Unberührtheit von einem dieser Produkte bewähren wird.

[...]

In Petersburg wartet Ihrer, wie ich höre, eine im Szenischen jedenfalls sehr schön (von dem Maler Golowin) aufgebaute «Elektra»; so hoffe ich, daß Sie da und dort an unseren älteren und jüngeren Kindern Freude haben, und bitte Sie, immer so freundlich und liebevoll an mich zu denken, wie ich es an Sie tue. Herzlich Ihr *Hofmannsthal*

Mein lieber Dr. Strauss, Rodaun, 13. II. [1913]

Ich wäre längst in Berlin und neben Ihnen auf den Proben, wenn ich denken könnte, daß meine Gegenwart irgendwelchen greifbaren Nutzen bringen könnte – aber die Sache ist doch nun einmal wie sie ist, über das Maß der richtigen und möglichen Striche im Molière sind wir uns im klaren – darüber hinaus läßt sich nichts improvisieren –, daß der Molière mit dem Vorhandensein komischer Kräfte, aber wirklicher *Kräfte*, steht und fällt, das ist ja sonnenklar – hier lag der Irrtum, die Überschätzung deutscher Bühnenverhältnisse, die ich mir Schuld geben muß. «Gähnen» ist das zweite Wort, das ich lese, wenn mir Geschwätz der elenden Zeitungsskribenten über den Abend in die Hände fällt – «Gähnen» beim Molière trotz des «vortrefflichen» Herrn Wohlmut oder wie er sonst heißt – nun ich möchte wissen, wer in Stuttgart gegähnt hätte! Und daß man einen Klassiker der Weltliteratur auszischt wie in München, und daß es den Leuten *zu wenig ist*, wenn sie *nebst* einer Oper von den Dimensionen der «Elektra» eine Stunde lang ein Melodram mit bezaubernder Musik, Text von Molière anhören müssen – und daß bei der Oper «Ariadne» selber keine Katze, aber auch keine Katze von dem schreibenden Gesindel, die unvergleichliche Reinheit dieser Musik, die Einzigkeit des Experimentes, und die Ermöglichung dieser Reinheit, dieser Einzigkeit durch das bewußte Sichunterordnen des Textes, durch die Konstruktion und Kunstabsicht des Ganzen, dem, der den Text gemacht hat, zugute rechnet, das kann einen schon vorübergehend kränken und deprimieren. Aber schließlich bleibt das eine: daß etwas so Schönes entstanden ist, woran die bloße Erinnerung einen rührt, daß dieses Schöne auch beharren wird, und daß nun mit einem Mal wenigstens das Geschwätz über die Äußerlichkeit Ihrer Musik, über die «gehäuften Mittel» usf., usf. in nichts zusammengesunken ist.

Sonderbar ist mir's, zu denken, daß ich vor zwei Jahren beim Schreiben der «Ariadne» dieser viel lieber einen Rahmen eigener Erfindung gegeben hätte, eine kleine, in Böhmen auf einem Schloß spielende Komödie, eine junge Erbin mit drei Freiern, die ihr die Operntruppe und die Maskentruppe aufs Schloß bestellen –, und daß ich dies bewußt unterdrückt, nur um das Schicksal Ihrer Arbeit nicht durch die Kombination mit einer Hofmannsthal-Lustspiel-Première zu gefährden. Nun, stumpfer und schlechter aufnehmen als den größten Komödiendichter der neueren Zeit hätten mich die guten Deutschen auch nicht können, ja vermutlich wäre alles besser verlaufen. Dann kam halt der Gedanke an Reinhardt: hier war ich sicher, daß der Molière siegen und leben konnte – es ist ja in Stuttgart auch so gekommen –, aber das weitere hab ich halt doch nicht vorausgesehen.

In Berlin soll ja Vollmer ein wirklicher Komödienspieler sein – bitte telegraphieren Sie mir oder lassen mir durch Fürstner den Verlauf telegraphieren, ich hänge ja so sehr an der «Ariadne», kann Ihnen's gar nicht sagen wie sehr.

Sonderbar, zu sonderbar von den Leuten, daß ihnen das nicht genügt – immer wieder geht mir's durch den Kopf –, wenn

eine einaktige (!) Oper wundervolle Musik enthält, und der Text eben nur, sagen wir, diese Musik diskret ermöglicht. Geredet wird immer nur von Musik, sieht man sich aber das Resultat an, so käme man auf den Gedanken, sie suchten nur das *Theaterstück*, und die Musik wäre ihnen die quantité négligeable. Nun, von der «Frau ohne Schatten», an der sich in diesen Wochen alles Wesentliche organisiert hat, darf ich mir sagen, sie hat alles in sich, auch als Theaterstück zu bestehen –, und, über den «Rosenkavalier» hinaus, eine menschliche und theatralische Wirkung ins Tiefe und ins Breite zu üben. Durch diese Erwägung wird mir aber die «Ariadne» nicht geringer. Es muß Kirschen geben und Äpfel, jedes zu seiner Zeit.
Für die liebe Einladung danken wir Ihrer verehrten Gattin und Ihnen aufs herzlichste. Ich muß mich aber zeitweise still halten, sonst steht meine ganze innere Existenz in Frage. – Sähe ich Sie einmal hier, in absehbarer Zeit, da wäre ich recht froh.

Ihr *Hofmannsthal*

Berlin W, Kaiserdamm 39, [1. 3. 1913]

Lieber Herr von Hofmannsthal

«Ariadne» ging vorgestern in einer wunderschönen Aufführung in Szene. Das Lustspiel ohne Reinhardtsche Genialität, aber sauber und fein gegeben. Vollmer als Jourdain immer noch ein großer Komiker – die Wiedergabe der Oper über alle Begriffe vollendet, dekorativ sehr reizvoll, Besetzung unübertrefflich. Presse scheint sehr gut, ich habe noch nicht viel gelesen: beiliegende Kritik meines alten Feindes Krebs ist deshalb bemerkenswert, weil er endlich mal Ihnen Gerechtigkeit widerfahren läßt und mit der Bemerkung von den Kindern mit dem Hirsebrei, vielleicht ohne sich was besonderes dabei zu denken, das punctum saliens aller dramatischen Kunsttechnik ausgesprochen hat. Ob der Erfolg hier in die breitere Masse geht, muß abgewartet werden. Die Aufführung selbst in ihrer Vollendung (die Akustik im Schauspielhaus war ideal) war eine Kulturtat für sich. Und sowas trägt immer Früchte.
Inzwischen habe ich auf bedauerliche Nachrichten aus Mün-

chen, wo man «Ariadne» zu massakrieren scheint, einen Protestbrief an Walter losgelassen und verlangt, daß Jourdain umbesetzt wird und einem Komiker verliehen mit neuen Proben – die Aufführung des Lustspieles war so miserabel, daß der erste Akt ausgezischt wurde. Statt die Schuld auf die Schauspieler zu schieben, hat man mörderisch gestrichen.
Die letzte Vorstellung wurde von einem Solorepetitor dirigiert: es soll furchtbar gewesen sein.
Die Aufführung im großen Hause ist der komplette Mord. Ich habe deshalb genaue Forderungen formuliert, unter anderem *Rückverlegung ins Residenztheater* (bitte unterstützen Sie mich energisch), wird Franckenstein das nicht tun (er hat das Werk ins große Haus verlegt, *ohne meine Genehmigung einzuholen)*, ziehe ich das Werk zurück. München und Wien bleiben halt immer erfreulich!!!
Noch eines: ich treffe am 30. März, früh 8.27, in Ala ein und fahre von da ab allein in meinem Auto über Verona, Mantua, Bologna, Florenz, Arezzo, Orvieto nach Rom, wo ich bis 14. April bleibe, dann zurück auf schönem Umweg nach Garmisch. Wollen Sie mitkommen: Sie machen nur die Reise selbst mit, haben im übrigen volle Freiheit, wenn wir Lust haben, plaudern wir – Schweigen und nachdenklich Genießen sehr erwünscht –? Es wäre sehr hübsch, und gerade jetzt wäre mal ein längeres ungestörtes Zusammensein und Ausarbeiten der «Frau ohne Schatten» sehr gut. Vielleicht könnten Sie bis dahin mit der Arbeit so weit sein, daß Gedankenaustausch darüber von Nutzen.
Bitte, geben Sie mir sofort Nachricht, ob Sie mitkommen wollen. Sie könnten in Ala, Verona, oder wo Sie wollen, ins Auto einsteigen: am *30. März!* 6. und 13. April dirigiere ich zwei Konzerte in Rom. Jeder lebt auf eigene Rechnung, Hotelwahl nach Belieben – kurz, absolute Ungebundenheit. –
Mit herzlichen Grüßen Ihr *Dr. Richard Strauss*

Lieber Dr. Strauss, Rodaun, 2. III. [1913]

ich bin ein bißchen traurig, daß Sie mir nach der Berliner Aufführung weder ein Wort telegraphiert noch geschrieben haben[1]. War es denn nicht schön? Auch von der Petersburger «Elektra» habe ich gar nichts gehört. Der Londoner Erfolg des «Rosenkavalier» ist mir eine große Freude gewesen. Arthur Schnitzler, der in München zufällig die «Ariadne» gehört hatte, schrieb und sagte mir sehr Liebes und Schönes über seinen Eindruck, auch andere Personen aus München desgleichen – es tat mir wohl gegenüber dem fast unglaublichen Grad von Widerstand, den dieses leichte und kleine dichterische Gebilde bei den Skribenten hervorruft – und der mir wirklich rätselhaft ist. Fühlen die Leute darin, was ihnen am verhaßtesten zu sein scheint, die Abkehr vom bloß Momentanen, vom grellsten *Schein* der Wirklichkeit, – das Suchen des Geistigen –, und ist es das, was ihren haßvollen Widerstand erregt? Dann könnte man freilich über die *Zukunft* eines solchen Dinges um so ruhiger sein.

Schreiben Sie mir doch wieder einmal ein paar Zeilen.

Herzlich Ihr *Hofmannsthal*

P. S. Fürstner, d. h. Oertel, schrieb mir einmal, auch der Verkauf des Klavierauszuges bleibe sehr hinter seinen Erwartungen zurück, das ist mir doppelt rätselhaft – daran kann nun doch mein Text nicht und der Molière nicht schuld sein –, und alle Welt ist doch einig, zu sagen, es gehöre mit zum Schönsten, was Sie gemacht haben!

Mein lieber Dr. Strauss, Rodaun 4. III [1913]

Ich danke Ihnen vielmals für Ihren lieben, mir sehr wohltuenden Brief über «Ariadne» –, darauf und auf die liebe Einladung zur Autofahrt antworte ich morgen, mit präzisem Vorschlag, inwieweit ich mittun könnte und möchte! Für heute nur über München.

Es tut mir leid, so egal mir sonst Tatsachen sind, wirklich weh, daß es zu einer schroffen Differenz zwischen zwei Leuten wie Walter und Franckenstein kommen soll, und sehen Sie, lieber

[1] Vgl. den vorangehenden und den nachfolgenden Brief.

Dr. Strauss, so wenig ich Sie hindern wollte, schroff und heftig zu sein, wenn mein Gefühl mit Ihnen wäre – hier kann ich Ihnen nicht recht geben – und habe das Gefühl, da alles auf der Welt sich schließlich nach innerem Recht oder Unrecht schlichtet –, so würde schließlich hier der Schaden auf «Ariadne» fallen, der Haß und Widerstand gegen die Besonderheit dieses Werkes und gegen seine unpopuläre und aristokratische Natur, deren ich mir bewußt bin, würde aus diesem durch alle Zeitungen gezerrten Streit endlose Nahrung bekommen, man würde alles verdrehen, glauben, daß Geldinteressen im Spiel sind – deshalb hören Sie, bitte, heute auf meine folgenden Worte, die nur aus Liebe zu Ihnen und zur Gerechtigkeit stammen –, schließlich ist es doch auch mein Werk, meine Sache, und ich gewiß nicht zur Nachgiebigkeit über die Grenzen disponiert, aber hier *kann* ich nicht schroff Partei nehmen.

Sehen Sie, durch Zufall sind mir gerade aus München, außer Schnitzlers lieben, anerkennenden Worten, noch *drei* andere Nachrichten zugekommen aus verschiedensten Kreisen, alle Franckenstein und Walter fernstehend, alle *voll Lobes*, alle sich ärgernd über die Zeitung (Dillmann) und sagend, daß das Publikum mit reiner Freude an dem Werk teilnahm.

Nun zu den Differenzpunkten:

Ad Komiker: Sie *haben* ja niemand anderen! Können sich auch niemand verschaffen, ich wüßte Ihnen auch niemand vorzuschlagen. Hat denn Dresden, Hamburg, Frankfurt einen Jourdain?? Für die kleine Rolle des Tanzmeisters haben sie eigens für die Übersiedlung ins große Haus mit dem beliebten Gustav Waldau umbesetzt.

Ad Kürzungen: Ich fragte Schnitzler: Finden sie, daß barbarisch gestrichen ist? (er kennt den vollständigen Text). Er sagte: *gar nicht*. Dillmann, bei der ersten Aufführung im großen Haus, beschwerte sich, daß der Molière noch immer unerträglich lang sei (zuviel Hirsebrei!), sprach von Gähnen etc. etc. Wem soll man es recht machen?? (Ich weiß nicht, wer Ihr Gewährsmann war, fürchte, er war ungerecht, schlecht disponiert, irgendwie verstimmt –, es war halt vielleicht ein unglücklicher Abend!)

Ad großes oder kleines Haus: Man kann doch eigentlich nicht schärfer seinen guten Willen zeigen, als daß sie dort auf meinen Wunsch, gegen ihrer beider Überzeugung, ins kleine Haus gegangen sind. Dann sahen sie, daß es nicht geht –, schließlich muß man ihnen das glauben, es sind doch zwei junge Menschen, keine alten Schlafmützen und Theaterroutiniers –. Sie waren damals in Petersburg – ich wurde schließlich nicht gefragt, nur verständigt, aber heftig zu protestieren fühlte ich mich doppelt wenig berufen, weil vorher das kleine Haus *Ihnen*, nahm ich an, nicht ein solcher Hauptpunkt geschienen hatte; 2. weil ich dem, was mir beide schrieben, sachlich Glauben schenkte und auch schenke. Nun sprach ich neulich hier Walter. Spontan sprach er mir davon, daß man die vier Vorstellungen des Sommers für die Fremden natürlich wieder im kleinen Haus machen werde. Also handelt es sich um März bis Mai. Ist denn da nicht das einzig Richtige für das Werk, daß man es mit Liebe erhält – nicht zu oft, das hält es nicht aus, aber so, daß es am Leben bleibt – ist da ein Skandal besser? Zurückziehen!? Das ganze Preßgesindel wird losschlagen, man wird da und dort schlechte Kassenrapporte publizieren –, man wird an dem zarten, schönen Werk die ganze Gemeinheit auslassen, die sich durch die Wucht des Erfolges des «Rosenkavalier» aufgesammelt hat –, tun Sie mir's zulieb, lieber Dr. Strauss, und seien hier large und Weltmann, hier im kleinen, wie Sie's im großen doch in so wohltuender Weise sind (ich meine im Hinnehmen der Gesamtsituation besonderer Art, die sich aus der Natur dieses Werkes ergibt) –, ja mir zulieb, – der ich Ihnen auch gern Ähnliches zuliebe täte.

Herzlich Ihr

Hofmannsthal

Mein lieber Dr. Strauss! Rodaun, 5. III. [1913]

Ihr schöner, freundlicher Vorschlag, Sie auf einer Autoreise ab Ala zu begleiten, kommt ganz unerwartet und widerspricht manchem, was ich mir ausdachte. Aber doch möchte ich diesmal sehr gerne ja sagen. Denn wirklich ist das Szenarium zur «Frau ohne Schatten» in mir so ausgebildet und fixiert, daß es

sich schon darüber reden ließe und dieser Kontakt (der bei allen früheren Arbeiten gefehlt hat), diesem unseren gemeinsamen Hauptwerk (als solches schwebt es mir vor) sehr zugute kommen könnte.
Nun müßte ich aber ein Kompromiß finden zwischen Ihrem Vorschlag und dem, was ich mir eben für den Monat April vorgenommen hatte, und woran auch meine Frau beteiligt ist, die aber, um ihrer nachgiebigen, anspruchslosen Natur willen, zu kurz kommen zu lassen, mir um so ärger wäre, als sie ohne ein Wort auf den alljährlichen Aufenthalt in Berlin, der ihr immer viel Spaß macht, um meiner Arbeitsruhe verzichtet hat. Ich hatte also mit ihr einen zehntägigen Aufenthalt an der Riviera vor, Monte Carlo circa 18. bis 30. April, zugleich Begegnung mit den Russen und Grete Wiesenthal. (Diese ist im April als Gast bei Diaghilews Truppe.)
Vorher wollte ich einen mehrtägigen, aus gewissen Gründen unaufschiebbaren Aufenthalt in Lucca bei Freunden absolvieren, also mit meiner Frau, aber per Bahn, da es für ein Mietauto in diesem Jahr nicht reicht, den Weg Wien–Florenz–Lucca–Genua–Monte Carlo zwischen 10. und 30. April machen. Ich mache nun aufs Geratewohl einen Kompromißvorschlag: Sie finden mich 30. III. mittags in Verona (ist mir leichter erreichbar als Ala), wir fahren gemütlich zusammen nach Mittelitalien (welchen Weg Sie wollen, wunderschön wäre die Route: Bologna–Faenza–Rimini–Urbino–Furlopaß–Gubbio–Arezzo–Florenz, zweitägig) und circa den 8. bringen Sie mich nach Lucca oder verlieren mich irgendwo in der Nähe dort, fahren dann allein nach Rom weiter (oder nehmen sich ab Florenz den Placci mit!) und rückfahrend nehmen Sie allenfalls in Lucca oder Pisa mich und meine Frau (welche die stillste, anspruchsloseste und dankbarste Autofahrerin ist) wieder auf und bringen uns noch über die herrliche Strecke Spezia–Portofino bis gegen Genua, allenfalls bis Nizza, oder biegen in Spezia nach Parma ab, oder was immer.
Würde Ihnen das ungefähr passen?? – oder wissen Sie sich nicht überhaupt einen besseren Reisegefährten (Skat!) – dann bin ich

auch bereit und komme Anfang Mai auf zwei Tage nach Garmisch anstatt des Zusammenseins im Auto. Ich habe das vorgeschlagen, was mir möglich und angenehm wäre. Seien Sie nur *bitte* in allem offen, aber *ganz offen!!* Z. B. wenn Ihnen das weniger paßt, mich und meine Frau dann in Lucca oder Pisa wieder abzuholen, so sagen Sie's bitte aufrichtig, in diesem Falle würde ich meine Frau dann nicht nach Lucca nachkommen lassen, müßte mir dann überlegen, wo ich sie treffe.
Nehmen Sie auf Grund meiner partiellen Annahme jetzt die ganze Einladung zurück, so finde ich es völligst begreiflich. Bitte um baldige Antwort. Herzlich Ihr *Hofmannsthal*

P. S. Abermals reiflich überlegt, finde ich nach wie vor heftige Schritte gegen München auf Grund unsicherer, vielleicht halbrichtiger Informationen wirklich ungerecht und *unpolitisch.* Ich stemmte mich seinerzeit, nach Dresdner Eindrücken, gegen das große Haus, weil ich hoffte, im kleinen könnte der Molière vielleicht wirken, also ein positiver Faktor werden. Nun hat er dort im kleinen so negativ als möglich gewirkt, also kann ich nach diesem fait accompli nichts Schlimmes darin sehen, wenn man mit dem Ganzen in ein Haus geht, wo wenigstens die Oper, wie es scheint, *besser* wirkt und die weiteren Aufführungen bei normalen Preisen möglich sind, wogegen im kleinen hätten immer Ausnahmepreise genommen werden müssen, und ich frage mich, ob dann, bei allem guten Willen, ein Weiterleben des Ganzen möglich gewesen wäre?! An die Zukunft der «Ariadne» glaube ich nämlich fester als an ihre Gegenwart.

Berlin W, Kaiserdamm 39 [ca. 8. 3. 13]

Lieber Herr von Hofmannsthal!

Herzlichen Dank für Ihre Zusage zur Autofahrt: hoffentlich können Sie Wort halten. Leider haben Sie in meinem Briefe übersehen, daß ich am 6. und 13. April in Rom dirigiere, also *spätestens* am 3. abends in Rom eintreffen muß und dasselbe also erst am 14. wieder verlassen kann. Nach Ihren Plänen müßte ich also die Sache so einteilen, daß wir ab Verona, dem

30. März zusammen nach Rom fahren, auf welchem Wege Sie wollen, ich kenne weder Rimini, noch Urbino, noch Arezzo, noch Orvieto. Von Rom aus habe ich mir gedacht, Autofahrten in die Umgegend, Sabiner-, Albanergebirge zu unternehmen. Falls Sie natürlich am 8. schon in Lucca sein müßten, möchte ich Sie bitten, von Rom dahin die paar Stunden per Bahn zu fahren. Falls Sie warten können, arrangiere ich die Rückreise am 14. nach Ihnen und Ihrer Frau, die mir stets willkommen ist, falls das Gepäck nicht zu reichlich ist – Belieben. Das Auto ist nicht groß und erträgt für *größere* Touren mit *viel* Gepäck kaum 3 Personen, da ich selbst ziemlich Gepäck mitschleppen muß. Wenn möglich, richte ich mich ein, am 30. schon früh morgens in Verona zu sein, damit wir wenigstens noch bis Bologna an diesem Tage kommen.
Vielleicht kann ich schon am 29. früh in Verona sein. Dann hätten wir mehr Spielraum.
Wollen Sie sich eine hübsche Route aussuchen? Nicht über Florenz, sondern möglichst Rimini, Urbino, Furlopaß, Gubbio, Arezzo - Rom.
Walter (München) hat mit den üblichen Erklärungen geantwortet: auf Ihren Wunsch lasse ich also die Sache ruhen, trotzdem ich bitter böse bin, daß Franckenstein, ohne mich zu fragen, das Werk in's Hoftheater verlegt hat, wo es absolut nicht hinpaßt – ebensowenig als in die Wiener Oper. Gegen letztere sträube ich mich mit Händen und Füßen. Sie sollten mal hören, wie reizend das Werk hier im Schauspielhaus wirkt. Die hiesige Aufführung ist ein voller Erfolg: der Besuch, der in der 2. Vorstellung infolge allzu hoher Preise schlecht war, steigt jetzt von Abend zu Abend. Geben Sie mir bitte bald Ihre definitiven Pläne kund und seien Sie herzlichst gegrüßt
von Ihrem getreuen *Dr. Richard Strauss*

Lieber Freund! Berlin, [11. März 1913]
Ich treffe schon am 29. März 9.58 Früh in Verona ein. Mein Chauffeur wohnt dort ab 27. März Hotel Cavour, erwartet mich mit dem Auto im Hauptbahnhof und wir können von da

sofort nach dem Frühstück nach Bologna weiterfahren, wenn Sie rechtzeitig in Verona eintreffen. Es wäre reizend, wenn Sie sich doch einrichten könnten, bis zum 14. April mit mir in Rom zu bleiben: ich bringe Sie dann per Auto nach Lucca.
Erbitte baldige Zusage: «Ariadne» geht hier sehr gut. Heute «Elektra» mit der Mildenburg.
Mit herzlichen Grüßen Ihr *Dr. Richard Strauss*

Lieber Dr. Strauss, Rodaun, 11. III. [1913]
Verläßlich bin ich durchaus – eine Erkrankung meiner Angehörigen ausgenommen. Ich würde den Tag vor Ihrer Durchfahrt durch Verona (also den 29. eventuell 28.) dort eintreffen, Sie erwarten (Hotel Londre).
Wofern wir am 30. abends Bologna erreichen, geht alles gut: wir fahren am 31. Rimini–Pesaro, am 1. Pesaro–Urbino–San Sepolcro–Arezzo oder *schöner* Pesaro-Urbino-Furlopaß-Gubbio-Perugia, am 2. Perugia–Orvieto, am 3. Orvieto–Viterbo-Rom, ich bleibe dann 2 bis 3 Tage in Rom, fahre am 6. per Bahn nach Lucca, wo Sie mich (über Pisa, oder über Volterra, lauter landschaftlich herrliche Wege) am 15. oder eventuell 16. abholen.
Kommt meine Frau (die Ihnen sehr dankt) dann mit, so bringt sie ein Minimum an Gepäck (wir sind gewohnt, uns zu Vieren samt Gepäck einzurichten), – kommt sie eventuell nicht mit und unterlassen wir den Ausflug nach Monte Carlo, so begleite ich Sie auf der Rückfahrt bis Deutschland, wir berühren vielleicht auf dem Rückweg in Oberitalien die Landschaft, deren Kirchen mit den Werken des Gaudenzio Ferrari und Luini geschmückt sind (Lago di Varallo).
Falls Sie in Rom vorher bestellen (ab 3. IV.), so bestellen Sie bitte auch für mich im gleichen Hotel ein ruhiges Zimmer für drei Tage. Schreiben Sie mir bitte auf einer Postkarte, welches Hotel es ist. (Rom wird überfüllt sein). Placci ist in Rom, bleibt dort bis Mitte April, Briefe erreichen ihn über Florenz 17, Via Alfieri. Herzlichen Gruß *Hofmannsthal*

P. S. Verona–Mantua–Modena–Bologna ist eine bequeme Tagesfahrt, dagegen Ala-Bologna (mit Zollstation $1/2$ bis $1\,1/2$ Stunden!) eine *sehr starke Leistung**. Könnten Sie nicht Auto und Chauffeur per Bahn bis Verona schicken, lieber dort einsteigen? (Nur zur Schonung Ihrer Nerven, *mir* ist das natürlich ganz egal).

*Namentlich, weil man durch so viele Ortschaften und Städte durch muß.

Berlin W, Kaiserdamm 39, [11. od. 12. März 13]

Lieber Freund!

Unsere Briefe haben sich gekreuzt: ich wiederhole, um Irrtümer zu vermeiden, daß ich am 29. März früh 9.58 in Verona per Bahn eintreffe. Wir können dann zusammen lunchen und fahren sofort nach Bologna weiter.

Ich muß bis zum 13. April inkl. in Rom bleiben, könnte Sie erst am 14. per Auto nach Lucca bringen, muß aber dann sofort nordwärts fahren, da ich etwa 16. oder 17. April in Garmisch sein will. An die Riviera mit Ihnen weiterzufahren, ginge doch nicht, da ich leider, wie ich Ihnen schon schrieb, Ihre liebe Frau für eine mehrtägige Reise doch nicht in's Auto aufnehmen könnte. Das Auto ist leicht und kleiner, d. h. kürzer als gewöhnlich: ich muß viel Zubehör, Reifen, Schläuche, Werkzeug und Ersatzteile mitschleppen und für mich selbst ungewöhnlich viel Gepäck: Frack, Gehrock und Winter- und Sommergarderobe. Hinten am Auto hat nur mein Autokoffer Platz. Ich muß Sie selbst schon bitten, sich auf einen Handkoffer und Tasche, die vor uns im Wagen gerade Platz haben, zu beschränken. Noch eine Dame, und sei sie noch so bescheiden im Gepäck, unterzubringen, ist ganz unmöglich, da Mäntel und Decken auch noch Platz beanspruchen. Wir haben bei genauester Einteilung, in *bescheidener Sommertouristengarderobe* knapp zu dritt: meine Frau, Bubi und ich, Platz, und so eingepfropft und mühsam zusammengepfropft reisen ist eine Marter und kein Vergnügen und nimmt einem jede Bewegungsfreiheit. Ich fahre deshalb jede nur etwas größere Reise nur mit meiner Frau allein.

Sollten wir in Lucca Ihre Frau noch treffen, so werfe ich alles

Gepäck und Zubehör aus dem Wagen und wir machen mit ihr eine hübsche Spazierfahrt in die Umgegend.
Sollte Ihre Frau nicht nach Lucca kommen, so fahren wir beide zusammen natürlich nach Deutschland zurück: ich setze Sie in Verona oder Innsbruck ab: aber für diesen Fall *über den Brenner* müssen auch Sie sich warme Garderobe mitnehmen.
Soll ich in Rom im Russischen Hof Zimmer bestellen? Mein Chauffeur ist ab 27. März in Verona (Hotel Cavour). Mit Ihrem Reiseplan nach Rom bin ich vollkommen einverstanden: ich muß nur spätestens am 3. April abends in Rom sein. Mit herzlichen Grüßen Ihr *Dr. Richard Strauss*

Berlin W., Kaiserdamm 39 [ca. 12. März 13?]

Lieber Herr von Hofmannsthal!

Das Ignorieren meiner Werke in München dauert an: Sie dürfen mir glauben, Intendanten, die selbst komponieren, sind die schlimmsten. Ich bitte Sie, wenn Sie dazu überhaupt geneigt sind, hier bald zu intervenieren, denn ich bin nicht gewillt, mir's gerade in München gefallen zu lassen, daß man die auf dem Repertoire befindlichen, fest studierten Opern *so lange liegen* läßt, bis man sie nicht mehr geben *kann*, weil sie neu einstudiert werden müssen.
Vom 15. September bis 8. Dezember 3mal die neueinstudierte «Salome», einmal «Ariadne», rien plus!
Das ist ein Skandal!
Bitte teilen Sie mir kurz per Postkarte mit, was Sie getan und eventuell ausgerichtet haben.
Mit Fürstner habe ich gestern [?] in Ihrem Sinne verhandelt; er wollte Ihnen selbst ausführlich schreiben und Sie über zahlreiche Irrtümer aufklären, bitte, schreiben Sie mir auch, was Sie über seine Ausführungen denken und welchen Standpunkt Sie weiterhin über den vierten Teil der Gesamttantièmen des Abends einzunehmen wünschen.
Diaghilew ist noch nicht hier! Ich verhandle heute einstweilen mit Graf Kessler und Fürstner.
Mit herzlichen Grüßen Ihr *Dr. Richard Strauss*

Mein lieber Dr. Strauss, Rodaun, 14. III. [1913]

Unsere Briefe haben sich gekreuzt. Halten Sie an dem 29. morgens für Verona fest, so werde ich schon den 28. nachmittags dort eintreffen, gleichfalls Hotel Cavour absteigen, und Sie in dem Auto erwarten.

Bezüglich Rom müssen Sie übersehen haben (oder ich habe es nicht genug deutlich gemacht), daß ich gebunden bin, mindestens 8 bis 9 Tage in Lucca zu verbringen, und daß die Kombination mit diesem Projekt es mir überhaupt nur ermöglichte, Ihre liebe Einladung anzunehmen. Da trifft es sich, scheint mir, doch sehr gut, daß Sie ungefähr ebenso lange in Rom beschäftigt sind und dort auch Menschen zur Verfügung haben, sicherlich viele Deutsche, dann auch Placci, der ein ausgezeichneter Cicerone und Begleiter für Ausflüge in die Campagna ist. Also in Rom mit Ihnen zu bleiben, so gerne ich möchte, ist unmöglich, sonst müßte ich die ganze Reise sein lassen. Dagegen ist nun schon fast sicher, daß meine Frau nicht nachkommt und ich nicht an die Riviera gehe, also für den Rückweg zu Ihrer Verfügung bleibe. Bezüglich Rom (= Hotel) bitte ich um Mitteilung, ob Sie auch für mich zu bestellen so gut waren. Rom wird überfüllt sein. Herzlich Ihr

Hofmannsthal

P. S. Verehrungsvolle Empfehlungen Ihrer Gemahlin. Gewisse, mir hier von Freund Levin geäußerte Bedenken bezüglich der Zahlungsfähigkeit Diaghilews kann ich, falls es auch die Ihren sind, auf Grund eines Gespräches mit seinem russischen Geldmann und Einblick in den argentinischen Vertrag, mit gutem Gewissen zerstreuen.

Lieber Dr. Strauss, Rodaun, 14. III. [1913]

Briefe abermals gekreuzt: ich resümiere also. Ich bin ab 28. in Verona, Hotel Cavour. Wir fahren über Bologna–Pesaro–Urbino–Gubbio–Perugia–Orvieto nach Rom, wo wir spätestens 3. nachmittags eintreffen. Sie bestellen gütigst auch für mich im Hotel de Russie ein Zimmer (für mich bloß für drei Tage). Sie

fahren am 14. Rom–Lucca, woselbst ich Sie erwarte. Am 15. fahren wir Lucca–Modena–Verona, am 16. vielleicht Verona–Brixen, am 17. Brixen–Garmisch (vielleicht steige ich in Innsbruck aus).
Meine Frau kommt definitiv nicht nach Lucca.
Alles Herzliche *Hofmannsthal*

P. S. Bitte Zimmerbestellung in Rom nicht vergessen!

Berlin, [Gegen Ende März 1913]

Lieber Herr von Hofmannsthal!
Es bleibt also dabei: ich bin am 30. März 9.58 früh in Verona, Porto Vescovo. Mein Chauffeur Paul Richter ist bereits am 29. in Verona, Hotel Cavour, und soll mich mit Ihnen am Bahnhof abholen, wo wir lunchen und möglichst sofort um 11 Uhr weiterfahren. Mein Auto ist gestern abgegangen und trifft hoffentlich pünktlich ein. Wenn alles klappt, können wir noch am 30. abends in Rimini sein (244 Kilometer).

31. Urbino
1. April Perugia
2. April Orvieto
3. April Rom

Sie nehmen also bitte nur einen Handkoffer, Handtasche und eine warme Decke mit und schicken vielleicht Ihren größeren Koffer als Eilgut nach Lucca.
Ich bin dann am 15. April in Lucca, möchte eventuell am 16. dort bleiben.

17. Parma
18. dortbleiben
19. Brescia
20. Trient
21. Garmisch

} eventuell direkt über Mantua–Verona zurück

Ich freue mich sehr auf ein gemütliches Zusammensein mit Ihnen und hoffe, daß ich mich auch als «Mitarbeiter» auf der Reise bewähre.

Wenn alles dies nach Ihren Wünschen ist, erhalten Sie keine weitere Nachricht von mir.
Mit herzlichen Grüßen, auch an Ihre liebe Gattin Ihr

Dr. Richard Strauss

Zimmer in Rom (Hotel Russie) sind bestellt.
Wenn Sie Placci's Adresse haben, so teilen Sie ihm bitte mit, daß ich vom 3. bis 14. April in Rom bin. Bringen Sie schon fertige Entwürfe zur «Frau ohne Schatten» mit? «Ariadne» geht hier glänzend: nächsten Sonntag 10. Aufführung, schon total ausverkauft.

Briefe Hofmannsthal vom 9. und 11. V. 1913 siehe Anhang S. 713f.

Lieber Herr von Hofmannsthal! Garmisch, 13. Mai [1913]
Da ich nicht nach Paris gehe, habe ich mich erboten, am 20. in Coburg «Ariadne» zu dirigieren. Erhalte heute beiliegende Einladung, die ich Ihnen pflichtschuldigst übermittle. Ich treffe am Sonntag in Coburg ein, nehme aber vorläufig an, daß Sie lieber in Rodaun an der Arbeit bleiben. Bitte, wollen Sie Holthoff direkt benachrichtigen.
Mit herzlichem Gruß Ihr *Dr. Richard Strauss*

Schloß Ehrenburg, Coburg, 18. Mai 1913

Lieber Herr von Hofmannsthal!
Da ich Ihre Briefe direkt an Oertel geschickt hatte, war beiliegende Explosion zu erwarten. Ich habe bereits alles applaniert, sende Ihnen beide Briefe zur Beruhigung über das Tatsächliche. Sie selbst brauchen, wenn Sie nicht wollen, sich nicht weiter zu derangieren. Hier ist's sehr nett, der gute Herzog «Feuer und Flamme» für die moderne Kunst: in Folge dessen kann der ganze Hofstab den «Rosenkavalier» fast auswendig.
Herzliche Grüße! Ihr *Dr. Richard Strauss*

Lieber Herr von Hofmannsthal! Garmisch, 1. Juni 1913
Ich habe Ihnen verschiedenes Interessante mitzuteilen: erstens einmal, daß es in Coburg sehr hübsch war. Ein Herzogspaar, riesig einfach und herzlich und mit großem Eifer und Ernst sich

für künstlerische Dinge interessierend. Ein sehr gut geleitetes Theater, eine ganz famose Aufführung Ihres «Jedermann», im Ensemble und Stil besser wie die Münchner Aufführungen, und eine ganz vortreffliche Aufführung der «Ariadne» mit sehr hübschem «Molière» voraus.

Es ist schade, daß Sie nicht da waren, Sie hätten sicher Freude erlebt, auch an dem Intendanten, Herrn von Holthoff, der sehr eifrig und gewissenhaft bei der Sache ist. Leider kann ich dasselbe Angenehme nicht von München vermelden, wo ich vorgestern «Ariadne» mit einer sehr guten Opernaufführung, dagegen mit einer Lustspielaufführung gehört habe, die derart unter allem Affen war, daß Sie es sich kaum vorstellen können.

Von allen, die ich bisher gesehen, war es die weitaus miserabelste Molière-Vorstellung. In allen Rollen entweder ganz falsch oder schlecht besetzt, mit wahnsinnigen Strichen, ohne jede Spur von Humor. Die Titelrolle ein putziger, uralter Franz Moor aus dem vorigen Jahrhundert, kurz, es war einfach unerträglich.

Dazu ein ausverkauftes Haus und ein Publikum voll besten Willens, nach der Oper von größter Begeisterung.

Ich habe sowohl Baron Franckenstein wie Bruno Walter gegenüber kein Hehl daraus gemacht, daß diese Molière-Aufführung total unmöglich ist.

Der Opernregisseur Fuchs ist unfähig, die Regie zu einem Molièreschen Lustspiel zu führen.

Herr von Franckenstein hat mir nun versprochen, das Lustspiel vollständig zu revidieren, teilweise neu zu besetzen, die Titelrolle u. a. mit Steinrück.

Ich habe in beiliegendes Buch eingezeichnet, was bei einer guten Aufführung nach meiner Ansicht vom Text wegbleiben müßte. Bitte, wollen Sie es genau ansehen und dementsprechend revidieren.

Die Aktschlüsse des Molière würde ich nach allem, was ich bis jetzt gesehen habe, gar nicht weiter versuchen aufzuputzen, sondern ganz so anspruchslos lassen wie sie sind. Alle Verbesserungen in diesem Punkt haben bisher nichts geholfen, und ich glaube, es ist das Einfachste, man bleibt dann ruhig bei den

Originalen und läßt den Vorhang eben ohne eigentlichen Aktschluß einfach fallen.
Dagegen hielte ich es für ungeheuer wichtig, daß womöglich Ihre ganze Garderobenszene bliebe, was alles möglich ist, da das Lustspiel jetzt im Juni für die Festspiele neu einstudiert werden soll.
Anfangs August würde ich dann selbst zu den letzten Proben für die Festspiele nach München kommen, hielte es aber für noch wichtiger, daß Sie diesen Proben anwohnen und alles dabei ausarbeiten an Feinheiten, Pointen, was Fuchs offenbar nicht auszuarbeiten versteht. Einem anderen Regisseur das Lustspiel zu übergeben, ist unmöglich. Bleibt also nur das Eingreifen der Autoren.
Wann höre ich bald etwas Schönes von Ihnen? Ich fahre heute nach Berlin und bin am 10. Juni wieder zurück.
Mit herzlichen Grüßen Ihr aufrichtig ergebener

Dr. Richard Strauss

Mein lieber Dr. Strauss Rodaun, Wien, 3. VI. [1913]

Nur um alles in der Welt jetzt nicht ungeduldig sein auf die «Frau ohne Schatten» –, auch Ihre liebe und verehrte Gattin nicht! – Sonst gefährden Sie nicht nur meine Nerven, sondern vor allem dieses Werk. Es ist eine furchtbar heikle, unendlich schwierige Sache – mehrmals war ich tief verzweifelt, ersten Akt, erste Hälfte habe ich nun dreimal vom ersten bis letzten Wort umgeschrieben – ist auch jetzt noch nicht ganz definitiv; Ib (erster Akt, zweite Hälfte) schreitet gut fort – manches aus Akt II ist ganz fixiert, sogar anscheinend definitiv, – ich bin immer wieder entzückt über den Reichtum innerhalb der einzelnen Bilder, über die ungeheueren Avantagen für den Musiker, lyrische Stellen, nach Musik verlangende Übergänge, die sich ungesucht bieten – aber die Schwierigkeit des Zusammendrängens, der Wort- und Stilgebung, der letzten, aber zugleich auch ersten wirklich schöpferischen Arbeit (Szenarium ist eben doch nur Grundriß noch nicht Schöpfung) war enorm – ich habe seit Ende April nur für diese Arbeit [gelebt], habe meine

Korrespondenz völlig unterbrochen, wehre Besuche ab, empfange fast niemanden, aber trotzdem müssen Sie Geduld haben, ich gönne Ihnen ja die Freude, und die Produktion freut so sehr, aber es wird mindestens noch Juni und halber Juli vergehen, bis ich den ersten Akt aus der Hand geben kann, – darf ihn nicht aus der Hand geben, bevor Gewisses in II (namentlich IIb und IId, die «oberen» Szenen) ganz fixiert sind; stehen diese da, so ermöglichen sie vielleicht Striche oder benötigen Erweiterungen in Ia – denn Ia muß die Situation und den nicht so ganz elementar faßlichen Seelenzustand von Kaiser und Kaiserin völlig klar exponieren, so daß IIb und IId wirklich bloße lyrische Ausströmungen (als Ruhepunkte in der beständig fortschreitenden, irdischen Handlung IIa, IIc, IIe) bilden. Dies alles will aber nicht nur erdacht, sondern auch gemacht sein.
Prächtig war Ihr Gedanke (im Mondschein zwischen San Michele und Bozen), die obere Welt mit dem «Ariadne»-Orchester zu begleiten, die dichtere, buntere Erdenatmosphäre mit dem großen Orchester. An dieser stilistisch kostbaren Idee hat sich meine Phantasie ganz festgeankert – entsprechend ist auch der poetische Ton – oben wird es immer heroischer Sprechgesang (wenn auch viel rascher fließend als bei Wagner) – unten ist es wahrhafte Konversation, wie nur der Meister des «Rosenkavaliers» sie komponieren kann. Wundervolle Übergänge ergeben sich ungesucht, von einem Orchester zum andern, so im Ia; sobald die Kaiserin entschlossen ist, zur Menschenwelt hinunterzusteigen, *tagt* es (die Szene spielt auf einem flachen Dach, wo Bett und Baldachin der Kaiserin errichtet ist, am frühesten Morgen).

Die Amme:

Grüner Frühhimmel, später blaßviolett, allmählich bis zu stärkstem Brand der Morgenröte.

«Wahnwitziges Kind,
zu herrschen gewohnt!
Ein Tag bricht an,
ein Menschentag!
Witterst Du ihn?
Schaudert's Dich schon?
Das ist ihre Sonne!
Der werfen sie Schatten!

Neue Instrumente blitzen im Orchester auf, die musikalische Atmosphäre verdichtet sich un-

Ein Verräter Wind
schleicht sich heran,
wühlend im Haar von Schläfern,
klirrend und taub,
ein grüner Himmel,
ein wildes Getümmel,
ein ewiges Trachten,
gierig, sinnlos,
ohne Freude!
Ein Menschentag!» usf.

heimlich, wilde Morgenglocken schlagen an. Das «große» Orchester bleibt und vermittelt den Übergang zu Ib.

Die Hauptschwierigkeit ist die: ich darf im Konzentrieren nicht über eine gewisse Grenze herausgehen, sonst verarme ich den Stoff, die Figuren verlieren ihren Reiz (der im psychologischen gebrochenen Kontur liegt), sie werden schematisch und das Ganze trivial-opernhaft. Ich muß also immer haarscharf das Richtige finden zwischen zuviel und zuwenig. Dächte ich mir den Text in dem ewig schleppend-feierlichen Andante Wagners komponiert, so wär's einfach unmöglich – die Oper würde 7 Stunden dauern –, aber der Gedanke an den «Rosenkavalier» hält mich aufrecht, es wird, hoffe ich, nicht sehr viel *mehr* Text werden und etwas mehr, bei so reichem Inhalt, und so wechselnd, bunt in jedem Sinne und tief dazu, – etwas mehr, um ein Viertel bis ein Drittel mehr, darf es werden.
(Erschreckend ist, wie wenig Textbuch z. B. der «Tristan» hat, und wie lang er spielt!)
Nun zu dem unglückseligen Molière. Sie schimpfen (gewiß mit Gottes recht) über München, Ihre verehrte Gattin schreibt sehr milde über Berlin, zwanzig Menschen haben mir aber von dort mit wahrem *Grausen* über den Molière (d. h. die Aufführung) geschrieben, mich beschworen, es nur ja nie anzuschauen, die hundsgemeinen Einfügungen, der preußisch-öde, ordinäre Charakter des Ganzen – kurz, mein lieber Dr. Strauss, ich kann zwar nichts dafür, daß es in Deutschland außer bei Reinhardt keine Komödienspieler gibt, kann auch nichts dafür, daß ein für Reinhardt gemeintes, leichtes improvisiertes Ganze überall

anders, nur nicht bei ihm gespielt wurde – aber ich habe trotzdem Katzenjammer von der ganzen Sache, so reizend im Gedanken, so schmachvoll ausgeführt – was hilft hier herumkleistern, diese und jene Szene streichen oder aufmachen, was kann es mir bedeuten, ob die Philosophenszene gespielt oder nicht gespielt wird (von Klötzen), ob meine Garderobeszene heruntergemimt wird oder nicht – ich darf an die ganze verfahrene und vertane Sache gar nicht denken ohne tiefe Verstimmung, es könnte mir leicht jetzt die schöne Arbeitsstimmung verderben, nach München im August zu fahren, wird nichts mich bewegen können, – es ist mir das Widerwärtigste von der Welt, meine Kraft in ein Sieb zu gießen –, was soll alle die unzulängliche Herumflickerei, die einzige Abhilfe liegt seit 8 Tagen in meinem Schreibtisch, ich kopiere täglich ein paar Seiten davon, in 8 Tagen habens Sie's typiert: es ist das *neue Vorspiel*, die Garderobeszene mit großer Frische und Laune umgeschrieben: der Komponist steht jetzt ganz in der Mitte, ist eine symbolische halb tragische, halb komische Figur, die Antithese des ganzen Spiels (Ariadne, Zerbinetta – Seele und Welt) ist jetzt in ihm verankert, das Ganze erweitert, bereichert, damit es nicht ganz secco bleibt, sind kleine witzige Anlässe zur Melodie geschaffen, die Findung der Melodie («Du Venussohn»), durchzieht die ganze Szene, auch die Andeutung eines Duettchens ist darin (Zerbinetta-Komponist). Sie setzen sich sofort hin, es ist rein und rund, munter und ernst, Sie setzen's auf Seccorezitative, setzen die paar Glanzlichter auf, und lassen's aus dem Manuskript mit drei Proben im August in München spielen, es wird eine bezaubernde Überraschung für die ganze Welt, und mir wälzen Sie einen Stein vom Herzen, und glauben Sie mir, sich auch, wenn erst die widernatürliche Verkuppelung des Toten mit dem Lebendigen gelöst ist (ich glaubte das Tote durch die Bühne zu galvanisieren, aber das Instrument versagte!). Bitte, glauben Sie mir! Wie rein und ganz, wie harmonisch wird die schöne «Ariadne» erst auf diesem Postament dastehen! Glauben Sie mir, bitte!

Ihr Freund *Hofmannsthal*

Sie werden's in 5 bis 6 Tagen expreß haben!

Mein lieber Dr. Strauss, Semmering, 12. VI. [1913]
Hier ist ein korrigiertes Exemplar des neuen definitiven «Ariadne»-Vorspiels, durch dessen Existenz ich erst das ganze Werk «Ariadne» als geschlossen ansehe.
Das Ganze ist für Seccorezitativ gedacht, nur um die Figur des Komponisten witternd ein Höheres: Musik. Hierzu meinerseits folgende drei Anhaltspunkte: Zuerst die Findung der Melodie («O, Du Venussohn») aus dem «Bourgeois», diese Findung zweimal. Ferner am Schluß des Zwiegespräches mit Zerbinetta der Aufschwung zu etwas Höherem als bloßes Parlando: Vielleicht mündet das Ganze in ein winziges Duett, nicht eigentlich eine *Nummer*, oder ähnlich, auf die letzten Sätze des Textes, die lyrisch gehalten sind. Endlich drittens der lyrische Höhepunkt (zu welchem die obige Melodie als zu zart und zahm erschien) – der Ausbruch des Komponisten: «Musik!» – eine Art von Preisliedchen (überhaupt hat das ganze Werk «Ariadne» und Vorspiel eine entfernte rein geistige Analogie mit den «Meistersingern»). – Hier müßte der Text zur Findung einer neuen schönen Melodie anregen, feierlich schwungvoll, hoffentlich tut er seine Schuldigkeit:
(richtig in Zeilen gesetzt)

«Musik ist heilige Kunst
zu versammeln alle Arten von Mut
um einen strahlenden Thron!
Das ist Musik!
Und darum ist sie die Heilige unter den Künsten!»

(Ich empfand den Text als etwas derart, wie Beethoven nicht ungern zu Grunde legte.)
Mit dem Ganzen, wie es geworden ist, und mit der Figur des Komponisten insbesonders, wie sie nun dasteht, tragisch und komisch zugleich, wie der Musiker in der Welt – die beiden Grundmotive des «Ariadne» Werkes in die Brust des Musikers hineinverankert oder in ihr wurzelnd, das scheint mir dichterisch, wesenhaft, zum Bleiben befähigt –, [bin ich zufrieden], wogegen jene improvisatorische Mesalliance mit der Prosa-

komödie dauernd bestehen nicht kann und gewissermaßen nicht darf, weil allzu kentauren- oder siamesisch-zwillinghaft. Bitte, nehmen Sie es gut auf und geben Sie mir bald Nachricht, wie Sie es aufgenommen haben! (Nach Rodaun.)
Ich bin mit der Arbeit an der «Frau ohne Schatten», die ich wahrhaft um so mehr liebe, je höllischer schwierig sie mir manchmal wird, für ein paar Tage hierher gegangen, wo es kühl und jetzt völlig leer und still ist. Der Brief von Kessler, der mir sagte, Sie hätten gegenüber der Josephsfigur einen Ausweg gefunden und würden nun gleich an diese Arbeit gehen, war mir eine wahre Entlastung. Sie sind mir als Künstler zu kostbar, als Mensch jetzt schon zu nahe, als daß ich es vertragen könnte, Sie ungeduldig *wartend* zu wissen. Andrerseits aber kann und darf ich den ersten Akt, selbst wenn er fertig wäre – woran noch viel fehlt – diesmal nicht allein aus der Hand geben. Das wäre freventlich – halber Frevel war es schon beim «Rosenkavalier» –, aber dort handelte es sich um eine halb improvisierte Farce, hier um eine Welt der tiefsten Bindung und unerbittlichster Einheit. Hier muß sich mir ein Rhythmus am andern entzünden, vielleicht lerne ich bei der Arbeit am dritten Akt die Verhältnisse so konzis erfassen, gewinne einen so viel kühneren, knappen Stil dafür, daß ich dann erst recht Ia nochmals umschmelze – kurz und gut: eine Glocke kann man nicht stückweise gießen. – Der «Joseph» war vorbedacht, uns beiden diese Situation zu ersparen. Auch ist es mir bei diesem Werk über alles wichtig, daß Sie das *Ganze* beim Komponieren vor sich haben. Die Überfülle muß Sie im einzelnen sparsam machen.
Also geben Sie mir gute Nachricht und seien Sie zufrieden bei dem Gedanken, meine besten Kräfte, die schließlich zum Besten gehören, was die Epoche ans Licht gebracht hat, in dieser Weise mit diamantenen Ketten vom Schicksal an Ihre Arbeit gefesselt zu wissen – wie es nun einmal geworden ist.
Herzlich Ihr *Hofmannsthal*

Lieber Herr von Hofmannsthal! Garmisch, den 15. Juni 1913

Herzlichen Dank für Ihre beiden mir sehr wertvollen Briefe. Selbstverständlich sollen Sie sich mit dem neuen Werke nicht beeilen, sondern ganz nach Ihrem Gutdünken arbeiten. Außerdem ist mein Drängen gar nicht einmal so sehr berechtigt, denn ich hätte an sich genug Arbeit.

Es ist nur der Trieb, uninteressante Arbeiten gegen die schönste Arbeit einzutauschen, bis dieselbe aber eintrifft, begnüge ich mich auch mit den langweiligeren Arbeiten. Zu den letzteren rechne ich insbesondere auch die mir neu übersandte Szene[1], der ich, offen gesagt, bis jetzt noch gar keinen Geschmack abgewinnen kann. Sie enthält an und für sich manches mir direkt Unsympathische, u. a. den Komponisten, den nun auch noch in Musik zu setzen, mir ziemlich sauer werden wird. Sie müssen nämlich wissen, daß ich gegen alle in Dramen und Romanen behandelten Künstler, besonders Komponisten, Dichter und Maler, eine angeborene Antipathie habe. Außerdem habe ich mich in unsere erste Arbeit derart hineinverbissen, und halte sie im Aufbau und in der Idee für so glücklich, daß mir die neue Fassung immer wie ein Torso vorkommen wird, zu dessen Herstellung mich kein inneres Bedürfnis, sondern nur eine äußere Notwendigkeit bringen wird, die auch vorläufig nicht vorliegt, da Amerika vorläufig für den «Rosenkavalier» abgeschlossen hat.

Sie sind momentan dadurch verärgert, daß man uns von seiten der Kritik und der Schauspieler den Molière so verhunzt hat. Das Malheur lag natürlich darin, daß das ganze Werk nicht dahin gekommen ist, wofür es gedacht war, nämlich zu Reinhardt, das kann aber nichts daran ändern, daß die Idee des Ganzen nach meinem Gefühl ausgezeichnet war und sicher auch noch in dieser Form eine glückliche Auferstehung feiern wird. Ich werde inzwischen versuchen, mich an den «Joseph» heranzumachen, den mir der liebe gute Graf Kessler auf alle mögliche Form schmackhaft zu machen sucht. Es liegt hier nicht an meinem guten Willen, daß ich noch nicht weitergekommen bin,

1 Das szenische Vorspiel der neuen «Ariadne»-Fassung.

sondern einfach daran, daß sich künstlerisches Schaffen nicht zwingen läßt, was Sie ja selbst am besten wissen.
Jedenfalls bin ich begeistert und entzückt, daß Sie mit solchem Eifer und solcher Hartnäckigkeit an unserer Arbeit sitzen, Ihre gelinden Wutausbrüche darüber, Ihr Stöhnen über die Schwierigkeiten des Problems der Verdichtung lassen mich das Allerbeste erwarten.
Wann gehen Sie nach Aussee? Vielleicht komme ich mit dem Auto auf einen Tag hin, um Sie zu besuchen.
Vielleicht entschließen Sie sich doch, auf ein paar Tage nach München zu kommen und den Molière etwas zu revidieren, da ja die Einstudierung der neuen Form bis zu Anfang August nach jeder Richtung hin ein Ding der Unmöglichkeit ist. Weder ich könnte das Ding so rasch machen, noch würden die Sänger es in der Zeit der Ferien lernen und einstudieren können.
Außerdem bin ich selbst durch die vielen Aufführungen des Winters so mit «Ariadne» überfüttert, daß ich mir das Werk erst wieder in größere Distanz rücken muß, um nochmals den Geschmack zur Arbeit daran zu gewinnen.
Jedenfalls kann ich Ihren Wunsch, die zweite Fassung als die allein- und endgültige betrachtet zu wissen, nicht als berechtigt anerkennen. Für mich ist immer noch die erste Form die richtige und die zweite ein Notbehelf.
Ich wäre Ihnen darum dankbar, wenn Sie der Öffentlichkeit gegenüber von dieser zweiten Form noch nichts verlauten ließen, sondern nach wie vor den Standpunkt vertreten würden, daß die erste Fassung richtig, und nur eine bessere Wiedergabe des Molière dringend erwünscht wäre. Also lassen Sie sich Zeit, ich warte und hoffe, und verbleibe mit herzlichen Grüßen Ihr stets aufrichtig ergebener *Dr. Richard Strauss*

Die kleinen Hors d'œuvres in Versen der «Frau ohne Schatten» sind höchst vielversprechend.

Campo Carlo Magno Pass, 10. Juli 1913

Lieber Herr von Hofmannsthal!

Aus regnerischer Almeneinöde möchte ich Ihnen nur mitteilen, daß ich in der Langeweile nun doch glücklich Josephs Tanz fertig skizziert habe und hoffe, daß die Sache nun rüstig weiterschreite und bis zum Herbst in der Klavierskizze und bis Frühjahr 1914 in Partitur vollendet sei. Wollen Sie so gut sein, dies Graf Kessler kurz mitzuteilen, dessen Adresse mir hier nicht gegenwärtig ist. Wir bleiben bis ca. 25. Juli in den Dolomiten und sind von da ab wieder in Garmisch. Wie lange bleiben Sie in Aussee? Vielleicht besuche ich Sie Ende August dort mal per Auto. Sind Sie fleißig? Geht die Arbeit nach Wunsch von Statten? Mit herzlichen Grüßen von Haus zu Haus Ihr

Dr. Richard Strauss

Grand Hotel Britannia Venise, 24. IX. [1913]

Mein lieber Dr. *Strauss,*

Diese verfehlte Besuchsache in Aussee hat mir unendlich leid getan und mich nachhaltig verstimmt – was hoffentlich bei Ihnen nicht der Fall gewesen ist. Ich bitte Sie vielmals für alle Zukunft, falls je wieder ein ähnlicher Fall eintritt, auch in Rodaun, mich die Absicht Ihres lieben Besuches mindestens 4 bis 5 Tage vorher wissen zu lassen. Diesmal hatten Sie allerdings viele Wochen früher diese Absicht ausgesprochen und ich hatte auch bis in die letzten Tage August immer daran gedacht, ob Sie sich vielleicht ankündigen würden – der August ging hin, es kam keine Ankündigung – ja sogar hörte ich durch die mit Herrn Steiner befreundeten Leute, Sie hätten die Fahrt ins Salzkammergut aufgegeben, wären nach Südtirol gefahren. Nun hatte ich zwei Besuche im Ennstal zu machen, dann einen bei Roller, mit dem ich Wichtiges zu besprechen hatte – beide Besuche hatte ich mehrmals des schlechten Wetters wegen hinausgeschoben, mich angesagt, mich abgesagt – eben war die letzte definitive Depesche abgegangen und in derselben halben Stunde kam Ihre Ankündigung – die mir, Ihrer Fassung nach, nicht einmal den Gedanken offen ließ, Ihnen den über-übernächsten

Tag zum Herkommen vorzuschlagen – denn ich vermutete Sie, südwärts reisend, eine bestimmte Einteilung einhaltend. Auch der Punkt mit dem Hotel machte mich so perplex, ich habe vor den Ansprüchen Ihrer verehrten Gattin in diesem Punkt einen höllischen Respekt, die Salzkammerguthotels sind, auch nach unseren Begriffen, unterm Hund, in unserm Fremdenhäuserl war nur ein Zimmer, Ihrer beider durchaus unwürdig – frei – kurz, es war ein unglückseliger Moment für mich, als ich das negative Telegramm abschicken mußte. Ich habe Ihnen dann übrigens mehrmals nach Gmunden und ein drittes Mal ans «Elisabeth», Ischl, telegraphiert, hoffentlich haben Sie beides bekommen. Meine Frau hat übrigens auch an die Ihre geschrieben.

Meine schweren Stockungen in der Ausführung der «Frau ohne Schatten» müssen Sie verwundert haben, denn es schien doch in Rom schon alles so klar vor mir zu stehen! Ja, aber doch nur das *Was* – und das Wie ist so tausendfältig. – Es wird den Partien, um die es sich handelt, sehr gutgetan haben, daß ich die Arbeit $2^1/_2$ Monate liegen ließ – sie werden dabei *einfacher* geworden sein. Diese Partien, die Feenwelt, müssen sehr einfach, märchenhaft, durchsichtig sein – wie ich sie angelegt hatte (denn Alles stand schon mehrmals auf dem Papier), waren sie zu schwer im Ton, zu dunkel, zu psychologisch – es war nicht genug Kontrast zwischen dem Rahmen und dem Gerahmten, zwischen der leichten oberen und der trüben Menschenwelt – nun glaube ich's zu haben. – Vielleicht hat mich im Mai die aufmerksame Lektüre von 5 Wagnerschen Textbüchern eher geschädigt als gefördert. – Nicht der dramatische Aufbau – in diesem kann die «Frau ohne Schatten» es mit jedem existierenden Musiktext aufnehmen – aber die unnachahmliche Vortrefflichkeit, mit der in der Ausführung der Musik vorgewaltet ist – die unerreichbare Qualität: daß, wie die Flußläufe eine Landschaft bestimmen – so hier die poetische Landschaft durch die vom Dichter schon gewußten Ströme und Bäche der Melodie figuriert ist –, das hatte mich wirklich niedergeschlagen. Ich habe dies jetzt überwunden – es war eine Art geistiger Trübung, die Ihnen zeigen kann, wie tiefernst es mir mit dieser Aufgabe – ich werde jetzt mit frischer Kraft und dem Willen zur opernmäßigen Leichtigkeit an Ia herantreten. Ia muß mit Akt III im Ton, im Feen-*Opern*-Stil, schön übereinstimmen. Die Szenen im Färberhaus (Ib, IIa, IIc, IIe) dürften gelungen sein, nur der Zusammendrängung bedürfen. Schreiben Sie mir doch nach München, Hotel Marienbad, ein paar liebe Zeilen, ich möchte mich, wenn ich zu dieser Arbeit zurückkehre, mit Ihnen in Kontakt wissen. Herzlich Ihr *Hofmannsthal*

P. S. Hier traf ich Bakst und wir sprachen viel über Joseph, der unter dem Stern Tintorettos, Veroneses und Tiepolos in Dekorationen wirklich etwas Außerordentliches werden könnte. Hoffentlich haben Sie die Arbeit indessen nicht aufgegeben! Ich weiß ja darüber gar nichts, habe nur einmal im August eine enthusiastische Depesche von Kessler bekommen über etwas, das Sie ihm vorgespielt hatten.
Lassen Sie mich nicht ohne eine Zeile.

Lieber Herr von Hofmannsthal! Garmisch, den 26. Sept. 13
Danke herzlich für Ihren lieben Brief. Es hat uns sehr leid getan, Sie in Aussee nicht getroffen zu haben: anfangs war ich etwas verwundert, daß Sie vor uns ausgerissen waren, aber der liebenswürdige Brief Ihrer Gattin, der meine Frau noch besonders danken läßt, ließ natürlich eine Verstimmung nicht aufkommen. Bei uns wird immer ein bißchen schnell improvisiert, mit dem Auto hängt man zudem immer vom Wetter ab, – und da ist es oft schwer, etwas auf vier Tage vorauszubestimmen. Ich freue mich nun, Sie in München zu sehen: am 4. oder 6. Oktober gibt man daselbst neueinstudiert «Salome» und 3 Tage vorher bin ich mit meiner Frau zu den Proben da (Hotel Vier Jahreszeiten).
Ich bin sehr glücklich über die guten Nachrichten bezüglich unserer weiteren Arbeit und bitte Sie dringend, sich von mir darin nicht gedrängt zu fühlen. Je öfter gerade so ein Opernstoff durchgesiebt und wie ein Weinberg immer von neuem

auf- und durchgearbeitet wird, desto prägnanter und knapper wird er. Ich habe bis zum Frühjahr 1914 reichlich mit dem «Joseph» zu tun, bin ununterbrochen jetzt in dieser Arbeit und werde mein Möglichstes tun, um sie für Paris im Juni fertigzustellen. 100 Seiten sind schon instrumentiert, aber es ist eine große und mühsame Arbeit.

Wenn ich den ersten Akt der «Frau ohne Schatten» bis Ostern habe, ist's Zeit genug. Aber bleiben Sie fleißig dabei und lassen Sie sich die Mühe nicht verdrießen, die Arbeit immer wieder umzuarbeiten – es wird sich reichlich lohnen.

Auf Wiedersehen in München!

Mit herzlichen Grüßen Ihr *Dr. Richard Strauss*

Sehen Sie doch zu, daß Franckenstein Ihnen während der Zeit Ihrer Anwesenheit in München die «Ariadne» im *Residenztheater* ansetzt. Das Lustspiel ist jetzt dort eine recht hübsche Aufführung.

Hotel Marienbad, München, 30. IX. [1913]

Mein lieber Dr. Strauss,

Nicht leicht hätte mir etwas Angenehmeres passieren können, als bei meiner Ankunft hier Ihren so lieben, freundlichen Brief auf meinem Schreibtisch zu finden.

Es ist mir wahrhaft lieb, daß Sie den Grund meiner Stockungen an meiner Arbeit so wohl verstehen und sich so klar sind, was bei einer langsamen, vielfach das Hergestellte wieder verwerfenden Arbeitsweise gewonnen werden kann und werden soll. Es handelt sich um die Proportionen: Diese sind aber, nächst der Erfindung einer reichen, faßlichen und menschlichen Handlung das Allerwichtigste. An ihnen kann der Komponist nichts mehr ändern, – vielmehr er kann sie nur zum Schlimmen verändern, nicht zum Guten. Wogegen es in seiner Hand liegt, fast alle anderen Mängel auszugleichen, und sogar die Schwäche in der Charakterzeichnung durch die Mittel der Musik zu supplieren.

Sie gewähren mir reichlich Zeit. Ich greife dessen ungeachtet mit dem heutigen und morgigen Tage diese Arbeit an. Es wäre

mir der größte Gewinn, wenn ich den ersten und allenfalls auch den zweiten Akt fertigstellen und dann, nach einem mehrmonatlichen Liegenlassen, ein letztes Mal darüber gehen könnte – bevor ich das Manuskript in Ihre Hand gebe.
Daß Sie an dem «Joseph» so fleißig sind, ist mir aus mehr als einem Grunde lieb. Denn ich kann mir nicht denken, daß diese Art von starker und anhaltender Produktivität ohne alle Freudigkeit vor sich gehen könnte – und ich war im Frühsommer einigermaßen traurig und verdrossen, als Sie mir von dieser Arbeit als von einer «langweilenden» sprachen und ich mich fragte, warum Sie sie dann auf sich genommen hatten.
In Venedig war ich viel mit Diaghilew, Bakst und der sehr sympathischen Lady Ripon zusammen, und das Gespräch kam immer wieder auf den «Joseph» zurück. Ich glaube schon, daß das Äußere, was die Bühne einem Musikwerk geben kann, hier das Reichste und Schönste sein wird, das sich denken läßt – und es freut mich herzlich, für meinen Teil dazu beigetragen zu haben, daß etwas so Festliches und Prunkvolles entstehe, welches, glaube ich, bei den Russen sich auf Jahre hinaus in seiner großen Reinheit und Präzision erhalten wird und neben den bestehenden und künftigen Opernwerken, ohne diesen Platz wegzunehmen, ein wanderndes und siegreiches Dasein auf den europäischen und amerikanischen Bühnen führen wird.
Daß Diaghilew gerade für dieses Ballett als Metteur en scène endgültig Fokin und nicht Nijinsky in Aussicht nimmt, billige ich durchaus. Überhaupt sehe ich in Diaghilew, neben Reinhardt, die einzige wirklich prominente Persönlichkeit innerhalb der ganzen europäischen Theaterwelt (den einzigen auf Rußland begrenzten Stanislawski noch ausgenommen) und freue mich, Sie eben durch diese Arbeit mit ihm verbunden zu wissen.
Es hat mich übrigens sehr interessiert, daß Diaghilew mir sagte, er habe, entgegen den durch französische Urteile in ihm erweckten Vorurteilen, die Verbindung der Oper «Ariadne» mit dem Molière und Ihre Begleitmusik zu der Komödie als etwas besonders Reizendes empfunden.

Ich freue mich auch sehr auf «Salome». Herzlich der Ihre.

Hofmannsthal

P. S. Ich arbeite hauptsächlich 9 bis 1 Uhr.

Mein lieber Dr. Strauss, Rodaun, 25. X. [1913]

Vielen Dank für Ihre lieben Zeilen und die erfreuliche Nachricht. (Auch für die «Frau ohne Schatten» ist es mir lieb, daß Sie im nächsten Sommer den Kopf frei haben werden.) Ich war in München auch recht fleißig, der erste Akt ist nun wohl definitiv fertig und, wie ich glaube, gut. Er ist nicht überlang, alles in allem wohl (wenn man kurze und lange Verszeilen übereinbringt) um circa 100 Zeilen *kürzer* als der I. des «Rosenkavalier». Der zweite wird, mit seinen 5 Bildern, wohl etwas länger werden, länger also auch als der II. des «Rosenkavalier». Der dritte aber bedeutend kürzer als jener andre dritte. Soweit sind wir im Gleichen, bedenkt man aber den poetischen und sittlichen Gehalt des Stoffes und die schrankenlosen musikalischen Möglichkeiten, so sind wir im ungeheuren Vorsprung. Das Finale des II. Aktes kann ich selber mit meiner armseligen inneren Musik mir kaum ohne Grausen ausdenken, und aus diesem Grausen steigt dann der dritte Akt stufenweise in den Himmel der Musik empor.

Nun ein Wort ad «Josephslegende». Die Situation scheint mir da, nach Kesslers Briefen, nicht ganz unbedenklich, obwohl ich zu Diaghilew großes Zutrauen habe, und schon die Situation ihm natürlich das Äußerste an Aufbietung guten Willens auferlegt. Die Gewinnung Fokins als metteur en scène wird mir nun plötzlich von Kessler als zweifelhaft bezeichnet. Dies «zweifelhaft» darf nicht existieren. Er muß uns Fokin schaffen. Und eine Alternative in Kesslers Brief, betreffend die Frauenrolle, verstehe ich nicht, und lehne sie ab. Sie lautet: Rubinstein oder Frau Vollmöller. Frau Vollmöller kann m. E. nicht in Frage kommen. Sie hat, außer einer Figurantenrolle im «Mirakel», die *keinerlei* Spiel erforderte, immer versagt. Für mich kommt primo und (beinahe) unico loco die Pawlowa in Betracht, neben ihr die Rubinstein für Paris und London, für

Deutschland kaum, für Deutschland ist die Pawlowa für das Prestige der Sache eigentlich unentbehrlich. Bitte setzen Sie das, wenn Diaghilew Sie demnächst aufsuchen kommt, bereits durch. Herzlich der Ihre. *Hofmannsthal*

Ich rechne also vor allem darauf, Sie 12. XI. hier zu sprechen.

Schloß Neubeuern a. Inn, Oberbayern 3. XII. [1913]

Lieber Doktor Strauss,

Diese ganze Sache macht mir sehr geringen Eindruck. Sonderbar ist mir nur, mit welchem Ernst die Schreiberin des Briefes die Hervorbringungen so unsäglich dürftigen Literatenvolkes, wie es Monsieur und Madame Freksa sind, behandelt. Es handelt sich nämlich, was Sie übersehen haben, um ein Werk von Madame. Dies ist für mich so sonderbar, als wenn ich Ihnen einen Brief zeigte, in welchem etwa symphonische Entwürfe von d'Albert in einem Ton behandelt werden, als ob es sich um Beethoven handelte. Märchenmotive, Elemente des Poetischen, wie dieses Motiv von der «Urfelsmühle», liegen immer auf der Straße – es kommt nur drauf an, welche Hand sie aus dem Dreck aufhebt. Zudem ist ja dies Motiv bei mir erst in Verkettung mit dem Schatten-Motiv bedeutsam, auf die Kraft, Themata zu verketten, ein Ganzes daraus zu bilden, kommt es (unter anderem!) an – und ein Ganzes geht in Regionen des Menschlichen und Sittlichen, wohin Herr und Frau Freksa uns nicht nachzufolgen vermögen: als welche Kreaturen über eine dürftige, triviale anekdotische Verwertung eines glücklich ergatterten Stoffes nicht hinauskommen. Überdies – bis Frau Freksa ihr Opus vollendet hat, habe ich längst die *erzählende Version* meines Märchens, deren Anfang mir sehr glücklich gelungen ist, publiziert und unter die Leute gebracht und damit auch die (mir recht nebensächliche) Priorität vindiziert.

Wenn es Ihnen nur gelänge, unseren Bestrebungen eine kleine, aber beständige publizistische Stütze und dadurch eine authentische Interpretation zu schaffen. Ist Ihr Gespräch mit Bie darüber resultatlos geblieben? Es würde mich sehr interessieren! Ich freue mich sehr, in München übermorgen die «Ariadne» und tags darauf, wenigstens teilweise, den «Rosenkavalier» zu hören. Ich komme gegen den 10. nach Berlin. Bin äußerst begierig auf das Resultat Ihrer Unterhaltung mit Diaghilew! Vielen Dank für die freundliche Nachricht über das schöne Fortleben *beider* Werke in Berlin.

Herzlichst der Ihre *Hofmannsthal*

[Fragment oder Beilage?]

Hotel Imperial, Wien [ca. 20. 11. 1913]

Franckenstein gebeten, meine vorigen Winter arg vernachlässigten Werke jetzt in regelmäßigerer Folge zu geben.
Resultat: seit Anfang Juni ist nicht mehr gewesen:
«Elektra»
«Feuersnot»
«Rosenkavalier»
Nur dreimal neueinstudierte «Salome»: das dritte Mal bereits in schlechter Besetzung, das 4. Mal 10. November ohne begreiflichen Grund abgesagt, nicht wieder angesetzt. Einmal «Ariadne» am 17. November ebenfalls nach zweimonatlicher Pause.
Sonntag, den 16. Nov. war Gelegenheit, neben einer einaktigen hübschen Novität: «Sulamith»[1] «Feuersnot» zu geben, statt dessen gab man «Cavalleria» und «Bajazzi», die gar nicht dazu passen.
Kurz: ein Skandal! *[Dr. Richard Strauss]*

Lieber Doktor Strauss, Rodaun, 8. XII.[2] [1913]

ich glaube, auf Zeitungsnotizen sollte man doch nichts geben. Bezüglich «Ariadne» kam in meinem sehr eingehenden langen Gespräch mit Franckenstein die Wiederaufnahme im Sommer, als von ihm geplant und aussichtsvoll, ganz ausdrücklich vor. Anfang Jänner setzt er «Ariadne» für mich an, usf. in Zwischenräumen von circa 6 Wochen. Bezüglich «Salome» Petzel gab er mir an, daß die zweimaligen Störungen seitens Petzel (Er-

[1] Oper von Paul von Klenau, die am 16. November unter der Leitung von Bruno Walter im Münchner Hoftheater uraufgeführt wurde.

[2] Unsicher; nach dem Original wäre eher 8. VII zu lesen. Der Inhalt weist auf 8. XII.

krankung, dann dringender Urlaub in Familiensache) ihm selbst bezüglich «Salome» sehr unangenehm gewesen.
Ad «Rosenkavalier» habe es bei zweimaligem Willen, die Oper anzusetzen (bereits im November), einmal am Darsteller des «Wirts», andermal des «Sängers» gehapert; Umbesetzung mit Orchesterprobe sei bei dem Quantum geleisteter Arbeit, worüber Ihnen der Probenzettel, der in Berlin hängt, Auskunft geben könne, nicht möglich gewesen.
Bezüglich «Elektra» verhielt er sich ausweichend, solange keine Darstellerin der Klyt[ämnestra] im Hause sei.
Im ganzen protestierte er gegen den Gedanken, Ihren Werken anders als *warm* gegenüberzustehen. Und F. ist ein durchaus aufrichtiger Mensch, ich kenne ihn seit 19 Jahren gut. Bezüglich W.'s dürfte es allerdings ungefähr so stehen, wie Sie in Ihrem Brief andeuten. Alles in allem halte ich eine tolerante Auffassung der Situation für *politischer*, ohne mir im übrigen einen Rat zu erlauben.
Danke der Nachfrage, bin letzte Tage *etwas* wohler, mußte aber auf Wunsch der Ärzte die Arbeit an der großen Erzählung[1], die mich so sehr freute, abbrechen, befasse mich nun mit den Proben zu «Jedermann» an der Burg. – Unter meinen Erzählungsplänen, schon angefangen, ist die «Frau ohne Schatten» als Märchen. Würden Sie vorziehen, daß ich dieser Erzählung einen *anderen* Titel gäbe? Meinem Gefühl nach sollte sie gleich den richtigen Titel tragen. –
Den ganzen ersten Akt kann ich unmöglich vor Februar aus der Hand geben, um einer Gefahr fürs Ganze vorzubeugen; Abdiktieren setzt vorher letzte Feile voraus; aber ich schicke Ihnen demnächst die *(kürzere) erste Hälfte*. – Ich habe auf Fürstners Brief die materielle Schwierigkeit durch vorbehaltloses Nachgeben aus dem Weg geräumt, obwohl ich nach wie vor hier ein Korn Ungerechtigkeit drin finde – es hat mich fast ein bißchen gewundert, daß Sie dieser Sache und meines Nachgebens mit keinem Wort erwähnten –, ich kann doch nicht denken, daß Fürstner versäumt habe, es Ihnen zu melden?

[1] «Andreas oder Die Vereinigten».

Leben Sie wohl und verlangen Sie von sich nicht beständig produktive Stimmung, das ist nicht möglich!
Herzlich der Ihre. *Hofmannsthal*

Lieber Herr Hofmannsthal! Berlin [13. Dez. 1913]
Ich habe mich ein bißchen gewundert, daß Sie Fürstner gegenüber so rasch nachgegeben haben, nachdem ich lange in Ihrem Sinne mit ihm verhandelt habe. Ich habe aber trotzdem im Vertrage über «Joseph» folgenden Passus aufgenommen: [...] Sind Sie damit einverstanden?
Diaghilew erwarten wir Montag. Es ist schwer, mit dieser Schwefelbande [zu] verhandeln, da alle 8 Tage ein anderes Paar miteinander verfeindet ist. Ich werde nach Möglichkeit versuchen, Nijinsky *und* Fokin zu bekommen, für das Publikum halte ich Nijinskys Mitwirkung für das wichtigste Moment. Die «Frau ohne Schatten» schicken Sie mir, wann es *Ihnen* paßt. Wenn Sie den Titel vorher *nicht* verwenden würden, wäre ich dankbar.
Die Frage München werde ich natürlich tolerant behandeln und mich selbst weiter nicht einmischen, trotzdem ich nach meiner eingehenden Unterredung mit Franckenstein im Sommer das jetzige Resultat derselben sehr kläglich finde. Na, wollen sehen, was die Zukunft bringt und die Weihnachtswoche!
Der hiesige Strausszyklus an der Oper verläuft glänzend: «Elektra» Mittwoch war ein grandioser Erfolg, der gestrige 89. «Rosenkavalier» ausverkauft, ist für den ersten Weihnachtsfeiertag (Franckenstein zur Nachahmung empfohlen!) wieder angesetzt. Am 29. Dezember ist wieder «Ariadne», am 2. Januar «Salome»: Sie sehen, Hülsen gibt sich wenigstens Mühe!
Ich hoffe, daß Sie sich bald wieder wohl und arbeitskräftig fühlen und wünsche Ihnen herzlichst volle Wiederherstellung!
Ich bin fleißig an der Partitur des «Joseph».
Mit herzlichen Grüßen Ihr getreuer *Dr. Richard Strauss*

[Berlin-]Westend, Kaiserdamm 39, 15. Dezember 1913

Lieber Herr von Hofmannsthal!

Der sehr begabte Musiker Wolf-Ferrari hat mit dem in der Ausfertigung von Operntexten gleichfalls sehr geschickten Herrn Batka zusammen eine Oper geschrieben «Der Liebhaber als Arzt» nach Molières «Le médecin malgré lui». Diese Oper ist vor einigen Tagen in Dresden mit durchschlagendem Erfolg zur Aufführung gelangt in den Kostümen unserer «Ariadne» und von der Presse als das endlich angekommene, seit langer Zeit erwartete musikalische Lustspiel unserer Zeit begrüßt worden. Wie viele komische Opern sind in den letzten 5 Jahren nicht schon als das musikalische Lustspiel unserer Zeit begrüßt worden, nur nicht der «Rosenkavalier», der vor 3 Tagen zum 89. Male bei vollständig ausverkauftem Hause hier gegeben wurde. In einer Kritik aus Dresden las ich, daß das Wolf-Ferrari-Batkasche Werk die richtige «*Wiedergeburt Molières*» (sic!) aus dem Geiste der Musik sei. Eben das, was mir mit «Ariadne» durch *Ihr* «Ungeschick» nicht gelungen ist. Der Mann hat von Nietzsches «Geburt der Tragödie aus dem Geiste der Musik» einmal etwas läuten hören und läßt nun Molière durch Wolf-Ferrari wiedergeboren werden.

Lieber Freund, muß man nun all diesen Unsinn auf sich sitzen lassen? Muß man nicht dagegen doch einmal in irgendeiner Form seine Stimme erheben oder soll ich weiterhin geduldig warten, bis die Leute von selbst dahinterkommen, einzusehen, wie feinstilistisch gerade Ihre Arbeit in «Ariadne» ist, wie aus Molière nur gerade das gerettet worden ist, was in diesem Stück, wie in all seinen Stücken, unsterblich ist, wie der Typus des Jourdain? Wie fein wir gerade im Lustspiel alles aus Molière herausgezogen haben, was musikalisch ist, wie das langsam zum eigentlichen Geist der Musik hinüberleitet und zu Höhen hinaufführt, von denen auch der wiedergeborenste Molière keine Ahnung haben konnte. Ist es nicht zum Teufel holen, wenn man liest, wie das Publikum sich bei dem entzückenden musikalischen Lustspiel des Wolf-Ferrari-Batka den ganzen Abend lang köstlich unterhalten hat, während es sich bei unserem kurzen

Molière, in dem Sie wirklich nur das haben stehen lassen, was amüsant und charakteristisch ist, zu Tode langweilt und nicht erwarten kann, bis endlich die Oper kommt? Muß man sich alles das gefallen lassen? Haben Sie niemanden unter Ihren Freunden, Schnitzler oder Bahr, oder irgend jemand, der da einmal ein kräftiges, weithin gehörtes Wörtlein spricht, das mit dem Märchen von dem langweiligen «Bourgeois» endlich einmal aufräumt? Ein Märchen, was sich herausgedichtet und suggestiv über die ganze Welt verbreitet hat aus der kleinen Tatsache, daß bei der Uraufführung in Stuttgart infolge von 2 Zwischenakten von je 50 Minuten, an denen der Königscercle schuld war, das Publikum 3 Stunden warten mußte, bis es die mit Spannung erwartete Oper des Opernkomponisten Strauss zu hören bekam und diese Ungeduld als Langeweile über das Molière-Hofmannsthalsche Lustspiel auslegte.

Ein kleines Beispiel, und keiner von all diesen Kerls hat es gewagt, dieses in Stuttgart ausgegebene Schlagwort von dem endlosen, langweiligen Molière, der in Stuttgart mit Zwischenakten drei Stunden spielte, in allen jetzigen Aufführungen eine Stunde spielt, zu revidieren. Bei der hiesigen Strauss-Woche ist die gute Prinzessin Marie von Meiningen zu Besuch und hört mit Ausnahme der «Salome» alle meine Opern zum ersten Male. Sie schreibt mir nach der Lektüre des Textes des «Rosenkavaliers», daß der Text sehr langweilig sei. Nach der Aufführung am Freitag bekennt sie mir ganz erstaunt, daß der Text entzückend sei. Diese Frau hatte den Mut und den Anstand, nach der Aufführung ihr vorher abgegebenes Urteil zu revidieren. Ein Kritiker würde so etwas nie tun.

Ich möchte wissen, was die Leute sagen würden, wenn sie einen Text[1], z.B. der «Meistersinger» oder des «Parsifal», ohne Richard Wagners Namen heute zur Beurteilung hätten. Ich wette, 90 Prozent davon wird die Texte für unsagbar langweilig und jedenfalls für unkomponierbar erklären.

Alles in allem muß man doch einmal gerade der feinen Arbeit, die wir zusammen an «Ariadne» geleistet haben und deren

[1] Im Original: einen Text und.

Wert ich mir von niemand schmälern lasse, volle Gerechtigkeit widerfahren lassen. Aus dem Grunde bin ich auch gegen jede Verarbeitung und Trennung der Oper von dem Lustspiel, und es wird jetzt auch für Amerika unterhandelt, daß das Werk nächsten Winter dort in englischer Sprache in einem kleinen Theater, wie es von uns geschrieben, aufgeführt werden wird.
Das Resumé dieses Briefes nochmals: haben Sie niemand, der für eine breite Öffentlichkeit über «Ariadne», über den Stil des ganzen Werkes und über den Wert von Molières Anteil daran ein weithin hörbares, gewichtiges Wort sprechen kann? Mir geht der fortwährende Blödsinn, den man darüber hören muß, nachgerade auf die Nerven. Ich lasse mir heute Nachmittag vor der Aufführung Dr. Bie herauskommen und werde die nämliche Sache auch mit ihm besprechen, denn wenn man Irrtümer zu lange unberichtigt läßt, setzen sie sich als Wahrheiten fest.
Mit schönsten Grüßen Ihr ergebenster *Dr. Richard Strauss*

Wenn Franckenstein sagt, daß «Rosenkavalier» nicht kommen konnte, weil Wirt und Sänger neu besetzt werden müssen, so ist das eine sehr faule Ausrede. Der Sänger kann nach Noten singen und der Wirt kann in 15 Minuten gelernt werden. Orchesterproben für beide Stellen dauern 15 Minuten. Ecco, ecco!

Lieber Dr. Strauss, Rodaun, 19. XII. [1913]
Vielen Dank für Ihre beiden Briefe. Besonders der zweite, mit der Maschine geschriebene, hat mich sehr interessiert und gefreut.
Bezüglich der «Ariadne» ist es mir vor allem erfreulich, daß Sie für das von mir darin (auch in bezug auf den Molière) Geleistete so viel Verständnis und so schöne Anerkennung haben. Das Gegenteil würde mich sehr verletzen und kränken. Im übrigen stehe ich dem wirklich phantastischen Mißwollen und Unverstand ziemlich gleichmütig gegenüber. Ich glaube, man muß sich durchaus auf sein Talent und auf seine Leistung verlassen – das übrige mit Macht und Geschick zu beeinflussen –, in *meinem* Temperament wenigstens liegt's nicht.

Schnitzler hat in seinem ganzen Leben keinen Aufsatz, keine Zeile journalistischer Art geschrieben, nicht einmal pro domo, nicht einmal einen offenen Brief – er hat dazu, wie er mir selbst sagte, nicht das leiseste Geschick.
Bahr hat in früheren Jahren mindestens zwanzigmal über mich geschrieben, immer als Parteigänger, Freude hat's mir nie gemacht, es war immer halb, immer schief, ist schließlich alles ohne Wucht, ohne Konsequenz, ohne innere Wahrheit. Wer ihn heute veranlaßte, über mich betreffende Materien zu schwätzen, würde mir das Unangenehmste tun, was mir widerfahren könnte.
Voriges Jahr hat Wassermann, der ein ernster Künstler ist und selten hervortritt, über meine Musiktexte einen sehr schönen Aufsatz in der «Rundschau»[1] geschrieben. Es hat ihm alle möglichen Angriffe eingetragen (von Herrn Kerr unter anderen), – an dem Ton und Verständnis der Presse hat es nichts gebessert.
Bie ist gewiß allenfalls ein brauchbarer publizistischer Helfer. Die Abschnitte über uns in seinem Buch[2] sind wirklich hübsch. Er sieht Qualität, sieht sie freilich auch, wo sie nicht ist, und mit lauter Feinheit und Unparteilichkeit verwässert er schließlich alles.
Einfluß in diesen Dingen ausüben könnte nur eine konsequent wirkende, gut geführte Gruppe von 2 bis 3 oder auch mehr Publizisten, sei es an einer, sei es an verschiedenen Stellen. Darüber haben wir an einem schönen Abend in Orvieto ja gesprochen. Konsequenz ist alles – dem konsequent ausgesprochenen Urteil, der konsequenten Darlegung innerer Werte beugt sich allmählich, aber sicher, die öffentliche Meinung.
Dies hervorzurufen, liegt in Ihrer Macht viel mehr als in der meinen, weil es in Ihrem Temperament und in Ihrem Wunsch liegt. Auch sind Sie, als der, dessen Werk viel weniger mißverstanden wird, als mein Anteil, in der weit günstigeren Situation. Was in dieser Sache jemals erreicht wird (und die Wichtigkeit

[1] «Die Neue Rundschau», Jg. 24, Heft 2 (Februar 1913). «Voriges Jahr» ist demnach ein Irrtum.
[2] Oscar Bie, Die moderne Musik und Richard Strauss, Berlin 1907 u. ff.

für die Fort-Existenz unserer gemeinsamen Arbeiten verkenne ich nicht), das wird ganz genau von dem Maß von Konsequenz abhängen, mit dem Sie es behandeln. Behandeln Sie es *gelegentlich* nach Laune und Zufall, so ist es schad um die Mühe. Wagner hat solche Dinge mit eiserner Konsequenz, je nach der Lage mit Feuer, aber auch mit ruhiger Kälte, behandelt – aber vor allem die Fäden niemals losgelassen. Das ist es, worauf es ankommt.

Ich tröste mich vor allem mit der Freude, welche die Arbeit mir gewährt, dann mit der Wirkung, welche schließlich dem Meisten, das ich noch hervorbrachte, nicht versagt bleibt, endlich mit der Anerkennung von 20 bis 30 hochstehenden Menschen. Der «Jedermann» ist heute abend im Burgtheater. Gestern auf der Generalprobe hatten die meisten Leute Tränen in den Augen. So geht es nun auf 90 deutschen Bühnen. Aber es hat noch nicht einer von diesen Zeitungslumpen sich überhaupt die Mühe genommen, das alte englische Ding mit meinem Gedicht zu vergleichen – zu sehen, daß ich nicht an einer alten Holzskulptur ein paar Finger dazugemacht habe, sondern daß ich ihm zu einer Hand, allenfalls zu einem halben, verstümmelten Kopf, eine ganze Figur gemacht habe – und nicht eben ohne dichterischen Beruf, wie mir scheint – sie nehmen's aber hin, wie die Kuh das Gras frißt, und tun aus Unwissenheit oder aus Bosheit so, als hätte ich ungefähr das gleiche Stück Arbeit an dem alten Engländer geleistet, wie der Herr Batka, wenn er einen Molière verhunzt. – So war es immer, so wird es immer sein. Daß an einem so gehandelt wird, ist mir Gewähr dafür, daß man nicht zu der Kanaille gehört.

Die epische Behandlung des Stoffes unseres Märchens ist eine Arbeit, die sehr ergiebig ist und mir große Freude macht. Über das Verhältnis des Stofflichen zur Darstellung, über das Epische und Dramatische ließe sich da, wenn die beiden Produkte einmal vorliegen werden, vieles abmerken (bei gutem Willen natürlich). – Ich hoffe, durch diese Vorform des Stoffes (wenn es auch das nachträglich Entstandene ist) den Stoff, die Figuren und ihre Verkettung recht tief im Gefühl des aufnehmenden

Publikums (denn aufs Publikum kommt's ja doch an, nicht auf die Schreiber!) zu verankern. – Hierbei könnte mich freilich eine einigermaßen organisierte Strauss-Publizistik (wenn Sie die Kraft hätten, eine solche zu organisieren) sehr unterstützen. Wir sprechen später, wenn das Märchen vorliegt, auch noch einmal darüber, ob es nicht das einzig Richtige wäre, dem Märchen *gleich* den richtigen Namen zu geben. – Die Geldsache habe ich freilich falsch behandelt! Ich identifizierte Sie mit Fürstner – und glaubte, *Ihnen* Freude zu machen, wenn ich nachgäbe. – Nun haben Sie es ja so ziemlich gerecht geordnet! Herzlich der Ihre. *Hofmannsthal*

Lieber Dr. Strauss, Rodaun, 26. XII. 1913

Ich hatte Ihnen ein Weihnachtsgeschenk zugedacht, nun bekommen Sie's erst zu Silvester, es ist die erste, kürzere Hälfte des ersten Aufzuges der «Frau ohne Schatten», ein Teil, den ich als definitiv fertig betrachten darf und der sich, wie ich glaube, der Musik noch mehr entgegenschmiegt als irgend etwas, das ich bisher für Sie gemacht habe. Ich schicke es Ihnen von Neubeuern aus in Maschinenschrift, dazu einen Zettel mit Bemerkungen über die Figuren und die poetischen Motive, welche ja zugleich auch die musikalischen sind.

Franckenstein setzt mir für den 4. die «Ariadne» an, worauf ich mich kindisch freue, denn ich habe dieses liebe Kind seit der Première eigentlich nicht wiedergesehen, ein ganz verunglückter, stimmungsloser Abend in Dresden, in dem riesigen gähnend leeren Haus, zählt nicht.

Franckenstein fügt spontan hinzu, daß er auf diesen Abend *raschestens* «Salome» und «Rosenkavalier» folgen lassen wird. Ich weiß, daß Diaghilew am 4. nach Berlin kommt und erwarte mir von der Unterredung viel, denn er ist mir, und einmal erworbene Überzeugungen wanken bei mir nicht, eine große Valeur, ein Mann des Theaters Nummer 1, was er anstrebt, ist schließlich das gleiche, als wir anstreben, ich bin also guten Mutes trotz der unvermeidlichen Kollisionen und Verstimmungen. Herzlich der Ihre. *Hofmannsthal*

Schloß Neubeuern a/Inn, Oberbayern 28. XII. [1913]

Mein lieber Dr. Strauss,

Hier ist mein kleines Neujahrsgeschenk! Es soll Sie begleiten und hier und da Ihre Phantasie anregen.

Es kommt bei dieser Introduktionsszene (Ia) alles auf das Tempo an; denn da der darauffolgende Halbakt (Ib) bedeutend gewichtiger und um die Hälfte länger ist, der ganze erste Akt aber nicht über 60 bis 70 Minuten spielen darf (denn der *zweite Aufzug* mit seinen fünf Bildern spielt sicher 70 bis 80 Minuten), so dürfte dieser Halbakt nicht mehr Zeit als 20 bis 25 Minuten für sich beanspruchen. Der Geist der Musik für diese Szene wird sich mit dem der Dichtung decken, wenn Sie dem Ganzen etwas Leichtes, Fließendes, Gehauchtes geben – trotz der Gegensätze darin: auch diese Gegensätze haben nicht die Schwere der Kontraste der irdischen Sphäre; sie sind durch ein gemeinsames Geisterhaftes versöhnt.

Der Kaiser ist von den fünf Hauptfiguren des Stückes die mindest hervortretende: sein märchenhaftes Geschick, zu Stein und wieder erlöst zu werden, ist ein stärkster Zug im Bilde – seine Physiognomie ist minder individuell als typisch: der Jäger und der Liebende (siehe Anmerkungen). Die Musik wird ihm das wahrhaft Musikhafte mehr als das scharf Charakteristische mitzugeben haben; er soll eine süße, schöngeführte Stimme in dem Ganzen sein.

Von der dreifachen Natur der Kaiserin, die am Dasein von Tier, Mensch und Geist Anteil hat, kommen in diesem Teil nur das Tierhafte und das Geisterhafte, beide zusammen das Fremdsein ausmachend, in Erscheinung: in der Mitte klafft die Lücke, das Menschliche fehlt: dieses zu gewinnen, ist der Sinn des ganzen Stückes – so auch in der Musik: erst im dritten Akt wird die Stimme der Kaiserin ihren vollen menschlichen Klang annehmen – die tierhaft geisterhaften Elemente werden dann in einem höheren Medium zu einer neuen Wesenheit verschmolzen erscheinen.

Über das Doppelgesicht der Amme, die zwischen dem Dämonischen und dem Grotesken schillert, finden Sie Gelegentliches dem Text beigeschrieben. Ich bin 2. bis 5. in München. freue mich, die «Ariadne» wieder zu hören.

Der Ihre. *Hofmannsthal*

1914

Hotel Marienbad, München 2. I. [1914]

Lieber Dr. Strauss,

Vielen Dank für Ihren Brief. Je mehr Sie streichen können, ohne die Verständlichkeit und das Wesentliche der Figuren zu beschädigen, desto besser, in dieser Szene und in jeder andern. Ich glaube, ich werde jeden Strich genehmigen, der Ihnen möglich erscheint. Exposition ist nun einmal Exposition und als solche nicht der kurzweiligste Teil; immerhin glaube ich, daß diese recht gelungen ist und namentlich, daß der Übergang zur zweiten Hälfte sehr glücklich und organisch, auch musikgemäß im höchsten Grade ist. Ich glaube auch, daß Ihr Weg bei der Komposition dieser drei Akte genau der des Dante sein wird: aus der Hölle durchs Fegefeuer in den Himmel des dritten Aufzuges.

Ich muß Ihnen aber, damit sich Ihnen alles ins Gleichgewicht setzt, unbedingt in Berlin die beiden Hälften des I. Aktes nacheinander vorlesen, wenn auch der zweite aus dem Rohmanuskript.

Hörte gestern abend hier «Ariadne». Es war ein reizender Abend für mich, auch der Molière. Wie viel und wie schöne geistreiche Musik steckt da drin! Wie charmant ist die Dînerszene! Wie elegant und hübsch und im hübschesten Sinn kurzweilig ist dies alles – was für Viecher, diese Zeitungsschmierer, die nichts, nichts vom Hübschen und Guten zu erkennen vermögen.

Sie haben völlig recht –, wir wollen nichts, nichts daran ändern. Und auch darin: es muß in kleinen Theatern bleiben! Das Haus sah gut aus, meine ganzen Neubeurer Freunde waren da, Franckenstein hatte Kaulbachs und andere Leute geladen, Steinrück war sehr annehmbar, die Bosetti glänzend, die Fay und

Erb sehr schön. – Die Ziffer aber (Franckenstein hielt mir unter dem Logenrand auf meine Frage den Zettel mit dem Rapport hin) recht mäßig: 2300 Mark. Wir dürften in 3 bis 5 Tagen in Berlin eintreffen und sagen uns dann baldigst zu Tisch an – Sie schicken uns vielleicht eventuell dann das Auto?
Eine eben eintreffende Depesche von Diaghilew meldet mir, daß über die Hauptpunkte eine Einigung erzielt ist, was mich sehr freut! Also auf bald! Der Ihre *Hofmannsthal*

Lieber Herr von Hofmannsthal Berlin, [ca. 4. Januar 1914]
Besten Dank für lieben Brief: freue mich, wenn Sie kommen. Habe mich schon viel mit der ersten Szene beschäftigt, danke Ihnen, daß Sie mir plein pouvoir geben, glaube, daß ich nichts streichen werde, was Sie *dauernd* entbehren würden.
«Ariadne» 2300 M. ist ja eine glänzende Einnahme. Das Haus bringt ausverkauft zu den Sommerpreisen (25 M. der Parkettsitz) nur 6000 Mark. Lassen Sie sich von dem Herrn Intendanten (dies Geschäft verdirbt nämlich am meisten den Charakter!) kein X für ein U vormachen! Lassen Sie sich doch die Einnahmen zeigen, die das Residenztheater an *anderen* Abenden bringt!
Sie telephonieren mir also Ihre Ankunft: Amt Wilhelm 5805.
Sie sollen dann auch das Auto haben!
Auf Wiedersehen! Herzlich grüßend Ihr *Dr. Richard Strauss*

Hotel Marienbad, München
Lieber Dr. Strauss! Dienstag, [6. Januar 1914]
Alles gut, wir kommen Donnerstag an, bitte, schreiben Sie uns eine Zeile ins Adlon, ob die gnädige Frau uns *Freitag* oder *Samstag* zu Tisch brauchen kann. Und das Auto ist natürlich ganz überflüssig, es gibt doch Mietautos genug, ich hatte meine zerstreuten Gedanken bei andern Freunden, die in Wannsee wohnen, und deren Villa immer so schwer zu finden ist! Und noch eine Konfusion hab ich gemacht: Franckenstein findet die Ziffer 2300 *sehr gut*, es ist ein $^4/_5$ Haus, ich wußte das nicht, wußte nicht, daß das Maximum bei diesen Preisen nur 3000 beträgt, er hielt mir neulich nur stumm den Kassenrapport hin,

und *ich* glaubte, daß es eine schlechte Ziffer sei, er kann da gar nix dafür. Also auf gutes Wiedersehen. Streichen Sie womöglich schon in Ia, was Sie wollen, ich würde Ihnen gern den ganzen ersten Aufzug *vorlesen*, und die erste Hälfte schon mit Ihren Strichen.

Herzlich Ihr *Hofmannsthal*

Lieber Herr von Hofmannsthal! Berlin, [17. (?) Januar 1914]

Meine Frau ist nicht wohl und liegt zu Bett: dies leider der Grund, warum ich Sie diesmal nicht zu uns bitten und heute Abend nicht zu den Russen kommen kann.

Morgen Abend komme ich zu den Russen (wollen Sie Diaghilew dies sagen?) und würde gern nachher mit Ihnen sein.

Fürstner habe ich die bittere Pille bereits verabreicht: er hat ein sehr saures Gesicht geschnitten und kaut vorläufig noch daran. Ich muß ihm etwas Zeit lassen.

Auf Wiedersehen also Mittwoch Abend. Sollte Ihnen dies nicht passen, so kommen Sie vielleicht nachmittags 4 Uhr zum Tee zu mir.

Mit schönsten Grüßen Ihr *Dr. Richard Strauss*

Mein lieber Dr. *Strauss* Hotel Adlon, Berlin [Januar 1914?]

Es tut mir wirklich so rasend leid, Sie in einer so zarten Sache, wie die gemeinsame Arbeit, gekränkt zu haben – aber halten Sie *bitte* die beiden Dinge, die ich «angestellt» habe, auseinander, dann werden Sie es eher verstehen. Bodenhausen ist mein intimster Freund und Berater, der Verwalter meines kleinen Vermögens u. s. f., steht zu mir wie etwa Levin zu Ihnen, den Sie ja auch der *ersten* Beratung über den Stoff beizogen – und er kennt den Stoff von einem Spaziergang in Gastein im Sommer 1912, bei welchem durch seine Bitte, ihm den mir flüchtig vorschwebenden Märchenstoff zu erzählen, der Stoff erst in mir Gestalt annahm und welchem Spaziergang ich die entscheidend schönsten Einfälle verdanke. B. ist übrigens von einer steinernen Diskretion.

Reinhardt habe ich das kurze Fragment des Märchens, gar nicht um des Stoffes willen, sondern um ihn in eine bestimmte poetische Atmosphäre zu führen, vorgelesen, aus der sich vielleicht einmal ein phantastisches *Schauspiel* (mit oder ohne Musik) auch ableiten ließe – einen ganz anderen Stoff behandelnd – immerhin hat er ja dabei die Gegebenheit unseres Stoffes, wenn auch nur in der Exposition, kennengelernt, und es ist eine Zerstreutheit, die ich mir nur schwer verzeihen kann, daß ich ihn nicht dringend bat, nicht darüber zu reden. Er ist völlig diskret, aber unglaublicherweise vergaß ich, es ihm einzuschärfen – so sehr war ich – dummer Weise – mit meiner Phantasie bei diesem vertraulichen Zusammensein entfernt von der stupiden und indiskreten Welt der Zeitungen etc. Sie haben ja durchaus recht – und ich kann nur sagen: ich will es nicht wieder tun, besonders, wenn es Sie so trifft! Wir sprechen morgen noch eingehend darüber, ich erwarte Sie von 10 Uhr an, bitte Sie aber herzlich, nun vom Ärger abzulassen. B. zählt als Mitwisser so wenig wie mein eigener Schatten, und Reinhardt wird gewiß zu niemand mehr darüber reden, er leidet selbst zu sehr unter Getratsch.

Herzlich Ihr *Hofmannsthal*

Lieber Dr. Strauss, Rodaun, 24. I. [1914]

Ich vergaß mündlich, muß nun schriftlich etwas nachholen wegen einer Neueinstudierung «Elektra»-Wien. Hier ist, unter der vertierten Wirtschaft des Herrn G.[1] – Schalk der einzige, der etwas für uns tut – pardon, daß ich «uns» sagte, ich meine für Ihre Arbeiten. G.'s Devise war schon voriges Jahr: Der «Rosenkavalier» hat doch *seine Schuldigkeit* getan, was wollen Sie noch mit dem?? – Schalk setzt von Vorstellung zu Vorstellung durch, daß diese Oper intakt bleibt (nächsten Donnerstag wieder angesetzt), kämpft gegen die gewissen «Schwierigkeiten», Mayrs Faulheit und Unlust an der anstrengenden Rolle u. s. f. Ich weiß das nicht von ihm, sondern auch mehrfach von anderen Seiten. Es mag Persönliches, Ambition etc. reichlich mitspielen, jedenfalls ist auch zu einem sehr großen Teile wirk-

[1] Hans Gregor.

lich fundierte Einsicht in den Wert und Rang Ihrer Produktion mit im Spiele.

Sein Wunsch ist nun, wenigstens die drei an der Hofoper existierenden Werke: «Feuersnot», «Elektra», «Rosenkavalier» innerhalb 1914 zyklisch herauszubringen *und zu halten*, und er verbürgt sich (il se fait fort, wie man französisch so gut sagt), dies auch durchzusetzen, einzige Bedingung (sine qua non) wäre eine briefliche Äußerung von Ihnen an die Direktion oder an ihn, worin Sie die Neu-Einstudierung «Elektra» (mit Frau Schoder) *reklamieren* und zwar Neu-Einstudierung durch Schalk.

Ich übersehe nicht, daß hierin eine Pointe gegen Reichenberger liegt, aber Reichenberger ist ein recht schwacher Herr in jedem Sinn, Schalk von brennendem Ehrgeiz und auch großer Willenskraft, – es handelt sich darum, daß Opern auf dem Theater bleiben müssen, um zu leben, das andere sind Personalien, und noch dazu Personalia theatralia – also schreiben Sie bitte mir jedenfalls, wie Sie sich die Sache denken.

Als ich nach Berlin kam, hatte ich mich recht gefreut, daß ich etwas von der Musik des «Joseph» hören würde und lauerte im Gespräch, ob sich eine Wendung ergeben würde, die mir Ihre Bereitwilligkeit andeutete, mich etwas von diesem noch verborgenen Schönen genießen zu lassen. Aber es kam nichts: direkt aber zu bitten, fühlte ich mich immer gehemmt. Es ist mein «Unmusikalisches», was sich dazwischenstellt, der Gedanke, daß es Ihnen nicht der Mühe wert sein kann, für mein geringes Verständnis etwas zu spielen. Daher bin ich immer so erfreut, wenn es sich fügt, daß Sie einem anderen, der «etwas davon versteht», vorspielen und ich zuhören kann. Leider hat es sich diesmal nicht so gefügt, und am vorletzten Tage (den letzten in Berlin verbrachte ich im Bett mit etwas Fieber) sagte mir Bie, Sie hätten ihm daraus vorgespielt und er fände es so besonders schön und glücklich die Besonderheit, daß Sie einmal dramatische Musik *ohne Stimmen* zu schaffen in dem Fall gewesen wären. Dies wird sich ja, wie ich mich zu denken freue, in der «Frau ohne Schatten» teilweise (bei den vielen Verwandlungen, namentlich in III) wiederholen.

Ihre Striche und Umstellungen in I a finde ich wirklich ganz ausgezeichnet und werde sie einfach in mein Exemplar übertragen.

Ihr *Hofmannsthal*

Berlin, [28. Januar 1914]

Lieber Herr von Hofmannsthal!

Ihr Brief ist mir sehr interessant: ich folge natürlich gerne Ihrem Rat und bin bereit, Reichenberger den Schmerz anzutun, ihm «Elektra» wegzunehmen, die er nun über zwei Jahre nicht herauszubringen im Stande war. Bin bereit, an Schalk selbst zu schreiben (an Gregor selbst unmöglich) – Sie sagen «er verbürgt sich» – gut! Aber nur die Gewißheit kann mich bestimmen, Reichenberger zu kränken; da ich zwar in diesen Dingen unnötige persönliche Rücksichten nicht kenne, aber auch ohne *feste* praktische Aussichten einen guten Kerl nicht beleidigen will. Bitte, fragen Sie also Freund Schalk, dessen eifrige Teilnahme ich schon zu schätzen weiß und dessen Verdienste um den «Rosenkavalier» ich wohl würdige und dankend anerkenne, nochmals in meinem Namen, ob er mir feste Garantien geben kann, daß er «Feuersnot» und «Elektra» *gegen* diesen herrlichen Direktor herauszubringen im Stande ist («Elektra» vorerst mit Schoder, falls dieselbe versagen sollte, mit *einer anderen*, der Rolle stimmlich gewachsenen Künstlerin, Chrysothemis – *Jeritza meine Bedingung!)* – wenn er diese Garantien wirklich zu geben im Stande ist, soll er den schönen Brief und die «Elektra» haben. Einstweilen danken Sie ihm, bitte herzlichst in meinem Namen, ihm – unter Wienern der einzigen deutsch fühlenden Brust!

Im übrigen sind auch Sie ein rechter Wiener: statt mir einfach zu sagen: lieber Doktor, spielen Sie mir was aus «Joseph» vor, warten Sie auf eine Wendung im Gespräch, die sich nicht ergibt und schreiben mir nachträglich einen Brief. Geschieht Ihnen schon recht.

Der Vertrag mit Diaghilew und Gunsbourg wird heute Mittag unterschrieben, ist noch recht gut geworden.

[...]

Ich bin in 3 Tagen mit der Partitur fertig und erwarte jetzt die «Frau ohne Schatten». Bitte, niemand mehr das Märchen vorzulesen; auch ich schweige vollkommen!
Herzlich grüßend Ihr *Dr. Richard Strauss*

Lieber Dr. Strauss, Rodaun, 31. I. [1914]
Vielen Dank für Ihren Brief und die angenehme Nachricht, daß der Kontrakt über «Joseph» unterzeichnet ist. Ein Telegramm von Diaghilew aus Paris spricht das gleiche mit Freude aus, dazu die offenbar gesicherte Besetzung der Frauenrolle mit Rubinstein. Tant mieux! – Schalk dankt sehr für Ihren Brief, dessen Inhalt ich ihm übermittelte, will Sie aber nach reiflicher Überlegung des «Briefes» ganz entheben, die Sache mit Reichenberger zunächst persönlich (mit Angebot eines *Tausches)* abmachen. Dann die Hauptsache via Montenuovo. Schoder – Jeritza für das Schwesternpaar[1] steht fest. – Das Fragment des Märchens weiterhin jemand vorzulesen, liegt gar kein Anlaß noch Versuchung vor. Sie schimpfen mich einen *Wiener*: das ist arg. Gar zu sehr muß ich's nicht sein, sonst würde mir die Atmosphäre nicht so gegen den Strich gehen. Übrigens hat meine große Erzählung[2] nichts andres zum Inhalt, als die Entwicklung eines jungen *Wieners* zum *Menschen* (oder zum Deutschen!). Herzliche Grüße *Hofmannsthal*

Lieber Herr von Hofmannsthal Brüssel, 17. 2. 14
Besten Dank für die Kantate[3]: ist famos und bereits komponiert. Zur Sicherheit nur: heißt es

«Er aber, droben,
suchet sich selber, welchem er diene
von den Geistern, *welchem strengen* –»

[1] In «Elektra». [2] «Andreas oder die Vereinigten».
[3] «Kantate» («Tüchtigen stellt das schnelle Glück»), Gedicht von H. v. Hofmannsthal zum 20-jährigen Intendanten-Jubiläum des Grafen Seebach, von Richard Strauss am 22. Februar 1914 für Männerchor vertont und in der Festgabe für Seebach in Faksimile veröffentlicht. Wiedergabe in Notensatz als Anhang zu: Karl-Joachim Krüger, Hugo von Hofmannsthal und Richard Strauss, Berlin 1935.

ist «welchem strengen» richtig? Erbitte Ihre Antwort nach Berlin. Wann bekomme ich den ersten Akt der «Frau ohne Schatten»? Ich dirigiere hier morgen «Elektra» mit Faßbender und Mildenburg.

Habe Sonntag den Direktoren des Monnaietheaters «Ariadne» vorgespielt: sie sind entzückt von Ihrer Arbeit und halten den Vorwand, daß ein derartig bearbeiteter Molière in Frankreich unmöglich sei, für einen Blödsinn, der bei richtiger Aufklärung des Publikums leicht zu überwinden ist. «Ariadne» kommt hier, von Kufferath übersetzt, französisch im nächsten Winter. «Elektra» an der großen Oper in Paris ebenfalls französisch im Frühjahr 1915.

Mit herzlichen Grüßen Ihr *Dr. Richard Strauss*

Lieber Dr. Strauss Rodaun, 18. II. [1914]

Vielen Dank für Ihren Brüssler Brief mit freundlichen angenehmen Nachrichten. Das Urteil der Brüsseler Freunde über «Ariadne» samt «Bourgeois» ist mir eine wahre Freude und Genugtuung. Freut mich, daß Ihnen die improvisierte, wie eine Depesche einfach fast ohne Überlegung hingeschriebene Kantate als Unterlage zu einer Komposition brauchbar war. Es heißt, wie Sie richtig annehmen

«welchem er diene
von den Geistern, welchem strengen...»

Die Annahme «Elektra» 1915 für Paris ist mir auch sehr erfreulich.

«Frau ohne Schatten» Ia retourniere ich Ihnen morgen, nächste Woche lasse ich mir meine Schreiberin herauskommen und stelle den definitiven Text von Ib her.

Viele herzliche Grüße Ihr *Hofmannsthal*

Mein lieber Herr von Hofmannsthal! München, 4. April 1914

Der erste Akt[1] ist einfach wunderschön und so konzentriert und einheitlich, daß ich auch nicht ein Pünktchen daran gestrichen oder geändert mir denken könnte. Für mich handelt es

[1] «Die Frau ohne Schatten».

sich nur darum, einen neuen einfachen Stil zu finden, der es ermöglicht, Ihre schöne Dichtung in voller Reinheit und Klarheit den Zuhörern vorzuführen. Vielleicht kürze ich am ersten Teil noch einiges, damit der zweite des I. Aktes und alles Folgende ja ein frisches, empfängliches Publikum finde. Jedenfalls kann ich das Ganze jetzt schon besser übersehen und werde mich jetzt darauf vorbereiten, für alles die richtige Ausdrucksform zu finden. Jedenfalls beglückwünsche ich Sie herzlichst zu der schönen, vollkommenen Leistung und wünsche nur, daß die folgenden Akte der zweiten Hälfte des ersten ebenbürtig werden möchten.

Ich bin von Montag ab in Garmisch und von Anfang Mai ab in Paris (Hotel Crillon).

Mit herzlichstem Dank und schönsten Grüßen Ihr

Dr. Richard Strauss

Lieber Herr von Hofmannsthal! Garmisch, den 20. 4. 14

Der Anfang sitzt bereits und die Arie des Kaisers ist sehr schwungvoll und wohlgeraten. Ich möchte den Kaiser aber sofort abgehen lassen nach:

«ist sie die Beute aller
Beuten ohne Ende» (ab)

Ich habe da einen sehr glänzenden Abschluß, und das Falknerhaus und die ganze Seite 12 soll auch noch wegbleiben.

Die Amme sagt dann nur (zu den Dienern):

«Fort und von hinnen!
Ich höre die Herrin!
Euch darf sie nicht sehen!»

Kleiner, rein musikalischer Übergang und sofort die Kaiserin:

Kaiserin: «Ist mein Liebster dahin,
? *was weckt mich so früh!* ? Wie?
? *O laß mich noch liegen.* ?
Vielleicht träume ich» etc.

Da hiermit das ganze ziemlich unwichtige Seitenmotiv der Verbannung ins Falknerhaus wegfällt – ich möchte mich gerade in

den ersten Szenen nur auf das Allerwesentlichste beschränken (es ist eben doch unglaublich, sehr traurig, aber wahr, wie wenig Text man bei aller Sorgfalt des Komponisten in der Oper versteht) –, müßten dann auch die Anfangsworte der Kaiserin etwas verändert werden: ich bitte darum um Ihren Vorschlag.
Im übrigen komme ich so langsam hinein in den Stil und die Melodik und werde den ersten Akt leicht im Frühsommer vollenden, so daß Sie sich heute schon darauf richten können, mir bis zum August den II. Akt zu schicken, da nach schönem Sommer der Herbst meine fruchtbarste Arbeitszeit ist.
Wie geht's Ihnen mit Gesundheit und Laune?
Auf Wiedersehen in Paris, wo ich am 6. Mai eintreffe.
Mit herzlichem Gruß Ihr *Dr. Richard Strauss*

Lieber Dr. Strauss, Rodaun, 22. 4. [1914]
Wollte Ihnen gerade heute abend für Ihren früheren Brief danken, der mir große Freude gemacht hatte (in einer solchen Kollaboration sind Sie ja für mich Kritik und Publikum in einem) – da liegt der neue da.
Es ist mir durchaus lieb, wenn Sie die erste Hälfte mit Macht zusammendrängen. Sie dürfen nur eines nicht und nie vergessen: daß die Kaiserin, im geistigen Sinn, die Hauptfigur und ihr Schicksal der Motor des Ganzen ist. Färberin, Färber sind freilich die stärksten Figuren, aber eigentlich geht es nicht um sie; ihr Schicksal ist dem Schicksal der Kaiserin subordiniert. Dies mußte ich sagen, und Sie müssen's immer und immer im Auge haben, sonst wird der dritte Akt unmöglich, der doch die Krone des Ganzen werden kann und soll, weit über den ersten und zweiten in ein Paradies führend, über dessen Gärten die Musik und die Poesie wirklich einmal Hand in Hand, und ohne daß eine die andere hemmend niederzieht, hinschweben sollen, so wie es dieser einzige glückliche Stoff ermöglicht.
Ich freue mich, daß Sie hineingekommen sind, und will es möglich machen, Ihnen in diesem Sommer noch den 2. und 3. Akt zu übergeben, denn wichtiger als je zuvor ist es diesmal, daß Sie alle Teile eines komplexen Ganzen immerfort vor Augen

haben –, daß Sie die schwere Kunst treffen, zu sparen, manchmal wenig zu geben, weil so vielfach die Möglichkeit da ist, viel zu geben.

Ich hörte unlängst eine Oper[1] hier, von einem bisher Unbekannten, Franz Schmidt. Ich kann darüber kein Urteil abgeben, es schien mir aber weit über all dem Zeug von d'Albert, Schreker etc., ja auch Schreker, trotz seines Talentes. Das Merkwürdige an der Oper von Schmidt, weshalb ich hier davon spreche, war mir dies, daß ich beim ersten Hören fast alles von dem (übrigens absurden) Text verstand, und doch war es keine dünne melodramartige Musik – aber wenn die Singstimme vorwiegen soll, so war alles andere so zurücktretend, und – ich kann mir nicht helfen, ich hatte einen *sehr* schönen Eindruck davon, trotzdem der Text, wie gesagt, albern war. Ich sage *das ja* nicht um *meines* Textes willen, so weit kennen Sie ja jetzt mich schon, sondern ich will in ganz inkompetenter Weise damit sagen, daß es doch Möglichkeiten geben muß, manchmal das Wort absolut vorwalten zu lassen und daß mir *viel gewonnen* schiene, wenn das auf Ihrem Wege läge, diesmal. (Dies darum, weil Sie selber darüber klagen, man verstehe wenig vom Text, bei allem guten Willen des Komponisten. Dort aber verstand ich, verstand sicher die Hälfte aller vorkommenden Zeilen – ohne Textbuch, beim ersten Hören, wie geht das zu – und es ist doch eine Oper modernen Stils, sogar mit gewissen Anklängen an Ihre Musik.)

Über die Vorbereitungen zu «Joseph» bin ich auf dem laufenden und andauernd guter Zuversicht. (Was ich bei «Ariadne» so gar *nicht* war.) Die Photographien von Miassin als Joseph, die man mir schickte, finde ich fast eine Garantie, daß er das *Wesentlichste* der Figur bringt, gerade das, worin die faßliche, für jedermann faßliche Antithese zu der Frauenfigur liegt: die Reinheit.

Eine große Bitte: Da Ihr Name einem Pariser Hoteldirektor sehr imponiert, der meinige gar nicht, Diaghilew unverläßlich und Kessler zu nervös ist, so bestellen bitte Sie mir gütigst ein

[1] «Notre Dame».

nicht zu teures Zimmer, höheres Stockwerk, aber kein Bedientenzimmer, so eher ein Sekretärs- oder Librettistenzimmer, im Crillon, vom 9. morgens an. Bitte vielmals nicht vergessen! Herzlich im voraus dankend Ihr *Hofmannsthal*

Lieber Freund! Garmisch, 25. 4. 14

Wir wohnen in Paris *Hotel Majestic* am Arc de Triomphe, ruhiger und bessere Luft als die Stadthotels. Mein Freund Hermann hat mir dort schönes, preiswertes Quartier besorgt. Wollen Sie auch dort wohnen, so schreiben Sie, bitte, direkt an

Edouard Hermann[1], *Paris, 2 rue Rembrandt*

daß er Ihnen auch dort oder wo Sie sonst wollen, Quartier besorgt. Hermann ist von mir schon avisiert. Besten Dank für gestrigen Brief und bin ganz Ihrer Meinung, werde mein *Äußerstes* tun, um die Dichtung verständlich werden zu lassen und streiche Ihnen sicher nichts *Wesentliches.*

Auf frohes Wiedersehen! Ich bin schon hinter der Prophezeiung des Falken, komme herab zu den Menschen.

Herzlichst Ihr *Dr. Richard Strauss*

Hotel de Crillon, Paris, 11^{h} [20. (?) Mai 1914]

Lieber Dr. Strauss,

Kessler sagte, Sie würden noch zu mir kommen – leider sind Sie nicht gekommen –, ich hätte Sie gerne noch gesehen, auch das Folgende lieber gesagt als geschrieben. Kessler übergab mir, als von Ihnen, einen Brief von G. Brecher, über den ich mich etwas geärgert habe –, und zwar darum, weil Brecher eine, wenn auch subalterne Figur Ihres Kreises ist. Für einen solchen Ihnen nächst stehenden Schreiber – finde ich den Brief respektlos gegen mich und darum nicht in der Ordnung. Ich kann mich vollkommen darüber hinwegsetzen, wenn mißwollende Journalisten gelegentlich (wie es immer wieder vorkommt) an meinem Anteil einen Teil der eigentlich Ihnen geltenden Rancune auslassen (Sie selbst haben, glaub ich, das ganz richtige

[1] Die Partitur von «Josephslegende» ist Edouard Hermann, dem Leiter des Pariser Zweiges des Verlages A. Fürstner, gewidmet.

Wort vom Blitzableiter gebraucht), aber ich würde es sehr übelnehmen, wenn ich denken müßte, daß in dem Kreis der Leute, die Sie in der Hand haben, nicht verstanden oder nicht gewürdigt wird, was meine Mitarbeit in drei stilistisch so verschiedenen Fällen für Sie bedeutet, vor allem eben durch diese *stilistischen Elemente*. («Rosenkavalier», «Ariadne», und auch diesmal die Grundlage zu einer solchen Fresco-Symphonie.) Über die Vorrede zum Text (warum nennt Herr Brecher das ganz normale Textbuch beharrlich «die Broschüre von H. und K.»??) kann man verschiedener Ansicht sein – sie hat gewiß einer Anzahl übelwollender Kritiker zum Anhaken gedient, andrerseits war sie für die Referate von Schmidt (Vorreferat!), Kalisch, Karpath, Frischauer etc. ein höchst nützlicher Wegweiser. Ihre Form als «Notizen, die dem Komponisten als Substrat gedient haben» ist durchaus korrekt, sonst hätte ich sie nicht in dem von mir gezeichneten Textbuch stehen lassen –, daß es *vielleicht* ebensogut wäre, den Text unkommentiert zu geben, darüber kann man dieser oder jener Meinung sein, aber zu Unbescheidenheiten subalterner Personen, die nie im Leben etwas hervorgebracht haben, ist kein Anlaß. Dergleichen ist recht «deutsch» im nicht angenehmen Sinn des Wortes.
Was das Ballett oder die Handlung selber betrifft, so würde mich überaus interessieren, was dagegen eingewendet werden kann –, als Grundlage für Musik eines ernsten Musikers? Ganz im Ernst, wenn Sie aus der Diskussion oder aus der Presse einen sachlichen, halbwegs interessanten Einwand gegen das Ganze oder im Detail (der Erfindung, nicht der Aufführung) wissen, so schreiben Sie mir ihn *bitte*.
Meine Adresse ist bis Samstag Frankfurt, Frankfurter Hof, dann Nauheim, Parkhotel.
Bitte legen Sie vor Ihrer Abreise Mildenburg für Berlin fest, die Kussnetzoff war Null, und zu der Carmi habe ich nur sehr mäßiges Zutrauen.
Ich habe die netteste Erinnerung an unser Zusammensein im Trianon, und es tut mir sehr leid, daß der Aufenthalt auf einem Mißton ausklingt, der mir – um des Zusammenhanges mit

Ihnen – unangenehm ist, und mir im Moment, wo schließlich meine Initiative einem schönen symphonischen Stück von Ihnen zu einem großen künstlerischen und materiellen Erfolg verhilft, besonders deplaciert erscheint.

Aufrichtig der Ihre. *Hofmannsthal*

Lieber Herr von Hofmannsthal! Garmisch, am 25. Mai 1914

Ich war vergangenen Mittwoch Punkt 1/2 12 Uhr in Ihrem Hotel, mußte leider von dem Portier erfahren, daß Sie vor 5 Minuten auf den Bahnhof abgefahren seien. Es tat mir leid, aus Ihrem Brief zu ersehen, daß der Brief des Herrn Brecher Sie ziemlich verstimmt hatte. Da ich aber annahm, daß Sie wissen, daß Brecher immer ein begeisterter Verehrer Ihrer Kunst war und diese Bewunderung gerade bezüglich des Londoner Textes auch öffentlich zum Ausdruck gebracht hat, nahm ich an, daß Sie seinen letzten Brief, den ich Ihnen nicht vorenthalten zu dürfen glaubte, nicht so persönlich nehmen würden. Im ganzen kann ich Brecher nicht so sehr unrecht geben, da tatsächlich zwischen den Intentionen Kesslers, wie er sie in der Vorlage[1] zum Ausdruck gebracht hat, und dem, was in Paris davon auf die Bühne kam, ein erkleckliches Mißverhältnis war. Kessler steht auf dem Standpunkt, daß, wenn schon seine Intentionen auf der Bühne nicht verwirklicht wurden, das Publikum doch erfahren müsse, was er gewollt habe. Das ist nun vom literarischen Standpunkt aus berechtigt, vom Bühnenstandpunkt aus aber nach meiner Ansicht falsch. Wie die Sache jetzt steht, ist das Publikum durch Kesslers Vorrede auf alles mögliche gespannt, was es dann auf der Bühne nicht zu sehen kriegt. Die Enttäuschung darüber ist für die Wirkung vielleicht schlimmer, als wenn das Publikum, ohne durch eine Vorrede vorbereitet zu sein, den eingebürgerten Vorgang, wie er sich jetzt darstellt, naiv genießt und daran seine Freude hat, wie es doch in Paris tatsächlich der Fall war.

Ich glaube, manch üble Kritik ist nur dadurch hervorgerufen worden; die liebenswürdige Meinung Kesslers, daß ich froh

[1] Abgedruckt im «Textbuch» zu «Josephslegende».

sein soll, dauernd an ihm und Ihnen den gewöhnlichen Blitzableiter zu besitzen, ist durchaus nicht mein Wunsch. Denn mir liegt mehr, als Sie glauben, daran, daß auch von seiten des Publikums und der Kritik Ihre kostbare Mitarbeit an meinem Schaffen wirklich und mehr gewürdigt wird als bisher.

Wollen Sie sich die Sache nicht noch überlegen, ob es nicht doch besser wäre, die Vorrede Kesslers wegzulassen oder wenigstens so erheblich zu reduzieren, daß die Erwartungen des Publikums durch dieselbe nicht allzuhoch gespannt werden. Vieles von dem, was in der Kesslerschen Vorrede steht, waren doch eigentlich persönliche Aussprachen zwischen Dichter und Komponist und gehen das Publikum eigentlich nichts an. Nachdem in einer nach der Meinung des Publikums so vollendeten Aufführung, wie sie in Paris stattgefunden hat, die Ideen Kesslers so wenig zum Ausdruck gekommen sind, ist das Publikum doch mehr der Meinung, daß der Dichter etwas verlangt hat, was die Bühne nicht herauszubringen imstande ist, und die Ansicht Kesslers, daß das Publikum die Schuld dafür der mangelhaften Aufführung zuschreibt, ist irrig, wie die Tatsachen des Brecherschen Briefes, der Kritik in der Frankfurter Zeitung ergeben haben.

Meine Meinung wäre die, Kesslers Vorrede so lange zurückzuhalten, bis wir eine vollkommenere Bühnenaufführung zustande gebracht haben. Wenn wir unsere Absicht in der Aufführung mehr verwirklicht sehen können, wäre immer noch Zeit, diesen Kommentar später zu veröffentlichen.

Jetzt tut es mir herzlich leid, daß Sie sofort von Paris abgereist sind. Ich hatte es im Interesse der Sache gut gemeint, und gedacht, daß Sie dieser Stimme aus dem Publikum mehr Wert beilegen würden. Hätte ich diese Wirkung auf Sie vorausgesehen, hätte ich von der Kenntnis des Brecherschen Briefes Sie verschont.

Also verzeihen Sie und seien Sie herzlich gegrüßt von Ihrem nach schöner Fahrt gestern Abend wieder hier bei der schönen Arbeit an der «Frau ohne Schatten» angelangten aufrichtig ergebenen

Dr. Richard Strauss

Bitte besprechen Sie doch mit Roller die genaue Dauer der Verwandlungen in der «Frau ohne Schatten», daß ich mich mit den Zwischenspielen, die Uhr in der Hand, darnach richten kann und nicht zu wenig und nicht zu viel Musik mache. 2 bis 3 Minuten Musik ist viel; für unsere heutigen Maschinisten mit ihren schweren Dekorationen und unpraktischen «Praktikables» sehr wenig. Geben Sie mir *baldigst* die genauen Zeiten.

Lieber Dr. Strauss, Dienstag, 2. VI. [1914]

Samstag hier eintreffend, fand ich Ihren Brief vom 25. und habe gestern Roller hier herausgebeten und mit ihm die Dekorations- und Verwandlungssache genau durchgesprochen. Zwischenmusik von drei Minuten wäre ein erschreckender Gedanke! Das wäre ja eine halbe Symphonie! und das sechsmal an einem Abend! Auch zwei Minuten ist zuviel! (Roller, der hier den «Parsifal» inszenierte, sagte mir, die große Wandeldekorationsmusik, die einem vorkommt wie eine Viertelstunde, dauert genau $^3/_4$ Minuten.)

Also: er richtet es so ein, daß jede der Verwandlungen sich in $1^1/_4$ Minuten (75 Sekunden) vollziehen wird – und wenn Sie ihm bei der einen oder anderen *nur eine Minute* Zeit lassen, so wird es auch gehen.

Bin sehr froh, daß das fixiert ist, seit dem für unser (und vieler Menschen) Gefühl so schlimmen Zuviel der Boxerszene und des Josephstanzes hab ich die Angst vor zu langen Stellen noch mehr in den Gliedern als zuvor.

Ich fand gestern unter meinen Reisesachen zufällig den Brief von Brecher, und überlas ihn. Der Ärger darüber liegt natürlich hinter mir, doch kann ich heute nochmals in aller Ruhe die Nuance bezeichnen, die mich geärgert hat; es ist diese, wo er, einen unnötigen Gegensatz zwischen Ihnen und mir konstruierend (denn daß der Musiker stumm komponiert, der Textdichter aber ein Textbuch macht, worin Worte stehen, ist an sich ganz natürlich), nun noch dazu die «geschwollene Exegese, welche den *beiden* Herren beliebt hat», angreift, wo ich doch ganz ausdrücklich in meiner kurzen Vorrede dieses ganze

Schriftstück (natürlich in urbaner Weise) von mir abgelehnt und mich beiseite gestellt hatte[1]. Dieses Verwischen, Vermischen, dem einen aufbürden, was dem anderen gehört – das muß man sich von dem Pressvolk gefallen lassen, wo es halb Schlamperei, halb böser Wille ist, aber von einem näherstehenden Bekannten, einem «Verehrer meiner Kunst», ist es doppelt ungehörig, wenn er so schlampig ist, mir anzuhängen, was ich ganz deutlich von mir abgewälzt habe.

Darum aber bin ich in dieser Sache empfindlicher als sonst: weil ich in meiner Beteiligung an diesem Textbuch nicht ein «Werk» von mir, sondern einen Akt der Courtoisie gegen Sie sehe, etwas Soziales viel mehr als etwas Künstlerisches – und es mich degoutiert, wenn man auf mir bei diesem Anlaß herumschlägt (was ich mir bei der «Frau ohne Schatten» mit dem Gefühl: ich weiß schon, was ich gemacht habe! – wieder viel eher gefallenlassen kann). Ich wußte 1912, daß ich, um den Stoff der «Frau ohne Schatten» wirklich zu beherrschen, noch ein bis zwei Jahre brauchte. Sie saßen ohne Arbeit da, die Aussicht auf Levetzow, die mich jetzt wirklich entlastet, bestand noch nicht, es drückte mich, Sie ohne eine Ihnen zusagende Arbeit zu wissen, die Russen wünschten sich ein Ballett von Ihnen, so entwarf ich dies, zog Kessler hinein, weil er schon einmal bei diesen Gesprächen dabei war (und weil er mir beim Entwerfen des Szenarium des «Rosenkavalier» in netter, gescheidter Weise behilflich gewesen war, die Wichtigkeit welches Dienstes er vielleicht ziemlich überschätzt) –, dann schickte ich das Szenarium an Sie, und Sie telegraphierten, daß Sie Lust hätten, es zu machen! Ich hab Sie weder *gebeten*, es zu komponieren, noch wäre ich traurig gewesen, wenn Sie es nicht komponiert hätten – die Sache freute mich, soweit sie Sie freuen und soweit etwas theatralisch Schönes und musikalisch Wertvolles daraus entstehen konnte, – aber es geht mir wirklich *bis hierher*, wenn ich bei einem solchen läppischen Anlaß hergenommen werde, als wären Sie ein kleines

[1] Die vom Grafen Kessler stammende «Entwicklung der poetischen und mimischen Motive», die dem «Textbuch» zu «Josephslegende» vorgedruckt ist.

Kind, das nicht weiß, was es tut, und ich ein Dämon oder ein «Unternehmer», ein à tout prix die Bühne der Welt erobern wollender, kurz, als wäre ich Vollmoeller, d'Annunzio und Astruc in einer Person.
Ich habe genug Einfälle und genug Theater in mir, um gelegentlich einmal im Leben so etwas wie diese Sache mit Anstand zu machen, und Anstand und Allüre hat es, trotz mangelhafter Ausführung, und gibt Ihnen Gelegenheit zu einer Arbeit in einem Stil, der Sie interessiert hat und damit Amen, und für mich ist die Sache sowohl künstlerisch wie materiell, wie Ihnen aus dem Inhalt der Verträge bekannt ist, von so bescheidenem Belang, weder das eine noch das andere hab ich dabei gesucht, sondern die Ausübung einer Courtoisie auf einem künstlerischen Gebiet. – So steht dies, darum aber bitte ich Sie, und erwarte von Ihnen, da wir durch dies und durch wichtigere Dinge liiert sind, daß Sie sich, soweit es in Ihrer Macht steht, die nicht gering ist, gerade in dieser Sache, wofern es nötig wird, energisch vor mich stellen und sowohl in Deutschland wie im Ausland meine Person durch Ihre decken (was zu verlangen mir dort, wo ich als Schaffender neben Ihnen stehe und alle Verantwortung für mein Geschaffenes trage, [bei] einem «Rosenkavalier», bei der «Ariadne», – fernliegt) und, wo es sein muß, unzweideutig mich von Verantwortungen entlasten, die mir nicht zukommen.
Über die Textbuchsache, worin ich Ihnen und auch Brecher in *der* Sache stark zuzustimmen geneigt bin, schreib' ich Ihnen nächstens. Aufrichtig Ihr *Hofmannsthal*

Mein lieber Dichter! Garmisch [Mitte Juni 1914]
Herzlichen Dank für die schönen Glückwünsche![1] Ich war sehr fleißig; der erste Akt ist sehr bald fertig, übermorgen muß ich leider nach London, vielleicht ist aber die Unterbrechung gerade gut, bevor ich an den Aktschluß gehe. Geht es Ihnen gut? Wann bekomme ich den II. Akt?
Mit herzlichen Grüßen Ihr getreuer *Dr. Richard Strauss*

[1] Zum 50. Geburtstag am 11. Juni 1914.

Lieber Dr. Strauss, Aussee, Obertressen, 4. VII. [1914]

Sind Sie zurück? Wieder in Ruhe? Schon wieder an der Arbeit? Beim Schluß des I. Aktes? Da muß ich Ihnen die Daumen halten – wenn Sie diese österreichische Redensart verstehen. Und wie war London? im allgemeinen, ja, glaube ich, gut – aber im einzelnen – das wüßte ich gerne. Die Karsavina[1] und das Szenische? Vor allem das Bankett? usf. Die Beleuchtung!! Das mich in Paris so sehr verdroß – bitte schreiben Sie mir doch darüber ein paar aufrichtige Zeilen. – Und haben Sie vielleicht mit Kessler über das *Textbuch* gesprochen? das mir, *unter uns gesagt,* auch ein wenig fatal ist. (Ich habe ja in meiner Vorrede ziemlich deutlich gesagt, daß ich nicht mit diesem Textbuch identifiziert werden möchte.) Kessler ist nun ein wenig starr, recht sehr empfindlich und reizbar – so wollte ich die Sache lieber auf sich beruhen lassen.

Auf den zweiten Akt (er ist beim Typieren) bilde ich mir was ein: daß ich die Fülle des Gehaltes, den der Stoff ihm zuweist, auf knappen 30 Seiten bewältigt habe. Man lernt schon was dazu in diesem Metier, wenn man was nur lernen *will.* Freuen Sie sich an der Arbeit – Sie werden nie ein schöneres Textbuch bekommen, weder von mir noch von einem andern, es war eine Gunst des Schicksals, eine einmalige – und lassen Sie der Arbeit diese Freude zugute kommen.

Ich hoffe auf ein paar Zeilen, meine Frau war sehr erfreut über die lieben Zeilen Ihrer Gattin, deren Beifall, als aus einer unverbildeten, reinen Natur hervorbrechend, mir sehr wert ist, und der ich mich zu empfehlen bitte.

Der Ihre, herzlich, *Hofmannsthal*

Lieber Freund! Garmisch, am 5. Juli 1914

Ich bin von London wieder zurück, wo «Joseph», trotzdem der größte Teil der Presse geschimpft hat, und auch die verdorbensten Engländerinnen das Stück indezent gefunden haben, ein großer Erfolg gewesen. In der Aufführung war einiges verbes-

[1] In den Londoner Aufführungen wurde die Frau des Potiphar abwechselnd von Tamara Karsavina und Maria Carmi dargestellt.

sert, dagegen die Hauptsache, der Tanz des Joseph, immer noch ungenügend und daher langweilig, Orchester vortrefflich, die Vorstellungen alle ausverkauft und der Vorverkauf für die nächsten, wie mir Kessler meldet, glänzend.
Wie geht es Ihnen? Kessler war besorgt, daß er so lange nichts von Ihnen gehört hat. Vielleicht schreiben Sie ihm wieder mit ein paar kurzen Worten, wie es Ihnen geht.
Für heute möchte ich nur noch einige kleine Zweifel im Texte meines ersten Aktes beseitigt sehen:
Seite 16 sagt die Frau:

«Nun wird er verlangen nach seinem Nachtmahl,
Das nicht bereit ist.»

Trotzdem sagt die Frau Seite 18:

«Dort ist zu essen»

und Barak setzt sich auch tatsächlich zum Essen auf die Erde, sagt aber auch vorher:

«Ein gepriesener Duft von Fischen und Öl».

Wird da nicht die Meinung erweckt, als ob er die soeben gebratenen Fischlein aufessen würde, was doch etwas widerlich und ekelhaft würde.
Bitte überlegen Sie sich diese Essensfrage und ob man diese Stelle: »Ein gepriesener Duft von Fischen und Öl» nicht streichen soll, um auch keinerlei Mißverständnis aufkommen zu lassen.
Die zweite Frage ist: Ob Sie mir gestatten, Seite 15 die ersten 6 Verse der Amme zu streichen und nach der Stelle der Frau:

«So ist es gesprochen und geschworen
in meinem Innern»,

sofort die Amme anfangen zu lassen:

«Abzutun Mutterschaft auf ewige Zeiten.»

Dieser Anschluß würde mir besser passen, und die Stelle:

«Denn sie hat ins Schwarze getroffen» etc.

scheint mir entbehrlich.
Noch eine dritte Frage: Seite 16 die Stelle der Amme:

«Du bist nicht allein, Dienerinnen hast du» etc.

Dazu schreiben Sie, diese Stelle ist für das Verständnis unerläßlich. Warum – ist mir nicht ganz verständlich. Warum müssen die Amme und die Kaiserin unbedingt im Hause [sein], wo der Kaiser doch auf drei Tage verreist, und warum ist die Stelle unentbehrlich? Aus dem bisherigen Verlauf kann ich dies nicht ersehen.
Wenn diese Stelle in die frühere Stelle der Amme, Seite 15:

«Tage drei dienen wir hier im Haus»

mit unterzubringen wäre, wäre es mir willkommen.
Vielleicht überlegen Sie sich's.
Mit herzlichen Grüßen, und in der Hoffnung, daß Sie bei guter Gesundheit sind und gute Nachrichten von Ihrem Vater haben,
Ihr aufrichtig ergebener *Dr. Richard Strauss*

Lieber Dr. Strauss, Aussee, Obertressen 14, 8. VII. [1914]
Ich beantworte sogleich Ihren Brief vom 5. VII., der mich soeben über Rodaun erreicht und sich mit meinem an Sie gekreuzt haben wird. Der Einwand wegen des Essens der Fische erscheint mir, offen gesagt, über-scharfsinnig. Die Fischlein *sind* doch auch nicht die Kinder, sie sind lediglich Träger eines Zaubers. Ich kann nicht denken, daß hier jemand Anstoß nehmen kann – immer im Märchen ist es so, war es so – hier scheint mir wirklich kein Grund zum Ändern vorzuliegen und den Parallelismus

«Nun wird er verlangen nach seinem Nachtmahl,
das nicht bereit ist,
und nach seinem Lager,
das ich ihm nicht gewähren will.»

Diesen Parallelismus möchte ich nur sehr ungern vermissen.

Die Stelle, wo gesagt ist, daß die Dienerinnen auswärts (d. h. im Palast und nicht in der Färberwohnung) schlafen, scheint mir darum unerläßlich, weil in Akt II in beiden Zwischenszenen (vor dem Falknerhaus und im Falknerhaus, Schlafgemach der Kaiserin) eben jenes Moment des Auswärtsschlafens plastisch wird, und ich glaube, daß dies dem Publikum aufgeklärt werden muß, um es vor Unsicherheit: was bedeutet das? zu bewahren. Die Umstellung der Stelle:

> «Als arme Muhmen etc.;
> um Mitternacht nur,
> indessen du ruhest» u. s. f.

von Seite 16 auf Seite 15 hat folgendes gegen sich: die ganze große Stelle der Amme, S. 15, ist feierlich in der Diktion, sie enthält den *Vertrag* – ein solches Detail hier umzuschieben, wie jenen obigen Punkt, erscheint mir hier recht mißlich. – Dagegen dort, wo es jetzt steht, S. 16, ist poetisch wie musikalisch keine Hauptstelle, darum stellte ich es dorthin. Ich bitte Sie dringend, dies nochmals zu überlegen, ich *sehe* die Stelle gar nicht recht, eingeschoben in die große Tirade von Seite 15. Bitte schreiben Sie mir nochmals das Resultat Ihres erneuten unvoreingenommenen Nachdenkens: es sind Dinge von großer Wichtigkeit.
Bei dem Vorschlag in eben jener großen Tirade (Seite 15), die ersten 6 Zeilen fortzulassen – mit «... Abzutun Mutterschaft» anzufangen, übersehen Sie zunächst, daß dies kein Satz ist: «Abzutun Mutterschaft» ergänzt den früheren Satz: auf die Bedingung ... hat sie sich verpflichtet. Aber vielleicht könnte man die ganze Stelle gestalten wie folgt: –

Die Frau (leiser):

> «Meine Seele ist satt (ge)worden der Mutterschaft,
> eh sie davon verkostet hat.»

Die Amme:

> Heran, meine Tochter, und küß ihr die Füße in
> Ehrfurcht

(dazwischen sich werfend, freudig, ganz leise).

Die Frau (ohne sie anzusehen, vor sich):
Ich lebe hier im Hause
und der Mann kommt mir nicht nah!

Die Amme (atemlos, an ihrem Mund hängend):
Getroffen ins Schwarze,
bevor zur Bedingung
Mein Mund sich auftat!

Die Frau (dumpf):
So ist es gesprochen
und geschworen
in meinem Innern!

Die Amme:

a { In deinem Innern,
o du Herrscherin,
dir gesprochen, }

b { o du Seltene,
und beschworen: }

(sehr feierlich)

c { abzutun
von deinem Leibe
Mutterschaft
auf ewige Zeiten, }

d { dahinzugeben
mit der Gebärde (oder nur: mit Verachtung)
der Verachtung
die Lästigen, }

die da nicht geboren sind! (Ende des Hexentanzes)
O du Gepriesene
unter den Frauen,
nun sollst du es sehen
und es erleben» usf.

Hier tanzt die Amme einen förmlichen Hexentanz vorbei, bis sie bei a, b, c, d ihren Triumph nach allen vier Windrichtungen ausschreit!

Gruß Ihr *Hofmannsthal*

Paßt das? Bin sehr begierig.

P. S. Sie müssen sehen, ob dies die Stelle nicht schwächt, eventuell müßte ich über anderes nachdenken.

Lieber Herr von Hofmannsthal! Garmisch, den 10. 7. 14

Die Stelle:

«Du bist nicht allein,
Dienerinnen hast du» etc.

kann bleiben, wo sie steht.
Dagegen möchte ich unbedingt direkten Übergang haben von:

«So ist es gesprochen und geschworen
in meinem Innern!»

daß die Amme direkt mit der Prophezeiung einsetzt:

«Abzutun Mutterschaft
....
Die Lästigen, die da nicht geboren sind!
du Seltene, du! du Erhobene!
o du Herrscherin, o du Gepriesene unter den Frauen:
nun sollst du es sehen und es erleben»:

Geht das wirklich nicht?
Meine Bedenken, daß Barak seine eigenen Kinder ißt, haben Sie nicht beseitigt. Wenn man die Kinder nicht singen hörte, hätten Sie recht! Aber so muß man die ungeborenen Kinder mit den Fischlein in der Pfanne identifizieren! Warum muß denn Barak unbedingt zu Abend essen, nachdem die Färberin ausdrücklich gesagt hat, daß sie sein Nachtmahl nicht bereitet hat? Wie wäre folgende Fassung der Szene nach dem Eintritt Baraks:

Frau: «Ich geh zur Ruh. Dort ist jetzt dein Lager.

Barak: Mein Bette hier? Wer hat das getan!

Frau: Von morgen ab schlafen zwei Muhmen hier,
denen richt ich das Lager zu meinen Füßen
als meinen Mägden. So ist es gesprochen, und so
geschieht es.

Barak (indem er den Korb ablegt und auszupacken anfängt):
Sie haben es mir gesagt,
daß ihre Rede seltsam sein wird
und ihr Tun befremdlich
die erste Zeit.
Aber ich trage es hart,
und *die Arbeit* will mir nicht schmecken.»

(Er läßt die Hände sinken und setzt sich sinnend auf einen Pakken zur Erde.) Die Stimmen der Wächter etc. bleiben bis Schluß. Damit wären alle Zweideutigkeiten behoben und das Essen ist wirklich nicht notwendig. Er legt sich dann eben ohne Abendessen zu Bett.
Unsere Briefe haben sich gekreuzt: ich erwarte mit Ungeduld den 2. Akt.
Karsavina war vortrefflich, viel besser als Kussnetzoff! Daß «Rosenkavalier» am 25. Jänner in famoser Besetzung an der Opéra comique und «Elektra» Ende April an der Großen Oper kommt, wissen Sie wohl schon.
Wie geht es Ihrem Vater?
Wir gehen nächste Woche auf 8 Tage in die Dolomiten, bleiben ein paar Tage in S. Martino.
Von circa 25. Juli ab bin ich wieder hier!
Ich möchte Ihnen gern meinen II. Akt vorspielen! Nur am Schluß hapert es noch, wird aber auch noch kommen!
Mit besten Wünschen für Ihre Gesundheit und herzlichen Grüßen von Haus zu Haus (meine Frau hat sich über Ihre freundlichen Zeilen sehr gefreut) Ihr getreuer

Dr. Richard Strauss

postwendend, Sonntagvormittag [12. Juli 1914]

Lieber Dr. Strauss,

Die Tirade mit dem Infinitiv (*abzutun* Mutterschaft) anzufangen, ist zwar streng grammatisch *möglich* (der Infinitiv wäre abhängig von: «so ist es beschworen ...»), aber ganz unmöglich meinem Gefühl nach im höhern Stil, vor allem für das Verständnis dieser hochwichtigen Stelle geradezu destruktiv! Niemals dürfen wir durch so gequälte Diktion die Stelle embrouillieren, niemals! Die Frau spricht das Ihre, dann muß ein deutlicher Einschnitt kommen: des freudigen Erkennens der Amme, dann setzt diese scharf und gewaltig ein. Aber sie setzt nicht sogleich mit dem Ton der «Prophezeiung» (eher «Beschwörung», ich weiß schon, was Sie mit dem Wort meinen) ein, diese kommt erst von der 6. Zeile der Tirade an. Zunächst ist das Gegebene, was der Hörer zum Verständnis unbedingt braucht. Daß sie mit dem Ton der freudig überraschten Zustimmung einsetzt, im Sinn folgender trivial gewählter Phrasen: «Bravo! Du hast's getroffen! Hurrah! Topp! Da ist's! Da liegt's ...» der Infinitiv aber würde das Verständnis (wenn die Zwischenzeilen fehlen) geradezu aufheben. Also vielleicht *so* (ich forme die Worte nur unbedeutend, aber verstärkend um): Die Amme (nach einem bedeutungsvollen Moment der Musik) in überschäumender Freude herumspringend:

«Abgetan in deiner Seele (besser: in ihrer Seele!)
Mutterschaft auf ewige Zeiten!
Dahingegeben den vier Winden
die Lästigen, die da nicht geboren sind!» usf.

Ist Ihnen die Suggestion eines hexenhaften Herumtanzens bei dieser Stelle rhythmisch brauchbar? Es wäre mir sehr lieb, denn so ist die Stelle innerlich geschaut, so ist sie mimisch gemeint. Bitte über diesen Punkt ein Wort auf Postkarte – es ist dies poetisch, dramatisch, mimisch eine der allerwichtigsten Stellen im Stück, ich möchte darüber völlig beruhigt sein.

Nun zu der «Nachtmahlszene». Auch hier sind mir kleine Stellen sehr wichtig. Ein kleiner unglücklicher Pinselstrich kann hier viel schaden. Es ist alles sehr reiflich ausgewogen. Gut, er soll die Fische nicht anrühren, aber ich brauche den Ruhepunkt, wo er an der Erde sitzt und ißt, *nicht arbeitet*!! Also soll er resigniert (des nicht bereiteten Nachtmahls im voraus sicher) ein Stück Brot aus der Tasche ziehen, dieses aufessen. Ihn sagen lassen «die Arbeit schmeckt mir nicht mehr», klingt sentimental

und würde ein sehr wichtiges Moment aus Akt II, Bild 3, vorwegnehmen.
Also: Seite 18 *unten:* die Frau hebt sich mühsam, geht an ihr Lager – und sagt *nichts.*
Darauf er:

«Ein gepriesener Duft
von Fischen und Öl» usf.

(diese naiv erfreute Stelle möchte ich ihm unbedingt lassen); hierauf *sie*, scharf und böse:

«*Hier ist kein Essen.*
Dort ist jetzt dein Lager
Ich geh zur Ruh ...»

usf. wie bisher, nur dann: Barak (indem er resigniert ein Stück Brot aus dem Gewand zieht, und sich, dieses Mal, auf die Erde setzt).
So hat die Stelle, glaube ich, in Ihrem und meinem Sinn, gewonnen.
Vielen Dank, im übrigen, für Ihre Zeilen. Mein Vater ist gottlob aus Nauheim wirklich erfrischt und wohl aussehend zurückgekommen. Der Atem läßt noch zu wünschen übrig; ich hoffe nach vielfach Gesagtem, daß dies sich noch bessern wird, wenn erst 6 bis 8 Wochen nach der Kur vorüber sind. Sie sagten mir etwas Ähnliches, nicht wahr? – Er ist jetzt in Ischl, kommt die nächsten Wochen zu uns.
Ich bin hier, wie immer, sehr zufrieden und wirklich eingesponnen in Arbeit und produktives Denken. Das «Märchen» (Frau ohne Schatten[1]) schreitet fort und soll, hoffe ich, unserem Werk, und vielleicht nicht nur im Verständnis dieser Generation, sondern noch nachfolgenden zugute kommen.
Haben Sie gute Tage in Tirol mit Ihrer lieben Gattin. Ich schicke den zweiten Akt noch morgen, spätestens übermorgen ab, damit Sie ihn auf die Reise mitnehmen, sich vertraut machen können. Morgen zugleich damit schreibe ich Ihnen ein Wort, meine, wie ich glaube, nicht zu weitgehenden Wünsche für das

[1] Die Prosaerzählung.

materielle Arrangement aussprechend, im allgemeinen auf der Basis des für den «Rosenkavalier» geltenden.
Aufrichtig der Ihre *Hofmannsthal*

Lieber Herr von Hofmannsthal! Garmisch, am 16. Juli 1914
Ich danke Ihnen für Ihren lieben Brief und möchte Sie bitten, unser Übereinkommen über die Stelle der Prophezeiung der Amme zu verschieben, bis wir uns gesprochen haben. Der direkte Anschluß der Worte: «Abzutun Mutterschaft» an die Worte der Färbersfrau paßt mir nämlich so gut, daß ich überzeugt bin, Sie sind damit einverstanden, wenn ich es Ihnen vorgespielt habe. Ihre Idee einer Art Hexentanz habe ich aufgenommen, aber sie paßt mir erst auf die Stelle nach dieser Prophezeiung zur Steigerung. Der 2. Akt ist wundervoll, das schwierige Problem der Erscheinung des Jünglings ist mit kolossalem Takt und Feinsinn gelöst, die zwei Szenen von Kaiser und Kaiserin ganz famos und der Schluß des Aktes äußerst großartig. Er stellt mir allerdings eine sehr schwere Aufgabe, besonders weiß ich noch nicht, wie ich beide Septetts bewältigen kann, auch hat sich mir merkwürdigerweise die Figur der Färbersfrau noch nicht recht in Musik übersetzt, während mir Barak ausgezeichnet liegt. Aber ich werde fleißig daran arbeiten und hoffe, auch dies zu bewältigen.
Jedenfalls haben Sie noch nichts Schöneres und Geschlosseneres in Ihrem Leben gedichtet und schmeichle ich mir es als mein Verdienst, Sie durch unsere gemeinsame Arbeit dazu gebracht zu haben. Hoffentlich wird meine Musik Ihrer schönen Dichtung würdig. Ich bin bis jetzt noch sehr unzufrieden mit mir, habe allerdings meine Ansprüche an mich sehr hoch gesteigert, aber bis jetzt entspricht das Geschaffene nur teilweise meinen Erwartungen.
Ich freue mich sehr, daß Ihrem Vater Nauheim gut bekommen ist, die Nachwirkung der anstrengenden Kur spürt man allerdings noch lange, und ich glaube, daß Ihr Vater sie in 6 bis 8 Wochen noch nicht überwunden haben wird, wenigstens nach meiner Erfahrung.

Jedenfalls haben Sie tausend Dank für alles, und hoffentlich bekomme ich nun auf diesen unheilschwangeren, höchst dramatischen zweiten Akt einen schönen lyrisch auslautenden schwungvollen dritten.
Mit herzlichen Grüßen von Haus zu Haus Ihr getreuer und dankbar ergebener *Dr. Richard Strauss*

Mein lieber Dr. Strauss! Aussee, am 25. Juli 1914
Ihr Telegramm und Brief haben mir sehr große Freude gemacht. Die spontane Äußerung Ihres Beifalls in einem Falle, wo mir alles gerade auf den Ihrigen ankommen muß, und wo ich diesen wirklich verdient zu haben glaubte, war mir sehr wohltuend. Ich glaube wie Sie, daß mir im Dramatischen noch nichts so gelungen ist wie diese Arbeit; und wie der erste Akt als Exposition und der mittlere als Schürzung des Knotens, so soll der dritte als Ausklang, im höchsten Sinn musikgemäß, aus dem Dunkel ins immer Hellere beständig aufsteigend, in seiner Art musterhaft werden. – Die Schwierigkeiten, welche der zweite Akt für Sie bringen wird, waren mir unter der Arbeit einigermaßen vorschwebend. Immerhin tue ich mir etwas darauf zugute, daß die Ensemble-Nummern in wirklich organischer Weise, wie dies kaum irgend in einem Textbuch vorkommt, aus dem Ganzen hervorwachsen, und daß auch von Bild zu Bild Übergänge da sind, welche Ihnen die schwere Arbeit, aus fünf Teilen ein Ganzes zu machen, erleichtern werden. Ich möchte Ihre ganze Aufmerksamkeit auf die Figur der Kaiserin lenken. Diese hat nicht viel Text und doch ist sie eigentlich die wichtigste Figur des Ganzen. Dies dürfen Sie niemals übersehen. Um ihr Menschwerden dreht es sich, sie ist, nicht die andere, die «Frau ohne Schatten». Der ganze dritte Akt, in dessen Mitte die Kaiserin steht, würde in der Luft hängen, wenn nicht im zweiten Akt von Seite des Musikers alles für diese Figur geschähe, was in der Macht dieser wunderbaren, sinnlich-geistigen Kunst steht. Sie hat nicht viel Text, aber was sie an Text hat, ist immer äußerst bedeutungsvoll. Immer geht ein geistiges Licht von ihr aus, und die Punkte auf ihrem Wege zum Men-

schentum sind wie mit leuchtenden Feuern bezeichnet. Im ersten Bild ist es der Ausruf «Ach weh, daß sie sich treffen müssen» usw. (Seite 6), im zweiten spricht sie nicht, aber doch geht die ganze Szene nur um sie (wie sie überhaupt die einzige Figur ist, die in keiner Szene des ganzen Stückes aus dem Spiele bleibt). Im dritten Bild ist der Ausklang ganz auf sie gestellt, in der zartesten, aber bestimmtesten Weise. Dieses Bild geht unmittelbar in das vierte über, welches nichts weiter ist als ein durch eine Vision unterbrochener und verstärkter Monolog dieser Figur. Und im fünften dann bleibt die Stimmung, die durch die letzten Worte des Monologs der Kaiserin angeschlagen wurde, ja, im gewissen Sinne ist der ganze Vorgang des fünften Bildes nur eine Projektion dessen, was im Innern der Kaiserin vorgeht. Wie denn überhaupt das Dichterische erst dann realisiert ist, wenn alles Äußere verinnerlicht und alles Innere veräußerlicht wird. Im großen Septett muß es Ihrer Meisterschaft überlassen bleiben, der Stimme der Kaiserin einen Klang zu geben, der beherrschend über dem Ganzen schwebt und worin sich alles Frühere zusammenfaßt und die hohe Bedeutung dieser Figur für den dritten Akt vorauskündet.
Daß Sie vor den beiden Septetten im fünften Bild erschrecken, verstehe ich wohl, durchaus muß das frühere kleinere dem gewaltigen zweiten aufgeopfert werden, ja, es ist überhaupt nicht gesagt, daß die Seite 24 beginnende, bis Seite 25 unten reichende Stelle als Septett behandelt werden muß, sehr wohl könnte zuerst die Amme ihre Stelle («Es sind Übermächte im Spiel») gleichzeitig singen mit der Kaiserin («Wehe, womit ist die Welt der Söhne Adams erfüllt») und dann sich ein düster zukkendes, schauerliches Quintett anschließen, nämlich Barak, die Frau und die drei Brüder, deren Text, welcher nichts als eine tierhafte Beängstigung ausspricht («Es ist etwas, und wir wissen nicht, was es ist» u. s. w.) ja beliebig wiederholt werden kann. Indem ich dies sage, nehme ich mir nicht heraus, Ihnen für Behandlung so wichtiger Stellen einen Rat geben zu wollen, ich will nur andeuten, daß von Seite der Dichtung kein Zwang besteht, hier alle sieben Personen gleichzeitig singen zu lassen; bei

der anderen Stelle (dem «großen Septett») besteht allerdings ein solcher. Diese Stelle ist in der Dichtung so und nicht anders gemeint.
Ich habe für Ihren Brief und Ihr Telegramm nur darum nicht sofort gedankt, weil Sie mir geschrieben hatten, daß Sie im Begriffe wären, eine Autotour anzutreten; haben Sie diese verschoben oder wie steht's damit? Haben Sie den ersten Akt schon beendet? Ist die Stelle der Wächter gelungen? Jede Andeutung über den Verlauf Ihrer Arbeit macht mir natürlich bei einer Sache, mit der ich so verbunden bin, große Freude. Daß Sie so hohe Anforderungen an sich stellen, finde ich recht und billig. Wer sollte viel von sich verlangen, wenn nicht der, den die Welt einen Meister nennt, und wann sollte er es tun, wenn nicht in einem Fall wie diesem, der ihm einmal im Leben gestattet[1], alles herzugeben, was er in sich hat, und im Binden zahlreicher widerspenstiger Elemente die hohe struktive Kraft zu bewähren, mit der, vereinzelt unter den Deutschen, ein gütiges Geschick Sie begnadet hat. Es überrascht mich, daß gerade die Figur der Färberin Ihnen Schwierigkeiten macht, und es widerstrebt mir eigentlich, zu einer Figur, die in der schärfsten und bestimmtesten Kontur sich selber zeichnet, kommentierende Worte zu geben. Gerade das Launische, Abspringende einer solchen, im Grunde guten Frauennatur in der Musik nachzuzeichnen, war ein Bedürfnis, das Sie mir öfters geäußert haben. Ich möchte darüber nicht mehr sagen, ich zweifle nicht, daß dies realisiert werden wird.
Seien Sie herzlich gegrüßt und geben Sie mir recht bald eine Nachricht, sei es vom Fortschritt der Arbeit, sei es vom Verlauf Ihrer Reise, die Ihnen nach einer schon sehr beträchtlichen Anspannung gute Erholung bringen möge.
Herzlich der Ihrige *Hofmannsthal*

P. S. Ich suchte Franckenstein auf und sprach im gewünschten Sinne. Er verschließt sich nicht, daß es auch für ihn ein nützliches Unternehmen ist, sagt nur, es bereite innerhalb des Fest-

[1] *Erste Ausgabe:* ihn auffordert.

spielprogrammes gewisse Schwierigkeiten, so habe voriges Jahr wegen «Ariadne» «Così fan tutte» wegbleiben müssen, daran sei viel kritisiert worden usf. Er hat den bestimmten Willen, mindestens eine Vorstellung im August, eine im September zu geben. Ich werde selber gelegentlich nochmals an Walter darüber schreiben. Der Ihre. *Hofmannsthal*

[An Frau Gerty von Hofmannsthal] Garmisch, den 31. 7. 14.

Liebe Frau von Hofmannsthal!

Ich erhielt von Hugo eine Abschiedskarte aus Wien, die mich natürlich in die höchste Bestürzung versetzt hat. Wohin ist Hugo denn abgerückt? Muß er zur aktiven Armee oder bleibt er Landsturm weit vom Schuß? Dichter könnte man wirklich zu Hause lassen, wo sonst so reichlich Kanonenfutter vorhanden ist: Kritiker, Regisseure mit eigenen Ideen, Molièrespieler etc.

Ich bitte Sie, mir Hugos Adresse und Garnison zu geben: hoffentlich bleibt er außer Gefahr – es bleiben sonst noch genug Unannehmlichkeiten für Herz, Magen und Nerven übrig.

Ich bin auch heute noch fest überzeugt, daß es erstens keinen Weltkrieg gibt, daß die kleine Rauferei mit Serbien bald beendigt sein wird und daß ich den III. Akt meiner «Frau ohne Schatten» doch noch bekomme. Die verdammten Serben soll der Teufel holen! Wir sind mit den Gedanken treuester Teilnahme bei Ihnen und senden Ihnen und dem tapferen Hugo unsre allerherzlichsten Wünsche.

Mit wärmsten Grüßen auch von meiner Frau

Ihr aufrichtig ergebener *Dr. Richard Strauss*

[An Frau Gerty von Hofmannsthal] Garmisch, den 22. 8. 14.

Liebe Frau von Hofmannsthal,

Ihr lieber Brief hat uns wenigstens so weit beruhigt, daß Ihr Mann nicht in Lebensgefahr kommt und vorläufig, ich hatte auch wegen des Klimas Angst, gesund ist. Bitte, schreiben Sie mir ab und zu ein kurzes Kärtchen (nicht mehr!), wenn Sie von Hugo gute Nachrichten haben. Ich habe die seelischen Depressionen der ersten Zeiten des Krieges (jetzt wo die großen Siegesnachrichten kommen, ist der ekelhafte Zustand so wie so überwunden) wacker durch unaufhörliches Arbeiten bekämpft und war so fleißig, daß ich am Tage des großen Sieges der bayrischen Armee, bei Metz 20. August, den Schlußpunkt unter die III., vollständig ausgearbeitete Skizze des fertigen I. Aktes der «Frau ohne Schatten» setzen konnte. Bitte teilen Sie dies Hugo mit, mit dem Zusatz, daß ich selbst *sehr zufrieden* mit meiner Arbeit bin. Die Musik dürfte der schönen Dichtung nicht unwürdig sein, die Charakteristik der beiden Welten ist gut gelungen, die Gegensätze sind gut heraus gekommen, die Sache hat guten einheitlichen Zug, die Partie des Färbers, und der Schluß ist wirklich sehr stimmungsvoll und poetisch. Ich wollte, ich könnte es Hugo bald vorspielen. – Jetzt mache ich mich an den II. Akt, von dem ich auch ein gutes Stück bis Ende Oktober (so lange bleiben wir sicher hier) fertig zu kriegen hoffe. Hugo hat die verdammte Pflicht, den Tod fürs Vaterland nicht zu sterben, bevor ich meinen III. Akt habe, der ihm, hoffe ich, noch mehr Ehre einbringen wird, als eine schöne Todesanzeige in der «Neuen Freien Presse». Aber Scherz bei Seite – es ist eine große herrliche Zeit und unsre beiden Völker haben sich wirklich großartig gehalten; man schämt sich nachträglich jedes bösen kritischen Wortes, das man je über dies brave, starke deutsche Volk gesagt hat. Man hat das erhebende Bewußtsein, daß dies Land und Volk erst am Anfang einer großen Entwicklung steht und die Hegemonie über Europa unbedingt bekommen muß und wird.

Meiner Familie geht es gut, Bubi kommt wahrscheinlich ins Kloster Ettal bei Oberammergau (879 M. überm Meer) ins Gymnasium.

Leben Sie recht wohl! Schicken Sie Ihrem lieben Mann unsre herzlichsten Wünsche und Grüße und seien Sie mit Ihren Kindern aufs schönste begrüßt von Ihrem

aufrichtig ergebenen *Dr. Richard Strauss*

Lieber Herr von Hofmannsthal! Garmisch, 8. Okt. 14

Ich bekam heute früh, an etwas Katarrhfieber zu Bett liegend, die lieben Zeilen Ihrer Gattin. Baron Franckenstein hat mich schon vor zehn Tagen in München darüber beruhigt, daß Sie nicht mehr im Felde, sondern auf ruhigem Posten in Sicherheit sind. Dies war mir eine große Beruhigung. Und nun denke ich, wird es Ihnen eine kleine Freude machen, wenn ich Ihnen mitteile, daß vom II. Akt die vier ersten Verwandlungen in der Skizze fertig sind. Soeben ist die Soloszene der Kaiserin vollendet worden und mit sehr viel innerlicher Musik ausgestattet worden. Auch die Szene des Kaisers ist sehr gut geworden, fidel und lebendig das Gastmahl des Barak, alles sehr abwechslungsreich, der Text ist halt auch glänzend, komponiert sich fabelhaft leicht, regt fortwährend an, ist so kurz und prägnant: mein lieber Scribe[1], Sie haben hier wirklich Ihr Meisterstück gemacht. – Inmitten all des Unerfreulichen, das – ausgenommen die glänzenden Taten unsrer Armee – dieser Krieg bringt, ist fleißiges Arbeiten die einzige Rettung. Sonst käme man um vor Ärger über die Talentlosigkeit unserer Diplomatie, unserer Presse, des Kaisers Entschuldigungstelegramm an Wilson und all die Würdelosigkeiten, die man sich zuschulden kommen läßt. Und wie behandelt man die Künstler: der Kaiser reduziert die Gagen am Hoftheater, die Herzogin von Meiningen setzt ihr Orchester auf die Straße, Reinhardt spielt Shakespeare, das Theater in Frankfurt spielt «Carmen», «Mignon», «Hoffmanns Erzählungen» – wer wird aus diesem deutschen Volke klug, dieser Mischung von Talentlosigkeit und Genie, Heroismus und Bedientenhaftigkeit?

Hoffentlich diktiert den Frieden Hindenburg und nicht Jagow. Wie ist denn die Stimmung in Wien? Man hört hier so viel von Mutlosigkeit und Verrat, daß man sich nicht recht auskennt! Siegen müssen wir ja, und daß dann alles wieder verpfuscht wird, das wissen die Götter!

Sie brauchen sich mit dem III. Akt nicht beeilen: nun ich Sie

[1] *Erste Ausgabe:* Daponte.

glücklich in Sicherheit weiß, weiß ich, daß ich ihn überhaupt bekomme. Vor 15. März brauche ich ihn nicht.
Wenn es mir glückt, den II. Akt jetzt im Oktober noch fertig zu bekommen, lasse ich das Ganze bis Ostern liegen und gehe dann erst mit frischen Kräften an den Schluß. Im Winter instrumentiere ich meine Alpensinfonie!
Leben Sie wohl für heute und seien Sie mit den Ihrigen herzlichst gegrüßt von meiner Frau und Ihrem treu ergebenen

Dr. Richard Strauss

Bubi ist im September bei den Benediktinern im Kloster Ettal in die 7. Klasse eingetreten und fühlt sich in der neuen Umgebung unter 160 Jungens sauwohl!

Lieber Freund! Garmisch, 14. 10. 14

Der zweite Akt ist beinahe fertig: wird wirklich famos, komponiert sich auch wirklich von selber, so gut und für Musik geeignet ist die Dichtung. Ich möchte das Werk dem Grafen Hülsen[1] widmen: er hat viel für meine Werke getan und soll es noch weiter tun. Darum wäre es mir erwünscht, wenn ich ihm meine (oder unsere?) Widmung schon heute mitteilen könnte.
Wenn Sie einverstanden sind, erbitte ich ein Wort telegraphisch nach Berlin (Hotel Adlon) bis incl. 18. Oktober.
Wie geht es Ihnen? Die Alpensinfonie, die im Frühjahr fertig wird, widme ich dann dem Grafen Seebach.
Mit herzlichen Grüßen Ihr *Dr. Richard Strauss*

Rodaun, 19. X. [1914] nachts

Vielen Dank nur in großer Eile für das Schöne, Freundliche, mich Erfreuende in Ihren Briefen und Karten. Von Akt III existiert eine sehr ausführliche Skizze mit viel Text. Der Akt wird sehr schön, und kurz. Er endet in einem mächtigen Aufschwung, in welchem viel von dem Ungeheuren, was dieses Jahr uns gebracht, in mir selbst geheimnisvoller Weise vorweggenommen ist. Mit Widmung an Grf. H. völlig einverstanden.
Alles Herzliche Ihr *Hofmannsthal*

[1] Die «Frau ohne Schatten» erschien ohne Widmung.

Lieber Herr von Hofmannsthal! Garmisch, 27. 10. 14

Der zweite Akt ist programmgemäß fertig und, wie ich hoffe, nicht übel geworden. Er dauert nach meiner Berechnung 65 Minuten, also höchstens eine Stunde 10 Minuten.

Der erste Akt 54 Minuten, das sind gute Dimensionen! Wann seh ich Sie mal wieder: kommen Sie nicht mal auf ein paar Tage hierher zu Besuch? Wir bleiben bis Weihnachten hier in Garmisch.

Nur 3.–6. Nov.

22.–25. Nov.

1. bis 4. Dez. bin ich zu Konzerten in Berlin (Hotel Adlon).

Ich möchte Ihnen zu gern die beiden Akte vorspielen und den III. mit Ihnen besprechen.

Mit herzlichen Grüßen von Haus zu Haus! *Dr. Richard Strauss*

1915

Lieber Dr. Strauss, Rodaun, 12. I. [1915]

Sie haben lange kein Lebenszeichen von mir bekommen – es war mir nicht möglich, und ich könnte auch heute nicht darüber sprechen, warum es mir unmöglich war, zu schreiben, es hat ganz allgemeine, unpersönliche Gründe.

Sie luden mich vor ein paar Monaten ein zu kommen und den 1. und 2. Akt von Ihnen zu hören; wie gerne würde ich das, aber Sie vergessen, daß ich im Dienst bin und vor Kriegsschluß, wenigstens innerhalb absehbarer Zeit, an einen Urlaub, dessen es zu einer noch so kleinen Reise bedürfte, nicht zu denken ist. Und doch wäre es so wichtig, daß ich die beiden Akte von Ihnen hörte und auch, daß ich den dritten nicht bloß wortlos in Ihre Hand gäbe, sondern daß man etwas reden könnte über gewisse Punkte darin.

Ich habe eine Skizze für den dritten im Juli gemacht. Vierzehn Tage vor dem serbischen Ultimatum war sie fertig. Jetzt, nach einem halben Jahr, hab' ich mich endlich entschließen können, sie wieder in die Hand zu nehmen und arbeite nun daran: aber alles Wesentliche war schon da. Dieser dritte Akt ist weitaus der schönste und muß in der Musik, ebenso wie in der Dichtung, die Krone des Ganzen werden. Wie glücklich hat es sich gefügt, daß ich ihn damals so weit brachte. Jetzt hätte ich kaum das in mir gefunden, was nötig war, um ihn zu machen. Dabei ist er ganz kurz, kaum halb so lang wie einer der beiden anderen. Erinnern Sie sich des Gesprächs darüber auf unsrer italienischen Reise? Sie werden alles damals Besprochene darin finden. Auch die überraschende und bedeutende Verwendung des Chores. – Nun kommen Sie aber doch bitte im Lauf des Februar für zwei Tage nach Wien und wir tauschen unsre Schätze aus. Ich rechne bestimmt darauf.

Herzlich der Ihrige. *Hofmannsthal*

Lieber Freund! Berlin, 16. 1. 15.

Wir sind seit Weihnachten [von Pauline Strauss' Hand dazu:] (ich leider!) hier, mit verschiedenen Influenzas behaftet (mich ausgenommen!), ich dirigiere fleißig, von Montag ab eine ganze Strausswoche, in Leipzig hörte ich am 9. eine recht gute «Elektra»-Aufführung unter Lohse - auch dort soll im März eine Strausswoche folgen – außerdem instrumentiere ich meine «Alpensinfonie» – kurz, ich schaffe tüchtig, nun wüßte ich schon gerne, wie es Ihnen geht. Grete Wiesenthal, die morgen bei uns zu Mittag ißt, erzählte mir unlängst, daß es Ihnen nicht gut ginge, daß Sie sich über das sterbende Österreich so viel schwere Sorgen machten. Ist das richtig? Wollen wir uns nicht auf die Hoffnung beschränken, daß das deutsche Kulturland Österreichs erhalten und einer neuen, schöneren Zukunft zugeführt werde, daß in Gottes Namen das übrige dahin gehe, wohin es wohl gehört, in's wilde Asien. Sitzen Sie immer noch im Ministerium oder sind Sie glücklich endlich da, wo Sie hingehören, an Ihrer Arbeit? Ich spreche nicht allein von unserm gemeinsamen Werk, obwohl ich den III. Akt mit Ungeduld erwarte – aber es wäre doch schöner, Sie an ewigen Kulturwerten (Sie sehen, ich habe trotz allem die Hoffnung an eine

bessere Menschheit noch nicht aufgegeben, vielleicht wenn einmal das Christentum von der Erde verschwunden ist) mithelfen zu sehen und den Kampf mit dem Vergänglichen den vielen Anderen zu überlassen?
Bei uns in Deutschland regt sich die Freude am Schönen doch allmählich und langsam: die Leipziger «Elektra» war fast ausverkauft: meine Berliner Konzerte florieren nach wie vor – kurz es leuchtet ab und zu ein Hoffnungsschimmer, Beecham in London wollte sogar Frau Dux jetzt engagieren und versprach ihr dort eine glänzende Aufnahme (!!!), in Dresden, wo ich unlängst ein sehr schönes Konzert dirigierte, kehren allmählich in's Theater auch wieder geordnete Verhältnisse zurück – nur München macht wieder mal die unrühmliche Ausnahme, indem es seit 1. Oktober *einmal* den «Rosenkavalier» gegeben und einmal abgesagt hat (weil *die* Marschallin krank geworden war, dabei laufen circa 60 beschäftigungslose Marschallinnen in deutschen Gauen herum) und dafür zum 3. Mal innerhalb 14 Tagen den «Tannhäuser» gegeben hat. Und das ist unser gemeinsamer Freund Franckenstein, der, wenn man bei ihm ist, alles schön verspricht und bei dem man, die Türe hinter sich zu, vergessen ist. Seit 3 Jahren warte ich in meiner Vaterstadt auf anständige Behandlung, ich habe bei Walter oft gemahnt, Franckenstein ersucht, zweimal ihm umsonst «Ariadne», zweimal umsonst «Elektra» dirigiert, alles vergebens, er gibt lieber in 2 Monaten fünfmal den sicheren Kassamißerfolg: «Barbier von Bagdad», als daß er sich erinnert, was er Ihnen und mir schuldig ist. Nun ist aber Schluß: ich sage nichts mehr, aber das schwöre ich, wenn nicht *bald* und *dauernd* und *regelmäßig* Besserung in München erfolgt – kriegt München die «Frau ohne Schatten» nicht zu sehen. Ich statuiere da mal ein Exempel! Doch vielleicht interessiert Sie das gar nicht – aber schließlich kann man nicht immer vom Kriege reden.
Meiner Schwester Bedienter schrieb aus dem Felde: verehrte Frau Generalin, *ich hätte jetzt genug!* So geht's mir auch: aber wer kann ein Ende ersehen? Sollen wir nie mehr den Louvre, nie mehr die National Gallery sehen? Und Italien? Ich soll im

April in Rom, wo man unlängst mit unerhörtem Erfolg das «Heldenleben» gespielt hat, zwei Konzerte dirigieren: noch sind sie mir nicht abgesagt. Schanzer schrieb heute sehr lieb und erkundigt sich lebhaft nach Ihnen: hoffentlich höre ich bald Gutes von Ihnen. Am Schönsten wäre es, Sie kämen selbst mal hieher! Bei Reinhardt gibt es erstklassige Sachen: «Stella», «Alpenkönig und Menschenfeind». Ich möchte Ihnen gern meinen ersten Akt vorspielen, der neulich bei einigen Freunden: Levin, Bie, Klatte gewaltigen Eindruck gemacht hat. Raffen Sie sich auf, kommen Sie, das wird Sie auch auffrischen und bringen Sie mir womöglich den III. Akt mit. Am 1. April muß ich damit beginnen: lassen Sie mich, bitte, nicht im Stich. Mit herzlichen Grüßen an Sie und Ihre liebe Familie
Ihr getreuer *Dr. Richard Strauss*

Gestern Abend hatte ich diesen Brief geschrieben: heute Früh traf der Ihrige ein. Welch schönes Zusammentreffen! Ich bin sehr glücklich über die guten Nachrichten, freue mich kolossal auf den III. Akt: wenn derselbe noch schöner ist, als die prachtvollen zwei ersten, dann kann's ja gut werden! Nur nach Wien zu kommen, wird mir sehr schwer werden, da ich Geldverdienenshalber (Fürstner hat mir am 1. Januar 600 M. in bar ausbezahlt!!!) sehr viel dirigieren muß und in Wien außer Wohltätigkeitskonzerten (die ich hier zur Genüge finde) nichts zu tun habe.
Kommen Sie lieber hieher: Sie können doch Urlaub nehmen. Tun Sie es und frischen Sie sich hier denHumor ein bißchen auf. Ich versichere Sie, wenn man diese Deutschen sieht, kann einem der Humor nicht vergehen. Ein famoses, starkes Volk, noch sehr wenig von Kultur beleckt, aber kräftig und heldenhaft. Daß einem in Wien die Lebenslust vergehen kann, begreife ich wohl, darum kommen Sie mal hieher, das ist Ihnen viel gesünder. Außerdem mit meinem frechen Maul, ich werde in Wien höchstens mal eingesperrt. Jedenfalls gratuliere ich herzlich zum III. Akt und brenne darauf, ihn zu Gesicht zu bekommen. Kommen Sie her! Herzlichen Gruß!

Lieber Dr. Strauss, Rodaun, 6. II. 1915

Unsere Briefe (vor etwa 14 Tagen) haben sich gekreuzt. Sie sehen aus dem meinigen, daß ich nicht daran denke, Sie im Stich zu lassen. Andrerseits werden Sie aus meinem Brief erfaßt haben, daß eine Reise meinerseits nach Deutschland ganz unmöglich ist – weil ich eben im Dienste stehe und ein Urlaubsgesuch doch allenfalls nur mit Krankheit zu begründen wäre.– Es ist nun vor Fertigstellung des dritten Aktes eine wahre Enttäuschung und Erschwerung, daß ich die Akte I und II nicht hören kann, wobei ich nicht meine private Neugierde und mein privates Vergnügen im Auge habe, sondern das Interesse der möglichst engen Kollaboration bei der gewichtigsten und hoffnungsvollsten aller Arbeiten, die wir je zusammen unternommen haben. Deswegen frage ich nochmals: haben Sie denn nicht nächster Zeit etwas in München oder Dresden zu tun? von wo dann ein zweitägiger Ausflug nach Wien um dieses Punktes willen doch sehr wohl der Mühe wert wäre. Ergibt sich diese Möglichkeit nicht, so werd ich dem an sich sehr knappen III. Akt einen ausführlichen Kommentar mitgeben, aus dem Sie die innere Gliederung, die Haupt- und Nebenakzente, die Begründung und den (poetischen) thematischen Aufbau des Ganzen entnehmen können. Denn wir dürfen, ohne uns eine empfindliche Blöße zu geben, in dem Werk nicht auseinanderkommen, wie es ja doch z. B. in der «Ariadne» mehrfach der Fall war, wo das von mir als Untergeordnetes, ja Nebensächliches gemeinte vielfach in der Musik stark und breit wurde, wodurch das Gebilde als Totalität einiges Hohlspiegelmäßiges erhalten hat.
In einer Beziehung war ich, in bezug auf unser neues Werk, bisher immer guten Mutes: die Übereinstimmung zwischen dem Ernst und der Wucht des Werkes mit dem rechten und bedeutenden Moment, wo wir damit hervortreten werden. Es wird nach diesem Kriege, zunächst in Deutschland, eine ganz bestimmte Atmosphäre fühlbar sein, mit ganz bestimmten Forderungen (auch Vorurteilen) gegenüber allen Dingen, vor allem auch den Künsten. In dieser Atmosphäre wird, abgesehen von den sozusagen obligaten Anfeindungen, gerade die «Frau ohne

Schatten», um des Themas wie um der Durchführung willen, außerordentlich gut und ehrenvoll bestehen können – wogegen eine künstlichere, spielerische Konzeption wie «Ariadne» mitsamt dem Molière gerade in diesem Moment auf doppelten Widerstand gestoßen wäre. Darin habe ich die ganze Zeit eine glückliche Fügung gesehen – meine Freude über diese Begünstigung der Umstände hat aber einen harten Stoß erfahren durch ein paar Worte, welche Frau Wiesenthal mir aus einem Gespräch mit Ihnen reproduzierte. Aus diesen, obwohl nicht ganz präzisen Worten – schien mir hervorzugehen, daß Sie die Absicht hätten, den «Joseph» irgendwie und durch irgendwelche Darsteller in Deutschland *vor* der Erstaufführung der neuen Oper auf die Bühne zu bringen. Ich will Ihnen nicht verhehlen, daß dieser Gedanke mich geradezu erschreckt. Daß ich den «Joseph» kein sehr geglücktes, oder sagen wir, kein sehr glückliches Werk finde, ist eine Sache für sich, und wenn es heißt, es wird demnächst, oder sagen wir im Herbst 1915, an der Scala oder in New York oder wo immer gespielt, so berührt mich das nicht. Aber eine Aufführung in Deutschland, die Aufführung dieses einaktigen Ballettes – 1. Ballett als solches dem deutschen Kunstgeschmack fremd und unlieb, 2. eine entschiedene Gegenstimmung schon seit Paris vorbereitet, 3. das Imponderabile des Internationalismus, der «bestellten» (von Russen für Paris *bestellten*) Arbeit – in *Deutschland* als erstes Ereignis nach dem Kriege, dies schiene mir im höchsten Grad unpolitisch.
Ich bitte Sie, diesen Punkt, der mir schwer am Herzen liegt, durchzudenken, auch mit Ihrer verehrten Gattin, die so viel richtiges Gefühl hat, zu beraten, im übrigen aber diese meine Meinung vertraulich zu behandeln, gegenüber Fürstner etc. Sind Sie dann, wie ich hoffe, zu einem festen Entschluß gekommen, so wird Sie, daran zweifle ich nicht, ein etwaiger kurzsichtiger geschäftlicher Opportunismus der Firma Fürstner nicht mehr von dem für richtig Erkannten abbringen.
Ich wiederhole: meine Befürchtungen, mein Widerwille, den «Joseph» unter den jetzigen und demnächstigen, so besonderen Umständen vor der «Frau ohne Schatten» aufgeführt zu sehen,

bezieht sich nur auf Deutschland, durchaus nicht auf das Ausland. Von dort aus mag er dann, nachdem sich das große Werk eingewurzelt hat, sei es durch gastierende Ausländer, sei es durch Reinhardt, Hülsen und wen immer, in einem ruhigen, gleichgültigen Moment auf die deutsche Bühne herübergenommen werden, wo ich ihm wegen seines mehr dekorativen als seelenhaften Charakters willen kein günstiges Dasein prognostiziere.
Es kann ja durchaus sein, daß Frau W. Sie nicht richtig verstanden hat und daß ich mich umsonst alteriere, dann umso besser, doch bitte ich Sie, nach Überlegung des von mir Vorgebrachten mich zu beruhigen. Demnächst muß ich dann noch über mehrere andere Punkte an Sie schreiben. Daß man während der wichtigsten gemeinsamen Arbeit für unabsehbare Zeit voneinander würde abgeschnitten sein, hätte wohl niemand erwarten können. Gott gebe, daß die ungeheure Angelegenheit, an der ich vielleicht persönlich ganz besonders heftig leide, sich einem entscheidenden Punkte nähere.
Herzlich, wie immer, der Ihre und mit verehrungsvollen Empfehlungen an Frau Dr. Strauss. *Hofmannsthal*

Lieber Herr von Hofmannsthal! Berlin [Februar 1915]
Herzlichen Dank für Ihren lieben Brief: ich will Sie gleich wegen des «Joseph» dahin beruhigen, daß Frau W. mich wirklich mißverstanden hat. Frau Vollmoeller hatte einmal den Wunsch geäußert, das Werk jetzt (aber in New York) zu spielen; dies scheitert aber schon daran, daß wir an die Russen kontraktlich bis Juli gebunden sind. Ihre Mahnung hatte aber immerhin das Gute, daß ich mich definitiv und fest Ihren Argumenten anschließe und ganz Ihrer Ansicht bin, daß der «Joseph» vor der Oper in Deutschland nicht heraus soll. Traurig genug, daß wir gereiften, ernst und künstlerischen Idealen[1] treu arbeitenden

[1] Anläßlich der *Ersten Ausgabe* schlug Hofmannsthal dem Herausgeber eine Änderung vor: «dürfte ich vorschlagen, hier an Stelle des kompromittierten und kompromittierenden Wortes ‹Ideale› – das einfachere Wort ‹künstlerische *Einsichten* tun› zu setzen; es wird Ihren schönen Gedanken reiner und schärfer ausdrücken». – Der Brief war in der Ersten Ausgabe des Briefwechsels Februar 1917 (statt 1915) datiert worden.

Künstler solche Rücksichten nehmen müssen auf Menschen, denen die große Zeit nur Vorwand ist, um ihre eigenen mittelmäßigen Leistungen an die Oberfläche zu bringen, die gute Gelegenheit sehen, wirkliche Künstler als hohle Ästheten und schlechte Patrioten zu verschreien, die vergessen, daß ich in Friedenszeiten mein «Heldenleben», den «Bardengesang», Schlachtlieder, Militärmärsche geschrieben habe, jetzt aber den großen Ereignissen gegenüber ehrfurchtsvoll stillschweige, während sie, die «Konjunktur» nützend, unter dem Deckmantel des Patriotismus das dilettantischeste Zeug lancieren – es ist widerlich in den Zeitungen von der Regeneration der deutschen Kunst zu lesen, wo man noch vor zwanzig Jahren dem deutschesten aller Künstler: Richard Wagner, «romanische Brunst» vorgeworfen hat, zu lesen, wie Jung-Deutschland gereinigt und geläutert aus diesem «herrlichen» Krieg zurückkehren soll, wo man froh sein kann, wenn die armen Kerle erst von Läusen und Wanzen gereinigt und von allen Infektionen geheilt und erst wieder des Mordens entwöhnt werden müssen. Wenn man sich bewußt ist, wie ernst man es immer mit seiner Kunst genommen hat (auch wenn man wirklich mal ein Ballett zuerst in Paris aufgeführt hat), dann faßt einen ein wahrer Ekel vor all der Heuchelei und Ignoranz. Genug davon! Was den Krieg selbst betrifft, so haben wir, glaube ich, allen Grund, froh in die Zukunft zu blicken. In unserer Marine herrscht eine unglaubliche Zuversicht, mit den Russen wird es bald zu Ende gehen und in England selbst soll die Volksstimmung schon höchst flau sein. Was wird der 18. Februar bringen?
Nach Wien kann ich vor Ende April, Anfang Mai unmöglich kommen. Bei dem Ausfall aller Nebeneinnahmen muß ich bis Ostern feste fürs tägliche Brot schuften. Ich glaube, es ist das beste, Sie schicken mir den III. Akt baldigst hieher: ich studiere ihn genau durch, und was es zu besprechen gibt, arbeiten wir dann im Frühjahr mündlich durch. Mit der Komposition will ich nicht vor April beginnen. Schade ist's freilich, daß ich Ihnen die zwei Akte nicht vorspielen kann. Aber ich glaube, Sie werden damit zufrieden sein und Ihre geäußerten Befürchtungen

kann ich Ihnen schon heute mit gutem Gewissen entkräften. Ich kenne die Mängel meiner früheren Werke genau, kenne Ihre Wünsche, die auch die meinigen sind – Sie können mir auch ohne Kommentar ruhig Ihren III. Akt schicken. Ich werde nichts verpfuschen.
Leben Sie wohl und lassen Sie bald wieder von sich Gutes hören! Meine Frau grüßt schönstens. Ich bin Ihr getreuer

Dr. Richard Strauss

Einige Freunde, denen ich Ihren I. Akt zuerst vorgelesen und dann gespielt habe, waren von Dichtung und Musik gleich begeistert.

Lieber Freund! Berlin, 12. 3. 15

Wann bekomme ich den III. Akt? Ich treffe am 24. März in Garmisch ein und wäre hocherfreut, ihn dort vorzufinden! Wir hatten gestern «Ariadne», nächsten Dienstag «Rosenkavalier», 23. März «Elektra» mit der Gutheil!
Kessler war hier, hat uns besucht. Fürstner ist bezüglich des «Joseph» Ihrer und meiner Meinung.
Wie geht es Ihnen? Ich habe viel gearbeitet und freue mich auf Garmisch, um dort weiterzuarbeiten!
Ende April komme ich vielleicht nach Wien!
Mit herzlichen Grüßen Ihr *Dr. Richard Strauss*

Lieber Dr. Strauss, Rodaun, 26. III. [1915]

Ich hoffte, Ihnen vor Ostern den fertigen dritten Akt zu schikken, nun versagt sich aber, trotz aller Anspannung des niedergedrückten Gemütes, eine einzige, aber wichtige Szene der letzten knappen und zugleich schönen Formung – aber wenn nicht wieder etwas ganz Unvorhergesehenes mich wieder zu Boden drückt (auch mein Vater war wieder sehr schwer krank), so finde ich in der Osterwoche die paar Reihen von Versen so wie sie werden müssen. Der Akt wird Sie freuen; er ist völlig Musik, Musik ohne Widerstand, und dabei reich und bunt und kurz (nur 18 Seiten). Sie werden und müssen aber auch alle Kräfte zusammennehmen, es muß gerade dieser Akt das

Reichste und Höchste geben, das wir zusammen zu geben haben. Aufrichtig der Ihre. *Hofmannsthal*

Es fiel mir ein, daß diesmal bezüglich des Materiellen nichts gesprochen wurde und doch muß es ordnungshalber geschehen.

Sie wissen, was mir an den Fürstner-Verträgen eine elementare Ungerechtigkeit erscheint, wir waren so ziemlich darüber einig, ohne eine Formel zu finden; ich hätte unter anderen Umständen diesmal, wo ich mir des Gewichtes, den der dichterische Teil für das Ganze haben muß, besonders bewußt bin, jedenfalls eine neue Formulierung der Aufteilung verlangt, unter den jetztigen Umständen ist es mir unmöglich, dies zum Gegenstand von Verhandlungen zu machen, ich kann meinen Kopf nicht darauf richten, also schlage ich vor, daß der Vertrag des «Rosenkavalier» meinetwegen Punkt für Punkt, wie er ist, erneuert werde. *Wann* dieser neue Vertrag *in Kraft trete*, ist mir gleich, sagen wir, bis zum Ende des Jahres 1916. –

Für einstweilen genügt mir Ihr briefliches Wort, daß Sie diesem Vorschlag zustimmen, der ein für Sie und Fürstner erprobtes und auch für mich akzeptables Verhältnis herstellt und uns erspart, was ich jetzt besonders unerträglich finden würde: zu handeln. Aufrichtig der Ihre *Hofmannsthal*

Lieber Herr von Hofmannsthal! Garmisch, den 30. 3. 15

Besten Dank für Ihren lieben Brief! Mit Ihren Wünschen über unser neues Werk vollkommen einverstanden. Details können wir Ende April in Wien besprechen.

Ich dirigiere wahrscheinlich am 24. April in Budapest, 27. April in Wien, 29. April in Prag.

Bitte schicken Sie mir sofort, was Sie vom III. Akt fertig haben, damit ich Zeit habe, mich hineinzuleben, wenigstens den Anfang und erste Hälfte.

Anfang Mai denke ich mit der Komposition des III. Aktes dann definitiv zu beginnen.

Jetzt schreibe ich den II. Akt ins Reine und spiele Ihnen dann Ende April alles vor. Ich denke, Sie werden zufrieden sein; hoffentlich gibt mir der III. Akt reichlich Platz zu lyrischen Entladungen à la Terzett «Rosenkavalier». Ich werde meine beste Kraft zusammennehmen, mich des Dichters würdig zu erweisen. Bin frisch und ausgeruht und tatenfroh. Warum lassen Sie den Kopf so hängen? Auf Deutschland können Sie sich verlassen. Daß die Krankheit Ihres Vaters Sie angegriffen hat, begreife ich natürlich: bitte überbringen Sie Ihrem Vater mit herzlichen Grüßen meine besten Wünsche für vollständige Wiederherstellung.

Aber die Politik: die wollen wir denn doch ein bißchen aus der Entfernung betrachten und die Sorge dafür denen überlassen, die sie angeht. Nur Arbeit kann uns trösten, nur Arbeit uns zum Sieg verhelfen.

Also schicken Sie mir bald, *was fertig ist,* möglichst die erste Hälfte: ich brauche immer ziemlich lange, bis ich hinein komme. Bin ich erst in den Anfang hinein, dann gehts bei mir schnell! Auf hoffentlich frohes Wiedersehen Ende April!

Mit herzlichen Grüßen Ihr getreuer *Dr. Richard Strauss*

Lieber Herr von Hofmannsthal! Garmisch, den 5. 4. 15

Telegramm erhalten. Bevor Sie mir den III. Akt schicken, muß ich Ihnen noch einige Bedenken mitteilen, die Ihnen für den III. Akt vielleicht noch wichtige Anregungen geben.

Was geschieht mit dem Schatten, den die Färbersfrau im II. Akt doch bereits verloren hat und den die Kaiserin doch nicht nehmen will? die Kaiserin singt doch: «Ich will nicht den Schatten» etc.

Der Schatten schwebt also in der Luft. Zudem gehen die Worte der Kaiserin:

«Ich will nicht den Schatten,
auf ihm ist Blut», etc.

da sie im Ensemble gesungen, für's Publikum verloren. Es wäre also sehr wichtig, daß die Kaiserin diesen Entschluß, auf den blutbefleckten Schatten zu verzichten, im III. Akt noch einmal ausdrücklich kund gibt.

Ich habe die zwei ersten Akte Text bis jetzt Hülsen und Seebach lesen lassen. Beide standen der Sache total verständnislos

gegenüber, und Seebach begriff erst, als ich ihm den Stoff mündlich noch einmal ganz erklärte und den ersten Akt am Klavier vorspielte. Ich ersehe aus allem, daß der Stoff und seine Motive schwer verständlich sind und daß alles getan werden muß, um ihn recht klar zu machen. Ich bitte also dringend, rekapitulieren Sie also im III. Akt (wie Wagner es ja so oft tut), recht eindringlich die entscheidenden psychologischen Vorgänge, damit auch nichts im Dunkel bleibt, besonders das Motiv, daß die Kaiserin, *weil sie das Mitleid fühlen gelernt hat*, sich den Schatten verdient, d. h. Mensch geworden ist. Vielleicht ist das schon geschehen: ich dachte aber, es kann nicht schaden, wenn ich Sie nochmals darauf aufmerksam mache, da man sich bei der Arbeit so leicht derart mit dem Stoff identifiziert, daß man glaubt, alles, was einem selbst klar ist, müsse auch dem Leser und Zuhörer verständlich sein.
Ich bin also Ende April sicher in Wien und freue mich sehr, Sie wiederzusehen!
Frau Schoder hat in Berlin eine unerhört großartige Elektra dargestellt und gesungen und einen Riesenerfolg gehabt.
Für mich war ihre Leistung ein Erlebnis! Darüber Näheres mündlich!
Mit herzlichen Grüßen Ihr getreuer *Dr. Richard Strauss*

Lieber Dr. Strauss, Rodaun [Anfang April 1915]
Ganz richtig erfaßt: am Schluß von Akt II schwebt der Schatten in der Luft, die eine hat ihn verwirkt, die andere ihn nicht rechtsgültig erworben – dieser schwebende Handel und seine Schlichtung durch ein salomonisches Urteil höherer Mächte, als deren Wortführer die «Ungeborenen» figurieren, bildet ja das Zentrum des dritten Aktes, die große Szene der Kaiserin im Tempel: *dies ist der geistige Kern des ganzen Stückes*, von wo aus die Akte I und II erst ihr richtiges Licht erhalten. Es war, verzeihen Sie, nicht ganz praktisch, Seebach und Hülsen Teile eines so einheitlichen und immerhin komplizierten Werkes in die Hand zu geben. Auch das Publikum darf – das haben wir in Italien uns klargemacht – vor dieses Werk nicht ohne Vorbe-

reitung treten. Es wird unbedingt nötig sein, daß eine Einführung *in die Dichtung*, mit der ich den mir sehr nahestehenden jungen österreichischen Dichter Max Mell betrauen werde[1] (und welche, knapp gefaßt, im Musikführer ihren Platz finden wird), dem Verständnis der ineinandergreifenden Motive und Symbole den Weg ebnet. Dies stand mir immer ganz klar vor Augen. Es ist hier eine ganze Welt gegeben – doch umschreibt ein Verspaar von Goethe[2] den innersten Gehalt davon:

«Von dem Gesetz, das alle Wesen[3] bindet,
befreit der Mensch sich, der sich überwindet.»

Manches andere demnächst mündlich. Ich gehe sehr wahrscheinlich dienstlich nach den besetzten Teilen von Russisch-Polen, hoffe es aber einrichten zu können, daß ich erst abreise, nachdem Sie hier waren. Herzlich der Ihre. *Hofmannsthal*

P. S. Wenn Sie in bezug auf die Rechtsfrage (der Handel um den Schatten) noch ein Tüpfelchen aufs i zu setzen wünschen, so wäre Seite 5 die Stelle der Amme noch durch folgende Zeilen zu erweitern:

«Und was zu verschweigen,
das hab' ich heraus!
Dein wird der Schatten!
Sie hat ihn verwirkt
mit wissendem Mund.
Du greifest ihn nicht,
so schwebt er in Lüften.
Herrenlos!
Doch bindet auch ihn,
was alle bindet:
Wo du ihn forderst
vor Sternengericht
wird er dein!»[4]

[1] Nicht zustande gekommen.

[2] Aus: «Die Geheimnisse».

[3] In der *Ersten Ausgabe* irrtümlich: Menschen (statt Wesen); im Original richtig.

[4] Diese Verse wurden nicht vertont.

Lieber Herr von Hofmannsthal! Garmisch, den 15. 4. 15

Ihr III. Akt ist herrlich: Wort, Aufbau und Inhalt gleich wundervoll.

Nur in dem Bestreben der Kürze ist er zu skizzenhaft geworden: ich brauche für alle lyrischen Momente:

Duett zwischen Barak und Frau,
Abgangsarie der Amme,
Duett zwischen Kaiser und Kaiserin und
Schlußquartett,

unbedingt mehr Text. Keine neuen Gedanken, nur Wiederholungen eines und desselben Gedankens mit anderen Worten und gesteigert.

Meine Bedenken und Wünsche und Vorschläge habe ich in beiliegenden Blättern niedergelegt, die ich zu überlegen bitte, bis ich nach Wien komme. Am bedenklichsten erscheint mir die Figur der Kaiserin, die uns menschlich nicht nahe genug tritt. Ihre Reue, ihre Entsagung für eigenes Glück an der Seite des Kaisers, Bekenntnis ihres Leichtsinns, ihrer Schuld und besonders das Schwanken zwischen Mitleid mit dem Färberpaar und der Liebe zum Kaiser müßte viel eindringlicher in der Tempelszene in einem längeren Monolog zum Ausdruck kommen.

Auch das Eingreifen Keikobads müßte stärker sichtbar sein. Bitte überlegen Sie sich das alles, bis wir mündlich darüber sprechen können.

Ich treffe am 21. früh in Wien (Hotel Imperial) ein. Können wir zusammen Mittag essen? Am 22. dirigiere ich in Budapest und bin dann wieder vom 23. bis 30. April in Wien, dirigiere wahrscheinlich am 28. «Elektra» in der Hofoper. Möchte auch mit Ihnen und Roller zusammen konferieren.

Auf frohes Wiedersehen! Mit herzlichem Dank und Gruß

Ihr *Dr. Richard Strauss*

[Beilage]

Ausstellungen und Vorschläge.

Seite 1: Stimmen der Ungeborenen dürfen, glaube ich, nur im Orchester ertönen, nicht *wirklich*, wie sie später erklingen, das gäbe Konfusion im Zuhörer.

Seite 2: nach Baraks «*Weh mir!*» 8 Zeilen *Wiederholungen* einfügen, die von Barak und Frau als Duett gleichzeitig gesungen werden, nach dessen Beendigung Barak allein singt: «daß ich sie noch einmal sähe» etc.

Wiederholungen nenne ich ein für allemal einen Text, der das Vorhergegangene erklärt, erweitert und mit andern Worten noch deutlicher ausspricht.

Seite 2: Da alle Stimmen *von oben*, *unsichtbar*, in der Oper sehr fatal, da fast immer unverständlich sind, empfehle ich hierfür den *Boten* des I. Aktes, eventuell mit anderen, weiblichen Kollegen einzuführen, dieselben können später, Seite 3, auch die Kaiserin führen; *Seite 13 die Mahnungen* sprechen und überhaupt das tatsächliche Eingreifen Keikobads, von dem überhaupt im III. Akt viel zu wenig die Rede, versinnbildlichen.

Seite 6: Verbreitern

1. «Was Menschen bedürfen,
   weißt du zu wenig:
2. Was Menschen fühlen,
   fühlst du nicht,
3. was Menschen leiden,
   fassest du nicht etc.

a) Ich habe es gefühlt,
   als ich in Baraks Augen blickte,
b) ich habe geschaudert,
   als die Frau ihn so tödlich verwundete,
c) ich habe zu den Sternen gefleht,
   das Gräßliche nicht geschehen zu lassen etc.
   ich gehöre zu ihnen,
   du taugst nicht zu mir.»

Seite 9: Abschiedsarie der Amme *viel länger*, muß eine richtige, große Szene der Amme werden, Pendant zu den Szenen von

Kaiser und Kaiserin im II. Akt. Anrufung Keikobads, in der ihre *Treue zu Keikobad*, Rückkehr zu den reinen Geistern (?), ihre Liebe zur Kaiserin, die sie nun auf ewig verloren hat, und ein gräßlicher, längerer Fluch über die Menschen (ähnlich wie Ortrud im II. Akt), kurz, ein brillanter Abgang – mindestens 25 Verse, zwischen denen die Stimmen Baraks und der Frau als Zwischenrufe – jedenfalls muß ein brillanter Arienschluß der Amme das Bild schließen.

Seite 9, 10 u. ff. Hier vermisse ich, daß die Kaiserin sich gar nicht über *ihr Verhältnis zum Kaiser* mehr ausspricht, hier müßte sich die ganze psychologische Entwicklung der Kaiserin monologisch aussprechen und alles Wichtige rekapitulieren: wie sie die Sehnsucht nach den Menschen von der Mutter vererbt hatte, wie sie sich dem Kaiser in die Arme geworfen. Wie sie ihn sinnlos, gedankenlos, abgöttisch geliebt, daß sie den Talisman verloren, den schrecklichen Fluch vergessen, wie sie den Schatten durch Betrug erwerben wollte, wie sie im entscheidenden Augenblick die wirkliche Liebe, das *Mitleid* kennen und empfinden gelernt.

Wiederholung der entscheidenden Worte des II. Aktes.

«Da wollt ich nicht den Schatten,
auf ihm war Blut.
Meine Hände reckt ich in die Luft,
rein zu bleiben von Menschenblut.
Sternennamen rief ich an gegen mich.
Diese zu retten, geschehe was wolle.» –

«Da hörtest du mich, Keikobad, Vater, du entrissest ihm das Schwert, sie zu töten, doch die Wunde, die sie ihm geschlagen, trägt er im Herzen. Du führtest mich hierher, werde ich dein Auge schauen, wirst du uns helfen?»

Zu Seite 11: Was ich da zuletzt schrieb, führt ja die Kaiserin auf ein anderes Gebiet, aber ich kann mir nicht helfen, es berührt sehr unsympathisch, daß die Kaiserin nur von dem Gedanken an ihr eigenes Menschentum so erfüllt ist, daß sie nur der Leiden des Färberpaares gedenkt und den *Kaiser ganz vergessen hat.* Wäre da nicht eine Vermittlung möglich?

Ich meine: der unlösbare Konflikt, in den die Kaiserin geraten ist, der nur durch höhere Geistermacht gelöst werden kann, müßte viel deutlicher und plastischer zum Ausdruck kommen. Die Kaiserin opfert doch, da sie den Schatten nicht durch Betrug erwerben will und durch Zerstörung des Glückes des Ehepaares Barak, ihren geliebten Gatten. Hierin liegt an sich etwas Unnatürliches und Unsympathisches. Darum müßte die Entsagung der Kaiserin auf Liebe, auf Errettung des Kaisers, der Entschluß des Büßenwollens viel eingehender motiviert werden. Sonst wird niemand begreifen, warum der Kaiserin das Glück Baraks näher steht, als ihr eigenes und das Leben des Kaisers.
Seite 13 und 14: Woher weiß das Publikum daß die *Ungeborenen* singen: Das Publikum hört Kinderstimmen, versteht keinen Text – das muß alles durch Wiederholungen und Hinweise von den Figuren, die auf der Bühne stehen, erläutert und repetiert werden!
Seite 14 und 15: Duett zwischen Kaiser und Kaiserin viel mehr Text, hier kann vielleicht von höheren Beziehungen und ihrer einstigen Liebe und dem Fluch noch einiges eingeflochten werden, jedenfalls viel mehr Text, gleichlautende Wiederholungen.
Schlußquartett: mindestens doppelt soviel Text für alle vier. Wiederholungen genügen.

Lieber Dr. Strauss, Freitag, [23. April 1915]
Ich habe alles für Sonntag arrangiert, des besten Klaviers wegen bei Schalk, Roller ist verständigt – da ich aber um 11 Uhr eine unaufschiebliche dienstliche Unterredung mit Major Morath habe, so muß der Anfang auf 12 Uhr 30 präzise verschoben werden, dann Essen, dann Ausruhn, dann nachher Akt II.
Ihren Spaziergang im Schönbrunner Garten absolvieren Sie vielleicht vorher. – Unsere Unterredung neulich war sehr befruchtend, Akt III wird sich noch sehr schön entfalten.
Schöne Bilder sind noch in der zu wenig bekannten Galerie der *Akademie*, I. Schillerplatz. Zutritt stets gegen Karte durch den Kustos.
Ich freue mich auf Sonntag. Herzlich Ihr *Hofmannsthal*

Lieber Herr Doktor, Rodaun, 14. 5. [1915]

Mein Abgang nach Polen schiebt sich durch die großen Ereignisse etwas hinaus – so kann ich Ihnen noch den veränderten Anfang vom III. schicken, hoffentlich nach Wunsch. – Für alles weitere bin ich dankbar, wenn Sie mir Zeit lassen, es wird dann alles weit besser und schöner noch werden, als Sie denken können. Ihre Anregungen wirken alle nach, noch stärker das herrliche Nachgefühl der gehörten Musik. Die Art, wie Sie den Kaiser in der Musik geschaffen haben, gibt mir die bestimmteste Anweisung, wie ich diese Figur in III zu behandeln habe. Er muß, nachdem er aus der Versteinerung erwacht ist, seine Arie, seine – völlig andere – «Gralserzählung» haben. Auch auf das Verhältnis Keikobads zum ganzen Spiel, sowie auf sein Verhältnis zu den Ungeborenen muß noch ein ganz anderes Licht fallen – wie und wo dies unterzubringen, weiß ich schon ganz genau, durch all dieses wird die erregte Szene der Amme sehr gewinnen. Lassen Sie mich hierüber nur noch eines sagen, damit sich Ihre Phantasie nicht irgendwo festlegt, wo ich hinzusteuern nicht gedenke. Der Abgang der Amme wird durch eine weit leidenschaftlichere Führung der Figur selbst, durch eine heftige Auseinandersetzung mit dem sie streng zurückweisenden Boten Keikobads, durch Sturm und Blitze und die angstvoll hineintönenden Stimmen des Färberpaares alle Wucht bekommen, die Sie hierfür wünschen. Doch möchte ich Sie sehr bitten, den Geisterchor für diese Szene nicht zu vergeuden: ich möchte dieses höchste Element nur für den einen Moment der Hauptszene aufsparen, für dies: «Die Frau wirft keinen Schatten!» das dort einzig und unvergeßlich sein muß.

Die beiden Versucher-Stimmen in der Hauptszene werden Magier, zwei geheimnisvolle, links und rechts von dem versteinerten Kaiser auftauchende Gestalten: die Hüter der Schwelle. Dagegen kann ich für die drei Anrufe: «Hab Ehrfurcht – Mut – Erfülle Dein Geschick!» ohne Unlust keine Erscheinungen konzedieren – diese Anrufe hätten meines Erachtens aus dem Orchester zu ertönen.

Noch eins, das mich viel beschäftigt hat in der Zeit seit Ihrem lieben, erfreuenden Frühlingsbesuch: es war ein schwerer Fehler von mir, nur durch die Okkupation der Kriegszeit erklärlich, daß ich Sie nicht genug daran erinnerte, daß der «fremde Jüngling» ein Phantom ist, von einem Mimiker zartest zu spielen – und mit geisterhafter Stimme von irgendwoher (= aus dem Orchester) zu singen; nun haben Sie ihn leider Gottes anders aufgefaßt, das macht mir schwere Sorgen, und ich bitte Sie herzlich, diesen Punkt nicht leicht zu nehmen. Er ist ja eben durchaus nicht aus einer Welt mit den Menschen, sondern ist aus einer Welt mit dem Falken und mit den fünf Ungeborenen, die aus den Fischen singen – wo Sie den Kontrast doch so wundervoll gefunden haben – so macht es mich ganz unglücklich, daß es hier nicht stimmt. Nun weiß ich ja wohl, daß Sie das Motiv des Jünglings nicht verändern können – weil es überall hin durchgewebt ist – aber trotz meiner laienhaften Hilflosigkeit gegenüber Ihrer Kunst getraue ich mich doch zu sagen: daß es mit der Instrumentation allein nicht getan sein kann – die ist doch nur das Gewand, die Atmosphäre – kann aber an der Substanz eines musikalischen Charakters nichts ändern. Darum wäre es meine innige Bitte, ob Sie nicht versuchen könnten, in der einzigen Szene, wo das Phantom den Mund auftut, doch – bei Wahrung des Motivs – die *Führung* der *Stimmen* in eine einzigartige, nicht menschliche, geisterhafte umzubiegen. Verzeihen Sie die Quälerei: gelingt's Ihnen aber, so ist viel gewonnen.

Die Wiesenthal hat von Korngold bezüglich des Ballettes noch nichts vernommen und ist in großer Sorge, ob die Vermittlung dieser Sache nicht in unrichtigen Händen liegt: nämlich Nedbal kann hier kein guter Zwischenträger sein, weil er selber dringend das Ballett mit ihr zu machen wünscht; – wäre es sehr unbescheiden, wenn ich Sie bäte, etwa Karpath, der ja gerne vermittelt und wo die Hände im Spiel hat, durch einen Brief auf diese Spur zu führen. Es ist eine solche Lebensfrage für sie, daß sie zu dem schön und glücklich erfundenen Ballett eine gute Musik kriegt.

Herzlichst der Ihre *Hofmannsthal*

Mein lieber Herr von Hofmannsthal! Garmisch, den 27. 5. 15

Herzlichen Dank für Brief und Anfangsseite des III. Aktes: es ist ja immer noch ein bißchen *wenig* Lyrisches für so ein richtiges Klage- und Reueduett. Sehr schön ist ja Baraks:

«Mir anvertraut,
daß ich sie hege,
und sie trage
auf diesen Händen
und ihrer achte
und ihrer schone
um ihres jungen Herzens willen!»

Aber nun brauchte ich mindestens noch so einen Siebenzeiler in der *ganz gleichen* Art, nur andere Worte und eben das gleiche für die Frau. Kann ich das nicht noch bekommen? Wann schicken Sie mir die Fortsetzung?

Ich habe inzwischen ein recht gutes sinfonisches Vorspiel zum III. Akt entworfen und beginne jetzt mit dem Akt selbst. Was Sie an der Szene des Jünglings beanstanden, ist mir nicht recht verständlich. Wenn die paar Worte desselben unsichtbar im Orchester gesungen werden, so ist, glaube ich, der geisterhafte Effekt vollkommen erreicht, die Figur kann während des Gesanges mit Rücken zum Publikum stehen. – Gehen Sie nach Polen? Kommen Sie einmal nach Garmisch?

Mit herzlichen Grüßen Ihr aufrichtig ergebener

Dr. Richard Strauss

Mit den Magiern, der Führung der Szene der Amme, ihrem Abgang *nicht* monologisch und der projektierten Erzählung des Kaisers bin ich ganz einverstanden, ebenso mit Geisterrufen unsichtbar.

An Karpath wegen des Korngold habe ich schon geschrieben.

Lieber Herr von Hofmannsthal! Garmisch, den 28. 5. 15

Ich habe nun den Anfang des III. Aktes bis nach der Stelle:

«Schweigt doch, ihr Stimmen,
ich hab' es nicht getan!»

Nun bräuchte ich aber, bevor ich weiterfahre:

«Barak, mein Mann,
o daß du mich hörtest!»

und all den darauffolgenden Reminiszenzen etwa acht Verse, in denen die Färbersfrau traurig und zerrissen (in f-moll) ihren gegenwärtigen Zustand schildert: etwa so:

«Verstoßen von ihm
in Nacht und Grauen,
allein in Verzweiflung,
allein in Reue,
kein Licht vor mir,
keinen Ausweg,
o bitterste Not,
o schrecklichste Trauer!»

Könnten Sie mir einen solchen schwarzen Ruhepunkt einfügen, an dem ich dann wieder aufwärts steigern kann?
Mit dem übrigen komme ich dann schon zurecht.
Hätten Sie etwas dagegen, wenn ich auch die Frau im Duett die Worte Baraks singen lasse:

«Mir anvertraut,
daß ich ihn hege,
daß ich ihn trage
auf meinen Händen
und seiner achte
und ihn liebe
um seines treuen Herzens willen!»

Derartiges ist für ein musikalisches Duett immer das allerbeste und allerdankbarste. Wenn es Ihnen aber unsympathisch ist, so machen Sie mir dafür ein Synonymum, was ich der Frau in den Mund legen kann.
Haben Sie meinen gestrigen Brief erhalten?
Mit herzlichen Grüßen Ihr *Dr. Richard Strauss*

In diesem lyrischen Ruhepunkt f-moll der Frau möchte ich symphonisch die Motive 1. des:

«Abzutun Mutterschaft
für ewige Zeiten»,
2. alles menschlichen Elends und menschlicher
Ohnmacht

unterlegen. Darum könnten auch einige Verse darauf Bezug nehmen.
Etwa:

«Geopfert hab,
was all seine Hoffnung war,
aller Menschenpflicht
hab ich mich entäußert,
nun bin ich ausgestoßen
aus menschlicher Gemeinschaft,
verlassen von ihm,
allein in Nacht und Grauen!»

Ich bitte, diese Andeutungen nicht als Vorschriften zu nehmen, sondern nur als Anregung und Anhalt dafür, wohin meine musikalischen Wünsche gehen!
Und daran anschließend dann:

«Barak, mein Mann,
o daß du mich hörtest!» etc. etc.

Lieber Herr von Hofmannsthal! Garmisch, den 8. 6. 15
Ich habe nun die erste Szene des III. Aktes musikalisch fertig. Es ist eine sehr gut aufgebaute und schön sich steigernde Szene geworden, für die ich mir mühsam den Text zusammengruppiert habe, wie Sie aus der Beilage ersehen!
Ich bitte Sie, zu entscheiden, ob Sie mit all den Zusammenschachtelungen und Umstellungen und Wiederholungen einverstanden sind, ob Sie mir für die drei mit * bezeichneten Stellen die gewünschten Verse nachmachen wollen.
Und ob Ihnen für die mit Duett bezeichnete Stelle die einfachen

Textwiederholungen recht sind: sonst bitte ich dafür anderen Text, aber gleichlautend und dieselbe Stimmung, da das Stück schon komponiert ist.
In einer Novelle «Mendel Gibbor» von A. Bernstein lese ich auf Seite 81 von einer Sitte der jüdischen Leichenbeschauer, den Toten für ihm im Leben widerfahrene Unbill um Verzeihung zu bitten und *alle mit ihm bisher unterhaltenen Beziehungen aufzulösen*. Das Motiv wäre vielleicht in der ersten * Stelle, oder in der dritten * Stelle zu verwenden. Nur muß die dritte Stelle etwas begeistert Fanatisches haben: etwa:

«Komm zu mir, Barak, mein Mann!
Verzeih mir, bevor ich dich auf ewig verliere,
sag mir noch einmal, daß du mich geliebt hast,
was du auch über mich verhängst,
ich will dich preisen und segnen –
schwängest du auch dein Schwert über mir,
in seinem Blitzen sterbend noch säh' ich dich!»

Kann ich dies alles bald bekommen?
Ebenso die entscheidenden Szenen zwischen Kaiserin und Amme?
Da ich jetzt mit dem Komponieren festsitze, während Sie sich, höchst überflüssigerweise, statt zu dichten, bei Läusen und Wanzen herumtreiben – habe ich mit der Instrumentation der Partitur des ersten Aktes begonnen. Aber lieber wäre mir schon: ich könnte jetzt in einem Zuge, solange die Sonne noch scheint, die Komposition des III. Aktes vollenden. Also denken Sie an mich! Mit herzlichen Grüßen Ihr *Dr. Richard Strauss*

Lieber Herr von Hofmannsthal! Garmisch, den 17. 6. 15
Mir geht immer noch das «Salomonische Urteil» im Kopf herum. Wäre der dramatische Höhepunkt desselben: nämlich der Ausbruch der ächten Mutter und ihr Verzicht in dem Moment, wo das Kind getötet und halbiert werden soll, nicht auch auf unser Werk und den Höhepunkt in der Szene der Kaiserin

vor der Statue des Kaisers zu übertragen? Ich finde in derselben alle Äußerungen der Kaiserin:

> «Nicht dieser Blick.
> Ich kann nicht helfen,
> Ich kann nicht.
> (die Kaiserin *steht* in furchtbarem Kampf)
> Ich will nicht!»

etwas nichtssagend und kalt.
Es müßte hier doch eine starke Explosion erfolgen – etwa so, daß am Schluß sich der Brust der Kaiserin der erste furchtbare *Menschenschrei* entringt, etwa wie bei einer gebärenden Frau – kurz, es müßte ein Moment sein, wie er mir in «Elektra» bei dem Ausruf der Elektra: «Orest!» so gut gelungen ist.
Natürlich anders: aber immerhin der Höhepunkt des Stückes, von dem aus dann alles ins rein Lyrische abflaut und in schönem Descrescendo ausklingt. Bitte strengen Sie Ihr Köpfchen recht an, daß Ihnen da noch was besonders Schönes und Starkes einfällt, von diesem Moment und von dieser ganzen Szene hängt das Gelingen des Ganzen ab.
Bitte machen Sie sich sofort nach Ihrer Rückkehr aus Polen an die Erfüllung meiner Wünsche, damit ich bald an die Arbeit gehen kann. Was mir der Sommer nicht bringt, im Winter gehts nicht.
Kommen Sie doch selbst noch einmal auf ein paar Tage hierher. Es ist zu wichtig!
Mit herzlichen Grüßen Ihr *Dr. Richard Strauss*

Ist das Schloß der Fürstin Taxis, Duino, wirklich schon zusammengeschossen?

Lieber Herr von Hofmannsthal! Garmisch, 19. 6. 15
Da ich Ihnen alles sagen darf, was mir durch den Kopf geht: die Szene des inneren Kampfes der Kaiserin vor dem versteinerten Kaiser müßte einen sichtbareren Knalleffekt haben. Ginge es, daß die Kaiserin nach schwerem innerem Kampfe, sie fühlt

sich dem Tode nahe, endlich einen furchtbaren Schrei ausstößt, *den ersten Menschenschrei, etwa wie der Schrei einer gebärenden Mutter.* Dieser Schrei, nach dem sie wie tot zu Boden fällt, erlöst den Kaiser, der nun seinerseits wieder die Kaiserin und mit ihr alle Ungeborenen zum Leben weckt.
Ihnen wird ja vielleicht noch etwas Besseres, Poetischeres einfallen: aber vielleicht gibt Ihnen diese «Idee» eine fruchtbare Anregung.
Hoffentlich höre ich bald Gutes von Ihnen!
Mit herzlichem Gruß Ihr *Dr. Richard Strauss*

Das erste Wort des Kaisers ist: «Ein Menschenschrei». Die unsichtbaren Stimmen antworten entsetzt, klagend, «Ein Menschenschrei», wie ein Echo von allen Seiten!

Lieber Dr. Strauss, Rodaun, 22. VI. [1915]
gestern aus Polen zurückkehrend, fand hier die Briefe vom 26. V., 27. V., 8. VI. und 17. VI. Es tut mir überaus leid, daß Sie nun doch in die Klemme geraten sind – Sie sagten mir, Sie würden das Neue erst zu *Ende Juni* bedürfen.
Ich möchte nun, um die peinliche Situation für Sie möglichst abzukürzen, mich mit Zurückschiebung politischer Gedanken und anderer Sorgen (meinem Vater geht es nach besseren Monaten wieder gar nicht gut) auf die Szene der Amme und Kaiserin konzentrieren, Ihnen diese baldmöglichst liefern, alles andere, namentlich die Hauptszene im Tempel unter Überlegung Ihrer und meiner eigenen Einfälle in mir zur Reife und möglichsten Höhe bringen.
Die erste Szene haben Sie ja einstweilen ausgeführt, ich lasse das einstweilen auf sich beruhen; muß ich den von Ihnen zusammengestellten Text teilweise übermalen, so kann das später geschehen, wahrscheinlich werde ich ja das meiste davon gutheißen können.
Leider Gottes wird ja der abnormale Postlauf das Manuskript der II. Szene, das ich möglichst bald abschicken will, dann noch verzögern.

Daß das schöne Schloß Duino schon zusammengeschossen wäre, glaube ich nicht, doch ist es in höchster Gefahr, weil in die österreichische Abwehrlinie einbezogen, soviel ich weiß.
Herzlich der Ihre *Hofmannsthal*

Rodaun, 7. VII. [1915]

Ganze große Szene der Amme bis zu deren pathetisch-theatralischem Abgang gestern beendet, heute Zeitersparnis wegen eigenhändig abgeschrieben, abgeht morgen expreß an Sie. – Hoffe, Sie zufriedengestellt zu haben, alle Wünsche und Andeutungen (die mir immer wertvoll sind) erfüllt, alle Motive entfaltet, entgegen der früheren ruhevollen und lakonischen Behandlungsweise. Die ganze Szene nun voll innerer Unruhe, der Katastrophe zutreibend. In circa 14 Tagen hoffe mich nach Erledigung anderer Geschäfte mit ganzer Kraft der Hauptszene im Tempel zuzuwenden, welche durch die vorliegende Szene entschieden besser vorbereitet. Die Forderungen der Musik mußten sich in diesem Akt entscheidend geltend machen, nur so kann das Ganze gelingen.
Herzlich der Ihre *Hofmannsthal*
Zeitweilig beurlaubt, hoffe Vater nach Ischl schaffen und selbst mit Familie nach Aussee gehen zu können.

Lieber Herr von Hofmannsthal! Garmisch, den 14. 7. 15.
Nochmals schönsten Dank für die herrliche Szene, die außerdem prachtvoll zu komponieren, da sie schön gebaut ist und sich famos steigert. Hoffentlich glückt die Tempelszene ebenso! Wenn Sie alles fertig haben, kommen Sie doch bitte hieher, damit wir mündlich den Schlußstein legen. Es wird ein grandioses Werk werden, das fühle ich heute schon.
Wann gehen Sie nach Aussee? Bevor Sie dort etwa Baron Franckenstein treffen sollten, möchte ich Sie darüber informieren, daß das Verhalten der Münchner Hofbühne gegen mich einfach ein Skandal ist.
Seit 3 Jahren warte ich darauf, in meiner Vaterstadt endlich die Berücksichtigung zu finden, die ich verlangen kann. Alle Aus-

flüchte und Entschuldigungen der leitenden Herren habe ich geduldig und willig hingenommen. Nach dem, was diesen Winter passiert oder nicht passiert ist, muß ein kräftiges Ende mit München gemacht werden.
«*Feuersnot*» vorher fest im Repertoire und ganz besetzt und studiert, nicht gewesen, seit Franckenstein im Amt.
«Salome» diese ganze Saison nicht gegeben, angeblich wegen Krankheit der Frau Petzel. Zu allen andern Opern läßt man Gäste kommen, nur zu den meinigen nicht.
«Rosenkavalier» wurde im Dezember (wegen Krankheit der Frau Faßbender) abgesagt und durch «Tannhäuser» ersetzt, trotzdem 50 Marschallinnen in Deutschland heute zum Preise von 150–200 M. per Abend zu haben sind! – Nach dieser Absage nicht gleich in der nächsten Woche, sondern erst nach 4 Wochen wiederholt.
«Rosenkavalier» endlich im April in neuer Besetzung sehr gut aufgeführt und bis zum Saisonschluß *nicht einmal* wiederholt.
«Ariadne» zum ersten Mal Ende März angesetzt, wegen Krankheit des Herrn Schützendorff (!!!) abgesagt und erst 2 Monate später dann *einmal hintereinander* aufgeführt.
«Elektra» *Ende* der Saison zweimal aufgeführt. «Rosenkavalier» im ganzen Winter, ich glaube dreimal!
Summa 6 Aufführungen!
Dies ist durch vier Jahre hindurch kein Zufall! Und ich bitte Sie schon heute dringend mich zu ermächtigen, daß ich die «Frau ohne Schatten» dem Münchner Hoftheater *nicht* gebe: ich bin fest entschlossen, dies durchzuführen. Man hat offenbar keinen Platz für meine Werke.
dreimal die Woche Wagner
zweimal Italiener
ein Mozart
und als 7. Oper irgend ein Protegé des Herrn Walter, damit ist Münchens Bedürfnis gedeckt und ich habe keine Lust, noch eine 6. Oper der Bibliothek dieses Instituts zum Nichtaufgeführtwerden einzuverleiben. Sind Sie einverstanden?
Mit herzlichen Grüßen Ihr aufrichtig ergebener

Dr. Richard Strauss

Franckenstein und Walter komponieren halt selbst! Die sind die schlimmsten!
Ich betrete das Münchner Hoftheater nicht mehr, so lange diese Herren am Amte!
[Am Rande der ersten Briefseite:] Zu *Ihrer* persönlichen Information: ich werde weder zu Franckenstein noch zu Walter darüber ein Wort verlieren!

Lieber Herr von Hofmannsthal! Garmisch, 3. 8. 15.
Ist ein Brief von Ihnen verloren gegangen oder habe ich Ihren Wunsch nach einer Kopie übersehen?
Hier ist sie, mit den Strichen versehen, die ich bis jetzt, durch den musikalischen Aufbau gezwungen, bis Seite 7, soweit bin ich in der Komposition, für gut hielt und die ich auf der 2. Hälfte, soweit heute zu übersehen, mir von Ihnen concediert erbitten möchte. Ich arbeite jetzt ziemlich langsam, damit es recht gut wird und durchgefeilt, wäre aber sehr dankbar, wenn ich bald von Ihnen den Schluß erhielt, damit ich die Architektur richtig bemessen und Zeit habe, das Ganze innerlich zu verarbeiten, bevor ich an die Komposition gehe.
Wie geht es Ihrem Vater? Wie geht es Ihnen? Haben Sie meinen Klagebrief über die für mich so schrecklichen Münchner Theaterverhältnisse erhalten? Die Partitur des I. Aktes, die mir sehr viel Freude macht, wird in circa 3 Wochen fertig sein!
Mit herzlichen Grüßen von Haus zu Haus Ihr

Dr. Richard Strauss

Lieber Herr von Hofmannsthal! Garmisch, 17. 8. 15
Wie soll die szenische Bemerkung über das sichtbare Erscheinen der drei Wächter auf der Stadtmauer am Schluß des I. Aktes lauten? Ich denke, ich lasse die erste Strophe unsichtbar ertönen, dann betreten die Wächter die Mauer und singen die zweite Strophe. Wollen Sie mir, bitte, da ich am Ende der Partitur des I. Aktes angelangt bin, Ihre Wünsche baldigst zukommen lassen!
Wann bekomme ich den Rest des III. Aktes? Bitte recht bald!

Hätten Sie nicht Lust, ihn mir persönlich *zu bringen*, hieher – damit wir etwaige Differenzen noch direkt abmachen können? Es wäre sehr schön!
Haben Sie meine beiden letzten Briefe erhalten? Ich wüßte sehr gerne Ihre Meinung über München und ob Sie vielleicht mit Baron von Franckenstein über die Sache gesprochen haben! Nachdem ich mich von ihm und Bruno Walter über drei Jahre durch Ausflüchte beruhigen und [durch] leere Versprechungen habe hinters Licht führen lassen, brauchte es jetzt zur Herstellung des Gleichgewichtes fester, schriftlicher Garantien über die künftige Pflege meiner Werke in meiner Vaterstadt – oder ich betrete das Münchner Hoftheater nicht mehr, solange die jetzigen Leiter dort amtieren.
Mit herzlichem Gruß Ihr aufrichtig ergebener

Dr. Richard Strauss

Lieber Herr Hofmannsthal! Garmisch, 22. 8. 15.
Bedaure herzlich, daß ein Brief von Ihnen anscheinend verloren gegangen ist, denn wenn es Ihrem Geschick und Ihren freundschaftlichen Beziehungen zu Franckenstein nicht gelingt, von diesem Schwachmatikus, der offenbar ganz in Br. Walters Händen ist, *bestimmte* Garantien für künftiges Wohlverhalten meinen Werken gegenüber zu erzielen – von meiner Seite kann nach jahrelangem Petitionieren, Antichambrieren und Kajolieren jetzt nichts mehr geschehen, als einfach das Münchner Hoftheater nicht mehr zu betreten und diesen Abbruch jeglicher Beziehungen auch weiterhin durch energische Maßnahmen zu dokumentieren. – Ich freue mich sehr, wenn Sie sich jetzt rüstig an meinen III. Akt machen wollen, wenn die Tempelszene so schön glückt, wie die Szene zwischen Kaiserin und Amme, die im Aufbau wirklich glänzend ist, will ich gerne zufrieden sein.
Die Partitur des I. Aktes ist fertig und ich warte jetzt auf neuen Stoff!
Falls Sie nicht hieher kommen können, käme ich sehr gerne auf einen Tag nach Aussee zu Ihnen, sobald Sie mit dem III. Akt

fertig sind und wir die Schlußbetrachtung über das Werk ausführen können, wobei ich auch den definitiven Text der 1. Szene des III. Aktes mit Ihnen festlegen möchte. Wie lange bleiben Sie in Aussee?
Wollen Sie mir telegrafieren, sobald Sie mit dem Text des III. Aktes definitiv fertig sind?
Mit herzlichem Gruß Ihr *Dr. Richard Strauss*

Lieber Dr. Strauss, Aussee, 21. VIII. [1915]
Ich schreibe sonst gerne an Sie (und für Sie), aber daß der unglückselige Brief über die leidige Münchner Theatersache verlorengehen mußte und ich ihn nochmals schreiben muß – wo ich mich so sehne, aus einer beständigen Überlastung mit Briefen (15 bis 20 im Tag) herauszukommen, hat mir schon seit mehreren Tagen die Laune verdorben.
Ich sprach also mit F. Ende Juli. Er versicherte mich, daß er den größten Respekt vor jedem einzelnen Ihrer Werke habe und sich diesen gegenüber so verhalte, wie er es nach Lage und Umständen für richtig und möglich halte, so auch den schwer zu haltenden, minder populären Werken gegenüber («Ariadne», «Elektra»), ob Sie denn dies gar nicht anerkennten? Er fragte mich auch, ob in diesem abnormalen Jahr denn irgendwo, mit einziger Ausnahme von Berlin, Ihre Werke wesentlich mehr Aufführungen gehabt haben, als sechs bis acht? Ich sagte, ich könne diese Frage nicht beantworten. Er sagte schließlich: mit einem Mann wie Sie in Konflikt zu kommen, wäre ihm das Unangenehmste und Peinlichste, was ihm widerfahren könnte – aber wenn es nicht anders ginge und er in der Öffentlichkeit angegriffen würde, so würde er sich wehren, für seine Person und für die Walters, den er zu decken hat.
Lieber Dr. Strauss – ich kann in Ihre Auffassung dieser Dinge und in Ihr Verhalten nichts dreinreden. Wenn Sie es für richtig und begründet finden, dem Münchner Hoftheater das nächste Werk durch den Verleger verweigern zu lassen und selbst das Haus nicht mehr zu betreten, so werden Sie von mir nie ein Wort darüber hören. Eine Maßregel dieser Art, schweigend,

hat auch in meinen Augen etwas Würdiges und Mögliches. Wenn Sie aber es mit Ihrer Würde vereinbar finden, sich selbst oder durch Organe in eine jener ganz scheußlichen Theaterzänkereien einzulassen – bei denen immer, immer fatalerweise der Künstler den kürzeren zieht gegenüber Beamten, Behörden oder Geschäftsleuten, (schon darum, weil im Grund alle Welt dem Künstler aufsässig ist und froh ist, ihm gemeine Motive, die sie begreifen kann, unterzuschieben und ihn dadurch, vor sich selber, auf ihr Niveau herunterzukriegen) –, wenn Sie dies alles ins Werk setzen wollen und das in einem solchen Momente (dem Moment nach diesem Krieg), und als Anlaß und Zankapfel dazu dieses, gerade dieses Werk aussuchen – und eine dieser höllischen Zeitungsfehden in Gang setzen wollen, bei der der Beamte schon von Amts wegen natürlich recht behalten *muß*, bei der die ganze Pressbande sich freut, «Ziffern» zu produzieren, Ihre früheren gescheiterten «Erpressungsversuche» aufzuwärmen usf. usf., eine ganze Kampagne, bei der nichts herauskommen kann, als daß Sie für das neue Werk zunächst eine der wenigen deutschen Bühnen ersten Ranges (wenigstens für die ersten Jahre) [verlieren] und sich schließlich nach erbärmlichem Hin und Her mit den beati possidentes wieder versöhnen und nach so viel Dreck hin und her alles wieder aufs Alte kommt –, wenn Sie dies alles in Gang bringen und um *diese* Oper herum, so werde ich zwar auch öffentlich nichts sagen – aber ich werde mich ebenso schneidend kränken und schämen, wie ich dies um gewisser greulicher und so überflüssiger Vorgänge willen in Stuttgart getan habe – mich schämen, daß ich mit diesen Vorgängen irgendwie verbunden bin und etwas damit zu tun habe. – Ich schreibe dies so scharf, weil Sie mich durch den Ton Ihrer Briefe (in Bezug auf München) dazu zwingen. Sie müssen, fühle ich, Ihrer Natur in diesen Dingen folgen, wie ich der meinigen. Das einzige, was ich Sie bitten möchte; bevor Sie etwas Irreparables tun, ist dies, zu überlegen, und mir auf einen kleinen Zettel aufzuschreiben, welchen Vorteil für Sie und Ihre Werke (moralischen oder materiellen) Sie sich von einem solchen Verhalten erwarten, wogegen ich bereit wäre, die mir vorschwebenden 15 bis 20 greifbaren Nachteile aufzuschreiben. Der Ihre *Hofmannsthal*

P. S. Das Gespräch mit F. war natürlich viel länger als ich referiere, aber es kommt ja bei solchen Unterhaltungen gar nichts heraus, weil er sich eben im Recht glaubt, im Einzelnen gewisse Vorkommnisse aufklärt, manches als Zufall erklärt usf.

Lieber Herr von Hofmannsthal! Garmisch, 24. 8. 15

Ich danke herzlich für Ihren ausführlichen Brief und bedaure aufrichtig, daß Sie sich mit dieser leidigen Sache zweimal plagen mußten.

Was Franckenstein Ihnen erwidert hat, sind die alten Ausflüchte, die ich nun schon 3 Jahre von ihm und Walter mir geduldig sagen habe lassen, ohne daß eine Besserung erzielt worden wäre. Ich weiß sehr wohl die Schwierigkeiten des Kriegsjahres zu würdigen, in München bestanden sie aber nur wegen der «Salome», da Frau Petzel krank war. Alle anderen Werke stehen fest auf dem Repertoire, werden aber nicht aufgeführt, während notorische Fehlschläge, wie der «Bergsee», «Arme Heinrich» und die schlechteste Kassaoper des ganzen Opernrepertoires: «Barbier von Bagdad» von Walter mit Vorliebe gepflegt wird. Wäre München nicht meine Vaterstadt und wüßte ich nicht, daß mit Ausnahme der «Feuersnot», die so wie so schon seit 3 Jahren dort nicht mehr gegeben wird, meine Opern alle gute Kassa machen, wenn sie nicht, was Franckenstein mit Vorliebe tut, am Ende der Saison bei 28° Réaumur gegeben werden, – hätte ich nicht die Absicht, in 2 Jahren ganz nach München zu ziehen, wo ich mich, nach dem heutigen Stande der Dinge, fast genieren müßte, über die Straße zu gehen, so würde mich das alles weniger tangieren, so aber ist's scheußlich. Ich gebe Ihnen ja vollkommen recht, daß man gegen all diese «Zufälle» wehrlos ist, und daß öffentliche Polemik dagegen gar nichts nützt.

Ich habe auch nicht die Absicht, die Sache an die große Glocke zu hängen, da mir derlei Zeitungsfehden ebenso widerlich sind

wie Ihnen und ebenso zwecklos erscheinen wie Ihnen. Aber was soll man tun? Soll ich noch ein sechstes, unser schönstes Werk der Reihe der in München nicht aufgeführten Opern einverleiben?
Bis heute habe ich noch mit niemand außer mit Ihnen über die Sache gesprochen und bis es an die Aufführung der «Frau ohne Schatten» kommt, vergehen noch 15 Monate. Es fällt mir gar nicht ein, über Ihr Werk, über das Sie ebenso zu entscheiden haben, «irreparables» zu tun – ich hätte nur gerne Ihren Rat, wie man dieses neue Werk gegen Herrn Walter besser schützen kann, als seine Geschwister – aber es scheint, Sie wissen auch nichts. Jedenfalls habe ich noch keine Brücken abgebrochen, außer daß ich seit Jahresfrist außer jedem direkten Verkehr mit München bin und vorerst das Münchner Hoftheater nicht mehr zu betreten gedenke, natürlich ohne Ostentation. Ich kenne Franckenstein zu wenig – wenn Sie das Gefühl haben, daß er nur sehr lässig, nicht bösen Willens ist, wenn auch ganz in Walters Klauen, so bin ich gerne noch einmal zu einer mündlichen Aussprache mit ihm und Walter, aber womöglich in Ihrer Gegenwart, bereit, um meinen guten Willen zu zeigen. Aber es muß dann auch etwas nützen und praktische Resultate zeitigen.
Jedenfalls verspreche ich Ihnen, keinen weiteren Schritt zu tun ohne Ihr Einverständnis und wiederhole meine Frage: wann sind Sie mit dem III. Akt fertig, wie lange bleiben Sie in Aussee (ich käme gerne, Sie besuchen), kommen Sie vielleicht in absehbarer Zeit nach München? Die Partitur des I. Aktes ist fertig!
Mit herzlichem Gruß Ihr aufrichtig ergebener

Dr. Richard Strauss

Lieber Herr von Hofmannsthal! Garmisch, 2. 9. 15.

Zu einer Zusammenkunft in Salzburg bin ich gerne bereit: ich bleibe bis zum 24. September hier, fahre 25. zur Première von Schillings' «Mona Lisa» nach Stuttgart. Unsre Zusammenkunft könnte daher schließlich auch erst am 24. in Salzburg sein: froh

wäre ich aber natürlich, wenn Sie mit der Tempelszene früher fertig wären (Glück auf dazu!), da ich jetzt ohne Arbeit bin, indem (ich) alles bis dahin in der Skizze schon fertig ist.
Mit herzlichen Grüßen Ihr *Dr. Richard Strauss*

Lieber Herr von Hofmannsthal! Garmisch, 11. 9. 15
Ich erbitte eine kurze Nachricht, bis wann ungefähr ich auf die Tempelszene rechnen kann, damit ich mir meine Arbeit einteile und wie lange Sie noch in Aussee bleiben! Ich bleibe bis 9. Oktober hier in Garmisch, mit Ausnahme des 25. bis 27. September, wo ich in Stuttgart bei der Première von Schillings' «Mona Lisa» bin.
Das bisherige Material des III. Aktes ist in der Skizze in Reinschrift fertig, dauert circa 35 Minuten: der Rest darf also nicht mehr zu lange werden. Wenn wir uns sehen (in Salzburg oder München), kann ich Ihnen vorspielen.
Mit herzlichen Grüßen Ihr *Dr. Richard Strauss*

Hotel Österreichischer Hof, Salzburg, Samstagabend
Lieber Dr. Strauss, [11. September 1915]
Sie kommen nicht, Sie telegraphieren nicht, das Ganze ist mir völlig unbegreiflich.
Ich habe Mittwoch an Sie, ebenso wie an Bahr und andere Personen, telegraphiert, daß ich Freitag früh bis Samstag abends hier zu Ihrer Verfügung bin. Von Stunde zu Stunde wartete ich vergeblich auf eine Nachricht von Ihnen. Morgen früh muß ich fort, muß in den nächsten Tagen nach Wien (dienstlich), bin dann noch eine kurze, unbestimmte Zeit in Aussee, muß dann meinen Vater, der recht krank und schwach ist, nach Wien zurückbringen, fahre Anfang Oktober dienstlich nach Belgien und halte mich auf dem Wege dahin 2 Tage in Berlin auf (zwischen 2. und 6. X.) hauptsächlich Ihretwegen, damit wir alles besprechen können.
Die Tempelszene ist fertig, es fehlt nur eine kleine Stelle der Kaiserin, für die mir mein überlasteter Kopf gar nicht zuwillen war. Ich stelle jedenfalls übermorgen (eventuell mit Auslassung

dieser kleinen Stelle) eine Reinschrift her und schicke Ihnen dies expreß.
Ihr Nichtkommen ist mir rätselhaft, hoffentlich ist nur bei Ihnen und den Ihren nichts vorgefallen.
Herzlich der Ihre *Hofmannsthal*

Lieber Herr von Hofmannsthal! Garmisch, 14. 9. 15.
Würde es Ihnen passen, wenn ich am Donnerstag den 23. Nachmittags 4.15 in Salzburg einträfe und den ganzen Freitag mit Ihnen dort (welches Hotel?) zusammen wäre?
Am 25. Früh führe ich dann nach Stuttgart.
Sonst könnte ich auch Montag den 27. von Stuttgart kommend, Nachmittags 4.15 in Salzburg sein.
Mit herzlichem Gruß Ihr *Dr. Richard Strauss*

Lieber Dr. Strauss, Aussee, 17. 9. [1915]
wenn Sie mir den Empfang dieser Karte durch eine Depesche bestätigen, werde ich annehmen, daß die Irregularitäten des Postverkehrs wieder beseitigt sind und das einzige Exemplar der Schlußszene (ich habe keine Schreiberin mehr hier) der Post anvertrauen. Ich hoffe, unter großen Mühen das Richtige erreicht und alle Ihre Wünsche erfüllt zu haben. Bezüglich der Dimensionen muß vor allem das Gleichgewicht gewahrt werden. Immerhin ist das, was ich Ihnen zu schicken habe, Tempelszene und Schlußszene, wesentlich kürzer, als was Sie von III in Händen haben. (Etwa im Verhältnis 2:3).
Ich werde trachten, meine Durchfahrt durch Belgien bis zum 9. X. hinauszuschieben, so daß wir uns endlich treffen.
Herzlich der Ihre *Hofmannsthal*

Ein Durchfahrender erzählte mir von einer sehr schönen, sorgfältigen «Rosenkavalier»-Vorstellung in München.

Lieber Dr. Strauss, Aussee, 19. IX. 1915
da es sich ergibt, daß Sie weder Briefe noch Depeschen von mir bekommen, weder von hier noch aus Salzburg, wo ich drei

Tage (8. bis 11. IX.) vergeblich auf Sie wartete, so nehme ich die Freundlichkeit der hiesigen bayerischen Gesandtschaft in Wien in Anspruch, um Ihnen endlich die Schlußszenen auf sicherem Wege zu schicken.
Ich bin 26. IX. bis 7. X. in Wien, 8. bis 10. X. (länger ist es absolut nicht möglich) in Berlin, Adlon, wo ich Sie bestimmt zu sprechen hoffe, von dort gehe ich dann zum k. u. k. Kommissariat nach Brüssel.
Ich hoffe, daß die Tempelszene Sie befriedigt, und daß alles realisiert ist, was Sie wünschten. Für die Hüter der Schwelle, welche trügerische Magier oder Dämonen, Verführer sind, denke ich mir eine höchst besondere Stimmführung, mannweiblich, verlockend und dabei abstoßend, wie wenn eine Schlange singen würde. Vielleicht läßt sich eine männliche Stimme in besonders hoher Lage (Falsett) oder eine weibliche in seltsam tiefer verwenden oder noch weit Schöneres, als mir einfallen kann.
Die Stelle des Kaisers, wo er die Prophezeiung wiederholt, die ihm beim Erstarren von Geistern «zugesungen» wurde, ist höchst geisterhaft zu halten, ein wunderbarer Bericht eines noch kaum ins Leben Zurückgekehrten.
Die *ersten* Stellen der Ungeborenen: «Hört, wir wollen sagen Vater!» stelle ich mir klanglich wunderbar vor, so daß es nichts ausmacht, ob man sie versteht oder nicht: wie wenn Vögel vom Himmel plötzlich redeten – aber der Klang ist wichtiger als der Sinn. Es könnten diese Stellen sehr huschend schnell daherkommen, wie auf Flügeln des Windes, dann wie ein silbernes Jauchzen.
Die Hauptstelle dann: «Hört, wir gebieten Euch» ist wirkliches Singen, und diese mag, damit man sie versteht, von Kaiser und Kaiserin wiederholt werden: aber bei der ersten Stelle muß das befremdlich-entzückende Klangwunder überwiegen.
Bitte, schreiben Sie mir bald ein paar Zeilen nach Rodaun.
Herzlich der Ihre *Hofmannsthal*

Lieber Herr von Hofmannsthal! Garmisch, 10. 11. 15

Meine Frau und ich sind vom 1. Dezember abends bis 7. Dezember in Wien. Wohnung besorgt uns Karpath!
Hoffentlich sehen wir Sie dann! Alpensinfonie am 5. Dezember müssen Sie hören: es ist wirklich ein gutes Stück! Wie geht es Ihnen? Vergessen Sie das Märchen nicht. Wie war's in Flandern? Mit herzlichen Grüßen von Haus zu Haus Ihr

Dr. Richard Strauss

Wir wollen am 29. Nov. in Salzburg bleiben. Ist Österr. Hof zu empfehlen?

1916

Lieber Dr. Strauss, [Berlin] 5. I. [1916]

Sie haben ganz recht, in Ihren lieben, mir wohltuenden Zeilen[1] die Erinnerung an meinen guten Vater[2] mit dem Gedanken an unsere gemeinsame Arbeit zu verknüpfen. Denn wenn andere, mir wohlwollende und befreundete Menschen gelegentlich gar zu sehr das Bedenkliche des Arbeitens für Musik oder für einen Musiker empfinden und mir dies vorhalten, die damit verbundenen Verkennungen und Verletzungen noch schärfer als ich selbst empfinden und mir manche an sich nicht angenehme Situation dadurch noch unleidlicher machen, so hat mein Vater immer nur das Schöne daran empfunden und das, was mir selbst als das Wesentliche an einer solchen Gemeinsamkeit erschien, und hat durch seine Mitfreude meine eigene Freude daran erhöht. Das ist nun vorüber und kann nur in meiner Erinnerung mehr bestehen.
Ich lese, lieber Dr. Strauss, daß Sie morgen abend Beethoven dirigieren[3] und bitte Sie, mich unbedingt dabei sein zu lassen, in welcher Form und an welchem Platz immer, es wird sich

[1] Der Brief ist nicht vorhanden.

[2] Hofmannsthals Vater war am 11. Dezember 1915 gestorben.

[3] Strauss dirigierte im 3. Symphoniekonzert des Staatsoperorchesters am 7. Januar 1916 die I. und III. Symphonie und die Leonoren-Ouverture Nr. 1 von Beethoven.

schon einer finden. Ich habe an einen solchen Abend vor drei Jahren eine meiner schönsten Erinnerungen. Bitte vergessen Sie mich also nicht. Der Ihre wie stets *Hofmannsthal*

Lieber Herr von Hofmannsthal! Berlin, 12. 1. 16.

Herzlichen Dank für die schönen «Werke», die ich mit Hochgenuß meiner Bibliothek einverleibt habe.

Mit was darf ich mich revanchieren? Noten können Sie ja nicht lesen! Ein paar Hefte Lieder?

Ich freue mich, daß der III. Akt vorwärts geht. Wann sind Sie hier? «Elektra» ist am 28. in Leipzig, am 1. Februar im Haag, hierauf sechsmal in London.

Mit besten Grüßen Ihr Dr. *Richard Strauss*

Auf Rollers Arbeit freue ich mich kolossal!

Lieber Doktor Strauss, Berlin, 17. I. [1916]

Da glaubte ich durch den Verzicht auf gute Art um Neuforderung und Verbleiben auf dem «Rosenkavalier»-Kontrakt *jeden* Anlaß zu Schriftwechsel aus der Welt geschafft zu haben, und doch schickt mir Fürstner einen Brief, der mich maßlos ärgert und den ich Ihnen beilege. Im ersten Punkt, wo nur seine Eitelkeit im Spiel ist, nicht einmal sein Interesse, der alberne Versuch, mich hineinzulegen, indem er den Kontrakt von «Joseph» heranzieht, statt den vom «Rosenkavalier». Ich bin doch kein Idiot! Wenn ich endlich hier eine *mögliche* Verkehrsform regeln könnte, nach so vielen Jahren! Über die andre Sache lehne ich ein Gespräch mit F. überhaupt ab. Aus was für Motiven ich ein Märchen mache und ob ich diese Motive in Prosa vorher an eine Litfaßsäule schreibe, das geht ihn einen *Dreck* an! Ich antwortete ihm ziemlich scharf und ersuchte, meinen Brief Ihnen zur Einsicht vorzulegen. Es tut mir recht leid, aber ich habe das Gefühl, Sie hätten mir diesen Ärger ersparen können. Vielleicht irre ich. – Vielleicht ist die Nummer Wilhelm 5805, die man mir angab, unrichtig. Ich rief vorgestern zweimal, gestern zweimal vergeblich.

Sind Sie abends im Klub? Dann sieht man sich. Ihr

Hofmannsthal

Lieber Dr. Strauss, Berlin, 18. I. [1916]

hier ist die Zeitung! Ist es nicht wirklich verletzend, wenn einem dies so vor die Augen kommt, *verletzend über das normale Maß heraus?* Fast scheint mir aber, als habe auch Dillmann meinen Namen *nicht* genannt. Das wäre festzustellen.

Ich bin recht froh, daß wir uns gestern über alles aussprechen konnten, der Klub ist doch eine nette Einrichtung. Nun bitte ich:

1. auf einer Postkarte Ihre Telephonnummer.
2. 2 Plätze I. Rang für «Ariadne».
3. einen Platz für das Konzert.

Wir gehen doch nach «Ariadne» mit R. in den Klub unsere gemeinsamen Eindrücke austauschen? Ich bin nun voll Hoffnung, daß dieses Schmerzenskind repariert wird. Das Nichtverstehen des Geistvollen seitens des Publikums ist ja eine Sache für sich. Aber hier stimmte eben einiges innerhalb des Werkes nicht: Vision und Realisierung, Text, Musik und theatralische Durchführungsmöglichkeit klafften auseinander.

Indem ich bitte, mich der gnädigen Frau verehrungsvoll zu empfehlen, bin ich Ihr manchmal zorniger aber stets wohlgesinnter Librettist *Hofmannsthal*

Sehr geehrter Herr Doktor, Berlin, 7. II. [1916]

ich sprach gestern eingehend mit meinem Verleger, Herrn Fischer, über die schwebende Angelegenheit. Dem Plan einer Subscriptions- oder Bibliophilenausgabe steht er aus sachlichen Gründen ablehnend gegenüber. Er hält an einer genauen Wiederholung des beim «Rosenkavalier» gepflogenen Vorganges fest[1] und gebraucht hierbei das schwer widerlegliche Argument,

[1] Anders als beim «Rosenkavalier» ist das Opernbuch zu «Die Frau ohne Schatten» nur als Textbuch (bei A. Fürstner) erschienen. Die Prosaerzählung erschien 1919ff. bei S. Fischer, Frankfurt a.M. Ebenda 1945 in Gesammelte Werke, Die Erzählungen, und in Sämtliche Werke (Kritische Ausgabe), Bd. XXVIII, Erzählungen 1. (Hg. von E. Ritter). 1975.

daß die Firma Fürstner, für die und deren Chef er die größte Achtung hat, durch diesen modus wohl nicht die geringste (auch vor den Formen der äußersten Sensibilität spürbare) Einbuße an Prestige oder an materiellen Vorteilen erlitten hat oder erleiden könnte. Bezüglich des Märchens, das mir – vielleicht! – aus den gleichen Gestalten zu formen gelingt, lehne ich, wie Sie wissen, jede Einbeziehung in rechtliche oder geschäftliche Abmachungen ab: aus dem einfachen Grund, weil «Stoff»-«Motive» etc. ganz *ungreifbare* Dinge bezeichnen, und nur greifbare Dinge (ein bestimmtes Drama, ein bestimmter Text) Gegenstand solcher Abmachungen sein können. Der Stoff, aus dem man – imaginär gesprochen – einen «Film» herstellen könnte, ist vielleicht in Herrn Dillmanns Wiedergabe (die sich rechtlich ja von meinen künftigen eventuellen Wiedergaben des gleichen Stoffes gar nicht scheiden läßt) *eher* gegeben, als in einem zukünftigen Märchen, das die Handlung aus dem Innern der Figuren entwickelt und sich zum Drama keineswegs wie im Spiegelbild verhält. Also genug oder schon zuviel von diesem Punkt, der in diese Besprechungen nicht gehört. Herr Fischer ist nicht nur gerne bereit, sondern hat auch den Wunsch, sich mit Herrn Fürstner über diese ganze Sache und alle von ihm zu Gunsten der Firma Fürstner und zum Schutz der Rechte dieser Firma durchzuführenden Maßregeln (bezüglich Amerika usf.) usf. mündlich zu unterhalten. Ich bitte Sie, lieber Dr. Strauss, Herrn Fürstner mit meinen freundlichsten Grüßen zu veranlassen, daß diese Unterhaltung der beiden Herren womöglich vor dem 15. stattfindet, damit man endlich aufs Trockene kommt. Ich freue mich, Ihnen morgen von der neulich angedeuteten Sache zu sprechen.

Herzlich Ihr *Hofmannsthal*

[An Frau Pauline Strauss-de Ahna]

Verehrteste gnädige Frau, Rodaun, 18. II. [1916]

Ihr lieber gütiger Brief hat mir besonders große Freude gemacht und ich beeile mich, Ihnen aufs herzlichste dafür zu danken. Es ist mir immer sehr wohltuend, wenn ich bemerke, daß meine Zusammenarbeit mit Dr. Strauss, wie das Schicksal sie nun einmal gefügt hat, Ihr Interesse findet und Ihnen gelegentlich Freude bereitet.

Ich betrachte bei dieser gemeinsamen Arbeit, soweit sie der Vergangenheit und auch soweit sie der Zukunft angehört, durchaus Dr. Strauss als die Hauptperson und die Musik als das herrschende unter den verbundenen Elementen. Das hindert aber nicht, daß ich doch auch mit dieser ganzen Sache ganz persönliche und ganz bestimmte Absichten verfolge, welche mich, je nachdem sie beim einzelnen Werk und bei der Ausführung, die dasselbe auf der wirklichen Bühne findet, mehr oder minder in Erfüllung gehen, mit Freude oder mit Enttäuschung erfüllen. Ich habe in bezug auf diese gemeinsamen Werke einen sehr bestimmten Ehrgeiz: er richtet sich darauf, daß sie den dauernden Erfolg finden mögen, welcher allein das Zeichen dafür ist, daß ein Kunstwerk einen Gehalt hat. Denn dieser wird immer erst allmählich erkannt und gefühlt, während der momentane Erfolg von allerhand äußerlichen und zufälligen Umständen bestimmt wird. Darum, weil ich in dem schnellen und momentanen Erfolg keine Garantie des Bestandes und überhaupt nichts sonderlich Wichtiges erblicke, erscheine ich Ihrem Gatten vielleicht manchmal gleichgiltig gegen das Schicksal dieser Arbeiten. Es wäre aber ein großer Irrtum, mich dafür zu halten; ich bin vielleicht auf ihren Erfolg ebenso eifersüchtig und erpicht wie Dr. Strauss selber, nur auf andere Weise und mit etwas anderen Gesichtspunkten (wodurch wir uns vielleicht ganz glücklich ergänzen). Ich bin wählerisch und intolerant in bezug auf das Niveau und den Stil der Durchführung, weil ich glaube, daß nur das Existenzberechtigung und Dauer hat, was ein Unikum, ein Werk besonderen Stiles ist, und daß jeder Erfolg, welcher durch Kompromiß und Verwischung der Besonderheit erreicht wird, irgendwie bezahlt werden muß durch eine Verzögerung oder Minderung des *wirklichen* Erfolges, der dem Werk bestimmt ist. So scheint mir, daß das Schicksal der «Ariadne» ein *scheinbar* ungünstigeres, in der Wahrheit aber weit schöneres hätte werden können, wenn ich

darüber zu entscheiden gehabt hätte: ich hätte ganz bestimmt das Werk damals nach der nicht geglückten Stuttgarter Aufführung von der Bühne zurückgenommen, vielleicht auf Jahre, und es dann erst, als ein unberührtes, frisch herausgebracht. In einer einzigen Stadt, in Wien, ist nach meinem Sinn gehandelt worden – und das Resultat ist mir die größte Freude, und ich habe die schöne Aufführung nun selbst schon fünf- oder sechsmal gehört, und jedesmal hat sie etwas Festliches, wirklich Weihevolles. – Abermals muß ich sagen: ich weiß nicht, ob es nicht weit bessere Politik gewesen wäre, die «Ariadne» nach dem abermals ausbleibenden Erfolg in Berlin in diesem Herbst für ein bis zwei Jahre resolut aus dem Repertoire zu nehmen und im Stillen zu lauern, bis man eine Besetzung in die Hand kriegt, mit der das Werk dann rein und wie neugeboren vor die Berliner hintritt. Dies alles schreibe ich nur so hin, weil Ihr gütiger Brief mich zum Plaudern über diese Dinge anregt.
Bezüglich der neuen Oper unterschreibe ich Ihre Worte: man muß das Für und Wider sorgfältig und reiflich erwägen. Wenn ich nur nicht die schnellen, jähen Entschlüsse von Dr. Strauss ein wenig fürchten gelernt hätte!
Für Wien scheint ja manches zu sprechen: doch spricht sehr Gewichtiges dagegen. Vor allem dies: daß von Wien aus eine Entscheidung, die ganz Deutschland akzeptiert, nicht fallen kann; nur den Mißerfolg würde Deutschland als besiegelt akzeptieren, nicht den Erfolg. Dann: nirgend findet Roller einen so schlechten Boden, nirgend die Dichtung einen so geringen guten Willen, so viel vorgefaßtes Unverständnis wie in Wien. – Nun habe ich vielleicht schon mehr geschrieben als die Zensur gestattet, und füge nur mehr meine und Gertys herzlichste Grüße stets anhängliches Gedenken hinzu.
Alles Schöne für Bubi, von dem auch die Kinder oft sprechen.
Der Ihre, verehrungsvoll und herzlich *Hofmannsthal*

Lieber Herr von Hofmannsthal! Berlin, den 6. April [1916]
Manuskript erhalten, wird nach Ihrem Wunsch alles sofort, wenn ich 23. April nach Garmisch komme, gemacht. Ich bin

bis Ostern (mit Ausnahme des 17. April) hier und *werde mich sehr freuen, mit Direktor Gregor über alles, was er wünscht*, zu verhandeln. Zum 4. Oktober für Wien wird alles bereit sein: Hier soll «Ariadne» Ende Oktober folgen: Wien hätte also eventuell die erste Aufführung, wofür ich nur die offizielle Zustimmung des Grafen Hülsen einholen muß.
Die Rolle des Komponisten (da die Tenore so fürchterlich sind) werde ich Fräulein Artôt übergeben, Sie müssen nur daran denken, wie wir ihr die Rolle eventuell noch mit einer kleinen Gesangsnummer ausgestalten können und daß Sie dem Komponisten zum Schluß noch eine kleine hübsche Soloszene *(nach* «Ariadne»!) hinzudichten: poetisch-melancholisch – vielleicht daß er nach der «Ariadne» verzweifelt hervorstürzt: «Was haben Sie aus meinem Werke gemacht», dann könnte der Haushofmeister erscheinen, dem armen Teufel das Honorar einhändigen, vielleicht der Graf erscheinen, ihm Komplimente machen, Annahme der Oper für die *kaiserliche Oper* in dieser Form (*mit* den Zerbinettaszenen) ankündigen oder was Ihnen sonst Hübsches einfällt und dann melancholisch-poetische Schlußbetrachtung.
Bitte schicken Sie mir dies bald: denn ich kann Frl. Artôt nur für die Sache gewinnen, wenn ich ihr so eine kleine Paraderolle präsentieren kann.
Das Liedchen: «Du, Venus Sohn, gibst süßen Lohn» kann sie ja vorher singen. Mittwoch spiele ich Hülsen den I. Akt der «Frau ohne Schatten» vor, da er von der Lektüre des «langstieligen Textes» ebenfalls nicht viel Ahnung hat.
Mit herzlichen Grüßen Ihr *Dr. Richard Strauss*

Mein lieber Dr. Strauss, Rodaun, 13. IV. [1916]
Ich überlege mir seit zwei Tagen Ihren Brief mit dem sehr überraschenden Schlußvorschlag hin und her, komme aber der Sache nicht näher, sondern ferner. Ich fürchte, hier hat Sie der Theateropportunismus total auf den Holzweg gebracht. Zunächst ist mir die Besetzung des jungen Komponisten mit einer Dame völlig gegen den Strich. Dieses Verniedlichen gerade

dieser Figur, um die der *Geist* und die *Größe* wittern sollen, in ein immer leise operettenhaftes Travesti, das ist mir, verzeihen Sie meine Offenheit, greulich. Ich kann mir leider nur denken, daß unsere Auffassung dieser Figur hier sehr weit auseinandergeht, leider Gottes, wieder einmal, wie bei Zerbinetta! O Gott, wäre es mir nur gegeben, Ihnen das Eigentliche, Geistige der Figuren ganz deutlich zu machen. Andererseits bin ich ja nicht so verstockt, daß ich nicht verstünde, was Sie vermeiden wollen: den greulichen Tenor! Ja, da verstehe ich Sie schon. Immerhin: dort gibt es zufällig die Artôt, aber wer soll das anderswo singen? Z. B. in Wien? Und dann: wenn schon das Irrationale, daß Sie die Rolle einer Frau geben, dann dürfen Sie, um alles, die *Rolle* nicht nach der *Besetzung* hin *richten*, sondern eine besondere Frau, wie die Artôt, muß sich in das *ernste Jünglinghafte* der Figur hineinfinden, sonst ist die Taube in der Hand für den Sperling auf dem Dach vertan. – Und nun, ob Mann oder Weib – dieser Einfall für den Schluß ist ja geradezu entsetzlich, verzeihen Sie mir, lieber Dr. Strauss. Sie haben diesen Brief in keinem guten Moment geschrieben. Denken Sie die Höhe der Stimmung, die mühsam erklommen ist, vom Anfang des Vorspiels an, immer höher, in die heroische Oper hinauf, dann im Kommen des Bacchus, im Duett, eine fast mystische Höhe. Und nun, wo die nötige Coda nicht mehr als *ein Moment* sein darf (so jene berühmten Schlußworte des Jourdain), und nun soll solcher Quark wieder sich *breit* machen (auf dem *breit* liegt der Ton): Der Haushofmeister, das Honorar, und der Graf und Tod und Teufel! Und das alles, damit die Rolle ein Endchen länger wird! Dazu die stilistische Unmöglichkeit, nachdem das Höchste an Lyrik eben in der Oper selbst gegeben ist, nun in dem Rahmen wieder «Lyrisches» verlangen, damit das Charakteristische des Rahmens aufheben – wo doch einzig möglich ist, aus dem höchsten *Lyrischen* ins *Charakteristische* zurückzugleiten, zuerst durch die Masken, dann durch ein kurzes, charakteristisches Wort, gesprochen jetzt in Gottes Namen vom Komponisten, besser wars ja aus Jourdains Mund. – Bitte schreiben Sie mir ein paar Worte expreß, daß Sie mich verstehen, mir wird ganz flau um Kopf und Magen, uns einmal so weit auseinander zu fühlen! Ihr *Hofmannsthal*

P. S. Ich glaube, wenn Sie die Rolle des Komponisten aufmerksam durchgehen, so viele Momente, Stimmungen, Töne: so *ist* es eben eine Paraderolle!

Lieber Herr von Hofmannsthal! Berlin, 16. 4. 16

Warum werden Sie immer gleich so bitterböse, wenn wir uns mal nicht gleich verstehen! Sie tun ja gerade, als ob ich Sie niemals verstanden hätte! Über die Zerbinettafigur kann man schließlich zweierlei Meinung sein: meine Vorschläge bezüglich des Schlusses der «Ariadne» waren doch nur ganz gedankenlose Vorschläge, die Sie ohne Besinnen in den Papierkorb werfen konnten, die doch nur den Zweck hatten, Sie zu veranlassen, sich mit den Schlußworten des Komponisten einmal ernstlich zu beschäftigen, wobei ich nicht wissen konnte, ob Ihnen für den Schluß nicht noch was besonders Hübsches einfallen würde, wenn ich Ihnen sagte, daß die Artôt es machen soll. Also für den Schluß machen Sie, was Sie wollen, nur machen Sie es bitte bald!
Aber von der Artôt – als junger Mozart, etwa am Hof von Versailles oder bei den Banausen des Münchner Hofes, für den [er] als 16jähriger[1] «Idomeneo» komponiert hat – lasse ich mich nicht mehr abbringen: aus künstlerischen und praktischen Gründen.
Ein Tenor ist unmöglich, schon deshalb, weil ich für den Bacchus schon nicht den Primo Tenore bekomme, weil er dem Intendanten zu teuer, und dem Sänger diese Rolle schon zu klein und die beiden Buffos mit Brighella und Scaramuccio beschäftigt sind.
Ein erster Bariton singt mir den Komponisten nicht: was bleibt übrig, als das einzige Sängergenre, das in «Ariadne» nicht vertreten ist, mein Rofrano, der überall in einer intelligenten Sängerin vorhanden: Berlin Artôt, Leipzig Sanden, Wien Schoder, München Krüger und zwanzig andere. Meistens die talentvollste

[1] Irrtum: Mozart zählte 24 Jahre, als er «Idomeneo» schrieb.

Sängerin des Theaters, die sich auf die kleine Kabinettrolle freut, aus ihr was machen wird, was liegt daran, ob es schließlich etwas männlicher oder etwas niedlicher wirkt. Glauben Sie mir, der Rosenkavalier ist die einzig mögliche Besetzung für den jungen Komponisten, bedenken Sie doch, was ich für das Vorspiel sonst noch an Sängern brauche: Musiklehrer (Baß), Tanzmeister (Tenor), Offizier etc.
Wir wollen doch nicht schon wieder etwas machen, was dann schließlich an Besetzungsschwierigkeiten scheitert oder von Sängern zweiten und dritten Ranges verpfuscht wird. Vergessen Sie doch nicht, daß die ersten Sänger doch nicht für die Opern lebender deutscher Komponisten vorhanden sind oder nur in Ausnahmefällen, sondern für Verdi, Meyerbeer und Flotow!
Also bei der Artôt bleibts, und eine hübsche Rolle muß es werden! Punktum!
Mit schönsten Grüßen Ihr *Dr. Richard Strauss*

Lieber Herr von Hofmannsthal! Garmisch, 1. 5. 16
Ich hatte zwei Exemplare des Vorspiels, die ich nun nach Ihren Notizen ganz gleichmäßig eingerichtet habe: das eine davon schicke ich Ihnen anbei. –
Ich bin seit acht Tagen hier, wieder ganz wohl, werde morgen die Partitur des II. Aktes der «Frau ohne Schatten» fertig haben und dann gehe ich sofort an das Vorspiel, muß natürlich warten, bis mir was Gutes einfällt, ich hoffe aber, daß es mir glückt, das Ganze bis Ende Juni fertig zu stellen, so daß Direktor Gregor das Material bis spätestens Anfang September in Händen hat, womöglich früher. Das Vorspiel kann von den Sängern in 14 Tagen leicht memoriert werden. Die Hauptsache ist: daß das Studium der eigentlichen «Ariadne»-Oper vor den Ferien schon kräftig in Angriff genommen wird. Darum bitte ich Sie dringend, mir baldigst diejenigen Striche in der Oper:

a) 2. Tanzensemble *nach der* Zerbinettenarie,
b) die Szene nach dem ersten Bacchuslied *vor* seinem eigent-

lichen Auftritt (wie soll *derselbe* jetzt vor sich gehen?) zu schikken, *wie Sie dieselbe für möglich halten.*

Ich ließ unlängst den Bacchus sein Circelied sichtbar auf der Bühne singen, es machte sich sehr gut: ich bitte nur um genaue szenische Angaben, wie sich die drei Nymphen und Ariadne verhalten sollen.
Und dann den letzten Schluß: Abgang der Masken und *Schlußworte des Komponisten!*
Ich freue mich sehr, daß in Wien das Werk am 4. Oktober endlich kommt, und werde mein möglichstes tun, daß alles klappt.
Mit herzlichen Grüßen Ihr *Dr. Richard Strauss*

Lieber Dr. Strauss, Rodaun, 8. V. [1916]
Das verstehe ich schon, daß Sie es nun schwer haben, für den Stil des Vorspieles ganz auf den Einfall angewiesen sind; aber aus solcher Quälerei wird ja etwas Schönes, Originales sicher hervorgehen, und wo man sich nicht quält, entsteht ja das Minderwertige, das auch nur für den Moment Bestand hat. – Ich hörte unlängst die neue Oper von Korngold[1]. Ein greuliches Zeug, im Grunde. Wie ein Hexenspiegel, worin sich alles Unsympathische der Gegenwart, und nur dieses, spiegelt. Und wie gnadenlos, weil ohne innere Notwendigkeit, dies Ganze.
Also zu «Ariadne»:
Bezüglich baldigen Beginnes des Studiums schreiben Sie, bitte, direkt an Schalk, das schmeichelt ihm und er ist voll guten Willens.
Bezüglich *Striche*: In dem Quintett nach der Zerbinetta-Arie trug ich mir in Berlin aus Hülsens Material folgenden Strich ein: Von Seite 136 des Textbuches:

«Mir der Schuh!
Mir der Blick!» –

bis Seite inklusive 137. «Verdammter Zufall, aber man erkennt mich nicht!»

[1] «Der Ring des Polykrates»

Diesen Strich bitte ich unbedingt beizubehalten. Dann nach Bacchus' letzter Strophe (er singt sein Lied, rechts vorne, dem Publikum sichtbar, der Ariadne durch ein Schilfröhricht verborgen). – Strich von: Ariadne: «Belade nicht zu üppig!» (Seite 147) bis Ariadne: «Theseus!» (Seite 151), darauf ziehen sich, indes Bacchus aus dem Schilf hervortritt, die Nymphen zurück, sonst verändert sich gar nichts. (Der Gedanke zu diesem ausgezeichneten Strich stammt von Ihnen, in Berlin, mündlich). Ganz absolut schwer ist es für mich, die Schlußworte, äußersten Rahmen, in den Mund des Komponisten zu legen. Das Organische war eben, daß Jourdain sie sprach, der Prosa-Mensch, der Monsieur Tout-le-monde, der nichts von dem weiß, was er veranstaltet und angestiftet hat. Aber der Komponist! Klagt er, wo doch die Oper sich zur Harmonie beider Elemente durchgerungen hat, so wirkt es absurd, freut er sich, so wirkt es noch absurder. Das Ganze ist in Gefahr, von hier aus zum Unsinn zu werden. Fluch allen Umarbeitungen! Ich werde mir alle redliche Mühe geben, das Mögliche zu finden! Wie, wenn der Haushofmeister, dumm-zufrieden, die Schlußworte zu dem Komponisten spräche? in Prosa wie Jourdain!

Ihr *Hofmannsthal*

P. S. Die für die Artôt bestimmte Figur ist eine gute runde komplette Figur. Sie zu verbreitern, widerstrebt mir entschieden. So wenig als man zu einem richtig gezeichneten Akt einen Muskel dazuzeichnen kann. Aber folgende zwei Stellen sind zu einer lyrischen, d. h. musikalischen Verbreiterung geeignet:
1. Die Stelle: «Vergißt sich in Äonen ein einziger Augenblick!» Duett über diese Zeile als Text, die unzähliger Wiederholung mit verschiedenstem Ausdruck fähig ist.
2. «Laß mich verhungern, versteinen, erfrieren in der meinigen!» als rührende, klagende kleine Arie auszudehnen.

Brief Strauss vom 12. V. 1916 siehe Anhang S. 715.

Lieber Dr. Strauss, Rodaun, 15. V. [1916]

Bezüglich Schlusses, wie Ihnen depeschiert, und Ihren Vorschlägen in der Hauptsache völlig einverstanden; Höhle ver-

schwindet, beide bleiben sichtbar, Hinabschreiten gegen das Meer u. s. f. Alles gut und schön; beseitigt sogar eine fast unlösliche Schwierigkeit (die mit den Schlußworten des Komponisten). – aber – eine völlige Gewissenlosigkeit von mir gegen das Werk und dessen Zukunft wäre es, wollte ich – *bequemlichkeits*halber – konzedieren, daß die irdische Gegenstimme (Zerbinetta) *gar nicht mehr zum Worte kommt!*
Das hieße, verzeihen Sie, in frivoler Weise den Grundgedanken, den geistigen Gehalt des Ganzen einem Schlußeffekt aufopfern; kann sein, daß dies *jetzt* ungetadelt durchschlüpfte, – ich glaube das auch nicht, denn die Kritiker haben die erste Fassung des Textbuches zur Hand, und so dumm sind sie nicht, als daß sie nicht, nachdem man ihnen so oft auf den symbolischen Sinn des Ganzen den Kopf gestoßen, uns nicht triumphierend ankreiden sollten, daß wir eben die Pointe des Ganzen, das, worauf das Ganze vom Vorspiel her authentisch angelegt ist (das Heroische und der Unglaube ans Heroische oder wie Sie's nennen wollen), nun selbst leichtfertig geopfert haben für den «Abgang».
Geht es aber jetzt leidlich durch, so kommt die Zeit, die an einem alternden Kunstwerk, wie an einem alternden Gesicht, *nur* den Geist bestehen läßt – und wirds unserer «Ariadne» heimzahlen, daß wir einen Moment bequem oder gewissenlos waren.
Nun aber, wo ist die Kompromißlinie zwischen Ihrem berechtigten Vorschlag und meinem «weiter kann ich nicht!» – Ich glaube so: ich beharre nur darauf, daß die Gegenstimme in *der einzigen Figur Zerbinetta* am Schluß *einen Moment* lang zur Geltung kommt. Also etwa so: indes rückwärts die beiden hinabschreiten, gegens Meer, und bevor das Orchester zum Nachspiel einsetzt, erscheint rechts vorne, an der Kulisse, aber sichtbar, Zerbinetta, weist spöttisch mit dem Fächer über die Schulter nach rückwärts und fängt an, ihr Couplet zu singen:

«Kommt der neue Gott gegangen, hingegeben sind wir stumm,
Und er küßt uns Stirn und Wangen usw. ... gefangen ...
Hingegeben sind wir stumm!»

Meinetwegen mag sie es nur *anfangen*, nur die erste Zeile singen – dann mag das Orchester sie zudecken und der Rest mag nur im Textbuch stehen, mir genügt dann ihr symbolisches spöttisches Dastehen und Wiederverschwinden – und mir scheint sogar, daß dieses Würzen des Sentimentalen durch ein widersprechendes Element ganz in Ihrem Geist ist – so das disharmonische, reizvolle Element in dem kleinen sentimentalen Schlußduettchen im «Rosenkavalier» – kurz, ich kann die Lösung nur andeuten – aber etwas dergleichen ist *unerläßlich*. – Sie werden mir recht geben, sobald Sie das Ganze durchdenken, so wie Sie es etwa durchdenken müßten, um die Dichtung als Ganzes jemandem zu erzählen und plausibel zu machen. Bitte um zwei Zeilen über diesen Punkt, möglichst bald.

Ihr *Hofmannsthal*

Lieber Herr von Hofmannsthal! Garmisch, den 18. 5. 1916

Ihr Wunsch ist mir Befehl: Zerbinetta tritt Ziffer 326 leise aus der Kulisse und singt spöttisch: «Kommt der neue Gott gegangen, hingegeben sind wir stumm – stumm –», das Fagott deutet dazu das Rondothema der Arie an, sie verschwindet Ziffer 327, worauf das «blumengeschmückte» (richtig?) Schiff des Bacchus auf dem Meere erscheint. Ist Ihnen das recht?

Ebenso daß die drei Nymphen Ziffer 326 sich «mit einer tiefen Verbeugung» (natürlich aus der Ferne) «von Ariadne verabschieden»?

Ebenso Ziffer 215: «Bacchus erscheint auf einem Felsen am Meere, Ariadne und den drei Nymphen unsichtbar». Kommen diese szenischen Bemerkungen mit Ihrer Erlaubnis in die Partitur?

Die Skizze des Vorspiels ist in drei Tagen fertig. Die kleine Liebesszene zwischen Zerbinetta und Komponist ist besonders hübsch geworden!

Machen Sie mir doch wieder einen Text mit *«viel Liebe»!* Da fällt mir immer das Beste ein: I. Akt und Schluß III. Akt «Rosenkavalier». «Salome» – das ist mein Fall!

A propos: lesen Sie doch beiliegende Kritiken und reiben Sie

sie Franckenstein gelegentlich unter die Nase. Dieselben sind in keiner Weise von mir beeinflußt. Sie ersehen daraus am besten die allgemeine Stimmung in München.
Herzlich grüßend Ihr *Dr. Richard Strauss*

Lieber Dr. Strauss! Rodaun, 22. V. [1916]
Ich bin herzlich erfreut über Ihren Brief. Wenn Sie schreiben, daß eine Szene «recht hübsch» geworden ist, kann ich schon denken, daß sie sehr schön ist. Von dem Stil, wie Sie diese kleine Liebesszene geschaffen haben, verspreche ich mir etwas Besonderes für mich selber (so auch von dem ganzen Vorspiel): ich halte für möglich, daß davon die Inspiration für einen künftigen Text mir kommen könnte, eine zarte Komödie mit viel Liebesempfindungen, daß Sie dies gerade aussprechen, ist mir lieb. – Alles, was Sie vorschlagen, bitte ich, mit meiner Sanktion in die Partitur einzutragen: nur eines: muß denn das Schiff gesehen werden? Schiffe auf der Bühne sind recht übel, selbst der furchtlose Reinhardt fürchtet sie sehr, die Dimensionen stimmen nie – die Art des Einsteigens ist doch wohl ganz unmöglich – kurz, ich würde dringend vorschlagen, das Schiff nicht *bestimmend* zu postulieren, wir können ja in Wien versuchen, wie sich's etwa lösen läßt! Herzlich Ihr *Hofmannsthal*

Lieber Herr von Hofmannsthal! Garmisch, 25. 5. 16
Herzlichen Dank für Karte: Sie haben mir aber noch nicht die Textänderungen geschickt, die sich auf Ariadnes Höhle beziehen: Ziffer 315, 320, 321. Oder soll die Höhle stehen bleiben?
Wie soll die Schlußbemerkung lauten, wenn das Schiff wegbleibt? «Während Ariadne und Bacchus innig verschlungen dem Meere zuschreiten, fällt der Vorhang!»
Oder wie sonst?
Die Szene zwischen Zerbinetta und Komponist ist allerdings *sehr* hübsch geworden, gehört zu meinen allerbesten Einfällen. Das Ganze ist, glaube ich, recht gut disponiert und gesteigert und wird seinen selbständigen Erfolg haben, ohne die Oper zu drücken.

Bezüglich einer neuen Oper schweben mir folgende zwei Sachen vor: entweder eine *ganz moderne*, absolut realistische Charakter- und Nervenkomödie in der Art, wie ich sie Ihnen schon angedeutet habe, wo Sie mich auf Bahr verwiesen – oder so ein hübsches Liebes- und Intrigenstück, etwa in der Mitte zwischen Schnitzlers «Liebelei», die natürlich zu süß und fad ist – und Hackländers «Geheimer Agent» oder Scribes «Glas Wasser», für welche Art von Intrigenstück ich immer besondere Vorliebe gehabt habe.

So eine diplomatische Liebesintrige im Milieu des Wiener Kongresses mit einer wirklichen hocharistokratischen Spionin als Hauptperson – eine schöne Gesandtenfrau als Verräterin aus Liebe, ausgenützt von einem Geheimagenten oder so etwas recht Amüsantes und dazu die berühmte Sitzung des Kongresses, wo Napoleons Rückkehr bekannt wird. – Sie sagen vielleicht: Kitsch! Aber wir Musikanten sind ja für ziemlich schlechten Geschmack in ästhetischen Dingen bekannt, und zweitens, wenn Sie so was machen, dann würde es eben doch kein Kitsch werden. –

Gratuliere herzlich zu Österreichs schönem Erfolg in Südtirol, wir freuen uns herzlich!

Schönste Grüße Ihr *Dr. Richard Strauss*

Mein lieber Dr. Strauss, 30. V. [1916]

Ich habe herzlich lachen müssen über Ihren Brief. Das sind ja für mein Gefühl wahrhaft scheußliche Dinge, die Sie mir da proponieren, und könnten einen für lebenslang abschrecken, Librettist zu werden, d. h. nicht irgendeinen, sondern gerade mich. Aber wissen Sie, wir wollen uns darüber nicht den Kopf zerbrechen, das, was Ihnen vorschwebt, werde ich – mit bestem Willen nie machen können; wenn ich wollte, würde ich's nicht treffen, sondern es wird mir – *wenns sein soll* – irgend etwas einfallen, das mich verlockt – mir innerlich einen gewissen Spaß verspricht in der Ausführung (vielleicht auf dem Wege, den Sie jetzt bei dem Vorspiel eingeschlagen haben), und das, was so entsteht, wird schon die Eigenschaften in sich haben, daß es

Ihre Kräfte auf eine frische und besondre Weise ins Spiel setzt, – so war es ja bisher jedesmal, das ist auch alles, was wir voneinander verlangen können. – Mehr als jedes direkte Wort des Lobes von Ihnen (so sehr mich auch ein solches oft freut) ist mir, wenn Sie so etwas über eine Szene schreiben, wie jetzt über die zwischen Zerbinetta und dem Komponisten. Sie müssen mich, ich muß Sie führen, vielleicht kommen wir noch mitsammen in eine ganz neue und bizarre Gegend. Seien Sie nur froh, daß ich Ihnen (auch jetzt wieder bei der «Frau ohne Schatten») das Element mitbringe, das die Leute befremden, das einen gewissen Widerstand hervorrufen wird; Sie haben schon zuviel condeszendiert, sind schon allzusehr der Beherrscher des Augenblicks, sind allzu allseitig akzeptiert; mögen Sie sich an mir ärgern, das «Unverständliche» für eine Weile wiederkäuen: das ist eine Hypothek auf die kommende Generation – so auch das Problematische an der «Ariadne», das, wogegen heute, die Leute, noch ihr unwilliges: Warum denn? und Wozu denn? grunzen.

Die Schlußbemerkung: A. und B. innig verschlungen usf. ist ganz in Ordnung.

Die Erwähnungen der Höhle würde ich ruhig stehen lassen: besser eine solche kleine Inkongruenz, als kalt nachgeleimte Lyrik. – Sie müssen genau bezeichnen, *wann* die Bühne sich verwandelt, die Lustres verschwinden, die Höhle versinkt etc.

Ich gehe demnächst nach Warschau, kann *vielleicht* über Berlin–München zurück. Dort etwa 10. Juli. Könnten Sie mir dann da *eventuell* die neuen Sachen vorspielen? Das würde vielleicht meiner Phantasie einen Anstoß geben!

Bitte beantworten Sie letzteres gleich auf einer Karte!

Ihr *Hofmannsthal*

Mein lieber Herr von Hofmannsthal! Garmisch, 5. 6. 16

Lachen Sie nur: ich weiß doch zu genau, was ich will. Wenn Sie das neue Vorspiel, das circa 20. Juni in Partitur fertig ist, gehört haben (ich erwarte Sie also bestimmt gegen den 10. Juli hier in Garmisch, ein Fremdenzimmer ist bereit und ich hoffe,

Sie bleiben mindestens ein paar Tage bei uns) – werden Sie mich verstehen und einsehen, daß ich ein großes Talent zur Operette habe – und da meine tragische Seite ziemlich ausgepumpt ist und mir nach diesem Kriege Tragik auf dem Theater vorläufig ziemlich blöde und kindlich vorkommt, und dieses unbezwingliche Talent (ich bin doch schließlich jetzt der einzige Komponist, der wirklich Humor und Witz und ein ausgesprochen parodistisches Talent hat) betätigen möchte. Ja, ich fühle mich geradezu berufen zum Offenbach des 20. Jahrhunderts, und Sie werden und müssen mein Dichter sein. Offenbachs «Helena» und «Orpheus» haben die Lächerlichkeiten der «grand opéra» ad absurdum geführt. Das, was ich mit meinen aus der Luft gegriffenen Anremplungen, die Sie so sehr übelnehmen, meine, wäre eine politisch-satirische Parodie schärfsten Stiles. Warum sollen Sie das nicht können? Sie schreiben überhaupt zu wenig: Spannen Sie doch Ihren Pegasus mal feste an. Das Luder wird dann schon laufen. Vom «Rosenkavalier» weg geht unser Weg: sein Erfolg beweist es, und ich habe für diese Art (Sentimentalität und Parodie sind die Empfindungen, auf die mein Talent am stärksten und fruchtbarsten reagiert) nun mal die meiste Schneid.
Aus den Prachttypen, die in diesem Kriege sich herausgeschält haben: der Wucherer als Mäzen, der Spion, der Diplomat, Preuße und Österreicher gegeneinander und doch miteinander – ließe sich doch eine herrliche Komödie machen, und Sie haben dafür Talent: das beweist Ihr «Rosenkavalier», Ihre «Cristina». Darüber wollen wir im Juli ausführlich plaudern: vielleicht bringen Sie mir von der Warschauer Reise schon einen Stoff mit. Studieren Sie doch den jüdischen galizischen Dolmetsch und Vermittler an Ort und Stelle: auch eine Prachtfigur. Auf frohes Wiedersehen! Glückliche Reise, nehmen Sie Ihre Gesundheit in acht und seien Sie herzlich gegrüßt von Ihrem *Dr. Richard Strauss*

Was dem «Rosenkavalier» an Konzentration fehlt, haben Sie (das beweist die prachtvolle Kürze und Architektonik der «Fr.

o. Sch.») inzwischen und ich an «Ariadne» an Leichtigkeit dazugelernt.
Es lebe die politisch-satirisch-parodistische Operette!

[Nicht abgeschickt!] Rodaun, 11. VI. [1916]
Lieber Dr. Strauss! Pfingstsonntag
alles was Sie mir sagen, interessiert mich sehr. Wir werden ja sehen, ob etwas auf diesem Wege werden kann. Jedenfalls freut es mich, denn es ist der Weg (nur weiter gegangen), den ich mit «Rosenkavalier» früher wollte. Damals sind Sie ja teilweise gar nicht darauf eingegangen, haben Manches in einem ganz falschen Stil behandelt, was mich damals sehr gekränkt hat, aber ich hab immer darüber geschwiegen (wir sind eben nicht nur bei der Zerbinetta auseinandergekommen, sondern noch oft, und auch in der neuen Oper fehlt es daran nicht, fürchte ich; bezieht sich auf die Figur der Amme, nehmen Sie es nicht schwer, es wird das Ganze nicht alterieren). Also z. B. in «Rosenkavalier», II. Akt, ist der burleske Chor der Faninalschen Dienerschaft

G'stochen ist einer? Wer?
Der dort? Der fremde Herr?
Welcher? Der Bräutigam?

nur geschaffen, eben burlesk, d. h. im durchsichtigen Offenbachschen Stil heruntergeschnattert zu werden, – Sie haben ihn mit *dicker* Musik ganz zugedeckt und damit die Intention des Textes, gerade das Operettenhafte, das gewollt war, ganz zunichte gemacht. Der Spaß an dieser Stelle existiert einfach nicht mehr, gerade das, was bei einem Offenbach als Charge, als Spaß reizend herausgekommen wäre.
Ähnlich am Schluß von Akt I. Die Lakaien mit ihren böhmisch-deutschen kurzen Meldungen, einer nach dem andern, woraus Sie eine Art kurzen Jägerchor gemacht haben, der dort immer ganz fürchterlich ist.
Ebenso völlig verfehlt gegen den Stil des Ganzen finde ich im III. Akt den Abgang des Barons. Verzeihen Sie, daß ich das Alles sage, es ist Ihr Brief der mich dazu bringt mit dem Los-

wollen auf etwas Neues, wovon äußerst zweifelhaft ist, ob ich das Talent habe es *wirklich* zu lösen (so, daß die Lösung bestehen kann, nicht ein Dreck ist, der im Moment für Gold genommen wird) – und dann aber auch zweifelhaft ist, ob Sie den reinen und scharfen Stilwillen hätten, es wirklich durchzuführen.

In einer Sache haben Sie diesen Stil-Willen ganz rein bekundet, das ist die Begleitmusik zum «Bourgeois», darum liebe ich dieses Stück Arbeit von Ihnen auch sehr.

Verzeihen Sie nochmals, ich bin etwas unter dem Druck der Vorgänge an der Ostfront und schreibe daher vielleicht schärfer und kälter als man sonst zu einem befreundeten Künstler zu sprechen gewohnt ist.

Über Ihre Bemerkung, daß ich zu wenig arbeite, möchte ich nichts sagen (schon darum nicht, weil die Konsequenz wäre, daß ich jedenfalls umsomehr für mich arbeiten, das Arbeiten für Musik einstellen müßte). Sie wissen gar nicht was ich arbeite, wie viel von meinem großen Roman ist u. s. f. Schon Reinhardt, wenn er darüber sprechen dürfte, würde Sie erstaunen durch Aufzählung von Plänen, fertigen Akten etc., die er kennt. Nur «publizieren» interessiert mich immer weniger und weniger.

Übrigens ganz im Vertrauen: Reinhardt spielte die letzten 6 Wochen allabendlich einen Molière, die «Lästigen», wovon außer dem Titel keine Zeile von Molière war, sondern jedes Wort vom ersten bis zum letzten von Ihrem ergebenen Librettisten, ohne daß die Kritik «Mau» sagte. Bitte aber behalten Sie das freundschaftlich für sich, verderben Sie mir den Spaß nicht, den ich vielleicht noch wiederholen werde. Nun etwas, was sehr unangenehm ist, vor allem für mich, denn ich hatte mich auf das Hören des Vorspiels sehr gefreut, verspreche mir sehr viel davon und vielleicht wirklich einen Fingerzeig für noch eine gemeinsame Arbeit – aber ich habe, wie mir mitgeteilt wurde, mich von Warschau aus (via Berlin) nach Österreich zurückzubegeben, kann dann hoffentlich nach Aussee, aber um dann wieder bei *drei* Behörden die Grenzüberschreitung zu privatem Zweck zu motivieren, ist mir absolut untunlich – bitte machen Sie, daß Sie nach Salzburg kommen können. Ich kann nichts dafür, es ärgert mich selber ungemein; ließe es sich ändern, so käme ich doch nach Garmisch, habe aber wenig Hoffnung. Ihr *Hofmannsthal*

Warschau, Jerzolymska 70
Lieber Dr. Strauss, Freitag, 7. Juli [1916]
Es war sehr schön und lieb, was Sie mir über das Vorspiel geschrieben haben, und die Gedanken und Hoffnungen, die Sie daran knüpfen. Ich stand aber zu sehr unter dem Druck der Dinge, als daß ich hätte antworten können. Ich schrieb Ihnen einmal Anfang Juli[1], der Brief war aber finster und ungut (auch in bezug auf uns beide), so daß ich ihn dann wegwarf. – Jetzt steht es so, daß ich wahrscheinlich Dienstag, längstens Mittwoch nächster Woche (11., 12. Juli) in Berlin bin, und hoffe, daß ich ein Dienstpapier bekommen kann, das mir erlaubt, über München nach Hause zu fahren. In diesem Fall käme ich mit Freude für 24 Stunden nach Garmisch (etwa am 15.).
Bitte depeschieren Sie mir an's Adlon, ob es paßt und depeschieren es bitte in einer solchen Form, daß ich die Depesche als Legitimation («Reisezweck») brauchen kann: also z. B.: «Ihr Herkommen zu endgültiger Konferenz dringend erwünscht ... oder so ...: R. Strauss.»
Herzliche Grüße Ihres *Hofmannsthal*

P. S. In Wien vor Abgang mit Gregor-Wymetal alles Dekorative fixiert, werde trachten, Kaufmann Berlin zu sprechen. Hier Verschiedenes mit dem aufstrebenden neuen Teatr polski (Kapellmeister Birnbaum) besprochen wegen «Ariadne», «Rosenkavalier», worüber Näheres mündlich.

Hotel Adlon, Berlin W.
Lieber Dr. Strauss, Mittwoch [12. Juli 1916]
Besten Dank für Ihre Depesche. Die amtliche Depesche, welche mir gestattet, die Rückfahrroute über München zu wählen,

[1] Gemeint ist der von 11. Juni [1916] datierte, nicht abgeschickte Brief.

hoffe ich morgen zu erhalten und habe mir für Freitagabend Schlafwagen bestellt. Ich bin also Samstag früh in München und fahre (abhängig von gewissen Umständen) entweder noch Samstag nachmittag zu Ihnen und kann dann bis Sonntag gegen Abend bleiben, oder ich komme Sonntag früh und bleibe bis Montagnachmittag. (Das erstere ist das wahrscheinlichere.) Oertel habe ich aufgesucht und das Nötige besprochen, doch müssen wir noch ein paar Sachen, bezüglich des definitiven Textes der «Ariadne», zusammen festsetzen. Kaufmann besuche ich morgen.
Freue mich auf ein paar kriegsferne Stunden in Ihrer beider Gesellschaft und besonders auf das «Vorspiel».
Herzlich der Ihre *Hofmannsthal*

Lieber Freund und Dichter! Garmisch, den 18. 7. [1916]
Ich danke Ihnen nochmals herzlich für Ihren lieben Besuch, der mir eine aufrichtige Erquickung, Belehrung und Freude war. Hoffentlich sehen wir uns recht bald wieder – Sie mit dem neuen Singspiel in der Mappe.
Heute komme ich nochmal mit einer Bitte: die ganze Stelle der Kaiserin, nachdem sie ihren versteinerten Gatten erblickt, als gesprochen zu behandeln bis zum Schrei der Kaiserin: «ich kann nicht» – bin ich nach wie vor entschlossen.
Nur die eine schöne Stelle, für die Sie mir nachgedichtet haben, möchte ich als Melodie nicht missen und habe nun eine sehr schöne Stelle gefunden, wo ich sie vorher unterbringen kann. Ich habe nämlich vorher bei den Worten der Kaiserin (in der Szene mit der Amme) die Stelle:

«Was er leidet,
will ich leiden,
ich bin in ihm,
er ist in mir!
Wir sind eins!
Ich will zu ihm!»

in ganz ähnlichem Charakter heroischen, begeisterten Ent-

schlusses (Es-dur) komponiert, wie die spätere, für die Sie mir hier nachgedichtet haben.
Die obige Stelle ist nun leider sehr kurz und geht so schnell vorüber, daß sie sehr gut eine größere Ausdehnung vertragen kann, vor ihr könnte ich die große schöne Melodie: «mit dir sterben, auf, wach auf» wunderbar einschieben. Sie müssen nur die Güte haben, dieselbe der etwas andern Situation durch nochmalige Umdichtung anzupassen:
Das Schema ist folgendes:

	«Hör mich rufen,	
	auf, wach auf,	(andere Worte!)
	an den Stufen,	(vor den Toren)
	auf, wach auf.	
	Vor dem Grabe,	
	vor dem Throne,	
	auf, wach auf,	
	daß mein Sterben,	
	auf, wach auf,	
	mich belohne,	
	zu dir dringe,	(strömend Leben)
	Tod bezwinge –	(ganz gegeben)
jetzt folgt:	Was er leidet,	
	will ich leiden,	
	ich bin in ihm,	
	er ist in mir!	
	Wir sind eins!	
	Ich will zu ihm!»	

Vorher singt die Kaiserin: «Mein Herr und Gebieter! Sie halten Gericht über ihn um meinetwillen, was ihn bindet, bindet mich!» Jetzt käme die Einschiebung. [Am Rande der obigen Verse:]
Wollen Sie so gut sein, mir das obige Eingeklammerte, so um[zu]formen, daß es zu dem Schlusse paßt?
Danke schön im voraus und viel Glück zur «Operette»!

Mit herzlichen Grüßen, auch von meiner Frau, die sich gleichfalls über Ihren Besuch sehr gefreut hat, an Sie und Ihre liebe Frau (Bubi grüßt ebenfalls) Ihr treu und dankbar ergebener

Dr. Richard Strauss

An Direktor Gregor habe ich schon heute im vereinbarten Sinne geschrieben.

Wie soll die spätere, *jetzt nur gesprochene Stelle* neu lauten? Soll:

«Mit dir sterben,
auf, wach auf!
Aug' in Aug',
Mund an Mund
mit dir vereint
laß mich sterben!»

bleiben, oder wollen Sie dieselbe ebenfalls ändern?

Aussee, Obertressen 14, 24. VII. [1916]

Mein lieber Dr. Strauss,

Ich danke Ihnen aufs herzlichste für Ihren lieben gütigen Brief, der mir die Tage in München und Garmisch harmonisch abschließt. Sagen Sie der gnädigen Frau von mir herzlichen Dank für die Gastfreundschaft, und daß ich ihre gütige Gesinnung gegen mich beständig dankbar empfinde. Dem Bubi einen schönen Gruß.

Bahr fand ich in einer offenen, behaglichen, geistreichen Stimmung, und da er mir gerade das Szenarium einer sehr hübschen Komödie (nach der reizenden Goetheschen Novelle vom «ehrlichen Prokurator») zu erzählen gestimmt war, so fand ich den Übergang, ihm von Ihren Wünschen und Absichten auf dem Gebiet des Singspiels zu erzählen. Er wird Ihnen nun sicherlich, wenn ihm was einfällt, spontan und unverbindlich ein Szenarium oder einen Stoff vorlegen. Er sprach sehr gescheit über Ihre Natur, die Mischung von Derbem, Bajuvarischem und Geistreich-Feinem, und nannte in diesem Zusammenhang die Musik zum «Bourgeois» das Schönste, was Sie gemacht hätten;

welchem Ausspruch ich ja mit minder exklusiver Formulierung, zustimmen möchte. Vergeuden Sie doch, lieber Dr. Strauss, ja nicht voreilig diese Musikstücke, sicherlich wird es mir gelingen, an Stelle der schematischen Nebenhandlung für diese Komödie eine zarte und musikable zweite Handlung (um die Tochter gruppiert) zu finden und das Ganze, mit einer burlesken Zeremonie am Schluß, wo Jourdain als Pascha schließlich auf einer türkischen Fastnachtsgaleere auf den Teich hinausfährt – die Liebenden im Mondschein zurückgeblieben –, zu einem richtigen phantastisch-realen Singspiel zu gestalten, wovon Reinhardt den Vorteil haben soll.

Die Erinnerung an das in Musik gesetzte Singspiel ist die denkbar reizendste: wie an ein Feuerwerk in einem schönen Park, an einem reizenden, allzu schnell schwindenden Sommerabend. – Der Erinnerung an die Szenen des III. Aktes (mit Ausnahme der *ersten*) haftet, ich kann mir nicht helfen, lieber Dr. Strauss, etwas Beschwerendes und Trübes an. Ich kann mir nicht helfen! Und ein so unerwartetes Urteil in mir selber, eine solche Bedrückung, ganz wie wenn man in eigener Arbeit etwas nicht ganz Geglücktes hinter sich liegen weiß – das ist, ich weiß es, das ist kein Irrtum. Daß Sie den letzten Teil dieses schweren, dumpfen Werkes im Sprechrezitativ auflösen wollen, ist mir eine wahre Erleichterung! Aber dennoch: nun eine neue Verbreiterung der früheren Stelle! Mehr und immer mehr! Muß es sein? Lieber Dr. Strauss! Wenn auch der Einfall in Es-dur sicher machtvoll und schön – bedenken Sie's zweimal! Denken Sie vieler Gespräche! Des Gespräches im Park von Versailles, wo Sie das schlagende Gleichnis mit dem vergrößernden Kuhauge gebrauchten!

Ich lege den neuen Text bei. Aber bedenken Sie, daß der Anfang vom Ende immer da ist, wo der Einfall über die Szene, die Szene über den Akt herrschen will, statt umgekehrt. – Verzeihen Sie mir: es wird – vielleicht Sie selber eingeschlossen – kaum jemand geben, der es so wahrhaft gut mit Ihnen, Ihrer Produktion und deren Zukunftsschicksal meint!

Ihr *Hofmannsthal*

NB. Es ist nicht denkbar, eine vollkommene Einheit, wie die Versreihe

«Was ihn bindet,
bindet mich.
Was er leidet,
will ich leiden»

einfach, wie Sie vorschlagen, auseinanderzureißen, 14 Verse dazwischenzustopfen!

Also: etwa:

«Mein Herr und Gebieter!

(leidenschaftlich an den unsichtbaren Gatten sich wendend)

Sie halten Gericht
über ihn
um meinetwillen!
Was Dich bindet,
bind*e* mich,
was Du leidest,
will ich leiden!

NB. beides oder keines!

Hör mich weinen[1]
Du, o Du!

Auf den Steinen
Du, o Du!
Die Verstockte,
Die Erstarrte
Du, o Du!
Fühl mich leben.
Dir mich geben.
Du, o Du!
Zu Dir dringen.
Tod bezwingen.
Du, o Du!»

– – – –

Oder nochmals: «Was Dich bindet, binde mich, was Du leidest, will ich leiden!»

Übergang dann in höchste Steigerung!

[1] Die 13 Verse «Hör mich weinen...» bis «Du, o Du» wurden nicht vertont.

Photo Paul Hellmann

Am Pappelteich in Rodaun, 4. Oktober 1916

Hugo von Hofmannsthal, Richard Strauss und Hofmannsthals Kinder Christiane und Raimund

«Ich bin in *Dir*,
Du bist in mir!
Wir sind eins,
Ich will zu Dir!»

[Auf einem Brief von Oskar Kaufmann, Berlin, an Strauss, den dieser an Hofmannsthal weiterschickte:]

Garmisch, 24. 7. 16

Die Schlußszene der «Frau ohne Schatten» naht sich dem Ende! Bitte herzlich – *beeilen Sie sich!!!!*
Herzliche Grüße *Dr. Richard Strauss*

Lieber Herr von Hofmannsthal! Garmisch, 28. 7. 16[1]

Herzlichen Dank für den lieben Brief und Ihre Ermahnungen, die auf fruchtbaren Boden fallen sollen. Ich bin ganz Ihrer Ansicht, daß das Vorspiel zu «Ariadne» der neue eigene Weg ist, der gegangen werden muß, und meine eigene Neigung geht nach dem realistischen Lustspiel mit wirklichen interessanten Menschen, sei es mehr lyrischen Inhaltes, wie der «Rosenkavalier» mit seiner prächtigen Marschallin – sei es burlesken, parodistischen Inhaltes nach der Seite der Offenbachschen Parodie zu.

Aber bei der «Frau ohne Schatten» den Stil anwenden, der Ihnen sympathisch und auf den wir beide zusteuern müssen – geht eben wirklich nicht. Da macht es nicht etwas mehr oder weniger Musik oder Text, das liegt am Stoff selbst mit seiner Romantik, seinen Symbolen – Figuren wie Kaiser und Kaiserin nebst Amme sind nicht mit so roten Blutkörperchen zu füllen wie eine Marschallin, ein Octavian, ein Ochs. Da kann ich mein Hirn anstrengen, wie ich will, und ich plage mich redlich und siebe und siebe durch, aber das Herz ist nur zur Hälfte dabei, und sobald der Kopf die größere Hälfte der Arbeit leisten muß, wird ein Hauch akademischer Kälte darin wehen (was meine

[1] Dieser Brief blieb in der *Ersten Ausgabe* weg, da Hofmannsthal ihn «bedenklichst» fand. Strauss notierte am Rande der Kopie: «So interessant gerade dieser Brief, Sie haben recht, er ist nicht für Uneingeweihte.»

Frau sehr richtig «Musizieren» nennt), den kein Blasebalg zu wirklichem Feuer anblasen wird.
So habe ich jetzt den ganzen letzten Schluß der Oper: das Quartett und die Chöre entworfen, es hat Schwung und große Steigerung – aber meine Frau findet es kalt und vermißt die zu Herzen gehende, zündende Melodik des «Rosenkavalier»-Terzetts. Ich glaube es ihr wohl und forsche und suche – aber glauben Sie mir:

«Schatten zu werfen
beide erwählt» etc.

läßt sich nicht komponieren wie:

«Hab mir's gelobt
ihn lieb zu haben.»

Ich werde mir noch jede Mühe geben, den III. Akt in Ihrem Sinne zu formen, aber wir wollen den Entschluß fassen, die «Frau ohne Schatten» sei die letzte romantische Oper.
Hoffentlich helfen Sie mir recht bald durch einen schönen glücklichen Einfall definitiv den neuen Weg betreten.
Die Musik des «Bourgeois G.» hebe ich natürlich für Reinhardt auf! Glück auf zu neuen Taten! Gute Erholung!
Herzliche Grüße, auch von meiner Frau und Bubi an Sie und Ihre liebe Gattin Ihr treu ergebener *Dr. Richard Strauss*

Die Salome[1] bei Böhler habe ich gekauft! In München gibt man am 10. und 12. August zu Ehren von Frau Schoder «Salome» und «Rosenkavalier». Ich muß mich also ausschließlich bei der Wiener Sängerin bedanken, daß in meiner Vaterstadt ab und zu ein Werk von mir aufgeführt werden darf. Es ist schon arg!
Ein Geschenk von H. Bahr werde ich natürlich mit der gehörigen Dankbarkeit aufnehmen und voll Sympathie prüfen. Aber ein neuer echter Hofmannsthal wäre willkommener!

[1] Das große Salomebild (katalonische Schule, 15. Jhdt.) hing später im Arbeitszimmer des Wiener Hauses (Jacquingasse 10).

Lieber Dr. Strauss 1. VIII. [1916]

Ich müßte von Ihrem Brief – in Bezug auf die gegenwärtige Arbeit, die ja immer eine der wichtigsten in unserem Leben bleiben wird – etwas beunruhigt sein, wenn ich ohne Bekanntschaft Ihrer Musik zu den beiden ersten Akten wäre. Diese sind mir aber so sehr als eine glückliche, über alles Erwarten schöne Arbeit im Gedächtnis – gerade in bezug auf das Stilproblem als eine solche wirkliche Lösung, Synthese aller Elemente; sie vereinigen so glücklich das Melodische mit dem Charakteristischen, führen den im «Rosenkavalier» gefundenen Stil mit solcher Sicherheit weiter –, daß ich nicht beklommen, sondern nur verwundert sein kann, wenn ich aus Ihrem lieben, aufrichtigen Brief bemerke, daß es gerade bei der Arbeit am dritten Aufzug, welcher meiner Meinung nach der Musik am meisten entgegenkommt, nicht ohne eine jener kleinen Depressionen abgeht, von denen auch der reife Künstler nicht verschont bleibt – nicht ohne eine Anwandlung von Kleinmut und Traurigkeit, die mir nahegeht, ohne daß ich die Kraft hätte, ihr abzuhelfen.

Lassen Sie mich nur eines sagen, lieber Dr. Strauss. Das *Entscheidende* ist mit den beiden ersten Aufzügen geleistet. Der Reichtum der Elemente dort, der menschliche Gehalt, die beständige Steigerung bis zum finsteren Quintett oder Sextett des Schlußes, die wunderschöne Musik, mit der Sie selbst eine Figur ausgestattet haben, die Ihnen, wie Sie sagen, ferner liegt (wie der Kaiser) – dies alles schafft – für den Eindruck der Hörer – am Ende des zweiten Aktes eine definitive Situation. Im dritten Akt bietet das Geistige der Lösung, das Aufstreben in die lichte harmonische Region, der Wechsel märchenhafter Schauplätze, das Eingreifen der Kinderstimmen schließlich, dies alles bildet eine Kombination von Elementen, der sich ein Publikum nicht entziehen wird, auch wenn die Musik abfallen *sollte* – (daß sie es nicht wird, bin ich sicher). Lassen Sie sich um alles nicht einschüchtern – auch nicht vom eigenen so schwankenden Gefühl (oft ist Ihnen die eigene gerade zarteste und schönste Erfindung als «zu wenig» erschienen) – auch nicht von dem vielleicht allzu raschen, allzu spontanen (wenn auch mir immer wichtigen) Urteil Ihrer Gattin. – Ein direkter Vergleich dessen, was erst gelingen soll, mit dem, was schon gelungen ist, wie hier mit dem Terzett des «Rosenkavalier», ist immer sehr bedenklich. Die Situation ist dort eine sentimentale, hier eine heroisch-seelenhafte, der Atmosphäre des «Fidelio» oder der «Zauberflöte» verwandt. Die Lehre habe ich aus dem, was Sie aussprechen, scheint es, zu ziehen: daß den Komponisten weniger die Situation als das eigentliche Wortelement des Textes zwingend anzuregen vermag. (Für die Zukunft durchaus einfach, für die Gegenwart ist aber nichts zu ändern.) – Eine Stelle wie:

«Schatten zu werfen / beide vermählt»

können Sie ja in sich, trivialer aber herzensnäher, so formulieren:

«Selig zu werden / beide vermählt».

Vielleicht vibriert Ihnen das mehr!
Das, was Sie sagen, ist ja sehr streng: «kalt» war im ersten und zweiten Akt keine einzige Stelle; als «kalt» aber empfinde ich den «Joseph» und empfand ich die Hymnen, die Sie einmal in Berlin vorspielten. Hier hilft mir auch Schwung und Steigerung nicht. Wie Sie die Melodien (wie jenes Terzett im R. K.) finden und fanden, weiß ich ja nicht ..., bitte, schreiben Sie mir doch wieder bald, vielleicht kann ich doch helfen. Kommt Ihnen aus der Situation eine glückliche Melodie, so muß ich etwa eine Textstelle ändern, sei es auch schwer. Herzlich der Ihre.

Hofmannsthal

Lieber Dr. Strauss! [Anfang August 1916][1]

Möchte wissen, was das für Anlaß ist, «konsterniert» zu sein! – W.[2] ist ein höllischer prinzipieller Schwierigkeitsmacher, und

[1] Die folgenden Zeilen stehen auf einem Brief Dir. Hans Gregors an R. Strauss, den dieser Hofmannsthal zur Kenntnisnahme zugeschickt hatte und den H. nun wieder an Strauss zurücksandte.

[2] W. v. Wymetal, der Regisseur der «Ariadne», war, wie er an Gregor geschrieben hatte, durch eine Unterredung mit Hofmannsthal «konsterniert» worden.

überdies ist von dieser Bande einer dem andern aufsässig, was das Werk will und soll, ist ihnen ganz schnuppe, jeder will nur den andern ärgern, sich in den Vordergrund schieben usf. Bitte bleiben Sie nur fest dabei, daß ein dekorativer Effekt, der die beiden Hauptfiguren zum Schluß des Duetts einhüllt (isoliert) unerläßlich ist und damit basta!
Herzlich Ihr *Hofmannsthal*

Lieber Dr. Strauss! Bad Aussee, 13. VIII. [1916]
Wie geht es Ihnen und der Arbeit? Ich las unlängst den ganzen III. Akt durch, war recht innerlich zufrieden, hoffe, es wird alles gut werden. Gelegentlich sah ich mir die Textbücher von «Figaro», «Così fan tutte» etc. an. Ich hoffe, mit Nutzen. Warum letzteres nie Erfolg hatte, verstehe ich recht gut. Es ist ja fast kein Satz im ganzen Stück ernst gemeint, alles Ironie, Täuschung, Lüge, das kann die Musik nicht ausdrücken (außer ausnahmsweise), und das Publikum hält es nicht aus. Wenn Wymetal etwa mir schreibt wegen der Schlußszene «Ariadne», werde ich ihn an Sie verweisen, damit nicht ordre-contre ordre-désordre entsteht. Es handelt sich ja nur darum, daß für einen szenischen Effekt im Duett gesorgt werden muß, der diesen Moment hervorhebt und zugleich B. u. A. isoliert. Daran bitte festhalten. Ihr *Hofmannsthal*

Lieber Herr von Hofmannsthal! Garmisch, 18. 8. 16.
Siegmund von Hausegger, der ausgezeichnete Dirigent und bestens anerkannte Komponist, geboren in Graz, 44 Jahre alt, von Jugend auf schwächlich, zart auf den Nerven, mit einem Nervenleiden im Fuß behaftet, soll als ungedienter Landsturmmann in Österreich jetzt einberufen werden. Dadurch müßten die Konzerte der philharmonischen Gesellschaft in Hamburg, deren ständiger Leiter er ist, sowie die Konzerte des Blüthnerorchesters in Berlin zu bestehen aufhören.
Gibt es ein Mittel, Herrn von Hausegger beim österreichischen Kriegsministerium ebenso frei zu bekommen, wie bei uns die ersten Kapellmeister großer Konzert- und Theaterinstitute fast

alle vom Militärdienst befreit sind, zum Teil auf direkten Befehl S. M. des Kaisers.
Können Sie in dieser Angelegenheit etwas tun? Der Hamburger Senat hat sich, glaube ich, für Herrn von Hausegger bereits verwandt, bis jetzt mit Erfolg. Nun aber scheint seine Macht zu Ende zu sein und Hausegger wird morgen zum letzten Mal in München gemustert. Ich habe gleichzeitig an Herrn Tschirschky nach Wien geschrieben. Vielleicht wissen Sie aber noch einen direkteren besseren Weg!
Wenn es geht, helfen Sie bitte einem hervorragenden Künstler, der an jedem anderen Platz seinem Vaterlande besseren Dienst leisten kann, als in der Kaserne.
Mit herzlichem Gruß Ihr *Dr. Richard Strauss*

Reichenberger und Reichwein sind auch frei gemacht worden – deutscherseits!

Garmisch [ca. 16. August 1916]

Lieber Herr von Hofmannsthal!
Beiliegender Brief[1] wird Sie interessieren. Ihre liebe Karte und Brief dankend erhalten. Der III. Akt ist nun fertig: ich bin aber durch unsere sehr wohltätige Unterhaltung so unsicher geworden, daß ich überhaupt nicht mehr recht weiß, was gelungen, was schlecht ist. Und das ist recht: denn in meinem Alter gerät man zu leicht ins Fahrwasser der bloßen Routine und die ist der Tod der wahren Kunst. Ihr Notschrei gegen das Wagnersche «Musizieren» ist mir tief zu Herzen gegangen und hat die Tür zu einer ganz neuen Landschaft aufgestoßen, in der ich, von «Ariadne» und besonders dem neuen Vorspiel geleitet, mich ganz ins Gebiet der unwagnerschen Spiel-, Gemüts- und Menschenoper zu begeben hoffe. Ich sehe den Weg jetzt genau vor mir, ich danke Ihnen, daß Sie mir den Star gestochen, – nun aber schaffen Sie mir dazu die nötigen Textbücher à la «Schwar-

[1] Von Oskar Kaufmann, Architekt, Leiter des Ateliers für Architektur und Kunstgewerbe, das die Dekorationsentwürfe zur Wiener «Ariadne» ausführte.

zer Domino», «Maurer und Schlosser», «Wildschütz», «Zar und Zimmermann», «Teufels Anteil», à la Offenbach, nur mit Hofmannsthalschen *Menschen*, anstatt mit Theaterpuppen angefüllt. Eine amüsante, interessante Handlung, sei's mit Dialog, Arien, Duetten, Ensembles, erlebt von wirklichen komponierbaren Menschen à la Marschallin, Ochs, Barak. In welcher Form Sie wollen! Ich verspreche Ihnen, daß ich den Wagnerschen Musizierpanzer nun definitiv abgestreift habe. Auf Wiedersehen in Wien am 26. September!
Herzliche Grüße Ihr *Dr. Richard Strauss*

Mein lieber Dr. Strauss, Aussee, 16. IX. [1916]
Ja, Ihr Brief war sehr gut und ich hab ihn noch einmal mit Freude wiedergelesen. Es ist schön, wenn ein Mann wie Sie nicht starren und stocken, sondern sich verändern und weiterkommen will, und es ist schön, daß wir einer den andern gelegentlich zu belehren imstande sind, in einer Welt, wo alles ohne Belehrung, ohne Zucht, dumm und störrisch und selbstgerecht vor sich hinrasen will.
Es ließen sich viele Gedanken an Ihren Brief anknüpfen, ich habe sie auch angeknüpft, aber die Zensur wünscht keine langen Briefe, auch sehen wir uns ja in absehbarer Zeit und wir wollen immer, können wir uns sehen, trachten, zu einem ruhigen, gereinigten Gespräch zu kommen, einander näher zu kommen und einander weiter zu bringen.
Eine wahre Kollaboration zweier reifer Menschen wäre ja etwas überaus Seltenes, die unsrige ist auch erst nur der Schatten davon, aber wir haben ja beide guten Willen, Ernst und Konsequenz, das ist mehr als das gottverlassene «Talent», mit dem heute jeder Lump ausgestattet ist.
Natürlich freut es mich auch, daß Sie beharrlich bei mir festhalten, es erwärmt mich und bindet mich wieder an Sie; so auch jedes Gewahrwerden einer neuen Seite Ihres Talentes, wie dieses Leichten, Geistreichen, aus dem eine «dritte Manier» sich entwickeln kann, und in ihr vielleicht bleibende Werke eines noch kaum vorhandenen Genre.

Genug, ich will tun, was ich kann, um diese Ihre Wünsche zu erfüllen. Es wird Ihnen Spaß machen, zu hören, daß ich die Textbücher «Schwarzer Domino», «Wildschütz», «Teufels Anteil» und andere hier habe und gelegentlich abends im Bett darin studiere. Vieles geht mir auf, auch viele neue Schwierigkeiten, einen Teil davon werden Sie mir durch vernünftiges Gespräch und Beispiele am Klavier lösen können.
Nur eines, das Sie verstehen werden: ich kann an eine neue Arbeit für Sie erst gehen, sobald eine meiner eigenen Komödien, deren Pläne mich seit «Cristina» und «Rosenkavalier» unablässig beschäftigen, heraus und aufs Theater gekommen ist. In diesem Sommer ist meine Hoffnung nicht in Erfüllung gegangen; Sie wissen aber nicht und können nicht beurteilen, was ich von mir verlange und wie hart ich arbeite und arbeiten werde, in der Richtung, die ich erkenne. – In den letzten zwei Wochen war mir gegeben, an dem *Märchen* «Frau ohne Schatten» mit Glück weiterzuarbeiten, nach zweijähriger Pause. Jeder Tag ist mir kostbar, mit Schmerz werde ich am 29. abbrechen und nach Wien fahren, doch freue ich mich auf Sie und «Ariadne», die ich sehr liebe.
Herzlich Ihr *Hofmannsthal*

Lieber Herr von Hofmannsthal! Garmisch, 19. 9. 16.
Herzlichen Dank für Ihren lieben Brief. Ich bin am 24. bei Bahr in Salzburg, eintreffe 25. abends in Wien, Löbellstraße 8 bei Frau Mauthner, die mich eingeladen hat, bei ihr zu wohnen. Bitte teilen Sie mir dahin mit, wann und wo wir uns gemütlich sehen können. Ich richte mich danach ein.
Die Skizze des III. Aktes ist in Reinschrift fertig – hoffentlich zu Ihrer Zufriedenheit.
Ich freue mich herzlich, daß auch Sie endlich Muße zur Arbeit hatten!
Hoffentlich haben Sie sich gut erholt.
Mit herzlichen Grüßen Ihr *Dr. Richard Strauss*

Hotel Erzherzog Johann, Graz, 8. 10. 16.

Lieber Herr von Hofmannsthal!

Ich treffe Donnerstag Abends wieder in Wien ein, bleibe dort den ganzen Freitag. Könnte ich Sie nochmals sehen? Wollten Sie mich Freitag 11 Uhr zu einem kleinen Stadtbummel abholen? Mittags esse ich bei Frau Kurz! Samstag fahre ich nach Prag!

Herzliche Grüße, auch der lieben Frau und den Kindern!

Ihr *Dr. Richard Strauss.*

Agram, kr. Landestheater.

Mein lieber Dr. Strauss, [Oktober 1916]

Ich weiß, daß Sie mir in künstlerischen Dingen gerne vertrauen, also tun Sie es bitte auch in folgendem: mein eigenes Gefühl, von Probe zu Probe stärker, stimmt völlig mit dem Urteil geschmackvoller Leute: – die heiteren Figuren sind zum Schluß nicht zu ihrem Recht gekommen, weder in der Musik noch in der Erscheinung – *sie sind fallen gelassen* und daraus resultiert ein Gefühl von Inkomplettheit, leider. In der Musik läßt sich nichts ändern – wohl aber im Szenischen: das müssen aber Sie in einem Gespräch mit Wymetal noch festlegen, als *Ihren* (und meinen) bestimmten Willen: es müssen *mit Zerbinetta ihre Gefährten mitkommen* (die Treppe herauf), und müssen für einen Augenblick Licht bekommen und dastehen. Bitte, tun Sie mir den Willen. Es scheint unwichtig, ist es aber nicht.

Sehen wir uns nicht mehr? Telephonieren Sie doch! Wie schade, daß Sie sich alle Mittagessen festgelegt haben. Kommen Sie doch morgen Vormittag noch mit Hellmanns Auto!

Ihr *Hofmannsthal*

Lieber Herr Hofmannsthal! Garmisch, 9. Nov. 1916

Lesen Sie bitte in beiliegendem Scherz den Essay: «Ein antiker Schwindler». Vielleicht können Sie den Selbstverbrenner für unsere Komödie gebrauchen. Wie geht es derselben? Ist sie schon im Werden? Ich freue mich sehr darauf.

«Ariadne» war in Berlin eine recht schöne Aufführung[1]: aber kein rechter Erfolg. Das Vorspiel wurde gar nicht recht verstanden. Vielleicht lag es auch daran, daß nicht zwei so glanzvolle Stimmen wie der Kurz und Lehmann für das Liebesduettchen zur Verfügung standen. Graf Hülsen hat sich aber mit liebevoller Ausarbeitung sowie des Schauspielerischen wie des Dekorativen die allergrößte Mühe gegeben. Vielleicht schreiben Sie ihm darüber auch Ihrerseits ein paar hübsche Dankeszeilen. Das wird ihn darin bestärken, das zarte Werk nach Kräften über Wasser zu halten und seinerseits zu verbessern, was die blöde Berliner Presse mit Ausnahme des braven Bie und Wilhelm Klatte in ihrem Unverständnis daran arg gesündigt hat.
«Ariadne» kommt Anfang Dezember in Dresden, könnten Sie dazu nicht hinfahren? Dann folgt Breslau, Leipzig, Düsseldorf. Bruno Walter, mit dem ich mich bei zufälliger Begegnung unlängst in der Eisenbahn ausgesprochen und bis auf Widerruf (d. h. wenn sich die Verhältnisse in München trotzdem nicht bessern sollten) versöhnt habe, will «Ariadne» im Herbst 1917 herausbringen.
Jetzt mache ich mich an die Instrumentierung des III. Aktes der «Frau o. Sch.»
Von 26. Nov. bis etwa 9. Dezember bin ich wieder in Berlin. Wann kommen Sie dahin? Ich möchte Sie gerne und bald wiedersehen!
Herzlich grüßend Ihr *Dr. Richard Strauss*

Schöne Grüße auch an Frau und Kinder, auch von meiner Frau.

[1] Die Berliner Erstaufführung der Neuen Fassung fand am 1. November 1916 statt.

1917

Lieber Freund! Garmisch, 7. 2. 17

Ich habe einen herrlichen Siegeszug mit Ihren Werken hinter mir: erst «Rosenkavalier» im Haag und Amsterdam (mit dem Dresdner Damentrio und Knüpfer) ausverkaufte Häuser zu unerhörten Preisen, eine Strauss-Woche in Mannheim mit «Salome», «Rosenkavalier» und «Ariadne», von Dr. Hagemann sehr hübsch und witzig inszeniert, das Vorspiel von dem sonst sehr begabten Kapellmeister Furtwängler in schwerfälligstem Tempo total verhauen, von mir dann für die Schweiz in drei Proben richtig gestellt; es ist merkwürdig, wie schwer sich die begabtesten Leute in einen neuen Stil finden – und zuletzt in der Schweiz «Ariadne» und «Elektra» mit geradezu triumphalem Erfolg. Besonders «Elektra» hat die braven Schweizer einfach über den Haufen gerannt. Trotz eines Orchesters von nur 60 Mann (oder vielleicht gerade deshalb kam das Drama zu so sehr erschütternder Wirkung) fand Kessler, es sei die schönste Aufführung, die er je gehört. Sie hätten auch Freude gehabt! Schoder war besonders hervorragend, stellte auch als Komponist eine famose Figur hin, Mildenburg ergreifend wie immer, Jeritza und Oestvig als Ariadne und Bacchus einfach ideale Gestalten. Sehr reizend und pikant die Mannheimer Zerbinetta: Frl. Eden. Schade, daß man mit solchen Aufführungen nicht durch ganz Deutschland, wenigstens in alle kleineren Städte, reisen kann. Wie vieles Mißverstehen wäre damit behoben!

Ich bin für 10 Tage hier, reise am 19. Februar nach Skandinavien, werde dort versuchen und auch mit Kessler reden, ob man nicht daselbst im Mai eine ähnliche Thespisreise machen kann, wie in der Schweiz. In der Schweiz habe ich die sympathischsten Grüße aus dem Ausland erhalten: so von Romain Rolland, der nur durch Unwohlsein verhindert war, nach Bern zu kommen, der schönen Gräfin[1] Piccolomini aus St. Moritz, von Ottone Schanzer aus Rom, es ist ein Labsal zu wissen, daß es auch jen-

[1] In der *Ersten Ausgabe* richtig gestellt in: Fürstin Piccolomini.

seits der Grenzen noch ein paar Menschen gibt. In den Schweizer Aufführungen waren reichlich Franzosen und Russen! Gebe Gott, daß die ganze Welt wieder mal vernünftig wird. Ich bin vom 5. März bis 7. April in Berlin (Adlon). Sehen wir uns dort? Was macht der neue Jourdain? Ich möchte ihn für den Sommer (von Juni ab) gerne haben.
Und der neue Lukian? Sind Sie fleißig und gesund?
Ich wollte, ich säße auch erst wieder an der Partitur unseres dritten Aktes!
Leben Sie wohl und seien Sie mit Ihrer Familie herzlichst gegrüßt von meiner Frau und Ihrem stets treu ergebenen

Dr. Richard Strauss

Lieber Freund! Garmisch, 10. 4. 17

Freue mich herzlich, daß Sie wieder ganz gesund und hoffentlich recht schaffensfreudig und -kräftig sind. Mit Edm[und] R[einhardt] ist alles in Ordnung: die Erstaufführung ist am 1. April 1918[2]. Das Werk soll dann zwei Monate lang durchgespielt werden. Der Kapellmeister des Deutschen Theaters war bei der Unterredung zugegen, ist vollkommen im Bilde, Edm. R. von breitester Generosität, so denke ich, Sie können unbesorgt an die Arbeit gehen. Ich trainiere unterdeß so langsam meinen Schimmel auf türkischen Tritt, habe auch den alten Lully hier, aus dem aber kaum etwas zu brauchen ist, außer etwas destilliertem Moderduft als Stimulans wie die Schiller'schen Äpfel! Ich erwarte also bald Gutes von Ihnen und grüße Sie mit den Meinen herzlichst als Ihr *Dr. Richard Strauss*

Sehr verehrter Freund! Garmisch, den 11. Mai 1917

Melde Ihnen gehorsamst, daß die Partitur des dritten Aktes ihrer Vollendung entgegengeht. Ich fahre jetzt nach der Schweiz, von wo ich Anfang Juni aber wieder zurück bin und mich sehr gerne dann mit dem «Bürger als Edelmann» beschäftigen möchte. Ich nehme jetzt gleich die türkische Komödie in An-

[2] Die erste Aufführung des «Bürger als Edelmann» im Deutschen Theater in Berlin fand am 9. April 1918 statt.

griff, wäre aber sehr froh, wenn ich recht bald Ihre weiteren Manuskripte bekommen könnte.
Wie geht es Ihnen sonst? Haben Sie die Radierung von Orlik, die ich Ihnen im April durch Fürstner zusenden ließ, erhalten? Uns geht es sonst gut, aber mein Bube [sic] muß wahrscheinlich bald zum Militär.
Mit freundlichen Grüßen von Haus zu Haus Ihr treu ergebener

Dr. Richard Strauss

Adresse: bis 29. Mai Zürich, Mythenstr. 24.
30. Mai bis 4. Juni Darmstadt («Rosenkavalier»!) Hotel Traube.
Ab 5. Juni wieder Garmisch.
Lesen Sie doch einmal die von Reinhold Lenz bearbeiteten Komödien des Plautus. Sie enthalten gute Typen.

Rodaun, 19. V. [1917]

Erhielt gestern Ihre lieben Zeilen vom 11. aus Garmisch. Bemerke mit Schrecken, daß ich für das Bild nicht gedankt habe. Ich finde es eigentlich ausgezeichnet, besonders die Partie der Augen, nur vermisse ich etwas Wucht. (Wie schon gelegentlich des Ölbildes).
Ich arbeite schon seit 20. IV. an der Bearbeitung des «Bourgeois». Es gibt sehr viel mühevolle und subtile Arbeit, wird *mir* trotz der Anonymität nichts wie Böses und Schiefes eintragen, aber es macht mir großen Spaß, denn es wird eine merkwürdige, gut gebaute burleske Komödie werden. Für Akt I haben Sie nichts Neues zu machen, für Akt II einiges, für Akt III ziemlich viel, vor allem die Cérémonie turque. Ich hoffe Ihnen alle drei Akte zum 10. bis 15. Juni schicken zu können. Wegen des noch unbesprochenen Materiellen erbitte Ihren Vorschlag.
Herzlichen Gruß *Hofmannsthal*

Lieber Dr. Strauss, Rodaun, 15. VI. [1917]

Ich schrieb Ihnen einmal eine Karte an die angegebene Züricher Adresse; vielleicht haben Sie sie aber nicht bekommen. Nun vermute ich Sie nach Garmisch zurückgekehrt.
Ich habe seit Ende April an der Bearbeitung des «Bourgeois»

zu tun gehabt, bin jetzt so ziemlich fertig. Es war eine ganz große Arbeit, und hat mir Mühe gemacht, aber auch Spaß. Ich glaube, es ist, ohne die Grundlage zu beschädigen, etwas Reizendes und Reicheres, Blühenderes geworden, als das ursprüngliche Stück, worin sich das Genie des Verfassers ja vor allem in der Hauptfigur äußert, während vieles andere den Eindruck macht, in Eile und sozusagen mit der linken Hand hingeschrieben zu sein. Ich hoffe, daß das neue Ding von der Bühne herab sehr lebensvoll und gewinnend wirken wird. Dieses Bewußtsein ist auch der einzige Lohn, den ich ernten werde, im übrigen ist bei dem plumpen Unverstand der Rezensenten nichts zu holen – und eine anständige Anonymität noch die einzig mögliche Haltung.
Ich muß aber jetzt sofort auf unbestimmte Zeit nach Prag fahren, wo ich in Geschäften einer anderen Sphäre zu tun habe, und kann unmöglich vorher das ganze dreiaktige Lustspiel in die Maschine diktieren. Auch ist der erste Akt so geführt, daß alle Musik, die Sie gemacht haben, erhalten bleibt, und Sie nichts Neues zu machen haben, im zweiten Akt haben Sie einiges zu machen, im dritten viel: außer der burlesken «Zeremonie» ein zartes Melodram: Jourdain und einige Sylphen oder Geister, und zum Schluß das Melodram, in dem sich Ernst und Scherz, Karikatur und Sentiment mischen. Von der zweiten Hälfte des II. Aktes hab ich eine Reinschrift hergestellt: in diesen Teil fällt die Dîner-Musik (bleibt wie bisher) und dann kommt ein Gesellschaftstanz lebhafter Art (ich schrieb hier eine «Courante», die Sie zu komponieren haben). [...] – Wenn Sie an meine Frau telegraphieren, schickt sie Ihnen das typierte Manuskript von Akt II, zweite Hälfte.
Herzliche Grüße Ihnen und den Ihren. *Hofmannsthal*

Lieber Freund! Garmisch, 18. 6. 17.
Ich habe unlängst mit Fürstner gesprochen. [...]
Wann erhalte ich das Manuskript? Die Partitur des III. Aktes der «Frau ohne Schatten» wird diese Woche fertig. Es wird Zeit, daß Sie jetzt Frieden machen.

Wie geht es Ihnen? Ich bin wohl und gesund: mein Sohn rückt wahrscheinlich am 1. Juli beim Fußartillerieregiment in Mainz, wo ich dann meine Sommerfrische verbringen kann, ein.
Mit herzlichen Grüßen Ihr treu ergebener *Dr. Richard Strauss*

Lieber Herr von Hofmannsthal! Garmisch, 28. 6. 17

Besten Dank für Ihren lieben Brief vom 15. Manuskript des II. Aktes habe ich erhalten und mit vielem Vergnügen gelesen. Was bringt der III. Akt? Derselbe muß sehr kräftig werden, da ich mir von dem II. Akte, so hübsch er ist, eine allzugroße Publikumswirkung nicht verspreche.
Was unsern Vertrag betrifft, so möchte ich ja am liebsten die Sache mit Ihnen mündlich verhandeln, denn das Schreiben solcher Dinge ist recht mühsam und unerfreulich. Haben Sie es so eilig? Wir haben uns doch stets noch mündlich in bestem Frieden geeinigt. [...]
Sind Sie im Sommer in Aussee?
Ich komme vielleicht Anfang August zum Mozartfest nach Salzburg – könnten wir uns allenfalls dort oder in Ischl treffen?
Haben Sie Goethes Entwurf zur «Iphigenie in Delphi» gelesen. Würde Sie dies nicht reizen?
Lesen Sie doch in Reinhold Lenz' Schriften, 2. Band, die Lustspielbearbeitungen nach dem Plautus. Dieselben enthalten famose Figuren: die Buhlschafter! das in seinen Sohn blöd verschossene «Väterchen», und sehr lustige Situationen, an denen Ihnen vielleicht einiges Anregung geben könnte für unsere «römische Komödie».
Die Partitur der «Frau ohne Schatten» ist fertig.
Mit schönsten Grüßen und besten Wünschen für arbeitsfrohen und reichen Sommer Ihr treu ergebener *Dr. Richard Strauss*
Was macht denn das Märchen zur «Frau ohne Schatten»?

Mein lieber Dr. Strauss! Rodaun, 30. VI. [1917]

Trotz Ihres freundlichen Briefes – so geht es nicht, und das Gespräch im Sommer ist auch mehr als zweifelhaft, da die wenige Zeit, die mir bleiben wird, absolut mir und meiner

Arbeit gehören muß, worunter auch das «Märchen». Was die Sorgen um Wirkung auf das Publikum betrifft, so werden Sie erst wenn die ganze Szenenfolge der beiden Akte Ihnen vorliegt, annähernd urteilen können. In dem Stück liegt drin, was eben in einer Molière'schen Komödie drin liegt, d. h. die Möglichkeit feiner und starker Wirkung mit einem starken Komiker. (Also bei Reinhardt). Sie denken doch natürlich nicht dran und haben nie daran gedacht, das Stück auf deutschen Bühnen herumschmieren zu lassen. Dort würde es natürlich glatt durchfallen, das Experiment ist ja von uns schon gemacht.
Bitte antworten Sie postwendend, ich wünsche mir sehr, dies erledigt zu wissen. Herzlich Ihr *Hofmannsthal*
[...]

Lieber Herr von Hofmannsthal Garmisch, 1. Juli 17
Darf ich Ihnen zum Jourdain einige, die musikalische Ausbeutung betreffende Bemerkungen schicken?
Das kleine Melodram Jourdains, jetzt am Schluß des II. Aktes, ist sehr gut placiert.
Es müßte aber jeder Akt mit Musik eingeleitet und wirkungsvoll mit Musik abgeschlossen werden.
Ließe sich nicht der von Molière so schwache Schluß des I. Aktes dahin abändern, daß Nicoline, bevor sie hinausgejagt wird, nur einen Teil der Abmachungen zwischen Dorante und Jourdain hört und der Rest, der sich auf die Reize des bevorstehenden Dîners und des Zusammenseins mit Dorimène bezieht, in ein kleines Melodram eingefügt wird, währenddessen sich die beiden Männer zur Tür hinauskomplimentieren? Ich erinnere Sie dabei an die reizende Szene zwischen Falstaff und Ford in Verdis Oper. Ich lege einen kleinen Entwurf bei.
Im III. Akt kommt doch wohl das junge Liebespaar: Cleonte und Lucile? Ihnen könnte ein kleines Vorspiel zum III. Akt gewidmet sein.
Bleibt Ihr Schluß des III. Aktes ähnlich wie bei Molière? Ich finde das Molièresche Original sehr hübsch, besonders Jourdains Bemerkung: «Ihr wollt sie hinters Licht führen?»

Bleibt der kleine Tanz am Schluß, während der Notar geholt wird?

Für denselben möchte ich folgendes empfehlen: Wir haben doch aus dem I. Akt zwei Sängerinnen (Sopran und Alt), der Mufti ist Bariton. Brauchten wir nur noch einen kleinen Tenor, um ein Quartett zusammen zu haben, das am Schluß ein hübsches Hochzeitsmadrigal (in der Art der älteren Italiener) singt, währenddessen die vom Schneider- und Küchenjungentanz verfügbaren Ballettleute einen hübschen Pas de deux als Pas à trois aufführen und den Brautleuten huldigen. Dies Ballett mit Gesang wäre ein reizender Abschluß und ich bin sicher, daß Ihnen dazu etwas Hübsches einfällt. Da wir Sänger und Ballett schon haben, dürfen wir, glaube ich, nicht versäumen, uns ihrer zu einer freundlichen Schlußwirkung zu bedienen, um so mehr als die rein aufs Burleske gestellte türkische Komödie für den Musiker nicht sehr ergiebig und fürs Ohr der Zuhörer nicht sehr einschmeichelnd ist. Bitte überlegen Sie sich meine ergebenen Vorschläge und seien Sie freundlichst gegrüßt von Ihrem

Dr. Richard Strauss

Schluß des I. Aktes.

Jourdain gibt Nicoline die Ohrfeige.

J. «Ihr seid ein recht ungeschliffenes Mädchen».
(Nicoline stürzt ab)
Dorante und Jourdain allein (Melodram)
D. «Also, auf heute Abend!
J. Auf heute Abend.
Die Marquise?
D. Wird entzückt sein.
Und Ihre Frau?
J. Speist bei ihrer Schwester.
Unser Dîner?
D. Der Koch des Königs wird es bereiten.
Und der Ring für die Marquise?
J. Wird in einer Stunde die schönste Hand schmücken.
D. Wen wird sie damit beglücken?

J. Ich wage es kaum zu hoffen.
D. Wir werden ja sehen.
J. Wir werden sehen. sich gegenseitig zublinzelnd
D. Hm, hm, der Glückliche!
J. Hm, hm, der Glückliche!
(an der Tür, sich gegenseitig komplimentierend)
D. Nicht vor Ihnen!
J. Nur nach Ihnen!
D. Herr Jourdain!
J. Herr Graf!
D. Nun denn, Arm in Arm
als gute Freunde!
J. Als gute Freunde!»

(Vorhang)

Lieber Dr. Strauss! Rodaun, 5. Juli 1917

Vorschläge von Ihnen, wie in dem Brief vom 1. Juli, den [ich] heute, am 5., erhielt, immer interessant und anregend, kommen aber diesmal zu spät, da alles mit großer Mühe und Überlegung, und wie ich glaube, zu einem glücklichen reizvollen Ganzen abgeschlossen ist. Es ist zwecklos, daß Sie im Molière nachlesen, da fast alles durch Umformung oder zumindest Umstellung anders wird und Sie sich das Gesicht des Ganzen durchaus nicht vorstellen können, bevor es, wie ich hoffe, in vierzehn Tagen in Ihre Hände kommt. Zu Ihrem Brief nur dies: Vorschläge für Schlußakt I gegenstandslos, da dieser Akt keineswegs mit Nicoline, sondern mit einer ganz andern Szene endet, und zwar ohne Musik. Hierüber später.

Vorschläge für Schlußakt III beruhen auf einem Gedächtnisfehler Ihrerseits. Diesen Aktschluß haben wir gemeinsam ganz richtig fixiert als eine Mischung des Burlesken und Sentimentalen. Ein Ballett wäre dort nicht an seinem Platz, es liegt gerade darin das sehr Gelungene meiner Durchführung von Akt III, daß für Musik drei ganz verschiedene Möglichkeiten sind. Zuerst Melodram, Jourdain und Geister, lyrisch-phantastisch, dann

der Mittelteil, die türkische Zeremonie, operettenhaft, dann der letzte Teil burlesk-sentimental, Melodram.
Festzuhalten im Allgemeinen:
Struktur des Ganzen (und es sind wirklich drei gut konstruierte Akte) beruht auf der Verwebung der Jourdain-Charakterkomödie mit der Liebesgruppe. (Lucille und Cleonte). Vorspiel für Akt III, ebenso wie auch für Akt II, wird sich auf die Liebenden beziehen, nehme ich an.
Grundgedanke Ihres Librettisten für das, was Sie musikalische Ausbeutung nennen, war folgender: in Akt I tritt die Musik in zahlreichen Episoden auf. (Dieser Akt korrespondiert überwiegend mit der Stuttgarter Fassung, nur läßt die neue Fassung am Schluß die Tochter Lucile ihrem Vater gegenübertreten). Dieser Akt hätte meines Erachtens ohne Musik zu schließen, doch habe ich natürlich nichts dagegen, wenn Sie den Schlußmoment, sobald Sie ihn kennen, mit einem musikalischen Schnörkel versehen. In Akt II dringt die Musik schon stärker ein, insbesondere in der Hälfte, die in Ihren Händen ist, welche ja die schöne, schon berühmte Dînerszene, dann die musikalische Tanzszene und zum Schluß noch den kleinen Monolog enthält, auf dessen Herüberrettung ich mir etwas zu Gute tue. In der ersten Hälfte dieses Aktes wird, abgesehen vom Vorspiel, die Hauptaufgabe des Musikers in einer türkischen Musik zum Auftreten des verkleideten Cleonte liegen. (Im Stil verwandt der türkischen Zeremonie). Akt III ist dann, wie ich oben andeutete, der Musik ganz ausgeliefert, er soll ganz von ihr durchtränkt sein. Seien Sie überhaupt ruhig, so wie ich bei Ihnen immer ruhig bin, wenn Sie sagen, daß etwas gut ist.
Auf meinen anderen Brief hoffe ich bald von Ihnen Antwort zu bekommen. Die Plautus-Bearbeitung von Lenz kann mein Buchhändler nicht auftreiben, bitte, schicken Sie mir doch die Bände im August nach Bad-Aussee, Obertressen 14. Mit den herzlichsten Grüßen (alles Gute auch an Bubi) bin ich Ihr

Hofmannsthal

P. S. Da Sie von Ballett sprechen, mache ich aufmerksam, daß in der türkischen Zeremonie eine Mischung von Operette und

Ballett ist, und auch in dem kleinen Melodram der Sylphe (Anfang des dritten Aktes) sich eine erste Tänzerin betätigen kann. Abermals Ballett am Ende des III. Aktes wäre zu viel. Es kommt alles, wenn man reifer ist, auf Abwiegen der Teile an und auf den Ausgleich und die Korrespondenz zwischen den Elementen. Das verstehen die Franzosen immer so ausgezeichnet, wir müssen trachten, es von ihnen zu lernen.

Heilanstalt Hubertusstraße 30, München, den 10. 7. 17

Lieber Herr von Hofmannsthal!

Wir kreuzen uns diesen Sommer fortwährend: gestern habe ich Ihren interessanten Brief vom 5. erhalten. Ich war hier acht Tage in ärztlicher Behandlung und fahre morgen nach Garmisch heim.

Ihre Ausführungen über die Neubearbeitung interessieren mich natürlich gewaltig. *Ohne sie genau zu kennen*, möchte ich heute schon die stärksten Zweifel über alles *Melodram* äußern: das ist die unbeholfenste, blödeste Kunstform, die ich kenne. Da jede Musikübung im Melodram auf ein Minimum beschränkt sein muß, da man sonst dabei noch *weniger Text* versteht als in der Oper, bietet sie für den Musiker die am allerwenigst lohnende Aufgabe und in Folge dessen stets auch dem Publikum sehr wenig Ohrenschmaus. So ein kleines Stückchen am Schluß des II. Aktes sehr gut. Aber fast den ganzen dritten Akt *äußerst bedenklich!!!* sage ich heute schon *ungesehen!* Um so mehr als die türkische Komödie sehr wenig dankbar für den Musiker ist.

Auch ein erster Aktschluß (Lucile) ohne Musik – mit höchstens «einem Schnörkel» – ich erinnere mich noch mit Schrecken an all die verschiedenen «Schnörkelversuche» in Stuttgart, Berlin – wo man das Weinen kriegte vor lauter «Humor» und ich in jeder Aufführung vor Verlegenheit am liebsten unters Pult gekrochen wäre, wenn sich beim Fallen des Vorhangs ein paar mitleidige Hände regten.

Ich beschwöre Sie: *Aktschlüsse, die von vornherein bestimmt auf Musik gestellt* und am *Schluß des Stückes ein hübscher Abgesang, Soloquartett* – irgend *etwas wirkliche angenehme Musik*, nicht so

ein paar Verlegenheitsquietscher. Ich habe davon genug an diesen bisherigen Schlüssen des I. und II. Aktes!
Ich schreibe Ihnen dies noch eiligst, bevor ich Ihre Arbeit kenne, weil ich genau weiß, *was das Publikum*, wenn ich bei der Sache mitmachen soll, *von mir verlangt*. Schon bei den bisherigen zwei Akten Molière wird mir allgemein gesagt: *warum so wenig Musik!*
Ohne Ihre Arbeit zu kennen, glaube ich schon heute sagen zu können, die Aufgaben, die Sie mir im dritten Akt anscheinend stellen – sind nicht das, was nach den Glanzstücken der beiden Akte (Schneidertanz, Menuett, Dîner) als Steigerung kommen muß. Melodram am Schluß des ersten und zweiten Aktes, ja! Aber am Schluß des III. Aktes *Ensemblegesang mit Ballett* und *meinetwegen* auch Melodram – kurz *Finale:* d. h. ein Schlager, ein wirkungsvolles Musikstück, in dem *alle Mitwirkenden gleichzeitig beschäftigt* sind. Aber um Gottes willen: nicht gleich drei Aktschlüsse, nach denen sich keine Hand rührt. Und glauben Sie mir: sobald auf dem Zettel steht: «mit Musik» – da wird das Publikum gleich sehr lüstern, besonders nach *Singstimmen*, da hilft kein Reinhardt, kein Pallenberg, da siegt – der Troubadour!
Nun, nichts für ungut. Ich bin sicher, Sie finden was, wenn Sie sich nicht eigensinnig kaprizieren! Habe ich nicht im III. Akt der «Frau ohne Schatten», sobald Sie nur mit der Wimper zuckten, die größten Stücke Fleisch herausgerissen und die Hauptszene der Kaiserin zum – Melodram gemacht?
Damals war zuviel Musik!
Hier scheint mir zu wenig! Ungesehen!
Mit herzlichen Grüßen Ihr *Dr. Richard Strauss*

Aussee, 16. VII. 1917
Obertressen 14

Lieber Dr. Strauss!
Eine trockene Darlegung wie in Ihrem ersten längeren Brief ist zuweilen ganz gut und ermöglicht dem Andern seine Auffassung ebenso darzustellen. Den wesentlichen Anteil Fürstners an von Ihnen erreichten höheren Tantièmen macht mir Ihr Brief

zum ersten Mal deutlich und ich verstehe demnach die Berechtigung seines bedeutenden Gewinnanteils. Für die vorliegende Sache liegt dieser Grund in keiner Weise vor, daß Sie aber wegen Materialdruck und anderem für diese Bühnenarbeit, die ich als eine ganz neue betrachte, schon von Anfang an zu ihm im identischen vertraglichen Verhältnis stehen wie zu «Ariadne», verstand ich erst aus Ihrem Brief, bedauere es, werde mich aber darein finden und mich im Allgemeinen bei dieser letzten Sache Ihren Anschauungen bezüglich Gewinnverteilung akkomodieren. Reinhardt zu steigern widerrate ich aufs Ernstlichste. Wäre selbst durch das Interesse, das Max Reinhardt an der Sache aus reinen ideellen oder Phantasiegründen hat (denn praktisch hat er, wie Sie selbst richtig andeuten, ein sehr geringeres daran und käme mit meiner Bearbeitung und einer arrangierten Lully-Musik zu dem gleichen Resultat) die weiteren zwei Prozent auch zu erreichen, so würde automatisch bei Edmund R. durch eine solche Mehrbelastung das Interesse an der Veranstaltung von Gastspielreisen im In- und Ausland etc. erlahmen, kurz, wir würden für unsere scheinbare Geschäftstüchtigkeit entschieden bestraft werden. Der Möglichkeit, die Musikkomödie weiterhin an andere Bühnen zu geben, will ich mich nicht prinzipiell widersetzen. Praktisch aber darf dies nur so gehandhabt werden (dies liegt in unserem künstlerischen und materiellen Interesse), daß hiedurch die Möglichkeiten Reinhardt'scher oder eventueller Pallenberg'scher Tourneen in keiner Weise unterbunden werden. Hier muß festgelegt werden, daß Fürstner sein Interesse das Material an noch andere Bühnen abzusetzen, wenigstens zunächst diesem gemeinsamen Interesse unterordnet. Man kann in einer Sache dieser Art kein kaufmännisches Interesse getrennt vom künstlerischen statuieren. Nur wo man den künstlerischen Interessen intransigent folgt, erreicht man schließlich den dauernden Erfolg auch in neuen Formen, wie sie dem Geschäftsmann nie als möglich vorschweben. Diesem Prinzip verdankt Reinhardt nun einen seit sechzehn Jahren konstanten gleichzeitig geistigen und materiellen Erfolg.
Sie haben durchaus Recht, wenn Sie es loyal aussprechen, daß

sowohl Reinhardt als ich rein praktisch, um das mir nicht sympathische, überschätzte Wort nochmals zu gebrauchen, besser drauskämen oder gekommen wären – unvergleichlich besser – wenn wir die Bearbeitung der Komödie mit einem bloßen dünnen Aufputz adaptierter Lully'scher Musik unternommen hätten. Aber Sie verschieben die ganze Sachlage, wenn Sie uns jetzt quasi diesen Ausweg anbieten; denn ich zunächst habe die ganze Sache einzig und allein nur deshalb unternommen, um für Ihre schon bestehende Musik, die ich außerordentlich schätze, eine richtige und würdige Verwertung (Bühne und nicht Konzertsaal) zu schaffen. Ich habe also Ihnen und dieser Musik zuliebe gehandelt, das war das Primäre. Wäre meine Absicht gewesen, vor allem dieses Stück zu bearbeiten, so hätte ich die Handlung ganz anders führen können. Wie sie jetzt ist, ist sie eben geführt, um die Glanzstücke Ihrer schon bestehenden Musik (z. B. die Dînerszene) richtig zu motivieren und ins Licht zu setzen. Es geht also durchaus nicht an, daß Sie jetzt sagen: *Wenn* Sie und Reinhardt mich als Mitarbeiter wollen, dann ... Denn so liegt die Sache nicht. Die Bearbeitung in dieser Form ist von mir nur unternommen worden, um Ihrem Wunsch folgend und Ihrer schon bestehenden reizvollen Musik zuliebe folgende Möglichkeit zu schaffen: Eine Molière'sche Sprechkomödie, in welche Musikstücke eingefügt sind, von welchen Musikstücken etwa 6–8 von ausgezeichnetem Wert schon vorliegen und noch etwa 5–6 in dem gleichen von Ihnen geschaffenen und nun schon einmal fixierten Stil hinzuzufügen sind. Es handelt sich um ein einmaliges Genre, weder Singspiel noch Operette, sondern eben ein Genre für sich, das aber in den schon bestehenden eineinhalb Akten klar und deutlich vorgezeichnet ist. Dieses Genre lasse ich mir nicht verwirren, es nicht zur Operette hinüberbiegen, und alle Ihre Vorschläge gehen auf Verwirrung und Vermischung der Genres aus. Hier aber bleibe ich bei der Stange, denn Sie sind in vielen künstlerischen Gaben und Kräften mir überlegen, Stilgefühl aber habe ich mehr und eine größere Sicherheit des Geschmacks, das hervorzubringen, was zwar im Moment nicht ganz dem Geschmack der Masse gemäß ist, aber eine gewisse Dauer verbürgt. Ich warne Sie vor dem in Ihnen, was Sie selbst mir durch das Gleichnis mit dem Kuhauge deutlich zu machen suchten, und was dazu führt, daß Sie diese Komödie, statt sie mit Musik zu schmücken, mit Musik überladen möchten. Wenn Ihnen im Gedächtnis ist, daß die Leute zu wenig Musik darin fanden, so kommt dies daher, daß diese Leute der damaligen Form entgegentraten mit der Erwartung vom ersten Takt an einer Oper beizuwohnen. Jetzt, da die Bestandteile getrennt sind, liegt in diesem Bestandteil ein Schauspiel vor, das durchaus durch Schauspieler allein mit einem ersten Komiker an der Spitze bestehen können muß und dessen Wirkung, inklusive der Aktschlüsse, an den Komiker gebunden sind. Operettenensembles als Aktschlüsse herbeizuführen, plötzlich die Sprechschauspieler alle singen zu lassen, das ist eine abscheuliche Mischform, ein vollkommenes Mondkalb. Mit zwei Ausdrücken habe ich Sie offenbar irregeführt:

Schnörkel und Melodram. Den einen Schnörkel, jenen mit Musik untermalten Monolog des Jourdain, habe ich beibehalten, weil er bewährt war und es sich ja darum handelte, das Bewährte herüberzuretten. Akt eins endet mit einem vollkommen komödienhaften Schluß, dessen Träger gleichfalls der Komiker ist, wie er auch den Schluß von Akt III trägt. Einmal bitte ich Sie doch mir und Reinhardt zusammen diesen Teil der Verantwortung für Aktschlüsse, Wirkungsmöglichkeiten etc. zu überlassen; ich verstehe ja einiges von theatralischem Stil und Reinhardt einiges vom praktischen Theater. Sie könnten doch in diesem Punkt, da es sich um ein Schauspiel und nicht um eine Oper oder Operette handelt, und Sie nicht der Schöpfer der Substanz, sondern nur einer Zutat zu sein haben, diese Sorgen von sich abwälzen.

Eine andere Konfusion habe ich verschuldet, indem ich das Wort Melodram in ungenauer Weise gebrauchte. Melodram in dem Sinn, den Sie fürchten und verabscheuen, sind, soviel mir bewußt, nur drei oder vier Zeilen. Ich gebrauchte das Wort, um eine Form zu bezeichnen, wovon die Dînerszene und die Szene des Fechtmeisters Beispiele sind. Im Übrigen möchte ich nun bitten, sich doch sobald das Manuskript bei Ihnen eintrifft, etwas der Intention des poetischen Ganzen, das meine Bearbeitung bietet, hinzugeben, so wie Sie das bei unseren viel schwerwiegenderen früheren gemeinsamen Arbeiten immer getan haben. Es hat doch gar keinen Sinn, daß Sie mich, den Sie als verläßlich kennen, dringend bitten, die Arbeit für Ende Juni fertig zu stellen und dann, nachdem sie abgeschlossen ist, eine Reihe von Vorschlägen machen, die mit den Intentionen des Vorliegenden natürlich in keiner Weise übereinstimmen.

Daß Ihnen die türkische Komödie viel Mühe und Unlust macht, kommt ja ganz unerwartet und tut mir sehr leid. Aber dergleichen Quälereien kommen ja in jeder Produktion vor, ich habe den dritten Band meiner Prosaschriften durch acht Jahre nicht abgeschlossen, so schwer wurde mir zwei scheinbar ganz deutlich vorschwebende Prosastücke zu bewältigen. Also werden Sie auch über diese zweimonatliche Schwierigkeit hinwegkommen, an der gewiß Ihr Befinden, Ihr wechselnder Aufenthalt und Bubis Einrückung einen großen Anteil haben. Die türkische Komödie ist nun einmal in der Sache drin und nicht zu umgehen. Irgendwie muß sie sich in einem Stil, der an den der übrigen Stücke anschließt, bewältigen lassen. Aus dem Stil wiederum, den Sie Ihrer Musik gerade bei der türkischen Komödie geben, ließe sich allenfalls dann die Möglichkeit gewinnen für den Schluß von Akt III den Chor wieder auftreten zu lassen und eine Art Finale zu gewinnen, obwohl mir ein richtiges Finale mit Mitsingen der Hauptpersonen im Sinn der obigen Ausführungen als völlig undenkbar scheint. – Ich habe sehr viel zu tun und hätte den heutigen Vormittag lieber als zu diesem Brief zum Abdiktieren des noch nicht typierten ersten Aufzuges verwendet, denn ich wünsche mir sehr, Ihnen das Ganze baldigst zu schicken. Bitte schreiben Sie mir gleich eine Karte, ob Sie in Garmisch bleiben. Sie erwähnten einmal etwas von einem Sommeraufenthalt in Mainz. Also auch meinerseits: Nichts für ungut und mit herzlichem Gruß der Ihrige

Hofmannsthal

Lieber Freund! Garmisch, 17. VII. 17

Ich komme am 6. August nach Salzburg, um dort am 7. zu spielen. Vom 8. ab disponibel, könnte nach Ischl kommen oder wo Sie meinen, daß wir uns Rendezvous geben könnten. Wann bekomme ich endlich das ganze Manuskript des «Bürger als Edelmann»?

Die türkische Komödie kommt nun langsam in Fluß: aber ich hätte sehr gerne – zur Anregung – dazu von dem andern Material.

Auf Wiedersehn! Herzlich grüßend Ihr *Dr. Richard Strauss*

Lieber Dr. Strauss, Aussee, 17. VII. [1917]

Ich erwarte eine Zeile, die mir sagt, ob ich das Manuskript nach Garmisch oder anderswohin schicken soll.

Habe indessen nachgedacht und gefunden, daß sich für den Schlußakt sehr wohl ein musikalisches Ensemble-Finale in der Form eines Couplets, das die meisten der auf der Bühne befindlichen mitsingen, aus den Figuren entwickeln läßt. Nämlich ein Sopransolo (die eine «Sylphe», während die anderen Sylphen Tänzerinnen sind, dann der Chor der Türken, Jourdain selbst, etc.). Ich bitte abzuwarten, bis Sie das Manuskript in der Hand haben, dann werden Sie sehen, was ich meine. Ich meine direkt ein *Couplet* von ein bis zwei Strophen. Entspricht das Ihrer Vorstellung?

Gruß Ihr *Hofmannsthal*

Lieber Dr. Strauss, Aussee, 21. VII. 1917

Mitfolgend der erste Akt, während Sie in einem andern Kuvert mit gleicher Post die Hälfte des zweiten Aufzuges, die noch nicht in Ihren Händen ist, erhalten. Ich bitte Sie dann einmal das Ganze ruhig durchzulesen und rein als Lustspiel ohne Rücksicht auf die Musik auf sich wirken zu lassen und etwa durch einen Vergleich mit dem Molière sich klar zu machen, wie weit es durch neugeschaffene, aber dem Original möglichst angeglichene Szenen, durch subtile Umstellungen u. s. f. gelungen ist, das Original, welches als Komposition schleuderhaft und offenbar improvisiert ist, zu übertreffen. Namentlich die beiden Teile

der Handlung, Charakterkomödie und Liebesintrigue, welche bei Molière so unverbunden und ohne jede Spannung nebeneinander herlaufen, zu einem einigermaßen spannenden Ganzen zu verknüpfen. Der dritte Akt wird Ihnen nur auf den ersten Blick kurz erscheinen, in der Tat wird er mit Einschluß der türkischen Komödie eine Spielzeit von mindestens 25 bis 30 Minuten erreichen und das ist reichlich genug, denn die beiden ersten Akte sind lang, jeder mindestens 50 Minuten, und im ganzen zwei Stunden wäre die ideale Spielzeit für eine solche Komödie. Zwei und eine viertel Stunde oder gar zweieinhalb, auf die es vielleicht hinausläuft, sind schon zu viel. Ich bitte, sich ein bißchen auszudenken, in welcher Form Sie sich ein musikalisches Finale des letzten Aktes vorstellen, damit Sie es mir am 9. August in Ischl darlegen und wir womöglich in einer kurzen Unterhaltung diese kleine Schwierigkeit lösen können. Bitte es aber auf diese mündliche Unterredung zu versparen, denn so gerne ich sonst Briefe von Ihnen bekomme, so muß ich in diesem Sommer meine ganze Phantasie auf eigene, nicht leichte Arbeiten konzentrieren und da ich dabei durch alles von außen Kommende stunden-, oft tagelang verwirrt und gestört werde, so lasse ich meinen Briefeinlauf wochen-, oft monatelang ungeöffnet liegen.
Vielen Dank für Ihr heute erhaltenes Telegramm. Über das Materielle habe ich nachgedacht und mache Ihnen vielleicht noch, bevor wir uns sehen, in einem Brief einen ausgleichenden und für Sie gewiß annehmbaren Vorschlag.
Mit herzlichen Grüßen Ihr *Hofmannsthal*

Lieber Herr von Hofmannsthal! Garmisch, 25. 7. 17
Mit herzlichem Dank das ganze Manuskript (bis auf die Eintrittsszene des Cleonte) erhalten, mit Eifer und Interesse das Ganze gelesen (dreimal) und finde es sehr hübsch und fein. Vieles hat entschieden sehr gewonnen.
Darf ich kurz kritisieren? Nur zur Anregung! Vielleicht überlegen Sie sich meine Ausstellungen und wir kommen mündlich noch zu einem beide befriedigenden Resultat.

1. Der Schluß des I. Aktes ist nach wie vor matt und ich komme immer auf meinen schon geäußerten Wunsch, derselbe müsse unbedingt mit Musik schließen. Am hübschesten wäre es, die Schneiderszene an diesen Schluß zu setzen und Jourdain in seinem neuen Gewande, von den Lakaien begleitet, auf die Straße hinaus abmarschieren zu lassen.
Wenn sich dies durch entsprechende Umstellungen nicht bewerkstelligen läßt, müssen Sie etwas finden, daß die Sache ausgiebig in Musik ausläuft – etwa in die Pantomime des Wagenschlagöffnens, die man sehr gut mit Musik begleiten lassen und damit den Akt ausklingen lassen könnte.
Daß manches sehr Komische, wie die Buchstabierszene mit dem Philosophen, fehlt, finde ich bedauerlich. Dafür sind manche Szenen, besonders die erste zwischen Dorantes und Jourdain, reichlich lang.
Nun die Hauptsache: Bitte, schlagen Sie mich aber nicht tot. Ich finde, das Stück müßte noch einen vierten Akt haben.
Der III. Akt mit der einfachen Hochzeit von Lucile und Cleonte ist absolut kein Schluß für ein Stück, das «Bürger als Edelmann» heißt und eine Charakterkomödie, fast nur auf die eine Figur zugeschnitten, darstellt.
Auch verlieren sich jetzt Dorante und Dorimène vollständig, und jede Verknüpfung mit der andern Komödie, die sogar bei Molière, am Schluß wenigstens, sehr hübsch angedeutet ist, fehlt bei Ihnen.
Ich finde, das Stück müßte ganz grotesk entweder mit der heiteren Aufklärung und Heilung des Jourdain, *wie Don Quixote*, oder als Tragikomödie nach erfolgter Aufklärung mit dem vollen Niederbruch und vielleicht *Wahnsinn* des Jourdain schließen.
Bitte überlegen Sie sich's! Seien Sie mir nicht böse!
Ich komme am 9. August nach Aschau bei Ischl und besuche Sie entweder in Aussee oder wir treffen uns in Ischl, alles in alter Freundschaft mündlich zu besprechen. Ab 6. August in Salzburg, Österreichischer Hof.
Mit herzlichen Grüßen Ihr getreuer *Dr. Richard Strauss*

Lieber Dr. Strauss, Aussee, 28. VII. [1917]

Für Begegnung 9. VIII. möchte ich Ischl vorschlagen. Gastfreundschaft hier anzubieten ist leider nicht mehr möglich, weder räumlich, noch reicht es auch nur zu einem Stück Brot über die Kopfzahl; Salzburg würde mich zwei Tage kosten und darüber hinaus, weil mich jede Veränderung auf Tage hinaus affiziert (hierin bin ich anders als Sie, und sehe hierin eine Überlegenheit Ihrer persönlichen Organisation), nach Ischl hab ich einen Zug, so daß ich halb zwei dort eintreffe, ich habe dort auch noch andre Besuche zu machen (eine Tante), Sie dürften ja mit Steiners zu tun haben, ich reserviere Ihnen eineinhalb bis zwei Stunden des spätern Nachmittags, um neun Uhr fahre ich zurück, ist Ihnen das recht?

Was die Gestaltung des Schlusses mit Couplets etc. mir nicht so ganz leicht macht, sind innere Gründe. Sie haben vielleicht beim *ersten* Lesen des Textes noch nicht ganz erfaßt, wie sehr das *Ganze* auf diesen halb burlesken, halb sentimentalen Schluß hin gearbeitet ist. Das ganze Stück hindurch (in meiner Fassung) ist die Intention wirksam, den Endpunkt der Liebesintrigue und den Höhepunkt in Herrn Jourdains närrischem Erdenleben wirklich *poetisch* in eine Einheit fallen zu lassen, während Molière diese beiden Dinge ganz stumpf *nebeneinander* sein läßt, ohne alle Synthese; dieser Schluß ist für unser heutiges Gefühl unmöglich: er muß entweder revoltieren oder er wird als «historisch» hingenommen und läßt ganz kalt. Auf *meinen* Schluß, die Bindung der beiden Motive zu einer bitter-süßen Harmonie, hab ich die ganzen drei Akte hindurch hingearbeitet, insbesondere durch die Führung des Charakters der Lucile, durch die Nuance von weltmännischem Jesuitismus, die ich dem Cleonte gegeben habe u. s. f. Es kommt alles darauf an, das Musikfinale organisch mit diesem Schluß, dessen Intention ich Sie bitte, nachzuempfinden, zu verbinden. Es darf mit seinen Couplets etc. keinesfalls lang werden, sonst wirkt es wie ein angehängter Papierschweif. Könnten Sie nicht das ganze *Finale* musikalisch schon *früher* beginnen, *dort wo die Liebenden wiederkommen*, es dann fortführen mit den Melodramstellen, die jetzt den Schluß bilden und es mit einem Couplet der Nymphe (die ich mit einem Spiegel nun wieder auftreten ließe), Couplets Jourdains und Ensemble schließen lassen? Vielleicht schwebt Ihnen eine Melodie und demgemäß ein Versschema vor, nach dem ich mich für die Couplets richten soll!

Ich erwarte Avisierung. Herzlich Ihr *Hofmannsthal*

Lieber Herr von Hofmannsthal! Garmisch, 30. 7. 17

Brief vom 28. dankend erhalten. Ich habe fertig die türkische Komödie mit wirkungsvollem, opernhaften Schluß: die Courante, den Auftritt des Cleonte, als Vorspiel des zweiten Aktes das reizende berühmte Menuett des Lully, das man auch für den melodramatischen Schluß des dritten Aktes gut verwenden kann, und ein rasches Alla-breve-Madrigal, das [man] als Singsang bei einer kleinen Hochzeitszeremonie am Schluß sehr hübsch anbringen könnte.

Ich bringe Ihnen alles mit, sehen Sie nur zu, daß wir in Ischl ein Klavier haben.

Sonst komme ich auch nach Aussee, ohne daß Sie zu befürchten brauchen, daß wir Ihnen lästig fallen. Es gibt ja doch in Aussee wohl ein Hotel oder Wirtshaus. Wir wollen mit meiner Frau und Bubi uns von etwa 9. oder 10. ab 6 bis 8 Tage bei Steiners entweder in Strobl, Aschau oder Ischl aufhalten. Sobald ich von Steiner Näheres über ein gutes Unterkommen daselbst weiß, gebe ich Ihnen Nachricht. Sie können dann den Ihnen genehmen Tag selbst nach Belieben wählen. Vom 6. ab in Salzburg, Österreichischer Hof.

Mit schönsten Grüßen Ihr *Dr. Richard Strauss*

Lieber Dr. Strauss, Aussee, 2. VIII. [1917]

Ich bitte Sie vielmals, mir mindestens 48 Stunden früher durch ein Telegramm zu sagen, welchen Tag Sie für unsere Begegnung in Ischl wählen und in welchem Hotel und zu welcher Stunde ich Sie finde. Ich schlage vor, nach Ihrem nachmittägigen Ausruhen, so gegen 5 Uhr etwa!

[...]

Das Nichtunterzeichnen des Textbuches hat natürlich nichts mit der Kollaboration zu schaffen. Auch wenn ich die Bearbeitung für Reinhardt allein unternommen hätte, hätte ich sie anonym gelassen, ebenso wie die «Lästigen»[1]. Das ist eine Taktsache, über die nur mein Gefühl entscheiden kann; daß ein lebender Dichter es für richtig findet, das Werk[2] eines Klassikers frei zu bearbeiten, ist ein ganz singulärer Fall; die Verantwortung trage ich vor mir selber, die Anonymität ist die Form, welche Respekt und Takt mir vorschreiben.
Muß ich Ihnen nochmals schwarz auf weiß geben, daß ich mich der gemeinsamen Arbeiten nicht schäme, sondern mich freue, daß sie existieren? Kennen Sie mich als Person nach vieljährigem freundschaftlichen Verkehr noch so wenig, um nicht zu wissen, daß ich nichts weitertun würde, dessen ich mich schämen würde?
Was in der Zwischenzeit von mir an eigenen Arbeiten (Roman, Märchen, Komödien, Prosa) entstanden ist und was nicht, vollendet oder nicht, publiziert oder nicht, das kann ja nur ich wissen. Ich stehe aus meiner Natur (und auch aus den Bedingungen meiner Kunst heraus) hiezu ganz anders, ja diametral, als Sie. Publizieren interessiert mich nur in zweiter Linie. Aufführenlassen in dritter. Es ist das alles für den innern Wert und Bestand meiner Arbeiten ganz irrelevant. Ein Oeuvre wie das meinige wird entweder da sein, und meine ganz bestimmten Prätensionen erfüllen oder es wird nicht da sein. Die Bühne, ja auch das Buch, was man «Erfolg» nennt etc. haben damit nicht das leiseste zu tun. Meine Linie aber weiß ich und werde ihr folgen.
Also auf Wiedersehen. Herzlich Ihr *Hofmannsthal*
P. S. Eben übergibt mir Ihre Frau Ihren Brief[3]. Ihre Vorschläge finde ich, vergeben Sie mir, undiskutierbar. Sie zeigen mir

[1] «Die Lästigen», freie Bearbeitung nach Molière (Ges. Werke, Lustspiele II), im Deutschen Theater in Berlin aufgeführt am 26. April 1916 (vgl. den Brief Hofmannsthals vom 11. VI. [1916]). Das Stück wurde zusammen mit dem Ballett «Die grüne Flöte» (Ges. Werke, Dramen III) gespielt, dessen anonymes Szenarium gleichfalls von Hofmannsthal stammt. Vgl. R. Hirsch und L. M. Fiedler in Hofmannsthal-Blätter, Heft 8/9, 1972, L. Stiehm, Hbg.

Ihren Geschmack und meinen in einer meilenfernen Distanz voneinander, jedenfalls in bezug auf solche Möglichkeiten. – Ich erbitte gelegentlich Ihre Entscheidung, ob ich über die Molière-Bearbeitung, an der ich keinen Strich zu ändern gedenke, anders verfügen kann.

Lieber Dr. Strauss, Aussee, 3. VIII. [1917]

In Ihren kritischen Bemerkungen und «Vorschlägen» äußert sich ein so absolutes Nichtverstehen, ja ein so diametrales Anti-Verstehen dessen, was mit dieser Molière-Bearbeitung gewollt und in zweimonatlicher Bemühung von Phantasie, Kunstverstand, Takt und Bescheidenheit auch erreicht ist – rein als geistiges Phänomen lag in der Möglichkeit, mir nach dreimaliger Lektüre diese das Ganze auf den Kopf stellenden Vorschläge zu machen, etwas so Trostloses, daß meine erste Regung war, Sie telegraphisch zu bitten, die ganze Sache auf sich beruhen zu lassen und mir nie mehr davon zu sprechen oder zu schreiben. – Das wäre freilich ein trauriger Mißklang gewesen nach jahrelangen freundlichen und vielfach auch schönen gemeinsamen Bemühungen, zudem kam ein paar Stunden später Ihr Brief vom 30. VII., der ganz arglos und ohne auf die «Vorschläge» überhaupt zurückzukommen, einige gute Arbeitsresultate meldet – so möchte ich denn eine Begegnung und Gespräche zwischen uns über diese Arbeit nicht unmöglich machen und mir die Mühe geben, durch eine ruhige Auseinandersetzung (keine erschöpfende natürlich, sondern nur Hauptpunkte) meiner absoluten schroffen Ablehnung Ihrer Gedanken und Vorschläge das Verletzende zu nehmen, und Sie auf dem Umwege über die Theorie dem Dichterischen etwas näherzubringen.

1. Der Schluß des Ganzen. – Schon die großen Kritiker des XVII. und XVIII. (Boileau, Fénélon, Vauvenargues) haben die große Weisheit hervorgehoben, mit der es Molière gelungen, in dieser chargiertesten seiner Charakterfiguren einen richtigen Narren hinzustellen, ohne daß sich doch der Gedanke an die petites-maisons (das Irrenhaus) jemals einmischt –, kurz, das Närrische als zugespitztesten Gegenstand der Charakterkomö-

die durch eine haarfeine Linie zu trennen vom Pathologischen, vom Wahnsinn. (Was z. B. Regnard in seinem «Zerstreuten» nicht ebenso vermocht hat). Dies liegt an hundert kleinen Kunstgriffen, hundert kleinen Momenten taktvoller Berechnung: wovon die wichtigsten in der leichten schwebenden Behandlung des Schlusses: die doch recht zweideutige Handlungsweise von Lucile und Cleonte, die Narrheit Jourdains, die Türkenkomödie und das Element des Festlichen (die Aussicht auf eine Ballettaufführung), alles dieses ist mit leichter Hand zu einem lockeren Motivenstrauß zusammengebunden, mit weiser Absicht kein Motiv forciert, auf keinem stark herumgeritten. Danach hatte sich der Bearbeiter zu halten. Durch Berechnung jeder Nuance in Lucile und Cleonte (der nicht so schuldlos wie sie, sondern etwas von praktischem Jesuitismus tingiert), durch das Zusammenrücken zweier Festmomente: der Zeremonie und der Kontraktunterzeichnung, durch Luciles ernste, schuldbewußte Ergriffenheit, worin Geständnis und Verzeihung des trotz allem doch geliebten Vaters vorweggenommen, habe ich getrachtet und erreicht, der Schlußsituation ihren schwebenden, buntgemischten, gleichsam schillernden Charakter (ohne den sie sogleich ins Bürgerlich-Schwere, Intrigante, Verletzende hinabfällt) zu wahren; durch die Erfindung der Sylphen mit ihrem Spiegel habe ich das Festliche noch durch die Beimischung des Phantastischen, das Leichte durch das Luftige erhöht: doch dürften es, um nicht aus Molière's Stil in den der shakespearisierenden Romantik zu verfallen, nicht wirkliche Feen oder Elfen sein, sondern diese mußten wieder innerhalb des lateinischen, aus der Antike stammenden Stiles einer Machination des die Intrigue leitenden Dieners (hier Covielle) entspringen. Weil hier Narrheit und Schicksalerfüllung, Lug und Trug der Welt und Liebesglück, gelungene Intrigue und bittere Philosophie sich in einem Punkt, gleichsam auf der Spitze einer Nadel, treffen, darum, nur darum ist es auch schwer, für die Schlußcouplets, für ein von Ihnen gewünschtes Finale den richtigen Stil, die richtige Nuance zu finden.

2. Auszuschließen waren von der Schlußstimmung, in der die

unerfreulichen und zweideutigen Elemente ja nicht überwiegen, die Mischung ja nicht unrein werden durfte, die Gegenwart von Dorante und Dorimène. (Wieder schlägt hier Ihr Vorschlag der Intention direkt ins Gesicht.) Mit diesen zweideutigen Figuren steht es so. Ähnliche Gruppen (herstammend von den Parasiten und Hetären der antiken Komödie), die zwischen vornehmen Leuten und Hochstaplern oder Gaunern schillern, finden sich auch bei Regnard (im «Spieler») und bei Le Sage (im «Turcaret») auch dort in aller Undeterminiertheit. Die Zeitgenossen wußten offenbar ohne weiteres, was sie sich aus solchen Figuren zu machen hatten. Wir wissen es nicht und stehen solchen richtigen «Halbwelt»-Figuren wie Dorimène und Dorante mit peinlicher Ungewißheit gegenüber. Die Aufgabe des Bearbeiters lag hier darin: die Figuren zu determinieren und sie scharf in ein Episodenspiel zusammenzurücken. Ich habe sie determiniert (moralisch und sozial): die Dorimène am höchsten gestellt (sie ist weit mehr dupe als complice), den Dorante in die Mitte gestellt, Hochstapler, aber fescher Kerl, nicht ganz abstoßend, und um ihm Relief zu geben, die schlimmeren Gauner noch daneben gestellt, das Ganze aber in einer scharf umrissenen Episode (Akt II, zweite Hälfte) sich ausleben lassen. In den Schluß gehörten die so behandelten Figuren schon darum nicht, weil sie eben erledigte Episode waren, um alles aber durften sie nicht herein aus zwei Gründen: erstens um die Motive des Schlusses nicht zu komplizieren bis zur Unleidlichkeit, zweitens aber aus einem noch viel wichtigeren moralischen Grund: durch jeden Zusammenhang (sei er auch nur durch Covielle hergestellt) dieser niedrigen Gruppe mit der Liebeshandlung würde ja das Liebespaar erniedrigt, insbesonders Cleonte wird ja sofort odios, wenn die Möglichkeit des Verdachtes einer Komplizität mit solchen Figuren auf ihn fällt.
Um die Narrheit herum bewegt und drängt sich Betrügerei und Gewinnsucht in allen Formen, das ist die Idee oder eine der Ideen des Stückes: so die Gaunereien des Fechtmeisters, des Schneiders, des Philosophen; die anders gearteten Gaunereien der Hochstapler, und endlich das gewagte Spiel des Liebespaares. Mischt

man dies mit unzarter Hand, so wird alles gleich abscheulich und die mögliche Wirkung von *innen heraus* vergiftet.

3. Der Philosoph. Über die fehlende Buchstabierszene kann man verschiedener Meinung sein. Reinhardt und ich finden sie plump und langweilig (trotzdem dabei gelacht wird, worauf es gar nicht ankommt: die Entscheidung bei der Komödie, siehe «Rosenkavalier», liegt im Rhythmischen, nicht im einzelnen Kitzeln der Lachmuskeln) – und wir waren ohne Diskussion einer Meinung, daß sie zu fallen habe. Das Wesentliche, mit dem Philosophen Erreichte, ist Ihnen leider entgangen wie *alles*, *alles* an meiner Arbeit (denn da Sie immer freundlich und liebenswürdig sind, hätten Sie ja von den gelungenen Punkten irgendeinen aufgezählt, wenn er Ihnen eingeleuchtet hätte). – Das Wesentliche liegt darin, daß ich, bei dem Punkt «Logik und Redekunst», den Übergang fand auf die Nebenhandlung (Lucile), wodurch sich die Möglichkeit bot, dem Philosophen weiterhin eine Funktion in dieser Handlung zu geben (Akt II, erste Hälfte), wodurch abermals ein Wesentliches erreicht: die unleidliche Unverbundenheit zwischen den Episodenfiguren aus Akt I und II (des Originals) mit den Figuren der Liebeshandlung (die erst am Ende von Akt III ansetzt) zu beheben und in ihr Gegenteil zu verkehren. –

Nun kann ich nicht Bogen auf Bogen mit Interpretation dramaturgischer Absichten vollschreiben. Im Ganzen bin ich wirklich tief traurig über diese Sache. Ich habe Ihnen einen alten, etwas verbauten Gartenpavillon umgebaut, mit redlicher Mühe. Da ein paar windschiefe Fenster in einen Balkon zusammengezogen, eine häßliche Seitentreppe beseitigt, dem Ganzen Symmetrie gegeben und alle Räume und die Haupttreppe auf einen großen Gartensaal münden lassen, der von jeher die Zierde des Ganzen gebildet hat. Sie betreten mit mir das Haus: über alles an der Konstruktion den alten widerstrebenden Elementen abgewonnene: luftige Räume, freie Durchblicke, behagliche Zimmer, finden Sie nicht ein Wort, ja Sie bemerken es gar nicht. Wir treten in den Hauptsaal mit der Gartenaussicht. Sie schmeißen einen Ziegelstein gegen die große Spiegelscheibe und dann er-

suchen Sie mich, an Stelle des Ausblicks in Garten und Landschaft sofort eine Feuermauer hinzubauen, oder wenigstens an Stelle des Springbrunnens einen großen Misthaufen. Mein Gleichnis ist bitter, aber es übertreibt in gar keiner Weise: Die Feuermauer ist der gräßliche Gedanke, wirklichen Wahnsinn, das Schauerlichste, was es auf der Erde gibt, als Krönung einer leichten graziösen Sittenkomödie vorzuführen, der Misthaufen ist die «Aufklärung» und «Versöhnung», wo doch alles inkommensurabel gegeneinandersteht, und nur in der Komödie, im Rhythmus versöhnbar ist.
Meine Gemütsstimmung ist die Ihres Baumeisters, genau.
Ich kann Sie zum Schluß nur bitten – und nicht zum ersten Mal –, sich jetzt, bevor wir uns begegnen, ganz klar zu werden, ob sie *diese* Ihnen vorliegende von mir bearbeitete Molière-Komödie, rundes, wohlüberlegtes Ganzes, wie sie ist, mit Ihrer Musik ausschmücken wollen oder nicht. Ein Drittes ist nicht möglich. Sollte Reinhardt, der sein Métier versteht und mit mir die Verantwortung für das *Stück* trägt (die Sie in diesem Falle nicht tragen) irgend etwas verändert wünschen, und es leuchtet mir ein, so haben wir von Oktober bis April sechs Monate vor uns! Die Bemerkung über Länge einer Szene erübrigt sich. Reinhardt wird dann weglassen, was er nicht braucht. Umstellung der Schneiderszene an den Schluß in einem *auskalkulierten* Ganzen wie Akt I ist natürlich ebenso unmöglich wie alles andere. –
Da ich mir nun das von der Seele geschrieben habe, können wir uns sehen und ich werde auch fähig sein, an den Musiknummern, die Ihnen zweifellos gelungen sind, Freude zu empfinden.
In einem Ischler Hotel dürfte kein brauchbares Klavier sein. Ich schlage vor, daß ich den 9. oder 10. nachmittags (ab Ischl 3 Uhr oder 3.30 Uhr oder so was) in die Aschau komme und dort bei Ihnen ein paar Stunden bleibe, ich fahre dann abends bis Ischl zurück und übernachte dort. Ich meine meinen Vorschlag unabhängig vom Wetter. Bitte um Bescheid.
Alles Gute den Ihren, freue mich, daß Ihr Sohn noch frei, sich zu bewegen, Gott erhalte es so lange als möglich.

Ihr *Hofmannsthal*

Lieber Herr Hofmannsthal! Garmisch, 4. 8.[1] 17.

Ihren Brief vom 2. soeben erhalten. Warum Sie immer gleich so bitterböse werden, wenn ich Ihnen einen Vorschlag mache, den Sie meinetwegen undiskutierbar finden. Reden kann man doch über alles und besonders über Theaterstücke, die sich nun einmal nicht nur an die Leute von Geschmack, sondern an das verehrliche große Publikum wenden. Ich gestehe Ihnen gerne zu, daß Sie den feiner kultivierten Geschmack haben und daß Sie den Molière, der sich schließlich doch an ziemlich rohe Instinkte wendet, sehr verfeinert haben, sei Ihnen mit aufrichtiger Bewunderung zugestanden. Daß aber der Schluß des ersten Aktes noch immer ziemlich wirkungslos und auch der des III. Aktes in seiner Publikumswirkung von Ihnen, wie ich glaube, überschätzt wird, darüber bin ich mir heute schon ganz klar. Ich finde die türkische Komödie nach wie vor albern und total veraltet und geeignet, alles hübsche, was Sie am Anfang des Aktes dazu gedichtet haben, auszulöschen. Schlußmelodramen mit Rührung sind auch ziemlich oft wiederholtes Rezept. Ich fürchte, so wie es heute ist, wird Reinhardt das Stück, auch mit Pallenberg nicht einen vollen Monat durchspielen können.

Sie können mich totschlagen, aber für mich gibt es nichts schrecklicheres als Theaterstücke, die nicht wirken, die nur für die sogenannten fünf «feinen» Leute im Theater geschrieben sind und *in solchen doch auf reinste Publikumswirkung geschriebenen Stücken wie dieser Molière* Szenen und Aktschlüsse so pflaumenweich, daß niemand weder weint noch lacht, noch applaudiert, noch zischt. Dies ist mir direkt peinlich: ich kenne kaum etwas fataleres. Wer dazu zu fein veranlagt ist, der muß Romane und Gedichte lesen, aber nicht ins Theater gehen, wo ich gegen alle Debussys, Maeterlincks, Hauptmanns, Strindbergs – meinen guten Schiller und R. Wagner auf *meiner* Seite habe.

Ich werde das Gefühl nicht los, daß der jetzige «Bürger als Edelmann», so sehr er durch Sie verbessert ist, doch nicht stark genug ist, um ein heutiges Publikum dauernd zu fesseln, und bloß für uns allein und Reinhardt wollen wir doch kaum Bühnenstücke

[1] Im Original irrtümlich: 7. Juli (statt August) datiert.

fabrizieren und da habe ich, von dem ziemlich guten Instinkt geleitet, daß das Stück nicht mit der höchst albernen und nutzlosen Türkenkomödie schließen kann und daß die Dorante-Dorimene-Jourdain-Groteske auch nicht sich ganz verlieren kann, Ihnen einen Vorschlag gemacht, der nur den Zweck haben sollte, Sie selbst zu irgend einer Produktion anzuregen oder zum mindesten zu einer Diskussion sine ira.
Vielleicht hat sich Ihre erste Wut gelegt, bis Sie diesen Brief erhalten und wir können uns in Ischl oder Aussee, wohin ich gerne komme, wenn Sie die Fahrt nach Ischl zu sehr herausreißt, dann ausführlich unterhalten. Wir kommen etwa am 9. nach Aschau, wo wir bei Steiners circa 8 bis 10 Tage bleiben, von wo ich Sie bequem auch ein bis zwei Tage in Aussee besuchen kann, wenn Sie nicht vorziehen, nach Ischl zu kommen. Ich melde Ihnen meine Ankunft in *Aschau bei Ischl* telegraphisch und Sie können dann nach Gutdünken Ort und Zeit unsrer Zusammenkunft bestimmen.
Bitte nochmals dringend, weisen Sie meine «geschmacklosen» Vorschläge nicht als ganz undiskutierbar zurück. Ich dachte an Pallenberg, für den der III. Akt doch sehr wenig bietet.
Mit besten Grüßen Ihr in künstlerischen Dingen völlig unbeleidigbarer, hartnäckiger aber stets ergebener *Dr. Richard Strauss*

Lieber Dr. Strauss! Aussee, den 10. VIII. [1917]
Ich hoffe, Sie haben in Salzburg den sehr langen Brief vorgefunden, in dem ich versuchte, durch Eingehen auf die Intentionen meiner Bearbeitung die Schroffheit meiner Zeilen in dem früheren Brief, die mir leid tat, einigermaßen wieder gut zu machen. – Ich komme gerne einen Tag dort hinüber, es macht mir nichts, ich betrachte es als eine Landpartie. Ich möchte den Vorschlag machen, daß ich nicht einen Nachmittag dort verbringe, sondern einen Vormittag, inklusive Essen, wenn das geht. Ich würde abends nach Ischl fahren, dort übernachten, morgens 9 bis 10 nach Aschau kommen, nachmittags zurück nach Ischl. Dort meine Tante und anderes absolvieren. Ich erbitte also Ihre Depesche nach Ihrer Bequemlichkeit. Ihr *Hofmannsthal*

Lieber Dr. Strauss Aussee, Samstag, 11. VIII. [1917]

Das Bewußte[1] habe erhalten und werde mit gutem Willen versuchen, es durchzulesen, sage aber im Vorhinein, daß ich kein Publikum und kein kompetenter Beurteiler für das Ganze bin, weil ohne jede Sympathie für das «realistische» Genre. – Ich möchte, wenn es Ihnen paßt, Mittwoch am frühen Vormittag dort erscheinen, und wir können dann, im Wald oder Zimmer, das Nötige besprechen, vor allem den Schluß von Akt III, aber es muß durchaus ein leichter, nicht wuchtiger Schluß sein. – Ad Akt I, Schluß, bin ich ablehnend gegen Untermalung der Pantomime mit Musik, weil eine solche Zerstreutheitspantomime eine der stärksten Sachen für P[allenberg] und man durch Musik und die Bindung der Pantomime an die Musik auch die Drastik des Schauspielers und des Lachens unterbindet. Vielleicht wird Akt I aber mit dieser Pantomime *schließen*, dergleichen gebe ich Reinhardt anheim, man muß jedem den Teil überlassen, den er versteht.

Ihr *Hofmannsthal*

Aussee, Obertressen 14, 4. IX. [1917]

Mein lieber Dr. Strauss,

Nun lachen Sie über mich, aber seien Sie mir ja nicht bös, wenn ich als Kritiker Ihrer Musik auftrete! Aber ich muß wirklich fragen: stimmt es mit dem Madrigal? Ist es so in der Ordnung, wie Sie es mir geschickt haben?? Der Text, den Sie darauf gesetzt haben, hat so gar nichts rhythmisch Einleuchtendes, nämlich an der Stelle, wo ich die Kreuzeln gemacht habe. Ich hab mirs immer wieder vorspielen lassen, zuletzt von Schalk, und auch beim Hören leuchtets mir so gar nicht ein, an diesen Stellen kommt mir vor, als rutschte es aus! Also nochmals Verzeihung für meine Kritik, aber was die Verschen betrifft, die für diese Stelle gemacht werden müssen, so wäre es halt viel leichter, wenn sie etwas mehr klipp klapp, klipp klapp gemacht werden könnten, besonders beim altmodischen Stil des Ganzen! Vielleicht können Sie mir da etwas entgegenkommen!

Und noch eine Bitte und Belästigung: mir ist meine Handschrift

[1] Der Textentwurf zu «Intermezzo».

vom Akt I des «Bourgeois» ganz verloren gegangen, bitte vielmals, lassen Sie in Garmisch oder München den Akt gleich abtypieren und schicken mir ein oder womöglich zwei Exemplare. Bitte vielmals nicht vergessen! Ihr *Hofmannsthal*

P. S. Immer mehr leuchtet mir ein, daß München allenfalls der Ort ist, wo man die verschiedenen Elemente des Publikums für eine Sache wie «Frau ohne Schatten», die geistige, dem wienerisch-jüdischen Durchschnittshorizont unerreichbare Werte enthält, zu finden wenigstens hoffen kann, nicht so ekelhaft «Verstehen-Wollen» im Sinne $2 \times 2 = 4$, sondern ein Eingehen auf ein Höheres, wobei das Geheimnis in den «Brüchen» liegt – aber Wien keinesfalls, dagegen würde ich mich mit Händen und Füßen und noch mit den Zähnen wehren.

Lieber Herr von Hofmannsthal! Garmisch, 7. 9. 17

Seien Sie mir nicht böse, daß ich Sie nochmals wegen des Schlusses des I. Aktes, der auch nach genauem Studium (trotz Reinhardt) mir noch immer wirkungslos erscheint, belästige!
Ich komme nochmals darauf zurück mit folgendem Vorschlag: Von der Szene zwischen Dorante und Jourdain entweder vom Schluß etwas abschneiden (und an den Schluß anfügen) und Dorante abgehen lassen – dann nach der Szene zwischen Lucile und Jourdain statt des Dieners, welcher sagt: «Der Herr Graf fragen, wo der Jourdain so lange bleiben» – den Dorante selbst noch mal kommen lassen, zuschauen lassen, wie Jourdain noch immer das Wagenschlagöffnen übt, dann nach einigen Worten die *kurze Komplimentierszene*, die ich Ihnen skizziert habe – *mit Musik!*
Eventuell kann auch die Doranteszene ungekürzt bleiben, wenn Sie für den Schluß noch etwas Hübsches finden.
Aber ich bin sicher: *meine* Schlußszene mit Musik ist wirkungsvoller und gäbe auch architektonisch einen besseren Rahmen, als wenn der I. Akt als einziger ohne Musik schlösse.
Bitte überlegen Sie sich's und seien Sie nicht böse
Ihrem Sie herzlich grüßenden *Dr. Richard Strauss*

Lieber Herr von Hofmannsthal! Garmisch, 11. 9. 17

Aus beiliegendem Original des Lully ersehen Sie, daß die von Ihnen gerügte Unregelmäßigkeit des Rhythmus gerade der Hauptreiz dieser madrigalartigen Form ist. Sie ist ebenso bei Lully wie in meiner Nachbildung, die natürlich an den Dichter große Ansprüche stellt, während sich Lully mit nichtssagenden Füllseln: «sus, sus, du vin, du vin, versez, versez, partout» geholfen hat, wo die Sache nicht glatt ausging. Der große Wort- und Versekünstler Hugo muß sich hier also ein bißchen plagen, in den spanischen Stiefel hineinzukommen, an dem selbst nichts mehr zu ändern ist. Wenn ich es Ihnen vorspiele, werden Sie's auch nicht verlangen. Möglich, daß selbst Schalk mit der bloßen Melodie ohne Unter- und Gegenstimmen nichts anzufangen wußte.

Aber mein Versschema gibt ein genaues Bild, wie es sein müßte, wenn Herrn von Hofmannsthal dazu recht schöne Verse einfielen.

a) ist klipp, klapp

b) und c) sind unregelmäßige Zwischensätze, eventuell in Frageform!

d) Resumé, Koda, Erweiterung, Ausschmückung und Abschluß, dem Anfang gleich.

Bis auf die drei Aktschlüsse habe ich die fertige Partitur heute an Fürstner geschickt.

Noch eine Frage: Kann das Lied vom Kätzchen nicht bleiben? Das hat immer von Anfang an gleich Stimmung gemacht.

Der Schluß des *I.* Aktes muß *wie alle übrigen* und *melodramatisch enden.* Bitte seien Sie da nicht eigensinnig. Sie sind doch so empfindlich in Proportionen und schönem Gleichgewicht.

Es wäre direkt ein Stilfehler, wenn nur der I. Akt ohne Musik schlösse.

Wo jeder Akt sein Vorspiel hat und mit Melodram und Musik schließt.

Ich schicke Ihnen anbei den I. Akt, den ich nicht mehr brauche, da ich hier keine gute Kopistin jetzt habe.

Mit herzlichen Grüßen Ihr *Dr. Richard Strauss*

Lully

[An Frau Gerty von Hofmannsthal]

Liebe Frau Gerty! Garmisch, 15. 9. 17.

Wenn ich Sie recht verstehe, liest Ihr Gatte meine Briefe nicht einmal. Ich muß offen gestehen, daß mir das etwas ärgerlich ist, denn dazu sind sie wirklich nicht geschrieben. Ich habe nun den ganzen Sommer eifrigst an der neuen mir von Hugo gestellten Aufgabe gearbeitet und *zwar ausschließlich* – habe nun alles fertig bis auf den Schluß des I. Aktes, der nach meiner Ansicht schwach und ebenso musikbedürftig ist, wie der auch reichlich uninteressante Schluß des III. Aktes, der nur durch ein ausgiebiges Musikstück mit Tanz zu retten ist, und es geht wirklich nicht an, daß der liebe Hugo meine Bedenken mit großartiger Geste einfach abweist:

«Die Arbeit ist abgeschlossen.»

Ich habe nicht Lust, ein zweites Mal mit dem lieben Molière durchzufallen und möchte daher dringend bitten, daß Ihr Mann meine Briefe wenigstens liest und das halbe Stündchen opfert, das deren Beantwortung erfordert.

Ich möchte wenigstens den genauen Schluß des III. Aktes haben, der noch ziemlich viel Arbeit erfordert und *zwar jetzt, wo ich noch Zeit habe* – wenn meine Wintertätigkeit begonnen hat, ist es mit dem Komponieren bis Weihnachten aus und *nachher* droht die Gefahr, daß der Verleger nicht mehr fertig wird, wo es doch allenthalben an Arbeitskräften mangelt.
Den etwas revisionsbedürftigen Schluß des I. Aktes können wir meinetwegen im November mit Reinhardt zu dritt besprechen. Am besten aber fände ich, daß Hugo das ganze Stück mit *meinen* Bedenken und Wünschen heute schon an Reinhardt schickt, damit derselbe das Stück schon kennt, bis ich 16. Oktober selber nach Berlin komme und mit ihm darüber reden kann. In der Zeit vom 21. Oktober bis 5. November bin ich dann nochmals hier und könnte da den Rest aufarbeiten. Partituren können leider nicht diktiert werden und erfordern eben so viel Arbeits*zeit*, die *tatsächlich* vorhanden sein muß.
Mit schönstem Gruß, auch von meiner Frau Ihr

Dr. Richard Strauss

Lieber Dr. Strauss, 20. IX. [1917]

Meine Frau ist verzweifelt über ein zwischen uns ausgebrochenes Mißverständnis, das auch so ganz überflüssig: da gar keine Differenzpunkte da sind.
Nur bezüglich Akt I bat ich, die Arbeit für jetzt als abgeschlossen zu betrachten, bis zur Begegnung im November, ich bat dies nicht aus Eigensinn, sondern weil ich sicher weiß, daß im Kontakt mit Reinhardt mir ein besserer Schluß für den Akt einfallen wird, etwa auch aus Musik, wogegen Ihre Vorschläge nur den Charakter von Notauswegen haben. Und diese *eine* Kleinigkeit werden Sie doch zwischen November und März machen können!
Akt II – ist keine Differenz! Akt III ist *keine* Differenz, denn wir waren doch in Aschau ganz einig: es schließt mit Musik, Gesang und Tanz. Sie zählten mir doch schon die einzelnen Stücke auf, aus denen Sie dies Finale aufbauen: Madrigal, Teile des Menuetts etc. Also: zum Madrigal mach' ich diesen, wenn auch

schwierigen Text (für wann müssen Sie den haben??) und Sie schreiben das Ganze jetzt in definitiver Form nieder und zu dieser feststehenden Musik werden Reinhardt und ich das Mimisch-Szenische finden, ohne daß Sie einen Takt zu ändern brauchen, und wenn Jourdain dann noch einiges auf die fertige Musik sprechen soll, so kann Fürstner (falls dieses Finale im November schon in Druck gehen muß) dann nachtragen lassen.
Das Lied vom Kätzchen bitte vielmals wegzulassen. Habe reiflich überlegt. Es ist, im *Deutschen*, ein platter, plumper Text, geht ins Niedrig-Komische, Läppische, wir suchen dieses nicht, es nützt auch gar nichts, wir haben Heiteres und höher Komisches, auch Drastisches *genug* im ersten Akt.
Ich überlege nochmals Ihren Vorschlag zu Akt I (ich bin ja gar kein Maulesel, wie Sie seit sechs Jahren wissen)! Aber: was nennen Sie die Komplimentierszene zwischen Dorante und Jourdain? Sie sandten mir einmal so was (ich würde auch den Brief wieder finden), aber da ließen Sie ja beide plötzlich *singen* wie in der Operette, das fiel ja vollständig aus dem Stil heraus (wogegen es nicht aus dem Stil fällt im Finale von Akt III, weil man da in die phantastisch-burleske Atmosphäre allmählich vorgekommen[1] ist) – darum ist *das* unmöglich, also besser, man sucht mit Reinhardt etwas *Gutes*, und dieses *eine bißchen Musik* macht ein Meister wie Sie doch auch in okkupierter Zeit. Vor 15. November kann ich nicht in Berlin sein, es ist ja nicht Eigensinn, aber ich habe bis heute von der Komödie[2] erst Akt I und II genau *skizziert*, noch keine Zeile geschrieben!
Herzliche Grüße Ihres *Hofmannsthal*

Lieber Dr. Strauss Aussee, 21. IX. [1917]
Habe die Szene Jourdain-Dorante nochmals geprüft. Finde sie wirklich nicht zu lang, weil durchaus *Spiel*, nirgends bloß Dialog. Auch muß man aus solchen Episoden, wie Dorante und der Philosoph, *Rollen* machen, sonst spielt sie keiner gerne und keiner macht etwas daraus. Nun am Schluß: natürlich könnte

[1] *Erste Ausgabe*: vorgedrungen.
[2] «Der Schwierige».

Dorante wieder auftreten, aber was ist da gewonnen? Daß die beiden Figuren mitten aus der ruhigen Prosakomödie heraus ein Couplet zu singen anfangen, ist doch undenkbar, man würde glauben, sie wären verrückt geworden! Das wäre ein Stil (reine Operette), der dann durch und durch geführt werden müßte, das ist ja aber nicht der Fall. – Ginge nicht dies: Jourdain abgehend mit den Worten: «Sogleich, sogleich»! ganz im Taumel und Traum seiner Vision des heranrollenden Wagens – und dann ein kleines brillantes Orchesternachspiel *bei offener Szene*, die Karosse und die Begrüßung ausmalend?? Gleichsam der musikgewordene Duft seines Traumes, seiner Vision!

Ihr *Hofmannsthal*

Lieber Herr von Hofmannsthal! Garmisch, den 23. 9. 17

Sie können sicher sein, daß mir nichts peinlicher wäre, als Ihnen während einer schönen Arbeitszeit unnötige Schreiberei und Zerstreuung zu machen. Ich bin selbst zu gespannt auf eine neue Originalkomödie von Hofmannsthal, als daß ich während deren Geburtszeit den lieben Autor stören möchte. Ich bitte daher nur um das Allernotwendigste: nämlich den Schluß des 3. Aktes; *wie* die Musik an den bisherigen melodramatischen Schluß anschließen soll, und ungefähres Schema dessen, was geschehen und getanzt werden soll, sowie die Worte des Madrigals und des melodramatisch während einer pp-Wiederholung dieses Madrigals sprechenden Jourdain.

Ich bin vom 14. bis 19. Oktober in Berlin, soll ich während dieser Zeit mit Reinhardt über die Aktschlüsse des I. und III. Aktes sprechen und Ihnen von dem Resultat dieser Unterredung Kunde geben?

Ich bin vom 23. Oktober bis 5. November nochmals in Garmisch und könnte dann noch wenigstens den Schluß des III. Aktes fertigstellen, nachdem ich ihn jetzt nach Ihrem Schema, das ich erbitte, skizzieren könnte. Den Schluß des 1. Aktes können wir auf unser Zusammentreffen in Berlin versparen, daß ich ihn *gesungen* halten wollte, *ist ein Irrtum:* er sollte gleichfalls *melodramatisch* schließen, wie der II. und III. Akt. Ich sende Ihnen anbei nochmals meinen Entwurf hiezu, damit Sie nicht suchen müssen. Mit herzlichen Grüßen und besten Wünschen für glückliche Arbeit Ihr *Dr. Richard Strauss*

[Hier folgt die Wiederholung des Vorschlags für den Schluß von Akt I, der schon S. 369 f. wiedergegeben wurde.]

Lieber Dr. Strauss, 30. IX. [1917]

Hier ein Entwurf zu einem melodramatischen Schluß von Akt I. (Gegen Verwendung von Dorante für den Schluß spricht alles: 1. alle Motive sind erschöpft, er hat nichts Neues zu sagen und zu bringen, das ist immer mißlich, wirkt angehängt und erkältend. 2. Er ist eine ganz realistische Figur, kaum zu kombinieren mit Musik.) Musik-Melodram kann sich nur verbinden mit burlesken Episoden oder mit phantastischen Momenten oder mit sentimentalen. Z. B. der Fechtmeister (burlesk), die Geister oder sonstige Visionen oder Phantasien Jourdains. Ich habe hier auf die Schneiderszene gegriffen, die ohnedies mit Musik verbunden war. Diese ganz umzustellen wäre unmöglich, ohne die Mitte des Aktes zu schädigen und das Ganze aus den Fugen zu bringen, aber ich habe die Trinkgelderszene abgelöst. Die Schneiderszene bleibt wie sie ist, nur wird, gleich nachdem der Tanz der Gesellen zu Ende ist, Dorante angemeldet und die Schneidergesellen kommen um ihre Trinkgeldhoffnung (was sie pantomimisch andeuten): sie haben draußen gewartet und stürzen sich jetzt zum Schluß des Aktes auf Jourdain. Hoffentlich paßt Ihnen das, dann könnten wir den Akt definitiv abschließen. Über Akt III denke ich morgen nach. Meine Komödie schreitet fort. Die Zeit Mitte Juli bis Ende September ergab nur die genaue Skizze der drei Akte. Ihr *Hofmannsthal*

P. S. Bitte die Depesche, ob es Ihnen paßt, Bad Aussee, Ramgut (sic!)

N. B. Das Spiegelmotiv von Schluß III hab ich mit Absicht hier schon angeschlagen: der Spiegel ist ja, rein märchenmäßig, das Hauptattribut der Eitelkeitsnarren.

Nachschrift 1. X.

Eben kommt (1. X!) Ihre Karte vom 25. IX.[1] Elende Postverbindung. Ich glaube, daß mein neuer Schluß doch noch glücklicher als der frühere Gedanke. Wählen Sie nach guter reiflicher Überlegung.

Morgen das Nötige für Akt III. Ihr *Hofmannsthal*

P. S. Umstehend der Text vom bisherigen Schluß des Aktes I, von der Pantomime ab.

«... Es fällt ihm der Hut aus der Hand» (hier bricht die erste andeutende Musik ab.)

Lucile (erschrocken): «Was tun Sie, Vater?»

Jourdain (aus dem Traum erwachend): «Ich öffne einen Wagenschlag, was weiter?»

Lucile: «... und in der Hoffnung zu verharren, daß die ungnädigen Worte, die ich habe hören müssen, nicht unwiderruflich Ihre letzten sind» (läuft ab).

Jourdain: «Wie? Was? unwiderruflich, das sind sie! und unumstößlich (klingelt). Man soll meine Tochter hereinholen und man soll mir den Lehrer herbeirufen.»

Lakai: «Welchen etc. ...» bis Kommen des kleinen Lakaien: «Der Graf wartet».

Jourdain: «Sogleich – ich will sogleich bei ihm sein und alles mitbringen.» Geht ab. Nachspiel. –

Aber ich finde meinen neuen Entwurf noch besser. Vielleicht können Sie bei diesem auch das Nachspiel (falls schon komponiert) als *allerletztes verwenden!*

Lieber Herr von Hofmannsthal! Garmisch, 4. 10. 17

Beide Aktschlüsse heute dankend erhalten: der dritte scheint mir sehr gut: ich verstehe aus dem Manuskript nicht, ob getanzt werden kann, *während* das Madrigal gesungen wird, oder *nur* oder *auch nach* dem Madrigal, weil Sie schreiben: elegisch, während der Charakter des Madrigals lebhaft ist. Wir haben vom Anfang des III. Aktes drei weibliche Sylphen, von denen jetzt

[1] Nicht vorhanden.

eine als Tänzerin, die beiden anderen als Sängerinnen (Sopran und Alt, wie im Duett des I. Aktes) fungieren können.
Als dritte singende Sylphe nehme ich dann jetzt den früheren Mufti dazu. Jedenfalls läßt sich alles mit dem Melodramschluß und dem Menuett des Lully sehr gut abschließen.
Weniger gefällt mir der neueste I. Aktschluß mit den Schneidern. Gerade diese ziemlich läppische und altmodische Szene mit der fortwährenden Titelsteigerung war mir schon bei Molière fatal, ich weiß auch nicht, ob sie – am Schluß noch dazu – wirken wird.
Ihr zweiter Schluß, den Sie mir neulich schrieben, mit der Wiederholung der Pantomime des Wagenschlagöffnens durch den alleingebliebenen Jourdain, der sich in immer größere Begeisterung hineinträumend, den Wagenschlag öffnet, verneigt, aussteigen hilft, und dann begeistert abrennt, hat mir viel besser gefallen, bietet auch sicher einem Pallenberg eine noch viel dankbarere Aufgabe. Außerdem habe ich gerade dafür schon eine recht hübsche Musik skizziert.
Da wir uns anscheinend par distance über den I. Akt nicht einigen können, schlage ich vor, die definitive Fassung bis November nach Besprechung mit Reinhardt in Berlin zu verschieben[1]. Was dann auch bestimmt wird, dessen Ausführung ist immer eine Kleinigkeit.
Ich mache mich jetzt an den Schluß des III. Aktes, der ja mehr Arbeit erfordert.
Daß Sie jetzt auf dem schönen Ramgut wohnen, freut mich für Sie, wird Ihnen sicher gut tun und Sie zu schönem Schaffen anregen.
Hoffentlich bekomme ich die neue Komödie schon im November vorgelesen!
Herzlich grüßend und verehrungsvollen Handkuß der liebenswürdigen Besitzerin des Ramgutes auch von meiner Frau.

Ihr *Dr. Richard Strauss*

[1] In der endgültigen Fassung ist die Pantomime des Wagenschlagöffnens verwendet worden.

Lieber Herr Hofmannsthal! Garmisch, 6. 10. 17

Ich habe Ihren sehr hübschen dritten Aktschluß bereits komponiert und möchte nur vorschlagen: daß die Sylphen (von denen eine den Spiegel trägt) bereits *tanzend* hereinkommen, ich habe für dies Entrée einen hübschen Reigen; daß während des Madrigals die Sylphen und die Türken einen gemeinschaftlichen Huldigungstanz aufführen und daß der Abgang dann nicht wie Sie angegeben haben erfolgt, sondern in folgender Reihenfolge:
zuerst die Türken,
dann erst die Sylphen und das junge Paar.
Dies gäbe mir einen hübscheren Übergang für den melancholischen Schluß, der mir, glaube ich, sehr geglückt ist und von großer Wirkung sein wird.
Wenn Sie einverstanden, bedarf es keiner Antwort.
Den ersten Akt besprechen wir dann in Berlin!
Herzlich grüßend Ihr *Dr. Richard Strauss*

Hotel Adlon, Berlin, den 19. 12. 17

Lieber Herr von Hofmannsthal!

Dr. Bruck findet den Einakter[1] reizend, voll feinsinniger Stimmung und wird ihn Hülsen wärmstens empfehlen, glaubt, daß das Stück Hülsen ebenfalls gefallen wird. Er findet nur eine Schwierigkeit darin, was man dazugeben solle. Vielleicht machen Sie mir hierfür ein paar Vorschläge.
Auch Direktor Leopold Sachse (Halle a. S.) interessiert sich für das Stück. Können Sie ihm dasselbe mal zur Einsicht schicken?
Montag ist in Dresden der 100. «Rosenkavalier» vor ausverkauftem Hause in tadelloser Aufführung glorreich verlaufen. Wir haben nachher in frohem Kreise voll Bewunderung dankbar Ihrer gedacht.
Mit herzlichen Grüßen Ihr *Dr. Richard Strauss*

Ich hab in Dresden bezüglich «Frau o. Sch.» bereits langsam und vorsichtig abgewiegelt! Wenn man nur das Dresdner Orchester nach München versetzen könnte. Da steckt noch immer der

[1] Von Robert v. Ehrhart.

prächtige alte Schuch drin! Siems und Osten waren prächtig, wie am ersten Tag!
Wünsche frohes Fest und gute Arbeit!
Vom 22. Dez. ab München, Widenmayerstraße 41.

25. XII. 1917

Vielen herzlichen Dank, *lieber Dr. Strauss*, für das Liebe, Freundliche, das Ihr Brief enthält, zunächst das freundliche Gedenken aus Dresden, dann das Resultat oder beinahe Resultat Ihrer gütigen Bemühung in Berlin für das Stück meines Freundes, wodurch Sie mir wirklich etwas sehr Liebes getan haben und mich sehr verpflichten. Bitte geben Sie nur noch einen kleinen Ruck, vielleicht durch eine Zeile an Hülsen selber, das macht gewiß viel aus. – Ich denke nach, was man zur Abrundung des Theaterabends spielen könnte und mache einige Vorschläge aus dem Stegreif: Die «Mitschuldigen» von Goethe (3 Akte) hatten vergangenes Jahr an der «Burg» großen Erfolg, konnten sehr oft wiederholt werden. «Leonce und Lena» von Büchner wäre ein schönes Experiment. «Clavigo»? falls man einen Clavigo hat. Einen Benedix oder Bauernfeld («Bürgerlich und romantisch», «Die Bekenntnisse») im Zeitkostüm? (Ehrhart mit Bauernfeld würde einen «Wiener Abend» bilden.)
Nun zu der «Bourgeois»-Sache für Wien. Reinhardt sagte mir klipp und klar, er könne und wolle es nur machen, wenn er einen der wenigen wirklichen Komiker – und einen, der in Wien *geht* – für die Titelrolle habe. Nach Marans Tode und da Girardi ganz ausscheidet (G. ist eigentlich auch kein Komiker, sondern ein Charakterspieler) kommt *nur* Thimig in Frage. Ich fuhr zu ihm, fand ihn kaum aufgestanden von einer Lungenentzündung, halb begierig, halb voll Angst. Er getraute sich nicht, mir Ja noch Nein zu sagen. Ich glaube, er wird schließlich Ja sagen. Damit ist die Basis zu weiterem gegeben. Mit Karpath habe ich unterdessen wieder angeknüpft. Er ist «natürlich» – zu «allem» bereit. Ich werde das Ganze möglichst geschickt unter Wahrung so vieler Interessen und Eitelkeiten einleiten.
Noch eines: bitte, schreiben Sie doch ein Wort an diesen ver-

fluchten Gregor wegen der «Ariadne», es singt nun beständig eine scheußliche Person anstatt der Kurz, alle Menschen klagen mir darüber, das ist so langweilig. – Alle guten Wünsche Ihnen und Ihrer verehrten Frau von uns beiden. Ihr *Hofmannsthal*

München, den 25. 12. 17, Widenmayerstraße 41

Lieber Herr von Hofmannsthal!

Ich instrumentiere jetzt den Schluß des I. Aktes «Bourgeois». Bitte, schicken Sie mir hiezu den genauen Text und die Fassung von Pallenbergs Abgang, damit er nach Ihrem genauen Wortlaut in die Partitur kommt.

Am 3. Januar ist hier «Ariadne», die sehr hübsch zu werden verspricht. Daran schließt sich eine Strausswoche mit 6. Januar «Feuersnot», 9. «Salome», 11. «Elektra», 13. «Rosenkavalier». Haben Sie nicht Lust, dazu hieherzukommen?

Wünsche Ihnen mit den Meinigen ein gutes, friedliches und arbeitgesegnetes Neujahr und grüße Sie und Ihre liebe Familie herzlich als Ihr stets getreuer *Dr. Richard Strauss*

Der Roman von Brentano heißt doch «Godwi»? Ist sehr fein und überaus modern im Inhalt.

Lieber Dr. Strauss, Silvestertag 1917

Vielen Dank für Ihre lieben Zeilen und Wünsche, die wir für Sie, die Gnädige und Bubi herzlichst erwidern.

Freue mich sehr, daß in München (das ich für das zukunftvollste der Hoftheater halte, aus personellen und geographischen Gründen) die Dinge so freundlich stehen. Hin kann ich leider nicht, wegen großer Produktivität; muß sehen, unter Dach zu bringen, was möglich. – Schluß von Akt I dachte ich so: alles wie bisher bis zur letzten Zeile. Dann: er grüßt zeremoniös den kleinen Diener und will links abgehen. Wieder meint er die Karosse schon heranrollen zu sehen und springt hin und will der schönen Marquise die Hand zum Aussteigen reichen – indem fällt der Vorhang. Herzlich Ihr *Hofmannsthal*

P. S. Das Manuskript, richtig gestrichen, geht morgen an Oertel.
P. S. P. S. «Godwi» ist ein merkwürdiges Buch. Doch war, was ich Ihnen empfahl, die «*Gräfin Dolores*» von Arnim, wegen der eingestreuten Gedichte. Gute gekürzte Ausgabe im «Insel»-Arnim.

1918

Lieber Herr von Hofmannsthal! Wien, 27. 4. 18

Ich habe gestern mit Direktor Bernau konferiert. Derselbe will im August mit einem Grillparzer und Shakespeare zusammen den «Bürger als Edelmann» als Festspiel aufführen, ist bereit, Pallenberg, Wiesenthal, Godlewski zu engagieren, die Ausstattung von Stern ausführen zu lassen, kurz alle unsre Wünsche zu erfüllen. Über die Schwierigkeiten bezügl. des Orchesters habe ich ihn eingehend aufgeklärt und ihn bezügl. weiterer Auskünfte an Sie verwiesen. Er reist baldigst nach Berlin, um die Aufführung zu sehen und mit Fürstner zu verhandeln. In Eile herzlich grüßend Ihr *Dr. Richard Strauss*

Lieber Dr. Strauss, Samstag, [6. IV. 1918?]

die Sache ist also auf Montag abend präzise 9 Uhr fixiert. Ich freue mich darauf, es ist doch eine intime kleine Première, und ich empfinde diesen Augenblick wieder das *Schöne* an solcher Kollaboration.

Es wäre mir lieb, wenn wir nun auch das Geschäftliche bezüglich Bourgeois gentilhomme zu Ende brächten, anstatt durch Briefe, die 14 Tage laufen.

[...] Ihr *Hofmannsthal*

Lieber Dr. Strauss, Samstag, abends [7. (?) V. 1918]

Wir wollen doch sehr vorsichtig sein, eine Sache ist schnell verpatzt! – Schnitzler sagte mir heute im Zwischenakt der «Ariadne» – und er hat aufrichtige Liebe für Ihre und für meine Arbeiten –, wir sollten uns doch ängstlich hüten, die schwierige, heikle Hauptrolle des «Bourgeois» mit einem Komiker zu geben, der nicht ein Stück zu *tragen* die Kraft habe (und besonders die heiklen Aktschlüsse) – wir sollten *nicht* an Forest denken (dieser war es, an den ich gedacht hatte), Forest sei nur ein Episodenspieler, kein Träger eines Stückes, Thaller sei unmöglich, ein ordinärer Vorstadtkomiker wie Strassmayer, undenkbar – also komme ich auf den Vorschlag meines vorgestrigen Briefes zurück, die Verhandlung mit Bernau nur auf der Basis zu machen, daß er für 2 oder 3 oder 4 Wochen mit Pallenberg abschließt und das Stück etwa vier- bis fünfmal die Woche ansetzt, das kann er ganz gut. Pallenberg ist froh, nicht alle Tage zu spielen – das scheint mir die einzig mögliche Verhandlungsbasis, alles übrige – Tänzerin, Ballettmeister, Godlewski, Ausstattung von Stern – ist sekundär –, mit einem nicht sehr starken Hauptdarsteller ist dieses Stück, das spüre ich, in der stärksten Gefahr, in Form eines Achtungserfolges durchzufallen. Es ist durchaus keine sichere Sache, im Gegenteil.

Wunderschön war die «Ariadne», sie ist doch das Schönste, was Sie gemacht haben, und es ist jeder Mühe wert, von dem Stil des Vorspiels ausgehend etwas Neues zu suchen, und ich werde es schon finden.

Adieu, alles Schöne Ihrer Frau Ihr *Hofmannsthal*

Lieber Dr. Strauss, 16. V. 1918

Ihren Brief vom 6. V.[1] habe ich erhalten, indessen waren für mich tieftraurige Tage. Durch den Tod des besten, treuesten, edelsten Freundes[2] habe ich bittren Kummer und einen nie wieder gutzumachenden Verlust erlitten. Ich rechne Sie, auch menschlich, zu meinen Freunden und weiß, daß Sie mir wohl und rein gesinnt sind, jede Begegnung bestätigt dies Gefühl noch mehr, darum erwähne ich dies, und weiß, daß Sie mit Teilnahme an mich denken werden.

[1] Nicht vorhanden.

[2] Eberhard Freiherr v. Bodenhausen-Degener, gestorben am 6. Mai 1918 auf seinem Gute Meineweh. Vgl. Hugo von Hofmannsthal, Eberhard von Bodenhausen, Briefe der Freundschaft, Eugen Diederichs Verlag, 1953.

Von Bernau bleibe ich dauernd ohne jedes Lebenszeichen. Vor Wochen fragte mich Schnitzler in seinem Namen, wie ich über Thimig dächte für die Gestalt des Jourdain. Ich antwortete, daß ich nicht gegen ihn sein könnte, da ich ihn ja zu allem Anfang für die Rolle ins Auge gefaßt hätte. – Aber unter uns, seit ich in Berlin gesehen habe, welche besonderen Anforderungen die Rolle stellt, in der Tanz- und Fechtszene an die Beweglichkeit des Körpers, in den Aktschlüssen wieder an die ins Wehmütige schillernde Charakterisierungsgabe, und – alles in allem – wie sehr problematisch das Ganze selbst auf der Reinhardtbühne in seinem exzeptionellen und gemischten Charakter ist – so stehe ich aufs neue allen Darstellern, die nicht Pallenberg sind, ängstlich und skeptisch gegenüber.

Eger, wenn er sich an mich wendet, was auch bis heute nicht geschehen ist, werde ich genau nach Ihren Intentionen antworten.

Daß Ihnen der Aufenthalt in Wien in der Erinnerung schön erscheint, ist mir lieb. Auch mir war er bedeutungsvoll, und sein Abschluß, die «Ariadne»-Vorstellung, hat ernste Gedanken in mir ausgelöst, die ich mir selbst und Ihnen nächstens einmal entwickeln werde. Alles in allem höre ich, immer aufs Neue, dies unser gemeinsames Werk von allen aufs Liebste. Hier allein sind Sie ganz mit mir, und hier – was geheimnisvoller ist – sind Sie auch ganz mit sich selber gegangen. Hier waren Sie einmal völlig frei von dem Gedanken an Wirkung. Das Zarteste und Eigenste ist Ihnen hier nicht zu einfach, zu gering erschienen. – Sie sind der geheimsten Inspiration gefolgt und haben das Schönste gegeben, und, glauben Sie mir, das, *was von allen diesen Werken die stärkste Bürgschaft der Dauer in sich trägt.* Von hier aus führt auch für mich, wenn ich an Sie denke, der Weg weiter: nicht einer, sondern mehrere.

Herzlich der Ihre *Hofmannsthal*

Lieber Freund Hofmannsthal! Garmisch, 23. 5. 18

Ich habe eigentlich nur durch Zufall einige Tage vor Empfang Ihres Briefes den Tod des ausgezeichneten Bodenhausen erfahren und dabei mit aufrichtigster Teilnahme Ihrer gedacht.

Wußte ich doch, wie wert Ihnen der Verstorbene war und wie tief Sie seinen Verlust empfinden würden.
Wie viele der besten und wertvollsten Menschen so viel zu früh aus diesem Leben scheiden müssen, bevor sie ihre Aufgabe erfüllt haben! –
Auch ich habe so manche Erinnerung an den schönen Wiener Aufenthalt in Gedanken ausgebaut, insbesondere auch mit meiner Frau darüber gesprochen, welche sympathisch zustimmte, daß ich im Falle von Gregors Abgang an einer eventuellen Direktion Schalk eventuell als Mitdirektor mich in der Weise beteilige, daß ich zwei bis drei Monate des Winters für ein paar Jahre in Wien verbringe.
Wie das zu realisieren wäre, entzieht sich vorläufig meiner genaueren Berechnung: vielleicht sprechen Sie die Sache in aller Stille mal mit Schalk durch. Ich würde gern ein persönliches Opfer bringen, um zu verhindern, daß eventuell ein Weingartner wieder seine zerstörende Hand an dem schönen Kunstinstitut versucht. Von Bernau bin ich auch ohne jede Nachricht, werde ihm aber noch heute in Ihrem Sinne (besonders betr. Pallenberg) schreiben.
Auch Heller mischt sich fortwährend in die Sache, ohne von mir den Auftrag zu haben, das Orchester für Bernau zusammenzustellen.
Eger kann an eine Aufführung wegen mangelnden Orchesterraumes nicht denken. Ich bin nach wie vor dafür, das Werk (mit der einen Ausnahme Bernau) nur Reinhardt zu überlassen und mal abzuwarten, wie weit er es, sei es in Berlin, sei es auf Gastspielen (eventuell im neutralen Ausland), ausnützen will und kann.
Daß Sie an «Ariadne» glauben und sie lieben, freut mich sehr: leider wird diese Liebe und Glaube vom Publikum und den deutschen Theaterleitern so wenig geteilt, daß das schöne Werk mit Ausnahme von Wien und München so ziemlich überall vom Spielplan verschwunden ist. Müssen wir halt auf die liebe Nachwelt hoffen!
Möge Ihnen dieser Sommer wenigstens gute Schaffenskraft ver-

leihen: auch ich bin glücklich, nach dem Trubel des Winters wieder in der Stille und Schönheit des lieben Gebirges und im Schoße meiner Familie gelandet zu sein.
Mein Sohn ist bei der letzten Musterung für Ao-Heimat erklärt worden und damit so gut wie militärfrei, wodurch mir eine schwere Sorge vom Herzen genommen ist. Er kann nun ruhig auf der Universität weiterstudieren und seine schwache Gesundheit kann gepflegt werden, bis er die Entwicklungsjahre überwunden hat.
Leben Sie wohl und seien Sie mit den Ihrigen herzlichst gegrüßt von meiner Frau und Ihrem stets aufrichtig ergebenen

Dr. Richard Strauss

Brief Hofmannsthal (undatiert) siehe Anhang S. 717

Lieber Herr von Hofmannsthal! Garmisch, 30. 5. 18

Fürstner schreibt mir soeben, daß Bernau wegen Besetzungs- und Orchesterschwierigkeiten den «Bürger als Edelmann» vorerst nicht spielen kann. Vielleicht macht Ihnen Beiliegendes Spaß!
Ce qu'ils ont fait de Goethe: ces Messieurs Thomas et Gounod etc. könnte man wohl erwidern! Arme Franzosen, die nur mehr schimpfen können! Herzlich grüßend Ihr *Dr. Richard Strauss*

Lieber Freund! Garmisch, 31. 5. 18

Dieser Brief R. dürfte Sie als Symptom interessieren, ich habe ihm alles erwidert, was sachlich zu erwidern war. Vor allem bestritten, daß ich außer Pallenberg höhere Ansprüche an Bernau gestellt hätte wie an Reinhardt, daß schlechter Besuch des Stückes nichts gegen seinen Wert beweise, daß «Ariadne» in Berlin leer, in Wien ausverkauft sei, der «Herr Wiener» also gerade schöne Gelegenheit habe, seine Überlegenheit über den Tarrame: Berlin zu erweisen, daß zweite Besetzungen bei Reinhardt gewöhnlich immer noch besser seien als anderswo die ersten, und daß Herr Bernau, wenn er keine Lust habe, uns – Götz von Berlichingen könne.
Immerhin besteht die Möglichkeit, daß Reinhardt eine Vorstellung hat herunterkommen lassen, was natürlich sehr schade

wäre, vielleicht lassen Sie sich zur Kontrolle mal die sämtlichen Theaterzettel schicken. Es wäre schade, wenn unsre schöne Arbeit nach so kurzem Leben schon wieder mausetot wäre. Die Zeit ist ja für uns nicht günstig. Jetzt herrscht Lothar und d'Albert. Es scheint aber nie anders gewesen zu sein. Die Tagebücher von Goethe, die ich gerade wieder vorhabe, geben auch keine tröstlicheren Aspekte, als ob es früher besser gewesen sei.
Herzlichen Gruß! Ihr *Dr. Richard Strauss*

Lieber Herr von Hofmannsthal! Garmisch, den 6. 6. 18
Soeben verläßt mich Frau von Mendelssohn, die lange hier krank gewesen. Ich habe ihr einen großen Teil der «Frau ohne Schatten» vorgespielt, sie war von Dichtung und Musik in hohem Grade begeistert. Mir selbst hat das ganze Werk, das ich lange nicht mehr vorgenommen hatte, wiederum sehr gefallen. Es ist gut – wenn auch wohl über dem Niveau der heutigen Kulturwelt, wenigstens soweit sie die Theater zu füllen verpflichtet wäre. Aber das macht nichts: vorläufig haben mal Lothar und d'Albert das Wort.
Was meinen Sie zum Fürstnerschen Vorschlag? Ich glaube nicht, daß Reinhardt, schon wegen des schwierigen Apparates, mit dem «Bürger als Edelmann» in Deutschland auf Reisen gehen kann und wird. Höchstens nach Holland, Schweiz, Skandinavien. Wollen wir nun das Stück nicht doch für die deutschen Bühnen freigeben, die sich eventuell dafür interessieren? Vorerst glaube ich Halle, Altenburg, Köln. Aber schließlich könnten es ja doch auch München, Dresden, Karlsruhe, Hamburg, Frankfurt etc. bringen. Ich erbitte Ihren Bescheid und grüße Sie herzlichst als Ihr stets aufrichtig ergebener *Dr. Richard Strauss*

Die Komposition meiner kleinen Eheoper[1] geht mir ausgezeichnet von der Hand. Das Ganze ist sehr gut disponiert, und Architektur und Musik werden wohl aufhelfen dem, was an dichterischem Vermögen dem Dinge fehlt.
Vorerst mache ich weiter, bis ich einen neuen Hofmannsthal

[1] «Intermezzo».

– hoffentlich recht bald – bekomme. Wünsche guten Arbeitssommer und hoffe, Sie im August in Aussee zu sehen.

Lieber Herr von Hofmannsthal! Garmisch, 12. 6. 18
Bitte lesen Sie mal den «Miles gloriosus» des Plautos (in Lenz, II. Band) und ferner das *Kapitel: Sparta* im 1. Band von J. Burckhardts «Griechische Kulturgeschichte». Ich glaube, ein besseres Milieu für eine Operette als dieses späte, heruntergekommene Sparta gibt es wohl kaum.
Mit herzlichen Grüßen (Telegramm gestern dankend erhalten!)[2]

Ihr *Dr. Richard Strauss*

Lieber Dr. Strauss, Rodaun, den 8. VII. [1918]
Es freut mich herzlich, wenn Sie aus dem Vorspielen der «Frau ohne Schatten», aus Ihrem eigenen Eindruck und der Wirkung auf ein empfängliches Individuum Freude und Ermutigung schöpfen. Dies ist sicherlich einer der reinsten Momente, die uns gegeben sind. Vor ein paar Tagen fand ich in einem Briefe Goethes an W. von Humboldt diesen Satz: «Man darf nicht ins deutsche Publikum hineinhorchen, wenn man die Lust zum Arbeiten behalten will.» So wars und bleibts.
Über die «Ariadne» denke ich aber nicht so resigniert wie Sie. Ich weiß es und weiß es bestimmt: sie hat nicht das Publikum von heute, aber das von morgen. Nicht nur von dem hiesigen Leben des Werkes ist mir diese Gewißheit zugegangen, sondern gerade auch in Berlin habe ich gespürt, wie sich die eigentlich entscheidenden Elemente des Publikums um dieses Werk sammeln. Der Auswirkung dieses Publikums steht nun fürs nächste eines entgegen: daß die Berliner Oper in ihrer gegenwärtigen ungeistigen Leitung ganz und gar auf das Platte, Heutige im Publikum gestellt ist und dem Element des Morgigen, Imponderablen, kaum ein Platz gegeben – dazu durch eine offenbar geistlose Inszenierung die eigentliche Kraft des Ganzen geradezu gehemmt – dies alles bringt mich aber nicht ab von einem hoffnungsvollen Verhalten. Ich ließe, wenn ich raten darf, die Dinge

[2] Nicht vorhanden.

in Berlin fürs nächste so hingehen, mit einigen wenigen Aufführungen der «Ariadne» im Jahr, *ohne daran durch Umbesetzungen usf. zu flicken*, nach ein paar Jahren aber, bei der ersten sich bietenden Gelegenheit, erzwänge ich eine sehr sorgfältige Neuinszenierung mit der besten Besetzung und neuem, völlig verändertem Arrangement des Ganzen. –

Dazu aber noch ein Gedanke, der sich mir so oft aufgedrängt hat, daß ich ihm doch einmal Ausdruck, aber bescheiden, geben möchte: ob Sie es, bei beständiger Entwicklung auch Ihres Geschmackes und Ihrer Feinheit nicht etwa für möglich fänden, ein Stück der «Ariadne», ein einziges, völlig umzukomponieren: nämlich die große Arie der Zerbinetta. Es scheint mir nämlich, daß hier ein tatsächliches Hemmnis für das Leben dieser Oper liegt: in der enormen Schwierigkeit einer entsprechenden Exekution dieser Koloraturpartie, ohne daß diese Koloraturen, halb ironisch, wie sie gebraucht sind, eine wesentliche Stärke des Ganzen bilden. Durch die Forderungen, die in diesen Koloraturen liegen, ergibt sich nun eine eigentümliche beständige Besetzungsschwierigkeit: fast alle jene jüngeren und anmutigeren, dem Soubrettenfach nahestehenden Sängerinnen, welche eigentlich die Gestalt, das weiblich- schwache- unheroische Gegenbild zur Ariadne verkörpern würden, sind von der Rolle ausgeschlossen, weil sie den Kunstgesang nicht bewältigen können. Wogegen ich mir denken könnte, daß, wenn die im Text so vielfach rhythmisch streng auseinandergehaltenen Teile dieser Arie, in welcher ein ganzer Frauentypus, vielleicht *der* weiblichste Typus, aufgebaut ist, von Ihnen mit der melodiösen Biegsamkeit, welche die bezaubernde «Bourgeois»-Musik aufweist, neu komponiert würden, das Ganze sich mit einem Ruck tiefer ins Verstehen der Menschen und in ihr lustvolles Verstehen einschmeicheln, das beständige Hindernis der Aufführungen, namentlich an kleineren Bühnen, aber wegfallen würde. Ich weiß, solche Vorschläge haben zunächst immer etwas Ärgerliches, also bitte ich für alle Fälle für diesen um Verzeihung.

Den «Bürger als Edelmann» betrachte ich als einen Fehlschlag, ich muß es mit diesem trockenen Wort benennen, es hat keinen

Sinn, sich was vorzumachen: und die Schuld daran trage ich, wenn jemand sie trägt, ich hätte mir klar machen müssen, daß das Publikum, besonders das norddeutsche, zwar neben dem Komplizierten, das ihm imponiert, das niederträchtige Platte erträgt, nicht aber das Dünne und bei aller Feinheit Naive und Puppenhafte solcher älteren Produkte. So habe ich gefehlt, indem ich seinerzeit, aus reiner Bescheidenheit und um das Werk nicht mit allzuviel problematischen Hofmannsthalschen Elementen zu beladen, den Rahmen nicht selbst erfand (ich hatte ein Szenarium dazu: «Die artige Gräfin», schon fertiggestellt), sondern auf den Molière zurückgriff, und ich habe diesen Fehler wiederholt, wieder aus ganz reinen und unselbstsüchtigen Motiven, indem ich, um die bezaubernden Fragmente von Begleitmusik zu retten, den Molière wieder herbeizog – hierbei allerdings ermutigt und in meiner Täuschung bestärkt durch den anhaltenden starken Erfolg eines ganz ebenso naiven Prosastückes von Molière, des «Eingebildeten Kranken», an der gleichen Bühne, mit dem gleichen Komiker. Damals, Frühjahr 1916, unter diesem Eindruck, faßte ich erst den Entschluß, den «Bourgeois» für Sie einzurichten. Es ergibt sich also das Seltsame, daß durch das Hinzutreten Ihrer Musik, während gleichzeitig diese Musik aufs höchste gelobt wird, ein Molière mit Pallenberg an der gleichen Bühne wie 1916 und 1917 Molière und Pallenberg große Publikumserfolge brachte – zum entschiedenen Mißerfolg wird, denn so muß man das wohl nennen, was eingetreten ist, wenn man die enorme Theaterkonjunktur von 1918 bedenkt und nun hört, daß Reinhardt unser Stück nur mit gutem Willen bei schließlich sehr schlechten Häusern circa 35- bis 40mal[1] (ich weiß nicht genau wie oft) halten konnte.
Dies scheint mir immerhin der Mühe wert, darüber nachzudenken, denn durch Nachdenken wird man klüger. An «Widerstände» glaube ich nicht, das sind Sachen, mit denen sich die Pfitzners und andere Leute trösten können, die nicht sehen wollen, daß ihre Arbeiten im Grund dem Theater widerstreben, für uns gilt das nicht. Mehr Widerstand als etwa der «Rosen-

[1] Es fanden 31 Aufführungen statt.

kavalier», das Textbuch, und somit das, was hier dem Molière gleichkommt, damals gehabt hat, ist kaum zu denken: man schrie es gleichzeitig als roh und preziös, unanständig und langweilig aus – und die Wirkung, der Erfolg, ging einfach über dies alles hinweg. Wirkung und Erfolg sind das Resultat eines Handels, der sich letzterdings zwischen dem Publikum und dem Werk, ohne alle Vermittlung, abspielt. Und der Widerstand beim «Bourgeois» ging, das ist für mich ausgemacht, vom Publikum aus: das Publikum war nicht gewonnen, ja es war irgendwie abgekühlt, in seiner Lust gehemmt, beinahe verärgert, und das aus sich heraus, ganz ohne Reflexion, und so von Akt zu Akt und von Vorstellung zu Vorstellung. Die Leute hatten keine rechte Freude daran – und ich glaube auch, durch Nachdenken und Nachprüfen meines eigenen Gefühls auf den wahren Grund gekommen zu sein. Das wahre Grundelement des Dramas ist Handlung – sie sei fortreißend oder sanft puppenhaft oder mit Psychologie durchwebt. Diesem Element wird, in der Oper, die Musik zum Träger: es mischen sich gleichsam zwei vorwärtsströmende Gewässer: die dramatische Handlung und das Musikelement. Hier, in der von uns einmalig geschaffenen Form, wirkt nun die Musik nicht als ein Mitwirkendes, Mitströmendes zum dramatischen Ziel, sondern als ein Retardierendes (nicht an allen Stellen, aber an den meisten weitaus). Die dünne und schwächliche Handlung wird beständig von musikalisch-untermalten Stellen unterbrochen, und der naive Grundsinn des Publikums, der am Faden der Handlung nach vorwärts will, gerät in Widerspruch und Ungeduld gegen dieses Retardierende. Ja, indem die Handlung so oft unterbrochen wird, wird dem sonst ganz bewußtlosen Publikum die Dünne der Handlung erst ins Bewußtsein gebracht, die einer Entspannung, eines Retardierens nicht bedarf. So lege ich mirs zurecht, und man müßte mir mit sehr sachlichen Argumenten kommen, um mich zu überzeugen, daß es andere Ursachen haben könnte: wenn ein Molière mit Pallenberg am beliebtesten Theater der Großstadt, mit Musik vom ersten und in der obern Schicht auch populärsten Komponisten, reizend ausgestattet, glänzend besetzt, zu einem unzweideutigen

Mißerfolg führt. – Das Fazit aus dieser Erkenntnis ist nicht ganz leicht zu ziehen. Ich fürchte, wenn man den kaum verschleierten Mißerfolg an einer Reihe mittlerer Bühnen wiederholt, so ist unendlich wenig zu gewinnen: materiell wie moralisch.

Ob es nicht, so schmerzlich dies klingt, besser wäre, das Werk zurückzuhalten – für besondere Gelegenheiten – und ob es nicht zu denken wäre (Sie wissen, wie sehr Sie, besonders in solchen Fällen, auf meinen nicht ermüdenden guten Willen rechnen können!), daß man später einmal, mit neuer Frische, die besonders mir jetzt im Moment mangeln würde – das Werk doch für die Opernbühne einrichtet? mit Seccorezitativen? oder für die bezaubernde Musik, an der ich mit ganzem Herzen hänge – einen andern sie rettenden Einfall hat. Aber ich wollte nur einen ehrlichen Gedanken ausgesprochen haben, zu raten getraue ich mich nicht.

Meines bleibenden guten Willens in Bezug auf alles Weitere zwischen uns seien Sie sicher. Ihre wirkliche, energische Person – noch mehr aber die ideale Person, die ich mir aus Ihrer Musik herausdestilliere – haben meine wirkliche Freundschaft, mehr kann ich nicht sagen, mehr habe ich nicht zu vergeben. – Ich bin ein viel bizarrerer Mensch, als Sie ahnen; Sie kennen nur wenig von mir, nur Oberfläche. Was mich regiert, liegt anderswo als Sie sehen können. Ich bin Ihnen dankbar, wenn Sie mich nicht mahnen, ich weiß Ihnen dafür viel Dank. Bitte tun Sie es auch nicht indirekt, erinnern Sie mich nicht, dann erinnere ich mich selber, dann ermahne ich mich selber. So ist meine Bizarrerie in diesen Dingen, daß, weil ich Ihnen von einer Möglichkeit sprach (ein Sujet der späteren Antike), nun ihr mehrmaliges Zurückkommen darauf, Ihr Hinweisen, Ihr Darum-Wissen mir dies ganze Gebiet verleidet und, vielleicht für immer, ja es aus meinen Gedanken und Träumen verscheucht hat. – Also nehmen Sie mich, wie ich bin und bleiben mir gut. Ihr *Hofmannsthal*

Lieber Dr. Strauss, [ca. Juni 1918?]

ich vergaß: Schröder läßt Sie ganz ausdrücklich und herzlich bitten, die Tatsache, daß er in nächster Zeit viel in Holland sein wird (nominell *bleibt* er in Brüssel) durchaus gegen niemand zu erwähnen, nicht einmal etwa gegen Kühlmann oder Wichert Ihre Kenntnis durchblicken zu lassen.

Herzlich Ihr *Hofmannsthal*

PS. [...]

PS. PS. Bringe in Erinnerung, daß der von mir empfohlene Einakter von Zeiss angenommen wurde.

Mein lieber Herr von Hofmannsthal! Garmisch, 12. 7. 18

Ich danke Ihnen herzlich für Ihren schönen, so sehr gehaltvollen Brief, über den ich ernstlich nachdenke. Ihr Urteil über den «Bourgeois» muß ich wohl unterschreiben, ohne seine vernichtende Schärfe ganz zu teilen. Das Ganze ist in Form und Inhalt doch zu reizvoll, als daß ich glauben könnte, es würde nicht nach seinem Werte von einem kultivierteren Publikum, als es heute zu finden ist, einmal besser gewürdigt, trotz der von Ihnen gerügten Grundmängel, die wohl schwer zu beheben sind. Darum möchte ich raten, an ihm nicht weiter mehr herumzudoktern, ebenso wie auch ich mich schwer entschließen könnte, nochmals an Zerbinetta das Messer des Chirurgen zu versuchen. Wollen wir in dieser Art und Form etwas Neues schreiben? Wenn Sie mal einen Einfall haben, der begleitender und «retardierender» Musik, wie Sie sehr richtig erkennen, bedarf, etwa wie der «Sommernachtstraum», «Manfred», um von alten Stücken die hervorragendsten Typen dieser Art [zu nennen] –, so zählen Sie auf mich für einen echten neuen Hofmannsthal, keine Bearbeitung, deren Wert man nun absolut nicht schätzen will, weil es «Bearbeitungen» seien. Kritikerblödsinn! – Seien Sie nicht böse, daß ich Sie «gemahnt» habe. Es sollte keine Mahnung sein, aber daß ich darauf brenne, von Ihnen bald wieder was zu bekommen, können Sie mir nicht verdenken. Ich bin 54 Jahre alt, wie lange die Produktionskraft noch etwas Gutes hergibt, wer kann es sagen? Und wir beide könnten der Welt noch so manches Schöne schenken. Wie sagten Sie damals? So alle Jahre ein reizvolles kleines Singspiel, dazwischen eine Komödie mit Musik (ähnlich dem «Bourgeois»), dann eine satirische

Operette, dann – wie es halt in der «Zauberflöte» heißt – wieder ein kleiner Papageno, dann wieder eine Papagena, bis der Quell eben versiegt. –
Wir reisen am 19. in die Aschau. Sind Sie dann auch in Aussee? Können wir uns sehen? Wenn Ihnen eine Begegnung nicht paßt oder Sie in der Arbeit stören sollte, sagen Sie es bitte ungeniert.
Mit herzlichen Wünschen für gute Erholung und schönsten Grüßen Ihr für Ihre wertvolle Freundschaft aufrichtig dankbarer und treu ergebener *Dr. Richard Strauss*

Lieber Dr. Strauss, 1. VIII. 1918[1]

Ihr Brief war sehr wohltuend. Ich danke Ihnen sehr dafür. In dem Verhältnis zwischen uns bedarf es nicht vieler Worte und Argumente. Der kurze Hinweis auf Ihr 54. Lebensjahr hat mehr Gewalt auf mich als die längste Überredung. – Seien Sie sicher, daß ich beständig meine Phantasie, soweit sie dem Willen untertan ist, auf das erwünschte Gebiet hinlenken werde, so oft ich mich produktiv fühle. Es geht mir im Augenblick nicht gut. Solche Verdüsterungen kommen bei mir aus der Arbeit selbst – oder aus irgendeiner Tiefe der physischen Natur. Jede Berührung mit der Außenwelt, das Soziale, Geschäfte, Teilnahme, die Zeitung, das Allgemeine verschlechtert sie, nur Ruhe, Einsamkeit und die richtige Lektüre kann sie ausheilen. Die Umstände zwingen mich, von etwas anderem zu sprechen. Ich höre, Sie lehnen den Gedanken nicht ab, eventuell einer Berufung nach Wien zu folgen. Es könnte ja auch sehr wohl sein, daß dieser Plan, Sie nach Wien zu berufen, dort auftauchte. So muß ich denn sagen, daß dieser Plan einen Gegner hat, der zwar kein

[1] Als vor der Herausgabe des Briefwechsels die Autoren ihre Briefe durchsahen, schrieb Hofmannsthal an den Rand des nachstehenden Briefes: «Diesen Brief würde ich, wenn es Dr. Strauss recht ist, sehr gerne aufgenommen wissen, weil er das Beste an unserem Verhältnis, die gegenseitige Aufrichtigkeit, zum Ausdruck bringt. H.» Strauss brachte folgende Gegenbemerkung an: «Bitte weglassen, da sein Gedankengang auf falschen Voraussetzungen beruht. Der Berliner und der Wiener Strauss waren zwei ganz verschiedene Menschen». – Der Brief ist in der *Ersten Ausgabe* dann weggelassen worden.

Musiker und auch sonst nicht kompetent ist, der aber infolge gewisser Zusammenhänge gerade in dieser Sache doch gehört werden würde – und besonders dann gehört, wenn er gegen Ihre Berufung, weniger, wenn er für diese spräche:
Dieser Gegner bin ich.
Verzeihen Sie, wenn ich nun, um Ihnen hierin meine Lage klarzumachen, sehr harte und zu starke Wendungen gebrauche. Es handelt sich bei mir um die Sache: und in der Sache, in dieser Sache mißtraue ich Ihnen.
Ich glaube, Sie wären für eine so dringend nötige Wiedergeburt des Wiener Instituts der ideale Mensch gewesen vor etwa 15 Jahren, und ich kann nicht glauben, daß Sie es heute noch sind.
Ich glaube – und dazu hat mich die Art gebracht, wie Sie selber mir in hundert kleinen Strichen Ihre Tätigkeit in Berlin gemalt haben –, daß Sie heute die Bequemlichkeit Ihrer Person und vor allem die Selbstsucht des schöpferischen Musikers über den höheren, schwer zu erkämpfenden Vorteil des Institutes setzen würden, daß Sie zu einer wahren Hingabe an den Aufbau des Repertoires, an einen Mozart- oder Wagner-Zyklus, an schwere strenge Proben heute wohl noch unendlich fähig – denn Ihre stets sich erneuernde innere Jugend ist das Schönste an Ihnen und die deutlichste Bürgschaft, daß Sie eine höhere Person sind – aber nicht mehr willig wären, daß Sie in bezug auf Engagements, Verfeinden und Befreunden etc. etc., kurz, auf die ganze Politik des Theaters, das Interesse Ihrer Werke im Auge haben würden und nicht das des Instituts, kurz, daß Ihre Berufung dem Institut einen äußeren Glanz in der Gestalt eines bedeutenden und berühmten Dirigenten, aber keinen wahren entscheidenden inneren Nutzen bringen würde und daher letzterdings im Interesse des Instituts, wenn man dieses wohl und gewissenhaft erwägt, *abzulehnen* ist.
Es wird mir hart, so zu argumentieren. Ich kann nicht anders. Mir ist alles Persönliche ein Greuel, und die in einem Institut verkörperte Idee, so kläglich sie fast beständig herabgewürdigt und prostituiert wird, ist mir alles. Anders kann ich nicht existieren, und je mehr ich die Erbärmlichkeit der menschlichen

Handlungen und Verhältnisse durchblicke, desto absoluter werde ich.
Ich habe Ihr Gutes und Schönes, wo·es mir an dem Künstler und blitzartig auch an dem Menschen entgegentritt, sehr lieb. Ohne Sympathie könnte ich gar nicht so freimütig sprechen, und nur weil Sie diese Sympathie durchfühlen, können Sie annehmen, was ich so ausspreche. Die große Gefahr Ihres Lebens ist Kulturlosigkeit, der Sie, in fast rhythmischem Wechsel, sich hingeben und sich zu entziehen suchen. Jedes Stellen der eigenen Person über die Ideen und Institutionen ist kulturlos und muß sich, sofern Ihre Werke auch ein Teil der Kultur sind, schließlich an diesen, denen Sie doch unbedingt zu dienen meinen, rächen. Ich glaube aber nicht, daß Sie heute schon so weit sind, diesen Zusammenhang zu verstehen.
Ich meine es Ihnen gut, wie es Ihnen im Leben wenige Menschen gemeint haben. Sie haben wenige Freunde gesucht, wenige gehabt.
Ich wollte, Sie könnten mich überzeugen, daß ich mit dem Obigen unrecht habe, und daß Sie in Wien Gutes tun würden. Kein Mensch hätte dann so viel Vergnügen und Annehmlichkeit wie ich.
Ich würde sehr gern morgen oder übermorgen nachmittag mit Ihnen einen Spaziergang machen! Bin von 4 Uhr an zur Verfügung.

Ihr *Hofmannsthal*

Mein lieber Herr von Hofmannsthal! Aschau, 5. August 1918

Ich danke Ihnen sehr für Ihren freundlichen Brief. Derselbe nimmt zwar stark antizipierend auf Dinge Bezug, die noch in keiner Weise irgend eine greifbare Form angenommen haben, kaum, daß sie flüchtig ab und zu in meinen Gedanken aufgetaucht sind; immerhin will ich gerne schon heute und ohne jede Empfindlichkeit die Nachricht zur Kenntnis nehmen, daß Sie ein Gegner davon sind, daß ich eventuell den Posten eines Hofoperndirektors in Wien annehmen könnte. Sie haben vollständig recht, daß ich heute den genannten Posten in der Art wie ihn Mahler erfüllte, nicht mehr übernehmen kann und

will. Das wäre vor fünfzehn und zwanzig Jahren möglich gewesen.
Die wenigen Jahre, die ich noch vor mir habe, muß ich hauptsächlich meiner produktiven Tätigkeit widmen. Immerhin habe ich mir vorgenommen, da ich nur im Sommer komponiere, für etwa zehn Jahre fünf Wintermonate der Dirigentenarbeit zu widmen, und da hiefür etwas mehr als zwei Monate auf Berlin entfallen, könnte ich mir wohl denken, daß ich die andere größere Hälfte und im Bedarfsfall noch einen Teil des Frühjahrs in Wien verbringe in einer Art von beratender Tätigkeit *(neben* einem amtierenden Direktor) beim Aufbau eines wirklich künstlerischen Spielplans, mitbeschließend über die Art seiner Ausführung, etwa die notwendigen Neuengagements von Sängern und jungen Kapellmeistern (an Stelle der Herren Reichwein und Tittel), über die Reorganisation und Verjüngung des herrlichen Orchesters und so weiter, und zugleich mit der Direktion von etwa zwanzig bis dreißig Opernabenden jährlich als ausübender Künstler dem Institut mich nützlich erweisend in der Weise, daß ich jeden Monat eine vollständige Neueinstudierung eines hervorragenden Meisterwerkes übernehme und nach eigener Wahl vollständig autoritativ, sei es mir wertvoll erscheinende Opern des laufenden Repertoires, sei es Erstaufführungen von der Förderung würdigen Werken des In- und Auslandes dirigiere. Da man mich allgemein für einen sehr guten Mozart- und Wagner-Dirigenten hält, wären die Werke dieser Meister (neben Gluck und Weber) die ersten, deren Wiederbelebung in Angriff zu nehmen wäre.
Ich glaube Sie sehen schon an diesen Ausführungen, daß die Voraussetzungen Ihres Briefs z. T. nicht richtig waren. Dasselbe resultiert aus einer falschen Beurteilung meiner bisherigen Tätigkeit am Berliner Opernhause, die, *wenn sie wirklich meinen innersten Neigungen entsprechen würde*, allerdings ein falsches Licht auf meinen künstlerischen Charakter werfen müßte.
So hören Sie denn, daß es seit dreißig Jahren mein innigster Wunsch war, die wirkliche künstlerische Oberleitung eines großen Hofoperntheaters zu bekommen. Es blieb mir versagt:

sei es daß ich stets als das Gegenteil des so sehr beliebten Routiniers galt, sei es daß man mir als einer allzu selbständigen künstlerischen Persönlichkeit, als Komponisten von Ruf nicht das genügende Interesse eines rein Reproduzierenden für den Durchschnittsbetrieb des Theaters mit seinen Alltagsbedürfnissen zutraute. So bin ich denn in zwanzigjähriger Tätigkeit in Berlin, bei dem durchaus selbstherrlichen und jedem Einfluß unzugänglichen Grafen Hülsen mich schließlich jedes Versuches auf die Leitung des Instituts miteinzuwirken begebend, das geworden, als was Sie mich heute so streng beurteilen. Was mich in Berlin noch hält, ist die Pflicht, meinen eigenen Werken am ersten Kunstinstitute Deutschlands die liebvolle Hand des Vaters nicht zu entziehen, die Freude an einem prachtvoll disziplinierten, auf mich vollständig eingespielten Orchester, mit welchem arbeitend ich als Komponist in steter Fühlung Antäus gleich mit meinem Instrumente neue Anregungen sammle. Voilà tout. – Sollte sich also für so einen «Spätsommer» die Form finden lassen, die mir eine Art direktoraler Tätigkeit, wie oben angedeutet, in Wien ermöglichen würde, in der Zeit von etwa 15. Dezember bis Anfang März, sowie von Ostern bis Mitte Mai jährlich, eine Form, die den Bedürfnissen des stark reformbedürftigen Instituts, den Wünschen des Publikums und der Presse gleich entsprechen würde, so traue ich mir wohl zu, auch heute noch Ihnen den Beweis zu liefern, daß mein Idealismus, meine Tatkraft und meine Sachlichkeit noch die gleichen sind wie vor dreißig Jahren, höchstens zu ihrem Vorteil vor allzu extremer Betätigung durch reifere Erfahrung entsprechend gemildert. – Bitte begnügen Sie sich heute mit diesen groben Umrissen meiner Rechtfertigung, die ich Ihnen jederzeit mündlich sehr gerne näher ausführen und begründen kann.

Mit herzlichem Gruß Ihr stets treu ergebener *Richard Strauss*

Alt Aussee, Freitag, 2 Uhr

Lieber Dr. Strauss, [September 1918]

Bin sehr traurig, Sie krank zu wissen. Auch für die Sache ist es nicht ganz glücklich, aber man wird sich schon arrangieren.

Für Andrian ist ein Wegfahren von hier in diesen nächsten drei Tagen aus bestimmten Gründen, die ich kenne und verstehe, unmöglich. Daß ich allein hinüberfahre, hat keinen Sinn und kostet mich wieder einen Arbeitstag, wohin führt mich das schließlich?

Hören Sie das Sachliche nun: Andrian war zuerst sehr skeptisch gegen unsere Konstruktion: er war in Wien von verschiedensten Seiten so sehr gegen Schalk disponiert worden. Ich entwickelte ihm allmählich unsere Gedanken. Der Gedanke an Ihr Kommen (zuerst diese 3½ Monate, später vielleicht mehr) heiterte ihn auf. Die materielle Forderung wird, fühle ich, *kein* unübersteigliches Hindernis bieten. Er muß nur fühlen und glauben dürfen, daß Sie das Institut zu heben wünschen und wollen, daß Sie Ihre ganze Kraft ohne Engherzigkeit dafür einsetzen werden. Die Pflege Ihrer Werke betrachtet er als seine selbstverständliche Pflicht, aber er sagt, Sie müssen ihn der Befürchtung entheben, daß Sie, wenn z. B. dann auch die «Frau ohne Schatten» am Repertoire ist, überwiegend nur Ihre eigenen Sachen dirigieren und nicht die Klassiker. Das alles muß besprochen werden, man muß einander allmählich immer näher kommen! Ich wünsche es so sehr, aber ich verkleistere die Schwierigkeiten und Differenzen nicht, sondern will sie beheben. Ich sage Euch beiden: seid nicht engherzig, sondern suchet beide das Hohe und Schöne zu realisieren.

Das Gespräch 14. X. findet Andrian zu spät. Er hätte so gern Ihren Rat, wie er sich für den Rest der Zeit mit Gregor verhelfen, dessen verderbliche Tätigkeit er möglichst einengen soll!

Mein einzig rettender Gedanke (denn ich fürchte die vielen Zwischenpersonen, Projekte, Kombinationen dann später) – wie wäre es, wenn Sie von Salzburg für 24 Stunden nach Wien führen! Andrian ist ab 18. dieses in Wien zu Ihrer Verfügung.

Bitte, sobald Sie wohl genug sind, antworten Sie durch eine Expreßzeile. Ich hielte das für den glücklichsten Ausweg – und Sie sind wegen einem dummen Konzert oft so weit gefahren!

Ich glaube, ich habe die Sache so glücklich als möglich vorbereitet. Sachlich bleibt Andrians Hauptbedenken dies: Strauss

dirigiert mir 30 Abende, aber Schalk soll doch nicht 200 Abende dirigieren, wer bleibt mir dann als wirklicher *Erster*, wenn Strauss nicht da ist. Er möchte es so: a) Schalk (Direktion und wenig Dirigieren). b) der wirkliche tüchtige erste Kapellmeister. c) der illustre Gast. d) Szell. e) Reichenberger. f) Nedbal: Walter etc. Ich schlug vor, *wenn* es mit Schalk *nicht* geht. Roller als Direktor wie Gregor. 2. Strauss. 3. Walter. 4. Szell etc. Alles vertraulichst, bitte dort kein Wort, sonst geht alles schief.
Bitte charakterisieren Sie mir in Ihrem Brief mit paar Worten Julius Bittner, dessen Rang ungefähr als Komponist, kurz nach der Wahrheit.
[Unterschrift fehlt].

Lieber Freund! Hotel Adlon, Berlin, 30. Nov. 1918
Karpath sagte mir, daß Sie dafür seien, daß mein Wiener Vertrag gelöst werde. Trotz aller Verlockungen Berlins habe ich bis jetzt am Wiener Vertrag festgehalten, habe die feste Absicht, die Stellung in Wien mit nächster Saison anzutreten und bis dahin die Oberleitung der Berliner Oper, die mir wahrscheinlich in wenigen Tagen übertragen wird, zu übernehmen. Heute ist nun eine Vereinbarung getroffen worden, durch die der frühere Oberregisseur Droescher zum ständigen Direktor des Opernhauses ernannt und mir eine quasi exterritoriale Stellung (direkt dem Ministerium unterstellt) eingeräumt wird, in der ich Gelegenheit habe, ungehindert von Amtsgeschäften rein künstlerisch meine Wünsche bezügl. Annahme von Novitäten, Engagements, Tendenz des Spielplans, bezügl. des künstlerischen Charakters seiner Ausführung, Ausstattungswesen etc. zur Geltung zu bringen. Ich sehe also 20 Jahre unter dem Regime Hülsen in mir unerfüllt schlummernde Wünsche erfüllt, so weit sie nach Maßgabe der hier (besonders punkto Regie und Ausstattungswesen) wirkenden künstlerischen Kräfte überhaupt erfüllbar sind. Ich habe mich verpflichtet, vier Monate des Jahres hier Konzerte und Opern zu dirigieren und zu inszenieren (15. Februar bis 15. April, 15. Oktober bis 15. Dezember), wenn dies mein neues Verhältnis zum Opernhaus ein definitives wird.

Vorerst habe ich nur einem Provisorium bis 15. April zugestimmt, um mir alle Chancen in Wien offen zu halten, wohin ich immer noch am liebsten ginge, falls dort Verhältnisse bleiben, in denen mir ungehindertes künstlerisches Schalten gewährleistet wird. Und nun bitte, sagen Sie mir offen: was haben Sie dagegen, daß ich etwa im August nach Wien gehe? Wenn die Wiener Stellung in der verabredeten Weise hergestellt wird, breche ich eventuell alle Beziehungen zu Berlin, wo jetzt unter oder neben Droescher eine subalterne Kapellmeistertätigkeit für mich noch unmöglicher ist, als sie unter Hülsen war, unter dem ich sie nur meinen Werken zu Liebe, wie Sie wissen, noch eingehalten habe. Für mich waren die hiesigen Entscheidungen doppelt schwer, als mich Baron Andrian vollständig im Stiche gelassen hat. Mit seinem Telegramm an die Botschaft vom 7. November: «Bitte Strauss Folgendes gleich wissen zu lassen. *Alles bleibt beim Alten*, unser Vertrag in alter Gültigkeit etc.» bin ich ohne jede Nachricht von ihm, nur durch Karpath informiert und auf Zeitungsnotizen angewiesen. Was soll ich tun? *Ich möchte sehr gerne nach Wien*, wenn sich die dort sich bietenden materiellen und künstlerischen Bedingungen irgendwie mit meiner Überzeugung vereinigen lassen, da ich schon die Mitarbeit Schalks und Rollers weit dem vorziehe, was ich hier habe.

Warum sind Sie nun dagegen?

Warum haben Sie mir auf meinen Brief bezügl. der Wiener Uraufführung der «Frau o. Sch.» nach Aussee nicht geantwortet? Man bestürmte mich, die Uraufführung jetzt hier, wo Hülsen'sche Inszenierung nicht mehr zu befürchten ist, zu geben. Und ich möchte sie doch am liebsten, wenn Ihre Antipathie nicht zu groß ist, schon Rollers wegen und um das Wiener Publikum von vorneherein dabei für Sie als Dichter, für mich als Leiter der Oper günstig zu stimmen, in Wien machen.

Bitte helfen Sie mir, raten Sie mir: schildern Sie mir genau die neuen Wiener Verhältnisse, motivieren Sie mir genau, warum ich nicht nach Wien sollte. Meine Frau ist begeistert von Wien und will à tout prix dahin und ich auch verspreche mir ein

schönes Leben im neuen Süden, im neuen Athen Südösterreichs, gereinigt von allen asiatischen Fermenten.
Vielleicht besprechen Sie sich mit Karpath, der ein treuer und eifriger Helfer bis jetzt war und geben Sie mir baldigst Nachricht. Ich bin vom 9. Dez. ab in Garmisch und bleibe dort bis Mitte Februar.
Gott schütze das schöne, edle Wien und unsre liebe deutsche Kunst. Mit herzlichsten Grüßen
Ihr treu ergebener *Dr. Richard Strauss*

Lieber Dr. Strauss, Rodaun, 5. XII. 1918
Schalk hat mir mit großer Freude den schönen Brief gezeigt, den Sie ihm geschrieben haben – und ich habe mich auch gefreut: denn ich halte es für sicher, daß – welches Régime immer hier herrsche – man nicht davon abgehen wird, Sie herzurufen, und ich glaube fest – und schöpfe meinen Glauben aus meiner vieljährigen Kenntnis beider Individualitäten –, daß Sie und Schalk in einem wirklichen Ineinanderarbeiten eine schöne Aera für dieses kostbare, mir selbst überaus teure Institut herbeiführen können. Überragen Sie ihn an schöpferischer Potenz nicht nur, und wie sehr!, sondern auch an Kraft des Willens und Beweglichkeit, so ist das, was er mitbringt, nicht gering: er ist ein gereifter Künstler, und das Hohe und Große der Tradition ist bei ihm kein Schellengeklingel, sondern eine unverbrüchliche Überzeugung. Sein Qualitätssinn wird in letzter Linie vielleicht hinter dem Ihren zurückstehen; aber vielleicht wird er stabiler im Urteil, minder impressionabel einem einmaligen Eindruck gegenüber, sein als Sie und andrerseits wird die große und selbstverständliche Autorität, die Sie fast immer in einer sehr liebenswürdigen Form ausüben, dem entgegenwirken, was bei ihm gefährlich werden könnte: Eifersucht auf jeden Jüngeren. – Erfasse ich Ihre Lebens- und Künstlersituation richtig (und Ihr Brief spiegelt mir ganz dieselbe Nuance der Auffassung bei Ihnen selber), so wollen Sie der Wiener Oper Ihr Bestes geben, ohne wiederum alle Ihre Zeit und Kraft an diese Direktionstätigkeit zu wenden: umgekehrt steht es bei Schalk, der hier,

nur hier, seine Lebensarbeit zu krönen hoffen darf. Ihre Mittätigkeit wird trotzdem das Entscheidende geben müssen: nicht nur für die Jahre Ihres Hierseins, sondern auch für weiterhin: indem die Wesensart und der Index von Ihren und Schalks Nachfolgern durch Sie (und ihn, weit mehr aber durch Sie) ihre Prägung erhalten muß. Sie sind heute reif, nicht überreif: reif sein, heißt, im scheinbar Selbstverständlichen, nicht im Bizarren, das Höchste suchen und es wirklich realisieren.
Sie stehen, sehe ich aus dem Brief, unter einem sehr starken Eindruck und erinnern mich an die Massary. Sie ist ja wahrhaft eine geniale Person. Trotzdem gehen meine Gedanken, die oft zu gemeinsamen Unternehmungen, und mit Freude, sich hinwenden, weit eher in die Richtung: neue Formen auf dem Gebiet: lyrisches Lustspiel, Singspiel, komische Oper auszubilden – die aber im Rahmen unserer *Opern*häuser darstellbar wären –, als mich mit Ihnen auf fremden Boden zu begeben – aber wir wollen nichts ausschließen, es sind ja alles benachbarte Genres.
Herzlich wie immer der Ihre *Hofmannsthal*

Telegramm Strauss vom 6. XII. 1918 siehe Anhang S. 717

[Telegramm an Strauss] [Rodaun, 7. XII. 1918]

Karpaths Konfusionen schärfstens ablehnend, wünsche und erhoffe für uns und hiesige Oper Ihr Herkommen, ohne welches hier alles zusammenstürzt. Habe beständig dies gewünscht, dafür gewirkt. Alle Faktoren zählen darauf. Bedingungen gesichert. Herzlich Ihr *Hofmannsthal*

Lieber Freund, 7. XII. [1918]

Ich reiße das Kuvert nochmals auf. Bin völlig vor den Kopf gestoßen durch Ihren Eilbrief, datiert vom 30. XI., abgestempelt Berlin 3. XII., der soeben in meine Hände kommt. Sandte Ihnen ein dringendes Telegramm, dessen Hauptinhalt dieser: «Ablehne schärfstens Karpaths Konfusionen, habe beständig Ihr Herkommen sowohl persönlich als wegen der Wiener Oper dringend gewünscht, beständig dafür gearbeitet.»
Konfusionsmacher in so schweren Zeiten sind eine wahre Hölle.

Karpath ist kein böser Mensch, aber *ein dummer* Mensch, dadurch unbrauchbar. Warum um alles schickten Sie in dieser ganzen Woche keine Depesche an mich?
Karpath kam eines Tages aufgeregt zu mir: sie wollten anscheinend nicht kommen, zögen Berlin vor usf. Darauf habe ich vielleicht geantwortet: Wenn Strauss nicht will, dann müßte man überlegen usf. Diese Nuance, wie jede Nuance, muß er völlig mißverstanden haben. Ich habe ja all diese Wochen gearbeitet wie ein Pferd, um diese Sache: Strauss-Roller-Schalk zu retten! – Tatsächlich bin ich voll Hoffnungen für dieses Regime, *will* Sie hier haben – was soll all der Unsinn? Mit Wiener Uraufführung bin ich *höchlich einverstanden*, nie hab ich einen anfragenden Brief darüber bekommen, ich beantworte doch alles, warum haben Sie die Frage nicht telegraphisch erneuert? – Also hoffentlich sind wir jetzt die Konfusionen los!
Herzlichst Ihr *Hofmannsthal*

Lieber Dr. Strauss, Rodaun, 25. XII. 1918

Zu den Feiertagen gedenken wir hier herzlich Ihrer und der Ihren. Möge uns das nächste Jahr allmählich Freundliches bringen, die Umrisse einer neuen, wenn auch bescheidenen Existenz, die Möglichkeit zu arbeiten und auf Menschen zu wirken. Fürs nächste sind Sie ja, und Ihre Frau vor allem, die beständig nagende Sorge um Bubis nächste Zukunft los.
Was Wien betrifft, so hoffe ich den Eilbrief vom 7. XII. in Ihren Händen, sowie das Telegramm, das ich sogleich nach Eintreffen Ihres Briefes, sprachlos erstaunt über das Mißverständnis, Ihnen schickte. Wahrhaft gerührt hat mich bei dieser Gelegenheit das Maß von Güte und Langmut, mit dem Sie auf einen – vermeintlichen – Widerstand meiner Person gegen Ihr Herkommen reagieren. Ich konnte mich dieses wohltuend freundlichen Verhaltens um so reiner freuen, als in der Tat meine Stellungnahme die ganze Zeit über die entgegengesetzte war, wovon Sie ja der vor Eintreffen Ihres Briefes fertig gewesene Brief vom 5. XII., den ich dann auch mitschickte, überzeugen konnte, – als welcher ganz erfüllt ist von dem Gedanken Ihres Herkommens und Ihrer

Kollaboration mit Schalk und Roller. – Korngold benützt jede Gelegenheit, um vor dem Komponisten Strauss seine Verbeugung zu machen und gleichzeitig gegen den Opernleiter Strauss (der, «über den Wolken schwebend», beide Theater dirigieren will) zu bohren und zu wühlen. – Und bedenkt man die Inkompetenz aller Faktoren und die stets labile, aber immer instinktiv dem Schlechteren (Weingartner, Walter) zuneigende öffentliche Meinung, bedenkt man dazu, daß die Aera Schalk fürs nächste, ohne sein Verschulden, ein bißchen glanzlos sein wird –, so wäre mir schon sehr lieb, wenn wir endlich beim Stabilen angelangt wären. Auch schiene es mir gut, wenn einmal durch Sie (Brief an den Herausgeber der «Neuen Freien Presse»??) klargestellt würde, so klar wie Ihr Brief an mich es mir macht, daß Sie an der Berliner Oper zu *wirken* eigentlich nicht mehr vorhaben, sondern nur Konzertzyklen in Berlin absolvieren und Ihre ganze Kraft – abgesehen von Ihrer Kompositionstätigkeit – dem Wiener Institut, der Regeneration auch des Dirigentenwesens – Nachwuchs – und so fort widmen werden. Gewisse Ihrer Telegramme waren wirklich irreführend, sogar auch für mich – bis Ihr Brief mich ganz aufklärte durch den einfachen, mir völlig einleuchtenden Satz, daß Sie ein unter Hülsen schon kaum mögliches Kapellmeisterverhältnis natürlich unter Droescher auf gar keinen Fall fortzusetzen gedenken. Ich würde lieber Ihre Berliner auflaufsgehemmte Tätigkeit (die ja bei so unsicheren Faktoren wie die gegenwärtigen politischen, auch problematisch ist) *noch geringer* darstellen als sie ist, anstatt – wie gewisse Telegramme es vermuten ließen: – zukunftsreich und groß –, damit den Gegnern endlich dieses Argument verwehrt ist: Sie wollen zwischen da und dort jonglieren.

In der Tat ist ja hier unendlich viel zu machen, unendlich viel Freunde und Anhang auch zu gewinnen, und es kann von hier aus, weit mehr als von Berlin, noch einmal für ein Menschenalter das ganze Theaterwesen ein neues Gesicht bekommen – und das gerade durch eine Kombination wie die: Strauss-Schalk-Roller, welche etwas Symbolisches hat als Vermengung von Tradition mit Fortschritt, Wienertum mit neuerem Deutschtum, alles doch auf der gemeinsamen Basis der sinnlich-rhythmischen süddeutschen Stammesbegabung. Ihr Hiersein gibt zugleich für Salzburg, für Reinhardts Näherrücken das δος που[1] – Sie verstärken meine Kraft in den kulturpolitischen Fragen sehr, – kurz um das Seltsame von Karpaths Konfusion noch einmal in einem Wort zu resümieren: mir könnte nichts Enttäuschenderes passieren, als wenn diese Sache nicht zustande käme. Bitte lesen Sie diese Zeilen auch Ihrer verehrten Gattin vor, mit der ich immer, besonders in Fragen des Lebens und Handelns, d'accord zu sein wünsche.

Eines spreche ich nebenhin aus, es beschäftigt oft meine Gedanken, wenn, ja wenn es sich denken ließe, daß die Mildenburg die Amme singen könnte – aber wahrscheinlich ist es ja unmöglich! – Wie viel wäre da mir gegenüber in dem Verhältnis zu Bahr gewonnen, das nur um der Frau willen zu Andrian sich vergiftete wie eine Pestbeule. – Darüber ein Wort, und verzeihen Sie, daß ich nochmals darauf zurück kam.

Die Zustimmung zu der Wiener Urpremière habe ich gleichfalls depeschiert, Eine frühere nach Aussee an mich gerichtete Anfrage ist mir nie in die Hände gelangt. Ich bin niemals unhöflich, am wenigsten Ihnen gegenüber, also ist solch Schweigen immer ein sicheres Zeichen, daß ich einen Brief nicht bekommen.

Roller berichtet mir Ihre Briefe und Wünsche. Er ist unvergleichbar an Pflichtbewußtsein und Ergebenheit. Er wird also leisten, was möglich und innerhalb der kürzesten Frist, zugleich allen veränderten Materialverhältnissen etc. Rechnung tragend und die Entwürfe danach umbildend. Denn das ist ja das Einzige an ihm, daß er – den Egoismus des Künstlers ganz überwindend – mit wirklicher Gewissenhaftigkeit immer das Endresultat, die wirkliche Ausführbarkeit als Ziel ansieht. Lassen Sie mich bald wieder von sich hören.

In Freundschaft der Ihre *Hofmannsthal*

[1] Im Original in lateinischer Schrift.

Privatissime! Garmisch, 29. 12. 18.

Lieber Freund!

Ich wollte gerade heute Ihre beiden lieben Briefe beantworten, da kommt der dritte und ich kann nun alles zusammenfassen. Wir haben doch auf unserm Spaziergang um den Aussee herum unser ganzes Programm festgelegt: Annahme der Wiener Oberleitung (wenn ich Schalks Hilfe bekomme), *ohne Berlin* (schon unsrer Werke wegen) *ganz fahren zu lassen*. Ich habe daran festgehalten durch alle Irrwege hindurch und habe das Ziel erreicht – wenn mir nun die Agitation der Korngold und Genossen nicht das Konzept verdirbt und mich zwingt, um die Wiener Stellung zu erhalten und zu behalten, mehr Zeit der Wiener Stellung zu opfern, als ich eigentlich vor mir verantworten kann.

Ich habe nun heute tatsächlich die Wahl! Hie Berlin mit einem wunderbaren Personal, fest eingearbeitetem Beamtenstab, großen Einnahmen und großer zu erwartender Subvention,

für 4 Monate dirigieren	40.000 Mark
10 Konzerte	13.000 M.
meine Meisterklasse an der Akademie	12.000 M.
summa in 4 Monaten	65.000 M.

und die sehr dankenswerte künstlerische Aufgabe, die Hülsensche Prunkinszenierungskunst energisch zu reformieren; zu allemdem ein auch seit 20 Jahren eingespieltes Personal, also musikalisch so gut wie gar keine Arbeit.

Dagegen steht Wien mit einem sehr dezimierten Solistenpersonal, schlechtem Chor, verrottetem administrativem Apparat, unsicherer Subvention, also *sehr* viel Arbeit, mit unsicheren Aussichten auf wirkliche künstlerische Erfolge – als plus ein famoses empfängliches Publikum, angenehme gesellschaftliche Verhältnisse, die Nähe meines Dichters und vieler sympathischer Freunde, die schöne alte Stadt und *Roller* und *Schalk*. Ich gehe also bestimmt nach Wien, wenn man nicht allzuviel von mir fordert, d. h. viel mehr als 5 Monate dirigieren. Gehalt von 80.000 Kronen sind circa 55.000 Mark, dafür muß ich alle Konzertreisen aufgeben und werde mit der zu erwartenden Einkommen- und Vermögenssteuer knapp zu leben haben.

Ich habe mich in Berlin vorläufig fest verpflichtet *bis* zum Antritt meiner Wiener Stellung, d. h. für 1. März bis 1. Mai 1919 und *eventuell* noch für 15. Oktober bis 15. Dezember 1919. Von da ab ist alles offen und ich habe weitere Beziehungen von der Entwicklung der Dinge in Wien abhängig gemacht.
Damit ich nun quasi schon am 15. August in Wien sichtbar und amtierend bin, habe ich die Uraufführung der Frau o. Sch. in Wien auf 1. Oktober eingeschoben, deren Proben vom 15. August an (neben sonstigen Direktionsgeschäften) ich bis 1. Oktober selbst mitleiten würde. Ich wäre also außervertraglich schon 6 Wochen in Wien tätig, würde auch die Werke andrer Meister, die ich dann vom 15. Dez. ab in Wien neu einstudieren möchte («Lohengrin», «Così fan tutte») auch da bereits vorzubereiten beginnen.
Vom 1. Oktober bis 15. gedächte ich eventuell die Dresdner Premiere der «Frau o. Sch.» mitvorzubereiten, um dann am 15. Oktober in Berlin eintreffen zu können und dort bis 15. Dez. 5 Konzerte, 2 Mozartsche Neueinstudierungen vorzunehmen und allenfalls für *15.* November die Erstaufführung der «Frau o. Sch.» mitvorzubereiten.
Diese Einteilung hätte den Vorteil, daß ich vom 15. Aug. bis 1. Oktober doch quasi in Wien schon amtiere. Bis zu meinem definitiven Eintritt in Wien am 15. Dez. Hätte ich dann die wichtigsten Erstaufführungen der «Frau o. Sch.» hinter mir und bräuchte meine eigentliche Wiener Amts- und Dirigierzeit nicht mehr mit der schweren Einstudierung dieses Werkes zu belasten, sondern hätte vollkommen freie Hand für die anderen Aufgaben.
Ich glaube das Programm ist gut und wird den verschiedensten Interessen gerecht.
Halten Sie es nun für möglich, daß ich einmal fest in Wien – diese 2 Monate Berlin 15. Okt. bis 15. Dez. beibehalte und dort quasi immer noch beratend und anregend «über den Wassern schwebe»? Ich halte es für sehr wichtig.
Glauben Sie jedoch, daß die Wiener so eifersüchtig sind, daß sie mich ganz haben wollen und nicht mal für 2 Monate im Jahr

mich den Berlinern gönnen wollen, dann müßte ich eben Berlin ganz fahren lassen und Wien müßte versuchen mir den Ausfall von 38.500 Mark (für 2 Berliner Monate) in irgend einer Form zu retten.
Berlin ist bereits informiert und eventuell mit den 2 Monaten einverstanden, sogar der neue Start ist bereits darauf eingestellt. Nun sagen Sie mir hierüber Ihre offene Meinung und besprechen Sie die Sache vielleicht im intimsten Kreise mit Schalk und Dr. Sylvester.
Übrigens komme ich Ende Januar Anfang Februar selbst nach Wien, um meinen Sohn zu vertreten. Wie denken Sie sich nun auf Grundlage dieses meines innersten Herzensprogramms eine eventuelle Notiz an die «N. freie Presse», die den Wünschen der Wiener genug tun könnte, ohne mir die Brücken nach Berlin abzubrechen? Ich jongliere natürlich zwischen Wien und Berlin und möchte auf jeden Fall die Beziehungen zu Berlin nicht verscherzen, bevor ich die Wiener Stellung fest in der Tasche habe. Und wenn – dann womöglich erst recht nicht. Denn trotz Korngold könnte ich es mir sehr gut vorstellen, daß ich in Wien eine Hauptstellung habe, und das ganze Jahr dort die Oberleitung (ich konferiere schon jetzt brieflich dreimal die Woche mit Schalk über alle wichtigen Fragen, und gleichzeitig mit Berlin) führe, und nebenbei in 5 anderen Theatern in der Weise, über den Wassern schwebe, daß mein Rat in den wichtigsten Fragen (Hauptengagements, Tendenz des Spielplans und seiner künstlerischen Ausführung, Wahl der Novitäten) entscheidend gehört wird.
Ob dies Herrn Korngold begreiflich zu machen ist? Vielleicht nur dann, wenn ich an allen den 7 Theatern gleichzeitig die Aufführung der Opern seines Sohnes befehle. Dies ist aber tatsächlich möglich. –
Salzburg behalte ich fest im Auge und halte es mit Ihnen für sehr wichtig. Dies betrifft aber den Sommer und kollidiert in keiner Weise mit Berlin und Wien.
Bedenken Sie nur wie wichtig es für ein gedeihliches «Nichtgegeneinanderarbeiten» dieser beiden Haupttheater ist, wenn

ich [bei] beiden die Hand im Spiel habe. Beurlaubungen des Personals für Salzburg! Sich gegenseitig Nichtüberbieten bei Sängerengagements. So habe ich jetzt in Berlin glatt Duhan für Wien frei gemacht, was unter Hülsen, der fest auf seinem Vertrage bestand, ganz unmöglich war und vieles andre derart mehr.
Ich glaube, wenn Sie dies vernünftigen Leuten in Wien klar machen, muß es jeder einsehen, welche Vorteile für die Kunst und beide Theater: Wien und Berlin bei einem so «gemeinsamen Kopf» herausspringe. Ich wiederhole nochmals: ich bin ganz für Wien und setze meine ganze Kraft dafür ein. Ich bin aber so tatkräftig, frisch und geistig gut organisiert, daß ich ruhig ein bißchen Liebe und Mühe für Berlin nebenbei erübrigen kann, ohne Wien im geringsten zu benachteiligen!
Ich habe während meiner vierwöchentlichen provisorischen Direktionsführung in Berlin gesehen, was ich leisten kann, und ich pflege nichts zu versprechen, was ich nicht zu halten imstande bin.
Nun überlegen Sie sich: in welcher Form wäre eine solche Notiz an die «N. fr. Presse» abzufassen? Oder wollen wir mit alledem warten, bis ich im Januar selbst nach Wien komme?
Vielleicht ist es besser, die Sache jetzt nicht mehr aufzurühren, um so mehr als mir Schalk versicherte, daß die maßgebenden Leute über meine Beziehungen zu Berlin vollkommen im Klaren seien.
Die Sache mit der Mildenburg ist ein schweres Kapitel. Ich halte es für eine Katastrophe, wenn die ausgezeichnete Frau (die ich liebe und verehre) jetzt in Wien (nach allem, was ich in Berlin, München, Wien über ihre stimmliche Verfassung höre) in anderen Rollen noch außer Herodias und Klytämnestra auftritt. Aber den guten Leuten ist leider nicht zu helfen und zu raten. So möge das Unglück denn seinen Lauf nehmen! Sollten aber wider alles Erwarten die 10 Gastspiele ohne Katastrophe enden, und eine Übernahme der Amme auch nur im Bereich der Möglichkeiten liegen, so wüßte ich nichts besseres. Denn die geniale Frau ist als Persönlichkeit immer noch *die*

Vetreterin dieser Rolle, wie sie es heute noch für die Klytämnestra ist.
Wenn sie die Amme also stimmlich noch irgend wie leisten kann (ich bin zu jeder Punktierung bereit) dann natürlich nur sie. Aber ich fürchte, fürchte! Warten wir also ab: die Entscheidung muß ja bald fallen.
Zum Schluß noch eine Frage: ist das «Märchen» fertig? Wenn es die erwarteten Dienste für die Uraufführung tun soll, müßte es doch spätestens am 1. Mai gedruckt vorliegen.
Haben Sie die Vorrede fürs Textbuch fertig? Fürstner ist mit der endgültigen Fertigstellung des gesamten Materials beschäftigt und Mitte Februar sollen die Textbücher und Klavierauszüge an die Theater verschickt werden.
Ich habe bei Böhler einen herrlichen Rubens (teilweise Skizze, Bacchantenzug – bis auf 2 Köpfe sicher von seiner Hand) und einen kleinen frühen Fragonard (Schäferszene noch etwas in Watteau'scher Art) gekauft. Nun leben Sie wohl (meine Frau kommt, glücklich als Blinddarmentledigte, Dienstag aus der Klinik) und herzlichste Grüße und alle guten Wünsche für ein besseres Neujahr
Ihr treu ergebener *Dr. Richard Strauss.*

Sollen wir für Wien Fokin oder Bolm zu gewinnen suchen?

1919

Lieber Dr. Strauss, Rodaun, 4. I. 1919

Ihren Brief heute empfangen und im Bett (wegen kleiner Erkältung) mit großer Aufmerksamkeit zweimal durchgelesen. Ich weiß jetzt, was Sie wollen. Gewisse Widersprüche bleiben unauflösbar. In Ihrem Brief vom 30. XI. 1918 schreiben Sie wörtlich: «... Berlin, wo jetzt *unter* oder *neben* Dr. eine subalterne Kapellmeistertätigkeit für mich noch unmöglicher ist, als sie unter Hülsen war, unter dem ich ja nur, wie Sie ja wissen, meinen Werken zuliebe noch festgehalten habe.» In dem heutigen Brief entwickeln Sie mir den Plan einer sehr ernsthaften Berliner Tätigkeit *unter* oder *neben* Dr. Es muß sich also an den Tatsachen oder an Ihrer Auffassung der Tatsachen Entscheidendes geändert haben. Hierüber, unter anderem, werden Sie mich Ende Jänner mündlich aufklären.

Sie erinnern mich an unsre Ausseer Gespräche, welche eine geteilte Tätigkeit vorsahen. Ja, aber damals war *ein* Mensch da – Andrian –, von dem alles abhing; wenn man es dem plausibel machte, und er es akzeptierte, dann war alles in Ordnung; jetzt ist alles viel schwebender, alle möglichen Faktoren (Sylvester etc.) haben was zu entscheiden und haben wieder nichts zu entscheiden, und die gewisse schwindelhafte vox populi hat auch mehr Gewicht. Trotzdem halte ich die Durchführung des Ihnen Vorschwebenden für möglich – halte sie schon darum für möglich, weil ich mir wünsche, daß sie möglich sei –, aber vertreten, gegenüber Sylvester oder wem immer, können nur Sie diesen Plan –, Sie allein haben die gute Art und auch das Gewicht, eine solche nicht ganz gewöhnliche Konstruktion mit zugleich ideellen und materiellen Forderungen erfolgreich zu vertreten. Schon um des Materiellen willen, das so stark darein vermischt ist, tauge ich gar nicht zum Internuntius. Im übrigen aber bin ich Schalks Meinung, daß man zunächst gar nichts *machen* soll, auch keine Notiz. Ich glaube, wenn Sie sich Ende Jänner den jungen Korngold, der ja doch kein Greisler ist, sondern ein junger Künstler, einmal für eine Stunde kommen lassen und ihm die Auszeichnung erweisen, ihm darzulegen, wie Sie sichs denken, so wird damit das Entscheidende erreicht sein. Im übrigen wird, darf ich bestimmt annehmen, eine neue, sehr ernsthafte Zeitung gegründet werden, damit wohl auch das Übergewicht der «Neuen Freien Presse» abnehmen.

Nun aber ganz unter uns, ganz unter vier Augen – ich komme auf meine Zweifel zurück, die ich im *ersten* Ausseer Gespräche freimütig darlegte: werden Sie denn die Spannkraft aufbringen, das schöne Wiener Institut – von dem Sie in Ihrem Brief mit einer etwas harten Nuance sprechen – wirklich mit Ihrem geistigen Fluidum zu durchdringen? Haben Sie sich da nicht zu viel aufgeladen? Halten Sie nur das eine fest: daß es für Sie als Komponisten, dessen Werke *dauern* sollen (sei es 30 Jahre, sei es mehr als 30 Jahre), nur eine *gesunde* Politik gibt: mit Rückstellung jedes momentanen Egoismus die Institute möglichst hochbringen, das Niveau erhalten und steigern: nicht Saison-Politik, sondern Politik auf Dezennien treiben! Hierüber müssen wir uns mündlich unterhalten. – Von der brieflichen Teilnahme an den Direktionsgeschäften halte ich nicht gar zu viel. Es bleibt doch eine Art Monolog ins Leere, und Irrtümer und Mißverständnisse entstehen en masse. So um gleich eines zu nennen: Schalk erzählt mir, Sie wären energisch für die Auflösung des Balletts; er bittet mich, dies mit Roller gewissenhaft durchzusprechen. Ich führe ein sehr eingehendes Gespräch mit Roller, dessen Resultat – trotz anfänglich entgegengesetzter Tendenz – ergibt, daß wir auch für die Auflösung plädieren würden. Nun finde ich in Ihrem Brief eine Zeile über Bolm oder Fokin, woraus ich sehe, daß Ihnen wieder die Beibehaltung vorschwebt. Dies alles nur um zu sagen: ich hoffe, Sie kommen her, zunächst bald einmal, später in den Ihnen vorschwebenden Formen, dann will ich mich gern an allem mitbeteiligen, und ich hoffe, daß diese Aera auch für uns eine gute produktive Aera sein wird. –

Nun einiges, ganz nur zwischen uns, und auf die «Fr. o. Sch.» bezüglich. Sie wollen mich, lieber Dr. Strauss, als Mitarbeiter nie kränken, das weiß ich – ja vielmehr fest bei sich halten und noch fester mit sich verknüpfen. Bei mir ist nun alles von der Phantasie abhängig, wenig von der Überredung und dem guten Willen, das Wenigste von dem Materiellen. Aber wo ich häßliche Eindrücke empfange – wie von der Ausstattung aller unserer Sachen in Berlin – und diese Eindrücke meine empfindliche Seite treffen, das Auge, und sich häufen – und mir zu einer Art Symbol werden, daß ich das Kind meiner Phantasie dem Gemeinen, dem häßlichen, vulgären «Betrieb» preisgegeben habe – da werde ich verbittert, – und diese Verbitterung ist es, die mich auf lange hinaus oder auf immer für diese Art von Arbeit lähmen könnte. Nun lagen unter Hülsen die Dinge einmal so, ich fügte mich mit widerwilligem Herzen Ihrer Theaterpolitik – und so hab ich z. B. die «Ariadne» dort nicht einmal gehört. Wenn nun aber das gleiche geschehen soll, die Rollerschen Entwürfe von diesen Lümmeln Droescher und Kautsky in der gleichen Art verhunzt werden sollen und wieder das Auge mit Dreckfarbe beleidigt werden soll, wie in all und jedem auf dieser mir odiosen Berliner Opernbühne (die «Salome» nicht zum Vergessen, ein Anblick zum Speien für jeden, der nicht ganz stumpfe Augen hat!) – da protestiere ich aufs schärfste, und zwar bei der Instanz, die mir allein kompetent ist: bei Ihnen. Nein, da spiel ich nicht mit! Das ist gegen unser Verhältnis, dessen höchste Abmachungen ungeschriebene sind. Es gibt zwei akzeptable Formen: entweder man führt Rollers Sachen in Berlin haargenau aus, vor allem in der Farbe und Beleuchtung bis in die genaueste Nuance, so daß etwas entsteht, dessen er und ich mich nicht schämen brauchen – oder aber man besteht aus lokaler Eitelkeit darauf, sie zu variieren: gut, dann unter Mitwirkung eines Berliners Malers, der dafür verantwortlich zeichnet. Man hat Walser bei der Hand, der für *diese* Oper, namentlich für die Kostüme, ideal wäre – besser als Roller. Also eins oder das andre. Dies ist mein unverrückbarer Standpunkt. Und ich will gar nicht, daß Sie mir nur aus Freundschaft oder Rechtsgefühl oder Respekt nachgeben, Sie müssen mir auch aus reiner Vernunft zur Seite treten. Rein theaterpolitisch ist es die größte Dummheit, bei einem Werk von Ihnen und mir, bei einem Werk, das höhere Ansprüche stellt, zuerst von einer Minorität erfaßt und allmählich durchgesetzt werden muß, von vornherein alle die entscheidenden Gruppen vor den Kopf zu stoßen, die als raffiniert, kultiviert und meinunggebend gelten – und das sind in Berlin – ganz im Gegensatz zu Wien – die von Malern dominierten Kreise, Gruppen, Salons, Cafés etc. Der Liebermann-Kreis, der Slevogt-Kreis, der Kreis der Cassirers, die Kreise von Gurlitt und Corinth, von Reinhardt, die jungen Atelierkreise – das sind die empfänglichen und eigentlich ton-

angebenden Gruppen, sie haben das «Morgen» und das «Übermorgen» in der Hand – und gerade die sollen wir – Strauss-Hofmannsthal – ausgerechnet wir! – zurückstoßen und uns von vornherein ihrem Übelwollen und ihrer Gleichgültigkeit aussetzen – wo wir in ihnen die naturgemäßen Parteigänger hätten, und sollen durch die ganze visuelle Ausgestaltung des Werkes – gerade in Berlin! – von vorne herein für die Philisterwelt optieren! Nein, das ist eine zu gedankenlose Politik. Wüßten Sie – was der Musiker im allgemeinen nicht weiß, aber gerade Sie können es ahnen – welche Gewalt das Auge für Menschen hat, denen der Sinn des Auges gegeben ist, – Sie würden eher die stimmlose Mildenburg die Amme spielen lassen – was wahrscheinlich grundfalsch wäre –, als abermals ein Werk dieser plumpen Barbarei preisgeben. Ich bitte Sie, Ihre Entschließungen in diesem Punkt mir bald zu schreiben, damit ich ruhig bin. Ich habe mich Jahre hindurch in diesem Punkt bezwungen – weil ich wußte, daß Sie gegen die Situation nicht ankonnten –, aber jetzt *müssen* Sie ankönnen: es hat alles seine Grenzen – und dazu stürzt nicht ein ganzes Regime zusammen, damit allein diese Schweinerei überbleibt. –
Die Inhaltsangabe[1] habe ich in diesen Tagen gemacht und schicke Ihnen und Fürstner nächster Tage je ein Exemplar.
Das «Märchen»[2], die schwerste Arbeit, die ich je unternommen, und die an meinen Charakter die größten Anforderungen stellt, hoffe ich zum Frühjahr fertig zu haben. Natürlich soll dies, wenn überhaupt, ein paar Monate vor der Oper publiziert werden. Hier jetzt zu arbeiten in Zimmern, die man kaum heizen kann, bei eingestelltem Gas, fast eingestelltem elektrischem Licht, ist so gut wie unmöglich. Die Dinge sind allmählich hier auf einem Punkt, daß man annehmen muß, sie können nur besser, nicht mehr schlechter werden.
Also auf Wiedersehn! Herzlich der Ihre, wie immer

Hofmannsthal

[1] Zum Textbuch der Oper «Die Frau ohne Schatten».
[2] Die Prosaerzählung «Die Frau ohne Schatten».

P. S. Wenn die Première in Wien am 1. X.[1] ist, so kann ich natürlich mit bestem Willen nur [für] die drei letzten Proben vom Land zurückkommen. Denn September–Oktober sind meine eigentliche Arbeitszeit und eigentlich das, was mir das Leben lebenswert macht. Praktisch hat das nichts auf sich; ich mache mit Roller, unter Beiziehung eines Korrepetitors, ein genaues Regiebuch, Roller – nach Reinhardt einer der besten Regisseure, fähig, jede Gebärde vorzumachen – wird dann mit einem zu bestimmenden Regisseur der Oper – nicht mit Wymetal, mit dem zu arbeiten er stets ablehnte – die Regie führen. Für die Durchführung dieser Sache stehe ich ein.
Haben Sie über die zweite Besetzung der Rolle in Wien nachgedacht? Da sehr leicht möglich, daß uns die unberechenbare Jeritza[2] vier Wochen nach der Première wegläuft?!

P. S. Bin sehr glücklich über die Herstellung der Gattin. Wußte von nichts.

Lieber Freund! Garmisch, 7. 1. 1919

Herzlichen Dank für Ihren schönen Brief vom 4.
Ich beeile mich, die wesentlichsten Mißverständnisse, hoffentlich für immer, aufzuklären.
1. Ich begreife nicht, wie Schalk glauben konnte, ich sei für die Auflösung des Balletts. Ich halte das Wiener Ballett, schon als Entlastung des etwas spärlichen Opernpersonals, für sehr notwendig – es würde sich nur darum handeln, ob eine Reduzierung des Bestandes und Ausmerzung unbrauchbarer und überflüssiger Elemente angängig ist.
Ich stehe nach wie vor auf *Ihrem* Standpunkt: Reform und Modernisierung des Balletts, eventuell Fokin, Bolm (?) oder wen Sie sonst dafür empfehlen.
Nur von Grete Wiesenthal möchte ich absehen, die ja eine ganz liebe Frau, aber als Tänzerin für mich eine blutige Dilettantin ist.

[1] Die Première der «Frau ohne Schatten» fand am 10. Oktober 1919 statt.
[2] Marie Jeritza sang die Kaiserin in der Uraufführung der «Frau ohne Schatten».

Ich weiß, Sie schätzen sie höher ein, aber ich kann mir nicht denken, daß sie mithelfen kann, uns zu dem zu bringen, was uns von dem russischen Ballett als unvergeßliche Eindrücke geblieben ist und was zu erreichen und noch weiter auszubauen unser Ziel sein müßte.

2. Ich habe mich geweigert, *unter* Droescher eine weitere Berliner Dirigententätigkeit zu üben. Inzwischen hat sich ergeben, daß, während Droescher alleiniger Direktor ist, ich *direkt unter dem Ministerium* eine Extrastellung habe, dirigieren und inszenieren kann, was und wann ich will und in allen wichtigen Dingen eine entscheidende Stimme habe. Bezüglich Novitäten, Engagements, Tendenz des Spielplans und *Inszenierungen*. Ich habe nun bereits den ganzen November darauf verwendet, in der Berliner «Schweinerei», wie Sie die Hülsensche «Inszenierungskunst» richtig nennen, bereits reformierend einzugreifen und habe auch bei Droescher und Kautsky, die größtenteils auch nur Opfer des Hülsenschen «Alles besser Wissens» waren, sehr viel Entgegenkommen gefunden. Ich habe bereits den Nibelungenring vereinfachen lassen, die Hülsensche «Zauberflöte» ganz eliminiert und lasse die Schinkelschen Dekorationen neu malen, den bereits fertigen «Don Juan» habe ich von Grund auf verändert, etc., etc., kann nur aber deswegen nicht ganz radikal vorgehen, weil Kautsky vorerst der Bruder des Ministers ist, politischen Einfluß auf die ganze Gestaltung des Opernhauses hat. So muß ich da vorläufig lavieren und versuchen, was innerhalb der Grenzen der vorhandenen Fähigkeiten mit gütlicher Überredung zu erreichen ist. *Im Prinzip bin ich ganz auf Ihrer Seite!* Um die Rollerschen Dekorationen[1] in Berlin durchzusetzen, habe ich vorerst Droescher und Kautsky gebeten, sich die Rollerschen Entwürfe anzusehen.

Meine Bedingung ist: wenn sie gefallen, müssen sie *unverändert ausgeführt werden*. Es war nur immer wieder Hülsen, der an allem herumgepfuscht hat. Gefallen sie nicht, so müssen mir neue Entwürfe vorgelegt werden, die ich wiederum verwerfen kann. Dann würde ich mit Walser herausrücken!

[1] Für «Die Frau ohne Schatten».

Aber ich bin fest überzeugt, daß man Roller ohne weiteres akzeptieren wird. Denn darauf kommt es mir in erster Linie an, und ich habe nur diese diplomatische Form gewählt, um Roller desto sicherer durchzusetzen. Wir wollen dies alles noch genau in Wien durchsprechen. Wenn es mit der Bahn geht, möchte ich am 21. Januar zur Sitzung der Salzburger Festspielgemeinde in Wien sein. Ich glaube wohl versichern zu können, daß ich die Spannkraft und den guten Willen habe, das in Wien zu leisten, was Sie von mir erwarten; will auch keine Direktion brieflich treiben, auch keine Saisonpolitik –, ich bin eigentlich verwundert, daß ich Sie eigens noch versichern muß. Aber brieflich ergeben sich eben anscheinend doch Mißverständnisse, die mündlicher Verkehr wohl beheben wird.
Wie gesagt, gerade der Reformen wegen, die Ihr Auge so sehr wünschte, möchte ich in Berlin immer noch die Hand ein bißchen im Spiel haben. Läßt es sich aber mit Wien nicht vereinigen, und sehe ich erst, daß meine Wiener Tätigkeit ersprießlich und von Dauer sein kann, so ist meine Wahl schon heute entschieden. Es soll mich dabei keinerlei Privategoismus leiten und auch materielle Interessen müssen zurücktreten. Verlassen Sie sich da bitte unbedingt auf mich.
Die Doppelbesetzung der «Frau ohne Schatten» in Wien ist schwierig. Trauen Sie Kiurina die zweite Kaiserin und Schoder die Färbersfrau zu? Oder umgekehrt? Die Kaiserin braucht im III. Akt sehr viel dramatische Kraft und die Färbersfrau viel Stimmglanz in der Höhe. «Verfluchte Klemme!»
Nun wünsche ich Ihnen noch gute Besserung und schönste Stimmung für die Vollendung des Märchens, auf das ich riesig gespannt bin, und bleibe mit herzlichen Grüßen von Haus zu Haus (meine Frau ist wieder ganz wohl) Ihr treu ergebener

Dr. Richard Strauss

[P. S. zu einem Brief von Prof. Hans Kautsky]

Lieber Freund! Garmisch, 5. 2.19

Der Brief Kautskys ist so echt, daß ich ihn Ihnen schicken muß. Ich habe einmal eine Andeutung von chinesischen Märchen-

motiven gemacht; nun will mich der Hülsenschüler gleich ins Völkermuseum schleppen. Nur immer schön historisch und nie künstlerisch. Ich werde nun natürlich drauf bestehen, daß die Rollerschen Entwürfe unverändert auch für Berlin ausgeführt werden; erbitte mir nur von Ihnen einige sachliche Anhalte, mit denen ich Kautsky schonend, aber niederschmetternd entgegentreten kann, da ich bildlich und historisch selbst nicht auf der Höhe bin, wie Sie ja wissen.
Ich bin im geheizten Salonwagen glücklich bis Innsbruck gekommen und gestern nachmittag in mein Garmischer Idyll und denke voll Genugtuung an die schöne, mit Ihnen, Schalk und Roller in Wien geleistete Arbeit zurück.
Beiliegender Artikel dürfte Ihnen Freude machen.
Mit herzlichen Grüßen Ihr stets treu ergebener

Dr. Richard Strauss

Lieber Dr. Strauss, Rodaun, 12. II. [1919]

Die Konfusion in diesen norddeutschen Köpfen ist groß und ziemlich hoffnungslos. Sie kommt daher, daß die Leute so gar kein primäres Verhältnis zur Kunst haben, sondern immer Kunst und Bildung, d.h. Gelehrsamkeit, zwei Dinge, die ganz und gar nichts miteinander zu tun haben, durcheinanderbringen.
Zu antworten bitte ich ungefähr in folgendem Sinne: Die in der Dekoration waltende Stillosigkeit, d.h. Vermischung der Anklänge verschiedener alt-orientalischer Stilformen, ist wohlüberlegte Absicht. Die Forderung der Dichtung – als welche nicht eine historische Anekdote darstellt, sondern einen ewigen, d.h. zeitlosen symbolischen Stoff, geht auf ein ideales Kostüm und einen idealen Schauplatz. Bis gegen Ende des XVIII. besaß unsere Zivilisation eine Übereinkunft in bezug auf ideales Kostüm; das war die Antike, ihre Tracht und ihre Architektursprache, nach dem Zeitgeschmack modifiziert, so wie eine Art von rein konventionellem «Orient». Dieser Stilelemente bedient sich, noch bis ins Empire hinein, z.B. Goethe für Dichtungen *idealen* Charakters. Im Lauf des XIX., des historischen Jahrhunderts par excellence, wurde dieses naive Verhältnis zur «idealen»

Dekoration vom Zeitgeist aufgezehrt und alle Varianten der «historischen» Dekoration traten an deren Stelle. Je schärfer aber der historische und ethnographische Sinn wurde, desto schärfer ergab sich die Unmöglichkeit, aus diesen Elementen das Ideale oder Allgemeine aufzubauen. Eben die Überspannung des historischen Sinnes im Dekorativen führte zu einer Krisis: will man heute das erreichen, wofür bis 1800 eine konventionelle, nur scheinbar historische Formensprache vorhanden war, so ist es nur auf dem einen Wege möglich: daß man dem historisch und ethnographisch Bestimmten aus dem Wege geht und – um nicht ins Vage und Formlose zu geraten – aus heterogenen Elementen die Anklänge des Fernen, Gewaltigen, Geheimnisvollen, Religiösen kombinatorisch zusammenträgt. Wie in allen künstlerischen Dingen entscheidet hier der Takt –, jenes Weltelement, das dem Berliner Geisteswesen polar entgegengesetzt ist.
Ceterum et iterum censeo: wenn Sie in Berlin Opernpolitik im Großen treiben wollen – und verhindern wollen, daß die entscheidenden Schichten der Bevölkerung von der Oper ganz zum Konzertsaal übergehen und die Oper mitten in der Hauptstadt ein provinzieller Betrieb wird, so müssen Sie systematisch darauf hinarbeiten, die Ausstattungssachen aus den Händen von Personen, deren Inkompetenz Sie kaum ermessen können, in die Hände von Künstlern zu bringen. Die Oper ist nun einmal ein Gesamtkunstwerk, nicht etwa seit Wagner, der nur alte Welttendenzen sehr kühn und frech subjektivierte, sondern seit ihrer glorreichen Entstehung: seit dem XVII., und kraft ihrer Grundtendenz: Wiedergeburt des antiken Gesamtkunstwerkes zu sein. Wie einfach ist das alles zu fassen, außer für mühsame norddeutsche Gehirne. Norddeutsch und mühsam auch die langatmige Abhandlung über «Ariadne»[1], die sie mir schicken. Mein Gott, wie schwer von Begriffen, wie mit der Tür ums Haus! Wozu die Ableitung meines Gedichtes aus der – norddeutschen – Romantik, wo sich beides, meine und Ihre Kunst,

[1] Bernhard Diebold, «Die ironische ‹Ariadne› und der ‹Bürger als Edelmann›».

so mühelos und naturhaft aus dem bayerisch-österreichischen Barock ableitet mit seiner Mischung von Elementen und ihrer Bindung in der Musik. Und auf den Kern der Sache – das Verhältnis Ariadne-Bacchus – fällt in diesen 20 Seiten nicht ein einziges Mal der Strahl dieser mühsamen und dabei selbstgefälligen Reflexion. – Arme und langweilige Menschen. Und ein Mensch wie Roller ein Phönix, nur weil er kein *Feind* der Phantasie, sondern ihr dienen will.

Herzlich Ihr *Hofmannsthal*

Lieber Dr. Strauss, Mittwoch [etwa Ende März 1919]

Hoffentlich sind Sie wieder gesund. Ab Freitagnachmittag bin ich wieder verfügbar. Am besten durch ein Zetterl an den Portier, Stallburggasse 2.

Lieber Freund, ich will Sie nicht sekkieren mit Dingen, die Ihnen langweilig sind, und persönlich ist mir ja das alles ganz gleichgültig, aber im Interesse aller dieser verstrickten Kunstpolitik läge es bei der besonderen und gefährlichen Natur Bahrs so sehr, wenn Sie einmal einen Besuch von 20 Minuten an die Mildenburg wendeten. Die Situation ist so, daß dieses Brosamen (Aussicht auf die Verwendung nicht zur Regie, sondern zur mimischen Einzelkorrepetition im Rahmen des nächstjährigen Repertoire) schon von wohltuender Wirkung wäre. – Dem Urteil Ihrer Frau pflichte ich in diesem Fall nicht ganz bei – wenigstens nicht mehr, als bei begabten Theatermenschen durchschnittlich eine *gewisse* Unwahrheit vorwaltet.

Ihr *Hofmannsthal*

[P. S. zu einem Brief von Leopold Sachse]

Lieber Freund! Garmisch, 8. 6. 1919

Mit Kokoschka möchte ich es in Berlin doch versuchen: er würde jedenfalls neues Leben in die versumpfte Berliner Szene bringen. Meinen Brief über Fried haben Sie hoffentlich erhalten. Hoffentlich kommt Schalk und Frau nächste Woche zu uns.

Herzlich grüßend Ihr *Dr. Richard Strauss*

Lieber Freund! Garmisch, 17. 6. 1919

Sie sehen, daß Direktor Droescher bereits tätig gewesen ist: ich bitte nur mir mitzuteilen, welche Stellung Sie zu dieser Idee einnehmen.

Tatsache ist, daß Kautsky widerstrebend die Rollerschen Entwürfe ausgeführt, ob aber der Regisseur Holy mit einem ziemlich talentlosen Maschinendirektor imstande ist, das dann in wirkliches Bühnenleben zu übertragen, ist eben die große Frage. Kokoschka wird da jedenfalls neue Ideen aufbringen. Wie weit die unbedingte Freiheit, die er wünscht, in *Ihrem Sinne* ist, bitte ich Sie zu entscheiden und vielleicht mit Kokoschka persönlich zu konferieren. Derselbe ist gegenwärtig im «Weißen Hirschen» bei Dresden, wohin ich ihm schreiben und ihn gleichfalls an Sie verweisen werde. Es wird eben alles davon abhängen, wie weit sich K. mit den bereits in Arbeit gegebenen Dekorationen Rollers abfinden kann.

Der Einladung der Salzburger, Anfang Juli dorthin zu kommen, kann ich bei den heutigen Reiseverhältnissen und meinem dringenden Erholungsbedürfnis nicht folgen. Es genügt aber doch, wenn Roller und Reinhardt mit Ihnen noch an Ort und Stelle beraten. Ein Vorschlag der «Gemeinde», Professor Mandyczewski in den Kunstrat zu optieren, hat doch keinen Sinn! Was tun wir mit einem Mozart-Bonzen? Wie denken Sie darüber?

Mit herzlichen Grüßen Ihr treu ergebener *Dr. Richard Strauss*

Lieber Dr. Strauss, Rodaun, am 21. VI. 1919

Mit dem Experiment Kokoschka bin ich künstlerisch durchaus einverstanden. Gerade etwas Ähnliches habe ich mir jahrelang für Berlin vergeblich gewünscht. Er wird das Phantastische, Barocke, Zeitlose hineinbringen und, da er wirklich ein begabter Mensch ist, so soll er nur über das ganze Bühnenbild regieren, die Rollerschen Entwürfe umgestalten, das macht mir gar nichts und Roller macht es auch gar nichts, weil er ganz neidlos gegen K. ist, der ja aus seiner Schule hervorgegangen ist. Also für das *Künstlerische* trage ich gerne die Verantwortung. Gar nicht aber kann ich sie für das Praktische tragen. K. ist dem Theater gegenüber absolut Dilettant, und die Oper ist, wie mir gerade jetzt bei Anfertigung des Regiebuches mit Roller und Breuer klar wird, im Maschinellen äußerst kompliziert und braucht also einen eisern verläßlichen Fachmann, der eben fachmännisch und mit unbedingter Autorität den Maschinenmeister, den Beleuchter und alle anderen kommandiert, sonst klappt die Sache einfach nicht. Nun ist Kokoschka, wie ich allerseits höre, ein genialer, aber gar kein verläßlicher Mensch, bindet sich nicht an Verträge, bleibt tageweise von einer übernommenen Arbeit weg, behandelt alles als Improvisation usf. Es handelt sich also darum, daß einer der dortigen Fachleute, sei es Kautsky, sei es der Maschinenmeister, sich Ihnen gegenüber absolut für die praktische Durchführung verbürgt. Für diesen Punkt muß ich als Außenstehender jede Veranwortung ablehnen.

Die Besprechungen mit Breuer, der speziell den mimischen Teil der Regie mit großem Verständnis sich ausgedacht hat, hat ergeben, daß die Darsteller zweier Hauptrollen uns viel schuldig bleiben werden. Die Weidt das Dämonische und die offenbar sehr spießbürgerliche und nüchterne Lehmann eigentlich alles Geistige und Charakteristische ihrer Figur, der wichtigsten des ganzen Stückes. Da ja nun leider die Oper an den Anfang der Saison gesetzt ist, man also in den vorhergehenden Monaten die Leute so gar nicht in der Hand hat, so bitte ich Sie vielmals, den jungen Breisach möglichst lange dort bei sich zu behalten, und dann, ganz nach der Art von Bayreuth, vor allem die Weidt (bei dieser Rolle hängt alles von der Deutlichkeit der Aussprache ab), dann womöglich auch die Lehmann sich dorthin kommen zu lassen und unter Ihrer Aufsicht die Rollen studieren zu lassen, damit diese wenigst begabten Darsteller annähernd fertig auf die Proben kommen. Sonst sage ich mir nichts Gutes voraus. Jeritza, Mayr und Aagard dürften keine Schwierigkeiten machen.

Ich bin gleich Ihnen der Ansicht, daß der Kunstrat[1] komplett ist, und daß es nur die Schwierigkeiten vermehrt, wenn wir diesen M. oder wen immer noch hineinnehmen. Vielleicht finden Sie mit Schalk gemeinsam eine geschickte, nicht verletzende

[1] der Salzburger Festspiele

Form, den Mandyszewsky abzulehnen. Ebenso bin ich gleich Ihnen der Ansicht, daß Ihre Erholung wichtig ist und Ihre Anwesenheit in Salzburg durchaus entbehrlich ist und, daß, wenn Reinhardt, Roller und ich gewisse Dinge besprechen, nichts festgelegt werden wird, was Sie irgend mißbilligen würden.
Mit vielen Empfehlungen an Ihre verehrte und liebe Gattin bin ich Ihr freundschaftlich ergebener *Hofmannsthal*

Lieber Dr. Strauss, Rodaun, 23. VI. [1919]
Ich bin sehr betroffen über die Ernennung von Sch[1]. nach Berlin. Ist das nicht wieder ein Putsch à la W[2]. in Wien? Von allen offenen und heimlichen Gegnern dessen, was man schafft, ist mir der «Kollege», der impotente Künstler, der peinlichste. Er ist immer auch ein bedenklicher, meist ein direkt böser Mensch. Diesen Sch. habe ich von St...t aus in der übelsten Erinnerung, obwohl, oder gerade weil er sich an mich immer mit den süßlichsten und raffiniertesten Komplimenten über meinen Text heranmachte. Bitte schreiben Sie mir aufrichtig, was Sie von dieser Ernennung für eine Rückwirkung auf Ihre Arbeiten im Repertoire erwarten.
Bleibt es demnach bei Kokoschka?
Meinen gestrigen zustimmenden Eilbrief in dieser Sache hoffe ich in Ihren Händen. Herzlich Ihr *Hofmannsthal*

Lieber Freund! Garmisch, 27. 6. 1919
Herzlichen Dank für Ihren Brief: habe von Kokoschka noch keine Antwort, fürchte aber, daß nicht viel bei mündlichen Verhandlungen herauskommen wird, um so mehr, als Reinhardt gleichfalls mit K. unterhandelt und M. Schillings wahrscheinlich Droeschers Nachfolger werden wird. (Der Blinde folgt dem Einäugigen).
Bezüglich «Frau ohne Schatten» hoffe ich Anfang August Frl. Lehmann, Ende August Frau Weidt zum Privatstudium hierher zu bekommen. Schalk ist bei mir und wir haben über

[1] Max von Schillings.
[2] Felix von Weingartner.

alle wichtigen Fragen uns ausgiebig unterhalten. Ich gedenke 28. August zur ersten Arrangierprobe in Wien zu sein. Vorher muß ich aber Ihr und Rollers Regiebuch in Händen haben, um genau studieren zu können: deshalb bitte ich Sie, sobald dasselbe fertig, mir, bevor Sie es eventuell an Fürstner schicken, einen Abzug für meinen Privatgebrauch *hieher* zu senden.
Mit herzlichen Wünschen für guten Sommer (möge derselbe Ihnen einige gute Opernstoffe für mich bescheren, ich hätte so gern eine politische Satire im spätgriechischen Gewande, mit Jeritza als Lukiansche Hetäre – die heutigen Operetten-Regierungen schreien nach Vertonung und Verhöhnung –).
Mit schönsten Grüßen von Haus zu Haus Ihr treu ergebener

Dr. Richard Strauss

Lieber Freund! Garmisch, 30. 6. 1919

Vor sechs Monaten hat das Personal des Berliner Opernhauses einstimmig Herrn Dr. Droescher gewählt, heute wählt es auf Antrag der ersten Sängerin, Frau Kemp, deren Geliebten Schillings. Damit dürfte die Künstlerräterepublik definitiv ad absurdum geführt sein. Schillings hat weder den Charakter, noch den Fleiß, noch das Können für diese Stellung. Gegen mich und meine Werke dürfte er sich wohl anständig benehmen, soweit dies bei einem erfolglosen Konkurrenten zu erwarten ist, und schließlich wäre Herr Paul Bekker von der Frankfurter Zeitung noch übler gewesen.
Meine näheren Beziehungen zur Berliner Oper dürften nunmehr ihr Ende erreicht haben.
Schalk war sehr lieb und reizend, und wir haben fleißig gearbeitet und «manches vorwärts gebracht». Wir kommen vielleicht Mitte Juli auch ins Ötztal und hoffen, Sie dort zu sehen.
Mit herzlichen Grüßen Ihr stets aufrichtig ergebener

Dr. Richard Strauss

Lieber Dr. Strauss, Rodaun, 1. VII. 19

Danke schön für Ihren lieben Brief vom 27. VI. Der Postlauf fängt doch an, besser zu werden. – Bezüglich Berlins – das doch

der wichtigste Punkt für das Schicksal der neuen Oper – scheint mir alles darauf anzukommen, daß Sie das Künstlerische – nicht im Detail, sondern nur die Entscheidung über die ausführenden Personen – in der Hand behalten; Kokoschka war mir willkommen, ein anderer Maler von Rang wäre mirs auch – oder aber die *strikte* Ausführung der Rollerschen Sachen, nicht aber ihre lieblose Ausführung, häßliche Farben, eine neue Hülseniade. Ich wiederhole es immer wieder, daß dort viel auf dem Spiel steht, auch in diesem Punkt: nämlich die Art, wie die Malerkreise (Slevogt-Kreis, Liebermanns Salon, Cassirer-Kreis) zu dem Werk Stellung nehmen, wird wesentlich modifiziert durch die optischen Eindrücke – so unsachlich dies eigentlich einem Musikwerk gegenüber ist, und diese Leute machen für das klügere Berlin den Regen und das schöne Wetter!
Bezüglich des Regiebuches sind Roller und ich zu der klaren Einsicht gekommen, daß – anders als beim «Rosenkavalier» – ein solches, *getrennt* vom Klavierauszug, nicht zustande kommen *kann*. Der Grund ist der: beim «Rosenkavalier» gab es ziemlich viel *Theaterspiel*, das unabhängig von der Musik war: Zeremonien wie das Lever und der Einzug, Burlesken wie das Duell, das Quodlibet in dem Gasthof, das ganze Spiel der beiden Livreen, die Pantomime in III usf.
In der «Frau ohne Schatten» sind im wesentlichen immer nur die Gebärden der paar Hauptfiguren festzulegen, und zwar in genauester Anlehnung an die Musik: daher befindet sich der Niederschlag von Rollers und meiner gemeinsamen Arbeit mit dem mimisch sehr begabten Breuer als ein dichtes Netz von Angaben und Notizen im Klavierauszug Breuers. Veranlassen Sie nun bitte, daß Fürstner sofort einen weiteren Klavierauszug als zu *Ihrem* persönlichen Gebrauch – an Kammersänger Breuer, Rodaun bei Wien, Elisenstraße – sendet, so werde ich Breuer veranlassen, mir [eine] ganz getreue Kopie des Auszuges mit den zahlreichen Regieanmerkungen für Sie herstellen und als Wertpaket nach Garmisch senden zu lassen.
Ferner verfaßt Roller im Juli auf dem Land eine sehr gewissenhafte Anleitung für alle Bühnenchefs über die Durchführung

Photo Barrasch

Richard Strauss
(um 1920)

der Verwandlungen, Zaubereien etc. Roller ist aber momentan so überarbeitet und unterernährt, daß der große starke Mensch einen jammervollen Eindruck macht, und wie ich hörte, Weinkrämpfen immer sehr nahe ist; er muß unbedingt 5 bis 6 Wochen wirkliche Erholung haben, sonst bricht er im Winter zusammen, das wäre ein übler Anfang!
Ich selber bin auch ziemlich auf dem Hund, aber wenn ich ein paar Wochen in hoher Luft verbringen kann – und glücklicherweise nimmt mich das Tauernhaus in Ferleiten, 1150 m und gute Verpflegung, auf, so werde ich wieder beisammen sein und munter den Spuren der drei oder vier opern-, singspiel- und operettenartigen Sujets folgen, die mir vorschweben, und hoffe *mehr als eines* davon zur Strecke zu bringen.
Da Ferleiten nur drei Bahnstunden von Salzburg, so kann ich von dort aus nach S. kommen, wenn mich Reinhardt braucht, und über der auch für unsere Zukunft (Ihre und meine) sehr wichtigen Salzburger Sache wachen. – Ich gebe Ihnen Nachricht, bevor meine Adresse sich ändert.
Alles Gute! *Hofmannsthal*

Lieber Dr. Strauss, Bad Aussee, 18. IX. 19

es war mir immer zweischneidig, als die Première der «Frau ohne Schatten» auf einen Herbsttermin festgelegt wurde, denn ich weiß es von meinem zwanzigsten Jahr an: diese Monate, August bis November, sind die eigentlich produktiven meines Jahres, sie entscheiden über die Ernte des ganzen Jahres, oft über die mehrerer – aber das konnte ich noch gar nicht wissen, daß dieses Jahr ein so glückliches für mich werden würde, daß ich zugleich mit der langsamen Genesung von einer schleichenden und ziemlich tiefgehenden körperlichen Krankheit auch von vieler geistigen Verfinsterung genesen und zum wirklichen Reichtum meiner Natur, den ich Jahre und Jahre entbehrt habe, zurückkehren würde – und wirklich ist dies eingetreten – und ich befinde mich in einer Situation, von der ich mich um keinen, wirklich um keinen Preis lösen würde – denn jeder Tag bringt mir Unschätzbares – nehmen Sie das Wort nicht für unbe-

scheiden, jeder muß ja sein ihm zugewiesenes Höchstes so benennen. – So müssen Sie es völlig verstehen, wenn ich mich selber von der Freude ausschließe, die Proben mitzuhören bis auf die drei oder vier letzten, es ist nur Freude, der ich entsage, die Magie, meine Worte und Gestalten in Ihrer Musik aufblühen zu sehen, und das unvergleichliche Geschenk, das mir diese Zusammenarbeit in der reinsten geistigen Sphäre jedesmal gibt, so früh als möglich und so nahe als möglich an der noch unentweihten Quelle zu trinken. Aber ein Leben der vibrierenden Arbeit und Inspiration, wie ich es hier zwischen meinen fünf Bäumen oder in einem Mansardenzimmer des Ramgutes führe – halb beseligt, und halb beinahe gestört von den himmlischen Herbsttagen, denn ich würde vielleicht bei Regen und Nässe noch intensiver in mir selbst und aus mir selbst leben – läßt sich mit der Welt nicht verbinden, nicht mit Rodaun-Wien, Proben, Menschen, Wirklichkeit – ich würde wirklich aus dem Himmel in die Hölle stürzen, und da Sie mich klug und großmütig immer und in allem so genommen haben, wie ich bin, so nehmen Sie mich diesmal wieder so, um mich, verspätet dann, aber doch als der beste Freund Ihrer Person und Ihres Werkes, den Sie vielleicht außer Ihrer Frau auf der Welt haben, aufzunehmen.
Lassen Sie mich Ihnen dafür versprechen, daß ich, nun das «Märchen» vollendet ist und in diesen Wochen erscheint, das Lustspiel[1] unter der allerletzten Feile, der Roman[2] mächtig vorgeschritten, ein neues Lustspiel[3] glücklich begonnen und eine neue Arbeit sehr besonderer Art[4] in enger Gemeinschaft mit Reinhardt weit übers Szenarium gediehen ist, daß ich nun die Keime zu den drei für Musik bestimmten Werken ganz verschiedenen Stiles, die ich in mir trage, auch mit aller Wärme hegen und treiben werde, um Ihnen im Winter das Szenarium zu einem davon vorzulegen und im Frühjahr, zu Beginn Ihrer Arbeit, einen bedeutenden Teil der Ausarbeitung.

[1] «Der Schwierige».
[2] «Andreas».
[3] Wohl «Dame Kobold» oder «Timon der Redner»
[4] «Das Salzburger Große Welttheater».

Für bestimmt schwebt mir dieses vor: daß alle drei, bei noch so großer Verschiedenheit, Werke eines leichteren Genres werden sollen, nicht Riesenlasten auf Ihre Schultern, wie die «Frau ohne Schatten» eine gewesen sein muß – freilich haben Sie sie, wie spielend, den steilsten Berg hinaufgetragen.
Dann daß jede Sache, die ich ja noch für Sie mache, ein Genre für sich sein muß: so waren alle bisherigen Arbeiten jede ein Genre für sich, nur «Elektra» steht vielleicht als eine bloße Variante der «Salome» etwas zu nahe – und es freut mich zu denken, daß auch die kleine Oper, die Sie sich in der Zwischenzeit selber gemacht haben[1], in diese Reihe des immer Variierten sehr schön hineinpaßt. So ist es auch bei Mozart und bei Wagner – jedes Werk ist einmalig – das Gegenbeispiel ist aber die Reihe im Genre gleichartiger Werke wie bei Meyerbeer oder bei Puccini. –
Zu den Proben nur dieses Wort: alles, was meine Phantasie geben kann, ist festgelegt darin, wie die einzelne Gebärde schon aus dem Text als Notwendigkeit hervorspringt, und so ist es im Regiebuch festgelegt. Das letzte ergibt sich durchwegs aus der Musik und aus der körperlichen Begabung und Eigenart der Darsteller. Hier füge ich mich allem, was Sie in Übereinstimmung mit Roller, der ja aufs gewissenhafteste alles durchdenkt, anzuordnen oder wegzulassen für richtig finden.
Nur eines: man sagte mir, Sie hätten gewollt, daß am Ende des ersten Bildes (Terrasse) die Amme und die Kaiserin *versinken*, anstatt ins Schlafgemach abzulaufen. Das geht aber wirklich nicht, aus fünf Gründen.
1. Es steht doch ausdrücklich dort: das Orchester nimmt ihren «Erdenflug» auf, also Flug durch die Luft, der Menschensphäre allmählich näher – nicht Rutschen durch das finstere Erdinnere.
2. Im zweiten Bild erscheinen sie doch irgendwie wie aus dem Rauchfang und keinesfalls aus der Versenkung!
3. Sie sind auch im zweiten Bild nicht sofort da, sondern eben nach einer Viertelstunde: so viel Zeit zum raschen Umkleiden und zum Hinabfliegen nötig war.
4. Im vierten Bild (Falknerhaus) kommen sie doch auch durch

[1] «Intermezzo».

die Luft hereingeschwebt; man muß doch bei einer und derselben Bewegungsart bleiben!
5. Wer wird überhaupt von einer Terrasse, vom obersten Stock eines Hauses, versinken! Da stürzt er ja zuerst durchs ganze Haus durch!
Ich hoffe, daß Sie von dem Stück mehr Freude haben als Qual von den gewissen unvermeidlichen Reibungen. Ich freue mich unsäglich aufs Hören. – Die gewissen Schwierigkeiten mit dem Stoff, stupide Versuche, zu deuten und herumzurätseln, wo alles einfach Bild und Märchen ist, auf das alles bin ich gefaßt. Das geht vorüber, und was bleiben soll, bleibt. Das Erscheinen des Märchens wird die Deuterei für den Moment noch vermehren, in einem halben Jahr wird das abgelaufen sein.
Allerherzlichste Empfehlungen der gnädigen Frau. Ihnen alles Liebe in Freundschaft *Hofmannsthal*

P. S. Ohne in die von Fürstner so gut geführte Außenpolitik dreinzureden, würde [ich] sehr wünschen, daß die Oper in Prag dem *tschechischen* Nationaltheater gegeben wird, das genau das zwanzigfache Publikum hat. Auch kulturpolitisch erschiene dies mir richtig.

Bad Aussee, 30. IX. 1919

Verehrte gnädige Frau oder lieber Dr. Strauss!
Mein alter Freund Franckenstein, der eigens zur Première die 15stündige Fahrt nach Wien machen will, hat sich erlaubt, an gnädige Frau zu schreiben, mit der Bitte, durch ihr Fürwort ihm zwei Sitze (für seine Frau und ihn) zu sichern. Ohne Antwort, ist er in Besorgnis, daß der Brief gnädige Frau nicht erreicht haben könnte. Daher erlaube ich mir, Sicherheits wegen, diese Zeilen noch zu richten, und bitte also gnädige Frau oder Dr. Strauss die Billetts für ihn *an sich [zu] nehmen*. Er bat natürlich um *zahlbare* Billetts, doch scheint es mir, daß die Courtoisie gebietet, daß die Wiener Oper den gewesenen Generalintendanten, der gewiß wieder Leiter eines großen Theaters werden wird, als Gast behandelt. In Verehrung *Hofmannsthal*
P. S. Ich bin Sonntag früh Wien, Stallburggasse 2.

Lieber Freund! [Wien] Freitag [5. Dez. 1919]

Höre mit aufrichtiger Betrübnis, daß Sie nicht unbedenklich krank waren. Wie geht es Ihnen? Darf ich Sie besuchen? Oder wann und wo kann ich Sie überhaupt sehen? Wir sind – ohne Gepäck – wie Bettler und Flüchtlinge hier angekommen, sonst aber in guter Verfassung und hoffen, bald Tröstliches von Ihnen zu hören. Mit herzlichsten Grüßen von Haus zu Haus

Ihr getreuer

Dr. Richard Strauss

1920

Betrifft Divertissement! Wien, Stallburggasse 2, 2. II. 1920

eilt nicht! in Ruhe lesen!

Lieber Dr. Strauss,

mitfolgend der Entwurf zu einem Divertissement von 30 bis 40 Minuten, vielleicht Ihren Intentionen entsprechend. Ich würde es nur in den Hauptpunkten ausführen, alles Detail dem Ballettmeister überlassend.

Die Sache mit S. ist für mich wirklich genau so unangenehm, wie es für Sie wäre, wenn d'Albert ins Spiel käme. Dazu ist S. ein unendlich reizbarer, empfindlicher und rachsüchtiger Mensch, ich bitte also, die Sache mit aller Vorsicht zu behandeln. Vielleicht am besten, Sie lassen sich von ihm seine Entwürfe geben. Es sind, nehme ich bestimmt an, Entwürfe zu größeren Balletten. Gefällt Ihnen, gegen mein Erwarten, einer davon, so könnten Sie ihn ja vielleicht für später – aber unbestimmt – in Aussicht nehmen. – Fürs nächste scheint mir richtig, Ihre Kraft nicht in ein großes Ballett zu stecken, für das die Aufführungschancen (qualitativ und quantitativ) so gering sind –, sondern Ihre offenbar mit Tänzen erfüllte Phantasie in einem Divertissement ausströmen zu lassen. – Dann möchte ich Ihnen im April den leichten dreiaktigen, der Operette verwandten und der Welt des Lukian sehr nahen Entwurf[1] vorlegen – vielleicht sehen Sie dann

[1] «Danae oder die Vernunftheirat». Vgl. die Fußnote zum Brief v. 30. (?) April 1920; S. 459.

wieder das nötige Wasser vor sich, auf dem Sie Ihr schönes Schifferl fahren lassen können.

Herzlich wie immer Ihr *Hofmannsthal*

P. S. Schreiben Sie mir möglichst bald, ob Ihnen die Sache im *Ganzen* zusagt – dann müßte ich die Einzeldurchführung, genaue Aufeinanderfolge der einzelnen Momente mir ein paar Tage überlegen, aber in einer Woche könnten Sie es haben.

Divertissement!

Spieldauer 30 bis 40 Minuten.
Ohne Kostüm (d. h. Kostüm der Gegenwart, mit Ausnahme einiger Phantasiefiguren).
Keine Dekoration. Alles vor einem grauen Vorhang, so wie der Carnaval von Schumann.
(Dadurch leichte Beweglichkeit des Ganzen: man könnte ein Gastspielensemble bilden, es herumschicken.)
Absicht (entsprechend dem Wunsch des Komponisten): Gelegenheit für wirkliche Tänze: pas de deux, pas de quatre und *kleine* Ensembles, sowohl heiteren als elegischen als grotesken Tanzcharakters.
Der geistige Inhalt des Ganzen, wodurch es zur poetischen Einheit zusammengehalten wird: es stellt die innere Welt des Knaben dar, des ganz jungen Menschen (von 15 Jahren), und zwar sowohl die Welt der Wirklichkeit, die ihn noch schlecht behandelt, ihm Kränkungen zufügt usf. und damit gemischt die Welt der Phantasie (der Lektüre), die ihn tröstet.
Figuren:
Der Knabe (Hauptfigur) –/ Das junge Mädchen,
Der junge Mann, deren Verehrer,
Die junge Frau / deren Mann,
dies sind die Figuren der Wirklichkeit.
Ferner die Figuren der Phantasie: Robinson und sein Freitag/ Schillers Räuber (5 oder 6 Grotesktänzer in schwarzen Mänteln)/ Briseïs, die schöne Sklavin des Achilles und ihre Mit-Sklavinnen, eine kleine Schar von reizenden Mädchen./
Die Handlung einfach sich abrollend in kleinen, scharf vonein-

ander abgehobenen Tanzszenen, wie Schumanns Carnaval, ungefähr wie folgt.
Der Knabe, allein. Robinson und Freitag umtanzen ihn. Aber sie verlocken ihn nicht mehr.
Der Knabe und das junge Mädchen, sie kokettiert mit ihm – läßt ihn aber stehen und fliegt ihrem um 5 Jahre älteren Verehrer zu: Walzer à trois.
Die junge Frau kokettiert auch mit ihm – kokettiert aber zugleich auch mit dem Verehrer des jungen Mädchens, den sie diesem abspenstig macht. – Solo des eifersüchtigen Ehemannes. – Der Ehemann tröstet das junge Mädchen. Der Knabe ist Zeuge dieser entsetzlichen, für ihn fast unbegreiflichen Kreuzungen.
Dazwischen immer flüchtet seine Phantasie zu Schillers Räubern und der Ilias: zu der schönen Briseïs.
Die Räuber umgeben ihn, tragen den vor Liebesgram Entschlummerten über die Bühne: burlesker Trauermarsch.
Szene mit Briseïs und ihren Gefährtinnen: elegisch: valse noble.
Die einzelnen Szenen kurz, scharf charakterisiert, jede ein Musikstück für sich: etwa 7 bis 9 moments musicaux, jeder zu 4 bis 5 Minuten. Die Figuren scharf charakterisiert: Der Knabe = Pierrot, der Freund des jungen Mädchens = Harlekin, der Ehemann = Sganarelle.

Lieber Freund! Wien, 8. 3. 20

Gestern aus Berlin zurück, höre ich mit Schmerz, daß auch Sie krank sind. Ich beeile mich, Sie um kurze Nachricht über Ihr Befinden zu bitten und Ihnen und Ihrer Frau herzlich gute Besserung und baldige Wiederherstellung zu wünschen.
Ich bringe aus Berlin die gute Nachricht mit, daß vorläufig alles geschehen ist, um der «Frau ohne Schatten» für den 28. März in doppelter Besetzung, die ich selbst mit Energie durchgesetzt habe, eine sehr gute Aufführung in Aussicht zu stellen. Ich habe selbst tüchtig am Klavier probiert, von den Dekorationen die Modelle, von Färberstube und Tempel die fertige Dekoration auf der Bühne gesehen und bin entzückt, was Aravantinos geleistet hat. Er hat Phantasie und Geschmack und vor allem eine

Treue und Ehrfurcht vor dem Willen des Autors und den inneren Bedürfnissen der Dichtungen, die rührend ist und vor allem für Ihre Absichten eine bis jetzt noch nicht erlebte szenische Ausdeutung verspricht. Alle Zaubereien werden kommen, sogar das Wasser und der Einsturz am Schluß des II. Aktes. Das Schwert und die Verschiebung des Bettes auf sinnige Weise gelöst, für alle unsichtbaren Stimmen auf und hinter der Szene sind die besten Vorkehrungen getroffen, so daß wir einen wesentlichen Fortschritt gegenüber Roller erwarten dürfen, der allzu resigniert im vornherein auf das «Zauberstück» verzichtet hat. Alles und gerade *das* kann eben doch die Musik allein nicht machen: es sei denn, man schreibt gleich ein Oratorium und verzichtet ganz auf die Szene! Aber *halbe* Szene geht eben nicht, weil dabei die Phantasie des Publikums ausgeschaltet wird, ohne daß das Auge voll befriedigt wird.
Wollen Sie nicht am 22. März mit mir zu den letzten Proben nach Berlin fahren? Diesmal rede ich Ihnen wirklich zu und bitte Sie, das veränderte Berlin diesmal mit Ihrer Anwesenheit und hoffentlich Zustimmung zu beehren. Schreiben Sie oder telephonieren Sie mir, wann ich Sie sehen kann!
Mit herzlichen Grüßen Ihr *Dr. Richard Strauss*

Lieber Dr. Strauss, Rodaun, 10. III. 20

ich danke Ihnen schön für das Freundliche und Gute, was Sie mir über Berlin schreiben. Hier hat mich ja Roller mit den Zaubersachen ganz im Stich gelassen. Das Phantastische ist ihm halt nicht gegeben, vorher konnte ich das nicht so wissen.
Und bei mir sind diese Zaubereien ja kein aufgenähter Flitter, sondern unentbehrlich, wie Gelenke des Ganzen. – Hoffentlich werden die dortigen Sachen in der Ausführung so gut, wie Sie Ihnen im Modell erschienen sind.
Nach Berlin würde ich aus verschiedenen Gründen sehr gern fahren; auch Reinhardt spielt Ende März einen von mir übertragenen Calderon[1]. Aber es ist ganz undenkbar, daß ich in 14

[1] «Dame Kobold». Die Uraufführung an Max Reinhardts «Deutschem Theater» in Berlin fand am 3. April 1920 statt.

Tagen nach Berlin fahre, unter den jetzigen Umständen. Das qualvolle Hotel- und Restaurantleben, die miserable Ernährung, das Herumlaufen, Proben etc. würde ich alles nicht aushalten. Diese schleichende Grippe und Rheumatismus und immer etwas Fieber durch fünf Wochen (auch jetzt noch) haben mich sehr angegriffen; ich bin selbst zum Lesen fast unfähig, in einer beständigen nervösen Depression, und der kleinste Wetterwechsel, ein solcher kurzer Brief wie dieser, ein kurzes Gespräch, alles greift mich unglaublich an. – Ich bin überaus froh, daß durch die zufällige Fügung, daß meine Frau drinnen krank wurde, wir getrennt sind, Alleinsein ist eigentlich das Einzige, das ich ertrage. Und jetzt im März muß ich besonders achtgeben, März ist mein kritischer Monat, 1917, 18 und 19 wurde ich im März krank, sterbe auch gewiß einmal im März, wie meine Mutter. – Ich dank Ihnen schön, daß Sie herauskommen wollen, aber bitte, tun Sie es ja nicht, die zweimal 1¾ Stunden Tramway sind eine Qual und ich hab nichts von Besuchen. Hoffentlich kann ich Sie drin noch sehen vor dem 22.

Herzlich Ihr *Hofmannsthal*

Lieber u. guter Freund, Rodaun, 14. III. 20

Verzeihen Sie, wenn ich Ihnen einmal nur um materieller Dinge willen schreibe – ich tue es sehr ungern.

Sie werden ja in diesen Jahren bemerkt haben, daß ich nicht geldhungrig bin – und auch jetzt – so quälend die Situation u. das Leben, das ich mit meinem proletarisierten Haushalt führe, allmählich geworden ist – auch jetzt u. vor allem in diesem Brief an Sie handelt es sich mir nicht um Geld im Allgemeinen, sondern in einer bestimmten Form: um die Möglichkeit nach dieser 7jährigen Kerkerhaft künftig Monate des Jahres im Ausland, fern von diesen mir ekelhaften, mich völlig verdummenden und erstarrenden, gleichzeitig unglücklichen u. stupiden Verhältnissen hier zubringen zu können, wo? – am liebsten in Italien, auch in der südlichen Schweiz – kurz wo mich nicht jeder Tag ekelt u. niederdrückt, wo ich wieder weiß, wofür ich in der Welt bin, die Sonne sehe und das Höhere in mir leben fühlen kann. Das

alles ist ja nur Geschwätz, kurz worauf es mir ankommt, ist die Stärkung meines kleinen Schweizer Guthabens, das ist eine moralische und damit auch künstlerische Lebensfrage für mich. Nun können Sie ja an diesen Dingen mit bestem Willen nichts zu meinen Gunsten *ändern*, aber Sie können mich über manches aufklären und vielleicht auch in günstigem Sinn, wenigstens für absehbare Zukunft, darum also appelliere ich an Ihre Güte.
Nun las ich so viel von Buenos Aires, und auch, daß Ihre (unsere) Opern dort schon viel und mit großem Beifall gespielt *worden seien* (?!). So steht vermutlich Argentinien außerhalb der Konvention zum Schutz des geistigen Eigentums? Ist daran zu Ihren (unsern) Gunsten keine Änderung zu erhoffen? Auch im Falle des Operngastspiels keine Tantième-Sicherung zu gewärtigen?
Diese eine Sache würde mir wahrscheinlich meine 2–3 Monate Italien im Jahr sichern – wovon für meine Genesung alles abhängt. (Sie müssen denken, daß ich die vergangenen Aufenthalte in dem ewig sonnenlosen, mir ungesunden Salzkammergut auf die Dauer *hasse*, also *nichts* habe, worauf ich mich freuen kann).
Ferner: sollte im Februar der R. C. in Stockholm gespielt werden. Ist daraus nichts geworden? Und in Bologna? Auch nichts?
Bitte schreiben Sie mir 5 Zeilen in knappstem Stil über diese Sache, Sie werden damit sehr wohl tun Ihrem Freunde

Hofmannsthal

Lieber Freund! München 17. 3. [1920]

«Rosenkavalier» kommt in Stockholm im April. In Buenos Aires soll im Sommer «Salome» und «Rosenkavalier» gespielt werden; letzterer glaube ich auch in Bologna. Ich gehe im August nach Buenos Aires, um für nächsten Sommer ein Gastspiel der Wiener Oper, das nicht ganz aussichtslos erscheint, womöglich einzuleiten, wobei unsere Werke, außer Wagner, das Hauptrepertoire bilden sollen. Natürlich gibt es dort Tantiemen, ich glaube sogar in ausländischer Valuta. Fürstner bemüht sich wenigstens darum. Ich glaube Sie schreiben am besten direkt an ihn, ob es möglich ist, Ihren dortigen Anteil vorher zu sepa-

rieren, und eventuell an Ihr Schweizerkonto abzuführen. Wie geht es Ihnen? Wann kann ich Sie mal sehen? Es ist ja eine scheußliche Zeit und es gehört viel Energie dazu, dabei den Kopf hoch zu halten. Aber man muß es tun, soll nicht das bißchen Arbeitsfreudigkeit auch noch zum Teufel gehen. Ich bin sehr fleißig, probiere und dirigiere wie ein Wilder, instrumentiere außerdem noch – nur nach Berlin werde ich vorläufig nicht fahren, habe auch von dort gar nichts mehr gehört, außer daß die Theater geschlossen sein sollen. Da muß wohl die «Frau o. Sch.» auch noch warten.
In München soll sie, nach Reichenbergers Bericht, sehr gut gehen.
Arbeiten Sie? Darf ich bald auf das Versprochene hoffen? Lassen Sie sich nicht unterkriegen und seien Sie herzlich gegrüßt von Ihrem treu ergebenen *Dr. Richard Strauss*

Brief Hofmannsthal vom 22. III. 1920 siehe S. 489

Lieber Dr. Strauss, Rodaun, Freitag [30. April 1920]
Obwohl noch so abgespannt und schwach, hätte ich es für nicht freundschaftlich gehalten, abzureisen, ohne Ihnen das Versprochene zu überreichen. Der Erfolg des großen, ernsten Werkes in Berlin[1] freut mich recht sehr. Ich war über Dresden damals wirklich betrübt. Nun sind wir wohl für Deutschland überm Berg und können uns wieder *Leichterem* zuwenden.
«Danae»[2] geht genau in der Linie «Rosenkavalier», «Ariadne»-Vorspiel, «Bürger als Edelmann» weiter. Es verlangt eine leichte

[1] «Die Frau ohne Schatten», deren Berliner Erstaufführung am 18. April 1920 stattfand.

[2] «Danae oder die Vernunftheirat». Das Szenarium, das Hofmannsthal diesem Brief beilegte, wurde zuerst von Herbert Steiner in der Zeitschrift «Corona» (IV. Jg. Heft 1, 1. Sept. 1933) veröffentlicht, und 1952 von W. Schuh mit den Notizen des Dichters in Buchform (S. Fischer Verlag, Frankfurt a. M.) herausgegeben. Seit 1956 auch in den Gesammelten Werken (Lustspiele III). – Strauss hat den Danae-Plan nicht ausgeführt. Erst im Jahre 1936 – er hatte inzwischen das Szenarium aus dem Gedächtnis verloren –, als Willi Schuh ihm die «Corona»-Veröffentlichung vorlegte, interessierte er sich für den Stoff, den Joseph Gregor dann als Opernbuch ausführte («Die Liebe der Danae», Heitere Mythologie in drei Akten, op. 83.).

geistreiche Musik, wie nur Sie, und nur in Ihrer jetzigen Lebensphase, [sie] machen können. Das Sujet ist eine frühe mythische Antike, frech behandelt, in lukianischem Sinne als «milesisches Märchen».
Je «französischer» Sie es auffassen, desto besser; es bleibt ja doch im Kern die deutsche Wesenheit, das Tiefere und Schwerere, so wie es bei mir im Kern das Lyrische, unter dem noch das Symbolische und Metaphysische verborgen.
Als Kostüm denken Sie sich eine Wiener-Werkstätten-Antike (nicht Rollers Ernst), noch besser eine Poiret-Antike.
Ich werde trachten, Sie Montag vor meiner Abreise noch zu sehen!
Herzlichst der Ihre *Hofmannsthal*

P. S. Mein Märchen hat auch fünf neue Auflagen, was mich freut.

Lieber Freund! Hotel Central, Rio de Janeiro, 5. Okt. 20
Nachdem Sonnabend, den 2. Oktober, als letzte Vorstellung der Stagione Bonetti, in der ich bis jetzt sechs Konzerte hier dirigiert habe, endlich mit allergrößtem Erfolge, unter dem vortrefflichen Kapellmeister Serafin, mit Claudia Muzio als äußerst vornehmer und reizvoller Marschallin, Ludikar als Ochs, der «Rosenkavalier» hier herausgebracht wurde, scheint mir der Moment gekommen, auch Ihnen einiges Interessante aus den «Kolonien» («Länder» gibt es doch nur in Europa) zu berichten. Landschaftlich sicher die schönste Stadt der Welt in ihrer Verbindung von Meer, Gebirge und tropischer Vegetation; an märchenhafter Pracht kann ich Rio nur mit dem «Kaiserreich der östlichen Inseln» vergleichen, in das ich mich täglich versetzt glaube, wenn ich von unserer Dachterrasse auf die Bucht hinausschaue und von herrlichen Aussichtspunkten, zu denen man auf zauberhaften Waldstraßen per Auto gelangt, auf die Mondberge herabblicke. Ich habe oft an Sie gedacht und Sie herbeigewünscht, daß Sie Ihren schönen Dichtertraum zur Wirklichkeit werden sähen. – Mit den Reizen der Natur ist's

aber auch zu Ende. Kunstentwicklung im Anfangsstadium; das italienische Stagionewesen, das einem größtenteils aus Mode und zur bestimmten Jahreszeit ins Theater stets zu den zweiten Akten gehenden, nicht großen Publikum jahraus jahrein dieselben zehn Opern (nur mit abwechselndem Tenor) darstellt, fängt ganz langsam an, in einigen gebildeten Köpfen die Sehnsucht nach wirklicher Kunstübung mit wechselndem Repertoire zu wecken, so daß unser Plan, mit der Wiener Oper hierher zu kommen, nicht aussichtslos erscheint, wenigstens nach dem zu urteilen, was ich bis jetzt persönlich beim Präsidenten der Republik, dem Präfekten der Stadt, erreicht habe: nämlich voraussichtlich freie Überfahrt auf einem brasilianischen Dampfer von Triest bis Rio. –
Um den Besitz des hiesigen Theaters (für die nächsten fünf Jahre) kämpfen momentan hier drei Parteien: 1. der Impresario Mocchi, der bis jetzt hauptsächlich hier war und in Buenos Aires im Coliseo spielt, wo er dies Jahr «Salome» und ebenfalls vor wenigen Tagen den «Rosenkavalier» als die beiden Haupttreffer seiner Saison gebracht hat – ein sehr energischer, skrupelloser, mit allen Mitteln arbeitender Kunstcondottiere, der in Rio anscheinend die größten Chancen hat, –
2. mein sehr anständiger Bonetti, dessen Hauptschwergewicht in Buenos Aires im Teatro Colon liegt und
3. eine neugegründete Theatergesellschaft mit den reichsten Leuten von Rio an der Spitze, die das Theater übernehmen wollen, um sich von der Tyrannei des Impresarios zu befreien und im Theater wirkliche Kunst dargestellt zu wissen.
Mit dieser 3. Gruppe verhandeln wir: siegt sie, so dürfte ein Gastspiel der Wiener Oper gesichert sein. Die Entscheidung soll in den nächsten Tagen fallen: aber in diesem Paese della tranquillità, wie mein italienischer Orchesterdiener sagte, kann man nie wissen!
Wir haben bis jetzt sehr vorsichtig und kurz verhandelt und sind vom Präsidenten abwärts mit unsern Wienern überall auf größte Begeisterung gestoßen.
Aber in einem Lande, wo alles versprochen wird und wirkliches

Interesse doch nur die Kaffeebörse und allenfalls ein König von Belgien hat – ist noch ein ziemlich weiter Weg bis zur Unterzeichnung eines wirklichen Kontraktes mit den für uns nötigen Garantien.

Auch für Salzburg arbeiten wir fleißig, verteilen unsere Propagandaschriften an die Damen der Heilsarmee – bis jetzt ohne sichtbaren Erfolg. Was ist einem Brasilianer oder, noch schlimmer, – einem in Brasilien lebenden Deutschen Salzburg?! Ein Gutes hat so eine Reise: man bekommt dabei seinen ganzen Stolz als Europäer wieder und sehnt sich sogar nach Hunger, Kohlennot und Bolschewismus inmitten all des materiellen Überflusses! Ich habe auf der Überfahrt die ganzen literarischen Aufsätze von Goethe gelesen: wie weit hatte uns dieser herrliche Geist vor hundert Jahren schon gebracht! Wo stehen wir heute! Und trotzdem!

Ich hoffe Sie gesund und arbeitsfreudig und freue mich schon heute, nach meiner Rückkehr in Wien, circa 12. Dez., schöne Resultate Ihres Arbeitssommers genießen zu dürfen! Ist der «Schwierige» fertig? Jedenfalls haben unsere Werke im Auslande noch eine schöne Zukunft! Italien bringt den «Rosenkavalier» in Rom, Bologna, Turin. Auch Madrid ist in Aussicht. Die «Frau o. Sch.» soll in Mailand nächstes Jahr drankommen. Bitte sorgen Sie nur dafür, daß Schanzer möglichst wörtlich übersetzt, der «Rosenkavalier» enthält diesbezüglich entsetzliche Schnitzer, so daß oft Musik und Wort gar nicht mehr zusammenpassen.

Leben Sie recht wohl, grüßen Sie Ihre liebe Familie und seien Sie selbst herzlichst gegrüßt von Ihrem getreuen

Dr. Richard Strauss

1921

Lieber Dr. Strauss, Rodaun bei Wien, am 14. II. 1921

Obwohl hoffend, Sie sehr bald zu sehen und verschiedenes Wichtige, gemeinsam Interessierende, mündlich zu behandeln, erledige ich für heute einige Punkte schriftlich.

Zum morgigen Tee können wir leider nicht kommen, ich bin erst gestern früh herausgekommen, und das zu rasche Wechseln ist zerrüttend. Ich fahre erst Mittwoch abend wieder hinein.

Mitfolgend der «Schwierige», vor allem, um Ihnen persönlich für Ihr liebes Interesse zu danken. Hoffentlich macht es Ihnen eine angenehme Stunde. Gegenüber Wildgans ist mir sehr lieb, wenn Sie Ihren Eindruck rein als Publikumseindruck hervorheben. Daß es gefährlich wäre, wenn er als subalterner und wahrscheinlich eitler Mensch, den Eindruck hätte, daß Sie ihm Ihr Verhältnis zu dem Stück autoritativ aufdrängen wollen, wissen Sie ja aus Menschenkenntnis und Erfahrung.

Doch möchte ich zu der Sache selbst folgendes bemerken, damit Sie mit Ihrer Autorität, die naturgemäß innerhalb des Staatstheaterkomplexes die größte ist, nützen können. Der Tatbestand ist doch der: ein durch 25jährige Arbeit zu internationaler Bedeutung gelangter Österreicher reicht zum ersten Mal in seinem Leben eine dramatische Arbeit dem ersten Theater seiner Vaterstadt zur Uraufführung ein, und zwar unter ganz besonderen Verhältnissen, durch welche dem Stück auch eine bestimmte Besetzung (Bassermann in der Hauptrolle) gesichert ist. Rein dem Usus nach, schiene es mir undenkbar, daß in diesem Fall ein ablehnendes Verhalten erfolgen könnte, es wäre denn, das Stück wäre unsittlich oder geradezu unaufführbar oder chancenlos. Keines ist hier der Fall. Es ist ein normales Theaterstück, mit normalen Chancen, vielleicht mit etwas höheren als die meisten neu aufgeführten Stücke. Ein vom Usus abgehendes Verhalten der Direktion ließe sich also nur durch Todfeindschaft des Direktors erklären. Diese ist nicht im entferntesten vorhanden, vielmehr waren die gegenseitigen Beziehungen immer wirklich freundlich, und zu einzelnen meiner Arbeiten sind sie seinerseits gewiß warm. Ich gebe Ihnen diese Argumente in die Hand, weil es die Argumente für die Vertretung des Normalen sind, mit denen Sie, der Sie momentan selbst Leiter einer großen Bühne sind, bei jeder Diskussion korrekterweise operieren können, denn dieses Normale gilt z. B. bei Ihnen gegenüber Pfitzner, genau so wie hier in meinem Fall, nur daß es noch ein großer Unterschied ist, ob man mühsam eine Pfitznersche Oper aufführt, mit zweifelhaften Chancen, oder ob man Reinhardt und Bassermann nicht verhindert, innerhalb eines Gastspiels dieses Lustspiel selbst zu spielen.

Dann noch zwei Sachen, die [ich] neulich mündlich zu berühren vergaß. Franckenstein, für den natürlich unendlich viel von Ihrer Entscheidung über seine Oper[1] abhängt, bat mich, mit Ihnen darüber zu sprechen, aber was nützt Sprechen, daß Sie ihm wohlgesinnt sind, in jeder Beziehung, weiß ich ja. Daß er in einer sehr schweren Lage ist, wissen Sie auch. Sie werden also entscheiden, wie Sie können und müssen, aber bitte geben Sie mir durch ein Wort Nachricht, wie Sie darüber denken, vertraulich.

Endlich noch dies. Herr Francesco Alfano, Direktor des Konservatoriums in Bologna, wählt den ganz sonderbaren Weg über mich (durch eine dritte Person, die mich aufgesucht hat), um an Sie die Frage zu richten, ob er nach Wien kommen und Ihnen seine Oper vorspielen dürfe. Bitte geben Sie mir darauf, so wie auf den vorigen Punkt, in kürzester Weise Bescheid. Die Verlagssache mit Major Bischoff habe ich wunschgemäß zustimmend erledigt, konnte ihm auch einige Ratschläge betreffs heranzuziehender Künstler geben.

Also auf bald, freue mich auch, über Ihre Gespräche mit K. (Berlin) zu hören.

Sehr herzlich der Ihre

Papa ist bei der Arbeit, so geht der Brief ohne Unterschrift ab.

Christiane Hofmannsthal

[1] Wohl «Li-Tai-Pe».

Lieber Dr. Strauss, Rodaun, Pfingstmontag [16. Mai 1921]
Ich bin zurück, komme über Salzburg von Reinhardt und habe den Auftrag von diesem, mit vielen sehr herzlichen Grüßen, schnellstens mit Ihnen bezüglich «Bürger als Edelmann» und überhaupt bezüglich *gemeinsamer* Politik in der Festspielsache zu sprechen. Übereinstimmung derer, die durch Rang und Kraft zusammengehören, ist nie gebotener gewesen als in diesen Sachen, und gar nach den deprimierenden Erfahrungen dieses Winters. (*Diese* waren es, die mich Alleinsein in Italien suchen ließen, nicht «schlechte Nerven», wie ich unrichtig sagte. Verwischen Sie die Erinnerung an unser letztes Gespräch. Meine Nerven sind völlig in Ordnung, meine Produktivität ist mir zu Dienst, nur *äußere* Schwierigkeiten sind da, und große, die muß ich überwinden, wie jeder Schaffende).
Ich freue mich immer und jedesmal aufs neue, Sie wiederzusehen. Aber wir sind verwöhnt: wir haben das Beste gehabt, was Männer miteinander haben können: Verbundenheit in der Produktion. Jede Stunde, die uns zusammenführte, ging mit dem Produktiven in uns zusammen. Es wäre kaum möglich, dann in einen gewöhnlichen «Verkehr» überzugehen. Auch *will* ich dem Produktiven in Ihnen verbunden bleiben, dienend, teilnehmend, immer. Käme die Arbeit mit Kerr in Gang, könnte ich helfend, ratend mich einfügen (ungenannt, selbst ohne Kerrs Wissen), mir wäre nichts erwünschter. Nehmen Sie mich so, Sie haben keinen besseren Freund.
Über das undeutliche, fast möchte ich sagen noch nicht entschiedene, jedenfalls schwierige Geschick unseres letzten Werkes denk ich oft. Nehme ich alle Schuld an dem «Schwierigen» auf mich, gut – sei alles Schuld des Librettos, aber die Rechnung geht mir nicht rein auf. Schwer verständlich? Es ist nicht wahr! Alle Ausländer verstehens: die italienischen Korrespondenten, alle Italiener, Franzosen, Chantavoine, Ravel, Madame Hallier, alle verstehen und schätzen gerade die Dichtung (Darum, in Parenthese, wäre meine Hoffnung auf eine Mailänder Première groß). Ein Fehler mag da sein: der zweite Akt ist, von der Dichtung aus, überladen, wuchtend, anstrengend. Aber dafür der

erste so glücklich, der dritte so schön, das Ganze so schön erfunden, sittlich, zum Guten führend, einheitlich in Gedanken und Gestaltung, die Gestalten so rund, der Färber, die Kaiserin, die Kinder, der Falke, soll das eine *verfehlte* Operndichtung sein? Sieht so eine verfehlte Operndichtung aus? Und gefällts denn nicht immer, wo mans bringt? – Aber das Werk hat viel auszuhalten: die Reaktion, wie sie, alle zwanzig Jahre, sich zusammenballt gegen einen großen Ruhm, eine anerkannte Größe. Dazu der Zeitgeist, aufs Exzessive – im Grunde Schwache – gerichtet, wo ich das Menschliche, sittlich Starke, in der Form Stille und Einfache suche. Das alles sich zusammenfassend, in wohlüberlegter, methodischer, ungewöhnlich zäher Opposition dieses Bäcker oder Bekker[1], an der wirkungsvollsten Stelle[2] publiziert.

Trotzdem glaube ich, das Werk *wird* leben. Aber ich sage: glaube ich – bei der «Ariadne» sage ich: weiß es. – Das müssen Sie mir mehr danken als etwas andres, müssen mir vielleicht allein es *danken* (denn die Leistungen des Talentes sind selbstverständlich in einer Kollaboration, nur die des Charakters müssen bedankt werden), daß ich überm scheinbaren Mißerfolg der «Ariadne» damals nicht den Kopf verlor, sondern die Form umzugießen sogleich die Lust und den Mut hatte. Nun muß der «Bürger als Edelmann» aufs neue ans Licht und dabei alles so klug als möglich bedacht werden –, daß er sogleich so geformt wird, wie er dann an die Redoute übergehen kann; so meints auch Reinhardt.

Ich frage morgen Dienstag telephonisch an, wann Sie ehestens für mich zu sehen, am liebsten gleich morgen Nachmittag, es eilt!

Ihr *Hofmannsthal*

Verehrter Freund! Rodaun, den 17. Mai 1921

«Bürger als Edelmann» enthält 16 Schauspielerrollen, ungerechnet die Sänger und Tänzer. Einen Besetzungsvorschlag bin ich nur für die Hauptrolle zu machen imstande (Hugo Thimig).

[1] Paul Bekker.

[2] «Frankfurter Zeitung».

Zum Vorschlag der übrigen Rollen fehlt mir die genauere Kenntnis des Burgtheaterpersonals. Eine Beteiligung meiner Person kann überhaupt wegen meines bekannt schwierigen Verhältnisses zum Burgtheater nicht erfolgen. Reinhardt ist willig, mit dem von hier aus hingesandten Personal in Salzburg als Regisseur das Stück aufzubauen. Was er absolut ablehnt, sich an der Organisation der Sache zu beteiligen. Er lebt dort als Privatmann, hat weder Truppe noch Büro zur Verfügung. Unternehmerin der Sache ist die Wiener Oper. Sollte die Sache also durchgeführt werden, so müßte ein durchführendes Organ geschaffen werden, das wäre eine junge Regieführende Kraft des Burgtheaters, die in ständiger Fühlung, einerseits mit Roller und andererseits mit der Finanzstelle, die Besetzungen durchführt und auf Grund dieser die Verträge schließt. Diese Regiekraft müßte bereit sein, sich in Salzburg Reinhardt unterzuordnen, was bei dessen konzilianten Formen ja leicht ist, aber doch grundsätzlich festgelegt werden muß. Sollte innerhalb des Burgpersonals diese Kraft nicht zu finden sein, so würde ich auf Direktor Geyer der Neuen Wiener Bühne hinweisen, einer der besten und verläßlichsten Regisseure, die ich kenne. Doch entzieht es sich meiner Beurteilung, wie weit die Herbeiziehung eines außen stehenden möglich ist.
Verehrter und guter Freund! Wenn diese Sache nicht einen ordentlichen Unterbau von hier aus erhält, so lassen Sie sie lieber sein. Sie reisen ab, Schalk geht nach Budapest, wer soll autoritativ über diesen Sachen stehen?
Nur eines: lieber dies *nicht* machen und bloß die zwei Opern, die stehen, nach Salzburg schicken, als daß es eine Sauerei wird; nur nie eine eigene Sache cavalièrement behandeln, denken Sie an Wagner und seine Hingabe bis zum letzten Atemzug, wenn es sich um die Qualität des Herausbringens eigener Sachen handelte. – Ist die Spannkraft jetzt nicht da, dann lieber sein lassen. – Ich komme auf jeden Ruf (Telephon durch Ihren Diener) zu jeder Stunde gerne in die Stadt, aber Sie müssen mich rufen, ich will ja nichts von Ihnen, sondern bin nur zu Ihrer Verfügung.

Ihr *Hofmannsthal*

Lieber Dr. Strauss, Neubeuern, 27. VII. 1921

Ich begreife Ihren Standpunkt vollkommen. Von Plakaten dieser Art wußte ich nichts. Ich gebe Ihnen durchaus recht. Ich schicke Ihren Brief an Reinhardt weiter, denn ich kann es nicht aushalten, immer «ausgleichend» zwischen Personen und Standpunkten zu stehen, das geht auf die Dauer nicht. – Ich habe im Juni wie ein Pferd daran gearbeitet, daß das Wiener Gastspiel in S[alzburg] zusammenkommt; noch in der letzten Sitzung versicherte mir Lion, die Oper werde es auf eigene Faust machen, dann hörte ich nichts mehr! – Wie leicht hätte man wenigstens die Musik- und Tanzelemente vom «Bürger als Edelmann» hinsenden können, alles übrige wollte Reinhardt gerne auf sich nehmen, bei etwas gutem Willen und Energie wäre das so leicht und schön zu machen gewesen! Aber nichts als böser Wille und Faulheit! Ihr *Hofmannsthal*

Lieber Dr. Strauss, Neubeuern am Inn, am 2. VIII. 1921

Ihr sehr lieber Brief vom 16. Juli[1] ist mir über Aussee nachgekommen und hat mir große Freude gemacht. Nur die absurde Hitze, die einen etwas faul und dumm macht, wenigstens nachmittags, und vormittags arbeite ich an meinem Drama – hat verschuldet, daß ich verspätet antworte. Ein selbstgemachtes Ballett![2] das ist ausgezeichnet und sicher gut. Dafür haben Sie das Organ in sich, übrigens im Sinn der bayrischen barocktheatralischen Theaterbegabung. Schon die mythologischen Ballette[3], die Sie mir vor vielen Jahren zeigten, waren gut, vielleicht ein bißl überladen, jetzt bei Ihrer Reife wirds sicher ausgezeichnet geworden sein. Diese Nachricht ist reine Freude. – Freundschaft zwischen Künstlern ist nichts als wechselseitige neidlose Freude an der Produktivität. – Wie Sie dem «Schwierigen» die Stange gehalten haben, das danke ich Ihnen unendlich. Jetzt höre ich von vielen Seiten Freundliches darüber und auch manches Gescheite. (Aber das Bühnenschicksal solcher halbroma-

[1] Nicht vorhanden.
[2] «Schlagobers».
[3] «Kythere».

nischer Produkte – alles Österreichische ist halb- oder viertelromanisch – auf der gegenwärtigen deutschen Bühne bleibt ängstlich).
Des «Prometheus» und des «Carnaval» will ich mit ganzem Ernst mich annehmen. Es sind zwei schöne Aufgaben, ich danke Ihnen. Ich habe mir die Musik zu beiden nach Aussee schicken lassen, dort habe ich auch Leute, die es mir anständig vorspielen.
Für den «Carnaval» wirds wohl, meine ich, bei den Figuren Harlekin, Pierrot zu bleiben haben? Die zu leistende Erfindung bezieht sich auf die Tanzhandlung zwischen diesen Figuren, nicht? Alles Gute, in liebevoller Gesinnung *Hofmannsthal*

Ein sehr kluger Darmstädter Oberregisseur Hartung sagte mir unlängst: in Darmstadt halte sich die «Frau ohne Schatten» vortrefflich und werde sich überall halten, wo sie als ein höchst wertvolles, schwieriges Werk mit Verständnis in richtigen Abständen angesetzt würde!

Lieber Dr. Strauss, Neubeuern, 11. VIII. 1921
ich schickte Ihren Brief, wie Sie es mir freistellten, an Reinhardt, damit Klärung erfolge und mein beschwichtigendes Dazwischenstehen einmal ein Ende habe.
Reinhardt antwortet mir wie inliegend[1]. Sie sehen, diesmal ist Reinhardt der Wurm, der, allseitig getreten, sich krümmt, aber natürlich in für Sie und mich durchaus freundschaftlicher Weise.
Herzlich Ihr *Hofmannsthal*

Lieber Freund! Garmisch, 19. 8. 1921
Es ist gekommen, wie ich befürchtet: Herr Paumgartner und das Mozarteum sind die musikalische Instanz des «festlichen» Salzburg, «*nebenbei*» hat auch Herr Reinhardt den «Jedermann» auf dem Domplatz gespielt. Dieses Odium werden wir nicht mehr loswerden – der Öffentlichkeit gegenüber –, die Idee der Festspiele ist auf ewige Zeiten diskreditiert. Ich habe Reinhardt gegenüber kein Hehl daraus gemacht, daß unter diesen Um-

[1] Nicht vorhanden.

ständen auch der «Jedermann» nicht gespielt werden dürfte. Wenn die traurigen Herrschaften vom Komitee ihre Festspiele nicht rechtzeitig, d. h. *ein* Jahr vorher vorbereiten und annoncieren und finanzieren konnten, müßten eben von unsrer Seite gar keine Festspiele stattfinden. Ich glaube, Ihre und Reinhardts Sonderaktion hat dem Ganzen einen nicht wieder gutzumachenden Schaden zugefügt. Warum haben Sie uns vorher keine Mitteilung gemacht? Ich fürchte, ich werde den Weg nach Salzburg nicht mehr finden: es geht doch nicht, daß ein Jahr Herr Paumgartner, das andere Jahr die Herren Schalk und Strauss dirigieren. –

Ich muß Ihnen deshalb schon heute sagen, daß auf Musik fürs «Welttheater» meinerseits nicht zu rechnen ist. Nicht aus bösem Willen, aber einfach aus Zeitmangel. Wem wollen Sie die Musik übertragen? Vielleicht Siegmund von Hausegger (München), sonst wüßte ich einen sehr talentvollen jungen Spanier, jetzt Deutscher, Philipp Jarnach, lebt in Polling (Oberbayern), von dem ich unlängst ein äußerst talentvolles Streichquartett hörte. –

Können Sie nicht ein bißchen sondieren, ob Mme. Karsavina und Novikoff nicht für die Wiener Oper zu gewinnen wären, entweder für ganz, mit viel Urlaub, oder als Gast für ein paar Monate? Da hätten wir gleich eine Potiphar und alles, was sonst das Herz begehrt: «Scheherazade», «Antar», «Petruschka», «Carnaval». Die Partitur[1] ist fertig, wir warten nur noch auf Sie. Ich schicke auch Lion (aus Großgmain) nach Salzburg hinunter, mit Frau Karsavina etwas anzubandeln.

Es ist schrecklich, daß man von den Gebrüdern Reinhardt keine schriftlichen Nachrichten bekommt: ich muß wissen, wie es mit Reinhardts Plänen in Wien steht.

Mit schönsten Grüßen Ihr treu ergebener *Dr. Richard Strauss*

Lieber Dr. Strauss! Salzburg, 23. VIII. [1921]

Nach einem starken Schwindelanfall etwas schonungsbedürftig, beantworte Ihren Brief demnächst von Aussee, für heute

[1] Couperin-Suite.

nur dies: zwischen Lion und Agenten der Karsavina schon angebahnt, nicht ohne Aussicht.
Beide Brüder R[einhardt] völlig außerstande über Wiener Pläne oder Aussichten Nachricht zu geben, da schleppende Verhandlungen zwischen Wiener Besitzern und teils schweizerischen Konsortien immer neue Zwischenfälle trotz im ganzen günstigen Verlaufes, und Reinhardt selbst nicht fragend, drängend oder bittend hervortreten will. Sie beide empfangen selbst seit Wochen keine Nachrichten. Ihr *Hofmannsthal*

1922

Lieber Freund! Mozartgasse 4, Wien, IV. 8. 2. 22
Herzlichen Dank für Ihre freundliche Begrüßung. Ich möchte Sie bald sehen: bin vormittags immer im Theater (Raminger Tel. 9176), nachmittags viel zu Hause (Tel. 58109).
Mit dem Molièrestrich einverstanden.
Frl. Cirul wird mir Samstag mittag 12 in der Oper vortanzen.
Frau Gutheil ist bis jetzt die Einäugige unter den Blinden.
Auf frohes Wiedersehen! Schönstens grüßend Ihr

Dr. Richard Strauss

Lieber Dr. Strauss, Dienstag früh [19. III. 1922]
Ich habe gestern abend eine große, große Freude gehabt! Das ist ja eine wunderschöne Sache![1] Welche Freude fürs Auge – und fürs Ohr! Haas-Heye mein großes Kompliment – und Ihnen, daß Sie ihn gewählt haben! Das ist ja die schönste Ausstattung, die ich seit Jahren auf der Bühne gesehen. (Auch Rollers Anteil vorzüglich.) Frau Gutheil über jedes Erwarten gut (das Zuhören, das Schreiten, das Umhängen der Kette!) – und

[1] Die Wiener Erstaufführung von «Josephslegende» am 18. März 1922, mit Maria Gutheil-Schoder (Potiphars Weib), Toni Birkmeyer (Joseph); Regie: Heinrich Kröller, Ausstattung: Haas-Heye.

Birkmeyer einfach ideal – so sehr Jüngling und Unschuld als auch künftiger Held. Mit dieser Sache in dieser Besetzung müßte man ja um die Welt reisen!
Kröllers Regieleistung sehr fühlbar und bedeutend, das eigentlich Ballettmäßige ja weit unter der russischen Aufführung, aber *das Ganze weit über dieser*, zum ersten Mal ein Ganzes wirklich realisiert! Jetzt ist mein sehr problematischer Pariser Eindruck verwischt, auch die Musik hat hier ganz anders auf mich gewirkt – und die Erfindung des Ganzen (ich meine Kessler-Nijinsky-Diaghilews Durchführung der Detailerfindung) ist doch eine recht schöne wirksame Mischung von Ballett und Pantomime. Was wollen denn die Schreier in den Zeitungen, daß sie so auf das Buch schimpfen – was soll denn diese ewige Schimpferei – ich frage: was gibt es denn in diesem Genre Besseres oder auch nur Gleich-Gutes!? Was denn? Wo denn? – Haben Sie Kessler (Berlin, Köthener Straße 28) ein Telegramm geschickt? Tun Sie's doch, es wird ihn so freuen. – Ich freue mich jetzt zum ersten Mal des Junimorgens im Tuileriengarten, wo mir der Einfall kam! –
Lieber Freund, wenn Sie ein bißchen weniger angestrengt wären, – vielleicht kommen solche Tage –, ich würde Ihnen so sehr gerne, Ihnen ganz allein, in Ihrer Wohnung, das Welttheater vorlesen – es würde mich freuen und auch Ihnen Spaß machen! Oder wollen Sies lieber selbst lesen? Aber das Vorlesen dauert nur $1^1/_4$ Stunden und ich täts gern. – Jetzt tritt für mich zu «Rosenkavalier» und «Ariadne» ein drittes für lange Zukunft *gesichertes* Werk hinzu!
Herzlich der Ihre *Hofmannsthal*

Lieber Dr. Strauss, Rodaun, Montag früh [20. III. 1922]
Nach langem ruhigem Aufenthalt in Aussee komme ich gerade zurecht, um den Kübel Unrat auf den Kopf zu bekommen, den man sich zur Gewohnheit gemacht hat, bei jedem Ihrer Erfolge über mich auszugießen. Daß man mich, den Abwesenden, dann noch, zugleich mit dem Ballettmeister, dem Theaterschneider und dem Friseur auf der Bühne erscheinen läßt, um etwas von

dem Beifall zu erhaschen, ist wirklich der Gipfel der Illoyalität! Geht es denn keinem dieser Menschen in den Sinn, daß ich in einem solchen Fall ausschließlich mich habe von dem Gedanken leiten lassen, Ihnen gefällig zu sein und Ihrer Kunst zu dienen – und daß auch alles Detail (zum Beispiel der Veronese-Stil, die Prachtentfaltung etc.) genau den Zweck hatte, unter bestimmten, gegebenen Umständen (russisches Ballett, international faßliches Sujet) gerade Ihrer Begabung (die mit Hoch- und Spätrenaissance Affinität hat) den *entsprechenden Canevas* zu geben. Ein undankbares Metier, in einer so häßlichen, unehrlichen Welt! – In der Reinhardt-Sache möchte ich Sie weder bedrängen, noch auch etwas von Ihnen erbetteln, obwohl – oder gerade weil – meine künstlerische Weiterexistenz unter den gegebenen Umständen geradezu davon abhängt, daß Reinhardt neben seiner rein auf Geld gerichteten Auslandstätigkeit irgendwo wieder eine *künstlerische, aufbauende* (ein neues Ensemble ins Leben rufende) Tätigkeit entfaltet, und das will er und kann er – nachdem sein Verhältnis zu Berlin sich innerlich feindlich gestaltet hat – nur mehr hier innerhalb der deutschen Welt.
Darum will ich – nach tagelangen Gesprächen mit ihm – jetzt nur dies sagen: Das Argument, es gehe um eine Nebensache, weil es nicht ums Burgtheater, und nicht um normale ganzjährige Direktionsführung geht, dies Argument gilt nicht – gilt so wenig, als es 1918 und 1919, wo man mir es beständig entgegenhielt, gegen Sie gegolten hat. Ihm geht es – dafür darf ich einstehen – um ein Fußfassen – um dann sein Schwergewicht hierher zu verlegen – und er weiß, daß ihm das höhere Wiener Theaterleben zufällt (außerhalb der Oper) wenn er *Fuß gefaßt hat*, wenn einmal, an Stelle von Projekten, sein *Tun* hier stattfindet. Genau so war es bei Ihnen, der Parallelismus ist schlagend.
Darum schiene es mir der Mühe wert, daß Sie doch Ihre ganze Kraft einsetzen – würden Sie die Erregung angesehen haben, mit der R. den ganzen Tag der abendlichen Wiener Telephonmeldung entgegenwartet, so würden Sie wissen, daß es sich auch für ihn um eine der wichtigsten, vielleicht um die letzte noch ganz wichtige und fruchtbare Lebensentscheidung handelt –. Breisky

und Vetter sind arme Furchtgeschöpfe. Ich glaube, daß Sie es gegenüber Wildgans Aug um Aug durchkämpfen müssen (der auch ebenso feig als plump und gemein) und daß Sie letztlich in einem Gespräch mit Seipel – falls dies dann überhaupt noch nötig – die Entscheidung, deren Zünglein ein wenig, aber nicht genug, zu R.s Gunsten neigt, herbeiführen können.
Ich wollte das einmal aussprechen, um nichts zu versäumen.
Herzlich Ihr *Hofmannsthal*

IV. Wien, 4 Mozartgasse,

Lieber Freund! [ca. Ende März 1922?]

Vetter schwört, mit vollstem Eifer an der Gewinnung R[einhardts] zu arbeiten. Dr. Hock krank in Berlin, soll bereits erfolgreich mit Edmund [Reinhardt] verhandelt haben, der günstig gestimmt sei. Man erwartet stündlich Reinhardts Zusage. Soll ich R. eine Privatdepesche, in Ihrem, Rollers und meinem Namen noch schicken? Wenn ja, senden Sie dieselbe in jeder Ihnen genehmen Fassung gleich selbst ab und verrechnen mir, bitte, den Betrag.
Ich hüte seit 5 Tagen einen Katarrh, bin aber schon wieder besser.
Herzlich grüßend Ihr *Dr. Richard Strauss*

Lieber Dr. Strauss, Rodaun, Karsamstag [15. IV. 1922]

Sie können mich immer haben, wann Sie wollen – ich freue mich immer, wann Sie mich rufen. Aber nun müssen Sie bedenken: ich sehe Sie so oft als Dirigent angezeigt – weiß doch, wieviel Sie noch außerdem tun, auch Ihre gesellschaftlichen Verpflichtungen – wo soll ich da den Schwung hernehmen, Sie zu besuchen – wenn ich nicht wie in früheren Jahren *etwas zu bringen habe?* Natürlich ist unsere Beziehung jetzt schwerer, da sie früher so ganz besonders und so inhaltsreich war. – Dann aber noch eines, was ich Sie – aber auch Ihre Frau Gemahlin! – wirklich uns gegenüber zu bedenken und nicht aus dem Gedächtnis zu verwischen bitte: wir leben doch eigentlich nicht in Wien, und unser Leben, die bescheidene Gastlichkeit, die wir

bieten, und doch nur heraußen bieten, – und so gerne bieten! – das alles ist ja zu geben und zu nehmen und zu geben für uns und für die anderen materiell und mechanisch ganz unendlich schwerer geworden – (wir leben halt jetzt wie sehr kleine Kleinbürger, deren Ziel sein muß, noch halbwegs *dezent* und *reinlich* zu existieren) – und auch für unsere Freunde, da ja fast niemand mehr ein Auto hat. Wem außer Junggesellen können wir noch während des Winters die Tramway-Fahrt heraus zumuten?
Gestern nun, Karfreitag, bin ich hineingefahren, um Sie aufzusuchen und Sie zu fragen, ob Sie mich irgendwann in den Feiertagen haben wollten – und hörte, daß Sie in der Prein sind, freue mich nun über das schöne Wetter und daß Sie ein paar hoffentlich angenehme Tage haben.
Daß ich *nie* vergesse, wenn Sie mir einen künstlerischen Wunsch ausgesprochen haben, wissen Sie auch, nicht wahr? Für den «Carnaval» habe ich während des Sommers den Entwurf einer Handlung gemacht und ihn an Schalk geschickt; nur sehr bescheiden und skizzenhaft: der Dichter kann hier dem Ballettmeister nur den Rahmen ziehen[1]. Ich sehe aus dem, was mir Haas-Heye gezeigt hat, daß man diesen von mir angedeuteten Weg geht. Über die «Ruinen von Athen» hab ich öfter nachgedacht; das ist eine so schwere als wirklich schöne Aufgabe; ich denke an eine Art Ballett-Pantomime, aber mit Chören, vielleicht auch Arien. Man muß etwas machen, das der ursprünglichen Absicht nicht ins Gesicht schlägt. Es wäre mir die größte Freude, wenns mir gelänge. Ich habe mich mit Alwin verabredet, vielleicht gelingts uns beiden mitsammen.
Daß die Reinhardtsache nun endlich fixiert ist, ist mir von unberechenbarer Bedeutung. Ich weiß, daß er – und daß ich – es vor allem Ihnen danken. Auch in der Salzburger Sache spüre ich Ihren guten Willen und Ihre große Kraft neben mir, zu meiner unschätzbaren Hilfe, auch an dieser Stelle ist das, was Sie mir an Unterstützung geben, das *Entscheidende*. Ich danke Ihnen sehr dafür.

[1] Die Aufführung von «Carnaval» mit der Musik von Schumann fand am 7. Juni 1922 statt.

Ein Gespräch mit Kapellmeister Stransky machte mich wieder sehr an die «Frau ohne Schatten» denken. Für mich sind die abgeschlossenen Werke nichts Totes, sondern lebende Sorge und Freude, wie Kinder.

Da kam mir – und auch schon neulich in einem Gespräch mit Alwin – ein neuer, vielleicht hilfreicher Gedanke. Das Beschwerende ist der zweite Akt, vor allem die rhythmische Wiederkehr des Färberhauses. Hier habe ich gefehlt. Auf dem Theater ist rhythmische Wiederkehr entweder *komisch* oder *ermüdend.* Wo nun der Ausweg! Ein sehr bedeutender Strich läßt sich nicht machen, dazu ist Text und Musik zu fest gefügt. Wie aber, wenn man wenigstens die Monotonie des dreimal wiederkehrenden *Bildes* tilgte: indem man (bei einer Neuaufführung im Ausland etwa) vorschriebe, daß je drei verschiedene Winkel der Färberwelt (jedesmal eine *kleine schmale* Dekoration) gezeigt würden: und zwar etwa im 1. Bild (II. Aktes) ein Teil des Gemaches nahe der Tür, im 3. Bild ein anderer mit Feuerstätte, im 5. wieder ein anderer. – Durch die aufgehängten farbigen Zeugs gibt sich ja die leichte Möglichkeit, solche ganz verschiedene Aspekte eines einzigen großen Kellerraumes oder halbunterirdischen Gewölbes herzustellen – die Phantasie des Malers müßte hier mitgehen – man würde vielleicht in dem Akt, von dem das Beschwerende ausgeht, ungeheuer viel gewinnen – denn das lasse ich mir nicht nehmen, *zu viele Urteile von Franzosen und Italienern haben mich darin stark gemacht:* das ist ein Werk, das in romanischen Ländern großer Wirkung, großer Geltung fähig ist.

Herzlich und aufrichtig der Ihre *Hofmannsthal*

Lieber Dr. Strauss, Rodaun bei Wien, am 25. V. [1922]

Ich habe mir den Kopf eine Weile zerbrochen und bin, glaube ich, zu einer Lösung gekommen, wie man auf eine gute, geschmackvolle Art die «Geschöpfe des Prometheus» in das Ballettfestspiel «Die Ruinen von Athen» einbeziehen kann, so daß Ihr Wunsch nach einer größeren Länge des Ganzen erfüllt wird. Indem ich nämlich den Wanderer oder Fremdling als eine Art Idealgestalt des deutschen Künstlers jener halbvergangenen Zeit

auffasse, und ihm jenen Vers «Das Land der Griechen mit der Seele suchend» sozusagen zum Leitwort gebe, lasse ich, wie er so auf dem einsamen Athenischen Platz den Trümmern der Vergangenheit nachsinnt, ihn nach Goethes Vorbild von einem prometheischen, bildnerischen, schöpferischen Gefühl durchzuckt sein (das er in der Arie mit Hörnern ausspricht), kurz, ich lasse ihn selber zum Prometheus werden, den wiederbelebte Geschöpfe des Altertums umtanzen in den Rhythmen jener Ballettmusik, worauf dann zum Schluß die Vision des Panathenäenzuges (Marsch und Chor) als krönendes Stück folgt, wobei ich Frau Gutheil als Führerin der hereinschreitenden Priesterjungfrauen und alle übrigen mimischen Talente verwendet denke. Wie ich im übrigen alle schönen Stücke aus den «Ruinen» verwandt habe, sehen Sie aus beiliegendem Szenar. Die nicht sehr starke Ouvertüre möchte ich weglassen und statt dessen mit dem Chor mit entsprechend verändertem Text anfangen.
Alles Herzliche Ihnen beiden, ruhen Sie aus, erholen sich schön, sorgen aber für eine gute Donna Anna.
Freundschaftlichst Ihr *Hofmannsthal*

Lieber Freund! Teresavilla, Karlsbad, 26. 5. 22
Herzlichen Dank für Ihren schönen Entwurf[1], der eine sehr glückliche Lösung der mir vorschwebenden Idee ist. Ich bitte nur zu bedenken: wer soll den Wanderer – Goethe – darstellen? Ein Schauspieler – oder gar – horribile dictu – ein Sänger? Wäre höchstens Duhan oder Oestvig denkbar! Wenn ein Schauspieler – wie wäre es, dem in Träumen Versunkenen von einer unsichtbaren Altstimme, etwa im Orchester postiert, ein paar Goethe-Beethovensche Lieder vorsingen zu lassen? Lassen Sie sich bitte doch von Alwin mal sämtliche Beethovenlieder vorführen. «Wonne der Wehmut» habe ich schon mal instrumentiert.
Als Ouvertüre wäre die zu «Prometheus» passend, sie könnte gut als Musik zu griechischem Volksgewimmel verwendet werden und der Vorhang sich heben während ihres letzten Drittels.

[1] «Die Ruinen von Athen».

Hierauf der erwähnte Anfangschor, der vor dem Vorhang, eventuell wie im «Holländer» unsichtbar im Orchester, postiert werden könnte. Bitte besprechen Sie das Ganze jetzt sofort mit Roller und Kröller und bringen Sie mir den fertigen Plan zur letzten Prüfung *mit den Partituren:* «Ruinen» und «Prometheus» und den Liedern nach Salzburg mit.
Uns geht es gut: Kur sehr langweilig, aber anscheinend bekömmlich.
Mit herzlichen Grüßen von Haus zu Haus Ihr getreuer

Dr. Richard Strauss

Lieber Dr. Strauss, Bad Aussee, 31. VII.[1] [1922]
Ich freue mich recht sehr, daß Sie bei der Première des «Welttheaters»[2] anwesend und einmal mein Gast sein werden, nachdem ich so viele Male, wenn auch als Mitarbeiter, der Gast Ihrer schönen Musik gewesen bin. Es ist mir erinnerlich, wie schön Sie an der ersten Aufführung des «Jedermann» in Berlin teilgenommen haben – hoffentlich bleibt dieser Abend nicht hinter jenem zurück.
Ich habe mich in Südtirol recht erfrischt und auch schon zwei Akte eines neuen Lustspiels[3] beendet. Ich sah wenig Zeitungen, doch kamen mir durch freundlichen Zufall die Blätter in die Hand, welche den großen Erfolg in Prag und die Festtage in Freiburg meldeten. – Ich bin dankbar, daß Sie mich auf Goethes Rezension von Voss' Gedichten aufmerksam machten, nahm dann diesen Band mit mir und hatte viel Freude daran.
Darf ich Ihnen als Geschichts-Beflissenem die Römische Geschichte von Ferrero empfehlen, deren Mittelband (Caesars Tod und die Triumvirn, mit völlig neuer Interpretation der Gestalt des Antonius und seiner Orientpolitik) ich eben wieder mit Genuß lese. (Deutsche Ausgabe in fünf Bänden bei Julius Hoffmann, Stuttgart). – Am Textbuch zu den «Ruinen von Athen» bin ich

[1] Im Original irrtümlich 31. VIII.
[2] Die Uraufführung des «Salzburger Großen Welttheaters» fand am 12. August 1922 in der Kollegienkirche in Salzburg statt.
[3] «Der Unbestechliche».

willig, das Weitere Letzte sogleich zu machen, doch muß zuerst mich Roller in seine Lösung des Dekorativ-Architektonischen einführen, von der die endgültige Gestaltung des Ganzen abhängt. Fürs Theater muß man wie ein Zahnradwerk ineinander arbeiten.

Auf Wiedersehen demnach, und herzliche Grüße Ihr

Hofmannsthal

P. S. Über die Gestaltung eventueller nächstjähriger Festspiele denke ich voraus. Schön wäre es, den «Bürger als Edelmann» dort zu bringen, doch aber wohl nicht allein – sondern vielleicht mit einem selteneren Mozartwerke gepaart, natürlich nicht einem Buffo-Werk, sondern einem heroischen als Gegensatz. Ginge der «Titus»?

Man müßte den «Bürger» dann vorher in Wien herausbringen, vielleicht unter Reinhardts Oberleitung im Frühjahr – die Schwierigkeit liegt immer in der Besetzung der Hauptrolle. Denn eine gewisse Annäherung an Pallenberg (gelegentlich eines neuen Lustspieles) ergibt, daß dieser bei allen seinen sympathischen Eigenschaften allmählich in einem fast krankhaften Grad gewinnsüchtig geworden ist und nur mehr zu bezahlen, wenn er in einem großen Haus ohne gleichwertiges Ensemble den größten Teil der Einnahme erhält, nebst einem Anteil an der Tantième des Autors, den er sich immer ausbedingt. Vielleicht könnten wir ihn nach Salzburg bitten, aber doch kaum für Wien in die kleine Redoute. Die Armut an Komikern ist wirklich eine Not. An Waldau wäre durchaus zu denken, der wieder eben in einer «Dame Kobold» sehr großen Erfolg hatte – aber wer weiß, ob den München für längere Zeit freigibt – man muß es rechtzeitig mit Reinhardt bedenken. [...]

Hofmannsthal

Lieber Freund! Garmisch, den 29. 8. 22

Ich habe in Hamburg eine von Leopold Sachse vortrefflich inszenierte «Ariadne» sowie die «Josephslegende» dirigiert, sowie die dortselbst sehr erfolgreiche «Frau o. Sch.» unter Pollak besonders musikalisch vortrefflich gehört.

Wymetals Inszenierung ein schwaches Kompromiß zwischen Berlin und Wien, ohne eigene Ideen. Hamburg ist sehr tätig für uns; jetzt im September in drei Wochen acht Aufführungen.
Mit Schalk habe ich, hauptsächlich auf Ihr und Rollers Zureden hin, Frieden geschlossen und von ihm Zusicherungen erhalten, die mich ein erfolgreiches Arbeiten mehr als bis heute erhoffen lassen. Was halten Sie von dem Prinzen Rohan und seinem Kulturbund? Er sagte, er habe bis jetzt vergeblich sich Ihnen zu nähern versucht! Ich habe deshalb auch nur unverbindliches Wohlwollen für seine Bestrebungen kundgegeben.
Nun bitte ich aber dringend: machen Sie sich schleunigst mit Roller an die «Ruinen von Athen», damit ich baldigst den dichterischen Entwurf in Händen habe und an der Hand der Musik die Ausführung des Balletteils mit Kröller durchsprechen kann. Ich möchte das Werk schon Ende Januar herausbringen.
Sind im Ballett vielleicht die Goethe besonders interessierenden Gestalten Prometheus, Pandora, Achill etc. zu verwenden?
Beiliegende Kritik wird Sie hoffentlich ebenso amüsieren wie mich.
Von Fürstner erhielt ich die Auskunft, daß der Direktor der «Champs-Elysées» über wenig Mittel verfüge und sich durch Sensationen eine Position zu machen versuche. Es wird also ihm gegenüber Vorsicht geboten sein.
Die Stellung eines Präsidenten der Salzburger Festspielgemeinde, die mir die biederen Salzburger antragen wollen, möchte ich ablehnen. Sie gebührt doch eher Reinhardt, dem Herrn von Leopoldskron und dem Schöpfer der eigentlichen Festspielidee, wobei die von den Salzburgern so protegierte Oper doch erst in zweiter Linie kommt. Meinen Sie nicht auch?
Mit herzlichen Grüßen Ihr getreuer *Dr. Richard Strauss*

Lieber Dr. Strauss, Bad Aussee, 4. IX. 22
vielen Dank für den guten freundlichen Brief und die guten Nachrichten, wovon mir die über Wien besonders erfreulich. Schon bei einer Andeutung Karpaths fiel mir ein Stein vom

Herzen. Nun, da Sie sich selber so schön und klug bezwungen, lassen Sie mich sagen: Sie hätten auf jeden Fall den Kürzeren gezogen und das schöne einzige Institut wäre das eigentliche Opfer gewesen und damit wiederum Sie – als Komponist – der Getroffene. Denn der Spießbürger (im Parkett und in der Amtsstube) liebt nicht das Geistige, Hohe, Vornehme – was in diesem Institut noch immer verkörpert ist – und kommts ins Wanken, so tut er alles, um es zu Fall zu bringen. – Nun Salzburg: ich drahtete Ihnen und wiederhole nun die *dringende* Bitte: nehmen Sie die rein formale, keinerlei Betätigung erheischende Stelle an (ohne die im Kunstrat aufzugeben natürlich) und, falls Sie schon abgelehnt hätten, so widerrufen Sie die Ablehnung. Tun Sie mir und Reinhardt die Liebe und erhalten uns dadurch dieses Betätigungsfeld: nur so ist ein weiteres künstlerisches Handeln dort möglich. Reinhardt zum Präsidenten nehmen diese Spießbürger nie: sie hassen ihn, hassen ihn drei- und vierfach, als Juden, als Schloßherrn, als Künstler und einsamen scheuen Menschen, den sie nicht begreifen. Zu mir stehen sie unfreundlich – lesen Sie doch zum Amüsement den inliegenden Brief eines Direktionsmitgliedes. Ich schenke eine Tantième von dreißig Millionen her – und ohne ein Wort des Dankes, ja ohne mir abzurechnen – schreibt man mir cavalièrement: ich solle doch auch die weiteren Tantièmen *(alle Rechte!)* den Herren zur Verfügung stellen.
Nochmals: wollen Sie mir und Reinhardt (ich spreche auch für ihn, *seine Gesinnung kennend)* dieses Feld der Betätigung erhalten, das unterm sonst erfolgenden Präsidium eines deutschnationalen oder sonstigen kulturlosen Bonzen für uns verloren sein wird, so nehmen Sie das Präsidium, und als erste Tat veranlassen Sie, daß mir mein in jeder Hinsicht nicht gewöhnliches Geschenk mit Anstand gedankt wird!
Da ich Sie nun dort weiß, geht auch ein herzlich zugeeignetes Exemplar des «Welttheaters» an Sie.
Sie sprachen in einem lässigen Moment vor einem Teilstück etwas von einer katholisch dogmatischen Gebundenheit, das Sie gestört hätte. Hier ist Irrtum im Spiel und [ich] möchte keinen

willigen und verstehenden Zuhörer weniger missen als Sie. Es ist in dem Gedicht freilich ein religiöses Element, wie auch im «Faust» –, auch ein christliches, denn das Christentum zusammen mit der Antike ists, worauf wir alle ruhen – aber katholisch gebunden ists so wenig als der «Jedermann», ja ist im Innersten noch viel freier als der. (Fliegen Sie durch, was der kluge Schmitz, den Sie auch gerne lesen, in diesem Bezug richtig ausspricht.) Der innerste Kern ist Verherrlichung jenes Hohen in uns, der inneren Freiheit, die gleichbedeutend ist dem Schöpferischen und Abglanz des höchsten Schöpfers – das ist's, was den Bettler durchzuckt, das ist die «ungeheuerste der Himmelsgaben» –, wer sie kennt, der kennt ein Gefühl, das die *ganze Last des Erdenlebens* vor sich hinbläst wie ein Staubkörnchen – ihrer mache ich meinen Bettler für einen Augenblick teilhaftig und bezeuge, daß es ein Höheres gibt als diesen ganzen Erden-Macht-Streit –, das kann freilich Herr Reif aus Zürich nicht fassen und hälts für Ausweichen, für Kompromiß –, doch ist es die Antwort auf der höheren Ebene und ist des Geistes Antwort an die im «Praktischen» ohnmächtig gewordene Welt. Schreiben Sie mir nach der Lektüre ein Wort – mir ist Ihr Widerstand interessant und Ihre Zustimmung wichtiger als der von 66 Zeitungen oder Caféhäusern.

Über Rohan bin ich informiert, und genau als über einen aristokratisch-dilettantischen Wirrkopf und Gschaftelhuber, und da ich weiß, wie einem solche Leute unverschämt das Gut stehlen, von dessen Wert sie keine Ahnung haben – die Zeit –, so gehe ich ihm konsequent aus dem Wege. Bitte halten Sie sich und uns solche Elemente fern, an denen gleich die schmutzigsten und zweifelhaftesten Mitläufer hängen. Kultur ist Tat, nicht Geschwätz. Geschwätz und Vereinsmeierei sind in jedem Fall Unkultur, in Darmstadt wie in Bayreuth wie in Wien.

Hébertot beurteile ich ähnlich wie Fürstner; aber er ist ein Mensch, der einen gewissen Schmiß hat und kann gelegentlich genutzt werden. (Deutsche sind gegenüber Lateinern *zu* mißtrauisch!)

Bezüglich «Ruinen von Athen» kann ich erst den weiteren

Schritt machen, wenn Roller mir sagt, wie ers architektonisch verkörpern will. Bitte schreiben Sie ihm, er soll sichs so weit durchdenken, im Allgemeinen, daß er mich, wenn ich 16. bis 19. September in Wien bin, auf meinen Weg bringen kann. Wegen «Pandora» usw. werde denken. «Princesse de Babylone» habe mir bestellt. Vielleicht läßt sich mit leichter Hand was Leichtes machen.

Ihr *Hofmannsthal*

Lieber Freund! Garmisch, 12. 9. 22

Ich hörte in Salzburg, daß Reinhardt schwer gekränkt sei, daß man ihm nicht den «Präsidenten» angeboten habe. Da er ihm eigentlich zukommt, glaubte ich verzichten [zu] müssen. Wenn Sie aber sicher sind, daß es auch Reinhardts Wunsch ist, daß ich den Posten übernehme und daß R. bei den Spießbürgern keinesfalls durchzusetzen ist, will ich mich gerne opfern. – Herzlichen Dank für das schöne «Welttheater», aus dem meine Frau allabendlich deklamiert, abwechselnd Thimig, Binder – und Mildenburg kopierend. So schön dichterisch die Idee des Umschwungs im Bettler ist, meinem dramatischen Empfinden steht doch ein Knax im Wege, der sich zwischen der eigentlichen dramatischen Lösung (d. h. der Vollendung der Zerstörung) und dem christlichen Gedanken der plötzlichen Umkehr findet. Das ist eben das Unglück, daß eben der Bolschewik innerlich unfrei ist, und die Errettung zur Freiheit hat etwas vom Wunder und scheint mir von außen hineingetragen. Ihr Bettler spielt seine Figur nicht richtig zu Ende, sondern wird gerade im entscheidenden Moment von Hofmannsthal erleuchtet. Darüber mündlich mehr!

An Roller habe ich wegen der «Ruinen von Athen» schon geschrieben. Das architektonische Gerüst schien mir doch schon fest zu stehen! Ich verstehe nicht recht, warum Sie sich deshalb nicht schon heute mit der Erfindung der eigentlichen Balletteinlage: die «Geschöpfe des Prometheus» beschäftigen wollen und können. Damit ich hiefür baldigst noch in München mit Kröller die Details, besonders die Einteilung der Beethovenschen Musik besprechen kann, bitte ich Sie dringend, in Wien

sofort mit Roller und Alwin die Sache nochmals vorzunehmen und mir baldigst Unterlagen zu schicken.
Partitur der «Ruinen» und «Geschöpfe des Pr.» habe ich hier.
Wo bekommt man deutsch Voltaires «Princesse de B.»? Ich bin sehr gespannt darauf; ich hätte gerade jetzt Lust auf einen zweiten «Rosenkavalier»! Können Sie mir nicht ein Exemplar zuschicken?
Mit herzlichen Grüßen Ihr *Dr. Richard Strauss*

Lieber Dr. Strauss, Bad Aussee, 21. IX. [1922]
Vielen Dank für Ihren Brief. Reinhardt wird sich so sehr wie ich freuen, daß Sie die Sache auf sich genommen haben, er gedachte Ihrer wiederholt aufs herzlichste jetzt in Wien, von wo ich herkomme, nach zwei wirklich herrlichen Aufführungen: «Clavigo» und «Dame Kobold». Der Erfolg ist sehr groß, die Presse, mit geringen Ausnahmen, ausgezeichnet, nur schwebt über dem Ganzen die Wolke einer allgemeinen Theaterkrise. Hoffentlich läßt sie wenigstens zwei Betriebe: Oper und Reinhardts Unternehmen, unversehrt. Der gegenwärtige Chef des Burgtheaters verhält sich R. gegenüber sehr anständig – so daß manches für die Zukunft zu hoffen.
Über den «Bettler» gerne mündlich mehr. Für heute nur dies: Sie scheinen mir die Figur und ihr symbolisches Erlebnis stärker als Individualgeschick, wirkliches Einzelerlebnis zu nehmen, als diese merkwürdige Form, so ein «Jedermann» wie hier, verträgt.
«Princesse de Babylone» aus der Hofbibliothek hervorgestöbert. Zu meiner Enttäuschung ist es kein Theaterstück, sondern einer jener kleinen «philosophischen Romane». Sie finden ihn vermutlich in dem Voltaire-Band des Inselverlages, gut übersetzt von Ernst Hardt. Vorläufig, ich habe ungefähr die Hälfte gelesen, sehe ich gar nicht, wie sich dem sollte ein Szenar abgewinnen lassen. – Aber ich habe mir noch etwas anderes vorgemerkt und will im Frühwinter versuchen, ob ich ein Szenar für eine komische Oper gewinnen kann. Ja – ein zweiter «Rosenkavalier» – aber doch anders. Man kann nichts wiedererleben. Was mir vorschwebt, müßte in viel dünnere Musik getaucht werden, und in einen anderen Stil, so wie er mir schon für den «Rosen-

kavalier» vorschwebte, z. B. für die Behandlung des Chors im II. Akt, – und wie Sie selbst mir einmal sagten, daß es Ihnen im nachhinein eingeleuchtet habe – daß Sie aber *damals* (1909) nicht reif dazu waren. Also lustspielmäßig durchaus, im Konversationellen nahe dem «Rosenkavalier», in anderem aber näher an Auber oder an «Don Pasquale» oder auch an «Ariadne». Sie verstehen mich ja, wenn ich mich auch ungeschickt ausdrücke.
Nun zu den «Ruinen». Die mehrstündigen Gespräche mit Roller waren doch sehr nötig, schon um zu finden, was der mimische Gehalt des großen Schlußfestes (Marsch und Chor) werden sollte. «Panathenäen», «Eleusinien», das sind ja nichts als Worte. Das Schönste vom Parthenonfries: nackte Menschen, Rosse, Stiere, kann man ja nicht bringen. Was bliebe also übrig: eine fade Prozession von Weißgekleideten mit faden Emblemen in den Händen, das Ganze im klassizistischen Geschmack von 1810. Das wäre unerträglich. Man mußte also ein *Motiv* finden, festlich und sinnvoll, und über den bloßen Aufzug hinausgehend. Es ist gefunden: im Mittelpunkt der Eleusinien stand eine «heilige Vermählung», ein ἱερός γάμος. Sicherlich klingt etwas davon nach in Fausts und Helenas symbolischer Vermählung. Hier haben wir das Motiv. Wir vermählen den Wanderer, den deutschen Künstler, mit der – entpanzerten, des Goldhelms entkleideten, jungfräulich-bräutlichen – Athene. Diese soll keine Sängerin sein, sondern eine schöne Schauspielerin: die Wohlgemuth. Zwei Brautzüge ziehen dann auf die herrliche Musik einander entgegen, durchkreuzen einander, mischen sich, entmischen sich wieder, um schließlich Braut und Bräutigam einander zuzuführen – die zu allerletzt, jubelnd umgeben, wie ein lichtes Anderswo, entschwinden. Das ist der zweite Einfall, auf den ich mir etwas zu Gute tue; der erste war die Verknüpfung der beiden Beethoven-Werke durch die Figur des Dichters als Prometheus-Pygmalion.
Nun zu dem ballettmäßigen Mittelstück, das, wie Sie es aussprechen, Kröllers eigentliche Aufgabe. Hier scheint mir und Roller alles in der Musik schon eindeutig vorbestimmt. Der mimische Gehalt dieser Musik kann kein anderer sein als ein

bukolischer, Hirten und Winzerfest (im klassizistischen Geschmack des endenden Rokoko) dazwischen neckende Faune – in der Musik ganz deutlich; – wenn ein Konflikt sein soll, dann der, daß Winzer mit ihren Mädchen behaglich vergnügt, von schweifenden Hirten bedroht und um die Mädchen – oder Nymphen – gebracht werden – und – dies wissen Sie vielleicht nicht – ungefähr so hat es Kröller schon einmal gemacht, es ist also für ihn ein gebahnter Weg, den er noch einmal gehen muß; neu ist nur, daß dieses Hirtenspiel jetzt nur Zwischenspiel in einem ernsten und feierlichen Ganzen geworden ist. Mit *Individuen* (Achill, Pandora) wüßte ich an *dieser* Stelle und zu dieser Musik nicht viel anzufangen – es handelt sich ja im Zusammenhang des Ganzen, um eine reizende, aber unserem Geschmack unzulängliche Vision der Antike – die dann beiseite geschoben wird: Nicht diese Töne – sondern andere, feierlichere, erhabenere! – so sehe ich die Einheit und Steigerung des Ganzen. –
Noch ein Wort über den Herrn Hébertot. Natürlich ist er ein Mensch, der auf Sensationen ausgeht. Das ist im deutschen Mund eine vernichtende Kritik. Aber wenn man Direktor des schönsten Theaters in Paris ist, das aber ein Saison-Theater, ein Fremden-Theater, ein ganz auf Sensation gestelltes Theater ist, warum sollte er auf anderes ausgehen? Da wäre er ja ein Esel! Es kommt alles darauf an, daß es kultivierte, mit Qualitätssinn gefundene, geschmackvolle Sensationen sind. Und Geschmack, sowie eine large, fast verschwenderische Hand rühmen mir sehr kompetente Personen ihm nach. Warum aber sollte – wofern es materielle Garantien gibt – nicht der «Rosenkavalier» eine solche Sensation werden? Sein Theater ist das der Sphäre des Chauvinismus von Haus aus entrückteste! Und zufällig kommt mir ein Pariser Reisebrief 1922 von Meier-Graefe in die Hand, worin er schreibt: «Hébertot hat aus dem Theater des Champs-Elysées das gefügige Werkzeug eines fürstlichen Geschmackes und einer gleich hohen künstlerischen Gesinnung gemacht.» – Das gibt doch immerhin sehr zu denken, denn Meier-Graefe ist ein unabhängiger Mann, steht außerhalb der Theaterinteressen und hat Geschmack!

Ihr *Hofmannsthal*

1923

Lieber Dr. Strauss, Rodaun, 4. II. 1923

ich war den ganzen Jänner sehr ruhig hier heraußen, kaum hie und da einen halben Tag in die Stadt. Jetzt muß ich kurz nach Deutschland und lese in Garmisch[1] Pallenberg mein neues Lustspiel[2] vor.

Ich bitte Sie, zu glauben, daß der Gedanke, ein neues brauchbares Opernszenar (nur das Szenar muß gefunden werden, das andere macht sich von selbst) zu beschaffen, leichteren Charakters, hie und da konversationell, – von mir nicht mit Gleichgiltigkeit oder gar Lieblosigkeit beiseite geschoben wird. Im Gegenteil, lieber Freund, ich wünsche mir herzlich, diese Arbeit zu leisten – und sie wäre – sobald nur der Faden gefunden – eine reizvolle und leichte. Denn ich wüßte heute mehr als je, worauf es ankommt, und ich würde das Ganze mit knappen Worten schlank und hübsch zu führen verstehen. Sonderbar nur, daß ich früher so leicht auf einen Gegenstand kam, der sich eignet – heute so viel schwerer. Sie würden mich, am späten Abend von außen durchs Fenster schauend, ganz brav und willig sehen: wie ich im Lukian herumblättere, alte Novellen von Stendhal und Musset durchlese, Scribesche Librettis anschaue – man muß hoffen, daß ein bescheidener und energischer guter Wille schließlich durch den Einfall belohnt wird. Nicht daß es mir an Einfällen fehlte – aber alle gehören sie ins Gebiet des Sprechstückes. Zu solchen häufen sich die Szenarien und Entwürfe zu kleinen Türmen auf.

Darf ich Sie in einer ganz persönlichen und streng vertraulichen Sache mit einer Bitte beschweren? Was ich erbitte – so schwer mir jede Belästigung Ihrer Person fällt – ist ein kurzer Brief Ihrer Hand – höchstens 7–8 Zeilen.

Ich soll von der zuständigen Stelle (dem Professor für deutsche Literatur an der Wiener Universität) dem literarischen Nobel-

[1] Max Pallenberg und seine Gattin Fritzi Massary besaßen in Garmisch ein Haus.

[2] «Der Unbestechliche».

Preis-Komitee in Stockholm in Vorschlag gebracht werden, wenigstens soweit, daß ich – nicht gerade für ein bestimmtes Jahr – auf die offizielle Kandidatenliste dort gesetzt werde. Dies erfolgt nur auf Grund von Vorschlägen aus dem Land des Kandidaten. – Professor Brecht legt das größte Gewicht darauf, ein paar Zustimmungsäußerungen von notorischen Persönlichkeiten seinem Vorschlag beizulegen. Darf ich solche, in seinem Namen, von Ihnen erbitten?

Die Fassung wäre diese: An Herrn Univ. Professor Dr. Walter Brecht, Wien XIII., Eduard Kleingasse 11. «S. g. H. Ich höre, daß Hugo v. H. seitens der zuständigen akademischen Stelle für den literarischen Nobelpreis vorgeschlagen wird. Ich begrüße diese Kandidatur ... und wünsche ihr Erfolg ... Dr. R. Str.»

Bitte tun Sie mir das zulieb und erwähnen der Sache bitte gegen niemand. Publizität kann ihr nicht nützen und sicher schaden.

Stets herzlich Ihr *Hofmannsthal*

Hinterhör bei Neubeuern am Inn

Lieber Dr. Strauss, 27. II. 1923

Meine Frau schreibt mir, ganz gerührt von einer Aufführung der «Ariadne», was für ein Fest das gewesen sei. An diesem gemeinsamen Werk hänge ich wirklich mit ganzer Seele. Ich weiß von diesem, von diesem mit Sicherheit, daß es noch lange nach uns leben wird.

Meine Frau schrieb mir auch, daß Sie klagten, Sie sähen mich nicht. Ich war im Jänner durch eine Grippe lange unwohl, dann waren Sie verreist, dann verreiste ich.

Auch gibt es zwischen zwei Menschen wie wir nichts als gemeinsame Arbeit, und eigentlich auch kein anderes gemeinsames Thema. Ich lasse nicht nach, über ein spätantikes, graziöses, auch etwa ein wenig freches Lustspiel nachzusinnen, mit viel Parlando und etlichem leichtem und hübschem Zeremoniell, ein Fest oder dergleichen.

Auch an der inneren Arbeit an den «Ruinen von Athen» halte ich fest; gelingt sie mir, dann wird es was Schöne und muß eben ausgeführt werden.

Im übrigen bin ich baldigst in Wien und lade Sie und die Ihren schon heute auf das herzlichste zu der Première meines neuen Lustspiels ein (16. III.)[1].
Den letzten Akt des Trauerspieles («Der Turm») habe ich hier dem Abschluß nahe gebracht. Herzlich der Ihre *Hofmannsthal*

Lieber Dr. Strauss, Wien, 22. III. [1920][2]
Ihr Brief war sehr freundlich und wohltuend, wie alles Persönliche von Ihnen in diesen vielen Jahren. Ich danke Ihnen sehr. Einen Vorschuß auf Einnahmen aus Buenos Aires möchte ich nicht haben. Dieser Begriff «Vorschuß» ist mir, der ich im Grund sehr bürgerlich bin, zu unsolid. Ich habe lieber eine begründete Hoffnung auf Einnahmen als einen Vorschuß. Auch verfüge ich fürs erste über eine gewisse Summe in der Schweiz durch einen Bildverkauf.
Was Sie sagen über Erhalten der Arbeitsfreudigkeit etc., ist natürlich vollkommen richtig. Aber dazu ist physische Herstellung nötig. Momentan bin ich so auf dem Hund, daß mich schon ein solcher Brief anstrengt, und jedes Gespräch mir den kalten Schweiß auf die Stirn bringt. Fünf Wochen Muskelrheumatismus, auf Basis einer Grippe, fünfzig Tage schleichendes Fieber, bald höher, bald tiefer, dazwischen eine kleine Bronchitis, das nimmt halt her.
Aber ich bin recht zäh, komme gut wieder in die Höhe, nur brauche ich Erholung, physische und moralische.
Bin für paar Tage hereingekommen, weil draußen in das Haus kein Sonnenstrahl (Nordlage), was auf die Dauer unerträglich; muß aber bald wieder hinaus, mit meiner Frau, weil hier anderes zu schwierig.
Hätte ich eine Arbeit, die *halb* mechanisch, wie das Instrumentieren, d. h. die nur halbe schöpferische Kraft braucht, so wäre das sehr wohltuend. So muß man halt warten.
Also herzlichen Dank Ihr *Hofmannsthal*

[1] «Der Unbestechliche». Die Uraufführung fand am genannten Datum im Raimund-Theater in Wien statt.
[2] Bisher irrtümlich auf den 22. III. 1923 datiert, gehört zu Seite 459.

Lieber Dr. Strauss, Rodaun, Ostersonntag [1. April 1923]

Ihre Gattin hat mir einen sehr netten, humorvollen Brief geschrieben, was mir sehr lieb ist, denn ohne ein ungetrübtes persönliches Verhältnis ist ja auch das künstlerische nicht möglich. Der kleinen leichten Oper einen hübschen und geistreichen kurzen dritten Akt zu ersinnen[1] (der sich unmittelbar an den Schluß des II. anfügen würde) schreckt mich gar nicht – als das Schwierige an meiner Aufgabe erscheint mir nur das Finden des Stils – aber hier habe ich ja einerseits am «Rosenkavalier», andererseits an der «Ariadne» und dem «Bürger als Edelmann» Wegweiser – und im übrigen muß man alles solche mit guter Laune und ein wenig Frechheit anfassen.

Das, was Sie mir neulich von dem unüberbrückbaren Abgrund zwischen Ihrer Musik, auch wenn Sie noch so leichte Musik machen, und der landläufigen Operette sagten – hätten Sie gar nicht zu sagen gebraucht – wenn man nur von beiderlei in einem Atem redet, tut man schon Unrecht. Gerade für solche Stufungen und Gewichtsunterschiede habe ich ein untrügliches Gefühl selber in mir. – Desgleichen, was Sie vom Nicht-nachgebenkönnen in bezug aufs Orchester sagten, verstehe ich völlig. – Nur müssen Sie auch die Schwierigkeit meiner Lage verstehen. Auch bei mir soll ja, genau wie bei Ihnen, der schöpferische Sinn jetzt sich regen, den nur vorweggenommene Freude rege hält, vorweggenommene Unlust aber dämpft und niederschlägt.

Wie Ihnen der Gedanke an ein dürftiges und gemeines Orchester alle Lust erstickt, so gehts mir, wenn ich an die Darsteller denke. Vieles, was Sie auf diesem Gebiete noch erträglich finden, ist mir zum Ekel. Sehe ich eine Person wie die Massary auf der Bühne, deren Geist, Beweglichkeit, Reichtum der Nuance dem Innersten meiner eigenen schöpferischen Natur entgegenkommt – und denke dann an die Opernsänger, so ist mir, wie wenn ich von einem Göttertisch, mit Ambrosia gedeckt, weggerissen würde zu einem schmutzig gedeckten Wirtshaustisch mit dem übelsten Essen.

[1] Mit der «kleinen leichten Oper» ist die «Ägyptische Helena» gemeint, die zweiaktig angelegt wurde. Vgl. Hofmannsthals Brief vom 14. IX. [1923].

Und das gar bei einer leichten, heiter schwebenden Sache! Natürlich kann ich auch aus dem Einfall selber, der ja zur Musik hindrängt, Lust und Freude ziehen – und aus dem Gedanken an Ihre Musik und Ihre Freude. Denn ich bin für das musikalisch Schöne, trotzdem ich eigentlich unmusikalisch bin, sehr empfänglich und gerade für das ganz Einzigartige – noch lange nicht genug Gewürdigte – was Sie in einem solchen Stil machen, wie beim «Bürger als Edelmann».
Ich weiß nicht, wann Sie nach Südamerika gehen (ob das in einem mit Ihrer demnächstigen Italienreise vor sich geht?) und weiß nicht, ob es Ihnen erwünscht wäre, den ersten Akt schon zu einer halb-spielenden Beschäftigung auf der Reise mitzuhaben. Leichter und lieber wäre mir's, ihn Ihnen etwa im August zu geben oder zu senden – ich möchte (so fertig alle Handlungs- und Charaktermotive in mir liegen) eben um des Stiles willen ein bißchen Zeit zum Nachdenken und Ausprobieren haben. – Da das Haus jetzt hier nicht mehr so bitterkalt ist – war es unser Gedanke, daß Sie mit Ihrer Frau, wenn es Ihnen beiden paßt, jetzt einmal zum Essen oder nachmittags herauskommen würden. Ein Auto leiht Ihnen ja gewiß jemand*. Machen Sie es nach Ihrer beider Lust und Bequemlichkeit – daß wir uns wünschen, Sie zu sehen, braucht ja nicht ausgesprochen zu werden. Herzlich Ihr *Hofmannsthal*

* Auch Hellmanns würden ja gewiß zur Verfügung stehen. Vielleicht nehmen wir nächsten Sonntag, bei gutem Wetter, in Aussicht?

Lieber Freund! On Board S.S. «Vestris», 12. Juli 1923

Es wird Ihnen Freude machen, zu hören, daß nach «Salome» nun auch «Elektra» am 6. Juli in Buenos Aires einen ungeheuren Erfolg hatte. In einer miserablen Saison (schlimmster wirtschaftlicher Depression) waren meine beiden Opern für Mocchi die ersten Kassaerfolge, und so hoffe ich meine Werke definitiv hier eingebürgert. «Rosenkavalier» (kommt nächste Saison wieder) und «Salome» waren ja schon Stammgäste. nun, hoffe ich, folgt (bald auch in Italien) «Ariadne» und «Joseph». Nach einer miserablen Generalprobe, wo Frau Bland auch darstellerisch ganz versagte, habe ich doch mit letzter Kraftanstrengung eine sehr respektable Aufführung herausgebracht, die jedenfalls kolossal gezündet hat und von der Presse aller Nationen (die schon sehr eingehende Vorbesprechungen gebracht hatte, woran sich die Wiener ein Muster nehmen könnten) enthusiastisch gepriesen wurde.

Ich bin am 15. September in Garmisch, ohne Arbeit, und möchte dort gerne «Helena»* vorfinden! «Auf Kundry – ans Werk!»

Gestern greulicher Seesturm; morgen in Rio bei den Philharmonikern. Meine Gesundheit ist vortrefflich, der Aufenthalt diesmal erträglich! Hoffe Sie bei guter Laune und Arbeitskraft und sende Ihnen und Ihrer lieben Frau meine herzlichsten Grüße! Als Ihr getreuer *Dr. Richard Strauss*

* Bitte in jedem Akt hübsches *Ballett!*

Lieber Freund! Dakar, 8. Sept. [1923]

Ich bin gesund und sehr vergnügt auf der Heimreise. «Elektra» hatte mit circa 10 Aufführungen sehr großen Erfolg. Nächstes Jahr folgt in Buenos Aires wieder «Rosenkavalier».

Ich hoffe, in Garmisch die «Helena» vorzufinden, hoffentlich mit hübschen Balletteinlagen; auch einige feine Elfen- und Geisterchöre wären mir willkommen. Mit der Partitur des «Intermezzo» bin ich fertig und möchte gern in Garmisch im Herbst noch was Hübsches arbeiten. Am liebsten einen zweiten «Rosenkavalier» ohne dessen Fehler und Längen! Den *müssen Sie mir noch schreiben*, ich habe in diesem Stimmungsgebiet noch nicht mein Letztes gesagt.

Etwas Feines, Lustiges und Gemütvolles!

Am 16. bin ich zu Hause und hoffe bald gute Nachrichten von Ihnen!

Mit schönsten Grüßen Ihr stets treu ergebener

Dr. Richard Strauss

Lieber Dr. Strauss, Bad Aussee, 14. IX. [1923]

Mögen Sie, wie Ihr Brief aus Buenos Aires mich hoffen läßt, indessen glücklich heimgekehrt sein und sich mit den Ihren freuen. Meine herzliche Mitfreude kann ich Ihnen nun noch einmal direkt aussprechen – zugleich bitte ich Sie, Ihrer verehrten Gattin für die besonders lieben Zeilen, mit denen sie unseren Glückwunsch erwidert hat, zu danken.

Es war seit langem mein Gedanke, Ihnen mit der «Helena», in dem Jahr, wo Sie sechzig, und ich fünfzig werde, eine Freude zu machen. Aber alles ist ja unsicher, das vom Einfall abhängt. Als ich Ihnen im April den Stoff erzählte, sagten Sie mit dem richtigen Gefühl: der erste Akt ist gut und gefällt mir – das andere ist noch unfertig. Ich habe meine Gedanken immer in guten Momenten auf den Stoff gelenkt – und besitze nun in mir das fertige Stück; der zweite Akt ist gut, mindestens ebenso gut als der erste – der dritte ganz kurz: er bringt die volle Versöhnung, inmitten eines Festes. Ja, daß ich es gleich sage: mehr und mehr verlangt mir's, den dritten mit dem zweiten Akt zu verschmelzen. Er ist das geborene festliche Finale des zweiten und gibt diesem die Steigerung – und da das Fest auch voll innerer Bedeutung für die Figuren – so gibt er dem Akt ein inneres Ziel, auf das er zudrängt – dynamisch und psychologisch. – Es ergibt sich die ungewöhnliche Form zweier ungefähr gleich langer, sehr reicher Akte. Die gesamte Länge bleibt hinter dem «Rosenkavalier» zurück, übertrifft aber die «Ariadne»; was mir vorschwebt, ist die Spieldauer einer Puccini-Oper, ungefähr.

Die Hauptpersonen des I. Akts sind Ihnen im Gedächtnis: die ägyptische Zauberin Aithra, Geliebte des Poseidon; Helena und Menelaus. Der zweite Akt spielt auf einer Oase in der Ägypten benachbarten Wüste – wohin das verjüngte Ehepaar durch die Zauberin für kurze Flitterwochen entrückt wird – einem schönen Fleck der Welt, wohin die ganz Europa erfüllende Kunde vom Trojanischen Krieg, ja der Name Helena noch nie gedrungen: hier treten zwei Figuren dazu: der Scheich (Fürst) dieser Oase und sein jüngster Sohn. Beide verlieben sich in

Helena. Höchst unmaßgeblich, nur um meine Idee von den Figuren zu verdeutlichen, schreibe ich eine Besetzung her:
Helena-Jeritza.
Menelas (der höchst ritterlich und gewinnend) Oestvig; (Tauber?) Aithra–Schöne.
Der alte Scheich–Duhan.
Der junge Scheich–Jerger.
Der Stil muß leicht sein, manchmal der Konversation so nahe wie im «Ariadne»-Vorspiel, manchmal nähert er sich den Konversationsszenen des «Rosenkavalier»; nie geht er so ins Schwere wie «Ariadne» (Oper). Aber es ist reichlich Gelegenheit zu Duetten und zu Terzetten. Diese *lyrischen Stellen* werden sich, wenn mir der Text nicht mißlingt, deutlich von der leichten, oft psychologisch feinen Konversation unterscheiden. Je leichter, ja leichtsinniger Sie die Arbeit nehmen, desto besser wird sie werden; ein deutscher Künstler wird ohnedies über jeder Arbeit schwerer als er sollte. [...]
Ich füge dem Szenar fast täglich etwas Wertvolles bei.
Herzlich Ihr *Hofmannsthal*

Lieber Dr. Strauss, Bad Aussee, 22. [IX. 1923]
Soeben Ihr lieber Brief aus Dakar vom 8. Aber indessen ist doch meiner vom 14. IX. hoffentlich in Ihren Händen und, wie ich hoffe, eine freundliche Antwort von Ihnen zu mir unterwegs!
Was Sie unter einem «zweiten Rosenkavalier» verstehen, glaube ich genau zu fühlen. Es müßte die Handlung in Wien spielen, etwa 1840 oder so, etwas Heimliches, Gutmütiges, dazu Lustiges. Die Handlung zum «Rosenkavalier» fiel mir nur so im Schlaf ein – das zweite ist immer schwerer, denn man darf um alles den ersten Einfall nicht kopieren wollen. Aber ich glaube, ich fühle, ich werde es Ihnen machen. Eine Ahnung von Handlung habe ich[1]. Sie spielt unter jungen Leuten, endet in mehrfacher Hochzeit. Aber ich muß es in mir entwickeln, nähren, aufziehen. Sie können mir nicht besser Lust und Eifer machen, als wenn Sie an die «Helena» mit recht leichter, rascher, freier Hand gehen. Set-

[1] «Arabella», z. T. aus den Figuren des «Lucidor» (1910) entwickelt.

zen Sie sich vor, es mit einer solchen Hand zu machen – wie wenn es nur eine Operette werden sollte – es wird dann schon von Richard Strauss. Über der «Frau ohne Schatten» sind wir beide zu schwer geworden. Ich bin sicher, daß fast Ihre schönste Musik darin steckt – aber –

Denken Sie bei den paar gemeinsamen Arbeiten, die uns noch gegönnt sein können: daß sie recht für's Theater sein sollen. Auch recht für die Ohren der gewöhnlichen Menschen und für die Kehlen, nicht nur für die Kunstreichsten, sondern recht vieler Sänger.

Goethe war sich nicht zu groß, eine Rolle «Schnaps», die ein Possendichter in zwei flachen Schwänken in Umlauf gebracht hatte, zum Mittelpunkt für eine Farce zu nehmen; und Schiller, der strenge hohe Schiller, entwarf eine Posse mit dem gleichen Schnaps als Hauptfigur!

Ich glaube, hoffe, die «Helena» wird Ihnen mehr Freude machen, Ihnen besser in die Hand gehen, als Sie erwarten. Ich habe lange über die Mischung des Stils nachgesonnen, über einen richtigen munteren Ton für das recitativo accompagnato – habe recht lebhaft gesucht, mir das Ansprechendste aus dem «Rosenkavalier» und dem «Ariadne»-Vorspiel ins Gefühl zu rufen –, dazwischen aber ist für Arien reichlich gesorgt, alles ist so als Liedchen gedacht, ein *viel leichterer* Stil als die Oper «Ariadne». Das Wort Operette, nimmt man's nur in einem schönen, ungebräuchlichen, älteren Sinne, faßt alles zusammen. Für Tanz und Chöre ist im zweiten Akt guter Platz – und da hoff ich – mit Ihrer Belehrung – ein recht kunstreiches Finale aufzubauen, nicht wuchtig-künstlich, wie in der «Frau ohne Schatten», sondern leicht und reich, wie wenn ein Feuerwerk Blumensträuße auswirft.

In Ihrem Brief aus Dakar verlangen Sie einen Elfenchor; den gleichen Tag war ich im ersten Akt an die Stelle gelangt, wo eine rechte romantische Zauberei im Genre der Fee Mab von Berlioz am Platz ist und huschende, jagende Elfenchöre (aber, wie ich bestimmt glaube, ohne Männerstimmen) sich anbringen lassen. Ich lege das Stück bei, damit Ihre Phantasie etwas zum Spielen hat – indessen ich mit Feuereifer und recht guter Inspira-

tion am ersten Akt schreibe. Ich schicke Ihnen dann schnellstens zwei Szenen. – Die Elfenbeschwörung geschieht durch Sistre[1], die ägyptische Fee und Geliebte des Poseidon, in deren Palast der erste Akt spielt. Der Zweck ist, den Menelas im Augenblick, wo er allen Ernstes Helena töten will, von ihr weg ins Freie zu locken.
Ihren Brief erwartend, herzlich der Ihre, und mich freuend, daß wir in der einzig möglichen Weise wieder in Konversation sind.
Hofmannsthal

Lieber Freund! Garmisch, 26. 9. 23.
Soeben auch Ihren zweiten, so sehr erfreulichen Brief vom 22. erhalten. Da ich Sonnabend mit E. von Grab per Auto auf 8 Tage nach Wien fahre, habe ich mich der Kürze halber entschlossen, Sie in Aussee zu besuchen. Wir treffen also *Sonnabend den 29. nachmittags in Altaussee* ein und bitten Sie, uns sofort nach *Salzburg, Hotel Europe* zu telegraphieren, in welchem besten Hotel in Aussee Sie uns folgende Zimmer bestellt haben:

1 Zimmer mit 2 Betten und Bad	(Eltern Grab)
1 Zimmer mit 1 Bett	(Tochter)
1 Zimmer mit 1 Bett	(für mich)
1 Zimmer für den Chauffeur.	

Sollten Sie Sonnabend nicht mehr in Aussee sein (und wir in Salzburg kein Telegramm vorfinden) fahren wir direkt Wien. Erbitte eventuell nach hieher eine Depesche. Wir fahren Sonnabend früh von hier weg. Viele schöne Grüße! Ihr
Dr. Richard Strauss

Lieber Dr. Strauss, Bad Aussee, 2. X. [1923]
unser ganzes Gespräch ist mir in sehr lieber Erinnerung. Alles, was Sie mir über Ihre Kunstabsichten in der «Frau ohne Schatten» und im «Intermezzo» gesagt haben, hat mich sehr aufgeklärt, und ich hoffe, daß in allen diesen Werken zusammen eine neue Stilgattung schließlich erreicht sein wird. Damit ist auch eine *Dauer* gesichert. – Mit dem ersten Akt hoffe ich bald fertig

[1] Später Aithra genannt.

zu sein. Daß der zweite gut und wirksam im Aufbau wird, glaube ich voraus zu fühlen; ich bin ungeduldig, ihn zu beginnen: im entgegengesetzten Fall (wenn sein Aufbau unsicher wäre), wäre ich verzagt und träge zur Arbeit. – Sie wissen, daß meine Situation immer schwierig ist: im Künstlerischen wegen des Zustandes der Theater – und momentan auch im Materiellen. Bei dem sehr großen Gewicht, das Ihre Person für die Leute hat, können Sie mir in allem nützen, ohne Anstrengung Ihrerseits. Vor allem zunächst, damit die Film-Sache[1] zustande kommt, worin die materiellen Chancen auch für Sie nicht unwichtig, für mich aber noch wichtiger. Es handelt sich darum, daß Sie sich von Rosenauer über die Form der Finanzierung orientieren lassen, und über die Leute, die er heranziehen will, und daß Sie dann Fürstner gegenüber autoritativ zu erkennen geben, daß Sie das Zustandekommen wünschen. (Rösch schaltet ja anscheinend aus). – Ferner, bitte, trachten Sie bei Goldstein etc. den guten Willen und prinzipielle Bereitschaft, an der Aufbringung der Mittel für den Reitschulumbau mitzuwirken, hervorzurufen, damit man aus verschiedenen willigen Faktoren eine Gruppe zusammenbringt, welche die circa 4 Milliarden, die in 20 Jahren amortisiert werden, garantiert.

Herzlich Ihr *Hofmannsthal*

Bad Aussee, 7. X. [1923]

Bitte, lieber Freund, seien Sie nicht ungeduldig; ich will Ihnen nicht wieder ein Bruchstück schicken, sondern den ganzen Rest des Aktes. Ich arbeite täglich sehr viele Stunden und es rundet sich sehr gut. Sie bekommen es in wenigen Tagen.

Bitte um ein Wort, ob Sie Herrn Goldstein für Salzburg interessieren könnten! Herzlichst der Ihre *Hofmannsthal*

Lieber Dr. Strauss, Bad Aussee, 14. X. [1923]

sind Sie in Wien länger aufgehalten worden und noch nicht nach Garmisch zurückgekehrt? Haben Sie mir ein Wort geschrieben und ist dieses nicht an mich gelangt? Ich kenne mich

[1] Der «Rosenkavalier»-Film.

gar nicht aus. – Namentlich das Gespräch mit Rosenauer wegen der Filmsache ist mir um der materiellen Chancen, die – ohne daß man sich etwas vergibt – darin liegen, höchst wichtig. Meine Quartalseinnahmen betrugen für deutsche Opernanteile, deutsche Aufführungen meiner Stücke und sämtliche verkaufte Bücher summa 2¼ Dollar! –
Jetzt spielt Pallenberg täglich in Berlin den «Unbestechlichen», es wird jeden 4. Tag abgerechnet und trotzdem geben die Einnahmen des immer *ausverkauften* Hauses wieder fast gar nichts! – Eine beispiellose Lage! – Akt I ist fertig, auch meine Frau mit der Maschinenkopie heut oder morgen fertig – sobald ich Sie in Garmisch weiß, schicke ich es ab!
Freundschaftlich der Ihre *Hofmannsthal*

Lieber Freund! Garmisch, 14. 10. 23
Ich bin wieder zurück und habe an «Helena» bereits zu skizzieren begonnen: besonders glücklich zum Komponieren eignen sich Stücke wie das hymnenartige: «Bei jener Nacht, der keuschen einzig einen» oder das Duettchen:
«Ich laufe und hole das Fläschchen!»
«Ich will nicht» etc.
Alles, was Sie mit «gesprochen» bezeichnen, möchte ich – vorläufig – wirklich sprechen lassen. Ich finde das sog. Mozartsche Seccorezitativ (mit Klavier) keine sehr glückliche Kunstform und fange an, den Dialog zwischen den immer desto frischer wirkenden Musikstücken wieder mehr und mehr zu lieben. Erstens versteht man das rein gesprochene Wort besser, und gerade bei einem so realistischen Dialog, wie die ersten Szenen der Aithra, verwischt der gesungene Ton den charakteristischen Tonfall. Ich habe das Gefühl, daß auch in der Soloszene zwischen Helena und Aithra, die Sie mir vorlasen, vieles nur gesprochen besser wirken müßte und Längen vermieden würden. Vederemo! Jedenfalls fahren Sie, bitte, in dem famosen Stil der ersten Szenen fort und schicken Sie mir bald den Rest des Aktes, womöglich mit einem anschaulichen Szenarium des II., damit ich einen Überblick habe.

Mein Wiener Aufenthalt hat manches vorwärts gebracht, und nach einstündiger Audienz bei dem wunderbaren Seipel halte ich vor allem die künstlerische Zukunft der Oper für gesichert.
Bei Goldstein habe ich viel Sympathie für Ihr Salzburger Projekt gefunden und ihn zu detaillierter Rücksprache an Direktor Stransky verwiesen.
Die mit Rosenauer durchgesprochene Filmsache habe ich Fürstner zur Förderung empfohlen.
«Ariadne» soll im März, zum erstenmal italienisch, in Rom (Constanzi) zur Aufführung kommen. Vielleicht setzen Sie sich bezüglich der Übersetzung mit Schanzer, Rom, Via Volturno 34, in Verbindung, damit dieselbe unter Ihrer ständigen Kontrolle fortschreite.
Nun wünsche ich Ihnen noch recht viel glückliche Arbeitsstunden, damit das Ganze des prächtigen Anfangs würdig bleibe und erwarte mit Ungeduld die Fortsetzungen.
Mit herzlichen Grüßen stets Ihr *Dr. Richard Strauss*

Lieber Freund, Bad Aussee, 16. X. [1923]
hier als Dank für Ihren Brief vom 14. X. – der ganze erste Akt. Legen Sie die Seiten dazu, die schon in Ihren Händen sind, und lesen dann das Ganze in Ruhe zweimal nacheinander durch: ich hoffe, daß es Ihnen beim zweiten Mal Freude machen wird.
Ob die «gesprochenen» Stellen schließlich «gesprochen» bleiben – oder eine ganz leichte Vertonung (durchs Orchester) bekommen (so wie der doch auch sehr realistische Dialog im «Ariadne»-Vorspiel), macht mir gar keine Sorgen. Die Hauptsache ist, daß das Ganze *leicht* bleibt. Es ist ein heroischer Stoff, aber *lustspielhaft behandelt;* das muß den Stil durchaus bestimmen, auch dort, wo der Text im Einzelnen verführen könnte (aber nur einen minderen als Sie) ins «Musikdrama» hinüberzugleiten. Geschähe das, wäre *alles* verloren. Die Elfen sind nicht die süßen zarten Elfen Mendelssohns aus dem «Sommernachtstraum». Es sind boshafte Geschöpfe, zudringlich wie die Fliegen, und frech. Sie helfen sehr stark in diesem Akt überall ins Lustspielmäßige hinüberzulenken. Etwas in ihrem Lachen oder ihrem Ja ja ja ja

ja! muß teuflisch und dabei lustig sein. Hier vertraue ich auf ein Kreatives in Ihnen, das nicht zu versagen pflegt: so der Falkenruf und das weinende Rufen der verbrennenden Fischlein. Ich habe das bestimmte Gefühl, daß in den Elfenchören Männerstimmen nicht vorkommen dürfen. Vielleicht sollen es überhaupt nicht *viele* Stimmen sein. (Wie viele machten das Rufen der Fischlein?)

Desgleichen die Muschel: daß die wirklich lustig und *wunderbar* klingt! Ich denke, wenn ich von dem «Gurgeln» spreche, immer an ein Geräusch, wie wenn Wasser in einer Röhre «redet». Daß man sie verstehe, ist nicht unbedingt nötig – es könnte lustig sein, wenn man sie so schlecht verstünde wie die Stimme am Telephon, wenn man daneben steht – dann muß halt die Dienerin alles wiederholen.

Daß Ihnen Stücke, wie «Ich laufe und hole das Fläschchen» etc. und «Bei jener Nacht» – dem Komponisten entgegenzukommen scheinen, zeigt mir, daß der Stil getroffen ist, so wie er mir vorschwebte. – Es sind nun so viele solcher «Nummern» in dem Akt, daß ich vorschlagen möchte (da der Anfang, vom Schluß her betrachtet, etwas zu breit geraten ist) das Liedchen der Aithra (NB. Aíthra, immer dreisilbig!) auf Seite 1 «Das Mahl ist gerichtet» *wegzulassen*[1]. Ich möchte vorschlagen, hier zu kürzen wie folgt:

Seite 1. Aithra: «– die keine ist und meiner spottet» (sie steht auf), gleich weiter

Seite 2. Dienerin: «Es scheint, daß sie sich zu einer Antwort herbeiläßt.»

Ist die Stelle «Bei jener Nacht» nicht viel zu lange? Ich würde unmaßgeblich raten, sich zu beschränken wie folgt:[2]

> «Bei jener Nacht, der keuschen einzig einen,
> die einmal kam, auf ewig uns zu einen;

[1] Strauss hat das Liedchen der Aithra beibehalten, dagegen die eröffnende Prosastelle (bis: «und meiner spottet») weggelassen. Diese steht nur in der Buchausgabe (Mainzer Presse, Insel-Verlag, 1928), in den Gesammelten Werken, Dramen IV und in den «Ausgewählten Werken», Bd. 1.

[2] Strauss hat auf die hier vorgeschlagene Kürzung verzichtet.

und bei der heutigen wieder, da du kamest
mich jäh und zart aus allem Schrecknis nahmest:
bei ihr, die mich aufs neu dir schenkt,
trink hier, wo meine Lippe sich getränkt!»

Seite 12, in der entschieden zu langen Stelle der Helena, bitte ohne Schaden diese 3 Zeilen zu streichen![1]:

«Denn ich im Arme des Anderen
zerdrückte i[n] m[einen] H[änden] d[ein] H[erz]
und du konntest mir nichts tun.»

Seite 5 würde ich den kleinen liedartigen Ausruf der Aithra: «Was wir sahen, da wir sehnten» nur stehenlassen, wenn ein sehr lebhafter, reizvoller melodischer Einfall ihn rechtfertigt – und würde jedenfalls vorschlagen, ihn ans Ende des Gesprochenen zu versetzen: *nach* «und ein wenig Gewalt über Wind und Wellen hat!» –
Ich schicke Ihnen in wenigen Tagen die Eröffnungsszene des II. Aufzuges und den Gang der Handlung.
Mit Schanzer werde ich mich in Verbindung setzen. Vielen Dank für Ihre Gespräche mit Rosenauer und Goldstein – und Freude über Ihr Gespräch mit Seipel.
Herzlich der Ihre *Hofmannsthal*

P. S. Meine Frau will, daß ich sie entschuldige, weil beim Abschreiben[2] das Farbband nicht ordentlich funktionierte.

Lieber Freund! Garmisch, den 23. 10. 23

Der Schluß des I. Aktes ist sehr schön und beglückwünsche ich uns beide zu dieser für Musik ganz besonders geeigneten Dichtung. Ob der Akt nicht ein bißchen zu lang, kann ich noch nicht genau übersehen. Ich habe bis jetzt ungefähr ein Drittel schon skizziert: es komponiert sich das meiste wie von selbst. Sie haben als «Librettist» wieder große Fortschritte gemacht.

[1] Diese Textpartie wurde in der Oper noch stärker als hier vorgeschlagen gekürzt. Vgl. die Buchausgabe.
[2] Akt I der «Ägyptischen Helena».

Aber mehr als vorher bin ich jetzt für rein gesprochenen Dialog: teils ganz ohne Musik, teils melodramatisch, teils nur mit kurzen musikalischen Floskeln (z. B. der Elfenchöre) unterbrochen, das große Finale würde dann mit Aithras: «Am Hang des Atlas steht eine Burg» beginnen. Daß Stücke wie das erste Duett zwischen Helena und Menelas nicht leichten Charakters behandelt werden können und über das «Singspiel» weit hinausgehen werden, darein werden Sie sich wohl finden müssen. Und daß der Übergang von diesem Pathos in den reinen Sprechdialog viel künstlerischen Takt von seiten des Komponisten und der Darsteller erfordert, darüber bin ich mir vollkommen klar. Daß die Gattung möglich ist, beweisen «Fidelio», «Oberon», «Zauberflöte», «Freischütz».

Ich finde sie sogar sehr reizvoll; sie macht den Zuhörer für die Musikstücke selbst überaus empfänglich, während kein unbefangener Zuhörer bei «Don Juan», «Figaro» und «Così fan tutte» in der dritten Stunde um ein Gefühl starker Ermüdung herumkommt.

Also bitte, bleiben Sie bei dem angeschlagenen Stil. Er ist ausgezeichnet. Und schicken Sie mir bald ein Gesamtbild des II. Aktes, damit ich das Ganze überblicken kann.

Ich hoffe, bis Ende November den I. Akt in den Grundzügen skizziert zu haben. Es geht unglaublich schnell und macht mir das größte Vergnügen. Die Arbeit wäre aber umsonst, wenn der II. Akt nicht ebenso glücken und die nötige Steigerung bringen würde.

Fürstner erhält jetzt von den Theatern allwöchentlich Abrechnungen und will jetzt sofort mit Rosenauer über den Film verhandeln.

Ich bin nächsten Montag nochmal wahrscheinlich für ein paar Tage in Wien. Vielleicht kommt dahin auch Fürstner.

Meine Adresse bis 13. Nov. Garmisch, bis 30. Nov. Meran, Obermais, Schloß Pienzenau, bei Baron Kuh, dann Wien.

Mit nochmals schönstem Dank herzlich grüßend Ihr

Dr. Richard Strauss

Der gesprochene Dialog hat außerdem den Vorzug größerer Verständlichkeit und rascherer Abwicklung.

Lieber Dr. Strauss, Bad Aussee, 1. XI. 1923

Bitte seien Sie nicht ungeduldig und nicht ängstlich. Ich weiß ja auch, daß das Ganze *für nichts* ist, wenn der zweite Akt hinter dem ersten zurückbleibt – aber ich glaube und hoffe, er wird gut, und das Ganze wird gut. Die Erfindung ist glücklich, die Motive (die psychologischen und die theatralisch-märchenhaften) reichen einander die Hand, ich arbeite mit ebensoviel Bemühung und Ernst als Vergnügen und Laune – jetzt wieder, nachdem ich acht Tage lang durch das Föhnwetter, schlaflose Nächte, ewige Kopfschmerzen und Angstgefühle, richtig krank war – habe schon von den drei Hauptteilen (quasi Exposition – Mittelteil – Finale) voraus, analog zum ersten, auch den zweiten Akt begonnen, den ersten hinter mir – und bin in dem sehr bewegten, außen und innen durcheinanderflechtenden Mittelteil, auf den dann noch eine sehr ernste Szene Helena-Menelas (Anfang des Finale) folgt – aber dies Bewegte und Reiche jetzt *schriftlich* zu erzählen (mündlich ginge es in Gottesnamen), ist mir ganz unmöglich. Sie bekommen (noch vor Meran) den ersten Hauptteil und in Schlagworten dann die Handlung bis zum Schluß. – Daß Sie mir als Librettisten Lob spenden, freut mich sehr, besonders das, welches in den Worten liegt: «Es komponiert sich vieles von selber», das herbeizuführen, war meine Absicht, und ich wende an dies, wie an alles, was ich tue, Ernst und anhaltende Bemühung, was in unserer meisterlosen, an Stümpern reichen Zeit eine Seltenheit ist.

Alles, was Sie über den Stil der Musik vorläufig sagen, leuchtet mir ein. Natürlich muß eine Szene wie die zwischen Menelas und Helena übers Singspiel weit hinausgehen. Daß Sie auf zwei Werke von Weber hindeuten, ist mir sehr lieb, beide Gestalten, besonders aber den Menelas, umfließt ein märchenhaft ritterliches Licht, wie es Weber wunderbar zu geben verstand. Derjenige Tenor, der einen «Lohengrin» *richtig* zu verkörpern versteht – das *zarte* Heldenhafte, wahrhaft Ritterliche dieser Figur –,

der wird auch ein ausgezeichneter Menelas sein.
Ich möchte noch manches sagen, schließe aber, um den stillen friedevollen Novemberabend noch für eine Szene zu nützen.
Herzlich der Ihre *Hofmannsthal*
P. S. Der erste Akt dürfte so lang sein wie der erste des «Rosenkavalier», und wenn selber um zehn Minuten länger, so tut es nichts, da ja nur zweie sind, und im ganzen 2 1/2 bis 2 3/4 Stunden Spielzeit, nebst einem Zwischenakt, gerade recht sind, «Ariadne» ist ja für Frankreich, Italien etc. zu kurz!

Lieber Freund! Garmisch, den 5. 11. 23[1]
Danke herzlich für den Brief vom 1. 11. Bin bereits bei dem zurückkehrenden M[enelas] und kann ernsthaft vermelden, daß bis jetzt alles wunderschön ist. Das Duett und die Einschlummerszene sind mir, glaube ich, besonders geglückt. In Wien werde ich Sie bitten, mir für den Schluß des Duettes: «Mond und Meer, Erde und Nacht, helfet mir jetzt» noch 12 gleichartige Verse dazu zu dichten.
Ebenso für Aithra, ab: «Ich halte ihn hinweg mit Zaubereien», im ganzen circa 24 Zeilen, die sie zu Schluß des Duetts dazukontrapunktieren kann. Sonst ist alles prächtig. Ich bin vom 7. bis 9. Nov. in Wien. Ab 15. Nov. Meran, Obermais, Schloß Pienzenau bis 26., dann ganz Wien! Wünsche weiterhin fröhliches Arbeitsklima!
Mit herzlichen Grüßen Ihr *Dr. Richard Strauss*

Lieber Dr. Strauss, Bad Aussee, 8. XI. [1923]
eine solche Karte, wie Ihre vom 5., freut mich natürlich sehr. Wie lebhaft erinnert sie mich an die ersten Zeiten unserer Verbindung, als Sie im Frühjahr 1909 mit solcher Leichtigkeit (aber nicht mit größerer als diesmal) am «Rosenkavalier» arbeiteten. Von der «Ariadne», obwohl sie dann so schön wurde, bekam ich keine so guten Nachrichten während der Arbeit.
Ich meinerseits habe mich von allem abgeschlossen und richte meine ganze Kraft auf den II. Akt. Ich bin schon beim Finale,

[1] Im Original irrtümlich 5. 1. 23 datiert. Poststempel: 5. Nov. 23.

wo Helena und Menelas den von Poseidon übersandten Trank der Erinnerung (ein Gegengift von ganz anderer Furchtbarkeit als der harmlose Lotostrank des Vergessens) miteinander leeren. Ich setze meine ganze Phantasie und Besonnenheit ein, um hier alle Motive (die seelischen und die der äußeren Handlung) zu gewaltiger Steigerung, aber klar und einfach, zusammenzufassen.
Sie kommen jetzt im Komponieren zu der Szene Aithra-Menelas (Seite 22 bis 29, denn 29 bezeichneten Sie, ganz meinem Gefühl entsprechend, als den Anfang des Finale). Diese Szene Aithra-Menelas nun kann ich mir schwer «gesprochen» vorstellen. Besonders von Seite 26 an beiläufig von «ich trug niemand?» usf. Hier ist durchaus in meiner Intention, daß beide Personen *singen*. (Wahrscheinlich auch in Ihrer.) Aber auch schon früher (Seite 22 bis 25) könnte ich mir wohl die Stellen der Aithra *gesprochen* (mit musikalischen Floskeln) vorstellen, sehr schwer aber die Repliken des Menelas, z. B. «Wie faß ich die Rede» – oder: «Wer hat gesehen, wer war Zeuge?». – Ich könnte es mir ganz reizvoll vorstellen, daß *ihre* Repliken dem Gesprochenen sehr nahe blieben, die *seinen* aber Gesang sind, wie es zu seiner heroischen Person paßt. Aufmerksam mache ich Sie auf einen gewissen Rhythmus der Diktion, der immer wiederkehrt, um das Zürnende bei Menelas zu malen, das aber immer *ritterlich* bleibt. Z. B. die Zeilen: «Helena, mérke zuletzt meine Réde!» (Seite 15) oder: «Bewahret mich réin, ihr oberen Götter, helfet, was séin muß, mir zu vollénden» Seite 14. Dann:

«Weib, welche Réde kommt Dir vom Múnde?
Sprich nicht von Páris und jenem Táge!
Hüte Dich, Wéib, daß ich Dich nicht stráfe!
Achte der Wórte, bevor Du sie rédest!»

(alle Seite 28)
haben alle den gleichen *edel zürnenden*, für Menelas sehr charakteristischen Rhythmus.
Eine persönliche Bitte: würde es Ihnen Mühe machen, das Werk über den Untergang der antiken Welt nach Wien mitzunehmen? Würde es so gerne lesen und kann mir momentan keine Bücher kaufen.

Ich getraue mich jetzt nicht mehr, die ersten zehn Seiten des II. Aktes nach Garmisch mitzuschicken, sondern sende sie morgen nach Schloß Pienzenau.

Herzlichst der Ihre *Hofmannsthal*

P. S. Die Ergänzungen werde [ich] in Wien mit Vergnügen machen.

Ab morgen Neubeuern am Inn, Oberbayern

Lieber Dr. Strauss, Bad Aussee, 12. XI. 23

Ich hoffe Sie gut und angenehm dort eingetroffen.

Hier schicke ich den Anfang des II. Aktes.

Die erste Szene Menelas-Helena ist gleichsam Ouvertüre. Sie zeigt das innere Hauptmotiv der Handlung: wie sie *beide* von innen her gezwungen sind, den Knoten, den der Betrug zugezogen, mit eigener Hand wieder aufzulösen. Mit dem Herannahen der Reiter beginnt dann die äußere Handlung des Aktes: sie ist lebhaft, feurig, wie die des ersten Aktes träumerisch und märchenhaft war. Hier herrscht der Wüstenwind, wie dort die feuchte Meer- und Mondnacht.

Den Scheich stelle ich mir von Duhan gesungen vor oder einem andern ritterlichen Bariton, wie es ein guter Telramund wäre. Den Da-ud, der ganz jung ist, weiß ich nicht, ob als einen sehr hellen Bariton denken oder als Tenor (etwa gleich dem David in den «Meistersingern») – aber keineswegs darf er von einer Frau gesungen werden.

Ich vollende in Neubeuern mit äußerster Sorgfalt das schon genau entworfene Finale. Herzlich Ihr *Hofmannsthal*

Lieber Dr. Strauss, Neubeuern, 25. XI. [1923]

alles, was Sie in Ihrem Brief[1] über den II. Akt und über die erforderte Linie des Ganzen sagen, ist vollkommen richtig.

Der II. Akt ist seit einigen Tagen abgeschlossen, aber er befriedigt mich in diesem Sinn nicht ganz, und ich muß ihn umarbeiten. Die Motive sind richtig, den Ausklang (Finale) halte ich für gut, vieles kann bleiben, aber die Führung muß bis zum Beginn

[1] Nicht vorhanden.

des Finale viel straffer werden. Auch die in Ihren Händen befindliche erste Szene (vor dem Kommen des Scheichs) wird sich in diesem Sinn zu verändern haben.
Ich bin 4. XII. in Wien. Stets herzlich Ihr *Hofmannsthal*

Hinterhör bei Neubeuern am Inn, 2. Dezember 1923

Lieber Dr. Strauss,

Ich komme Samstag oder Sonntag nach Wien zurück und hoffe, den II. Akt fertig mitzubringen. Ihre Bemerkung, daß die erste Szene des II. Aktes etwas «Reflektierendes» hatte, ist durchaus richtig. Das durfte nicht sein, ich habe nicht nur diese Szene vollkommen umgearbeitet, sondern auch im ganzen Akt alle Szenen, denen Ähnliches anhaftete, getilgt. Sie sprechen von einer Handlung, die Schlag auf Schlag vor sich gehe, «wie Elektra». Ich fasse dies «wie Elektra» natürlich nur sehr gleichnisweise. Denn «Elektra» hat eine Handlung, die finster und wuchtig auf furchtbaren Mord hinausgeht, und wie würde sich dies mit dem schwebend märchenhaften, das Dunkel nur streifenden, von einer fast komischen Intrige ausgehenden ersten Akt vertragen. Ließe sich «Elektra» einer straff gespannten Kette aus finsteren, wuchtigen Eisenringen vergleichen, so die «Helena» einer Guirlande aus einzelnen ineinander hängenden lyrischen Kränzen: aber in einem ist der Vergleich stichhaltig: daß im II. Akt der «Helena» die Blumenkette *straff gespannt* sein muß, wie dort die Eisenkette.

Darauf bin ich ausgegangen und das hat stilistisch eine bestimmte Folge gehabt: es ist keine Prosaszene im II. Akt stehengeblieben: die Prosaszenen, da sie den Fluß der Musik unterbrechen, wirken retardierend.

In welcher Weise – anders als bei diesem lyrisch-heroischen Stoff – in einem richtigen Lustspiel à la «Rosenkavalier» eine Mischung von Prosa und lyrischen Szenen *bis zum Schluß* durchführbar wäre – das müßte man, wenn man einmal den Stoff hat, genau überlegen.

Falls es dabei bleibt, daß «Ariadne» in Rom herauskommt, so bitte, schaffen Sie mir Gelegenheit zu einer direkten brieflichen

Einflußnahme auf die Frage der Mise-en-Scène. Welche Wichtigkeit dies gerade bei dieser Oper hat, bestätigte mir Reinhardt, indem er mir sagte, er habe von der «Ariadne» (in der neuen Fassung in Berlin) – wo die Inszenierung nachlässigen, lieblosen Händen überlassen war – kaum einen Eindruck empfangen, wogegen er die Wiener Aufführung drei Male mit Freude gehört hatte. Herzlichst Ihr *Hofmannsthal*

Lieber Freund! Wien, 26. 12. 23

Ein gutes Neujahr Ihnen und den Ihren!

Drei Tage Bettruhe haben mir, wie ich glaube, jetzt den Grundfehler des I. Aktes als zu komponierendes Drama vom zweiten Eintritt des Menelas bis zu Aithras Erzählung aufgedeckt. So fein psychologisch das alles von Ihnen erdacht und motiviert ist – wenn es nicht reine Prosa sein darf –: es würde einen Rattenkönig von langweiliger Musik ergeben. Ich glaube, Menelas muß hereinstürzen und deutlich aussprechen, daß er Paris *und* Helena ermordet hat[1]. Vielleicht, daß er jetzt, nachdem er endlich gerächt, sich selbst töten will – Aithra fällt ihm in den Arm (den Vergessenstrank vielleicht später, unmittelbar vor der Erweckung Helenas) und so rasch als möglich, ohne nochmalige rückblickende erzählende Momente, auf «das Gespenst» und die Erzählung der Aithra: «Am Hang des Atlas steht eine Burg» los. So daß sich der Akt in folgende Szenen gliedert:

Einleitung und Sturmerzählung.
Szene Helena und Menelas.
Spuk und Abgang des Menelas (hier wäre die zunehmende Verwirrung des Menelas vielleicht deutlicher auszudrücken).
Verjüngung der Helena.
Kurzer Dialog Menelas-Aithra.
Finale.

Wann haben Sie Zeit, daß wir diese ganz gründliche Revision und Reduktion auf die notwendigsten Schlagworte durchsprechen? Ich stehe jederzeit zu Ihrer Verfügung.

Mit schönsten Grüßen stets Ihr *Dr. Richard Strauss*

[1] So in der endgültigen Fassung.

Lieber Dr. Strauss, Rodaun, Montag, 7h. [1924[1]]

Hier haben Sie die Szene Menelas-Aithra auf das handlungsmäßig Unentbehrliche reduziert. Diese Blätter treten neu an Stelle der Seiten 22, 23, 24, 25, 26, 27, 28 Ihres Textes. – Trinken lasse ich ihn hier zum ersten Mal; zum zweiten Mal dann gleichsam zur Nachhilfe, unmittelbar bevor er der verwandelten Helena ansichtig wird. Seite 33 unten. Dort schieben Sie bitte ein:

(Aithra:) «Noch einmal nun trinke aus meinem Becher
und dann sieh hin, was Dir die Götter bereiten.»

Ein Streichvorschlag im Finale wäre: Seite 31, alles bis zu: Menelas: «Furchtbares Weib!»

Das ist ein möglicher, die Dichtung nicht schädigender Strich.

Ferner: Seite 32, nach Aithras: «Du wirst sie sehen, bereite Dich – –» könnte es gleich überspringen auf Seite 33.

Menelas: «Ich höre Becken
dumpf geschlagen»

unter Weglassung der an sich reizvollen Zwischenglieder. Ad libitum des Komponisten.

Endlich Seite 1 bin ich entschlossen, daß wir, nachdem das Harfenspiel verklungen, Aithra ungeduldig auftreten und sogleich mit ihrem Gesang «Das Mahl ist gerichtet!» – einsetzen lassen[2]: Diese Prosa ist zu leicht, der Operette zu nahe; alles in der Prosa Gesagte ergibt sich nachher mit hinreichender Deutlichkeit und so (wenn wir mit dieser kleinen Arie einsetzen) bleiben wir in dem Stil, wie er sich nunmehr für das Ganze ergibt; ich war im Anfang des Schreibens mir noch nicht klar, wie sehr der zweite Akt ins *höhere* Lyrische geht. Aber alles trotzdem noch Verbliebene an Lustspielhaftem, Konversationellem ist sehr wertvoll; aus diesem Doppelten, zwischen Heroischem und Komödienhaftem ergibt sich die Neuheit des Genre und der zarte Wert der Sache.

[1] Datierung unsicher.

[2] Der einleitende Prosamonolog ist in der Buchausgabe erhalten geblieben.

Das Fehlende von Akt II
habe ich indessen größtenteils aufgearbeitet; der Anfang (Menelas schlafend, Helena allein), ist, glaube ich, sehr gut geworden.
Ich schreibe dies für alle Fälle, damit Sie es als aide-mémoire vor sich haben; will Ihnen aber dies selbst bringen und hoffe, Sie bald zu sehen. Herzlich der Ihre *Hofmannsthal*

Lieber Dr. Strauss, Rodaun, 18. I. [1924]
ich habe mit dem Text vor Augen das neulich von Ihnen Gesagte überdacht. Natürlich steht gar nichts im Wege, daß Sie die Elfen Beschwörung der Aithra an eine frühere Stelle in die Hauptszene (Helena-Menelas) einweben, als wo sie gerade im Text steht. Die Dichtung muß alles im Nacheinander bringen, wo der Musik ein gewisses Nebeneinander, ja Ineinander gewährt ist. Im gleichen Augenblick, als die Beschwörung anhebt, verlangt Ihr Bühnensinn mit Recht, daß der Zuschauer auch etwas *sehe*. Es muß hier der das Gemach nach hinten abschließende Vorhang zum durchsichtigen Schleier werden und sich ein spukhaftes Treiben entfalten, aus dem dann und wann ein solch bleichgrünes Gesicht mit funkelnden Augen auftaucht, dann wieder andere halb tierhafte Gestalten. Das Ganze muß aber durchaus im Bereich des Unheimlichen, bänglich Zauberischen bleiben; um es zu realisieren, bedarf es eines Malers von bestimmter Phantasie; diesen werde ich zu finden wissen, und ihn zu finden, ist gar nicht so schwer; nur muß ich dann auf Ihre absolute Unterstützung rechnen können. Sie müssen mir vor der Aufführung mit *allen* Ihren Qualitäten als Musik*dramatiker* zur Seite stehen und dürfen nicht Ihren Bühnensinn unter die Notwendigkeiten anderer Art unterordnen; allein, ohne die richtige Mitarbeit, ist meine Autorität auf der *Opern*bühne zu gering, um dem *Ganzen* zu seinem Recht zu verhelfen.
Aber schon vorher, im rein schöpferischen Bereich, liegt das Entscheidende bei Ihnen. Wenn das Mitspielen dieser Elfen dem Auge die geringste Anknüpfung an anmutig süßes Mendelssohnsches Elfenreigenspiel nahe legt, so sinkt das Ganze ret-

tungslos ins Triviale. Hier wird aber auch die Phantasie des Malers, von welcher der Zuschauer geführt werden soll, ihrerseits ihr Diktat von der Musik empfangen. Wenn das Singen und Dazwischenrufen der Elfen im höchsten Maß *charakteristisch* ausgeprägt ist – desgleichen Sie, wie kein Zweiter, vermögen –, wenn das Höhnische, Spottende, Äffende dieser Nachtlemuren darin zum Ausdruck kommt, das Menschenhassende und -verachtende solcher Halbwesen, ja das Vampyrhafte – dann wird der Zuschauer auch aus der leisesten Andeutung des Malers den eigentümlichen südlichen Walpurgisnachtschauder empfangen – auf den alles ankommt – ja er wird das Entscheidende der gespenstischen Erscheinung durchs *Ohr* sehen. – Hier habe ich, wissend, daß der Maler nur unterstützen, nicht entscheidend helfen kann, das meinige durch das *Was* des Textes gegeben. Alles kommt nun darauf an, daß Sie eine noch höhere, gleichintendierte Kraft ins *Wie* dieser Elfenstimmen legen (deren, meinem Gefühl nach, nie zu viele, nie mehr als ein paar zugleich, nie wirklicher Chor, hörbar werden müßten).

Herzlich der Ihre *Hofmannsthal*

Hotel Weimar,

Verehrter lieber Freund! Rotterdam, 29. Jan. 1924

Ich habe mich absichtlich an keiner literarischen Kundgebung zu Ehren Ihres 50. Geburtstages[1] beteiligt, weil ich das Gefühl nicht bannen kann, daß alles, was ich Ihnen in Worten sagen könnte, banal wäre im Vergleich zu dem, was ich Ihnen als Komponist Ihrer herrlichen Dichtungen schon in Tönen gesagt habe. Daß es Ihre Worte waren, die aus mir das Schönste, was ich an Musik zu geben hatte, herausgeholt haben, darf Ihnen eine schöne Befriedigung gewähren, und so mögen denn Chrysothemis, die Marschallin, Ariadne, Zerbinetta, die Kaiserin und nicht zuletzt «bewundert viel und viel gescholten» H.[2] mit mir bei Ihnen eintreten und Ihnen vor allem danken, für alles, was Sie mir von der Arbeit Ihres Lebens gewidmet und in mir

[1] 1. Februar 1924.

[2] Helena.

gefördert und zum Leben erweckt haben. Daß sogar die Mitwelt jetzt endlich anfängt, die Größe und Schönheit Ihres für mich geleisteten Werkes zu erkennen, dafür kann Ihnen der sensationelle Erfolg, den «Ariadne», Dichtung und Musik, vorige Woche zweimal in Amsterdam (in mustergültiger Aufführung durch unser prächtiges Wiener Ensemble und Mengelbergs herrliches Orchester) errungen hat, – eine besondere Geburtstagsfreude sein. Es war frappant, wie schnell und mit welchem Humor das allerdings theatralisch durch keinerlei Verismo verdorbene und seit 25 Jahren nur mit bester Musik genährte holländische Publikum speziell die Dichtung aufgenommen hat. Ich habe nie im Vorspiel so laut, oft und herzlich lachen hören wie hier, und nach dem I. Akt brach ein Beifallssturm los, wie in Wien kaum nach der 40. Aufführung. Jetzt glaube ich an die Zukunft der «Ariadne» – gerade auch im Ausland. Die Aufführung soll zusammen mit «Rosenkavalier» bald wiederholt werden, und der Plan der Erbauung eines großen Deutschen Opernhauses in Amsterdam nimmt greifbare Gestalt an. Roller soll den Grundplan entwerfen.

So sende ich Ihnen denn für heute nur noch meine herzlichsten Wünsche für ein gesundes, langes Leben voll froher Arbeit und voll der Freuden, die Sie erhoffen und verdienen; mit zunehmender Eroberung der «Valutaländer» wird es bald auch daran nicht mehr fehlen. Ihren lieben Brief habe ich in Amsterdam erhalten und erwarte bei meiner Rückkehr nach Wien (12. Febr.) mit Freuden das fertige Werk. Heute nachmittag fahre ich über Brüssel, Mailand direkt nach Rom.

Sitze ich erst im Belvedere[1], bringt mich keine Valuta der Welt mehr im Winter aus meinem botanischen Garten heraus.

Leben Sie wohl und genießen Sie den festlichen Tag mit dem für derlei «Lebensabschnitte» nötigen Humor und gedenken Sie dabei auch ein wenig Ihres treuesten Bewunderers

Dr. Richard Strauss

Herzliche Grüße Ihrer lieben Familie.

[1] Das Wiener Haus von Richard Strauss, in das dieser im Oktober 1924 einzog, steht auf einem zum Belvedere-Komplex gehörenden Grundstück.

Lieber Dr. Strauss, Rodaun, 14. II. 1924

Ihr Brief war lieb und schön und hat mir die größte Freude gemacht. Sie empfinden die Dinge genau so, wie ich sie selber empfinde. An dem zweiten Akt der «Helena» habe ich die ganze Zeit noch gebessert und gebessert, manches verdünnt, manches verdichtet, und ich glaube und hoffe, daß es speziell als Dichtung für Musik, als *Oper*, das Beste ist, was ich je gemacht habe. Insbesondere freut mich die erreichte Steigerung, die dramatische Mischung der Motive, und das schöne und merkwürdige Verhältnis der Akzente zueinander: des märchenhaft idyllischen ersten zu dem aufregenden zweiten: Wasser und Feuer.

Sie bekommen es, fix und fertig, in spätestens 5 bis 6 Tagen. Mir fehlen nur noch die 4 letzten Zeilen (Menelas-Helena unisono) und meine Frau ist mit dem Abklopfen auch schon sehr weit. Denken Sie aber, ich möchte es Ihnen nicht schicken, sondern bringen und nochmals vorlesen. Es dauert das ja höchstens 25 Minuten, und hat seine Vorteile. Also bitte, widmen Sie mir diese Zeit noch einmal. Es liegt mir daran.

Noch eines: zu der Vorstellung «Ariadne» mit Germaine Lubin, ob paré oder nicht, bitte ich Sie, daß Sie mir eine Loge geben, damit ich, als Hausherr, den Gatten der Sängerin, den Dichter Paul Géraldy, einladen kann, als Wiener den Fremden, als Mitarbeiter den ausländischen Autor.

Bitte, geben Sie die Anordnung, daß diese meine Bitte erfüllt wird. Ich beziehe dann natürlich *nicht* meine zwei Autorensitze.

Herzlich der Ihre *Hofmannsthal*

P. S. Die Nachricht vom holländischen Erfolg freute mich natürlich überaus. «Ariadne» ist nun einmal mein Liebling unter den Kindern. Möge ihr «Helena» den Rang streitig machen!

Lieber Dr. Strauss, 11. III. 1924

So bescheiden mein Musikverständnis ist, so kann ich doch alles, was sich auf den Stil eines Kunstwerkes bezieht, sehr gut erkennen, und bin darum sehr froh über das, was Sie mir vorgespielt haben. – Aus dem ersten Akt müssen, um nun die stilistische Einheit mit dem II. herzustellen (während der sehr starke

Stimmungskontrast, sowie Kontrast im Tempo, fast wie Halbschlummer zum Wachen, natürlich beabsichtigt ist) – die beiden allzu konversationellen Prosastellen der Aithra, die wir bezeichnet haben, schwinden; meines Erachtens unbedingt auch die vor dem Auftreten der Helena wenngleich Sie diese schon komponiert haben. Alles, was die Aithra an dieser Stelle sagt, ist entbehrlich, und als ein *Geplauder* der großen und legitimen Spannung des Momentes abträglich.
Erlauben Sie mir ein Wort über die Elfen; über fast alles andere ist nichts zu sagen. Vieles von dem, was die Elfen rufen und schwätzen, kann als musikalischer Reiz hingehen, ohne daß es unbedingt verstanden werden muß. Was aber unerläßlich ist, und Ihrer Meisterschaft erreichbar, wenn Sie den Willen darauf richten, ist ein starkes Vorwalten des Charakteristischen über dem Lieblichen. Es sind böse, freche, höhnische Spukgeister; nur in dieser Tonmaske können sie ihre sehr bestimmte dramatische Funktion erfüllen. An einzelnen Stellen, besonders jenen für das Verständnis des Fortgehens der Handlung wichtigsten Stellen ganz am Schluß des Aktes («Wie? – oder nicht?» und die folgenden) sowie auch *einzelnen* Stellen vorher schiene es mir sehr glücklich, wenn einzelne Stimmen an Stelle des Chores (der doch wohl ein *kleiner* Chor ist?) treten würden und, wenn es denkbar wäre, daß hier die Führung bis ans Groteske ginge (daß z. B. eine tiefe Frauenstimme versuchen würde wie ein Baß zu sprechen, andererseits ein Mann im Falsett, oder ähnliches), es wäre jenes *sinistre* Element gewonnen, welches im II. Akt dann in dem Erwachen seinesgleichen findet.
Ich darf Sie, nicht wahr, bitten, mir den im Herbst besprochenen Betrag von 1500 Dollars jetzt zuschicken zu lassen? am liebsten, wenn möglich, in Form eines Schecks.
Stets herzlich Ihr *Hofmannsthal*

15. III. 1924

Sie werden es dem Ton meines Briefes selbst angemerkt haben, *lieber Dr. Strauss*, daß ich ihn schrieb, ohne von Ihren Sorgen[1]

[1] Eine schwere Erkrankung von Strauss' Sohn.

eine Ahnung zu haben. Nach meinem neulichen Besuch bei Ihnen hatte ich im Gegenteil das Gefühl, daß die aufregenden und sorgenvollen Tage hinter Ihnen lägen!
Wie sehr ich diese Sorgen mit dem ganzen Gemüt teile, möchte ich doch jetzt nicht unausgesprochen lassen. Aber was nützt das Teilen der Sorge dem, den sie drückt! Es nimmt ihm nichts ab von seiner Last. Möge es bald wieder aufwärts gehen – es ist diese zuversichtliche Hoffnung, die ich, anstatt der Sorge, bald mit Ihnen teilen möchte.
Wir fragen nicht an, weil Anfragen eine unbescheidene Quälerei ist.
Ich drücke Ihnen, mit allen guten, innigen Wünschen, die Hand.

Ihr *Hofmannsthal*

Lieber Freund! Wien, 18. 4. 24

Gratuliere nochmals herzlich zum schönen Erfolg des «Schwierigen», über den ich mich außerordentlich gefreut habe. Sehe ich Sie nochmals vor dem 15. Mai? Für heute die Bitte, daß Sie mir die Bücher, die Ihnen s. Z. Architekt Rosenauer von mir gegeben hat: Französisches Theater und Goldoni, Metastasio, jetzt vor Ihrer Abreise hieher zurückschicken möchten.
Fröhliche Ostern! Bubi ist auf dem Wege der Genesung! Und herzliche Grüße von Haus zu Haus!
Ihr getreuer *Dr. Richard Strauss*

Lieber Dr. Strauss, Rodaun, 4. VI. 24

Inliegend die einzige Belästigung, die Ihnen meinerseits mit Bezug auf die mir aufgetragene Arbeit «Die Ruinen von Athen» widerfahren wird. – Es ist der Monolog des «Fremden» – wie er in der Abenddämmerung zu Füßen der Akropolis steht – bevor er sich zum Gesang (jener Arie mit Hörnern) erhebt. Diesen Monolog ohne jegliche mitschwebende Musik mir gesprochen zu denken, ist mir unerträglich. Es war immer von einer, noch so geringfügigen, musikalischen Untermalung die Rede: nur eine leise Bewegung der Streicher hie und da – damit nicht das Gesprochene ganz kahl im Raum hängt. Diese geringfügigen

Akkorde vorzuschreiben, wäre wohl auch Herr Alwin fähig; da es sich aber darum handelt, daß auch dies, noch so bescheidene Teilchen des Ganzen dem Beethovenschen Stil auch nicht für das heikelste Ohr widerspreche, so lege ich es natürlich Ihnen vor[1], mit der Bitte, Ihre Noten an Herrn Turnau rückzuleiten. Dieser Brief kommt um den Tag Ihres Geburtstages[2] in Ihr Haus. Dieses Jahr, ich fühle es, war für Sie recht gemischt. Zwischen die Feste drängte sich der Ärger, die Aufregung, einmal gar die Sorge. Möge Ihnen nun für Jahre das eine wie das andere erspart bleiben. Das schönste Fest ist eine einsame schöpferische Stunde – daß die «Helena» sich nicht ungeeignet erweise, Ihre schöpferischen Kräfte in einer neuen schönen Weise ins Spiel zu setzen, ist mein inniger Wunsch. In diesem Sinn, zum voraus an den bedeutungsvollen Jahrestag denkend, habe ich mich zusammengenommen und angespornt und im vorigen Jahr meinen Sinn ganz auf die Durchführung dieser Arbeit hingerichtet – um Ihnen in dieser Weise symbolisch zu bezeugen, daß mir alles, was uns verbindet, lieb und sehr lieb ist – und ich dieser Verbindung, soweit es an mir liegt, kein Ende absehen will. Denn als etwas Großes und auch Notwendiges in meinem Leben erscheint mir dies, daß Sie vor nun 18 Jahren mit Ihrem Wunsch und Bedürfnis an mich herantraten. Es lag in mir vorgebildet, daß ich diesen Wunsch – innerhalb der Grenzen meines Talentes – erfüllen könne und daß diese Erfüllung mir wiederum ein innerstes Bedürfnis stillen sollte. Vieles, das ich in aller Einsamkeit der Jugend hervorgebracht hatte, völlig für mich, selbst an Leser kaum denkend, waren phantastische kleine Opern und Singspiele – ohne Musik. Durch Ihre Wünsche dann war ein Ziel gegeben, und doch die Freiheit nicht eingeengt. Durchdrungen von dem Gedanken, und mit reifender Einsicht um so mehr, daß der Einzelne nichts Dauerndes hervorbringen könne, das nicht an die Überlieferung anknüpfte, habe ich mich

[1] Richard Strauss hat diesem Wunsch entsprochen und den als Postskriptum mitgeteilten, gesprochenen Monolog des Fremden musikalisch untermalt, zum Teil mit Beethoven'schen Motiven.

[2] Der 60. Geburtstag Strauss' (11. Juni 1924).

weit mehr von dem belehren lassen, was ich älteren, noch lebensvollen Dichtungen ähnlicher Art vom Gesicht abzulesen vermochte, als von dem was als «Forderung der Gegenwart» in der Luft zu liegen schien. So hat nichts von dem, was ich für Sie gearbeitet habe, auf den ersten Blick bei den Zeitgenossen und ihren Wortführern besonderen Anklang gefunden: das Gestaltete erschien, als wenn es nichts besonderes wäre, das Lustige wollte man nicht als lustig gelten lassen, das Gefühlvolle nicht als gefühlvoll, das Erfundene nicht als erfunden. Alles war gerade das nicht, was es, nach dem Urteil dieser Gescheiten und Geschmackvollen, zu sein hätte anstreben müssen; immer war das eigentlich zu Erreichende nicht erreicht, nie traf der Schütze ins Schwarze – immer entleert sich auf das Libretto der ganze Unmut aller derer, die beständig auf das Schöne warten, aber es um alles nicht kommen sehen wollen.

Wer immer alles, was da war, erkannte – und es mit voller Freude aufnahm, schöpferisch aufnahm und in ein noch höheres Leben hinüberführte, waren Sie. Hiermit haben Sie mich gelohnt, so weit ein Künstler einen anderen lohnen kann – das weitere taten dann die Werke für sich, und ich glaube, daß sie, nicht alle, aber *fast* alle, in ihrer untrennbaren Verschmelzung dichterischer und musikalischer Bestandteile, eine geraume Zeit fortleben und den Menschen einiger Generationen Freude machen werden.

Möge es Ihnen jetzt wahrhaft gut gehen; dieser Wunsch schließt ja das Wohlergehen der Ihren ein. Möge das Haus im Belvedere Sie alle freundlich umschließen.

Ich bin, heute und immer, Ihr aufrichtiger und Ihnen aus tiefstem Herzen dankbarer Freund *Hofmannsthal*

«Die Ruinen von Athen»

Monolog des deutschen Künstlers (Duhan). (Abenddämmerung, in deren Licht die Trümmer antiker Statuen zwischen ärmlichem Gemäuer sich zu beleben scheinen).

Der Fremde: «Hinauf zu deiner Burg, meine Göttin! Empfängst Du mich mit dem ganzen Licht Deines Abends? Lässest mich mein Antlitz spiegeln in Deinem goldenen Schild, daß ich mir selber entschwinde und unverwelklich werde vor Dir wie einer von den deinigen?

Oder soll ich an Deines Abends Schatten mich stillen, göttliche Herrin, – der ich ein Kind des Abends bin und zu später Stunde den heiligen Jugendpfad der Welt betrete, – einsam, scheu wie die nachgeborene Waise, demütig unterm Abendstern, daß er mir die Herrlichen zusammenführe, die Götter der Erde, die der fühllos spielende Morgen mit rosigen Händen immer wieder zerstückelt!»

(Der Hintergrund verschließt sich, – die Musik schlägt die Arie mit Hörnern an.)

Lieber verehrter Freund! Garmisch, den 24. 6. 24

Ich danke Ihnen von ganzem Herzen für Ihren schönen Brief zu meinem Geburtstage, den ich als wertvollstes Dokument unserer persönlichen und künstlerischen Beziehungen stets in Ehren halten werde. Ich werde mich bemühen, durch eine besonders schöne Komposition der «Helena» Ihnen den Lohn für Ihre, erneute, kostbare Mitarbeit an meinem dramatischen Lebenswerk zu erstatten. Das Melodram zu den «Ruinen von Athen» ist bereits vor 8 Tagen an Turnau abgegangen.

Heute war Oscar von Miller bei mir, der Schöpfer des Deutschen Museums in München, welcher von mir die Erstaufführung der «Ruinen von Athen» für die Eröffnung des Deutschen Museums am 8. Mai 1925 erbat.

Abgesehen von den bereits älteren Rechten Wiens an diesem Festspiel konnte ich Herrn von Miller nur zugestehen, Sie als den verantwortlichen Autor der neuen Fassung (von mir ist nur die Anregung hiezu) zu bitten, Sie möchten außer Wien keiner anderen Bühne vor dem 8. Mai 25 die Aufführung gestatten und somit die *erste reichsdeutsche* Aufführung dem Deutschen Museum in München reservieren. Außerdem möchte er, daß wir die Bearbeitung dem Deutschen Museum widmen. Sind Sie damit einverstanden? Da zu dieser Eröffnung circa 5000 Besucher aus aller Herren Länder kommen, wird das neu zum Leben erweckte Werk gleich in aller Welt bekannt. Damit sich

aber keine unbefugten Hände inzwischen an das Werk wagen, ist es doch wohl nötig, daß Sie verantwortlich als Autor zeichnen – zur Wahrung aller Urheberrechte. Roller und Kröller müßten sich natürlich auch an der Münchner Festaufführung, für die wohl reiche Mittel zur Verfügung stehen, die auch die hochfliegendsten Pläne Rollers verwirklichen könnten, aktiv beteiligen. Ich habe mich bereit erklärt, zu dirigieren.
Vielleicht entschließt sich auch Fürstner jetzt zur Veröffentlichung: vielleicht zahlt das Deutsche Museum auch die Druckkosten (fällt mir soeben ein!).
Mit besten Wünschen für schönen, produktiven Sommer in steter Dankbarkeit
Ihr stets treu ergebener *Dr. Richard Strauss*

Lieber Dr. Strauss, Rodaun, 1. VII. [1924]
Vielen Dank für die lieben Zeilen. Ich glaube nicht, daß man die Musik zu den «Ruinen» neu drucken lassen sollte[1]; es würde niemand dies Material kaufen. Aber meine Einrichtung soll Fürstner abtypieren lassen – ebenso Ihre Melodramstelle kopieren – und ich will ihn dann als Wahrer meiner Rechte für die Aufführung (nach einem Wiener Erfolg) aufstellen. Dem Wunsche Herrn v. Millers müßte ich freilich das ganze Spieljahr opfern, wenn ich bis 8. Mai keiner deutschen Bühne die Aufführung erlauben soll – aber die Vorteile sind groß, wenn Miller mir Roller und Kröller sichert und Sie dirigieren! – Bis wir uns dann sprechen, vergebe ich es jedenfalls nirgends hin!
Stets Ihr *Hofmannsthal*

Lenzerheide, Graubünden.
Demnächst Bad Aussee, Obertressen,
Lieber Dr. Strauss, [Ende Juli 1924]
Oft denke ich, ich möchte Ihnen gern das eine oder andere zur «Helena» sagen, was mir gerade durch den Kopf geht – auf die

[1] Klavierauszug und Textbuch zu «Die Ruinen von Athen» sind gedruckt worden; außerdem eine anonyme Einführungsbroschüre, deren Text von Hofmannsthal selbst stammt. Vgl. Gesammelte Werke, Dramen IV.

relative Wichtigkeit der einen oder anderen textlichen Intention, dieses oder jenes Motives hinweisen – in aller Bescheidenheit natürlich, so wie Sie es bei früheren Texten immer sehr gütig aufgenommen haben. Aber dann denk ich wieder, ich weiß ja gar nicht, ob diese Arbeit Sie momentan beschäftigt oder ganz andere Dinge und Angelegenheiten – und so unterlasse ich es. Denn ich möchte nicht, daß meine Bemerkungen Sie in einem solchen Augenblicke träfen, sondern nur in einem, wo Sie durch die eigene schöpferische Tätigkeit für den Gegenstand erwärmt wären.

Ich höre, daß es noch nicht entschieden ist, ob man im Théâtre des Champs-Elysées «Ariadne» oder den «Rosenkavalier» machen wird, daß Hébertot sich dem «Rosenkavalier» zuneigt – daß die Entscheidung aber natürlich bei Ihnen steht und noch nicht gefallen ist. Darf ich, falls dies wirklich so steht, ein Wort sagen, natürlich gleichfalls in der bescheidensten, unmaßgeblichen Weise – und zwar, da es sich um das Debut beider Werke für Paris handelt, und mir beide Werke, wie Sie sich denken können, gleich lieb sind, jedes in seiner Art – darf ich es aussprechen, daß mir die Chancen der «Ariadne» gerade in Paris denkbar große zu sein scheinen – die des R. K. fraglicher. Ich sage das aus einer genauen kultur- und theatergeschichtlichen Kenntnis heraus, wovon ich bestimmt *mehr* in mir trage, als Hébertot oder wer sonst von gewöhnlichen Theaterleuten. Die Franzosen meinen, daß sie das XVIII. Jahrhundert, (das, was man bei uns die Rokokozeit nennt) gepachtet hätten. Die «Ariadne» nun, diese Mischung einer großen Oper mit Commedia dell' arte, beide Elemente aber, jedes für sich, streng stilisiert, genau in der Konvention, die den Franzosen geläufig ist: dieses Ganze ist eines starken Erfolges in Paris sicher, im Augenblick, wo man die Dekoration und die mise-en-scène einem der Maler in die Hand gibt, die den Stil des XVIII. Jahrhunderts beherrschen – wovon einige in Paris vorhanden sind. – Der R. K. dagegen, dieses wienerische, gar nicht pariserische XVIII. Jahrhundert, mit der *groben* Figur des Ochs, mit diesem ganzen halbbäuerlichen Element, dem Wirtshaus am Ende usf., mit dem

Schweben im Stil zwischen Oper und Operette, dies alles ist mir für Paris gar nicht so gelegen. Was in London gerade den großen Erfolg mitbedingte: daß eine burleske Landedelmannfigur des XVIII., wie der Ochs, den Engländern geläufig und gemütlich ist (ihre Stücke und Romane, vom Falstaff an, wimmeln von solchen Figuren), das ist für Paris bestimmt ein Hindernis.

Alles in allem (und rechnen wir noch eins, daß Germaine Lubin für Pariser Begriffe gewiß eine gute Ariadne ist, wogegen mir scheint, daß ihr für den Rosenkavalier die Verve und auch das schauspielerische Talent fehlt) scheint mir die Waagschale so entschieden zugunsten von «Ariadne» herabzusinken, daß ich – wenn ich zu entscheiden hätte – sogar die Schwierigkeit, irgend ein (auch nicht-Straussisches) Lever de rideau zu finden, ruhig in Kauf nehmen würde. Vielleicht liegen aber andere Dinge vor, von denen die Entscheidung abhängt – dann habe ich eben ohne Kenntnis der Sachlage geschrieben.

Ein paar Worte gelegentlich nach Aussee würden mich, wie stets jede Zeile von Ihnen, herzlich erfreuen. Ihr *Hofmannsthal*

Lieber Freund! Garmisch, den 31. 7. 24[1]

Ihre Ansicht über Pariser «Rosenkavalier» ist ganz die meine. Bin in dubio wie Sie für «Ariadne». Habe jedoch bis heute keine weitere Nachricht von Hébertot; übrigens ist Fürstner sehr gegen die Champs-Elysées.

Ich gebe mir die größte Mühe, die «Ruinen von Athen» für Wien zu retten, die an den unglaublich kleinlichen Schikanen des Finanzministeriums zu scheitern drohen.

«Helena» I. Akt ist fertig skizziert mit einer guten Schlußsteigerung. Ich bin fortwährend mit dem Werke beschäftigt und für jede Bemerkung und Anregung, die Ihnen gerade einfällt, empfänglich und dankbar.

Ab 11. August Cortina (Hotel Savoy). Herzlich grüßend
Ihr stets getreuer *Dr. Richard Strauss*

[1] Im Original seltsamerweise 28 statt 24 datiert.

Bad Fusch, aber demnächst Bad Aussee, Obertressen,
Lieber Dr. Strauss, den 9. VIII. [1924]

Nach dem, was ich vor ein paar Tagen in einer Zeitung gesehen habe, glaube ich annehmen zu können, daß die bürokratischen Schwierigkeiten bezüglich der «Ruinen» (wahrscheinlich durch Ihr Eingreifen) beseitigt sind; hoffentlich ist es nun nicht zu spät geworden, daß die Dekorationen und Kostüme fertig werden!

Da Sie es so freundlich erlauben, so werde ich gelegentlich Einiges in Bezug auf einzelne Stellen der «Helena» sagen, so wie es mir einfällt. Ich habe nur solche Stellen im Auge, die für die Wirkung und die Verständlichkeit wichtig sind. Zunächst in Bezug auf die Elfen im I. Akt. Daß man sie *sehen* muß, haben Sie zunächst ausgesprochen, und es leuchtet mir völlig ein. Gleich wichtig aber ist das Folgende: die Elfen sind kein bloßes phantastisches Schmuck-Element, sondern an einigen wenigen Stellen greifen sie in die Handlung so entscheidend ein, daß alles Verständnis verlorengeht, wenn man dieses Eingreifen nicht textlich erfaßt, und es scheint mir, daß an diesen wenigen, aber sehr *wichtigen* Stellen, die betreffende Textzeile, soll sie so verstanden werden, wie sie verstanden werden *muß*, nicht von mehreren, sondern nur von einer Stimme gesungen werden sollte – also nicht immer, wie es bei mir heißt, «die Elfen», sondern an diesen wenigen besonderen Stellen: «die erste Elfe» (welche sich frech bis an die Schwelle des erleuchteten Gemaches heranwagen und deutlich hereinsingen müßte). Insbesonders gilt dieser Vorschlag von dem ersten: «Wie – oder nicht?» (Seite 38, die Frage Aithras gedehnt und höhnisch aufnehmend). Denn durch dieses «Wie – oder nicht?» wird ja, nachdem das Ganze schon zu gutem Ende gebracht schien, der zweite Akt, neue Komplikationen, neue Steigerungen, introduziert.

Von gleicher Wichtigkeit im gleichen Sinn ist nun Seite 41 diese Stelle:

Stelle:	«Auf ewige Zeit?	(leise, aber boshaft)
	Die teuren Seelen!	
	Auf ewige Zeit	(vielleicht besser, direkt an-
	das Beste verhehlen!	redend:
		«Ihr teuren Seelen»!

Haha hahaha!
Das darf nicht sein!»

Die wichtige, in den *Sinn* der ganzen Handlung tief eingreifende Ironie verlangt gleichfalls unbedingt die *eine* Stimme, die «erste Elfe». Das «Hahahaha! das darf nicht sein!» kann dann von der gesamten Elfenschar wiederholt werden, die doch wohl, den eigentümlichen Dimensionen des Ganzen entsprechend, keine zu *große* Schar ist? Schön schiene mir auch, wenn Seite 16 die Stelle (bei mir bezeichnet: Die *Elfen*)

«Helena will ich wiedergewinnen!
Paris hier!
und sein Schwert!»

zunächst von einer *einzelnen* Elfe gesungen würde, und zwar eine Männerstimme nachäffend, – etwa durch eine tiefe Frauen- oder durch eine Knabenstimme, kurz so, daß das Spukhaft-Parodistische, die Fopperei, deutlich wird.

Im zweiten Akt hoffe ich schon sehr, daß Sie dabei bleiben, den Dialog Helena-Aithra (Seite 17 bis 19) *sprechen* und nicht als Sprechgesang singen zu lassen. Es ist das gewiß eine große Entlastung des Ohres; man ist – die ganze jüngere Generation – in einer heftigen Reaktion gegen den nachwagnerischen und teilweise selbst gegen den wagnerischen Sprechgesang begriffen! – Wie dieses Sprechen dann (vielleicht sobald Helena das Fläschchen ergreift) wieder in heroischen Gesang übergeht, in solchen unerwarteten Übergängen sind Sie ja völlig Herr Ihrer Kunst, wie nur wenige je es waren.

Der Monolog der Helena (Seite 1), die von Ihnen gewünschte Kantilene, ist durchaus triumphierend im Ausdruck: die Frau, die große Geliebte, die Göttin – ein jubelndes Singen der Schwanentochter.

Ein großes Gewicht liegt für mich auf dem Rhythmus und der Charakteristik des Zauberliedes, mit dem Helena das Mischen des Zaubertrankes begleitet. (Seite 20 ff.). Es ist durchaus eine Beschwörung, eine rhythmisch sehr eindrucksvolle unheimliche Zauberformel; namentlich das wiederkehrende: «und noch und noch / und nicht genug / vom Zaubertrank Erinnerung!»

kann nicht dunkel genug und hexenhaft genug klingen. Dazwischen erschienen mir die Einwürfe der Aithra (immer je eine Zeile) wie helle Aufschreie – gleichsam Blitze zwischen dunklem Gewölk. – Verzeihen Sie, wenn ich meine Grenzen überschreite. Aber nur, indem ich meiner Phantasie beim Dichten dieser Dinge einen solchen Übergriff verstatte, konnte ich hie und da etwas Brauchbares für Ihre Musik zustandebringen. Ich schreibe demnächst etwa wieder einiges.
Stets aufs Herzlichste der Ihre *Hofmannsthal*

Lieber Freund! Südbahnhotel, Semmering, 22. 9. 24
Ich bin nun bis 1. Oktober in Wien, möchte Sie gerne ein Stündchen sprechen! Würde es Ihnen passen, wenn ich Ende der Woche einen Mittag oder Nachmittag zu Ihnen nach Rodaun komme?
Waren Sie zufrieden mit den «Ruinen»?[1] Was für ein dummes Geschwätz der Presse von dem schwächeren Beethoven! der mit dem kleinen Finger noch die Meute der Schriftgelehrten zertrümmert! Mich empört diese Frechheit noch immer unsäglich! Bitte geben Sie mir telephonisch Nachricht: 63079!
Mit schönsten Grüßen stets Ihr *Dr. Richard Strauss*
Bin zu «Ariadne» wieder in Wien!

Brief Hofmannsthal vom 23. IX. 1924 siehe Anhang S. 718

Lieber Dr. Strauss! Bad Aussee, 28. IX. 24
Mir haben die beiden Sachen, die «Ruinen» und auch der Gluck[2] einen überaus schönen Eindruck gemacht; der Gluck hat die Geschlossenheit und die *Handlung* für sich, die in die «Ruinen» hineinzubringen von Anfang an unmöglich war; dafür enthalten diese einige Musikstücke von wirklich himmlischer Schönheit. Auch schien mir das Publikum bei der Generalprobe wie bei der Première der ganzen Darbietung mit reiner Freude zu folgen. Ich will nicht hoffen, daß das mißwollende Gerede, dessen Ihre Karte Erwähnung tut – ich lese grundsätzlich

[1] Die Première fand am 20. September 1924 in der Wiener Staatsoper statt.
[2] Glucks «Don Juan»-Ballett.

die Äußerungen des Herrn K.[1] nicht –, den Erfolg, der unzweifelhaft rein und stark da war, in sein Gegenteil umlügt und uns die Menschen entfremdet, so daß alles, was Sie, ich, Kröller und Roller an Mühe und Liebe in die Sache hineingesteckt haben, vertan wäre. Ich will es nicht hoffen – nur, daß ich auf dem gestrigen Repertoire die Sachen innerhalb der nächsten 10 Tage gar nicht angesetzt sah, macht mich etwas stutzig. Lassen Sie mir doch durch Frl. Raminger ein Wort darüber schreiben!
Ich konnte – so schwer es mir war – nicht bis zum 1. bleiben[2]; ich kann in diesem Moment des Jahres verlorene vierzehn Arbeitstage nicht wieder einbringen! Auch hatte mir Turnau im Juli auf Befragen gesagt, an dem «Bürger» sei ihm nichts problematisch, weder das Lustspiel noch die Zeremonie – er bedürfe meiner nicht. – Immerhin wurde mir heute plötzlich Angst, daß ein Individuum wie J. K., der es ja systematisch darauf anlegt, allem, was Sie tun, den Boden abzugraben, und schließlich Ihnen die Existenz in Wien zu verleiden, einer zarten besonderen Erscheinung gegenüber, wie es der Molière mit Ihrer Musik ist, leicht in die Übermacht kommen kann, und so richtete ich heute an R. Auernheimer und an den Herausgeber der «N. Fr. Presse» telegraphisch die dringende Bitte und Mahnung, daß diese Première, *als eine Darbietung des Burgtheaters*, nicht nur dem Musikreferenten, sondern auch Auernheimer zur Besprechung zugehöre; ich zweifle nicht, daß infolgedessen beide Referenten schreiben werden (so wie seinerzeit bei dem Shakespeare mit E. Korngolds Bühnenmusik) und hiervon erhoffe ich mir ein doppeltes Gutes: erstens, daß Auernheimer mit Anstand und Respekt über den Erfolg referieren wird, zweitens, daß K. dadurch die Möglichkeit entzogen wird, in seiner perfiden Weise durch Angriffe auf das Libretto (die sich scheinbar nicht gegen Sie kehren) seinen Hauptzweck, die Diskreditierung des Ganzen und Vernichtung des Bühnenerfolges, zu erreichen. Stets in Treue Ihr *Hofmannsthal*

[1] Julius Korngold.
[2] Am 1. Oktober 1924 fand im Redoutensaal die Wiener Erstaufführung des «Bürger als Edelmann» statt. Die musikalische Leitung hatte Richard Strauss.

Lieber Dr. Strauss, Bad Aussee, den 8. XI. 24

Ich freue mich wirklich riesig über den ausgezeichneten Verlauf, den die Dresdner Aufführung[1] genommen hat. Ich kann wirklich sagen, daß ich sehr gespannt und etwas ängstlich war, und nun sehr froh über den Erfolg bin, nicht in derselben Weise, wie wenn ich mitbeteiligt wäre, aber mit der gleichen Aufrichtigkeit und Herzlichkeit und Freude. Ich habe das bestimmte Vorgefühl, daß das Stück gerade so wie es ist, als «bürgerliche» Komödie (ein sehr glücklicher Untertitel!), überall viel Freude machen und Ihnen jede Art von Gewinn bringen wird. Möge es so kommen! Was mich an der Sache besonders angeht, ist dies: Sie haben um einen neuen Stil gerungen (ausgehend von dem im «Ariadne»-Vorspiel angedeuteten, teilweise auch natürlich vom «Rosenkavalier»), und Sie haben das, was Sie gewollt haben, erreicht. Das ist sehr viel. Als wir vor 14 Monaten abends in Ischl auf und ab gingen, konnte ich aus Ihren Worten sehr gut verstehen, was Sie zu erreichen gesucht hatten – und heute weiß ich, daß es realisiert ist. – Unmittelbar gibt mir dies für die «Helena» – an der ich sehr hänge – viel Zutrauen und Hoffnung. Denn obwohl Ihnen hier nicht erspart bleibt, abermals nach einem neuen Stil zu suchen (man kann ja auf dem Errungenen nie ausruhen) – so werden gewisse Elemente des Erreichten eben von nun ab als erworbene Vorzüge, und als unverlierbare, anzusehen sein: dies ist der Sinn der künstlerischen Entwicklung, und insofern kann man ja beim Meister, gerade beim Meister, von Lernen und Erlernen sprechen. Zu diesen Elementen, aus denen die «Helena» ungemeinen Gewinn ziehen wird, rechne ich jenes weise und reife Verhältnis zum Text, das in einer Verständlichkeit jedes Wortes zu Tage tritt (die alle Kritiker mit Einstimmigkeit hervorheben), und das nur auf dem ruhen kann, daß Sie es gelernt haben, den gewünschten Ausdruck mit geringeren Mitteln hervorzurufen, ein Kennzeichen jedes meisterhaften «letzten» Stiles. Dies wird gerade in der «Helena» die Gesamtwirkung, die ja nur aus der Übereinstimmung beider Künste hervorgeht – sei auch Musik in dieser Verbindung die herr-

[1] Die Uraufführung von «Intermezzo» am 4. November 1924.

schende – gewaltig unterstützen: denn auch ich habe getrachtet, die Worte sparsam und bedeutsam zu setzen – und die paar Menschen, denen ich das Stück vorgelesen habe und die ihm wohltuenden Beifall gegeben haben, versichern mich, daß mir dies in höherem Maße gelungen sei als in einem der früheren Texte. – Gehe ich aber mit meinen Gedanken über die «Helena» hinaus und suche Ihrem Wunsch nachzudenken: es möge uns noch einmal etwas dem «Rosenkavalier» Ähnliches – aber keine Kopie dieses! – gelingen, so ist es ja durch das «Intermezzo» (das ich im Dezember in Dresden zu hören mich freue) aufs genaueste angedeutet, in welchen Bahnen sich meine Erfindung zu bewegen hätte – und ich werde davon eine bestimmte Belebung und Anregung empfangen.

Ihnen wiederum wird die Arbeit, die ich seit einigen Tagen unter der Feder habe, vielleicht auf das deutlichste zeigen, was ich in dem Felde, auf das Sie mich führen wollen, in meiner gegenwärtigen Verfassung – 14 Jahre nach dem «Rosenkavalier» – zu geben vermag. Ich habe nämlich vergangene Woche ein Trauerspiel in Prosa[1], daran ich seit 1920 arbeitete, abgeschlossen, und – um meinen Geist zu entspannen – unter meinen Stoffen einen der leichtesten und liebenswürdigsten gewählt, ein wienerisches Lustspiel[2], das ich im Kostüm der achtziger Jahre des neunzehnten Jahrhunderts werde spielen lassen.

Darf ich zum zweiten Akt der «Helena» dies bemerken: Daß die Rede der Aithra Seite 23 «Helena, ich lache», nur für einen bestimmten Zweck hingesetzt ist, nämlich um Ihnen Text für ein kleines Terzett zu geben. Wollen Sie dies nicht, so ist es *besser*, diese 9 Zeilen der Aithra, welche zwischen die Wechselreden Helena-Altair eingeschaltet sind[3], wegzulassen! – Über die Wiener Sache[4] möchte ich nichts sagen. Seit Juni 1923 stand mir dieser Verlauf und Ausgang als fast unvermeidlich vor Augen. – Für mich knüpfte sich daran immer die Besorgnis, daß das

[1] «Der Turm».
[2] «Arabella».
[3] im Original: ist.
[4] Die Demission Richard Strauss' als Direktor der Wiener Staatsoper.

Fortleben unserer Arbeiten gerade in der Stadt, wo wir beide leben, dadurch beeinträchtigt werden könnte. Daß unter den verschiedenen Formen, in denen sich diese Sache endgültig lösen wird, und in denen der Zustand der Dinge nach der Lösung sich ausdrückt, jene vermieden werden, welche diese traurige Folge unbedingt nach sich ziehen müßte (ich meine ein völlig feindseliges Verhältnis zwischen dem Institut und Ihnen), das ist mein einziger Wunsch. Er ist egoistisch – aber wir sind so verbunden, daß er zugleich der freundschaftlichste gegen Sie ist. Immer Ihr *Hofmannsthal*

P. S. Ihrem Sohn bitte mit einem Gruß zu bestellen, daß ich im Dezember Ihre Briefe heraussuchen und kopieren lassen werde[1].

[An Dr. Franz Strauss:] Bad Aussee, 26. XI. 24

Lieber Dr. Strauss, vielen Dank für Ihre Zeilen. Ich gehe morgen nach Rodaun zurück, habe aber Mitte Dezember in Deutschland zu tun, und hoffe dabei das «Intermezzo» zu hören, habe schon Reucker gebeten, es womöglich an einem mir konvenierenden Tag anzusetzen.

Mein Brief mit meinen herzlichen und freudigen Glückwünschen war hoffentlich ungefähr am gleichen Tag in Garmisch als der Ihre hier eintraf. Unbedingt wäre ich zu jeder andern Zeit des Jahres zur Première gekommen, aber im Oktober war ich in ungewöhnlichem Maß in Arbeit. Eine große Arbeit ist in der Tat vollendet, ein neues Lustspiel angefangen und schon ziemlich weit gebracht.

Die Briefe sehe ich, sobald ich in Rodaun dazukomme, durch, und merke an, was eventuell wegzulassen wäre.

Die Gegenbriefe Ihres Vaters lasse ich indessen hervorsuchen und kopieren.

Viele Grüße Ihnen und alles Liebe von Haus zu Haus. Ich hoffe Ihren Vater bald zu sehen.

[1] Zum Zwecke der Veröffentlichung des Briefwechsels Strauss-Hofmannsthal.

Das Klavierkonzert[1] ist sicher eine glückliche Zwischenarbeit!
Aufrichtig der Ihre *Hofmannsthal*

P. S. Die Nachricht, daß der erste Akt der «Helena» vollendet, hat mich besonders gefreut.

Lieber Dr. Strauss, Rodaun, 29. XI. [1924]

Für Ihre lieben Zeilen vom 18.[2] danke ich sehr. Das, was Sie über die Gründe Ihres Abganges, und daß Sie denselben gerade im jetzigen Moment für richtig hielten, aussprechen, kann ich gut verstehen. Nur meinte ich, da man nie vorauswissen kann, wie die Dinge laufen (die Jahre 1918 bis 1924 haben im Politischen gezeigt, daß alles immer völlig anders oder halb anders kam, als man hätte voraussehen sollen), so wäre es erwünscht, wenn Ihre Gesamtbeziehung zu dem Wiener Platz (inklusive Behörden etc.) eine *leidliche* bliebe. Denn daß man die Werke (an deren Lebendigbleiben auch für mich, als den hier Lebenden, so viel hängt, nicht im materiellen Sinn, sondern als Quell von Vergnügen und Befriedigung), daß man die Werke nicht aus dem Repertoire werfen wird, das ist ja klar, aber zwischen «nicht hinauswerfen» und «liebevoll am Leben halten» gähnt eine weite Kluft. Ob wirklich die Verhältnisse eintreten, die Schalk zu einem *baldigen* Abgang nötigen würden, das scheint mir (der ich ein ziemliches Gefühl dafür habe, wie die Dinge in dieser Stadt laufen) mehr als zweifelhaft. Bleibt er aber, sagen wir, noch zwei Jahre (worauf ich fast *wetten* würde), so ist natürlich ein großer Unterschied, ob inzwischen Ihr Gesamtverhältnis zu Wien ein solches des wehmütigen Bedauerns (seitens der Wiener Faktoren) oder eines der beiderseitig starr gewordenen Antipathie ist. Daß aber Schalks Nachfolger, früher oder später, eine Ihnen genehme (und uns beiden erfreuliche) Persönlichkeit wird, das würde ich auch nicht für allzu sicher halten. Bruno Walter hierher zurückzuführen, wird seiner eifrigen, aber kleinen Clique, hoffe ich, nicht gelingen. Aber daß sein Name, wie

[1] «Parergon zur Symphonia Domestica», op. 73.
[2] Nicht vorhanden.

der Pfitzners, auch nur ernstlich *genannt* werden konnte, ist unangenehm genug. Und schließlich ist bei dem heutigen prekären Gesamtstand des deutschen Theaterwesens diese Stadt für das Fortleben der vorhandenen Werke (denken Sie nur an «Ariadne») und für das Herausbringen neuer nicht gering anzuschlagen, schon um des Miteinanderwirkens solcher Faktoren wie das Orchester, der Rollersche Dekorations-Apparat und Kröller es sind. Ich beurteile die Dinge ruhig und kalt, erwarte und wünsche auch keinerlei Schritt von Ihnen, nur erbitte ich im gemeinsamen Interesse, daß Sie nicht beitragen, daß die Kluft zwischen Wien und Ihnen unüberbrückbar wird.
Zunächst möchte ich Sie nur eines bitten: es zirkulieren in Wiener Publikumskreisen, mit Willen von gewisser Seite lanciert, ganz phantastische Ziffern über die Besoldung, die Sie gehabt hätten. Ich bin sicher, daß diese falsch sind und daß Ihre Bezüge angemessen, vielmehr sogar bescheiden waren. Lassen Sie durch irgendeine Ihnen ergebene journalistische Stelle diese Sache durch Angabe der wahren Ziffern richtigstellen. – Ihrer und Ihrer Gattin gütigen Einladung hoffe ich vielleicht im Februar durch einen Besuch entsprechen zu können. Von den Stücken wird zunächst der «Schwierige» an Sie abgehen (aber habe ich Ihnen dieses Stück nicht schon 1922 mit einer Widmung gesandt?! es schwebt mir sehr so vor!), dann etwas später das Trauerspiel[1], sobald es mir in Druck zurhand ist. Das andere Lustspiel[2] (das Pallenberg spielte) habe ich, als eine leichtere Arbeit, die ich vielleicht noch umarbeite, zunächst als Buch nicht erscheinen lassen.
Da Sie ein so großer und empfänglicher Freund geschichtlicher Lektüre sind, so möchte ich erwähnen, daß ich in den letzten Monaten der Weltgeschichte von Ranke viele gute Stunden und wirkliche Belehrung über das große – (im Einzelnen oft niederdrückende) historische Geschehen verdanke.
Ich hörte mit Freude durch Ihren Sohn, daß der erste Akt der «Helena» als beendet – ich nehme an – *in der ersten Niederschrift*,

[1] «Der Turm».
[2] «Der Unbestechliche».

zu betrachten ist. Oft denke ich noch über einzelnes in diesem Akt nach, wie es zur nötigen bühnenmäßigen Deutlichkeit zu bringen ist. Daß die Elfen gelegentlich sichtbar werden müssen, war Ihr sehr richtiger Gedanke. Weiterhin habe ich Ihnen gewisse Stellen der Elfen bezeichnet, deren Text für das Verständnis des Ganges der Handlung unerläßlich ist. Nun war bei mir von «den» Elfen, also einem kleinen Chor unentwegt die Rede. Ich würde es aber für höchst wertvoll halten, wenn die gewissen, schon mehrmals brieflich von mir bemerkten wichtigen Stellen, von einem (also dem «ersten», dem «zweiten» und eventuell «dritten» Elfe – denn ich denke die Elfen *männlich!*) – an der offenen Tür ins Gemach hineingesungen werden könnte.
Ich bitte Sie, schlagen Sie diese Selbstkorrekturen Ihres Librettisten nicht in den Wind! Es handelt sich da um Entscheidendes für die Verständlichkeit und die Bühnenwirkung des Ganzen. Und es stecken in dieser zweiaktigen romantischen Oper große Möglichkeiten, das fühlte ich die paar Male, wo ich den Text vereinzelten Freunden vorlas, bestätigt.
Um die *Muschel* zur vollsten Deutlichkeit zu erlösen, bin ich zu folgendem gekommen. Die Muschel (ein Tritonshorn, mächtig groß) liegt auf einem Ständer in einer Wandnische. So oft die Muschel zu singen hat, erscheint in der Nische, hinter der Muschel, schleirig und matt erleuchtet, mit grünem Haar und bläulichen Wangen, die Meernymphe, so daß dieser Part regelrecht und deutlich von einem Menschenmund sich ablöst. Denn die Muschel trägt ja die eigentliche Exposition.
Wegen des Proteus werde den Wieland vornehmen. Doch ist immerhin möglich, daß mir das Satirisch-Burleske überhaupt nicht gegeben ist! Aber man muß das nicht von vornherein annehmen! Herzlich der Ihre *Hofmannsthal*

1925

Lieber Dr. Strauss, Rodaun, 1. I. 1925

Alles Gute zuvor fürs neue Jahr Ihnen und Ihren Nächsten. Ihnen Gesundheit, Arbeit und Freude!

Ich schreibe jetzt wegen der «Rosenkavalier»-Filmsache[1]. Beiliegend der Brief von Fürstner an Fanto mit unseren Bedingungen und dem Gegenbrief, den Regisseur Wiene namens des Filmkonzerns an Fanto geschrieben hat: dieser Gegenbrief enthält im wesentlichen die glatte Annahme unserer Bedingungen. Bezüglich der noch schwebenden kleinen Differenzen wollen zwei Herren des Konzerns je früher, je lieber, sobald es unsererseits gewünscht wird nach Berlin fahren und diese Punkte mit Fürstner und Hofrat Rösch ins Reine bringen. (Daß dies gelingen wird zweifle ich nicht, weil die Gesellschaft wirklich *will.*)

Meine Anschauung über diese Sache:

1. Wiene ist (neben Lubitsch) der einzige deutsche Regisseur, der Weltruf erworben hat und dessen Sachen Amerika akzeptiert.

2. [...] 3. [...] Eine Beeinträchtigung der Theaterchancen des Werkes findet, meiner ernstesten Erwägung nach in keinem Falle statt; viel eher würde ich das Erscheinen des Films als eine mächtige Förderung für das Fortleben und Neuaufleben auf der Bühne ansehen.

4. Warum? Schauen Sie in meinen Entwurf der Filmhandlung hinein oder lassen Sie sich daraus ein bisl vorlesen. Derselbe ist romanartig geführt: er macht mit den Figuren bekannt oder – wenn man sie kennt – erzählt er noch Neues von diesen alten Bekannten. Es wird *nirgends* (auch in der Schlußszene nicht) das in der Oper Vorkommende genau wiederholt – *nicht in einer* Szene. Wirkt er also sympathisch, so muß er die größte Lust machen, die so kennengelernten Figuren nun in der *eigentlichen* Haupthandlung, auf dem Theater, lebend, sprechend, singend zu erblicken. (Darüber macht sich, glaub ich, Fürstner irrige Vorstellungen.

[1] Vgl. Der Rosenkavalier, Fassungen, Filmszenarium, Briefe (Hg. von W. Schuh), S. Fischer, Frankfurt a. M. 1970, ^{2}1971.

Er glaubt, was in der Oper vorkommt, wird identisch, also konkurrierend, auf die Filmfläche übertragen; das wäre natürlich der reine Wahnsinn.) Das gleiche gilt von dem Musikarrangement. Die Oper enthält gute drei Stunden Musik. Der Film braucht 1¼ Stunden Musik. Es muß also (natürlich für einen begabten Menschen) ein Leichtes sein, aus dem Material der Oper die Motive zu gewinnen, die er, den Momenten der Filmhandlung angepaßt, in ein den Film begleitendes Musikarrangement einwebt. Natürlich muß das mit Geschmack und Geschicklichkeit gemacht werden; Hexerei kann es keine sein. Und auf die Oper kann es nur Appetit machen. Auch in dieser Beziehung erscheint mir die Sache mehr Propagandawert als Konkurrenzgefahr in sich zu schließen. Für mich bedeutet die Sache viel, trotzdem sie mir ja neue Arbeit macht.

Sie rechnen mit ungleich größeren Ziffern als ich; vielleicht ist es für Sie ein Geringes, 10000 Dollar auf der Straße liegen zu lassen. Für mich wäre es empfindlich, auf die 5000, die mir zufallen würden, zu verzichten.

Natürlich wäre ich trotzdem gebunden, mich Ihrer Entscheidung ohne weiteres zu fügen, da ich Ihnen ja die Filmrechte mit allen anderen cediert habe. – Aber ich weiß, daß Sie in diesem wie in jedem Fall die freundschaftliche Rücksicht nehmen werden, mich dann wenigstens vertraulich darüber aufzuklären, warum Sie die Chance abweisen zu müssen glauben.

Entscheiden Sie *bejahend*, dann hat die Sache eine gewisse Eile. Bis Ende Januar müßten dann die Berliner Abmachungen beendet und signiert sein, Wiene und ich brauchen drei Monate für die Vorbereitungen, und April muß zu filmen angefangen werden; die Leute wollen eine für Europa ungewöhnliche Summe hineinstecken, und sind sicher, sie mit starkem Gewinn wieder herauszubekommen!

Alles Herzliche von Ihrem *Hofmannsthal*

[Telegramm:] [Garmisch, 5. I. 1925]

Film einverstanden. Eintreffe wahrscheinlich Januar Wien.

Grüsse *Strauss*

Lieber Freund! Garmisch, 29.1.25

Mein Sohn berichtet mir von dem reizenden Nachmittag, den er mit Ihnen verbracht hat: ich hoffe, Sie auch bald wiederzusehen, vielleicht am 7. Mai in München bei den «Ruinen von Athen»? Sie begreifen nun, warum ich der Wiener Staatsoper den Rücken gekehrt habe: der Ärger mit dem Lumpen Schalk war zu groß, die Mittel, um etwas Ordentliches zu leisten, zu gering, und das Angebot des Ministers, dem ich nur als Aushängeschild und als Vorspann für den Posten eines «Generalintendanten der Staatsoper», der ihm nach seiner Abdankung als Minister bereits zugesichert sein soll, meiner unwürdig.

Ich fühle mich, der zwecklosen Bürde ledig, äußerst wohl, habe jetzt ein Klavierkonzert[1] vollendet und beginne jetzt langsam, [mich] mit dem 2. Akt der «Helena» zu beschäftigen. Mitte Februar gehen wir über Paris nach Spanien und erhoffe ich mir von Granada Anregungen für den «Fürsten der Wüste».

Fischer schickte mir Ihre gesammelten Werke: danke herzlich für das schöne Geschenk, aus dem mich besonders Ihre prächtigen kleineren Aufsätze und Vorworte interessieren.

Daß Rosenkavalierfilm perfekt, freut mich. Beiliegender Brief aus Frankfurt wird Sie befriedigen. Die «Frau ohne Schatten» hat noch ihre Zukunft: seien Sie unbesorgt. Auch in Hamburg ist sie wieder mit Erfolg aufgenommen worden. Auch München wartet damit nur auf eine gute Besetzung: vielleicht können Sie auch bei Franckenstein interpellieren, daß er das dafür besonders geeignete Werk dauernd ins Repertoire der Festspiele aufnimmt.

In Salzburg bin ich dem Ehrenpräsidium beigetreten, nachdem man mir versichert hat, daß Sie und Reinhardt wieder bei der Sache sind. Vielleicht teilen Sie mir über Ihre und Reinhardts Absichten in Salzburg Näheres mit!

Leben Sie wohl, ich wünsche Ihnen gute Gesundheit und Arbeitsfreudigkeit und bin mit herzlichen Grüßen von Haus zu Haus Ihr stets treu ergebener *Dr. Richard Strauss*

[1] «Parergon zur Symphonia Domestica», op. 73.

Bitte schreiben auch Sie Krauss (Frankfurt) und Direktor Sachse (Hamburg) ein paar freundliche Zeilen!

Lieber Dr. Strauss, Rodaun bei Wien, 1. II. 25

wir hatten hier den Besuch Ihres Sohnes und Ihrer Schwiegertochter. Die junge Frau scheint ebenso gescheit zu sein, als sie sympathisch ist; oder vielmehr: an der Sympathie, die man schnell für sie faßt, hat das Gefühl, einem gescheiten Wesen gegenüber zu sein, einen großen Anteil.

Ich gehe Mitte Februar nach Paris, von dort über Marseille nach Marokko. Vorher werde ich das Briefmaterial hier tunlichst durchsehen, an meinen und andeutungsweise auch an Ihren Briefen die vorzunehmenden Kürzungen vermerken. Ich schlage vor, zunächst die Korrespondenz 1908–18 zusammenzufassen, das gibt einen ziemlich starken, handlichen Band. Zu Ende bringen kann man die Sache nach meiner Rückkehr, dann auch die Verhandlungen mit dem Verleger (Fischer oder ein anderer) führen. Der gegebene Erscheinungstermin für solch Buch ist circa zwei Monate vor Weihnachten. Die Einteilung nach Jahren, die laufenden Überschriften, etliche aufklärende Anmerkungen, alles das ergibt sich von selber; eine eigentliche Herausgeberarbeit (die ja meist philologisch und sehr mühsam) findet natürlich hier nicht statt; soll aber der Form nach ein «Herausgeber» figurieren, so ist mir als solcher Ihr Sohn natürlich der sympathischeste. Das Weitere (d.h. der Ertrag) hängt dann vom Erfolg ab, den das Publikum dem Buch bereitet, und hierüber denke ich ziemlich günstig, nachdem ich das Briefmaterial wiedergesehen habe. Dem Deutschen fehlt jeder Kunstsinn, darum hört er nichts lieber als Theoretisieren über die Künste; da ihm die Tür verschlossen ist, so leugnet er womöglich ab, daß es eine Tür gibt und will durchs Schlüsselloch hineinkriechen. Also habeat sibi!

Die Filmsache dürfte ja jetzt unter Dach sein und ich gewärtige, meine Unterschrift zu geben.

Der Regisseur Dr. Wiene, mit dem ich einige ausgedehnte Besprechungen hatte, macht (wie sein Renommé erwarten läßt)

den Eindruck eines sehr klugen, sicheren, entschiedenen und großer künstlerischer Energie fähigen Menschen.
Alles Herzliche Ihnen, wie immer. Alles Gute für die spanische Reise! Ihr *Hofmannsthal*

Lieber Dr. Strauss, Rodaun, 12. II. 25

Ich denke, daß Sie sich auf der Reise mit dem zweiten Akt in Gedanken beschäftigen, und darum spreche ich etwas aus, das mir schon seit längerem Sorge macht. Es bezieht sich auf die Stelle Helena-Aithra in der Mitte des Aktes, die Sie *sprechen* lassen wollen – weil Sie dem Wagnerischen *Sprechgesang* ausweichen wollen. Dies (das Ausweichen-Wollen) begreife ich völlig. Der Stil, den ich aus Ihren Andeutungen errate, verträgt ja diese Art von Sprechgesang gar nicht. Aber ebenso erschreckt mich der Gedanke, daß diese Stelle von den beiden Sängerinnen tatsächlich *gesprochen* werden sollte. Schlagen Sie die ängstliche Warnung des Laien und bescheidenen Mitarbeiters bitte nicht in den Wind! Aber ein allgemeines Kunstgefühl, eine Empfindlichkeit für Fragen des Stiles trauen Sie mir ja zu! Lassen Sie diese zu Worte kommen. In der Nummernoper des alten Stiles sind wir das gesprochene Wort gewohnt und ertragen es – wenn auch mit leiser Unlust. Es muß aber dann (so ist die alte von den Italienern geschaffene Tradition) dazu dienen, nach dem lyrischen Ausschwung dem Trocken-Handlungsmäßigen zu dienen. Es ist gewöhnlichste Prosa zwischen den Arien und Ensemble-Stücken. So wird es auch im «Fidelio» noch behandelt. Dieser Art ist die Szene in der «Helena» nicht. Schon indem sie in Versen ist, entzieht sie sich der Möglichkeit, als gesprochener Text behandelt zu werden. (Daß man in der deutschen Übersetzung der «Serva padrona», die in der Redoute gegeben wurde, die gesprochenen Stellen in Verse gebracht hatte, war ein grober Stilfehler dieser Übersetzung.) – Ich plädiere hier gegen die mir vorschwebende Absicht, diesen Text einfach *unbegleitet sprechen* zu lassen. Sollten Sie aber daran gedacht haben, die Stelle bei fortlaufendem farbigem Orchester über dem Tönestrom *sprechen* zu lassen, so erscheint mir das noch unmöglicher. Schon die paar Worte der Kaiserin im letzten Akt[1], gesprochen, während das Orchester fortströmt, erscheinen mir gräßlich, wahrhaft durchs Ohr ins Herz schneidend – aber das mag dort noch entschuldbar sein, an dieser einzigen und dazu *kurzen* Stelle – aber hier – und wo man noch dazu genau verstehen soll: denn es ist ein Angelpunkt der Handlung!

Was hier möglich wäre – verzeihen Sie, daß ich mir herausnehme, auf etwas zum musikalischen Stil Gehöriges nur *hinzudeuten* – glaube ich neulich beim Hören des «Falstaff» erkannt zu haben. Da sind viele Dialogstellen mit denkbar dünnster Begleitung in einer Art Rezitativ behandelt – aber sie werden doch gesungen. Ein Satz, z.B. der einen Figur, ist musikalisch phrasiert, läuft ihr aber ganz ohne Begleitung aus dem Munde. Das Orchester schweigt völlig. Auch die Antwort des Gegenspielers geht ohne Orchester ein. Dann kommt wieder ein kleiner Spritzer im Orchester und wieder läuft die gesungene Konversation unbegleitet weiter. Ich bemühe mich da, etwas auseinanderzulegen, was Ihnen natürlich so klar wie's klare Wasser ist. Aber in diesem Stil (von dem sicher in manchen Stellen des «Intermezzo» Gebrauch gemacht ist, vielleicht an vielen!) läßt sich die heikle Stelle gewiß bewältigen – und es ist dies ja die einzige in diesem Sinn heikle. Alles andere im II. Akt ist ja höchst opernmäßig.

Ich wünsche Ihnen und Ihren Gefährten alles Gute für die Reise. Indem ich Ihren Sohn und Ihre Schwiegertochter herzlich grüße, spreche ich die Hoffnung aus, daß sie vor ihrer Abreise von Garmisch die Kopien meiner Briefe sorglich *versperrt* haben, damit auch nicht durch Zufall ein fremdes Auge darauf falle. Denn solange die Briefe nicht für die Öffentlichkeit redigiert sind, bleiben sie ja doch höchst vertrauliche, nur für Ihr Auge bestimmte Schriftstücke – und selbst ein unglücklicher Zufall könnte große Unannehmlichkeiten heraufbeschwören!

Immer Ihr *Hofmannsthal*

P.S. Falls die Briefe nicht versperrt sind, so bitten Sie Ihre Frau Gemahlin, sie zu versperren!

[1] der «Frau ohne Schatten»

Lieber Dr. Strauss Rodaun, 4. V. 25

Ihr Beweggrund, die Veröffentlichung unseres Briefwechsels vorzuschlagen, war, wenn ich recht verstehe, dieser: es sollte einerseits der Ernst unserer gemeinsamen Arbeit in Evidenz gebracht werden, andererseits das noch fehlende Verständnis für manche Arbeit durch den zwanglosen Kommentar, den unsere Briefe geben, herbeigeführt werden. Desgleichen jene Erwärmung, welche bei den Deutschen oft auf indirektem Wege erst erzeugt werden muß.

Nachdem ich mich mit den beiderseitigen Briefen beschäftigt habe, halte ich es allerdings für möglich, daß im ganzen etwas Ähnliches erreicht werden könnte, aber einige Ihrer Briefe machen mich doch recht bedenklich, ob nicht durch die Art, gelegentlich die Sachen zu behandeln, gerade die entgegengesetzte Wirkung hervorgerufen werden könnte, nämlich jene Art von Gegnerschaft und Kälte verstärkt und sozusagen aus unserem eigenen Arsenal auf ewige Zeit mit Waffen versehen. Insbesondere mache ich Sie auf folgendes Mißverhältnis aufmerksam: Im Brief vom 15. XII. 13 klagen Sie bitter darüber, daß ein so schönes und eigenartiges Kunstwerk wie «Ariadne» gerade in seiner Eigenart so wenig Verständnis findet. Nun sehen Sie sich aber bitte Ihre beiden Briefe vom 27. V. und 19. VII. 1911 an, die sich beide auf die frisch empfangene «Ariadne» beziehen. Sie waren damals nicht ganz wohl, eine vorübergehende physische Depression, Zigarettenentziehung etc., kurz, die «Ariadne» machte Ihnen keine Freude. Sie konnten Sie zunächst künstlerisch nicht anfassen; das äußern Sie in einer reizend aufrichtigen, vollkommen unverhohlenen Weise. Sie schreiben im Brief vom 27. V. « ... denn die Handlung an sich interessiert nicht» – – – «mich persönlich interessiert die ganze Sache auch nicht gerade übermäßig». Diese Kritik, deren Ausgangspunkt ein ganz wilder Realismus ist, – nur von einem «Cavalleria rusticana»-Standpunkt aus, der doch dem Komponisten von «Salome» und «Elektra» meilenfern liegen muß, ist die «Handlung» der «Ariadne» uninteressant – – – diese Kritik, sage ich, wäre nur biographisch ganz lustig und interessant, wenn sie

sich auf ein verfehltes Libretto von mir bezöge, das zu komponieren Sie abgelehnt hätten. Nun ist aber das Gegenteil geschehen. Eben jene Elemente, denen Sie zunächst jedes Verständnis, ja jede Bedeutung verweigern, haben dann durch ihre formale Gewalt, eben durch den besonderen Stil des Ganzen auf Ihre Produktion gewirkt und es ist das, neben der «Salome», sicherlich schönste und besonderste Ihrer Werke entstanden.
Da nun aber der Deutsche dem Kunstwerk (ewige, an Goethe tausendfach erprobte Wahrheit) unempfänglich gegenübersteht, es mit dem ganz unverstandenen Wort «formal» gerne abtut, dem einen teils sentimental verlogenen, teils unklaren Begriff von «Innerlichkeit» gegenüberstellt, so hat gerade ein solches Werk ohnedies einen schweren Stand (bei Ausländern soweit weniger, ich erinnere Sie an den Amsterdamer Erfolg der «Ariadne»). Wenn nun der deutsche Philister als ipsissima verba magistri den lustigen Satz findet: «Rückertsche Schnörkel müssen hier herhalten, wo das Innere der Handlung einen kalt läßt», so werden Sie ja, der Schöpfer des unvergleichlichen Werkes, gerade zum Wortführer des Philisterchores! Das ist doch geradezu ein Narrenhaus!
Nun kann ich aber nicht einmal vorschlagen, die Briefe 27. V. und 19. VII. schlechthin wegzulassen. Denn diese beiden Briefe haben ja meine Gegenbriefe hervorgerufen, die, wenn etwas, vielleicht wirklich einen gewissen Wert im Sinne der Aufklärung und Erwärmung haben. Ich überlege also, was zu tun (ein ähnlicher Brief wird Ihnen unterkommen, der sich in ähnlicher negativer Weise mit der «Frau ohne Schatten» beschäftigt). Also ich glaube, den Brief vom 27. V. kann man ruhig weglassen; aber der vom 19. VII. ist auch sehr gefährlich und eine furchtbare Waffe in der Hand philisterhafter Kritik. Was Sie da von «Deutung in der Handlung selbst, vom Symbolischen, was lebendig herausspringen muß» usw. in einer momentanen Abspannung, von der «Deutlichkeit, die ein Theaterstück braucht» (es war eben zum Teufel ein Theaterstück besonderer Ordnung, und heute versteht es ja jeder Mensch!) – – – alles dies durch Drucklegung zu verewigen, Ihre wirklich nicht gerechte momentane Kritik

(entschuldigen Sie, ich polemisiere mit dem alten Brief vom 19. VII.) zu stereotypieren, das scheint mir wirklich ein bißchen widersinnig. Ich habe mir also erlaubt, in diesem Brief mit Rotstift starke Kürzungen anzudeuten. Und nun bitte ich Sie recht herzlich, daß die Arbeit dieser Herausgabe nicht überstürzt werde! Mir macht das Ganze keinen ungemischten Spaß, und als das einzig Gute daran würde ich die Erreichung des obenerwähnten Zweckes ansehen. Ihre Briefe, (die)[1] in ihrer großen Spontaneität und Ungezwungenheit, sind mir ein äußerst lieber, höchst persönlicher Besitz, bringt man sie aber bei lebendigem Leib vor die fremde kalte Menge, so sieht alles völlig anders aus und man selbst sieht es mit anderen Augen an. Insbesondere muß ich Sie noch um folgendes bitten: Sie gebrauchen öfters das Gleichnis: ich solle meinen «Pegasus» tummeln, spornen usw. Aus der Intimität eines sehr zwanglosen Briefwechsels herausgenommen und gedruckt, wäre mir diese Bezeichnungsweise für die Ausübung meiner «Dichterei» nicht ganz angenehm. Ich würde Sie also vielmals bitten, mit eigener Hand, oder der Ihres Herrn Sohnes die an den Pegasus appellierenden Sätze zu streichen.
Vielleicht überlegen Sie sich noch einmal mit Ihren nächsten Beratern, ob, wenn der beiderseitige Briefwechsel vor Ihnen liegt, sich die Veröffentlichung als ein erfreuliches oder als ein zweifelhaftes Unternehmen dem ehrlich prüfenden Gefühle ankündigt.
Ich sehe auf alles, was wir gemeinsam unternommen haben, mit Freude zurück, also vertraue ich auch in dieser Sache gerne Ihrer Entscheidung.
Verzeihen Sie, wenn ich ausnahmsweise diktiert habe. Die Schreiberin ist meine Frau, die Sie herzlich grüßt.
Immer Ihr *Hofmannsthal*

Lieber Freund! Garmisch 1. 6. 1925
Von einer guten Kur in Nauheim zurück, finde ich Ihre Briefe vor: selbstverständlich muß alles aus denselben heraus, was der Dummheit und Böswilligkeit Waffen in die Hand und Stoff zu

[1] das Wort «die», das im Original steht, ist wegzudenken.

neuen Mißverständnissen bieten könnte. Mit wem könnte man sich denn ernsthaft über die Art künstlerischen Schaffens unterhalten? Höchstens mit Goethe, Schiller, Richard Wagner, allenfalls Nietzsche (dessen «Geburt der Tragödie» [ich] gerade wieder mit genießender Freude lese)! Kaum schon mit Eckermann, Schopenhauer!

Und nun die andere Horde, die selbst bei gutem Willen kaum die äußerste Epidermis eines Kunstwerkes ritzt, geschweige denn im mystischen Dunkel der Werkstatt sehen kann. –

Ich bin vom 16. Juni ab für einige Tage in Wien, wohne bei Grab's, Ring des 12. November 14; hoffe Sie dort oder in Rodaun zu sehen.

Bis dahin mit herzlichsten Grüßen stets Ihr

Dr. Richard Strauss

Mit «Helena» stecke ich seit langem beim Auftritt des Altair und komme nicht vorwärts. Ich will dem Ganzen den reinen, geläuterten Stil der Goetheschen «Iphigenie» geben, und da ist es gerade für diesen Auftritt der Wüstensöhne schwer, eine Musik zu finden, die für die Ohren von 1925 noch genügend charakteristisch ist, ohne in den sog. Realismus der «Salome» oder gar in die Exzentrics der heutigen Moderne, die ja nur mit amerikanischen Ohren (ich will die Neger nicht beleidigen!) hört, zu verfallen.

Nun, ich werde wohl auch noch über diesen Berg kommen! –

Die Meinigen grüßen schönstens!

Lieber Dr. Strauss, Rodaun, 30. VI. 25

ich habe gerade Ihrem Sohn den letzten Pack Briefe zurückgeschickt. Es hat etwas Bewegendes, wenn man diese Briefe so durchliest. So viele Jahre – so viel ehrliche Bemühung, hundertfache Bemühung ums Einzelne, ums Kleinste oft. Möge etwas davon übrig bleiben!

Ihre jetzigen Mühen um die «Helena» kann ich gut, nur zu gut verstehen. Darum geht es ja jedesmal: um die Einheit des Stiles. Immerhin hoffe ich, daß unser Gespräch in Rodaun Sie freier gemacht hat. Lassen Sie das Kommen des Altair eben nur das Kommen eines fremden fürstlichen Mannes sein – werfen Sie alles, was nach «Farbe» zu rufen scheint, davon ab, und wenn das gewitterhafte Anreiten, das hastige Kommen der Reiterschar, das Hereinlaufen der Krieger und Sklaven, wenn das Sie an Fantasia gemahnt – so werfen Sie auch das ab. Lassen alles feierlich, marschartig sich annähern, wie es die Einheit des Stils gebietet. (Daß es Ihnen wirklich entfallen ist, daß Sie zweimal im Lauf unserer Jahre vor dem Auftreten einer neuen Figur so stockten, bis nahe ans Aufgeben der Arbeit: das erstemal vor dem Kommen der Klytämnestra, das andere Mal vor dem des Bacchus.) Was aber nun den Schluß anlangt, so ist die Haupthandlung so geführt, daß es auch im Händelschen oder Gluckschen Stile könnte komponiert werden. Das Fest, zu dem Altair sich rüstet, ist die Liebesnacht mit der schönen Frau – denken Sie das ganz in die trojanische Welt hinein, nicht in einen «modernen» islamischen Orient. Und wenn das Motiv der Verschnittenen, obwohl weltalt, Ursphären angehörig, Sie stören sollte, so wäre ich bereit, es zu ändern. Nur nichts vom billigen «Orient» der heutigen Musikmode. Ich habe keinen geographischen Begriff hineingezogen, der nicht griechische Antike wäre: Atlas, Ägypten, Libyen – das alles wird im Pindar und im Äschylus erwähnt. Gerade, daß Sie diese bunte Farbe meiden wollen, darin liegt mir die Gewähr des Hohen, das erreicht werden kann.

Zum ersten Akt dies: ich pflege aus den Anfangsszenen, wenn ich hie und da ein Gedicht vorlese, selbst das eine oder andere wegzulassen, und finde immer, daß ich dabei gewinne.

Seite 2 könnte der Gesang der Muschel wegbleiben und nach der Dienerin: «Es scheint, daß sie sich zu einer Antwort herabläßt» – gleich Aithra sagen: «Antworte mir ohne Umschweife, wo ist Poseidon?»

Seite 5 unten wäre die Stelle: «Was wir sahen, was wir sehnten – – – unversehens uns ins Haus», leicht wegzulassen.

In der großen Szene Helena–Menelas: Seite 8, bitte ich, den Ruf der Helena: «Menelas!» *womöglich* noch zu streichen. Die stumme Gebärde ist hier wirksamer.

Seite 8/9 ist ein Strich sehr günstig. Und zwar von Helenas: «Trink hier, wo meine Lippen sich getränkt» – gleich über gehen zu Seite 9.
Menelas (zurücktretend): «Ein Becher war...» (ein großer Gewinn)!
Seite 12. Helena: «– und ich verstehe auch den Umweg» usf., hier *haben* Sie, entsinne ich mich, schon einen Strich durchgeführt! Er ist auch nötig, die Szene ist zu lang.
Seite 29. Bericht der Aithra, der Sie beschwert. – Jedenfalls kann man ihn um 5 Zeilen kürzen, so: «Am Hang des Atlas steht eine Burg –
mein Vater saß dort, ein gewaltiger König –
zu uns ins Haus
brachten sie schwebend
deine Frau...» usf.
Dann die Elfen. Ich glaube, es ist unerläßlich, daß Sie eine «erste Elfe» herausgreifen, die sich bis an die Schwelle heranschleicht und aus deren Mund, *deutlich*, man die paar ganz wichtigen Dinge empfängt, welche in den Gang der Handlung eingreifen. Bitte schlagen Sie diesen Vorschlag nicht in den Wind!
Seite 32/33. Menelas–Aithra: zu streichen wäre Seite 32
Menelas: «Ich werde sie sehen.»
Aithra: «Du wirst sie sehen, mit diesen Augen –»
Ferner zu streichen (unten)

Aithra:	«Was ficht dich an»	streichen
Menelas:	«Was werde ich sehen Unseliger Mann Bereite dich»	

und ebenso Seite 33 oben streichen bis: Menelas: «ich höre Bekken...».
Seite 34 der Bericht der Aithra, nur geflüstert, finde ich sehr glücklich[1].
Überlese ich es wieder, so finde ich es recht schön und sehr opernmäßig, ich kann mir nicht helfen.
Alles Liebe, in alter Verbundenheit Ihr *Hofmannsthal*

[1] Die vorgeschlagenen Striche hat Strauss nur zum Teil übernommen.

Lieber Freund! Garmisch, 22. 7. 25

Herzlichen Dank für Ihren so wohltuenden Brief vom 30. Juni. Ich habe die erste Skizze des I. Aktes nun genügend lange liegen lassen, um die nötige Grausamkeit für die von Ihnen vorgeschlagenen Striche bereit zu haben, deren Notwendigkeit ich auch schon seit einiger Zeit fühle. Sie kommen mir auf halbem Wege entgegen und Ihre Anregung soll auf fruchtbaren Boden fallen.

In Eile herzlichst grüßend stets Ihr *Dr. Richard Strauss*

Rodaun, 4. VIII. 25
ab 8. VIII. Salzburg, Hotel Österr. Hof
(bis Ende August)

Lieber Dr. Strauss,

Die Pantomimengesellschaft fragt bei mir an wegen Verwandlung der Till-Eulenspiegel-Suite in ein Ballett. Ich habe grundsätzlich mein Interesse erklärt, liebe das geistreiche Musikstück sehr. Vielleicht finde ich eine Idee, einen Canevas, worauf dann der Ballettmeister oder Regisseur weiter arbeiten kann.

Aber bitte, lassen Sie mir doch durch Ihren Sohn oder Ihre Frau Schwiegertochter ein paar Zeilen zukommen, worin Sie mir ganz formlos angeben, welche Eulenspiegel-Motive (und in welcher Reihenfolge) Ihnen bei der Musik vorgeschwebt haben. Vielleicht gibt es sogar ein Programm. Dann lassen Sie es mir, bitte, schicken. – Die Korrespondenz, die ich ja nochmals durchsehen soll, bitte nach Salzburg. Die laufenden Kopftitel werde ich beifügen.

Viele Grüße. Freundschaftlich Ihr *Hofmannsthal*

[...]

Lieber Dr. Strauss, Bad Aussee, 15. IX. 25

indem ich nun die Fahnen zum Briefwechsel 1907 bis 1918 korrigiere, ziehen die ganzen Jahre an mir vorbei – so vieles Gemeinsame – es ist lustig und zugleich wehmütig. Aus der freundlichen Weise, in der der Herausgeber in dem Vorwort meiner gedenkt, fühle ich Ihre gute Gesinnung zu mir sprechen, die in so vielen Jahren sich gleichgeblieben ist, und freue mich darüber.

Fürs Jahr 1909 waren ein wenig zu viel Briefe aufgenommen, die

Photo E. Wasow

Hugo von Hofmannsthal
(um die Mitte der zwanziger Jahre)

sich auf Einzelheiten im «Rosenkavalier»-Text bezogen und recht trocken waren. Ich konnte am Erkalten meines eigenen Interesses entnehmen, daß hier der fremde Leser um so mehr kalt werden würde, und bezeichnete einige Briefe (zumeist von mir) als wegzulassend. Sie können sich darin auf mein Gefühl verlassen; das Buch kann nur fesseln und dadurch belehren, wenn es nirgends langweilig wird. – Salzburg war in diesem Jahr ein großer Erfolg – besonders gesellschaftlich. Es war ein wirklich internationales Publikum da, wie es vielleicht vor 20 bis 25 Jahren in Bayreuth war. Wien war am schwächsten vertreten.
Es ist ein Lieblingsgedanke von mir immer gewesen, dort vor einem solchen Publikum die «Ariadne» spielen zu lassen. Sie paßt dorthin wie nichts Zweites. Lassen Sie *mich* der Verwirklichung dieses wirklich geliebten Gedankens in meiner Weise zustreben und stören mich nicht, das bitte ich Sie innig. Natürlich muß die Ivogün hinein und durchaus das Beste; dem Dekorativen aber kann ich dort einmal sein *richtiges* Gesicht geben, mit einem Maler meiner Wahl. In Wien ist dies nur zum Teil gut. – Wer aber sollte es dirigieren, so daß es auch Ihnen zur Freude gereicht? Walter würde es sicher gerne tun, aber den werden Sie vielleicht nicht wollen? Etwa Clemens Krauss? Ich kann dort alles nach meinem Sinn erreichen, wenn ich Zeit habe, es vorzubereiten und die Dinge dort in Einklang bringen, wozu eine leichte Hand und Geduld gehört. Aber das Erreichte freut mich. Stets Ihr

Hofmannsthal

P. S. Dr. Franz und Ihrer Schwiegertochter danke ich für liebe Grüße. Leider gaben sie das Hotel in Venedig nicht an.

Lieber Freund! 7. 10. 1925

Wir haben nun dem Vorwort zu den «Briefen» beiliegende erweiterte Fassung gegeben, die ich für nötig hielt, um meinem Sohn von seiten der Böswilligen den Vorwurf zu ersparen, als ob er nur Wagner und Hofmannsthal kenne und anerkenne. Falls Sie hierzu Ihr Placet aussprechen, bitte ich, dem Verleger mitteilen zu wollen, daß dieses Vorwort nunmehr gedruckt werden

kann. Ich bin vom 16. bis 20. Oktober in Wien und hoffe Sie zu sehen, wenn Sie von Aussee schon zurück sein sollten.
Mit herzlichsten Grüßen stets Ihr *Dr. Richard Strauss*

Lieber Freund, Bad Aussee, 12. X. 25

ich fand schon das frühere anspruchslose Vorwort sehr hübsch, aber dies ist vielleicht noch besser.
Also: imprimatur.
Bis Mitte November bin ich noch hier, arbeitend.
Also viele liebe Grüße Ihnen und dem Sohn.
Und ein Wörtlein über «Helena?»
O Schmerz! Treulich Ihr *Hofmannsthal*

Lieber Dr. Strauss, Bad Aussee, 17. XI. 25

ich war sehr traurig, den Partezettel des armen, so früh dahingegangenen Rösch zu empfangen und habe herzlich an Sie gedacht. Denn ich glaube, das war Ihr einziger guter vieljähriger Freund, den Sie da verloren haben!
Eine merkwürdige Lektüre ist das für mich, diese Korrekturen unseres Briefwechsels. Endlos kommen sie, seit Anfang September und sind noch nicht ganz zu Ende: es wird ein starker Band. Sie geben viel Mühe, denn das Manuskript war gar nicht druckreif, und in bezug auf die Reihenfolge gab es viel zu verändern und manches machte mir Kopfzerbrechen. Aber mit was für einem unnennbaren Gefühl liest man selber so etwas. (Es ist die erste Erfahrung dieser Art in meinem Leben; gewöhnlich hebt man sich ja das bis nach seinem Tode auf.) Es ist nicht Wehmut, auch nicht Sehnsucht (denn man möchte ja nichts Wieder-Erleben) – auch kein Schmerz, auch keine Freude; ein ganz unausdrückbares Gefühl. Wie sich das alles aufreiht am Faden der vergehenden Zeit: die erste Begegnung, «Elektra», der «Rosenkavalier», dann die «Ariadne», die «Frau ohne Schatten», der «Joseph», die zweite «Ariadne». Wenn Sie den fertigen Band in die Hand nehmen, und das alles so vor Ihnen liegt, wird Ihnen sonderbar zu Mute sein.
Was aber das auf das Publikum für einen Eindruck machen kann,

das vermag ich gar nicht auszudenken. Manchmal denke ich, er müßte die Leute völlig kalt lassen, ja langweilen. Dann wieder denke ich das Gegenteil: sie könnten nicht kalt bleiben bei dem *Rhythmus* dieser unausgesetzten Bemühung wechselweiser Anspannung. Man wird es ja sehen, wie sie es nehmen.
Herzlich Ihr *Hofmannsthal*

Wien, III. Jacquingasse 10 [etwa 10. Dez. 1925]

Lieber Freund!

Bin glücklich hier eingetroffen und hoffe, Sie bald zu sehen! Möchte für heute nur berichten, daß Ihre liebe «Ariadne» in einer wirklich ausgezeichneten Aufführung einen absolut durchschlagenden Erfolg in Turin[1] errungen und sich, glaube ich, damit definitiv Italien erobert hat. Ich wurde schon nach dem immerhin für die Italiener etwas heiklen I. Akt stürmisch gerufen, in der Oper selbst wurde nach dem ersten Maskenquintett und nach der Zerbinettaarie applaudiert und es herrschte allgemeine Begeisterung. Die Abrichtung der Opernsänger zu Schauspielern hat Dr. Erhardt viel Mühe gemacht, aber schließlich hat das angeborene Komödiantentalent der Italiener wirklich siegreich über alle Schwierigkeiten triumphiert, und ich glaube, «Ariadne» hat eine neue Theaterära in Italien inauguriert.

Schade, daß Sie nicht dabei waren!

In Berlin macht «Ariadne» in Charlottenburg *die* ausverkauften Häuser mit Ivogün, war inkl. einer sehr guten Aufführung in der Staatsoper dreimal in einer Woche. Ich denke, das wird Sie freuen! Hoffentlich kann ich Ihnen bald Näheres erzählen, lassen Sie mich's bitte wissen, wann Sie in die Stadt kommen!

Mit herzlichsten Grüßen von Haus zu Haus Ihr getreuester

Dr. Richard Strauss

Meiner Frau diktiert! Rodaun, den 19. XII. 1925

Lieber Freund! *Samstag* früh

Ich muß Ihnen gestehen, daß mir Ihre Ablehnung des Dirigierens des Films in Dresden ganz unerwartet kommt, und daß ich da-

[1] Die erste Aufführung in Turin fand am 1. Dezember 1925 statt.

von mich schwer betroffen fühle. Ich sage: in Dresden, nicht London; ich bin nicht der Ansicht, daß beides ganz gleichmäßig zu behandeln sei. Meine Ansicht über London werde ich weiter unten sagen und mir bezüglich der Londoner Première einen vermittelnden Vorschlag erlauben. Für jetzt nur von Dresden. Hier kann ich nach reiflichem eigenen Nachdenken, nach eingehender Durchsprechung mit Dr. Wiene und nach ausgiebiger telephonischer Rücksprache mit einem Vertreter des Hauses Gutmann, nur sagen, daß ich Ihren abschlägigen Entschluß bezüglich Dresden außerordentlich bedauere; daß ich mich an die Hoffnung klammere, daß dem Entschluß vielleicht «der Segen der Widerruflichkeit» verliehen sei, und daß ich, im Falle er unwiderruflich wäre, sehr beträchtliche materielle Chancen für Sie (und demzufolge auch für mich, der ich in unserm vieljährigen Verkehr gewiß nicht meine materiellen Hoffnungen und Wünsche mit allzu großer Schärfe verfochten habe) verloren gehen sehe.
Ich betrachte Fürstners Haltung dieser ganzen Sache gegenüber als eine schwer begreifliche. Ich leite sie mir ab aus dem eigentümlich leidenschaftlichen und eifersüchtigen Charakter unseres geschätzten Verlegers, dessen ganze Antipathie sich offenbar mehr als ihm selbst bewußt ist gegen die ganze Institution des Films kehrt, den er vielleicht mit teilweisem Recht als einen Schädiger der uns so teueren Institution des Theaters ansieht.
Im konkreten Fall aber haben sich die Leute durchaus korrekt benommen, noch zuletzt in der Frage des Aufschubes bezüglich Frankreich und es scheint mir keinen Sinn zu haben, ihnen eine grundsätzliche Opposition zu machen und allen ihren berechtigten geschäftlichen Hoffnungen ein grundsätzliches Mißtrauen entgegen zu bringen.
Für die Macht einer Institution, die in dem kleinen und armen Wien täglich 200000 Menschen in ihre Lokale zu ziehen vermag, bedarf es für mich keiner prinzipiellen Beweise. Alles scheint mir darauf anzukommen, durch welche Kunstgriffe man einen Teil dieses Stromes auf die eigene Mühle lockt. Hier nun steht es so: das ganze Ab und Auf zwischen dem hohen und dem niedrigen Gewinn entscheidet sich hier in einem einzigen Moment, in dem

der Lancierung, oder um es ganz genau zu sagen, in zwei Momenten: in Dresden für das kontinentale Europa, in London (wo die Oper eine ungeheure Popularität genießt, eine solche, die mich heuer im Juli, als ich dort war, geradezu verblüffte) für England und Amerika.

Ihre Argumente gegen Ihr Auftreten in London als Dirigent bei einem solchen Anlaß, der kein neues Werk Ihrer Schöpfung bedeutet, verstehe ich vollkommen und pflichte Ihnen bei. In London sollten Sie, meine ich, *nicht* dirigieren[1]. Hier genügt es vollkommen, wenn ein Kapellmeister von erstem Rang dirigiert und wenn Sie dieser Première die Auszeichnung erweisen dabei anwesend zu sein (natürlich als Gast der Pan-Film-Gesellschaft in jedem Sinn). Ich glaube diese Gelegenheit, bei der Sie, wie gesagt, den Taktstock nicht ergreifen sollen, wird dazu dienen, daß Sie von Ihren Londoner Verehrern außerordentlich gefeiert werden und gerade die Geste, daß Sie dort keinen Taktstock zunächst in die Hand nehmen und die Auszeichnung Ihrer Gegenwart nur Ihrem Film gilt (der ja nichts anderes als ein Reflex Ihres berühmten Werkes ist) wird einen großen Eindruck machen.

In Dresden aber müssen Sie meinem Gefühl nach dirigieren. Ich finde daß Sie das, und die unermeßliche Hilfe, welche Sie dadurch den Chancen des Werkes geben, sowohl den künstlerischen Herstellern schuldig sind als dem angesehenen Bankhaus, das eine Viertel-Million Dollar anstandslos in diese Sache gesteckt hat, als auch vielleicht ein wenig Ihrem getreuen Librettisten.

Menschen, die Sie der Gewinnsucht bezichtigen im Gegensatz zu wahren Heiligen und über der Erde schwebenden Wesen wie Pfitzner wird es immer geben, so wie sie schon seit 25 Jahren existieren. Für deren Argumentation genügt es vollkommen, daß aus dem «Rosenkavalier» überhaupt ein Film gemacht wird; ob Sie noch dirigieren oder nicht, ändert daran gar nichts! Sonderbarerweise habe ich aber nie ein Wort dagegen sagen hören, daß z. B. Hauptmann seine sämtlichen Werke der Verfilmung übergeben hat und an der Durchführung, Première etc. *eifrig* Anteil nahm.

[1] Strauss dirigierte am 12. April 1926 schliesslich doch auch die Londoner Premiere des Films (Tivoli Cinema).

Es wäre mir sehr lieb, lieber Freund, wenn diese Erwägungen, die einmal im Band 3 unseres Briefwechsels Platz finden werden, Sie nicht ganz unberührt ließen. Ich bin heute den ganzen Tag in der Stadt, und werde vormittag bei Ihnen anrufen, ob Sie mich sprechen wollen. Herzlich Ihr *Hofmannsthal*

1926

Lieber Freund, Rodaun, 30.I. 1926, Abends

Ihrer recht herzlich gedenkend, dachte ich neulich an einem stillen Abende manches durch, das uns als Wunsch und Hoffnung noch zarter verbindet, als das schon Tat und Werk Gewordene. Sie wollten mich unlängst wieder auf die Welt des Peregrinus proteus und ähnliches hinlenken. Aber ich meine, und meine mit rechter Bestimmtheit: ich sollte meine schweifenden Gedanken und produktiven Halbträume in einer anderen Region versammeln; – doch in einer dem «Rosenkavalier»-Stoff verwandten; in der bürgerlichen Region, in der des bürgerlichen Lustspieles, im Kostüm eines gar nicht stark zurückliegenden Jahrzehnts – und um es ganz leichtfertig zu bezeichnen, in einer Scribeschen Motivenwelt: Liebe, Freundschaft, Eifersucht, Intrige – eine Gruppe recht lebendig hingesetzter Menschen, denen etwas passiert – wie im «Rosenkavalier» – nur halt anders.

Dann nahm ich mein Handexemplar der «Helena» hervor, und ging den zweiten Akt durch, recht ernsthaft und streng, und der Verantwortung eines Librettisten eingedenk. Ich kann nicht anders sagen, als daß ich ihn schön fand, und recht unaufhaltsam zu einem feierlich-versöhnenden Schluß hinströmend.

Das «Finale» scheint mir deutlich Seite 26 einzusetzen, mit dem Hereinbringen des toten Da-ud und dem Wiederauftreten Menelas.

Ich gehe jetzt zu Einzelheiten über.

Seite 7 Die Zeile Helenas: «Wer gab so schönen Befehl?»

vielleicht weglassen – sie unterbricht Altairs Phrase.
Seite 8 unten. Die drei Zeilen:
«Eilig zusammengeraffte Gaben-» bis «deiner fruchtbaren Lippen» – lieber weglassen, sind unwesentlich.
Seite 16 Strichvorschlag. Menelas: «Solche Blicke» – bis «ob er die Gleiche wiederfindet» besser streichen. Helenas Erregung verbindet gut die Stellen zur Einheit:

> «Mit sehendem Aug
> erkenne mich wieder!
> Menelas! steh! – er ist dahin!
> und kehrt er zurück –» usf.

Besser, wenn sie sein stummes Spiel: Waffenwahl und Abgehen, mit ihrer wartenden Ungeduld begleitet, sein Dazwischensingen ist zu psychologisch-kompliziert.
Seite 17–19. Die hochwichtige Szene Helena–Aithra (Drehpunkt der Handlung) *sprechen* zu lassen, wie Ihnen einmal vorschwebte, scheint mir völlig undenkbar. Das gäbe ja ein Loch. Sprechgesang, mit einfachster, dünnster Begleitung (so daß man schon jedes Wort, so wie Gesprochenes, versteht: wie es ja von Händel bis Verdis «Falstaff» an gewissen Stellen die großen Tondichter immer wieder verstanden haben) schiene mir die gegebene Form –mit jenen leisen Ausbiegungen ins eigentlich Gesanghafte, wie sie zur Charakterisierung der beiden so entschieden kontrastierenden Frauen nötig. (Aithra kommt ja wohl der Koloratursoubrette nahe, nicht? – während Helena hier einen finsteren, an sich haltenden Ton hat). –
Da hier jeder kleinste Strich Gewinn bringt, so gebe ich folgende Vorschläge. Zu streichen wäre: die Zeile (Seite 18)

«Versteh mich doch, Du Liebliche!»

Ferner: (Seite 18) Helena: «Dies ist» – –
Aithra: «Oh nicht den Duft davon,
solang ich Dir es wehren kann!»
Ferner: (Seite 19) Aithra: «Gerettet, Liebste hat er Dich – –
– – – – – – – – – – – – – –
und küßte Dich für unberührt.»

Diese Striche in einer Rezitativ-Szene sind unbedingter Gewinn.
Seite 23. Hier dienen die Stellen der Helena und Aithra: («Hüte Dich Fürst –» und «Helena, ich lache») nur dazu, ein Terzett zu tragen. Ist ein solches hier nicht beabsichtigt, dann hätten beide Stellen wegzubleiben und Altair singt gleich *weiter*.
Seite 35. Hier drängts zum Schluß.
Wegzulassen ist zunächst: Menelas: «Warum zittert der da»? bis «Laß mich der Toten und lebe».
Ferner: ob nicht eventuell wegzulassen wäre, von (Seite 35) Menelas: «Nicht netze die Lippen, mir ist er bestimmt» (was noch zu bleiben hätte) bis Seite 36.
Helena: «Bei jenem Trank...» also wegzulassen[1]. Menelas' Angstgedanke, daß ja, wenn Helena ein Phantom, dann alle Griechen um eines Gespenstes willen gestorben sind (ein allerdings wichtiges, tiefes Motiv), sowie das hineinspielende Motiv der entmannten Sklaven. Hier steht Wert gegen Wert; entscheiden kann nur der Komponist. Was ich fürchte, wäre eine solche übererregte, kaum mehr gesanghafte Stelle, wie die der Kaiserin im III. Akt der «Frau ohne Schatten» – ich fürchte es, wenn die Überspannung des Ausdruckes nötigt, über die Grenze der Musik hinauszugehen.
Ich grüße Sie herzlich Ihr *Hofmannsthal*

Lieber Dr. Strauss, Rodaun, 10. II. 1926
Dieser Strichvorschlag im II. Akt, der Sprung von Seite 9, unten, auf Seite 12: «Paris ist da! Paris aufs neu!» – ist kühn und ganz ausgezeichnet. Wenn Sie auf diese Art mit dem Text leben und gelegentlich so frei mit ihm schalten, wird die wirkliche Einheit zustande kommen.
Das pragmatisch Nötigste läßt sich in wenigen Zeilen nachholen.

Menelas: «Paris ist da!
Paris aufs neu!»

[1] Von allen in diesem Brief gemachten Kürzungsvorschlägen hat Strauss nur den letzten aufgegriffen. Die Buchausgabe der «Ägyptischen Helena» (Leipzig 1928 und Gesammelte Werke, Dramen IV) enthält die in der Oper gestrichenen Verse.

Altair (auf Menelas zutretend, mit zweideutiger Zudringlichkeit):

«Dir zu Ehren stell ich ein Jagen jetzt an,
Der Jagd zum Begleiter geb ich Da-ud,
von meinen Söhnen den jüngsten!»

Menelas: «Frech und verwegen
reckt er die Arme
nach meiner Frau» usf.

Ich halte die Kürzung für großen Gewinn.

Ich erfuhr heute morgen das Folgende, völlig verläßlich. Vertrag mit Wallerstein wird von der Amtsseite nicht vollzogen, weil beim Ministerrat die Bewerbung Turnaus vorliegt und beim neuen Finanzminister ein Elaborat Turnaus, worin dieser, wenn man ihn betraute, eine Ersparnis von 17 Milliarden verspricht. Es scheint mehr als wahrscheinlich, daß sie Turnau nehmen. Mir scheint diese Lösung für das Institut und für uns (trotz Turnaus Ergebenheitsbeteuerungen) unerwünscht, weil sie die einzig zu wünschende Lösung Krauss-Wallerstein hinausschiebt, ja bei der engen Verbindung dieser beiden, vielleicht unmöglich macht. Glauben Sie mir und meinem Gefühl, daß Turnau an Qualität dem W. nicht das Wasser reicht, und daß wir mit dem Besseren, nicht dem Schlechteren gehen müssen, aus Klugheit und Egoismus. Ich wäre sehr froh, wenn Sie (durch Alwin, Ramek?) Ihren Einfluß im Sinn der Kombination Krauss-Wallerstein geltend machen würden, ehe es zu spät ist!

Turnaus Ersparungsplan kann nur Dummheit – oder Augenauswischerei sein. Und ein Mensch mit der Physiognomie Turnaus (glauben Sie meinem Blick) paktiert auch mit Weingartner!

Turnau stützt sich auf Achsel-Ramek. Man müßte geltend machen, daß er in Breslau *abgewirtschaftet* hat, wogegen Krauss in F[rankfurt] entschiedene diktatorische Fähigkeiten gezeigt hat. Und die Dirigentenfrage wird so nicht gelöst, sondern verwirrt.

Die nicht große aber sehr reizvolle Galerie der Akademie (am Schillerplatz II. Stock) ist immer, außer Dienstag, 9 bis 1 Uhr offen.

Bitte beherzigen Sie mein vom Gefühl diktiertes Widerstreben gegen ein Régime T. unter den Auspizien der Frau Achsel.

Ihr *Hofmannsthal*

Lieber Dr. Strauss, Rodaun, Montag, 15. III. 1926

Ich höre, daß Sie wieder in Wien sind und entledige mich zuerst des inliegenden Stückes. Der Verfasser, Herr Alfred Brust, Cranz in Ostpreußen (einer der angesehensten unter den *jüngeren* deutschen Dramatikern) bittet mich, dies für Musik bestimmte Werk zu übermitteln.

Bitte geben Sie welchen Bescheid immer ihm direkt.

Sie wollten mir einmal die Freude machen, mir den ersten Akt «Helena» zu zeigen. Es wäre mir eine überaus große Freude. Sind Sie nächstens dazu aufgelegt?

Ich könnte Mittwoch 3/45 Uhr bei Ihnen sein oder Donnerstag 1/25, oder ab Montag jeden beliebigen Tag (eventuell auch *diesen* Freitag (schwerer!), *Samstag, Sonntag nicht*).

Bitte, *falls Sie in der Laune sind,* lassen Sie telephonisch den von Ihnen gewählten Tag sagen!

In Freundschaft Ihr *Hofmannsthal*

Lieber Freund! Wien, 19. 3. 26

Merkwürdigerweise habe ich Ihren Brief vom 15. erst gestern erhalten: entschuldigen Sie bitte, daß ich nicht früher darauf reagiert habe. Ich fahre Sonntag nach Prag, bin Dienstag zurück und dann zu jedem beliebigen Tag zu Ihrer Verfügung. Bitte nur anzutelephonieren: 98398.

In Berlin habe ich einen prachtvollen «Rosenkavalier» und total ausverkaufte «Frau o. Sch.» dirigiert.

«Ariadne», sehr hübsch neu inszeniert, mußte abgesagt werden und wird für Leo Blech aufgehoben. Kommt nächstes Jahr auch in Stockholm.

Otto Fürstner ist recht krank: ich konnte nur Oertel sprechen, der aber schon beim ersten pourparler über das Geschäftliche zu «Helena» sehr wenig angenehm die Geldknappheit hervorleuchten ließ und mich bat, auch bei Ihnen zu plaidieren: daß sie einen Preis von 25% pro Textbuch nicht mehr bezahlen könnten. Die übrigen Verleger honorierten Textbücher nur mit 10%; er behauptet, mehr wie 15% für ein wertvolles Textbuch nicht geben zu können, wenn er auch daran verdienen wolle. Er bat mich an Hand von Ziffern für «Rosenkavalier» mit Ihnen die Sache mündlich zu besprechen

Also sagen Sie sich bitte an: ich werde versuchen, so gut wie möglich bei Stimme zu sein.

Mit schönsten Grüßen Ihr freundschaftlich ergebener

Dr. Richard Strauss

Lieber Freund, Rodaun, d. 23.III. 26

Wollen Sie für das eventuelle Vorspielen des «Helena»-Aktes den Freitag 1/25 Uhr nachmittags in Aussicht nehmen? Ich würde mich sehr freuen.

Der Brief mit der höchst unangenehmen Äußerung von Oertel kommt peinlich in die Quere. Gerade in dem Textbuch sah ich jenen Ausgleich, durch welchen ich mich im Ganzen befriedigt und halbwegs gerecht behandelt fühlen konnte. Der Vergleich mit andern Verlegern und andern Librettisten kann eben nicht in Frage kommen, genau so wie die Massary nicht nach Honoraren anderer Operettensängerinnen honoriert werden kann. Das Ganze muß unter diesen Umständen leider mit großem Ernst Punkt für Punkt durchgesprochen werden, während ich so froh gewesen wäre, wenn man einfach wieder auf den erprobten Vertrag des «Rosenkavalier» und der «Frau ohne Schatten» hätte zurückkommen können!

Das Vorspielen nun ist für mich doch ein kleines Fest; das mit diesem aufgedrängten Geldgespräch zu verbinden, fände ich nicht angenehm, sondern wir verabreden vielleicht am Freitag für ein nächstes Mal. Ich habe das Gefühl, daß man mit Fürstner selbst, der leider immer krank ist, die Dinge besser behandeln könnte. Auch für mich bedeuten diese Dinge immerhin einen *wichtigen* Teil der materiellen Existenz. Die Summen, die man tatsächlich verdient, hängen ja völlig vom Zufall, d.h. vom Erfolg ab, aber im Verteilungsschlüssel sich benachteiligt zu fühlen, ist deprimierend, und es stünde damit auch die Lust auf weitere

lustspielartige Arbeit in Frage. Sie wissen selbst, daß Erwägungen der materiellen Art einen beeinflussen, auch wenn man sich nicht bewußt von ihnen beeinflussen lassen will.
Was das Wort «Geldknappheit» in diesem Zusammenhang bedeutet, verstehe ich nicht, aber bestehe auch dieser Zustand, so kann mit großer Wahrscheinlichkeit in zwei Jahren ein sehr veränderter Zustand bestehen, und diese Verträge macht man gerade bei unsern Werken für eine lange Frist. Ich habe das Gefühl, daß Oertel nicht genug von der Einsicht erfüllt ist, auf der rein kaufmännisch alle gesunden Abmachungen beruhen sollten: nämlich: daß *alle* Partner leidlich zufrieden gestellt werden müssen. – Also auf Freitag hoffentlich In Freundschaft

Ihr *Hofmannsthal*

Entschuldigen Sie, daß ich ausnahmsweise meiner Frau diktiert habe. Es war heute sehr viel zu erledigen.

Lieber Dr. Strauss, Rodaun, 27. III. 26

Die Freude über diese «Helena»-Musik erfüllt mich stärker, glaube ich, als je zuvor die Freude über irgendeine Ihrer Kompositionen; und ich fühle, daß ich damit Recht habe, obwohl mir ja gar keine Mittel gegeben sind, mich richtig auszudrücken. Aber, so wenig *Gehör* ich habe, so habe ich offenbar irgendeinen Sinn für das Eigentliche der Musik, und diesen Sinn hat das Gestrige im Tiefsten getroffen. (Dieser Sinn muß wieder so musikalisch gebildeten Individuen wie einem Korngold vollständig fehlen, sonst würde er nicht den Wert der Sachen beim ersten Hören so sehr verkennen; bei mir ist das erste Hören entscheidend). Das Nachgefühl dieser Musik ist wirklich bezaubernd; alles so leicht und licht, bei all dem großen reinen Ernst. Ich freue mich über die Maßen. [...]
Alles Gute Ihnen, in Freundschaft Ihr *Hofmannsthal*

[An Frau Pauline Strauss - de Ahna]

Liebe gnädige Frau, Rodaun, 2. Mai [1926]

Darf ich Sie vielmals bitten, Ihrem Gatten in Erinnerung zu bringen, daß er mir den Namen von ein oder zwei Menschen (mindestens von jenem *einen* in Wien, aber vielleicht gibt es doch noch irgendwo einen!) schreiben möge (baldigst!), den man für die Ausstattung der Salzburger «Ariadne» um Hilfe angehen kann; denn wenn ich mein Wort nicht wahr mache, daß die Mittel zur Ausstattung von mir durch Freunde aufgebracht werden, so dürfte wahrscheinlich die ganze Sache («Ariadne» Salzburg) im letzten Moment scheitern, und das wäre doch sehr schade.

In Ergebenheit Ihr *Hofmannsthal*

Lieber Freund! Garmisch, 4. 5. 26

Verzeihen Sie, daß ich, da Fürstner noch immer krank und nicht verhandlungsfähig, Ihren freundlichen Brief mit dem dankenswerten Anerbieten bis jetzt nur zur Kenntnis genommen habe und nicht beantwortet. Heute kann ich meinen Dank für Ihr verständnisvolles Entgegenkommen mit der Botschaft verbinden, daß die Partitur des I. Aktes «Helena» am Arbeiterfeiertag fertig geworden ist und daß ich morgen nach Griechenland fahre, um mir ein paar schöne Melodien für den II. Akt zu holen, wenngleich mein Herr Biograph Specht es altmodisch findet, daß ich heute *nur* mehr den Ehrgeiz habe, «schöne Musik zu machen». Ja, ja, der Esel ist ein dummes Tier, der Elefant kann nichts dafür! Meine Kinder berichteten mir, wie schön «Cristinas Heimreise» gewesen sei und daß sie einen reizenden Mittag in Rodaun verbracht hätten.

Ich wünsche Ihnen einen recht guten und arbeitsfreudigen Sommer und bin mit schönsten Grüßen von Haus zu Haus stets Ihr

Dr. Richard Strauss

Chledowski: «Siena», Seite 69:

Mit der Reinlichkeit war es in den Städten überhaupt schlecht bestellt. So wird erzählt, daß der berühmte italienische Troubadour Sordello ein Verhältnis mit Cunizza, der Tochter des Tyranns von Verona, Eccelines III., hatte, welche den nicht gerade ehrenden Beinamen magna mercetrix führte. Um ungesehen in ihre Gemächer zu gelangen, mußte er ein von Unrat und Schmutz

strotzendes Gäßchen passieren. Damit er sich nicht beschmutze, erwartete ihn nun zur bestimmten Stunde ein Knappe der schönen Dame, um ihn auf dem Rücken herüberzutragen.
Nebenbei gesagt erfuhr Eccelines von diesen Zusammenkünften, verkleidete sich als Knappe seiner Tochter, erwartete Sordello und trug ihn über das Gäßchen. Als er sich darauf zu erkennen gab, erstarrte der Troubadour vor Schreck, aber der Vater liess diesmal Gnade vor Recht ergehn und verbot dem Sänger nur, auf so schmutzigen Pfaden so schmutzigen Werken nachzugehen. «Abstineas accedere ad opus tam sordidum per locum tam sordidum!»
Das ist doch ein hübscher Lustspielmoment!

Lieber Dr. Strauss, Rodaun, 9. Juni 1926

Ich danke sehr für den Gruß von der Akropolis. Von Ihrer Reise hörte man viel Schönes. So hoffe ich Sie guter Stimmung.
Mit meinem Wunsch, die «Ariadne» auf das Salzburger Festspielrepertoire zu setzen, schuf ich mir persönlich ziemlich viel Sorge und Mühe, die mir aber nicht leid tut; ich handelte aus meiner Liebe für dieses Werk. Die Menschen in Westeuropa haben keine Möglichkeit, es kennen zu lernen; darum lag mir so viel daran, es einmal dort zu zeigen. Es wird gewiß gute Folgen haben. – Die Schwierigkeiten, gegen die ich anzukämpfen hatte, waren zunächst grundsätzliche. Ich selbst hatte darauf gedrungen, daß grundsätzlich Werke lebender Komponisten dort nicht einbezogen werden sollten; man hatte ein fortwährendes Drängen mit Pfitzneraufführungen zu gewärtigen, das viel weniger in künstlerischer Liebe seinen Grund hatte, als in politischer Demonstration für den «nationalen» Komponisten.
Ich mußte also zunächst für «Ariadne», um der Besonderheit des Werkes willen, eine Ausnahme statuieren. Größer aber waren die finanziellen Schwierigkeiten. Die «Ariadne», sorgfältigst besetzt, mit der Berufung eines eigens dafür gerufenen Dirigenten (K.[1]) und des besten Regisseurs (W.[2]) *kostet*, kostet so viel, daß auch im Fall eines ausverkauften Hauses mit einem Defizit (10 bis

[1] K. = Clemens Krauss; [2] W. = Lothar Wallerstein.

15 Millionen per Abend) zu rechnen sein wird. Wir werden imstande sein, diesen Ausfall aus den Mehreinnahmen des «Jedermann» zu decken, wie ja überhaupt die Schauspieldarbietungen dort die Oper tragen müssen, wenn die Balance hergestellt sein soll. Geht die Balance auch nur einmal verloren, d.h. enden die Festspiele auch nur einmal mit einem Defizit, so geht uns sofort die Leitung aus den Händen; politische und geschäftliche Schieber warten nur auf den Moment, uns diese Sache aus der Hand zu reißen. – Undenkbar war es unter solchen Umständen, die – unerläßlich nötige – Ausstattung – im Voranschlag circa 80–90 Millionen – dem Budget der Festspiele aufzuladen; woher soll sie amortisiert werden, wenn vermehrte oder wiederholte Aufführungen nur das Defizit vermehren würden? Ich sah also nur den einen Weg: daß ich versprach, diese Summe aus privaten Spenden aufzubringen – und dies ist mir tatsächlich *gelungen*, aber mit großer Mühe.

Aufs Herzlichste der Ihre *Hofmannsthal*

Lieber Freund! Hotel Pupp, Karlsbad, 17. 6. 1926

Danke herzlich für Ihren Brief vom 9.; habe triumphale Strausswoche in Leipzig hinter mir mit ausgezeichneten, von Brecher musterhaft vorbereiteten und teilweise glänzend dirigierten Aufführungen von «Ariadne», «Elektra» und «Rosenkavalier».

Ihre Wünsche habe ich an Fürstner weitergegeben, freue mich, daß Ihre Bemühungen für die Salzburger «Ariadne» so schönen Erfolg hatten.

Über die Zsolnaysache wird Ihnen mein Sohn berichten! Gott sei dank, daß Schneider endlich erledigt: war ein großer Schädling. Schalk aber werden wir wohl nie los werden.

Mit Schneiderhans Engagement bin ich sehr einverstanden: ein vortrefflicher, feiner Mensch: es wird vorläufig nur zu verhindern sein, daß er keine festen Beschlüsse effektuiert, bevor er mich eingehend über die Erfordernisse der Wiener Oper gehört hat.

Auch ein Wiederengagement des total verblödeten Weingartner als Gastdirigent wäre von Übel. Jedenfalls habe ich nicht die Ab-

sicht, das Stimmenduo Schalk-Weingartner zum Terzett zu komplettieren. Bitte wirken Sie etwas hinter den Kulissen, damit keine neuen Dummheiten gemacht werden.
Zu erstreben ist nach wie vor: Clemens Krauss als Direktor mit 2 Oberregisseuren: Wallerstein und Turnau.
Ich mache hier bis 5. Juli Kur und bin dann in Garmisch. Wünsche Ihnen schönen und arbeitsgesegneten Sommer und grüße Sie herzlich als Ihr *Dr. Richard Strauss*

Lieber Dr. Strauss, Salzburg, Österr. Hof, 30. VIII. [1926]
Ich freue mich wirklich über die Maßen, daß jetzt beim zweiten Akt dieser freudige schöpferische Zustand so stark über Sie gekommen ist, wie Sie selbst es mir gesagt haben und auch andere mir berichten. Es ist dies wirklich eine der größten Freuden, die ich seit Jahren gehabt habe.
Neulich kam Dr. Eger hier durch, dem Sie das Manuskript der «Helena» gezeigt haben. Er sagte mir viel Angenehmes und Gescheites darüber. Es freut mich, daß er es so *klar* findet. Er sagte, das in der «Frau ohne Schatten» Angestrebte sei hier völlig erreicht (im Dichterischen, nämlich ein Geheimnis in Gestalten und Situationen symbolisch auszusprechen). Ich will hoffen, daß er recht hat. – In Bezug auf den Schluß sagte er etwas, das mir so einleuchtete, daß ich seitdem dauernd darüber nachdenke. Er sagte: er hätte zum Schluß ein Erscheinen des Poseidon gewünscht und daß dieser Aithra umarme. Und dies aus drei Gründen: 1. weil der Schluß, wie er ist, etwas herb Großartiges habe und jenes romantisch-heitere Element des 1. Aktes ganz ignoriere, 2. weil Aithra gar zu leer ausgehe, ja förmlich übergangen werde, 3. weil die ganzen Vorgänge eine Art von latenter erotischer Spannung erregten, zu deren Lösung es einmal kommen müßte, sonst bleibe ein gespannter, unbefriedigter Zustand im Zuschauer zurück. – *Das alles ist richtig.*
Ich überlege, ob nicht, nach dem Fortreiten von Helena und Menelas, sich ein solcher göttlich heiterer Moment Aithra-Poseidon anknüpfen ließe! Ich denke nicht an mehr als 1½ Minuten, also ein Nachspielchen, das – in ganz anderem Stil – analog wäre

jenem Wiedereintreten des kleinen Mohren, dem Bücken nach dem Schnupftuch, im «Rosenkavalier».
Zu einem Duett darf es natürlich nicht mehr kommen (das wäre ja Ariadne-Bacchus noch einmal) und ein neu hinzutretender Tenor oder Bariton ganz unmöglich, sondern ein *junger schöner stummer* Poseidon, ein Aufschrei der Aithra und ein Hinsinken auf das Lager – wollüstig und göttlich, göttlich leidlos – über *all dem Menschenleid.*
Ich durchdenke es noch ganz genau und schicke Ihnen in ein paar Tagen den Entwurf. Ich muß es nur aufs Haar genau in der Einbildung erfassen, jeden Schritt, alles Mimische genauestens, damit es *stimmt.*
[...]
Herzlich Ihr *Hofmannsthal*

Lieber Dr. Strauss, Bad Aussee, 9. IX. 26
Hier ist der Entwurf für die ganz kleine Anfügung, durch welche der zweite Aktschluß gewiß viel gewinnen würde – eine sinnlich-liebliche Lösung nach so vielem sehr Ernstem, eine Entspannung nach so vielem Gespannten, und daß man wieder das Märchen fühlen würde, worin jener große Ernst wie in einen Schleier gehüllt ist; und damit die Anknüpfung an den ersten Akt. – Aber ich habe so großen Respekt vor dem Aufbau eines solchen Aktschlusses in Ihrer Phantasie, daß ich dieses Anhängserl nur mit der größten Bescheidenheit darzubringen wage. – Die Möglichkeit, dies lyrisch-sinnlich anzufügen, hängt wohl davon ab, welche Ergiebigkeit gewissen musikalischen Motiven innewohnt, die, aus früheren Momenten der beiden Akte stammend, hier nochmals aufgenommen werden müßten: ich meine alle Motive, die sich auf Meer, Wellen, spielendes Wasser, steigendes Wasser usf. beziehen. Denn an ein *Herausschreiten* des Poseidon denke ich durchaus *nicht:* dieses Motiv ist ja in der «Ariadne» mit dem Herausschreiten des Bacchus erschöpft; sondern er müßte plötzlich da-stehen, wie von schwellenden Meereswogen heraufgehoben. Vielleicht gelingt Ihrer Zauberei noch einmal eine wunderbare, kurze Wassermusik. – Die kleine

Szene schließt unmittelbar an das Unisono Helena-Menelas. Im Augenblick wo jene sich in die Sättel schwingen, fällt statt des Hauptvorhangs der Zeltvorhang vor. Man hört noch jene beiden mit den blauen Geharnischten abreiten – aber dies wäre, meinem tiefsten Gefühl nach, kein Traben wie bei Wagner, sondern wie ein Windstoß – es sind ja wie Zauberpferde, die lautlos weggleiten. Dann das Weitere, wie beiliegend.

In Freundschaft Ihr *Hofmannsthal*

Helena II. (*Schluß*)

Die Dienerinnen der Aithra haben den Zeltvorhang zugezogen. Aus dem Dunkel, wo sie gestanden, tritt Aithra in die Mitte des Zeltes.

Aithra (unmutig) (nicht zu schwer, nicht zu tragisch, sondern im Ton und Gewicht ähnlich wie der Anfang von Akt I)

«Ach – und ich?
vergessen wieder!
wieder allein!
Armselige Zauberin!
allen helfen
Deine Künste –
außer Dir selber!
Arme Aithra!»

(sie wirft sich auf ein Pfühl links, vergräbt das Gesicht in den Armen).

Wasserwogen herausschwellend. Bläuliches Licht hereindringend. Im Vorhang mittelst ist ein Spalt lautlos aufgegangen: Poseidon steht da, im Mantel, den silbernen Dreizack in der Hand, blauschwarzes Haar, ganz schön. (Ein Tänzer).

Die Dienerinnen von beiden Seiten lautlos zu ihm. Er läßt der einen den Dreizack in die Hände fallen. Er löst sich den Mantel von den Schultern, die andere fängt den zu Boden gleitenden Mantel auf. Der schöne junge Gott blickt auf die Aithra, die unmutig zuckend daliegt.

Das blaue Licht erfüllt den Raum: als wäre man ins Meer versunken.

Poseidon in drei Sprüngen zu Aithra hin; beugt sich über sie.

Aithra wirft sich herum, streckt ihm die Arme entgegen, umschlingt ihn; aus ihrer Kehle kommt ein liebendes: Ah! kein wilder Schrei, sondern taubenhaft, fast wie Lachen. Sie zieht ihn zu sich nieder.

Der Vorhang

Lieber Freund! Garmisch, 15.9.26

Soeben aus dem Engadin zurück, finde ich – dankend – Ihre beiden interessanten Briefe. Die Idee mit Poseidon ist entschieden sehr poetisch – aber dramaturgisch deshalb nicht glücklich, weil sie einer Nebenperson des Stückes am Schlusse den Hauptakzent gibt, szenische Anforderungen stellt, die meistens mißglücken, und vor allem die von mir geplante große musikalische Schlußsteigerung (wenigstens für das immerhin recht nötige große Publikum) erheblich abflauen ließe und damit die Theaterwirkung bedenklich gefährden würde. Der Mohr am Schlusse der Barock*komödie* im «Rosenkavalier» war eben doch etwas anderes, trotzdem Verdi ihn sicher auch nicht komponiert hätte. Auch die Ähnlichkeit mit dem Erscheinen des Bacchus hat, wie Sie richtig fühlen, ihr Bedenkliches.

Auf der anderen Seite würde ich das persönliche Erscheinen des Deus ex machina zur Abrundung des antiken Dramas und als hübsches stilistisches Motiv dankbar begrüßen – aber jedenfalls *vor* dem letzten Duett zwischen Helena und Menelas, nicht nachher. Ginge es nicht so, daß Poseidon mit den Gewappneten erscheint, über ihnen auf einem Felsen stehend, Aithra sich, nachdem sie ihre Mission Helena gegenüber erfüllt, in seine Arme stürzt und alle samt den Gewappneten vom Meere verschlungen werden, so daß am Schluß nur Helena, Menelas mit dem Kinde und einiger Dienerschaft bei den Pferden übrig bleiben oder an Stelle der Meergeister im Hintergrunde ein Schiff erscheint, das die Vereinten nach Sparta zurückbringt und dem sie nach beendetem Schlußgesang zuschreiten?

Dieser letzte Schlußgesang könnte (wahrscheinlich) statt vier Zeilen deren zwölf enthalten, für den Fall, daß sich die Notwendigkeit ergibt, dieses letzte Schlußduett auch etwas auszuarbeiten und schön zu steigern, bitte denken Sie darüber nach!

Können Sie Schalk für den Blödsinn, den er über «Ariadne» geschwätzt hat, nicht etwas auf die Finger klopfen?
S. Z. in Holland hatte das Vorspiel der «Ariadne» (auch in Turin) stärkere Bühnenwirkung als je in Deutschland.
Ich bin die zweite Hälfte Oktober in Berlin, wo ich mit Fürstner, den ich in St. Moritz beinahe genesen angetroffen habe, den Vertrag zu perfektionieren hoffe. «Helena» schreitet voran!
Mit herzlichen Grüßen stets Ihr *Dr. Richard Strauss*

Bad Aussee, 24. IX. 26

Ja, das ist es – den Schluß darf es nicht stören und ein Einmaliges, wie der letzte Moment des «Rosenkavalier», darf man nicht nachahmen wollen. (Und Verdi hätte auch diesen nicht *so* komponiert, ich sehe es ein!) Dann aber ist viel besser, wir bleiben bei dem Text so wie er ist. Das was Sie vorschlagen, der Deus ex machina mit hereindringenden Meereswellen und einem Schiff, das gehört zu jenen Maschinerien des Zauberstückes, für deren Anwendung uns heute (uns als Zuschauern vor allem) die naive Phantasie fehlt. Dann noch: dies auf etwas *Zuschreiten* singender Personen, welche doch, indes sie nach hinten schreiten, zugleich nach vorwärts (zum Kapellmeister) schauen und singen müssen, dies ist mir von allen fatalen Opernschlüssen der Fatalste. Ich weiß, daß Wagner ihn (im «Ring») mehrmals angewandt hat, aber ich möchte ihm, ein so großer Szeniker er war, darin gewiß nicht folgen. Dann schon lieber à la Verdi nebeneinander dastehen und ins Publikum singen! Übrigens sind manche von Verdis Schlüssen auch szenisch wunderbar, so der der «Aïda». Um das nach hinten Zu-schreiten zu vermeiden, ließ ich ja schon in der «Ariadne» das schwarze Schiff *nicht* erscheinen, sondern das Paar stehenbleiben und vom Baldachin eingehüllt werden (was ich nach wie vor für die schönste Lösung des speziellen Problems in der «Ariadne» halte). Für die «Helena» ist das Sich-Wenden der Pferde gewiß der glücklichste Schluß – ich hoffe ja sehr, aus bestimmtem Gefühl heraus, daß dies unisono der beiden relativ kurz sein kann, nicht endlos wie die Wagnerischen Schlüsse – dann kann, wenn die Musik es fordert, zuerst der

Zeltvorhang vorfallen und den nicht schönen Moment des tatsächlichen Aufsteigens in die Sättel verhüllen, sodann erst der Hauptvorhang – oder sogleich dieser, je nachdem die Musik mit großartigem Schwung jäh abbricht oder ein Nachspiel langsamer. Man muß zum Schluß auch ein schönes Bild haben und das gibt sich natürlich, wenn drei schön geschirrte Pferde dastehen, auf denen ein Regisseur wie Wallerstein zauberisch die Lichter spielen lassen kann, das goldene Kind Hermione im Sattel, die blaublitzenden Geharnischten im Umkreis. Das bietet so viel dem Auge und dem Ohr, daß dafür das Schicksal der seconda donna auch im Dunkel bleiben kann. [...]
Der Gedanke, daß die Arbeit fortschreitet, erfüllt mich mit durchwärmender Freude. – Ich habe auch eine sehr produktive Zeit!

Ihr *Hofmannsthal*

Telegramm Strauss vom 23. X. 1926 siehe Anhang S. 718

Lieber Dr. Strauss! Bad Aussee, 23. X. [1926] Abends

[...] Ich überlege, ob ich nicht rechtzeitig an Sie über «Helena» einen ähnlichen Brief schreiben soll wie seinerzeit über «Ariadne», und ob man nicht ein paar Leute (Ihrer und meiner Wahl) in den Text einweihen und darüber schreiben lassen soll? – etwa 1/2 Jahr bevor man aufs Theater geht (nicht unmittelbar vorher). Wie denken Sie darüber?

Herzlichst Ihr *Hofmannsthal*

Lieber Dr. Strauss, Rodaun, 12. XII. 1926

Heute hab ich in dem Briefband Verdis geblättert. Wie viele Erinnerungen an unsere gemeinsame Arbeit, ich meine wie viele Analogien. Zufällig schlug ich zuerst die Stelle auf, wo er sagt, daß er seit zwanzig Jahren nach dem Text für eine Buffo-Oper sucht, und daß ihm nun, wo er ihn endlich gefunden zu haben glaubt, von allen Seiten in Erinnerung gebracht wird, daß Rossini vor 40 Jahren gesagt habe, Verdi werde nie eine heitere Oper zustande bringen! Wie gleich sich doch die Welt an allen Orten und zu allen Zeiten bleibt! – Da ist es uns mit unserer Buffo-Oper doch besser gegangen. (Besser auch als ihm schließlich mit dem «Falstaff», der keine wirkliche Popularität erringen konnte.) Aber ich schreibe Ihnen auch noch einen leichten und lustigen Text – ich weiß es bestimmt. Auf das «Intermezzo» bin ich mehr als neugierig. Wallerstein, der wirklich ein kluger Mensch ist, sprach mir sehr gescheit über den einzigartigen Stil des Werkes und wie man den gerade durch Realismus herausbringen müsse und nicht durch Parodie; es schien mir durchaus einleuchtend. Daß der «Rosenkavalier» in Paris kommt, macht mir recht Spaß. Wenn sie ihn nur nicht verpatzen, vor allem sollen sie gar keinen möglichen Kapellmeister haben. Nun, der «Rosenkavalier» hat, glaub ich, seinen eigenen Schutzengel! – Ich freue mich, daß in Wien die Sachen im Ganzen nach Ihrem Wunsch geordnet sind – obwohl ich nicht glaube, daß Ihnen an diesen Sachen, oder daß Ihnen überhaupt an irgend etwas (außerhalb Ihrer Produktion) viel gelegen ist. – Ich habe die fürs Theater bestimmte Fassung des «Turm» beendet. Die Première ist in Berlin[1] im nächsten Herbst, und wohl am gleichen Abend noch in 6 oder 7 anderen Städten. Ich habe eine andere Arbeit, gleichfalls eine ernste, im Oktober angefangen, breche sie aber, vorläufig, ab und möchte dazwischen etwas sehr Leichtes machen, ein schwankartiges modernes Lustspiel.[2]

Wenn Sie einmal Lust haben, mich zu sehen, ist es mir eine Freude. Ich komme jede Woche 1 bis 2 Tage hinein.

Ich danke Ihnen *sehr*, daß Sie mir die Sache mit dem Pauschale in Ordnung gebracht haben. Ich hatte mich über Oertel geärgert, daß er seit 2 Jahren nicht selbst die Gelegenheit suchte, dies zu ordnen, sondern immer wieder, mir überließ, zu mahnen. Vielleicht hatte ich Unrecht, mich zu ärgern.

Jedenfalls, wie gesagt, danke ich Ihnen.

Immer herzlich Ihr *Hofmannsthal*

Lieber Herr Hofmannsthal! Wien, 22. 12. 26

Ich danke Ihnen für Ihr freundliches Telegramm zu »Elektra« und

[1] Die Uraufführung von «Der Turm» fand nicht in Berlin, sondern in München (Prinzregententheater) und gleichzeitig in Hamburg (Schauspielhaus) statt (4. Februar 1928).

[2] «Lucidor», zu dieser Zeit im Vaudeville-Charakter geplant.

Ihren letzten Brief, aus dem ich – ich möchte fast sagen mit Vergnügen – ersehe, daß Sie sich anscheinend nicht bewußt sind, wie sehr Sie mich mit Ihrem Schreiben nach Berlin im Oktober verstimmt hatten.
Nachdem ich noch im August Ihnen genau erklärt hatte, daß ich nur aus Rücksicht auf den schwerkranken Fürstner den Vertragsabschluß so lange hinauszuschieben bereit war, bis Fürstner ohne Gefahr für seine Gesundheit verhandlungsfähig, empfand ich es als äußerst peinlich, daß Sie mir und Fürstner mit dem Advokaten winkten, falls Sie nicht augenblicklich Ihr volles Autorenhonorar erhielten. Dasselbe ist ja inzwischen durch Fürstner an Sie ausbezahlt worden: ich kann mir nun aber die Bemerkung nicht ersparen, daß Sie kaum Grund haben dürften, sich über die materielle Seite unserer Verbindung bisher zu beklagen und daß ich wohl die Rücksicht verdient hätte, daß auch Sie sich ein wenig gedulden, wenn ich mich – nunmehr fast dreiviertel Jahre – mit dem Vertragsabschluß gedulden mußte.
So, nun haben Sie meine aufrichtige Meinung über den Fall gehört. Damit sei er aus der Welt geschafft und vergessen und ich bleibe nach wie vor mit freundlichsten Wünschen für gute Weihnachten bestens grüßend
Ihr stets aufrichtig ergebener *Dr. Richard Strauss*

Lieber Dr. Strauss, Rodaun, 27. XII [1926]
nur ein Wort in Eile (weil nämlich ein Vortrag in München, den ich zugesagt habe, und für den ich viel lesen und notieren muß, ziemlich auf mich drückt) um zu sagen, wie unendlich leid es mir tut zu sehen, daß ich Sie – allerdings völlig unabsichtlich, völlig unbewußt sogar – geärgert oder gar gekränkt habe!
Nichts – aber wirklich nichts davon war in meinen Gedanken. Es hatte mich geärgert, daß Fürstner (Oertel) mich in die Lage brachte, zu mahnen, nachdem ich schon 1924 darüber an ihn geschrieben hatte. Besonders in diesem Frühjahr, als er doch seinerseits so weit ins Detail ging, die Rektifikation meines Textbuchanteiles vorzuschlagen, hätte er seinerseits jenes andere bisher verschobene Detail (mein Pauschale) zur Sprache bringen

müssen. Aber abgesehen von dieser leichten Ungeduld über das Formale gerade gegenüber Fürstner-Oertel, die selber ziemlich formalistisch und pedantisch sind, ging nichts in mir vor, und wenn ich einen Satz schrieb, auch jeder Richter würde mir recht geben, oder so ähnlich, so meinte ich damit nichts auszudrücken als mein auch formales Gefühl im Recht zu sein – und dies schrieb ich Ihnen, damit Sie, wenn es nötig sein sollte, als mein Vertreter gegenüber jenen *fest* wären. Vielleicht war das ganz überflüssig – so verzeihen Sie es mir, und verwischen Sie bitte die Sache endgültig aus Ihrem Gedächtnis! – Als Sie dann telegraphierten «Sie brauchen nicht zu klagen» fiel mir das natürlich auf – ob es nicht als ärgerlich aufzufassen wäre. Aber so unbefangen war ich, so sicher, nicht gereizt zu haben, daß ich es gleich wieder für einen Spaß ansah.
Also nehmen Sie, mit dem herzlichen Ausdruck meines Bedauerns für *ungewollte* Kränkung, die besten Neujahrswünsche fürs ganze Haus, für Leben und Arbeit.

Ihr Hofmannsthal

1927

[…]

Lieber Dr. Strauss, Rodaun, 17. 1. 1927

Das war recht eigen für mich, einer Première einer Strausschen Oper[1] als Librettist z. D. (aber nicht a. D.!) beiwohnen zu können. Die Wärme des Erfolges, und dessen, was durch die Wärme ausgedrückt werden sollte (in Bezug auf Ihre ganze Person), hat mir eine tiefe Freude bereitet. Über das Werk selbst kann ich nach dem ersten Hören gar nichts sagen, weil mich das Ganze, Stil, Durchführung und alles, zu brennend interessiert und okkupiert hat – ich war noch nicht frei genug. Ich hätte keine Ahnung, wenn man mich fragte, wie dieses Werk unter Ihren

[1] «Intermezzo». Die Wiener Erstaufführung fand am 15. Januar 1927 statt.

Werken rangiert. Ich war auch betroffen von dem großen *Ernst* der Durchführung, ich hatte mir das Ganze weit lustspielmäßiger gedacht – und die Rolle der symphonischen Zwischenspiele nicht so gewaltig. Da ich nicht so gescheit wie die Kritiker bin, muß ich mich in etwas so Neuartiges erst durch Nachdenken und Einfühlen hineinfinden. Im Lustspielmäßigen schien mir die vorletzte Szene besonders geglückt, wo die Frau allein mit dem Dienstmädchen ist – als ernste Szene ... dann ist wohl die letzte besonders schön – den Stil des Ganzen werde ich bei mehrfachem Hören noch besser erfassen –, das Grundgefühl war bei mir halb Wehmut, halb Freude über soviel gemeinsam Geschaffenes, eine solche Reihe von Jahren stieg bei den Tönen in mir auf!
Herzlich der Ihre *Hofmannsthal*

Lieber Herr von Hofmannsthal! Wien 22. 1. 27
Ich danke Ihnen herzlich für Ihre beiden letzten freundlichen Briefe. Ich kann mir lebhaft vorstellen, daß «Intermezzo» in der Bühnendarstellung Sie überrascht hat. So harmlos und unbedeutend die Anlässe zu diesem Stück sind, so sind doch, was durch sie hervorgerufen wird, schließlich immer noch die schwersten Seelenkonflikte, die in einem Menschenherzen sich bewegen können. Dies kommt durch die Musik natürlich erst zur Wirkung. Daß Sie als mein alter Librettist dies schärfer erkannt haben als viele andere, die nur so oberflächlich hinschauen (nicht das Publikum, das immer das Richtige fühlt und das Wahrhafte erfaßt), hat mich besonders gefreut. Ich nehme an, daß auch der gut fließende, natürlich fließende Dialog dem Dichter Hofmannsthal nicht entgangen ist. Ich bedauerte, daß Sie Donnerstag nicht zu uns kommen konnten und wünsche herzlich gute Besserung als Ihr stets aufrichtig ergebener *Dr. Richard Strauss*

Lieber Dr. Strauss, Rodaun, 26. IV. 27
Fanto hat bei mir angefragt, ob ich circa 1. Mai zu einem Gespräch über die «Helena» zur Verfügung bin. Natürlich bin ich, nur bitte ich um ein Aviso 1 bis 2 Tage vorher, weil ich eventuell für einen Tag in die Wachau möchte.

Da ich mir, während Sie an einer Arbeit sind, nicht nur jede Frage nach der Nähe der Vollendung verbiete, sondern nicht einmal meine Gedanken darauf wende, so hat es mich wirklich recht bewegt, aus diesen Anzeichen zu sehen, daß der Termin, wo man diese Arbeit auf die Bühne bringen wird, in Sehweite rückt. – Dresden wäre auch mir natürlich sehr sympathisch – schon darum, weil die Urpremière in Wien speziell für mich, für den Textdichter, eine sehr entschiedene Unannehmlichkeit mit sich bringt: Korngold. Dieser mißgünstige und bösartige, dabei sehr geschickte Mensch hat sich ja ein bestimmtes System zurechtgelegt: jedes neue Werk zunächst durch einen Angriff auf den Text zu diskreditieren, während er zum Schein dem Komponisten Ehrerbietung erweist. Er weiß sehr gut, daß auf dem Theater und fürs Theaterpublikum fast alles getan ist, wenn es gelingt, den Text als langweilig, dunkel, unsympathisch usf. zu bezeichnen.
Über eine hiermit eng zusammenhängende Frage möchte ich mich gerne nächstens mit Ihnen unterhalten und Ihrem auch theaterpolitisch meist richtigen Instinkt gewisse Vorschläge unterbreiten.
Herzlich Ihr *Hofmannsthal*

Lieber Dr. Strauss, Rodaun, 6. V. 27
Ich habe jetzt 48 Stunden hingehen lassen, die Sache immer wieder überlegt, und wieder darüber geschlafen, um nur ja nicht durch einen voreiligen, vielleicht unbegründeten Widerspruch Sie zu beschweren – aber die Sache nimmt in mir immer größeres Gewicht an, heute hat sie mich sogar gegen Morgen aus dem Schlaf geweckt –, also bin ich Ihnen und der gemeinsamen Arbeit schuldig, daß ich mit aller Entschiedenheit mein Gefühl ausspreche: es geht völlig gegen Ihren Gedanken, den Da-ud von einer Frau singen zu lassen. Ich bin ja (im Unterschied von vielen anderen Leuten) gar kein grundsätzlicher Gegner dieser Geschlechtsvertauschung in einer so künstlichen, übertragenen Welt, wie das Theater ist, hab ja selbst im «Rosenkavalier» eine der größten solcher Rollen geschaffen – aber dies erscheint mir

als das Verkehrteste vom Verkehrten, ja geradezu als gefährlich für das Ganze. Warum? Weil die Entgegensetzung der Geschlechter als eine geheime Spannung in diese ganze Handlung eingebaut ist. Helena, der Frau κατ' ἐξοχήν, stehen die Männer, steht das Männliche als ein Gesamtes gegenüber. Das macht ja Menelas' tragische Situation, daß er sich von diesem Gesamten, von dieser Promiskuität, als ein Einzelner, als der Gatte, absondern will – als der Gatte Helenas! (Das ist die berühmte komische Situation, die ich ins Tragische, hart neben dem Komischen hinübergeführt habe). Wo immer Helena hingelangt, sei auch ihr Name unbekannt, sogleich sammelt sich um sie das männliche Element der Welt, zu neuen Konflikten, zu einem neu entbrennenden Trojanischen Krieg. Dies versinnlicht hier Vater und Sohn, beide sogleich für diese einzige Frau entbrennend. Und den Sohn, das junge männliche Prinzip – sollte eine Altistin singen! Eine Frau zu der Frau diese, gerade diese glühenden Jünglingsworte – nein, da stehe ich vor dem wirklich *Unmöglichen!* Fanto, seinerseits, war auch ganz konsterniert über den Gedanken. Bitte denken Sie es durch! Herzlichst der Ihre

Hofmannsthal

P.S. Fanto sagt, Sie haben einen ganz jungen Tenor: Fazzini. Wir haben hier Patacky – Anderswo wird es auch gehen, und *alles* ist besser als dieses wirklich Verwirrende und Gefährliche.

Lieber Dr. Strauss, Rodaun, 16. V. 1927

Ich schrieb Ihnen, bald nach unserer Besprechung, meine schweren Bedenken gegen die Besetzung des Da-ud mit einer Frau. Nun fange ich an zu fürchten, daß der Brief entweder nicht in Ihre Hände gekommen ist, oder – was ich aber nicht hoffen will –, daß er Sie geärgert haben könnte. Ich kann mich aber aus unserem ganzen nun fast zwanzigjährigen Verhältnis nicht erinnern, daß künstlerische Einwände oder Vorschläge von mir anders als freundlich und mit Behaglichkeit von Ihnen wären aufgenommen worden – selbst wenn ich unrecht hatte.

Nun, denke ich auch immer aufs neue die Sache durch, es bleibt in mir fest: die Funktion dieser Rolle ist eine so eminent männ-

liche im ganzen Zusammenhang der Dichtung, daß mir eine Alt-Stimme hier schlechthin unmöglich erscheint. Octavian ist möglich (schon gedeckt durch Cherubin), Adriano war zur Not auch möglich (vielleicht mehr um 1845 als heute) – Da-ud ist unmöglich.
Sie sagten mir neulich nicht, daß Sie schon so bald fortgingen, doch höre ich, die ganze Familie wäre abgereist, ich denke eventuell nach Nauheim. Hoffentlich sind Sie wohl. Hoffentlich erholt sich Ihre Gattin schnell und völlig. Die Erzählung von dem frevelhaften Bubenstreich[1] neulich und dem, was diese Frau durchzumachen hatte, erschütterte mich und bringt mich ihr immer herzlich nah, wenn ich daran denke.
Hoffentlich höre ich bald von Ihnen. Ihr *Hofmannsthal*

Lieber Herr von Hofmannsthal!

Jeschkes Grand Hotel, Bad Nauheim, 22. 5. 27

Sie haben ja recht, aber denken Sie an die kleinen Operntenöre! Ich kenne sie.
Ich habe nun Da-ud als Tenor geschrieben, gebe aber zugleich ein Arrangement an, wie die Rolle im Notfall von einem Mezzo-Sopran, z. B. Frl. Anday, gesungen werden kann.
Mit besten Grüßen Ihr stets aufrichtig ergebener

Dr. Richard Strauss

Hörte Freitag in Frankfurt eine ausgezeichnete «Ariadne» und fahre morgen wieder hin zu «Elektra»! Krauss und Wallerstein famos!

Lieber Freund! Garmisch, 16. 6. 27

Ich hörte unlängst wieder die «Meistersinger», ein unerhörtes Werk. Seitdem verläßt mich der Wunsch nicht, auch noch ein Werk dieser Art zu schreiben – leider natürlich in gehörigem Abstand. Aber immerhin so ein richtiges deutsches Werk: ein gutes Theaterstück, zugleich ein echtes deutsches Kulturdoku-

[1] Am 30. März war die Familie Strauss durch eine anonyme, telephonisch erfolgte Mitteilung, Richard Strauss habe in Dresden einen Schlaganfall erlitten, in Aufregung versetzt worden.

ment. Als bester stofflicher Hintergrund erscheint mir hierfür der uralte Gegensatz zwischen romanischer Kunst und deutscher – der sich entsprechend den drei Typen Walter, Sachs, Beckmesser in drei Repräsentanten der Musik und Poesie verkörpern müßte, wie sie etwa in drei Künstlerarten sich darstellen, die kurz:

1. den verwelschten deutschen Bohèmien,

2. den aus beiden Nationalitäten schöpfenden, deren höchster Vertreter Mozart, deren letzter bescheidener meine eigene Wenigkeit,

3. den sog. Bochetypus, etwa Marschner und sehr charakteristisch Hans Pfitzner, von den extremen Deutschnationalen als Künder der «deutschen Seele», letzter Dichter der deutschen Wald- und Wiesenromantik [gepriesen], dabei im Innersten ein schäbiger Neidnickel, der seiner Frau, die er mit Christianen und Konservatoriumsmädchen betrogen hat, am Grabe einen Nachruf in Versen hält.

Er müßte den schließlich à la Beckmesser ad absurdum geführt[en] oder schmachvoll verurteilten Intriganten des Stückes darstellen.

Motive für seine Niedertracht ergäben etwa das uns unlängst angetane Telephongespräch (mit meiner Todmeldung) oder folgende lustige Geschichte, die auch auf einem Schiff passiert ist, das zwei italienische Operngesellschaften nach Argentinien führte. Beide studierten (die eine auf dem Vorderteil des Schiffes, die andere auf der Rückseite), die gleiche Oper von Puccini, und es handelte sich darum, wer die Oper zuerst fertig studiert hatte. Die eine Partie bestach den Schiffskoch, daß er den anderen Primadonnen und Tenören Gift in die Speisen mischte, stahl der andern Klavierauszüge, die man ins Meer warf, so daß deren Impresario schließlich nur mehr einen Auszug besaß, mit dem unterm Kopfkissen er sich in die ängstlich verschlossene Kabine legte – dies nur nebenbei! Zwei Zeiten würden sich zur Abwicklung obigen Stoffproblems eignen:

a) die Minnesänger.

1. der ganz verwelschte Ulrich von Liechtenstein, mit dem sich gegenwärtig Gerhart Hauptmann beschäftigt, mit einer hüb-

schen Legende, die in Venedig beginnt und auf einem Schloß bei Bozen endigt. Südtirol wäre heute dafür überhaupt der geeignete Schauplatz!

2. Walter von der Vogelweide (Mozart, H. Sachs).

3. Ein deutscher Pedant.

Oder b) ein Milieu wie etwa Mannheim (1750) am Hofe Karl Theodors von Bayern, wo 1777[1] der junge Mozart konzertierte und wo zum ersten Male deutsche und italienische Oper aufeinanderplatzten.

Oder der Hof August des Starken, dessen Geliebte die berühmte Sängerin Faustina und Gattin des deutschen Komponisten Hasse, der italienische Opern komponierte.

Ich weiß, daß Sie diese Anregungen richtig aufnehmen. Ich habe mir jetzt aus der Staatsbibliothek folgende Bücher zum Studium kommen lassen:

Die Minnesänger von Hagen.

Das deutsche Leben im Volkslied von Rochus von Liliencron.

Fr. Walter: Geschichte des Theaters in Mannheim.

Mannheimer Geschichtsblätter.

Geschichte der Dresdner Oper von Fürstenau.

Die Faustina von Urbani de Gelthof.

Vielleicht blättern Sie auch mal darin: es wäre reizend, wenn Ihnen zu obigem Grundthema, sei es 13., sei es 18. Jahrhundert, eine schöne Fabel einfiele.

Wollen Sie sich alles durch den Kopf gehen lassen? Oder es fällt Ihnen was anderes Besseres ein: aber «Meistersinger Nr. III» müssen es sein («eine zweite Meistersinger gibt es nicht», frei nach H. von Bülow, der mich Richard III. nannte). Ich bin vom 15. Juli bis Anfang August in Bad Gastein (Hotel Astoria), vielleicht könnten wir uns dort oder in Salzburg mal Rendezvous geben und über das mir sehr am Herzen liegende Thema reden!

«Helena» ist im Herbst fertig!

Wie geht es Ihnen?

Mit schönsten Grüßen bin ich Ihr immer treu ergebener

Dr. Richard Strauss

[1] Im Original irrtümlich: 1772.

Es kann eine lange fünfstündige Oper mit Chören und Ballett werden! Ich habe jetzt Zeit und Muße und fühle noch leidlich Kraft in mir zu so einem Hauptwerk!

Lieber Herr von Hofmannsthal! Garmisch, 30. 6. 1927

Ich möchte jetzt nach der «Helena» einen kleinen Einakter schreiben – sei er heiter oder traurig – eine Art Lever de Rideau vor «Feuersnot». Haben Sie nicht hierfür eine hübsche Idee auf Lager?

Ich las unlängst die schöne Novelle: «Dunst» von Turgenjew. Entkleidet alles Beiwerkes birgt dieselbe einen Operntext. Der Konflikt zwischen Litwinow und den beiden Frauen ist äußerst poetisch, durchaus dramatisch – bitte lesen Sie dieselbe wieder und sagen Sie mir, ob Sie glauben, daraus eine kurze, höchstens zweiaktige Oper, etwa 6 bis 7 Szenen, in Depeschenstil zu erfinden.

Ich gebe anbei eine Szeneneinteilung.

I. Akt:

1. Szene. Litwinow allein, exponiert seine Lage in wenigen Worten, erste Wiederbegegnung mit Irina (inmitten ihrer Umgebung, die einmal wenigstens drastisch dem Publikum vor Augen geführt werden muß).
2. Szene. Wiederum L. und I. Fortschreiten der beiderseitigen Beziehungen unter dem Einfluß der bevorstehenden Ankunft Tatjanas.
3. Szene. L. in Zweifel und leidenschaftdurchwühlt auf seinem Zimmer. Besuch I.'s und Vereinigung. *Akt*schluß.

II. Akt:

1. Szene. Litw. und Tatj. nach deren Ankunft.
2. Szene. Ir. und Litw. nach Erhalt seines entscheidenden Briefes.
3. Szene. Abschied von Tatjana.
4. Szene. Trennung von Irina.
5. Szene. L.'s Abreise und I.'s Zusammenbruch auf dem Bahnhof. Schluß.

Ist das nicht ein gutes Szenarium?

Meine Oper dürfte natürlich nicht in Rußland spielen, Russen

kann man heute nicht mehr komponieren. Vielleicht in Karlsbad zur Zeit Kaiser Ferdinands (mit etwas Hofmilieu) oder in Kissingen unter Ludwig I. von Bayern. Ich finde den Konflikt zwischen diesen drei Menschen sehr ergreifend und sehr interessant; er würde mich sehr reizen, nur müßte der Mann etwas seiner starker Bürgerlichkeit entkleidet werden.
Könnte man einen Gesandten oder etwas derartiges aus ihm machen?
Ich bin vom 15. Juli bis 4. August in Bad Gastein (Hotel Astoria).
Ich habe Knappertsbusch empfohlen, im Münchner Residenztheater den «Bürger als Edelmann» mit Waldau zu geben! Vielleicht bohren auch Sie etwas bei Franckenstein, Waldau und dem Münchner Schauspieldirektor!
«Josephslegende» kommt zum ersten Male in Italien im März 28 auf der Mailänder Scala: ich werde selbst dirigieren!
Mit schönsten Grüßen stets Ihr *Dr. Richard Strauss*

Lieber Dr. Strauss Rodaun, 1. VII. 27

ein Einfall, eine Fabel, eine wirkliche Verknüpfung von Gestalten voll Sinn und Bedeutung zu einem Ganzen, das sich für den Komponisten brauchen läßt, ist eine große Gnade. Ich glaube nicht, daß sich eine solche durch das Hinführen auf bestimmte Lebenskonstellationen oder Epochen oder Stoffgebiete provozieren läßt – eher würde sie, fürchte ich, dadurch verscheucht werden. – Worauf der große Reiz und die große Kraft der «Meistersinger» (rein als Dichtung genommen) beruhen, wodurch sich dieses Werk noch über alle anderen Werke dieses einzigartigen Mannes heraus hebt, das ist nicht so schwer zu erkennen. Es mischen sich da freilich mehrere Elemente, und auch ein selbstbiographisches ist darunter, aber das eigentlich entscheidende Element, das alle anderen trägt, ist Nürnberg. Dieses Stadtganze, wie es in den dreißiger Jahren noch unverderbt dastand, die deutsche bürgerliche Geistes-, Gemüts- und Lebenswelt von 1500 nicht bloß widerspiegelnd, sondern wahrhaft vergegenwärtigend, das war eines der großen entscheidenden Erlebnisse der Romantik, von Tieck, Wackenroders «Herzensergießungen eines kunstliebenden Klosterbruders» mit der Dürergestalt im Hintergrund, über Arnims und E. Th. A. Hoffmann zu dem Vollender der Romantik: R. Wagner. Wie sehr es Nürnberg war, das Gewahrwerden deutschen Lebens und Wandels in diesem Stadtgebilde, das den Keim zu den «Meistersingern» in Wagners Seele legte, das erzählt er ja in der Selbstbiographie ganz genau und unvergeßlich. Sogar die nächtliche Prügelei und der Nachtwächter, der zur Ruhe überleitet, kommen in diesem wahrhaft dichterischen Erlebnis vor. Das nun gibt dieser Oper ihre unzerstörbare Wirklichkeit: daß sie eine echte geschlossene Welt wieder lebendig macht, die einmal da war, – nicht wie «Lohengrin» und «Tannhäuser» oder gar der «Ring» (der «Tristan» ist eine Sache für sich) erträumte oder erklügelte Welten, die niemals nirgends da waren. Das ist das, so zu sprechen, Homerische an den «Meistersingern», das, was sie mit «Hermann und Dorothea» in Verwandtschaft setzt und – cum grano salis – auch mit dem «Faust I» und sicher mit dem «Götz», und was sie so fest und solid und frischbleibend macht. Auch für andere Elemente dieser schönen Dichtung ist leicht der Ursprung nachzuweisen. Das Geistige, das den Hans Sachs umwittert, und das Nationale zugleich, das Repräsentative, das dankt Wagner Goethes wunderbarer Interpretation der Sachs-Gestalt in dem Gedicht «Hans Sachsens poetische Sendung». Lesen Sie es nach; es hat einen unerschöpflichen Gehalt; auch die beiden allegorischen Frauengestalten des Preisliedes finden Sie darin schon vorgebildet – die Muse, als das humanistische Element, und ihr gegenüber das schlicht-häusliche sinnennahe der Seele, in einem Weib verkörperte Wesen. Der Junker endlich unter den Handwerkern, diese schöne Kombination des Ritterlichen mit der Bürgerwelt, finden Sie entnommen aus E. Th. A. Hoffmanns schöner Novelle «Meister Martin der Küfner und seine Gesellen». Der Rest sind autobiographische Motive (der alternde, zwischen Verlangen und Resignation stehende Künstler) – das nationale Pathos ist das Geschenk eines national erhöhten Zeitmomentes (des fühlbaren *Werdens* der deutschen Einigung) - selbst eine solche pittoreske Einzelheit wie

der Beckmesser-Hanslick ist nur möglich, weil eben in den alten, zu Grund liegenden Verhältnissen die Institution des Merkers vorgebildet lag. Dergleichen kann man nicht nachmachen wollen – höchstens sich entfernt zum Vorbild dienen lassen. Entfernt zum Vorbild aber dienen die «Meistersinger» einer einzigen mir bekannten einigermaßen erfolgreichen Operndichtung: dem «Rosenkavalier».
Wie dort das Nürnberg von 1500, ist hier das theresianische Wien – eine wirkliche, darum glaubhafte ganze Stadtwelt mit hundert lebendigen Bezügen in sich: vom Faninal zum Ochs, vom Polizeikommissar und Wirt hinauf zur großen Dame, vom Palast durch die Lakaienwelt zum Bauernhof usf. usf. – der eigentliche Träger des Ganzen, und durch dieses Ganze werden die Figuren lebendig. –
Der Ulrich von Liechtenstein war mir immer eine greuliche Figur, vor der meine Phantasie flieht, anstatt sie zu suchen; zu dieser ganzen Welt des zerfallenden Mittelalters hab ich keinen Schlüssel – vielleicht hat Hauptmann einen dazu und kann aus seinem Einfall etwas für Sie Brauchbares machen.
Die Fürsten- und Musikerwelt des XVIII. aber kommt mir auch ein bißchen abgedroschen und unanziehend vor. Meine Phantasie ginge eher auf eine lustspielmäßige Atmosphäre einer viel näheren Zeit – etwa 1840 oder 1850. Aber der Einfall ist alles! –
Ich werde versuchen, über die «Helena» einen ähnlichen Brief an Sie zu schreiben wie seinerzeit über die «Ariadne», der die Leute ein bißchen *führt*.
Herzlich der Ihre *Hofmannsthal*

Lieber Dr. Strauss, Rodaun, 6. VII. 27
Bitte schicken Sie mir doch hierher den Roman[1]. Ich finde ihn nicht. – Er hat mir vor vielen Jahren sehr großen Eindruck gemacht, ich trage die Figuren davon genau im Gedächtnis, die Atmosphäre, das russisch-dumpfe Verzweifelte in der Figur Litwinows, nicht nur das Geschehen. Aber wie halten Sie für möglich, daß man die Figuren in dieser Konstellation, diese be-

[1] «Dunst» von Turgenjew.

rühmten Figuren eines der berühmtesten Romane, alle so russisch bis auf die Knochen, und so sehr 60er Jahre, so typisch unvergeßlich dies *russische* Baden-Baden der 60er Jahre, daß man das übertragen könnte, in eine andere Zeit, unter andere Verhältnisse? Litwinow zwischen den zwei Frauen ist doch so berühmt wie Raskolnikoff! – Alles an dem Konflikt wie an den Charakteren ist ja so sublim russisch! Und nur durch die engste Anlehnung an die Charaktere des Romans bekommt doch die kleine Handlung ihr Besonderes, ihr Interesse, ihre Existenz. – Wenn man also keine Russen komponieren kann oder will, so glaube ich nicht, daß man einen der berühmtesten russischen Romane des XIX. Jahrhunderts als Unterlage nehmen darf.
Aber ich werde noch überlegen, vielleicht kann ich erraten oder herausfühlen, *was* Ihnen so anziehend war. Ich glaube zu verstehen: die Einfachheit und das stark Lyrische der Situationen.
Vederemo. Ihr *Hofmannsthal*

Lieber Herr von Hofmannsthal! Sulden, 12. Juli 27
Ich wußte nicht, daß Turgenjews schöne Novelle *so* berühmt ist. Sie mögen recht haben: der russischen Umgebung entkleidet möchte der Stoff viel an Reiz verlieren, wenn auch Litwinow nicht so typisch russisch ist, wie irgend eine Dostojewskische Figur – und in jedem Lande der Welt vorkommen kann.
Ich glaube, es ist Ihnen doch recht, wenn ich immer wieder versuche, an Ihrer Phantasie anzuklopfen und Ihnen so ungefähr meine Wünsche mitteile. Vor allem möchte ich einen kleinen lyrischen Einakter machen: ein paar feine gefühlvolle Szenen, aber nicht so pflaumenweich wie Schnitzler.
Wie wäre ein glücklich verheirateter Künstler: Komponist oder Dichter, der vorübergehende Anfechtungen erleidet durch eine Sängerin oder Schauspielerin, die sein Werk musterhaft verkörpert: ich denke an d'Albert, Schillings, die die Hauptrollen ihrer neuen Opern sofort geheiratet haben – oder Gerhart Hauptmann – Orska –, der Konflikt aber in *meinem* Sinne zu lösen!
Wie gesagt, ich möchte am liebsten immer mich selber komponieren – kann mich aber leider nicht dichten.

Und so glaube ich, haben Sie auch meine erste Anregung nicht ganz richtig verstanden. Ihr schöner Brief über die «Meistersinger von Nürnberg» war mir an sich sehr erfreulich, berührte aber gerade das nicht, was ich in diesem Werke dartun wollte, sei es nun in der Minnesängerzeit oder im Barock des Karl Theodor von Mannheim – gerade das Autobiographische in meiner Idee hätte mich eben besonders gereizt: ich selbst («der Internationale»).
Zwischen Puccini und Pfitzner, dazu drei originelle Frauenfiguren, die die Fäden von Neid und Eifersucht noch mehr verwirren, das Ganze in einem schönen kulturhistorischen Milieu – ich hoffe, wir werden uns darüber noch ausführlicher unterhalten!
Wäre nicht «Achill auf Skyros» ein hübscher Einakter mit Ballett und hübschen Frauenchören? Es existiert hiervon ein Ballett von Cherubini.
Ich bin am 15. Juli bis 4. August in Bad Gastein (Hotel Astoria) und hoffe dort von Ihnen zu hören oder Sie dort oder eventuell in Salzburg zu treffen!
Mit herzlichen Grüßen Ihr *Dr. Richard Strauss*

Lieber Dr. Strauss, Rodaun, 16. VII. 27
ich habe (in Ihrem früheren Brief, den ich mit meinen Bemerkungen über die «Meistersinger» beantwortete) das, was Ihnen daran am Herzen liegt, nämlich das direkt Selbstbiographische, nicht wie Sie annehmen, «nicht verstanden» –, sondern ich habe es höflicher gefunden, anstatt zu sagen, daß ich in zufälligen Lebensumständen eines Künstlers und in seinem Kontrastieren mit anderen Zeitgenossen nichts finden kann, was meine Phantasie anregen, oder mir als «Stoff» erscheinen könnte – lieber dies indirekt anzudeuten, indem ich Sie darauf hinwies, *worin* denn der hohe Reiz der Dichtung «Meistersinger» läge, und wie wenig dies mit dem ganz bescheiden eingeflochtenen selbstbiographischen Motiv zu tun hätte. Das Selbstbiographische (vermöge des Umstandes, daß man zu solchen Stoffen viele geheime Motive in sich trägt) kann gewissen

Dichtern zum Stoff werden, immer freilich in sehr kunstvoller *Übertragung;* so der «Tasso». Die Biographie eines andern kann einem nur durch besonders merkwürdige Züge, frappierende Vorkommnisse zum Stoff werden, niemals aber durch die geheimen Interessen, die *seine* (eben jenes «anderen») Phantasie allein damit verbindet. Der angedeutete Kontrast (Strauss-Pfitzner-Puccini), um es also ganz grob und deutlich zu sagen, gibt mir als Stoff *nichts*, absolut Nichts – ja er hat sogar (noch im Gegensatz zum «Intermezzo») eine Kontra-Indikation (wie die Ärzte von gewissen Medikamenten sagen) in sich, indem er mich nämlich auf das odiose Stoffgebiet des Künstlerdramas hinüberziehen würde. Es ist aber schwer genug, glaubhafte Figuren, die Menschen sind, herzustellen, das Drama, dessen Figuren sich außerdem noch als Künstler beglaubigen sollen, ist eine odiose Form und leidlich gelingen kann sie nur als Selbstdarstellung – so der obengenannte «Tasso», oder der «Palestrina» des Pfitzner – für mich aber gibt es kein Thema, das mich weniger aufrufen würde als dieses. –

«Das Ganze in einem schönen kulturhistorischen Milieu» schreiben Sie; ja, ja, ganz gut, wenn nicht das Hinstellen dieses Milieu eben die Hauptsache wäre, und äußerst schwierig – siehe meinen vorigen Brief. – Ich habe in dem Trauerspiel «Der Turm», das ich jetzt in der fürs Theater bestimmten Fassung abgeschlossen habe – wieder einmal ein «Milieu» zu schaffen, zu imaginieren versucht, ein historisch-überhistorisches – das sind immens schwere Dinge und Ihr Sinn ist (natürlich) für die eigentlichen Schwierigkeiten *dieser* Dinge verschlossen –, Sie *können* nicht verstehen, es ist dies gar nicht möglich – warum für die (übrigens ausgezeichnet geschickten, sehr achtenswerten) Librettisten Puccinis – das einfache «Aufnehmen» eines «historischen» Milieus, «Tosca» oder «Bohème», nämlich das Herübernehmen eines solchen Milieus aus einem Roman oder einem Sardouschen Stück, gar nicht schwierig (und dabei ganz erlaubt, ganz legitim) ist und für mich, der ich eben von meiner Natur genötigt bin (von meiner Natur, nicht von irgendwelchem Hochmut) etwas Ganzes hervorzubringen – für mich sind das sehr kom-

plizierte, schwere Aufgaben, die nur unter besonderen Umständen gelingen können.
Also nochmals: in solchen biographischen Motiven liegt nichts, was mich anziehen könnte, nichts was meine Phantasie in Gang bringen könnte. Ich sehe da einen «Stoff» für Ihren Biographen, für den Musikhistoriker, nicht für mich. So gern ich Sie sehe, mit Ihnen was immer bespreche, und wo immer – dieses Thema wäre *unergiebig*. Durch Überredung kann man meine Phantasie nicht anregen; da wird sie bocksteif und tückisch.
Der angedeutete Einakter, «ein Künstler, der sich in eine Schauspielerin verliebt», das ist alles – und nichts. Ebenso könnte ich mit den Fingerknöcheln auf eine Tischplatte einen Rhythmus klopfen und Ihnen sagen: Da haben Sie das thematische Material für eine Symphonie. Ja, ja – eventuell liegt auch im Knarren eines Wagenrades ein Hauptthema verborgen – aber nur für den, der es schon in sich trägt.
Ergiebiger war die Hindeutung auf den Turgenjewschen Roman, mit dem suggestiven Wort «in Telegrammstil». Man müßte eine Form finden, zu *sagen*, nicht *zu verheimlichen*, daß man durch diesen Roman angeregt war. Aber das ganze Thema hat eben so sehr das russische Gepräge (das russisch-mondäne, speziell Turgenjewsche) und das Gepräge von etwa 1860! Freilich, gerade dieses Kostüm wäre mir reizvoll. Vielleicht liegt in diesem Hinweis doch der Keim für etwas Mögliches! – «Achilles auf Skyros» ist auch ein hübscher Gedanke, der mich vor Jahren (im Hinblick auf Nijinsky) beschäftigt hat.[1]
Aber erlebt man denn mit Balletten besondere Freude? Finden Sie das? Herzlich Ihr *Hofmannsthal*

Lieber Dr. Strauss, Rodaun, 17. VII. 27

Sie schrieben mir unter dem starken Eindruck von Turgenjews «Dunst». Es interessierte mich sehr. Ich verstehe genau, was Ihnen vorschwebt – eine Oper mit sehr wenig Figuren, im

[1] Hofmannsthal hatte (anonym) damals bereits ein Ballettszenarium «Achilles auf Skyros» geschrieben, das 1925 von Egon Wellesz komponiert worden ist. Vgl. Gesammelte Werke, Dramen IV.

Telegraphenstil – die Figuren durch eine erotische Handlung sehr einfacher Art verkettet. Natürlich ist das für eine Oper das beste. Aber: indem Sie gerade den Roman gelesen hatten, standen die Figuren sehr lebendig vor Ihnen, wie persönliche Bekannte. Das Problem ist, wie gibt man auf der Bühne den Figuren einigermaßen Physiognomie – bei einem Minimum von Text? – Figuren fast ohne Gesicht, als bloße Träger des Lyrisch-Sentimentalen, verträgt das *deutsche* Publikum nicht. Da liegt die Schwierigkeit: Aber vielleicht ist sie im dichten Anschluß an den Roman – ohne das geht es gewiß nicht, also kein Wegverlegen – zu lösen –, der *Stil* würde mir schon vorschweben. Aber ich habe das Buch nicht zur Hand, und niemand, der mirs leihen könnte, und bat Sie darum vor 8 bis 10 Tagen, mir doch den Band gleich zu schicken. Es ist aber nichts erfolgt. – Ich fahre übermorgen für einige Zeit nach Südtirol, Mendel, Campiglio und bin 2. VIII. in Salzburg, Österr. Hof. Vielleicht lassen Sie mich dort das Buch finden. Herzlich Ihr

Hofmannsthal

Lieber Herr von Hofmannsthal! Garmisch, 20. 9. 27

Ich lese, daß Sie ein «Wiener Volkstheater» in der Arbeit haben! Wäre dies nicht auch mal ein Operntext oder ein Singspiel mit Musik (und Kasperltheater), oder auch gesprochenes Volksstück mit musikalischen Einlagen und Ballett à la Molière?

Ich bin in acht Tagen mit der Partitur der «Helena» fertig[1], der Schluß wird nach langem Zögern, Verwerfen, Neuschaffen – Umarbeiten und all den angenehmen selbstkritischen Geburtswehen nun endlich sehr schön, brillant und doch einfach –, die Uraufführung möchte ich nun doch – statt am 1. Oktober 28, schon am 23. Juni in Dresden stattfinden lassen[2]. Dr. Reucker will schon längst alljährlich Ende Juni bis Anfang Juli Dresdner Festspiele arrangieren, die sich sehr stark auf meine Werke stützen und hauptsächlich auf internationales Publikum basiert sein

[1] Die Partitur der «Ägyptischen Helena» wurde am 8. Oktober 1927 beendet.

[2] Die Uraufführung der «Ägyptischen Helena» fand am 6. Juni 1928 in Dresden statt.

sollen, das sich gerade vor Sommerferienbeginn mit Vorliebe in Dresden sammelt.
Zur Einweihung solcher Festspiele braucht er ein besonders prägnantes Stück wie die «Helena», und rechnet fest damit, daß dieselbe vom 23. Juni bis 4. Juli sechs, und bis Anfang Oktober 12 bis 15 ausverkaufte Häuser mit erhöhten Preisen hinter sich hat, bevor die anderen Theater nach den Ferien sich an das Werk heranmachen und Berlin etwa im Oktober die 2. Première loslassen kann.
Dresden würde somit ein halbes Jahr diese Festspiele zu *Ehren des 50jährigen Jubiläums der dortigen* Oper in der ganzen Welt annoncieren, der Staat Sachsen hat dafür bereits *unbeschränkte Mittel* für die dekorative Ausstattung bewilligt, was für eine landläufige Repertoireaufführung im Oktober nur in beschränkteren Maßen gegeben würde – kurz, alle diese Vorteile haben so mancherlei Bedenken, die nach bisherigen Theaterusancen gegen eine solche Sommerpremière (auch bei Fürstner) sprechen, so weit besiegt, daß ich Reuckers Vorschlag zuzustimmen entschlossen bin, wenn Sie selbst keinen Einspruch erheben. Ich erbitte hierzu ein kurzes Telegramm.
Die Strausswoche in Frankfurt, schließend mit «Frau ohne Schatten» am 28. August, war ein großer Erfolg: sechs ausverkaufte Häuser! –
Aber jetzt habe ich nichts mehr zu arbeiten: total abgebrannt!
Also bitte: dichten Sie! Es darf sogar ein «zweiter Rosenkavalier» sein, wenn Ihnen nichts Besseres einfällt.
Schlimmstenfalls eine kleine Zwischenarbeit – ein Einakter – eine Handgelenksübung – Öl zur Verhinderung des Einrostens der Phantasie.
Mit schönsten Grüßen Ihr stets aufrichtig ergebener

Dr. Richard Strauss

Bad Aussee, 29. September 27
Ihr Brief kam leider verspätet über Rodaun!

Lieber Dr. Strauss,

Ich habe ein paar Wochen lang keinen einzigen Brief geschrieben. Manchmal muß ich das tun, um mich zu erholen. Aber ich vergesse doch darüber nicht Ihre Lage, Ihre Schwierigkeit, in der Produktion von einem Text abzuhängen – wie könnte ich das. Es ist nun zwanzig Jahre her, daß wir miteinander arbeiten, das bedeutet doch etwas im Leben.

Aber, lieber Freund, ich bin eben allmählich auch ein älterer und schwieriger Mensch geworden. Ohne Einfall bringe ich nichts vor mich – und der Einfall ist eine Gnade. Aber freilich, ich habe Einfälle genug, im Augenblick bedrängt mich das «Zugleich» eines tragischen und eines Lustspieleinfalles – aber wie besonders muß das sein, was sich für Musik eignet. Als sich vor drei, nein schon vor vier Jahren der lange gehegte Einfall, die Rückkehr der Helena von Troja darzustellen, zu einer Handlung verdichtete, von der ich fühlte, es ließe sich ihr eine Oper abgewinnen, hatte ich wirklich eine selbstlose reine Freude, indem ich an Sie dachte! Nun liegt dies auch, soweit es aufs Schaffen ankommt, schon hinter uns.

Der Augenblick jetzt, wo mich produktive Stimmung fast etwas zu scharf für die Nerven anpackt, ist günstig – vielleicht kann ich irgend einem Einfall die Wendung geben. Sie schrieben einmal: «im Telegraphenstil» – bei einem guten Stoff ist das ein glückliches suggestives Wort. Aber ich kann Ihnen nichts so *hin schreiben* – der Tag, wo ich es könnte, wäre verflucht, und auf Ihrer Arbeit wäre auch kein Segen.

Das ist freilich ein gutes Lustspielmotiv, das mit dem «Zwischengatten», dem zum Schein einer schönen Frau angetrauten, der dann auf seinen Rechten besteht. Ich glaube, man nennt einen solchen Stellvertreter, der sich zur Scheinehe hergibt, arabisch einen Hullah, und unter diesem Titel hat jemand ein deutsches Stück daraus gemacht. Aber auch in Paris spielend, mit einem aristokratischen Rastaquère als Scheingatte, unter einem Titel, auf den ich mich nicht besinnen kann, war es vor 20 bis 25 [Jah-

ren] ein ungeheuer viel gespielter französischer Schwank – und in Operetten hat man das Motiv auch schon benützt, mehrfach!
So stark ist meine Sorge um Sie, daß ich im Sommer mit dem größten Ernst auf Beer-Hofmann einredete, doch aus seinem Vorrat an Stoffen und Szenarien einen anzupacken, der sich für Musik eignete – aber er sagte, er habe nichts. Daß in dem ganzen Deutschland kein Mensch da ist, zu dessen Feder man soviel Zutrauen haben könnte!
Das Folgende wird Sie amüsieren: Daß eine Münchner Persönlichkeit mich seit zwei Jahren verfolgt, ich müsse eine Oper für Pfitzner machen, ich sei der einzige, gerade *das* brauche er usf., und aus aller Macht sollte eine Begegnung in Salzburg herbeigeführt werden. Ich schrieb höflich, aber sehr entschieden, daß ich für Begegnungen keine Zeit hätte, und wenn mir eine Oper einfiele, so würde ich sie für Sie machen. Aber bitte sprechen Sie *nicht* darüber.
Lieber Freund, die Premiere Ende Juni in Dresden, als Mittelpunkt eines Festes, finde ich ganz ausgezeichnet, den Zeitpunkt, die Form, alles, ausgezeichnet, bin sehr froh darüber. – Es gehört schon die phantasielose Angstmeierei Fürstners dazu, um dagegen Bedenken zu haben. – Aber, lieber Dr. Strauss, ich habe einige Sorgen, vor allem das Dekorative betreffend. Darüber schreib ich Ihnen dieser Tage. Für heute aber nur eines: die Lehmann, das Prototyp des Bürgerlich-braven für die Helena. Das wäre eine ärgere Fehlbesetzung als der Ochs des Perron. Ein unmöglicher Ochs aber konnte die Oper nicht umbringen, eine unmögliche Helena bringt *diese* Oper um! Und ich höre (von anscheinend verläßlicher Seite), daß die Jeritza, die doch die *geborene* Darstellerin der Rolle, dieses Jahr schon Ende März zurückkommt und nach einer *neuen* Rolle schmachtet. Es wäre doch wahnsinnig, nicht das Äußerste zu versuchen, um sie zu bekommen.

Ihr *Hofmannsthal*

Lieber Dr. Strauss, Bad Aussee, 1. X. 27

Die Sache geht mir sehr nahe. Ich habe gestern den ganzen Abend nachgedacht, und sehe einen (hoffentlich) gangbaren

Weg, wenn Sie *ein bißchen* Geduld haben können. – Ich habe vor zwei Jahren mich mit einem Lustspiel beschäftigt, Notizen gemacht, ein Szenar entworfen, und dann die Arbeit wieder weggelegt. Es hieß: «Der Fiaker als Graf». (Bitte behalten Sie den Namen für sich). Es war ein recht reizvoller Stoff, aber er langte mir schließlich nicht ganz für das Kostüm der Gegenwart. Die Verhältnisse darin waren noch in meiner Jugend völlig wahr (solange der Hof und die Aristokratie in Wien alles waren) – heute müßte man es zurückverlegen –, ich dachte an 1880, aber man könnte auch sogar 1860 – ich überlegte hin und her, darüber fing ein anderer Stoff, ein ernster, mich zu interessieren an, und ich legte den Entwurf in eine Lade zu vielen anderen. Gestern abend fiel mir ein, daß sich das Lustspiel *vielleicht* für Musik machen ließe, mit einem leichten Text, in der Hauptsache im Telegraphenstil. Der erste Akt, soweit ich ihn im Gedächtnis habe – wird gehen; der zweite wird sich besonders eignen: er spielt in einem Ball-Lokal und bietet reizende Möglichkeiten. Den dritten hab ich nicht mehr recht im Kopf. Gestern nun fiel mir zum ersten Mal plötzlich ein, daß das Ganze wirklich einen Hauch vom «Rosenkavalier» in sich hat, eine sehr reizende Frauenfigur in der Mitte, rund um sie meist junge Männer, auch etliche Episoden – keinerlei äußere Verwandtschaft oder Ähnlichkeit mit dem «Rosenkavalier», aber eine innere Verwandtschaft. Aber – ich kann Ihnen unmöglich vor dem Jänner etwas davon geben oder auch nur erzählen. Ich muß mir einmal die irgendwo in Rodaun vergrabenen Notizen kommen lassen und dann in mir das Szenarium für eine leichte Oper (im Stil des «Rosenkavalier», aber noch leichter, noch französischer, wenn ich mich so ausdrücken darf – noch ferner von Wagner) ausbilden. Gefällt Ihnen das Szenar, und gefällt es mir selbst, dann wird es keine Kunst sein, den ersten Akt zu textieren; denn der Stil, worin der Text zu halten, schwebt mir vor, und Sie wissen, wie wichtig das ist, wenn man sich die erste Zeile (oder die ersten Takte) vorstellen kann. Also, wenn Sie soviel Geduld aufbringen, so schöpfe ich Hoffnung!

Herzlich der Ihre *Hofmannsthal*

P. S. Ich weiß gar nicht, wie es mit Fanto steht! – Überhaupt ist mir diese Sache (das Dekorative) in diesem Fall ängstlich. Einen «Rosenkavalier», ein «Intermezzo», ob da das Schlafzimmer der Marschallin oder das Eßzimmer der Kapellmeistersfrau ein bißl besser oder bißl schlechter aussieht, ist für das Schicksal der Oper ganz egal. Aber dieses antike Märchen, wo alles auf Phantasie ankommt, man vom griechischen Stil gerade nur einen Anhauch spüren darf, dazu gehört ein sehr besonderes Talent. Sie gaben mir keine Möglichkeit, mich zu äußern, indem Sie mich vor Fanto fragten, ob ich es ihm anvertrauen wollte – nun: wegnehmen kann man es ihm natürlich nicht, aber falls er noch nicht so wohl ist, etwa geschont werden soll, so kämen zwei Künstler unbedingt in Betracht: niemals Roller, der solchen Phantasiesachen ganz hilflos gegenübersteht, aber Aravantinos und Strnad. – Ich sehe es in Salzburg immer wieder, wie viel für das internationale Element im Publikum das Dekorative bedeutet – bitte unterschätzen Sie das nicht! Das mit dem Wiener Welttheater ist eine Verwechslung. Es handelt sich um Aufführungen meines «Salzburger Welttheaters» in Wien.
Herzlich Ihr *Hofmannsthal*

Lieber Freund! Garmisch, 3. 10. 27
Schönsten Dank für Ihre beiden so aussichtsreichen Briefe! Natürlich warte ich – *so* eilig habe ich es nicht! Wegen Jeritza, die natürlich die Einzige ist, habe ich an Schneiderhan geschrieben und um seine Vermittlung gebeten. Wenn Sie nach Wien kommen, sprechen Sie bitte mit ihm darüber!
Fanto ist noch in Arosa: ich habe ihm beiliegenden Brief geschrieben! Meinen Sie nicht, wir wollen abwarten, was er an Entwürfen uns vorlegen kann? Sie zu verwerfen, ist schließlich immer noch Zeit, wenn ich Ende November in Dresden bin. Könnten Sie dazu nicht auch auf einen Tag nach Dresden kommen? Ich fühle mich hierin zur endgültigen Entscheidung nicht kompetent genug!
«Helena» wird in den nächsten Tagen fertig!
Mit herzlichen Grüßen und schönsten Wünschen für fröhliche

Herbstarbeit Ihr stets aufrichtig ergebener *Dr. Richard Strauss*
Eine schönere Anerkennung als Pfitzners Textbegehren können Sie sich nicht wünschen! Das wiegt hundert schlechte Kritiken auf! Ich freue mich darüber am meisten!

Lieber Dr. Strauss, Bad Aussee, 13. X. 27

Sie werden mir erlauben, meiner Frau zu diktieren, da ich nach der Arbeit ein wenig müde bin.

Ich möchte ein paar Worte über diese Sache der Ausstattung der «Helena» in Dresden sagen. Wenn ich es übrigens irgendwie mit meiner Arbeit vereinigen kann, so werde ich gleichzeitig mit Ihnen für einen Tag nach Dresden kommen. Im anderen Fall müßte ich die Entwürfe hierher bekommen und würde mich eingehend und ganz aufrichtig darüber äußern. Denn dies ist eine Sache, für die nur ich kompetent bin, in diesem Fall viel mehr als in einem anderen, nämlich, weil ein ziemlich hohes Maß einer bestimmten Art, sowohl von Bildung als auch von Phantasie, dazu gehört, um über Dekorationen zu entscheiden, für die es gar keine Anlehnung an Historisches gibt. Ich habe Fanto seinerzeit auf ein bestimmtes Werk von Bakst hingewiesen, damit er sich einigermaßen, natürlich in Freiheit, daran halte. Das wird durch seine Krankheit vereitelt worden sein, denn das Buch ist sehr umfangreich und nur auf öffentlichen Bibliotheken vorhanden. Nun, wir werden ja sehen.

Es ist natürlich prinzipiell ganz gut, daß Sie darauf bestehen, daß für die Aufführung außerordentliche Mittel zur Verfügung gestellt werden, schon um gegebenenfalls die Jeritza gewinnen zu können, ist das gut. Aber, um das unter uns klarzustellen, die «Helena» ist keine Oper, zu deren Ausstattung es vor allem auf Geld ankommt, wie etwa «Boris Godunow» oder «Turandot». Es sind ja niemals viele Figuren auf der Bühne, außer allenfalls in den letzten zehn Minuten, und auch da kommt alles viel mehr auf geistreich erfundene Figurinen und auf die Beleuchtung an, als auf kostbaren Stoff, aber Geist gehört zu der Geschichte, etwas mehr Raffinement, als für die durchschnittlichen Ausstattungsopern. Die erste Dekoration, wo das Zauberische gar nicht bunt sein darf, aber elegant, ein bißchen pariserisch (aber ich denke dabei an die Pariser Schneidersalons, nicht an die dortige Oper), muß mit richtigen Witzen des Dekorateurs, der zugleich ein raffinierter Beleuchter sein muß, gemacht werden, sonst kommt gar nichts heraus. Mit Prunk ist da nichts zu machen, nur mit Talent!

Was die Kostüme anlangt, namentlich der Helena und Aithra, so muß das Raffinement darin liegen, daß es keine öden antiken Fetzen sein dürfen, sondern in erstaunlicher Weise modernen Abendkostümen angenähert. Man wird, wie ich aus der «Vogue» entnehme, in diesem Winter wieder sehr viel solche glitzernde Gold- und Silberstoffe tragen. Aus dergleichen muß die Garderobe der Aithra zusammengesetzt sein. Vielleicht hat Fanto ganz viel Chic in solchen Sachen. Jedenfalls wird er leicht darauf zu bringen sein. Er ist ja liebenswürdig und lenksam. Man muß halt hier in allen Punkten sein Bestes tun, und ich schließe mich völlig dem Wort an, daß wir «bei der nächsten Uraufführung ganz besonders vorsichtig zu Werke gehen wollen».

Mit herzlichen Grüßen stets der Ihre *Hofmannsthal*

Lieber Freund! Garmisch, 15. 10. 27

Es ist selbstverständlich, daß Sie die ausschließliche Entscheidung über Dekorationen und Kostüme der «Helena» haben sollen, darum habe ich Sie ja gebeten, nach Dresden zu kommen.

Inzwischen hielte ich es, besonders bei der Mentalität Dr. Reukkers, doch für richtig, mich einigermaßen zu versichern, daß die Mittel, die nötig sind, auch zur Verfügung stehen. Nach Ihrem Briefe hielt[e] ich es aber doch für gut, daß Sie mit Professor Fanto (Arosa) neuerdings in Verbindung treten und ihn noch eingehender auf all das hinweisen, was Sie mir über Ihre Wünsche mitgeteilt haben. Wenn er Ihnen dann in Dresden Dinge zeigt, die Ihnen nicht entsprechen, ist kostbare Zeit verloren. Aber ich glaube, Geschmack, und sogar mondänen, hat Fanto mehr als die sonstigen Theaterkostümiers, ist auch in Altchina gut bewandert, und ich hoffe von ihm das beste, wenn Sie sich eingehend mit ihm befassen.

Herr Schneiderhan teilte mir mit, daß Frau Jeritza prinzipiell bereit sei, die Helena zu kreieren und knüpft daran die Hoffnung, daß die Uraufführung in Wien stattfinden müsse, da Dresden schon der Statuten des Deutschen Bühnenvereins wegen ihr Honorar nicht bezahlen dürfe und könne. Daß die Uraufführung in Wien so gut wie ausgeschlossen sei, habe ich Schneiderhan bereits eingehend auseinandergesetzt. Immerhin habe ich Reucker damit gedroht, und Fürstner unterhandelt deshalb bereits mit dem Bühnenverein und Reucker. Was halten *Sie* für das kleinere Übel?
1. Dresden ohne Jeritza (wenn es eben gar nicht zu machen ist)
2. oder Wien mit Jeritza?
Ich das erstere: Dresden mit Frau Schenker-Angerer im Juni, Wien mit Jeritza im September, nach ihr Frau Schenker, wenn sie in Dresden die Rolle kreiert hat.
Ich bin kolossal gespannt auf den angekündigten «Fiaker als Graf» und jederzeit dankbar, wenn Sie mir davon schon etwas verraten können, vielleicht schon in Dresden?
Ich dirigiere am 23. Oktober in Stuttgart die «Frau ohne Schatten», ebenso am 4. Dezember in Dresden!
Mit schönsten Grüßen stets Ihr *Dr. Richard Strauss*

Die übrige Dresdner Woche enthält: 27. November «Rosenkavalier», 29. November «Elektra»!

Lieber Freund! Garmisch, 25. 10. 27
Aus beiliegendem Briefe mögen Sie ersehen, daß Jeritza-Dresden auf unüberwindliche Schwierigkeiten stößt.
In Stuttgart, wo ich Sonntag eine musikalisch ebenso glänzende wie szenisch trostlose «Frau ohne Schatten» dirigierte (der verfluchte Krieg hat fast überall die Dekorationen dieser «Ausstattungsoper» auf dem Gewissen und wir können uns hierin nur auf eine bessere Zukunft vertrösten), – besuchte mich Reucker und schlug mir für die Uraufführung die ausgezeichnete Rethberg als Helena vor. Sie sang damals eine prächtige Kaiserin, ist jetzt in New York neben Jeritza der große Star und wird jetzt

wieder zu Dresden in ein ähnliches Verhältnis treten wie Jeritza zu Wien. Da ich eine Gewinnung der Jeritza für aussichtslos halte, habe ich mich nun definitiv zu Rethberg entschlossen, deren etwas bürgerliches Exterieur sich in Amerika «wesentlich verbessert» hat, sie ist nicht so groß wie Frau Jeritza, paßt in Folge dessen immerhin besser zu dem kleinen Taucher-Menelas, genießt großes internationales Renommé und gilt allgemein heute als beste deutsche Sängerin mit der herrlichsten Stimme und vollendeter Gesangskunst. Sie will mich in den nächsten Tagen besuchen, um mich persönlich von ihrem «mondänen» Aussehen zu überzeugen –, ich glaube, wir finden unter den gegebenen Umständen nichts Besseres: zudem ist sie eine «Dräsdnerin» und wird auch im Herbst die Rolle weitersingen.
Jeritza kann dann, wenn sie wirklich will, die Rolle in Wien im September kreieren und mit Rethberg in New York alternieren.
Ich hoffe Sie einverstanden und grüße Sie herzlichst als
Ihr getreuer *Dr. Richard Strauss*

Lieber Herr von Hofmannsthal! Garmisch, 27. 10. 1927
Ihr Telegramm[1] hat mich weidlich erschreckt: aber ich fürchte, der Fall Jeritza ist hoffnungslos. Lesen Sie Fürstners sehr vorsichtig gehaltenen Brief nochmals aufmerksam, und Sie werden wie ich erkennen, daß Jeritza nicht in Dresden und wahrscheinlich nicht einmal in Wien, das sich inzwischen der Konvention des Bühnenvereins angeschlossen hat, singen wird und kann. Sie hatte vorigen Sommer in Berlin 12000 M pro Abend verlangt; das Gastspiel kam infolge Einspruchs des Bühnenvereins nicht zustande. Wenn sie jetzt in Dresden für *nur* 6000 M singen würde (Schneiderhan schrieb mir, daß sie zuletzt in Wien 1500 Dollar verlangt und auch annähernd bekommen habe), würde Berlin rebellieren! Nun bietet Reucker nach den Statuten des Bühnenvereins 1000 M (womit sich jetzt auch Leute wie Bohnen, Lehmann bescheiden) und 200 M pro Probe, wie soll man da annähernd auf 6000 M kommen! Nein, es ist unmöglich und wir müssen (da Sie schreiben, lieber Dresden ohne

[1] Nicht vorhanden.

Jeritza, als Wiener Uraufführung mit Jeritza, und Sie haben ganz recht) uns eben ohne Jeritza behelfen!
Und da ist eben doch Frau Rethberg die Beste: Frau Schenker an Reife, schöner Stimme und Gesangskunst überlegen – Sie kennen sie, wie ich, nur von der Zeit bevor sie nach Amerika ging, und sie soll sich – nach Reucker – dort wesentlich zu ihrem Vorteil verändert haben, mondäner und hübscher geworden, sie hat großen internationalen Ruf, und ist endlich doch eine Dresdnerin, die man akzeptieren kann, wenn sie auch nicht alle Helena-Wünsche erfüllen wird. Nach dem, was ich zuletzt von der Jeritza hörte, ist es auch nicht sicher, ob sie außer Erscheinung und Bühnentalent nicht auch so manchen anderen Wunsch unerfüllt lassen wird.
Und selbst wenn ich jetzt langwierig weiterverhandelte und es scheitert schließlich doch, haben wir uns zwischen zwei Stühle gesetzt. Denn Frau Rethberg muß jetzt, wenn sie im Juni zur Verfügung stehen soll, sofort eine südamerikanische Tournee rückgängig machen.
Einen Gast zur Première nach Dresden zu laden, hat bis jetzt noch immer soviel Mißhelligkeiten im Gefolge gehabt, daß die Chance, endlich mal wieder eine den Dresdnern genehme und dort engagierte Sängerin zu haben, manches andere kleine Übel aufwiegt. Rethberg war damals in Dresden in der «Frau ohne Schatten» als Kaiserin die einzige, die auf der Höhe der Aufgabe stand.
Jedenfalls werde ich sie in wenigen Tagen selbst sehen, und wenn sie Ihren Intentionen gar nicht entsprechend scheint, kann ich immer noch zurücktreten. Ich fürchte, wir werden noch viele Nicht-Helenas zu Gesicht bekommen und hoffe, das Werk wird siegen, wie s. Z. «Salome» trotz der Tante Wittich gesiegt hat.
Immerhin werde ich Reucker bitten, bei Jeritza einmal anzufragen, damit nichts unversucht bleibt.
Die schönsten Grüße Ihr *Dr. Richard Strauss*

Lieber Dr. Strauss! [Bad Aussee, 27. X. 1927]

Ich bin wie vor den Kopf geschlagen über Ihren Brief. Wie soll ich das vereinen? Sie wollen, daß ich wieder für Sie arbeite und gleichzeitig tun Sie mir etwas, was mir überhaupt das Ekelhafteste ist, das mir passieren kann. Sie müssen doch, trotzdem wir uns so lange kennen und es so freundlich gegeneinander meinen, gar nicht wissen, was eigentlich die Dinge sind, die mir an unserer Kollaboration Freude machen und was die gegenteiligen Dinge. Ich glaube, es gibt niemanden, der mich so wenig kennt.

Ich erinnere mich so genau, mit welcher Energie Sie damals vor 16 Jahren in Dresden sich mit mir gemeinsam gegen einen unmöglichen Darsteller des Ochs einsetzten. Aber dieser Darsteller konnte den «Rosenkavalier» nicht umbringen, aber die Helena mit einer reizlosen Helena ist eben *hin*, bombensicher ist diese Oper nicht, das weiß ich ganz genau, aber sie hat große Chancen eines vollen richtigen Theatererfolges, wenn die Elemente des Schauspielerischen mit dem Musikalischen zusammengehen. Nicht auf das Gesicht der Darstellerin kommt es an; eine sehr hübsche Puppe kann eine miserable Helena sein. Auch nicht darauf, ob die Frau Rethberg jetzt eine bessere Schneiderin hat und «mondäner» aussieht (was deutsche Theaterleute mondän nennen, ist schon was Übles), sondern alles kommt auf den Zauber an, der vom Mimischen ausgeht, also von einer spezifisch weiblichen schauspielerischen Begabung. Frau Rethberg mag singen wie sie will, davon verstehe ich nichts, was ich weiß, ist, daß sie eine untermittelmäßige Darstellerin ist, und damit ist die Helena hin, einfach hin (die Isolde wäre damit nicht hin, das kann man mit der Stimme machen und mit einem gewissen angelernten «Stil», aber nicht eine einzige Szene der Helena kann man mit Opernstil spielen). Der Brief Fürstners zeigt doch gar nicht, daß die Sache unmöglich ist, sondern nur, daß man sie geschickt und subtil behandeln muß. Wenn man aber die Jeritza nicht haben kann, so ist eine Person da, nämlich die Schenker, die mit einer immer schöner werdenden Stimme eine wirklich darstellerische Begabung vereinigt.

Aber aufs Bequeme darf man natürlich nicht ausgehen. Alles künstlerisch Höhere ist unbequem zu erreichen.
Ich hoffe, daß nichts definitiv ist, und da ja beim Theater ein gewisses Maß von Ärger immer mitlaufen muß, so nehme ich dieses als ein solches Intermezzo hin.
Herzlich Ihr *Hofmannsthal*

Lieber Dr. Strauss, Bad Aussee, 28. X. 27
ich glaube, ich schrieb gestern ein bißchen grob und heftig. Verzeihen Sie das! aber es geht ja wirklich bei dieser Sache um Leben und Sterben! Ein primärer Dramatiker wie Schiller oder Sardou bin ich nicht, wäre ich das, dann wären Sie aus dem Wasser (– oder vielleicht hätte es mich dann nie interessiert, für Musik zu schreiben und wir wären nie zusammengekommen!) – aber ohne dramatische Erfindung ist die «Helena» nicht –, aber sie ist angewiesen auf Darstellung, nicht auf bloßes Singen! Schönheit hin oder her, was unerträglich ist, ist die öde Reizlosigkeit des Darstellerischen bei einer solchen Person, die schauspielerische Nullität. Damit kann man irgendeine Provinzpremière bestreiten, aber nicht die Urpremière, von der alles abhängt. Dabei läuft noch so nebenher, daß vielleicht der Tenor darstellerisch auch sehr schwach ist, Tenöre sind es gewöhnlich, aber er allein wird das Werk nicht ruinieren, aber mit einer schauspielerisch insipiden Helena, deren Gebärden akzentlos und womöglich reizlos sind, wie die einer Nemeth, einer Vera Schwarz, einer Lehmann oder von hundert anderen – was kann da werden als ein Durchfall in der höflichen Form einer «Ovation» für den großen Komponisten, so wie es bei Hauptmann nun seit 20 Jahren von Première zu Première geht.
Wenn es noch Seebach gewesen wäre, dessen Vorschlag Sie akzeptiert hätten, aber Reucker, dieser komplett ahnungslose Heuochs! – Ich habe den Brief von Fürstner dreimal durchgelesen – da ist doch nicht der geringste Grund, die Flinte ins Korn zu werfen! Warum hat denn dieser Schneiderhan mit der Jeritza nicht präzis verhandelt?! Man weiß doch nicht einmal, was die *für diesen Fall* verlangen würde! Meinetwegen soll sie zweimal

singen und die Rethberg zweimal, das wird es sich doch mit Reisekosten und Diäten arrangieren lassen; und für sie ist doch dieses Dresdener Auftreten eine Art Generalprobe für Wien, mit dem gleichen Aufwand an Studium erreicht.
Wie kann man nur einer so *vitalen* Sache so billig nachgeben! Denken Sie nur, wie Wagner gerade um das, um die *Darsteller*, um die schauspielerische Eignung einer Sängerin gerungen hat. Ist Ihnen denn wirklich das Theatergeschick Ihrer Arbeiten so gleichgültig?
Wir haben allerlei Experimente zusammen gemacht, die erste «Ariadne» war ein Experiment, der «Bürger als Edelmann» – das «Intermezzo» war auch eines, und ist nicht *ganz* gut ausgegangen – die «Helena» ist kein Experiment, sondern eine richtige Oper, mit richtigen Erfolgschancen, wenn man sie nicht verwirtschaftet!
Ängstlich wird mir jetzt auch dieser Regisseur Erhardt. Ist das ein guter Regisseur? Ich behaupte es immer auf Ihren Kredit hin. Aber diese Stuttgarter «Frau ohne Schatten», die Sie als szenisch trostlos bezeichnen – ist die nicht von ihm?! – Bitte sagen Sie mir darüber ein Wort. – Ich muß auf Reinhardts Bitte morgen auf drei Tage nach Berlin (Hotel Esplanade), bin dort bis 3. abends, dann wieder hier. Es ist eine für mich finanziell wichtige amerikanische Sache, darum muß ich meine Arbeit auf kurz unterbrechen, nächsten Freitag bin ich wieder hier. Ich werde Fürstner aufsuchen, finde seinen Brief musterhaft gescheit und vorsichtig. Herzlich Ihr *Hofmannsthal*

Lieber Freund! Garmisch, 28. 10. 27
Ich gehe natürlich noch immer auf Frau Jeritza los und habe die nächste Entscheidung auf 8. November verschoben, wo mich Reucker mit Frau Rethberg hier besuchen wollen. Wahrscheinlich kommen auch Fürstner und A. Wolff, der Direktor des Deutschen Bühnenvereins, zu dieser Konferenz hieher!
Aber ich fürchte, die Honorarfrage wird nicht zu lösen sein: zwischen 1000 und 6000 M ist eine zu große Kluft.
Ich werde schließlich den Weg gehen müssen, Frau Jeritza selbst

zu fragen, ob sie in Dresden *umsonst* singen will. Aber ich fürchte, die Reklame wird ihr dieses Opfer nicht wert sein. Wenn es nun mit der Jeritza nichts ist, kommt die zweite, fast schwierigere Frage: Rethberg, die Berühmte mit der wunderbaren Stimme oder Schenker mit der schönen Erscheinung, aber Anfängerin mit schwacher Mittellage? Ich kann mich erst im Dezember, wenn ich sie noch öfter gehört habe, entscheiden, ob ich ihr wirklich die Helena anvertrauen kann! Und bis dahin ist die sehr gesuchte Rethberg vielleicht gar nicht mehr zu haben und wir haben uns zwischen drei Stühle gesetzt! Was tun?

Die Zeit des Komponierens Ihrer wundervollen Dichtung war so herrlich, und nun beginnen schon wieder die entsetzlichen Scherereien!

Mit schönsten Grüßen stets Ihr *Dr. Richard Strauss*

Lieber Herr von Hofmannsthal! Garmisch, 29. 10. 27

Erhalte soeben Ihren Brief vom 27.! Aber warum sind Sie immer gleich so giftig, wenn es sich darum handelt, künstlerische Dinge sachlich zu besprechen und Sie nicht meiner Meinung sind? Mir dann gleich vorzuwerfen, daß ich Sie nicht verstehe, ist weder höflich noch gerecht. Ich glaube doch, ich habe Sie eine geraume Zeit früher verstanden als viele andere Leute, sonst hätte [ich] Ihre Bücher nicht komponiert, trotzdem mir die «kompetentesten» Leute, man rechnet im allgemeinen Theaterintendanten und Kritiker dazu, *ich allerdings nicht*, – davon abgeraten haben. Wollen wir mit dieser kleinen Replik die Sache abgetan sein lassen: ich versichere Sie nochmals, daß bezüglich Helena noch gar nichts abgemacht ist und daß ich Ihr Telegramm sogar an Reucker geschickt habe mit dem ausdrücklichen Bemerken, daß ich nach wie vor auf Frau Jeritza bestehe und in der projektierten Konferenz: in Garmisch, 8. November, (Reucker, Fürstner, A. Wolff) erst die Form besprochen werden soll, wie man an Frau Jeritza herantreten kann. Was Frau Schenker-Angerer betrifft, so ist sie leider noch ein recht unbeschriebenes Blatt, hat die schöne Erscheinung – aber die darstellerische Begabung für eine solche Rolle noch keineswegs er-

probt: ich muß sie im Dezember in Wien erst selbst noch sehen, um dies definitiv entscheiden zu können.
Hoffentlich sehen wir uns vorher 27. November bis 4. Dezember in Dresden!
Inzwischen werde ich mein Möglichstes tun, um Frau Jeritza zu gewinnen.
Mit besten Grüßen stets Ihr *Dr. Richard Strauss*

Bad Aussee, Samstag [29. X. 27]

Lieber Dr. Strauss, (Ich fahre erst morgen nach Berlin)
soeben Ihr freundlicher, geduldiger und gescheiter Brief. Daß man allerdings der Jeritza in Wien ein so ungeheuerliches Honorar zahlt (oder bisher gezahlt hat), habe ich nicht geahnt!
Alles was Sie sagen: eine den Dresdnern genehme Sängerin, eine Sängerin, welche die Rolle dann weitersingt usf., das ist ja alles richtig. Aber es ist doch nicht der Hauptpunkt! Der Hauptpunkt ist der volle durchschlagende Erfolg der Première, und den macht leider nicht die Musik (sonst wäre die «Frau ohne Schatten», deren Partitur ein wahres Wunderwerk sein soll, Ihre erfolgreichste Oper, und es gäbe keine «Euryanthe» und kein «Così fan tutte»), sondern das macht – das Theater, der theatralisch-dramatische Gesamteindruck!
Ich bin ein Dichter, aber kein *primärer* Theatraliker und Sie sind auch kein *primärer* Dramatiker (sondern schwanken zwischen diesem und dem Symphoniker), sonst hätten Sie gelegentlich *meine* Fehler besser ausbalanciert und sich nicht im «Intermezzo» ein Libretto gemacht, das aus Zustandsbildern besteht, statt aus fortreißender, meinetwegen ordinärer *Handlung*. – Sie erinnern an «Salome», die mit einer schlechten Darstellerin siegte. «Salome» war halt in seiner glanzvollen impetuosen Neuheit ein unaufhaltsamer Sieg und Durchbruch eines *neuen* Komponisten. Und Salome, die Figur, braucht man nicht zu spielen – sie *wird* von der Handlung gespielt. Aber die Helena muß man spielen, das ist der Unterschied!
Aber ich sehe alle Argumente Ihres Briefes ein. Die Lehmann wäre *völlig* unmöglich – hoffentlich ist die Rethberg wenigstens

halb-möglich. Und Erhardt? Viel, viel ließe sich durch ein Studium mit der Gutheil erreichen. Es ist erstaunlich, was sie aus der Germaine Lubin, erstaunlich, was sie (in der Rolle Donna Anna) aus der plumpen Nemeth gemacht hat. Wäre das möglich, die Gutheil (für ein paar Wochen) mit Erhardts Gesamtregie zu kombinieren? Ich würde dann meinerseits keine Mühe scheuen, die Gutheil *ganz* in die Rolle einzuführen!
Vielleicht, wenn die Rethberg lernfähig und lernlustig ist, wäre das die Rettung! Bitte denken Sie es durch!
Herzlich Ihr *Hofmannsthal*

Lieber Herr Hofmannsthal! Garmisch, 31. 10. 27
Ihr Brief vom 28. ist ja nicht mehr so grimmig wie die früheren: aber Sie tun mir noch immer unrecht, wenn Sie glauben, das Theatergeschick meiner Opern sei mir gleichgiltig! Reise ich darum immer an großen und kleinen Theatern herum, um nach dem Rechten oder Unrechten zu sehn?
Die Stuttgarter Dekorationen waren billige Nachkriegsarbeit: da konnte Erhardt auch nichts machen. Er ist ein guter Regisseur, aber kein Genie, hat auch, glaube ich, nicht sehr viel Geschmack. Es ist schon nötig, daß Sie ihm scharf auf die Finger sehen und selbst auch rechtzeitig zu den Arrangierproben in Dresden eintreffen. Ich habe Fürstner gebeten, wenn Sie es wünschen, in Berlin ein Rendezvous zwischen Ihnen, A. Wolff und womöglich Reucker zu veranstalten, und wäre Ihnen dankbar, wenn Sie dort unseren Wunsch nach Jeritza auf das energischste unterstrichen! Es kann sein, daß ich von dem Durchschlängeln durch die ewigen Kompromisse und den stets von mir erzwungenen Verzicht auf die wichtigsten künstlerischen Forderungen auch schon etwas müde geworden bin.
Daß sich unsere Opern (auch wenn Sie kein Schiller und ich kein R. Wagner sind) nun seit über 20 Jahren auf dem Spielplan erhalten, ist zum mindesten ein Zeichen dafür, daß eben doch nichts Besseres da ist. Schließlich hatten meine Werke (sogar «Salome» und «Rosenkavalier») anfangs nur schwachen Erfolg, miserable Presse. Der Erfolg von «Elektra» und «Ariadne» ist seit

vier Jahren beständig im Steigen, auch die Spätlinge «Frau ohne Schatten» und «Intermezzo» werden, schon ihrer künstlerischen Qualität wegen, noch ihre Würdigung finden – ich glaube, Ihr Vergleich mit den letzten Werken G. Hauptmanns stimmt da nicht.
Also bitte, bestehen Sie schroffstens auf Jeritza: Ihr Vorschlag mit Rethberg als zweite Besetzung erscheint mir durchaus akzeptabel, wenn sich diese große Primadonna darauf einläßt!
Mit schönsten Grüßen stets Ihr *Dr. Richard Strauss*

Lieber Herr Hofmannsthal! Garmisch, 2. 11. 27
Trotz aller blöden Kritiken glaube ich auch heute noch, daß die «Frau ohne Schatten» nicht nur eine schöne Dichtung, sondern auch ein sehr bühnenwirksamer Operntext ist. Es gibt auch heute schon Leute, die ihn sogar «verstehen»!
Daß die Zeit für Kunst im allgemeinen heute schlecht und das Publikum, was sich heute einen Sitz in der Oper leisten kann, blöd und ungebildet, dafür können doch wir nichts!
Gutheil neben Erhardt in Dresden wird sich schwer machen lassen, aber wir können versuchen, die betreffende Helena vorher in Wien durch die Gutheil vordressieren zu lassen!
Vorläufig suchen Sie bitte mit mir für Dresden die Jeritza zu erreichen! Mit schönsten Grüßen Ihr *Dr. Richard Strauss*

Telegramm Hofmannsthal vom 3. XI. 1927 siehe Anhang S. 718

Lieber Freund, Bad Aussee, 13. XI. 27
bitte verzeihen Sie mir meine Heftigkeit, ich bin wirklich manchmal sehr heftig, nach innen noch mehr wie nach außen. Aber das habe ich wirklich *nie* sagen wollen, ja nicht einmal entfernt *gedacht* – daß Sie mich *künstlerisch* nicht kennen – es bezog sich nicht auf Künstler zu Künstler, sondern nur auf Mensch zu Mensch – doch bitte ich, verwischen Sie auch das mit dem Übrigen jetzt aus Ihrem Gedächtnis.
Ich habe wirklich einen unbegrenzten guten Willen gegen Sie, als Künstler zum Künstler. Entnehmen Sie es aus dem Folgenden, das Ihnen hoffentlich eine kleine Freude bedeutet. Ich habe,

trotzdem ich *ganz* in einer neuen dramatischen Arbeit bin, mir die Notizen zum «Fiaker als Graf» kommen lassen und nicht nur diese, sondern auch die Entwürfe zu mehreren anderen Lustspielen. Der «F. a. G.» war ganz als ein Konversationsstück angelegt – die Handlung, soweit man überhaupt von einer Handlung reden konnte, war zu fadenscheinig für eine Oper, aber ich habe einige Elemente dieser Fiakerwelt mit Motiven aus einem anderen unausgeführten Lustspiel verbinden können und hoffe (noch kann ich mich täuschen, aber ich hoffe!) das Szenarium einer dreiaktigen Spieloper[1], ja fast Operette (ich würde auch den «Rosenkavalier» eine Operette nennen!) gefunden zu haben, das an Lustigkeit dem der «Fledermaus» nichts nachgibt – und dem «Rosenkavalier» verwandt ist, ohne jede Selbstnachahmung, und 5 bis 6 sehr lebendige Rollen und vor allem einen sehr starken, bewegten zweiten und einen keineswegs abfallenden dritten Akt enthält. – In dem Trubel habe ich ganz versäumt, Ihnen unsere große Mitfreude über den Enkel[2] zu sagen! –

Ich bin höchst ungeduldig zu wissen, wie die Sache mit Dresden geordnet wurde. Ich verließ den armen Fürstner in größter Sorge und Aufregung. Herzlich Ihr *Hofmannsthal*

Lieber Dr. Strauss, Bad Aussee, 20. XI. 1927

Ich hoffe, daß der Brief Sie erreicht hat, in welchem ich Sie bitte, mir meine Heftigkeiten freundlich zu verzeihen, und sie in Ihrem Gedächtnis zu verwischen. Ich weiß, ich bin manchmal unbändig heftig, besonders in einer solchen Arbeitszeit, wo ich in einer Art Exaltation bin – aber nie käme mir in den Sinn, Sie verletzen zu wollen!

Die Figuren der neuen Musikkomödie tanzen mir fast zudringlich vor der Nase herum. Es sind die Geister, die ich Ihnen zulieb gefunden habe, jetzt werd ich sie nicht los. Die Komödie kann *besser* wie der «Rosenkavalier» werden. Die Figuren stehen überaus deutlich vor mir und sie kontrastieren sehr schön.

[1] «Arabella».

[2] Richard Strauss, der ältere Sohn von Franz und Alice Strauss, geb. 1. Nov. 1927.

Die beiden Mädchen (Soprane) können herrliche Rollen (für Gesang) werden. Sie stehen beiläufig – als Charaktere – so gegeneinander wie Carmen und Micaëla. (Eine sehr glanzvoll, eine mehr sanft und demütig). Als Liebhaber ein Tenorino und ein Bariton. Dieser ist die merkwürdigste Figur des Stückes, aus einer halb-fremden Welt (Kroatien) halb ein Buffo, und dabei ein großartiger Kerl, tiefer Gefühle fähig, wild und sanft – fast dämonisch, eine Rolle – ja für wen? Für Schaljapin, für Baklanoff – allenfalls für Bohnen, für Bender vor zehn Jahren, aber *nicht* für Mayr, keinesfalls, schon damit die Figur nicht in eine Ähnlichkeit mit *Ochs* hineingeschoben wird! – Vielleicht kann ich Ihnen wieder etwas bringen, das – wie damals vor 17 Jahren, *leichte* und glückliche Arbeit ermöglicht! – Ich weiß jetzt gar nichts, was endgültig mit Dresden beschlossen wurde?! Wann gehen Sie nach Wien? Herzlichst Ihr *Hofmannsthal*

Lieber Dr. Strauss Wien I, Stallburggasse 2, 5. XII. 27

Ich habe schon mehrmals geschrieben, wie sehr leid mir einige Heftigkeiten meiner damaligen Briefe getan haben, aber dieser Ausdruck meines Bedauerns ist immer nach Garmisch gegangen, während Sie, wie ich jetzt ersehe, ganz woanders waren. Also spreche ich ihn noch einmal aus! Wenn Sie nach einer Weile ein bißchen zur Ruhe gekommen sind, werde ich mich sehr freuen, Ihnen den Inhalt der Spieloper oder musikalischen Komödie, mit der wir dem «Rosenkavalier» Konkurrenz machen wollen, zu erzählen. So schön wie eine Spieloper, die Erich Wolfgang momentan unter der Feder hat, wie ich höre, kann die Unsrige freilich nicht werden. Weder der Text noch die Musik. Das Unmögliche kann man nicht verlangen.
Dieser Brief hat zwei Beilagen: die eine bezieht sich auf eine Textstelle der «Helena», und wenn Sie nicht weiter auf die Sache zurückkommen, betrachte ich meinen Vorschlag als von Ihnen gebilligt.
Die andere Beilage entnehme ich einem flehentlichen Brief dieses recht braven und tüchtigen jungen Rudolf Bing[1] (Neffen

[1] Rudolf Bing, später Direktor der Metropolitan Opera in New York.

von Breisach), der jetzt jahrelang zuerst als Leiter des größten Wiener Theaterbureau, dann ein Jahr lang als Leiter der Opernabteilung des Paritätischen Stellennachweises in Berlin tätig war, selbst zum Sänger ausgebildet ist, wirklich musikalisch und soviel ich irgend weiß ein durchaus anständiger Mensch und der sich um die Opernleitung in Augsburg bewirbt und natürlich eine Empfehlung von Ihnen an den dortigen Magistrat aufs Höchste anstrebt.

Da ich von dem jungen Menschen und der Familie nur Gutes weiß, leite ich die Bitte und den Entwurf einer Depesche, den er mir beigelegt hat, an Sie.

Herzlich der Ihre *Hofmannsthal*

«Helena» I. Akt

Hier ist, indem Sie den Menelas einige Worte der Helena wiederholen lassen, etwas eingetreten, was für Kenner der Antike unsinnig wäre. Es läßt sich aber ganz leicht korrigieren. Nämlich: Menelas und Helena rufen hier nicht die gleichen, sondern einander entgegengesetzten und feindlichen Götter-Gruppen an. Helena, die ein Dämon ist, ruft die alten Naturdämonen auf: Erde und Nacht, Mond und Meer, damit sie ihr als ganz unmoralische Naturkräfte durch Zauberei helfen. Menelas dagegen, der Ehegatte, ruft die oberen, die olympischen Götter an, die Hüter des Rechtes und der Sitte. Wenn Sie nun auch Menelas singen lassen: Erde und Nacht, Mond und Meer, helfet mir jetzt (wo er ganz genau weiß, daß das die Helfer des immer betrügerischen Weibes und nicht des Recht suchenden Mannes sind), so steht die ganze Sache auf dem Kopf. Ich schlage also vor: Menelas: «Erde und Nacht, Mond und Meer *weichet hinweg!*» Dann können sie immerhin beide zusammen singen: «Erde und Nacht, Mond und Meer!» Jeder verbindet eben die entgegengesetzte Bedeutung damit. Sodann kommt ganz richtig nochmals Menelas' Anrufung der oberen Götter und Helenas Beschwörung der unteren dunkeln.

Nunmehr singen sie wieder zusammen: «Erde und Nacht, Mond und Meer». Als letzte Zeile singt Helena: «*Helfet mir jetzt!*» Und Menelas: «*Weichet hinweg!*» Ich habe in diesem

Sinn das Textbuch korrigiert. Wenn Ihnen diese kleine Korrektur akzeptabel erscheint, so bitte ich, daß sie auch in die Partitur eingetragen wird[1].
Da der Gegensatz zwischen dem Dämonischen der Helena und dem menschlich Sittlichen des Menelas eigentlich der Angel ist, um den sich das ganze Stück dreht, so liegt mir natürlich sehr viel daran, daß die Korrektur durchgeführt wird.

Lieber Herr von Hofmannsthal! Wien, 12. 12. 27
Besten Dank für Ihre Briefe. Ich höre, Sie waren Freitag bei den Russen in der Direktionsloge. Warum haben Sie mich nicht aufgesucht? Ich dachte, Sie wären noch krank.
Heute ist Reucker hier: die Uraufführungsfrage soll jetzt endgiltig geregelt werden. Nach endlosem Ärger und wochenlangen Verhandlungen steht die Sache heute so:
6. Juni Dresden mit Rethberg.
11. Juni Wien mit Jeritza.
Warum dies so kommen mußte, kann ich Ihnen nur mündlich erklären.
Wann kommen Sie in die Stadt?
Bitte sagen Sie sich doch einfach telephonisch (98398) zu Mittag $1^1/_4$ oder zum Tee $^1/_25$ an!
Mit besten Grüßen Ihr *Dr. Richard Strauss*
Auch einige Textbuchfragen (Elfen) wären zu besprechen!

Lieber Herr von Hofmannsthal! Wien, 18. 12. 27
Der lebendige Stoff[2], den Sie mir vorgestern erzählten, scheint noch nicht so feste Gestalt angenommen zu haben, daß es nicht noch möglich wäre, einige Anregungen hiezu «verlautbaren» zu lassen und einige Bedenken auszusprechen, die beim Vergleich mit dem «Rosenkavalier» mir aufsteigen. Soweit ich nach flüchtiger Kenntnis Ihres Entwurfes ein sachliches Urteil abgeben kann, scheinen Sie auch hier wieder in den Fehler zu verfallen, der Sie als zärtlicher Autor die Bühnenwirksam-

[1] Diese Korrektur ist von Strauss übernommen worden.
[2] «Arabella».

keit des Ochs von Lerchenau überschätzen ließ. So gut diese Figur dichterisch ausgestattet ist und so sehr sie uns Künstler interessieren muß – wir sind aber nicht das Publikum! Und diesem ist merkwürdigerweise der Ochs nicht nur gleichgültig, uninteressant, ja langweilig, dem italienischen Publikum sogar widerlich und im höchsten Grade unsympathisch. Die Figur, die, nach den Anfangssiegen der mißverstandenen Walzer, dem «Rosenkavalier» den Endsieg gebracht, ist die Marschallin: Ihre Betrachtungen über die Zeit, die Stelle mit den Uhren, der Abschied –

und so etwas scheint mir dem neuen Stoff zu fehlen. Ihr Kroate (selbst von so einem gastierenden Baritonbajazzo gemimt wie Schaljapin!) lockt keine hundert Leute ins Theater – ich versuche mich auf den Standpunkt des Publikums zu stellen, für das wir doch schließlich Komödie spielen! Es fehlt, soweit ich es heute beurteilen kann, dem neuen Stück die wirklich interessante Frauenfigur. Die beiden Töchter scheinen mirs nicht genügend zu sein.

Wäre aus der Mutter eine solche Figur zu machen, ohne daß sie die Schwester der Marschallin wird? Wie greift bei Ihnen die Mutter jetzt direkt in die Komödie ein?

Könnte sie eine von den Schwiegermüttern sein, die selbst in ihre Schwiegersöhne verliebt und auf die Töchter eifersüchtig sind? Sie sagten doch, sie sei noch jung! Könnte sie früher selbst Beziehungen zum Kroaten gehabt haben?

Oder ihrer Tochter so ähnlich sehen, daß der Kroate nach dem Bild sie bei der ersten Begegnung für die Tochter hält? Und was daraus folgen könnte! Kurz – Sie verstehen mich sicher! – ich möchte in den Stoff einige ernstere seelische Konflikte hineinbringen, die ihn über die gewöhnlichen Lustspielverwicklungen hinausheben und die Mitwirkung der Musik wirklich nötig machen. Vielleicht sind sie schon da und ich sehe sie nur noch nicht – vielleicht geben diese flüchtigen Andeutungen Ihnen doch den Anlaß, darüber nachzusinnen, wie Ihr Stück noch mehr über das Niveau von «Fledermaus» und «Bettelstudent» hinausgehoben wird, als es natürlich schon dadurch geschieht, daß es

eben von Hofmannsthal behandelt wird und nicht von Genée! Wenn Ihnen die Struktur des Ganzen Sorge macht und der Stoff nicht in drei geschlossenen Akten gut unterzubringen ist, warum wollen Sie nicht die lockere, aufgelöste Form des «Intermezzos» wählen, eventuell nur für die Szenen der Exposition des I. Aktes? Bitte lassen Sie mich doch jede Woche wissen, wann Sie in der Stadt sind und wann und wie Sie dann in der Stallburggasse erreichbar sind.
Damit die Zeit, die ich in Wien bin, dem gemeinsamen Werke mehr als bisher nutzbar gemacht werden kann. Ich bin ziemlich sicher jeden Nachmittag zwischen 2 bis 3 Uhr zu Hause: Telephon 98398.
Wie denken Sie über die Pariser «Helena»-Kostümfrage? Wollen Sie jetzt die nötigen Schritte tun? Ich begegnete gestern den Herren Ungar und Grünbaum zufällig auf der Generaldirektion.
Soll Fürstner durch seinen Pariser Vertreter die ersten Verhandlungen einleiten?
Mit schönstem Gruß Ihr *Dr. Richard Strauss*

Lieber Herr Hofmannsthal! Wien, 21. 12. 1927
Fürstner wartet mit Ungeduld auf Ihre Korrektur des Textbuches «Helena». Nach dieser Feststellung will ich auch noch meinen Klavierauszug revidieren, dessen 1. Akt möglichst bald nach New York soll. Bitte sehr zu beschleunigen!
Ich habe hier aus der Hofbibliothek vier schöne Bände südslawischer Volkslieder und Tänze[1], aus denen nicht nur ein Riesenballett für unseren II. Akt zusammenzuzimmern ist, sondern sich auch die schönsten Lieder für unseren Kroater ergeben können, eventuell mit sehr charakteristischen *Original*texten!

[1] Franjo S. Kuhač, Južno-slovjenske narodne popievke (Südslawische Volkslieder, gesammelt, in Stimmen gesetzt und mit Klavierbegleitung herausgegeben). Agram, K. Albrecht, 1878–82. – Dieser Sammlung entnahm Strauss die beiden südslawischen Volksweisen, die dem Duett der Schwestern im 1. Akt («Aber der Richtige») und dem Liebesduett Arabella-Mandryka im 2. Akt («Und Du wirst mein Gebieter sein») zugrunde liegen.

Bin sehr gespannt, von Ihnen Genaueres über unsre neue Arbeit, von der mir bis jetzt nur die groben Umrisse vorschweben, zu hören. Ich übe mich inzwischen in kroatischem Kostüm! Wann sehe ich Sie?

Mit besten Grüßen Ihr *Dr. Richard Strauss*

Lieber Dr. Strauss, Rodaun, 22. XII. 27

Verzeihen Sie, daß ich diktiere. Um auf Ihre Gedanken über die Spieloper einzugehen, muß ich etwas ins Breitere gehen; sonst kann man sich nicht verstehen.

Ihr Theater- und Lebenssinn hat durchaus recht. Eine Frau muß die Mittelpunktfigur sein, niemals der Bariton, ebensowenig wie der Baßbuffo. Niemals habe ich etwas anderes vorgehabt. Mein erstes Paket Notizen trägt schon als Aufschrift den ganz vorläufigen Titel: «*Arabella* oder der Fiakerball». Ich habe Sie dadurch irregeführt, daß ich von der Figur des Baritons, des kroatischen Edelmanns, die mich als eine pittoreske, manches hergebende Figur interessiert, so lebhaft sprach, daß Sie sie für die Hauptfigur hielten. Das ist sie aber doch nicht eigentlich, ebensowenig wie dort der Ochs; aber ebenso wie der Ochs ist dieser Mandryka die Figur, die durch ihr Hereinkommen, ihr Ankommen vom Land in eine fremde Welt, die Handlung in Bewegung bringt. Auch durch das Reden von Schaljapin habe ich Sie wohl irre gemacht; Schaljapin wäre ein idealer Darsteller für die Figur, aber wer weiß, ob er sie jemals zu singen bereit gewesen wäre, weil es eben gar nicht so sehr eine dominierende Hauptfigur ist. Also genug davon. Die Hauptfigur ist eine weibliche, es ist Arabella, die ältere der beiden Schwestern, von der ich sagte, daß sie zu der weichen blonden jüngeren so steht wie etwa Carmen gegen Micaëla. Es ist diesmal keine Frau, sondern ein junges Mädchen. Aber ein ganz reifes, wissendes, ihrer Kräfte und Gefahren bewußtes junges Mädchen, durchaus Herrin der Situation, also eigentlich soviel wie eine ganz junge Frau, und eine durchaus moderne Figur. Und überhaupt ist dieser Typ von jungen Frauenwesen der, welcher jetzt interessiert, und man muß nicht die alten Moden mitmachen, sondern die neuen kreieren helfen, sonst ist man ein schlechter Schneider. Solche gescheite und souveräne junge Mädchen sind Bernard Shaws beste Figuren; seine Heilige Johanna ist auch eine von ihnen. Daß ich aber einer Frauenfigur, wenn ich sie in die Mitte stelle, die Nuancen zu geben verstehe, die ihr den Rang als Hauptfigur verbürgen, das müssen Sie mir nach Elektra und Marschallin, Ariadne, Färberin und Helena halt schon einmal zutrauen. Eine Hauptfigur schafft man nicht durch die Menge des Textes, nicht einmal bloß durch die Lebenszüge, die man ihr gibt, sondern vor allem durch die Stellung, die man ihr innerhalb des Stückes gibt. Dafür ist die Marschallin (eine dem Umfang nach beinahe kleine Rolle) das Beispiel. Nach der Dresdner Première schrieb der Kritiker des «Berliner Tagblattes» (es bleibt immer den Kritikern vorbehalten, mit Aplomb das ganz Dumme zu sagen) es sei schade, daß der Dichter in so ungeschickter Weise diese einzige sympathische und reizvolle Figur des Stückes zur Episodenfigur herabgedrückt habe! Während in Wirklichkeit die Marschallin mit ihren paar Situationen völlig lebend dasteht und jedes Wort mehr, das man ihr in den Mund legen würde, ganz überflüssig wäre. Mit der Arabella nun steht es so, daß alle Figuren und die ganze Handlung sich um sie drehen. Sie ist der Liebling der Eltern, der Tenor, Matteo (gar keine kleine, sondern eine sehr hübsche richtige Liebhaberfigur) liebt sie, die jüngere Schwester ist ihre demütige Rivalin, die Grafen sind ihre Verehrer, von dem Ballakt und dem ganzen Stück ist sie die Königin, und zum Schluß heiratet sie noch den reichen Fremden wie im Märchen. Aber wie sie ist und wer sie ist, das kann nur die Handlung erzählen wollen. Das kann man ebensowenig als das Fliegen eines Vogels zeichnen.

Die Mutter ist gewiß noch eine junge und recht hübsche Frau, und ich hatte mir schon gedacht, daß sie in die Verehrer der Töchter ein bißchen mitverliebt ist. Es ist eine lustige und originelle Figur und für die ganze Handlung sehr notwendig und gar keine so kleine Rolle. Aber sie in ernste Liebesszenen mit Resignation zu verstricken, eine falsche halbe Marschallin aus

ihr zu machen, eine Art Zitat des Schicksals der Marschallin – nein, um Gottes willen nicht, das wäre wirklich eine unglückselige Bereicherung. Sehen Sie, lieber Freund, in einem gut und richtig erfundenen dramatischen Plan ist eben für gewisse Motive Platz, und in deren Wechselwirkung liegt dann der Reiz des Ganzen. Alles aber, was damit nicht zusammengeht, ist von Übel. Ein Beispiel: es hätte jemand das Szenarium des «Rosenkavalier» ungefähr erzählen gehört und dann gesagt: da fehlt ja ein wirklicher Mann, ein Tenor. Da ist ein Bub und ein Buffo, da muß ein Tenor hinein, ein Kavalier, der in die Marschallin verliebt und auf den Buben eifersüchtig ist. Das klingt doch ganz plausibel. Aber heute, wo die Handlung des «Rosenkavalier» als ein Lebendiges, Geschlossenes vor Ihnen steht, probieren Sie einmal, wo Sie die Szenen dieses sentimentalen Tenors hineinstellen würden? Und so als ein Geschlossenes steht doch die Handlung der neuen Spieloper vor mir. Aber als ein Geschlossenes, dessen lebensvolle Geschlossenheit erst durch das dichterische Ausführen ins Leben treten kann, weil eben in einer guten Bühnendichtung Charaktere und Handlungen ganz eins sind. Das Handeln der Figuren in jeder Situation und die Situation selbst ist ja durch das «So und nicht anders-sein» der Figur bedingt. In der Erzählung aber ist man immer gezwungen, die Handlung und die Charaktere auseinander zu reißen. Denken Sie, es sollte Ihnen einer die letzte Szene des ersten Aktes vom «Rosenkavalier» genau erzählen, wenn Sie gar keine Ahnung haben, was das für Wesen sind, die Marschallin und der Bub. Was bliebe da in der Erzählung überhaupt noch übrig? Darum bitte ich Sie inständig, verlangen Sie nicht «Genaueres» von mir, während ich mit Lust und Liebe daran bin, dies Genauere aus mir zu erschaffen. Haben Sie doch etwas Zutrauen nach so vielen im Ganzen (trotz einiger Fehler in der «Frau ohne Schatten») leidlich gelungenen Arbeiten.
Sie streifen den Gedanken der lockeren Form statt der festen: eine Bilderreihe an Stelle von drei Akten. Diese Form ist momentan ein bißchen in der Mode, wohl durch den Film. Ich mag sie nicht sehr und glaube, daß die so gearbeiteten

Sachen viel schneller veralten werden als die in strenger Form geschaffenen: die «Meistersinger», «Figaro», «Carmen» oder der «Rosenkavalier». Die lockere Form eignet sich für zweierlei: entweder für eine von Bild zu Bild aufregend fortstürzende Handlung mit groben, starken Effekten, das ist die Form des guten Films, der jetzt alle schlechten Dramatiker fasziniert. Oder aber für das Lebensbild: so «Manon Lescaut» von Massenet (typisch mehr episch als dramatisch, einem Roman entnommen), so auch das, was Sie im «Intermezzo» versucht haben, mehr Charaktergemälde als Drama. Der «Wozzeck» steht zwischen beiden, halb psychologisches Gemälde, halb Kriminalgeschichte. Für das Lustspiel ist die Form ganz unmöglich. Was einem Lustspiel wie dem «Rosenkavalier» (den ich nicht nachahmen, aber dessen Vorzüge ich mir sehr wohl zum Muster nehmen will) seinen Reiz gibt, den eigentümlichen Brio, der schließlich nun seit 17 Jahren nie und nirgends versagt, das ist die Zusammenfassung bunter Kontraste und Wechselfälle in je einem Akt. Denken Sie an den zweiten: gespannte Erwartung, zeremoniöse Feierlichkeit, leichte Konversation, Buffoszenen, lyrische Momente, Skandal und Durcheinander, wieder Behaglichkeit, eins aus dem andern entspringend. Wie soll aus der ewig abreißenden Bilderform je ein ähnliches heiteres Behagen entstehen? Was in Ihnen etwa nach dieser Form ruft, das ist der Symphoniker, der in Ihrer Brust ewig mit dem Dramatiker im Krieg liegt. Aber ich will mich diesmal durchaus mit dem heiteren Dramatiker verbinden, mit dem ich den «Rosenkavalier» gemacht hab, und als naives Theaterpublikum will ich immerfort etwas vorgehen sehen, wie in allen guten Opern, und die viele Musiziererei bei herabgelassenem Vorhang ist mir ein Greuel und, glauben Sie mir, Zehntausenden dümmerer Theaterbesucher mit mir, so schön diese einzelnen Konzertstücke, genannt Zwischenspiele, auch sein mögen.
Also nochmals und zum dritten Mal: haben Sie Zutrauen zu Ihrem alten, aber noch ganz munteren Librettisten. Ich sehe diese Handlung vor mir mit soviel Lust und Zutrauen wie noch nie eine dieser für Musik bestimmten Handlungen. Ich sehe sie

vor mir, wie ein Schiffsbauer ein richtig konstruiertes Schiff vor sich sieht, bei dem Tiefgang, Ballast und Segelfläche richtig ausgewogen sind. Der Wind, der in die Segel blasen muß, ist Ihre Musik. Aber wenn das Schiff eben sehr gut und leicht gebaut ist, und Sie würden (Gott behüte!) nur mit halber Kraft hineinblasen, so müßte es dennoch gute Fahrt haben.
Ich war 24 Stunden in der Stadt, alles geht da leicht drauf mit Familie, Schneider, Zahnarzt, Advokat usf. Sehr gern komme ich bald einmal zu Ihnen, aber bitte, verlangen Sie nicht, daß ich Ihnen im jetzigen Stadium zu viel erzähle! Ich muß furchtbar achtgeben, mir selbst den Spaß an der Sache nicht verderben, und das könnte in diesem Stadium leicht geschehen.
Daß Fürstner schon bald mit Paris wegen der «Helena» Fühlung nimmt, dagegen sehe ich keinen Einwand. Man müßte unbedingt die Lubin als Helena verlangen und das Studium mit der Gutheil zur Bedingung stellen.
Ich erhielt einen Brief von Fürstner (Kopie des an Sie gerichteten) über die Vorbedingungen. Die fünfte (Kommen der Berliner Presse nach Wien) ist wohl nicht recht durchzuführen; das war wohl mehr eine höfliche Wendung von Ihnen gegenüber Wien. Tatsächlich ist es viel wichtiger und nützlicher wenn hierher internationale Kritiker kommen, als gerade die arroganten Berliner.
Aber der Reucker scheint mir ein recht falscher Kerl, Achselträger nach allen Seiten, und unter dem Vorwand, die Gutheil werde von hier keinen Urlaub bekommen (selbstverständlich wird sie ihn bekommen!), will er sich nun in feiger Weise um die unangenehme Situation mit Erhardt herumdrücken. Da müssen Sie aber sein wie ein Teufel! Das ist lebenswichtig!
Inständig bitte ich Sie aber, in der Kostümfrage über das Stadium von *Erkundigungen* ja nicht hinauszugehen. Um Gottes willen keine Versprechungen zu machen, sich von niemandem in etwas hineintreiben zu lassen, sonst schaffen Sie sich wieder höllische und unnötige Aufregungen. Was in einer Pariser Revue oft blendend aussieht, wo die Kostüme alles sind und gewöhnlich die Dekorationen nur ein leerer Rahmen, kann

innerhalb einer Oper ganz unmöglich sein. Überhaupt kann diese Kostümfrage nur in der Form gemacht werden, daß Schneiderhan oder Schalk oder ich es Strnad als Vorschlag bringen. Strnad ist ein äußerst empfindlicher Mensch; er ist seit zwei Jahren beispiellos en vogue, überhäuft mit Aufträgen von Berlin, Paris, Holland und ich weiß nicht wo noch.
Wir brauchen ihn hier notwendig und die Kostümsache darf nicht das Ganze verderben. Sie muß als eine Art Kollaboration zwischen ihm und einem mehr schneiderischen Talent eingefädelt werden.
Ich habe dies alles schriftlich behandelt trotz ziemlicher Müdigkeit, um Ihnen, lieber Freund, die Möglichkeit zu geben, die Sachen, die ja prinzipiell wichtig sind, gelegentlich zu überlesen und in bequemer Form vor sich zu haben. Eben sehe ich unter dem Einlauf Ihre heutigen Zeilen und beeile mich, noch auf diese einzugehen: natürlich freut es mich sehr, wenn Sie diese kleine Vorübung machen. Bei der souveränen Sicherheit, mit der Sie dergleichen fremdes Material ihrer eigenen Konzeption unterordnen, kann die eine Figur, aber natürlich nur die eine, eben der kroatische Edelmann, sehr gewinnen durch dergleichen kleine Nuancen in Farbe und Rhythmus. Auch will ich ihn tatsächlich hier und da einmal eine Zeile oder eine halbe Strophe eines seiner heimatlichen Volkslieder anstimmen lassen und habe mir dazu schon mehr als genug solcher Stellen aus einer großen Sammlung slawischer Volkslieder vorgemerkt. Ich kann Ihnen aber diese Stellen heute noch nicht ausliefern, so gern ich möchte, denn ich kann absolut nicht wissen, wie viele derselben und welche ich auf unauffällige Weise einfügen kann, hier muß der höchste Takt walten; es wäre furchtbar, wenn diese Figur ein Automat für kroatische Volksweisen würde, so wie der Schubert in dem herrlichen «Dreimäderlhaus» alle Augenblick beiseite tritt und ein Schubertlied von sich gibt! Mit kleinem Schrecken hat mich Ihr Wort von einem Ballett oder gar «Riesenballett» auf südslawischer Grundlage erfüllt. Um Gottes willen! Hier darf ich keinen Spaß verstehen, denn hier geht's gerade ums Entscheidende, um das, daß alles *richtig* ist, richtiges

Wien von 1860, genau wie der «Rosenkavalier» einen Teil seiner Wirkung daraus zieht, daß alles richtiges Wien von 1740 ist. Also wir sind auf dem Wiener Fiakerball, und da kann ebensowenig ein kroatischer Tanz vorkommen als ein persischer oder indischer.

Auf einem Ball bei Hof könnte man sehr gut einen Czardas oder Kolo oder eine Mazurka motivieren, aber am Fiakerball um Gottes willen nicht, das wäre die Faust aufs Auge. Da bin ich nun wieder betrübt, daß ich durch voreiliges Erzählen Ihre Phantasie, die so eifrig und aktiv ist, auf fremde Gefilde gelockt habe. Da mach ich Ihnen lieber, wenn Ihnen die Sachen so gut gefallen, später aus einem serbischen Balladenstoff ein Ballett. Was aber überhaupt den Fiakerball betrifft, so muß Ihnen der keine Beschwerden machen. Die Lustspielhandlung, die sehr gedrängt und lebendig ist, geht vorne vor sich, hinten steigt man hinunter in den Ballsaal, und ich hab mir den Ball eher unsichtbar gedacht, nur daß freilich die Figuren hier und da sich in den Ball mischen und wieder davon zurückkommen. Ich habe gedacht, daß gerade Ihrer Meisterschaft diese Andeutung des Balles im Hintergrund nicht unwillkommen sein wird. Dieses Andeuten einer Tanzatmosphäre oder auch einer bewegten, wogenden Menge, dieses Aufblitzen eines Tanzrhythmus hie und da einmal, während vorne ganz das Parlando und das Sentimental-Lyrische herrschen. Tatsächlich getanzt hätte man um 1860 Walzer, vor allem Walzer, dann Schnellpolka und am Schluß einen frechen Cancan. Aber das geht uns gar nichts an und die Handlung wird jedenfalls *nicht* auf ein solches Offenbachsches Finale hinausgeführt. Das liegt mir gar nicht, und ich weiß auch nicht, ob Ihnen der Cancan sehr liegt.

Nochmals alles Herzliche *Hofmannsthal*

Lieber Dr. Strauss, Rodaun, 25. XII. [1927]

so ein Brief von Ihnen mit allerlei Zweifeln und Fragen hat immer das Gute, daß er mich zwingt, recht aufmerksam durchzudenken, was es mit den einzelnen Punkten auf sich hat.

Ich bin ja gar nicht blindverliebt in einen Stoff; sonst hätte ich nicht über zwanzig dramatische Entwürfe, halb und ganz ausgeführte und wieder verworfene Szenarien im Schreibtisch liegen und zögerte nicht so lange, etwas aufs Theater zu bringen. Ich bin eher überkritisch gegen meine Einfälle – Reinhardt wirft es mir oft vor. Aber diese Handlung da hat wirklich sehr große Vorzüge, und – wenn ich mich erinnere, wie betroffen und auskunftlos ich nach Ihrem Brief im Oktober dastand – so betrachte ich es als einen sehr großen Glücksfall, daß sie mir eingefallen ist, d. h. daß mir mehrere Einfälle sich zu dieser kompletten und lebendigen Einheit zusammenschoben. Das eine Hauptmotiv: die jüngere Schwester, die in einen Verehrer der älteren sich um so heftiger verliebt, je schlechter die ältere diesen behandelt, und die schließlich, um den Gekränkten zu trösten, ihm – im Namen der Älteren in einem ganz dunklen Zimmer und flüsternd – rendez-vous gibt – dieses Motiv trug ich schon wohl 15 Jahre in mir[1]; ich erzählte es einmal Reinhardt, Jahre vor dem Krieg, und mit seinem sehr sicheren Instinkt sagte er, das wäre ein glückliches Motiv für eine *musikalische* Komödie – weil es so viel Sentimentales enthält. Aber als alleiniges Hauptmotiv wäre es zu dürftig. Erst als blitzartig sich mir eine gewisse fruchtbare Situation für Arabella enthüllte – das reife und schöne junge Mädchen, das zu tief in gewisse Lebensdinge hineingesehen hat, ein wenig versehrt ist von Zynismus und von Resignation – und bereit, eine öde Vernunftehe einzugehen (mit einem, der gar nicht vorkommt) und für die sich auf einmal der unwahrscheinlichste Freier präsentiert – als sich im gleichen Einfall mir die Figur dieses Freiers sehr malerisch und reizvoll gemischt enthüllte (und dazu als eine *singende* Figur) – und jenes Hauptmotiv zurücktreten konnte und nur als Bewegungs- und Spannungsmotiv weiterzufunktionieren braucht (und sehr glück-

1 «Lucidor. Figuren zu einer ungeschriebenen Komödie», von Hofmannsthal schon im Jahre 1910 in der «Neuen Freien Presse» (27. März), im Insel-Almanach auf das Jahr 1911 und in Buchform (Luxusdruck mit Radierungen von Karl Walser) veröffentlicht. 1924 auch in die Gesammelten Werke aufgenommen. Vgl. auch Gesammelte Werke (Hg. v. H. Steiner), Die Erzählungen und Krit. Ausgabe, Bd. XXVIII, Erzählungen 1 (Hg. v. E. Ritter) S. Fischer, Frankfurt a. M. 1975.

lich: eine Spannung, die sich erst im dritten Akt löst) – als sich die zur Handlung notwendigen Figuren zwanglos zu klar kontrastierenden Gruppen zusammen- und auseinanderstellten, da gewann ich ein sehr gutes Gefühl, und dieses haben die letzten zehn Tage bestätigt, in denen ich den ersten Akt organisierte, aufs genaueste – der viel Bewegung enthält, Lustiges und Sentimentales (das Sentimentale habe ich, nicht ohne einige Geschicklichkeit, an den Schluß konzentriert) und der wirklich exponiert, d. h. auf Kommendes hinspannt, alle Figuren zeigt, und mir der beste erste Akt erscheint, den ich je gemacht habe, inklusive den ersten Akt des «Schwierigen», der auch nicht ganz schlecht ist, aber in einem völlig anderen Genre.
Also seien Sie gutes Mutes!
Herzlich Ihr

Hofmannsthal

Lieber Herr Hofmannsthal! Wien, 31. 12. 27

Ich habe in der «Helena» schon wieder mal eine szenische Bemerkung mitkomponiert[1]. Da es aber

ein hübsche Gesangsphrase geworden ist, möchte ich fragen, ob Sie mir statt «schon in halben Schlaf hinein» nicht ein paar andere passende Worte unterlegen wollen, damit ich die Melodie nicht streichen muß.
Mit herzlichen Neujahrswünschen und schönsten Grüßen von Haus zu Haus Ihr treu ergebener *Dr. Richard Strauss*

1928

Lieber Dr. Strauss, Rodaun, 7. 1. [1928]

Verzeihen Sie die Verspätung, ich war vier Tage bei den Chilstons

[1] Wie im ersten Akt «Rosenkavalier»: «diskret vertraulich».

in Steiermark, habe mich dort sehr wohl gefühlt, mich auch in sehr guter Stimmung mit dem ersten Akt der Spieloper befaßt.
Natürlich müssen wir die Stelle der Helena, wenn sie eine schöne Gesangsphrase geworden ist, retten, und zwar, meine ich, einfach wörtlich beibehalten: «schon in halben Schlaf hinein» – denn wenn ich da andere Worte dafür zu setzen versuche, so wird es vielleicht poetisch $1/100$ besser, paßt dafür aber $50/100$ schlechter zur Musik!
Leid tut mir, die «Ariadne» versäumt zu haben, die – wie ich von allen Seiten höre – eine wunderbar schöne gewesen sein muß. Über die Schenker als Komponist hör ich sehr Geteiltes. Wüßte so gern, unter uns, wie *Sie* sie gefunden haben. Wenn ich so allein über die «Helena» in *Wien* nachdenke, kommen mir doch große Bedenken für den Fall als die Jeritza definitiv ablehnt. Die Schenker, eine Anfängerin, mit einer offenbar doch nicht *völlig* schönen und nicht völlig durchgebildeten Stimme – die Einzige! Ob man nicht doch dann versuchen müßte, die Lehmann wieder zu versöhnen – sie ist sicher nicht die Richtige als Darstellerin, ganz und gar nicht – aber die Stimme ist halt auch sehr viel. Ich mache mir doch rechte Sorgen über die Sache.
Das Antworttelegramm der Jeritza müßte jetzt bald da sein!
Herzlich der Ihre *Hofmannsthal*

Zur Beruhigung! Wien, 9. 1. 1928

Lieber Herr von Hofmannsthal!

Frau Lehmann ist bereits voll versöhnt, singt Mittwoch «Intermezzo» und wartet nur auf die Absage Jeritza, um sofort die Helena zu übernehmen. Sie ist heute unbedingt der Frau Schenker vorzuziehen, die gesanglich – fürchte ich – nie ganz aus einem gewissen Dilettantismus herauskommen wird. Sie wirkt sehr frisch und jugendlich und hat ein sympathisches Talent. Aber die Lehmann ist jetzt gesanglich und darstellerisch auf großer Höhe. Ariadne war ausgezeichnet.
Natürlich: Jeritza ist in der Erscheinung unersetzlich! Antwort ist noch nicht da!
Mit besten Grüßen Ihr *Dr. Richard Strauss*

Lieber Herr von Hofmannsthal! Wien, 12. 1. 1928

Roller frug mich gestern, wer «Helena» «machen werde». Ich antwortete ausweichend, Sie hätten mit mir über die Ausstattung noch nicht gesprochen! Er meinte, Sie seien «böse auf ihn». Jedenfalls wäre es jetzt wohl an der Zeit, diese wichtige Frage zu klären! Wollen Sie nicht baldigst den Herren Schneiderhan und Roller definitiv Ihre Wünsche kundtun?

Ich frug heute Frau Lehmann ob sie nicht, auch wenn Jeritza jetzt noch zusage, mit dieser alternierend die Rolle singen wolle! Sie hat nicht nein gesagt, falls die Sache – vielleicht als 2 Premièren – so zu ordnen wäre, daß sie nicht als zweite Besetzung angesehen wird.

Lassen Sie mich doch wissen, wann Sie in der Stadt sind!

Mit besten Grüßen Ihr *Dr. Richard Strauss*

Lieber Herr von Hofmannsthal! Wien, 13. 1. 1928

Ich habe hier nochmals einen Bürstenabzug des Textbuches, meine Korrekturen darin eingetragen, glaube aber, daß dasselbe nochmals einer Durchsicht von Ihrer Seite bedarf, schon der Interpunktionen wegen!

Soll es im I. Akte heißen: «ein Luftgebild, ein *duftig* Gespenst» oder «*lustig* Gespenst»?

Im ersten Akt heißen die drei Schwestern: Salome, *Elissa*, Aithra, im zweiten: Salome, *Morgana*, Aithra. Was ist richtig? Soll ich Ihnen das Textbuch in die Stallburggasse schicken?

Bestens grüßend Ihr *Dr. Richard Strauss*

[Wien, ca. 14. 1. 1928]

Bitte nochmal auf meine Korrekturen und Interpunktationen [sic!] hin durchsehen und direkt an Fürstner zurückschicken.

R. Strauss

Ebenso bitte das ganze *Personenverzeichnis* d. h. den Theaterzettel beifügen. Titel? Oper? Lyrisches Drama?

Lieber Dr. Strauss, Rodaun, 15. I. [1928]

Werde alles genau besorgen und an Fürstner schicken. Roller

spreche ich Mittwoch. Als Titel halte ich den *einfachsten:* Oper in 2 Aufzügen für den besseren.

Viele Grüße Ihr *Hofmannsthal*

P. S. Seite 30 singt Aithra: «Menelas, gedenkst Du des Tages vor dreimal drei Jahren *und einem Jahre*».

Sie haben die unterstrichenen Wörter weggelassen, dadurch werden es aber 9 Jahre anstatt 10; und ich fürchte, der gebildetere Teil des Publikums *weiß*, daß der Trojanische Krieg 10 Jahre gedauert hat.

Läßt sich noch etwas tun?!

Sehr tragisch ist es nicht, wenn man annimmt, es waren halt beiläufig 9 bis 10 Jahre.

Seite 34 singt sie richtig: «vor dreimal drei Jahren und einem Jahre» – also ist alles gut!

[An Frau Gerty von Hofmannsthal] Wien, 26. 1. 28

Liebe Frau Hofmannsthal!

Fürstner depeschiert mir soeben beiliegendes: könnten Sie sofort Hugo avisieren und telegraphisch ihn fragen, was geschehen soll? Soll ich mit Roller sprechen, oder will Hugo selbst die Sache in die Hand nehmen?

Bestens grüßend Ihr ergebenster

Dr. Richard Strauss

Wo ist ihr Gatte morgen?

Lieber Dr. Strauss, Rodaun, 27. III. 28

ich möchte Ihnen heute gar nichts sagen als meine gerührte Freude über diese «Helena»-Musik. Das ist ja über alle Begriffe schön, so großartig im Stil, vielfach so neu, ich habe wirklich eine unendliche Freude. Es ist der «Ariadne» verwandt, auch dem Schönsten der «Frau ohne Schatten», und geht an Geschlossenheit darüber hinaus!

Der brave Alwin hat mir den ersten Akt und große Teile des zweiten vorgespielt, ich war ganz benommen vor Freude. Ich

gratuliere Ihnen und mir. – Ich habe viel und, wie ich hoffe, zweckmäßige Gespräche mit Erhardt, Fanto, Gutheil, Wallerstein, Roller.
Die Jeritza-Schwierigkeiten scheinen mir mehr zum obligaten Betrieb des Primadonnendaseins zu gehören. Ich glaube nicht, daß man diese Rolle refusiert!
In alter Freundschaft Ihr *Hofmannsthal*

Lieber Dr. Strauss, Rodaun, 2. IV. 28

Ich hoffe, daß Mailand angenehm und nicht *zu* anstrengend war, daß Sie wohl sind und daß es Ihnen gelingen möge, die Empfindlichkeiten der Jeritza schnell zu begütigen, damit keine Zeit für das Studium der Rolle verloren geht! Es ist doch eine herrliche Rolle – was kann sie denn mehr wollen!
Verschiedene Menschen in Wien und Berlin haben mir wiederholt gesagt, ich solle doch wieder etwas schreiben, und rechtzeitig! – was die Menschen (und vor allem, die Kritiker) etwas in das Verständnis dieser modern-antiken «Helena» hineinführt – so ähnlich wie damals den Brief über «Ariadne». Ich habe es nun getan, habe aber nicht wieder die Form eines imaginären Briefes gewählt, sondern die eines imaginären Gespräches zwischen uns beiden, wobei ich Ihnen die Handlung erzähle und manche Bemerkung daran knüpfe.
Ich hoffe, ja ich bin sicher, daß ich in dem kleinen Gespräch Sie nichts sagen lasse, was Sie nicht eventuell wirklich gesagt hätten.
Wallerstein und Roller harmonieren ganz gut und auf der mir als richtig erscheinenden Linie, genau zwischen antik und modern, zwischen Comédie und Märchen.

Herzlich der Ihre *Hofmannsthal*

P. S. Sie werden meine oben erwähnte Prosa in der Osterbeilage der «Vossischen Zeitung» und in der «Neuen Freien Presse» sehen[1].

[1] In den genannten Zeitungen am 8. April erschienen. – Gesammelte Werke, Prosa IV.

Lieber Dr. Strauss, Rodaun, Mittwoch 4. IV. 28

die Einfügung[1] wird in der «Neuen Freien Presse» nach Ihrem Wunsch durchgeführt werden. Nach Berlin habe ich den gleichen Passus expreß geschickt, doch fürchte ich, er kommt zu spät. Sollte unwahrscheinlicherweise die Berliner Fassung («Vossische Zeitung») der Frau Jeritza in die Hand kommen und das Fehlen des Passus dort ihr auffallen, so wäre so zu sagen (was der Wahrheit entspricht), daß der dortige Redakteur, dessen Raum in der Osternummer beschränkt ist, mich gebeten hat, eine Anzahl kleiner Kürzungen vornehmen zu dürfen!

Ich beschäftige mich unausgesetzt, teils in Gedanken, teils auf dem Papier, mit der Komödie. Die Bäder nehmen mich etwas her, aber an den badefreien Tagen bin ich besonders frisch. Ich glaube, die Komödie wird leicht, bewegt und lustig, und die Rollen sehr gut. Herzlich Ihr *Hofmannsthal*

Lieber Freund! Wien, 9. 4. 1928

Ihr «Helena»-Essay ist nach jeder Richtung hin ausgezeichnet, bedarf weitester Verbreitung, muß jedenfalls vor der Dresdner Première in den größten dortigen Zeitungen: «Dresdner Neueste Nachrichten» (Wolff) nochmals abgedruckt werden.

Ich hätte – für das große lesende Publikum – nur den schönen «Trank der Erinnerung» etwas stärker betont gewünscht – sonst tadellos! Kann ich Sie Mittwoch Nachmittag 1/2 5 in Rodaun besuchen? Wenn es Ihnen paßt, ist keine Antwort nötig! Könnte ich schon etwas von «Arabella» hören?

Ich fahre am 18. nach Chemnitz, am 22. nach Berlin (30.: dritte Eröffnungsvorstellung der erneuerten Staatsoper: «Rosenkavalier»). Vom 1. bis 20. Mai bin ich in Karlsbad, und erst ab 21. Mai mache ich hier die letzten «Helena»-Proben!

Mit schönsten Ostergrüßen Ihr *Dr. Richard Strauss*

[1] Der eingefügte Passus (in einer der supponierten Antworten Strauss') lautet: «Und was für eine Rolle für die Jeritza». Der Passus, der in der Fassung des Insel-Almanachs auf das Jahr 1929 fehlt, erscheint wieder in den Gesammelten Werken, Prosa IV.

Lieber Dr. Strauss Rodaun, 17. IV. 28

bitte schreiben Sie mir *ein paar Worte* über die Jeritza-Sache, wie Ihnen ihre Stimme in der Salome erschienen ist, und was Sie beschlossen haben. Ich weiß gar nichts – arbeite an der Spieloper und bin natürlich gespannt und beunruhigt über diese Sache.

Ich hoffe bestimmt, Ihnen den ersten Akt vor Ihrer Abreise nach Karlsbad vorlesen und mitgeben zu können.

[...]

Herzlich Ihr *Hofmannsthal*

Berlin, 25. 4. 28
Heerstraße 100

Lieber Herr von Hofmannsthal!

Fürstner ist mit mir der Ansicht, daß Ihr schöner Osterartikel, als viel zu früh erschienen, leider seinen Zweck der Aufklärung der Presse verfehlt hat, wenn er nicht noch einmal, unmittelbar vor der Uraufführung, in einer Form erscheint, daß ihn jeder dieser böswilligen Schafsköpfe gelesen haben *muß:* also etwa in der Sonntagsnummer (3. Juni) der «Dresdner Neuesten Nachrichten» oder wie sonst?

Wie denken Sie darüber, den schönen Passus über den Vergessenheitstrank im 4. Gesang der Odyssee als quasi-Motto dem Textbuch voranzustellen? Nach allem, was ich aus Laienmund und Regisseurmaul höre, wird man Ihnen die verschiedenen «Tränke» ankreiden, und da wäre es sehr gut, der Bande zu sagen, wo der Originaltrank zuerst vorkommt. Könnten Sie nicht sonst noch einige ältere Quellen anführen, die beweisen, daß der Liebestrank des «Tristan», der Vergessenheitstrank im I., der Erinnerungstrank im III. Akt der «Götterdämmerung» keine Erfindung von R. Wagner sind? Halte das in Ihrem Interesse für ungeheuer wichtig![1]

Alle Theater haben neuerdings die üble Gepflogenheit, als Er-

[1] Hofmannsthal hat dieser Bitte nicht entsprochen, jedoch ließ er den «Helena»-Essay mit kleinen Änderungen und Kürzungen noch in der Berliner Theaterzeitung «Schallkiste» (Juni 1928) und im Insel-Almanach auf das Jahr 1929 erscheinen.

satz der Lektüre des Textbuches auf dem programmbuchartigen Theaterzettel eine Inhaltsangabe der betreffenden Handlung zu geben. (Gesetzlich nicht zu verhindern!) Fürstner hat Sie schon einmal – vergebens – um eine solche kurze Inhaltsangabe der beiden Akte «Helena» (jeder Akt besonders) gebeten! Ich halte es für unerläßlich, daß Sie auch diese Bitte erfüllen, bevor jeder einzelne Dramaturg jeglichen Operntheaters eine solche Inhaltsangabe aus eigenem Mißverständnis verzapft. Fürstner würde diese Ihre Inhaltsangabe mit dem Notenmaterial zugleich liefern! Lassen Sie sich bitte überzeugen, daß jetzt noch alles geschehen muß, um von vornherein allen böswilligen oder ahnungslosen Mißdeutungen Ihrer Dichtung zu begegnen, bevor sie sich auf Jahrzehnte hinaus in den Strohköpfen festlegen, wie bei der «Frau ohne Schatten».

Dirigiere heute «Ariadne», Freitag «Elektra», Montag den 30. «Rosenkavalier» in der neueröffneten Staatsoper!

Bin 1. Mai Karlsbad (Hotel Pupp). Bekomme ich bis dahin bald den ersten Akt?

Mit schönsten Grüßen stets Ihr *Dr. Richard Strauss*

Lieber Dr. Strauss, [Rodaun,] 30. IV. 28

Ich habe alles daran gesetzt, um Ihnen diese kleine Freude zu machen, daß Sie den I. Akt der Spieloper dort finden; eine ziemlich produktive Stimmung ist mir zu Hilfe gekommen, und Sie werden das Manuskript in *wenigen* Tagen bekommen. Der Akt ist mindestens so lebendig und bewegt wie irgend einer des «Rosenkavalier», und die Figuren stehen mindestens so lebendig da.

Daß Fürstner eine Inhaltsangabe auch für Deutschland will, hat er mir nie gesagt. Ich werde ihm sofort eine machen. Nun soll mein aufklärender Artikel wieder zu *früh* erschienen sein! Der Fürstner ist ein rechter Angstmeier, und dazu, sammt seinem Oertel, von einer so *sturen* Hilflosigkeit in allen solchen Sachen. Wenn ich denke, wie geschickt Fischer alles in die Hände spielt und in den Mund legt. Warum bestellt Fürstner sich nicht ein Dutzend Exemplare aus Wien und schickt sie den wichtigsten

Kritikern persönlich! Ich werde ihm den höflichen, nichts sich vergebenden Brief *vorschreiben*, mit dem er diese Sendung begleiten kann. Die Dresdener Zeitung vom 3. Juni dürfte niemand zu Gesicht kriegen, da die Kritiker ja erst am 4. oder 5. eintreffen!

Was ist aber mit den *Tränken?* Ich verstehe gar nicht. Wagner hat ja doch um Gottes willen die Tränke nicht *erfunden!!* Der eine (Nibelungen) ist aus der Edda, der andere aus der Tristansage. In den Sagen und Mythen sind doch diese Tränke etwas *Stehendes*, längst vor Homer in den indischen Sagen, den keltischen, den germanischen, überall! Sind denn diese Menschen solche Botokuden?! Irgendeine Art Bildung muß man doch voraussetzen. Aber schließlich gibt's auch noch ein Mittel – daß Sie sich irgendeinen dieser Kritiker vorher einmal kommen lassen (z. B. Kralik, oder irgendeinen in Dresden, 5 bis 6 Tage vor der Première) und im Gespräch diesen Punkt streifen und sagen: «*So* ungebildet werden doch Ihre Kollegen nicht sein, daß man sie erinnern muß, daß in der Odyssee IV dies vorkommt, usf. usf.», das ist wirksamer als ein Motto. Denn A) ein Motto schaut niemand an oder schauts an und ignorierts! B) Wenn da «Homer» steht, so gibt das gleich ein Gerüchlein von Schule, Museum, Philologie, das schadet unendlich mehr als es nützt!

Nicht ganz ohne Sorge schicke ich etwas so Wichtiges wie den ersten Akt der Spieloper gerade nach *Karlsbad*. Ich erinnere mich, daß die Kur Sie angreift und erregt. Bitte, wenn Sie etwas dergleichen fühlen, legen Sie das Manuskript weg – damit sich einer so heiteren und hübschen Sache gegenüber nicht das wiederholt, was ich nie aus dem Gedächtnis verliere: wie Sie mich die «Ariadne» gerade in den Augenblicken an Sie schicken ließen, wo durch das Entwöhnen von der Zigarette Ihnen für ein paar Wochen alles zuwider war!

Herzlich Ihr *Hofmannsthal*

P. S. Einen Artikel von dem Umfang, wie den über die «Helena» konnte ich nur in der (Weihnachts- oder) *Osterbeilage* placieren. Später haben Tageszeitungen keinen Raum für dergleichen!

Lieber Dr. Strauss, Rodaun, 2. V. 28

hier ist der 1. Akt, hoffentlich trifft er Sie bei Wohlbefinden und guter Laune – darauf ist das Lustspiel angewiesen.

Der Akt hat, nach Abrechnung der gestrichenen Stellen (bitte machen Sie die Striche nicht auf, es sind wirklich unwesentliche Stellen) circa 550 volle Verszeilen. Der erste Akt «Rosenkavalier» hat circa 620. Alles Herzliche von Ihrem *Hofmannsthal*

Grand Hotel Pupp, Karlsbad, 3. 5. 1928

Lieber Herr von Hofmannsthal!

Besten Dank für Ihren Brief! Ich habe Fürstner bereits die nötigen Informationen geschickt, ihm empfohlen, von Ihrem Osterartikel der «Neuen Freien Presse» einen Separatabdruck anfertigen zu lassen, wenn dies gestattet und Ihnen recht ist – und den Textbüchern für die Kritik beizulegen. Außerdem habe ich ihm geschrieben, daß Sie ihm die (von den Theatern verlangte) Inhaltsangabe selbst anfertigen und zuschicken würden. Vielleicht können Sie darin zart andeuten, daß eine gewöhnliche Inhaltsangabe für jede wirkliche Dichtung und auch für Operntexte höheren Niveaus sinnlos und unnötig ist. Was ist denn der sogenannte äußere Inhalt des «Tristan»? Bedeutungsvoll doch erst, was Wagner hineingelegt hat. Das Wichtigste wäre doch, daß, wie beim «Tristan», die Leute Ihre Dichtung erst ordentlich studieren, und notwendig, daß die Inhaltsangabe die Leute zur Lektüre anreizt, statt sie ihnen zu ersparen. Wie wäre es, wenn Sie (wie ich zum «Intermezzo», das Musikalische und Stilistische betreffend) zum Textbuch eine direkte Vorrede schrieben, in der außer der erwähnten Inhaltsangabe einiges Entscheidendes über Wesen und Form eines Operntextes, Unterschied von rezitiertem Drama und für Musik geschriebener Dichtung stünde: u. a. eine Bemerkung, daß außer demjenigen, der ihn komponieren will, niemand einen ernsthaften, dichterisch wertvollen Operntext überhaupt beurteilen kann, bevor er ihn nicht mit der dazugehörigen Musik gehört hat. Auch Ihre Bemerkung über die Tränke müßte hinein! Wenn Sie wüßten, was ich schon alles Dummes wieder über die Tränke und den «dunklen, un-

verständlichen» Text habe hören müssen. Wir beide können uns immer noch nicht vorstellen, wie groß die Unbildung heutzutage ist. Zudem sind [die] Botokuden gegen die erfolgreichen Autoren des «Rosenkavalier» heute auch noch böswillig.
Bedenken Sie, was für hübsche und bissige Vorreden B. Shaw zu seinen Stücken geschrieben hat: und an ihn trauen sich die Kerle doch verhältnismäßig wenig ran[1].
Vorreden sind zudem heute besonders modern. Sogar Burschen wie Schönberg und Krenek geben zu ihrem Bockmist «erläuternde Vorträge». Was zur Aufklärung geschehen kann, muß vor dem 6. Juni geschehen! Gerade das «Intermezzo» hat gezeigt, daß sich die Bonzen der Kritik weniger als sonst an die Musik herangewagt haben. Vor allem lenkt sie so ein Vorwort von dem Stück selbst ab, und sie schreiben dann darüber weniger und beschäftigen sich mehr mit der Vorrede! Denn je weniger Unsinn über die Sache selbst geschmiert wird, desto besser! Verstehen tun sie's ja doch nicht! –
Soeben erhielt ich die «Arabella», habe sie bereits dreimal aufmerksam gelesen und finde den I. Akt[2] im ganzen famos. Die Figuren sind sehr gut und plastisch, besonders hübsch und originell der «Gutsbesitzer». Etwas wenig profiliert erscheint mir bis jetzt nur Arabella und ihre kurzen Dialoge mit den drei Grafen, (für Hofmannsthal) etwas unbedeutend und gewöhnlich. Nur der Aktschluß scheint mir nicht glücklich. Er müßte meines Erachtens unbedingt mit einer Soloszene, Arie, lyrischem Erguß von Arabella schließen. Der jetzige Aktschluß ist ja recht hübsch, aber für eine Oper nicht wirkungsvoll genug. Cosima Wagner sagte mir einmal: «Die Hauptsache sind die Aktschlüsse»! Vor allem möchte ich jetzt doch gerne die Weiterentwicklung der Handlung und die beiden anderen Aktschlüsse kennen! Können Sie nicht erzählender Weise, soweit Sie selbst

[1] Hofmannsthal beschränkte sich darauf, dem Textbuch eine Inhaltsangabe mitzugeben.

[2] Es handelt sich um die erste Fassung des I. «Arabella»-Aktes, zuerst veröffentlicht von W. Schuh in «Die Neue Rundschau», Jg. 65, Heft 3/4, 1954, Frankfurt a. M. Jetzt ebenda in Ges. Werke, Lustspiele IV und in der Krit. Ausgabe, Bd. XXVI, Operndichtungen 4 (Hg. von H.-A. Koch), 1976.

[es] jetzt schon im Plan haben, das Gerippe der weiteren Handlung diktieren und hieherschicken, damit ich eine kleine Übersicht habe? Ich wäre sehr dankbar! Vom 21. bis 28. Mai bin ich wieder in Wien und wir könnten dann vielleicht noch ersprießlicher Weise mündlich konferieren! Jedenfalls gratuliere ich herzlichst zum bisher Geleisteten und erhoffe das beste vom weiteren Verlauf!
Vielleicht bedenken Sie, daß der Erfolg des «Rosenkavalier» – außer dem mißverstandenen Walzer – der Auftritt des Rosenkavalier, der Schluß des I. Aktes und das Terzett waren!
Mit schönsten Grüßen Ihr hocherfreuter, dankbar und aufrichtig treu ergebener *Dr. Richard Strauss*

Lieber Freund! Grand Hotel Pupp, Karlsbad, 6. 5. 1928
Bezugnehmend auf meinen letzten Brief möchte ich empfehlen, daß Sie erstens für Fürstner eine Inhaltsangabe anfertigen, die derselbe an die Theater für deren programmbuchartigen Theaterzettel verschickt, bevor die betr. «Dramaturgen» irgendwelchen Unsinn verzapfen. Zweitens eine richtige, ausführliche Vorrede zum Textbuch in dem Sinne, wie ich Ihnen bereits schrieb, mit Anführung allen Quellenmaterials, das die Presseleute (laut Karpath!) gern schwarz auf weiß vor sich haben, statt daß sie es sich mühsam zusammensuchen müssen, außerdem die wichtigen Teile Ihres Artikels in der «N. Fr. Presse», den übrigens der gute Karpath auch wieder «reichlich dunkel» fand. Derselbe Karpath erbot sich, statt Gregors für das Wiener Programmbuch eine «populäre» Inhaltsangabe der «Helena» zu verfassen, was ich aber ablehne. Stattdessen beabsichtige ich, selbst ihm ein Interview[1] zu schreiben, in dem manches, was ich auf dem Herzen habe, Platz finden kann, ebenso die «Tränke», von denen Karpath ebensowenig Ahnung hatte, wie wahrscheinlich die meisten seiner Kollegen! Ist Ihnen das recht? Ich glaube, es gilt, den Leuten vorher so viel Waffen als möglich aus der Hand zu nehmen.

[1] Dieses «Helena»-Interview ist abgedruckt in Richard Strauss, «Betrachtungen und Erinnerungen», Atlantis Zürich u. Freiburg i. Br. 1949, [2]1957.

Ich sah unlängst die im ganzen recht hübschen Dresdner Dekorationsentwürfe. Wünschen Sie dort, wie vorgeschrieben, die Muschel auf dem Dreifuß (sieht halt ein bißchen aus wie ein Grammophon!) oder wie in Wien in eine Säule eingebaut? Beides ist noch möglich! Bitte schreiben Sie darüber selbst an Fanto!
Ich habe schon viel über «Arabella» nachgedacht und finde, daß der 1. Teil des Aktes bis zur Szene des Gutsbesitzers (inkl.) gut disponiert ist, aber von da ab einen ziemlichen Knacks hat und sich arg zersplittert.
Der Kulminationspunkt des Aktes nach der melancholischen Einleitung ist doch der Moment, wo Waldner zu seiner Frau sagt: «Er hat ums Mädel angehalten».
In diesem Augenblick oder von der Stelle ab:
Adelaide: «Der Graf Mandryka – hat um dich angehalten, meine Tochter»
müßte ein starker Einschnitt sein, ein lyrischer Halt, etwa ein längeres Quintett: Waldner, Adelaide, Arabella, Zdenka, Matteo, – die beiden letzteren abseits könnten dabei etwa schon einen Teil ihrer späteren Dialoge absolvieren (denken Sie an das Quartett im 4. Akt «Rigoletto»).
Dieses Quintett müßte abgeschnitten werden von der Erklärung Arabellas: «Papa, heute nachmittag bin ich nicht frei» – von da ab müssen sich die Personen allmählich verlieren, bis nur mehr Zdenka und Matteo übrig bleiben: zum Schluß die bereits erbetene, den Akt wirkungsvoll abschließende Arie der Arabella (ein hübsches Beispiel die Arie der Katharina im letzten Akt der «Widerspenstigen» von Goetz!).
Wie gesagt, die Architektur der letzten sieben Seiten ist nicht gut, hat keine musikalische Linie, zuviel Durcheinander im Dialog, ist schlecht zu komponieren und kaum zu einheitlichem musikalischem Gebilde zusammenzufassen. Bitte, denken Sie darüber nach, wie dies besser zu gruppieren wäre, bis wir uns am 22. Mai sprechen können.
Mit herzlichen Grüßen Ihr *Dr. Richard Strauss*

Lieber Freund! Grand Hotel Pupp, Karlsbad, 9. 5. 28

Ich studiere täglich mit Eifer den I. Akt und denke angestrengt darüber nach, was ihm für die musikalische Bearbeitung fehlt. Ich glaube, der Fehler liegt darin, daß der Aufbau nicht einheitlich genug, die verschiedenen wichtigen Motive zu zersplittert und oft nur so en passant eingestreut sind und einer geschlossenen musikalischen Linie schwere Hindernisse bereiten. So halte ich es nicht für gut, daß Zdenka und Matteo drei Szenen eingeräumt sind, statt alles, was sie sich zu sagen haben, in zwei längeren Szenen abzumachen, daß z. B. das Motiv, warum Zdenko Mädchen werden soll, daß sie «etwas Gefährliches» hat, so verstreut und gleichsam nebenbei behandelt wird, und so manches andere, das meiner Ansicht nach einer nochmaligen Durcharbeit Ihrerseits für eine glückliche musikalische Gestaltung bedarf.

Ich kann immer nur wieder auf den I. Akt «Lohengrin», den I. Akt der «Jungfrau von Orleans» hinweisen, deren Schema cum grano salis auch beinahe auf «Arabella» zutrifft.

I. Szene: melancholische Stimmung der bevorstehenden Katastrophe Waldners (mit kurzer, etwas lebhafter Unterbrechung durch die drei Fiaker) festzuhalten bis zur Szene mit Mandryka.

II. Szene: Aufleuchten neuer Hoffnung durch die Eröffnungen des Gutsbesitzers: als lyrischen Kulminationspunkt das bereits von mir erbetene Quintett: dessen Grundbaß Waldner (etwa das Verlesen der Rechnungen mit Unterbrechung des «Teschek, bedien Dich») bilden soll, die Mittelstimme Adelaide mit ihren hysterischen Ausbrüchen der Prophezeiung der Wahrsagerin, wiederholten Ausrufen der Lotteriezahlen – als Gegenspieler im Hintergrund Zdenka und Matteo mit leidenschaftlichem Dialog, darüber schwebend Melodie der Arabella (nach Art der Marschallin im III. Akt: «Heut oder morgen oder den übernächsten Tag» – –).

Wenn das Quintett durch die Erklärung der Arabella abgeschnitten ist, ein Auseinanderstreben der verschiedenen Elemente, Abgänge Waldners und seiner Frau mit etwas längeren charakteristischen Aussprüchen, verzweifelter Entschluß Ara-

bellas, mit dem Bauunternehmer[1] anzubändeln, dann Szene Matteo-Zdenko, und am Schluß die schon erbetene große Arie Arabellas, welche in diesem Akt bisher (zu Gunsten ihrer Schwester!) entschieden zu kurz kommt.
Also Gesamtdisposition:
I. Szene: Depression
II. Szene (Mandryka): heiter und lebhaft, klingt hoffnungsfreudig im Quintett aus.
III. Szene: Verzweiflung, Leidenschaft, Vorbereitung der seelischen Konflikte der folgenden Akte.
Ich weiß nicht, ob ich mich Ihnen verständlich ausdrücke, ich weiß nur, daß dieser Aufbau bis jetzt zu wenig einheitlich erfolgt, in zu wenig geschlossener Linie, und daß viele wichtige Motive zu flüchtig nur angedeutet, zu verstreut nur eingeflochten sind, und daß vieles stärker profiliert und deutlicher ausgesprochen sein müßte.
Für das gesprochene Lustspiel wäre die jetzige Form sicher genügend, für die Oper, wo sowieso so viel Text verlorengeht, ist die Linienführung zu hart. Ich werde mir bis zu meiner Rückkehr nach Wien am 20. Mai die entsprechenden Notizen machen, damit wir dann gleich zu nutzbringender mündlicher Arbeit fortschreiten können und bitte Sie, inzwischen nicht böse zu sein, daß ich schon wieder so kritisch sein muß. Aber schließlich muß ich doch das Ganze komponieren und möchte es gut machen. Mit schönsten Grüßen Ihr *Dr. Richard Strauss*

Ich hoffe bestimmt, daß Sie mit mir ab Pfingstdienstag den letzten Proben der «Helena» in Dresden beiwohnen! Ist sehr wichtig!

Lieber Freund! Grand Hotel Pupp, Karlsbad, 13. 5. 28
Bei der Lektüre Ihrer schönen Inhaltsangabe versuche ich, mich in den Standpunkt des Laien, des Banausen, des stumpfsinnigen, böswilligen Kritikers zu versetzen, und möchte folgende Bedenken Ihrer nochmaligen Überlegung unterbreiten.

[1] Der Bauunternehmer kommt – ohne selbst auf der Bühne zu erscheinen – nur in der ersten Fassung von Akt I vor.

Sind die von mir unterstrichenen Zeilen nicht eine Handhabe für die Übelwollenden, zu konstatieren, daß im zweiten Akt dasselbe vorgeht wie im ersten? Wäre es nicht besser, die beiden genannten Zeilen ganz zu unterdrücken und lieber die Wandlung in Menelas noch stärker herauszuarbeiten, den Fortschritt der inneren Handlung – und auch den Tod des Da-ud zu erwähnen?

Meine Frau, vom Standpunkt des Laienlesers, bittet, dem Vorwort mehr Absätze zu geben, da sich so lange absatzlose Seiten «schwer lesen».

Ich habe die Absätze angedeutet und auch Fürstner geschrieben, er solle die Inhaltsangaben erst drucken, wenn er von Ihnen die endgültige Fassung, falls Sie überhaupt noch etwas zu ändern geneigt sind, erhalten hat.

Was die «Arabella» betrifft, so halte ich nach wie vor die Figuren für ausgezeichnet, die Exposition spannend und vielversprechend – nur die Form des Aktes nicht genügend durchgearbeitet, zu zersplittert und für die musikalische Bearbeitung die einzelnen Motive nicht genügend kompakt zusammengefaßt.

Sind Sie geneigt, in diesem Sinne den Akt nochmals zu überarbeiten? Er scheint mir ein bißchen in der Skizze steckengeblieben, auch in einigen stark prosaischen Redensarten nicht ganz auf der Höhe Hofmannsthalscher Diktion!

Seien Sie nicht böse und herzlich gegrüßt von Ihrem stets aufrichtig ergebenen *Dr. Richard Strauss*

Rodaun, 15. Juni 28

Geschrieben unter dem Eindruck des 3. Hörens in Wien.

Lieber Freund,

ich bitte Sie *inständig*, lassen Sie sich noch morgen oder übermorgen, kurz: bevor Sie weggehen (sonst kommt es nie mehr dazu!) Alwin und Wallerstein kommen und ordnen den Schluß von I, bezüglich der Elfen. Es können sich links und rechts ganz vorne je 2 bis 3 Elfen, oder auch mehr, einschleichen (das paßt zu dem zudringlich neugierigen Wesen der Elfen) und sie müssen die Schluß-Stellen (womöglich auch schon das: «Wie oder

nicht?») ad spectatores singen, sonst kommt der Aktschluß um seine Pointe und wird *stumpf.* Das wäre schade.
Ferner aber: die Muschelszene, die eigentliche Exposition des Stückes, in Dresden so reizvoll, so stark und wirkungsvoll, ist hier *ruiniert.* a) Man versteht kein Wort von der Muschel, ja man hört kaum, daß jemand singt. Ein unbestimmter Klang mischt sich ins Orchester. Das Publikum (ich beobachtete Logen und Parkett mit dem Glas) wird entspannt, zerstreut – die Leute sagen sich: das ist *unwichtig.* (In Dresden das genaue Gegenteil!). Nämlich b) Man versteht auch die Dienerin *sehr* schlecht. Das liegt in der Stellung. Sie muß herunter, vis à vis der Muschel, und weiter weg von Aithra, so daß sie (wie in Dresden) der Aithra das von der Muschel erlauschte laut *zusingt.* Die Sängerin der Muschel aber *muß anderswohin,* vielleicht ganz vorne hinter die Vorhänge, durch ein verschleiertes Loch *nach vorne singend.* (Hat diese Kittel überhaupt eine Stimme?) Diese Exposition gehört zu meinen besten Einfällen – daß er bestehen bleiben und *wirken* kann, hat sich in Dresden ergeben. Hier ist es einer der schwächsten, ödesten Momente des Aktes, leider! Es kursiert schon im Publikum der Witz: die Muschel ist zwar allwissend, aber man erfährt nichts von dem, was sie weiß. – Ich habe mich auf den Proben nicht eingemischt, weil ich dachte: das geht nur die Musiker an – aber schließlich ist es meine Pflicht, die Wahrheit zu sagen. Also *bitte* helfen Sie dem ab!
Sehr herzlich Ihr *Hofmannsthal*

Leopoldskron, 21. Juni 28
demnächst Rodaun

Lieber Dr. Strauss,

Ich habe den Akt I auf Grund der während des Rodauner Gespräches gemachten Notizen genau durchgedacht. Die Umbildung der auf Seite 25 beginnenden Szenen des Schlusses (Ensemble, Arabellas Stimme darüber schwebend usf.) mache ich in den nächsten Tagen, sobald ich wieder in Rodaun bin. Solches Umgießen erfordert große Konzentration, damit alles in der neuen Form natürlich, nicht forciert erscheint.
Bis Seite 25 aber können Sie das Vorhandene unbedenklich Ihren

produktiven Träumereien zugrunde legen, mit *einer* Veränderung: Sie sagten mit Recht: drei Begegnungen Zdenka-Matteo sind zu viel. Nun denn: die mittlere kann ohne Schaden wegfallen. Tragen Sie folgendes in Ihr Exemplar ein: Seite 11.
Matteo (in Uniform, mit Kappe, Säbel und Handschuhen in der Hand, ist leise durch die Mitte eingetreten): «Die drei schon wieder!» (er verschwindet sofort)
demnach zu streichen die Stelle des Matteo Seite 11 weiter unten. Ferner: Adelaide: «Herr Leutnant, kommen Sie doch zu uns!» (Seite 11) sowie Seite 14 alles von Zdenka bei Matteo – bis: Matteo (verschwindet). Adelaide wird eine sehr *gute* Rolle, zum Spielen und zum Singen. Größere, dankbare Stellen bekommt sie in II und III. Im I. möchte ich lieber *nichts* ändern, außer den Veränderungen ab Seite 24. – Ich glaube, der Stil des Ganzen ist richtig, um ein Neues zu bringen. Das – daß keine Arbeit im Stil einer früheren zu sehr gleiche, halte ich für meine Hauptverpflichtung Ihnen gegenüber. – Schreiben Sie mir aber doch ein paar Stellen auf, die Sie für vernachlässigt im Ausdruck halten!

[Unterschrift Hofmannsthals fehlt][1]

Lieber Freund! Garmisch, 24. 6. 1928

Zur Vermählung Ihrer Tochter[2] senden meine Familie und ich Ihnen, Frau Gerty und dem jungen Paare unsere wärmsten Glückwünsche! Ihren Brief aus Salzburg habe ich erhalten. Haben Sie unsere neue Arbeit mit Reinhardt durchgesprochen? Hat er nicht ein paar hübsche Regisseureinfälle? Es fehlen mir bis jetzt an «Arabella» so eine Reihe szenisch wirksamer Glanzlichter, wie sie «Helena» und besonders auch der «Rosenkavalier» enthält. Denken Sie an das Lever, die lange, so ungeheuer stimmungsvolle Schlußszene des I. Aktes, die fabelhaft gute Überreichung der Rose, den Walzerschluß des II. Aktes, das Terzett im III. Akt. Kurz: das eigentlich Bildhafte, rein pantomimisch

[1] Vielleicht gehörte zum vorstehenden Brief noch ein nicht mehr vorhandener Bogen.

[2] Christiane von Hofmannsthal heiratete den Indologen Heinrich Zimmer (1890–1943).

Verständliche, dessen ein guter Operntext bedarf, von dem fast immer gut ein Drittel der Worte verlorengeht, der beste Dialog dem großen Publikum mehr oder minder uninteressant bleibt. Ich hab es jetzt an der «Helena» wieder gesehen, wo ich mir doch redlichste Mühe gegeben habe, das Dichterwort möglichst plastisch herauszuarbeiten.

Der erste Akt «Arabella» in seiner jetzigen Fassung, so hübsch er an sich ist, ist bis jetzt *als Operntext* nicht brillant genug. Es wird vom 2. und 3. Akt abhängen, wie weit er als Exposition (ohne allzu große unmittelbare Wirkung!) passieren kann. Der Aktschluß mit den zwei Nebenfiguren ist auf keinen Fall gut.

Bitte schicken Sie mir möglichst bald den II. Akt, entweder ganz – oder deutliche Entwürfe der beiden letzten Akte, damit ich das Ganze besser überblicken kann.

Bis jetzt kann ich mit diesem etwas zersplitterten I. Akt, in dem besonders die Titelrolle noch recht skizzenhaft behandelt ist, noch nicht recht viel anfangen.

Vor allem ist Arabella bis jetzt noch durchaus keine – Rolle! Seien Sie nicht böse, wenn ich – besonders nach der ausgezeichneten «Helena», immer anspruchsvoller werde.

Mit herzlichsten Grüßen Ihr stets getreuer *Dr. Richard Strauss*

Lieber Dr. Strauss, Rodaun, 27. Juni 28

Von «bös sein» kann doch keine Spur sein – erstens bin ich, wie Sie selbst es von sich einmal sagten, «in künstlerischen Dingen unbeleidigbar», dann aber haben Sie doch mit Ihren Bedenken und Erwägungen durchaus *recht*, *recht* mit Ihren Forderungen: a) pantomimische Situationen, b) gute Rollen! Das sind elementare Wahrheiten. – Aber bitte hetzen Sie mich nicht, *alles* Gute wird bei mir nur in der Konzentration, ich bin vom *Einfall* abhängig, selbst für *kleine* Dinge – von denen aber oft das Entscheidende abhängt. So war das Lever, das Überreichen der Rose beim Konzipieren des Ganzen scheinbar ein *kleines* Ding – aber von großer Bedeutung.

Im Ganzen: ich habe zu diesem Stoff ein großes Zutrauen, wie fast zu keinem Stoff früher – also *muß* etwas Gutes, Lebendiges,

sich Steigerndes, Fortreißendes daraus zu machen sein – aber Ihre Forderungen will ich mir als eherne Gesetze vor mich stellen. Lassen Sie mir jetzt ein paar Tage, das Ganze gut durchzudenken, und Ihnen lebendig die Vorgänge von II und III hinzuschreiben.
In I habe ich immer, schon beim ersten Konzipieren, diesmal einen reinen Expositionsakt gesehen, ganz entgegengesetzt zum «Rosenkavalier», wo Akt I eigentlich ein Stück für sich ist, in II dann die eigentliche Hauptfigur, die Marschallin gar nicht erscheint (was für ein Fehler, theoretisch gesprochen) und III vielen Leuten als «zusammengeflickt» erschien! Ich erinnere mich, wie mir Arthur Schnitzler seine Bedenken sagte, daß das Lustspiel von I zu II zu III *absinke!*
Und *Ihre* Bedenken, daß nichts «Lustiges» darin sei, nichts zum Lachen – Ihre Angst, daß der Ochs hinter Lortzings Figuren zurückbliebe!
Aber trotzdem! *Man muß immer wieder sehr aufpassen!*
Ich muß also besonders auf die Arabella als Gestalt, als Rolle aufpassen. Zdenka ist eine gute Rolle, der Tenorino auch, Waldner und Adelaide sind gute, scharfumrissene, lustige Figuren, und Mandryka mit seinen slawischen Balladen, Tanzliedern und Volksliedern wird eine neuartige und *sehr starke* Rolle – also Arabella!
Das ist ja zwischen uns ausgemacht, daß *sie* den Schluß von Akt I bekommt, zuerst melancholisch, dann *abrupt.* – Also: corraggio e pazienza!
Ich wollte auch Reinhardt den Akt vorlesen, die andern erzählen – ich tue es auch bestimmt noch, so bald als möglich! Aber in Leopoldskron war kein freier Augenblick – die Arbeit an diesem Filmszenario[1] fraß uns ganz auf, bis spät abends. Sie müssen verstehen: er bat mich, ihm bei dieser Sache zu helfen und ich sagte ausnahmsweise zu. Es ist eine Arbeit, die sich in wenigen Wochen abspielt und entscheidet. Wenn negativ, so habe ich 14 Tage verloren, wenn es aber gelingt, so habe ich nie wieder etwas damit zu schaffen und bekomme auf den

[1] Dem nicht zur Ausführung gelangten Filmprojekt lag ein religiöser Stoff (das Leben der Therese von Konnersreuth) zugrunde.

Tisch eine Summe, von der ich das Haus für Christiane in Heidelberg bauen kann. Das konnte ich nicht ablehnen, als Vater verstehen Sie das. Herzlich Ihr *Hofmannsthal*

P. S. *Bitte* schreiben Sie doch ein paar von den Stellen, die Ihnen vernachlässigt im Ausdruck erschienen! Es verletzt mich *nicht im geringsten*, sondern interessiert mich!

P. S. Eben den Akt I wieder sehr kritisch durchgelesen und das Ensemble mit darüber schwebender Stimme Arabellas skizziert (Seite 25 ff.). Ebenso den Schluß – Arabella ihren Brief schließend, einen Moment traurig, dann abrupt schließend.
Ja, die Gefahr, die vermieden werden muß, ist diese: ich darf nicht zu nahe ans Konversationsstück herankommen!
Darf ich einen Vorschlag machen? – Beschäftigen Sie sich einmal ein bißchen mit dem balladenartigen Stück des Mandryka, das S. 20 unten beginnt!
«Kommen meine Verwalter, was ist's mit unserm Herrn?...»
so wie wenn es der Text für ein Lied wäre. Vielleicht hilft das, den Stil und Umriß für diese so wichtige Figur gewinnen!

Lieber Freund! Garmisch, 3. 7. 28

Vielen Dank für Ihren schönen Brief: ich finde, wir verstehen uns von Jahr zu Jahr besser, schade, daß so gute Arbeit fortwährender Vervollkommnung einmal ein Ende haben muß und andere wieder von vorne anfangen müssen. Ihre genaue Erkenntnis dessen, was ich dem neuen Stoff noch geben möchte, bürgt mir dafür, daß Sie das Rechte (d. h. dasjenige, was ich als Musikant bis jetzt noch zu *brauchen glaube!*) – vielleicht stellt sich beim Komponieren heraus, daß ich es nicht brauche – auch finden werden. Lassen Sie sich bitte Zeit, so lange Sie wollen – ich habe Geduld und beschäftige mich – Ihrem ausgezeichneten Rat folgend – vorläufig mit Mandryka, der doch den Ton des Ganzen bestimmt und den Stil festlegen muß.
Also ich warte! Mit herzlichen Grüßen Ihr *Dr. Richard Strauss*

«Helena» auch in Dresden bis zum Schluß volle Häuser!

LANDHAUS
RICHARD STRAUSS

GARMISCH 3. 7. 28.

Lieber Freund!

Vielen Dank für Ihren schönen Brief: ich finde, wir verstehen uns von Jahr zu Jahr besser, schade, daß so gute Arbeit fortlaufender Vervoll-kommnung einmal ein Ende haben muß u. beide wieder von neuem anfangen müssen.

Ihre genaue Erkenntnis dessen, was ich dem neuen Stoff noch geben möchte, bürgt mir dafür, daß Sie das Rechte (z. B. Steigerung, was ich als Musikant bis jetzt noch zu vermissen glaubte!) — ein Dichter stellt sich keine Langeweile heraus, daß ich was ich brauche — auch finden werden.

Lassen Sie sich bitte Zeit, so bringen Sie alles-

Ich habe Zeit u. beschäftige mich – Ihrem ausdrücklich ausgesprochenen Rat folgend – vorläufig mit Mandryka, der doch den Ton des Ganzen bestimmt u. den Stil festlegen muss.

Bitte, ich warte! Mit herzlichsten Grüssen

Ihr

Dr. Richard Strauss.

Helena zog in Dresden bis zum Schlusse volle Häuser!

Lieber Dr. Strauss, Rodaun, 13. VII. 28

Sie können denken, daß Ihre Bedenken auch mich stutzig gemacht haben – und daß mir der Gedanke nahe kam, das Angefangene wegzulegen – auf die Gefahr, auch jahrelang wieder nichts, das mir für Musik geeignet erscheint, zu finden. Ich habe mich die ganze Zeit inzwischen eigentlich nur mit der Spieloper beschäftigt, mit dem Resultat, daß ich den Stoff und die Figuren immer lieber gewinne und zu dem Ganzen das größte Vertrauen habe – das bestimmte Vertrauen, er könne es – bei etwas verändertem Stil – mit dem «Rosenkavalier» aufnehmen.

Sie bekommen morgen oder übermorgen: den völlig umgearbeiteten Schluß des ersten Aktes (die Gestalt der Arabella beleuchtend herausgearbeitet, ein Ruhepunkt, Ensemble, alles nach Ihren so begründeten Wünschen) und die Handlung von II und III genau und deutlich aufgeschrieben.

Ich habe indessen auch mehreren Menschen, auf deren Sinn für dramatischen Aufbau ich mich verlassen kann (nicht lauter Literaten, aber Max Mell darunter, der viel vom Dramatischen versteht) Akt I vorgelesen, das übrige erzählt und um strengste Schärfe und Aufrichtigkeit gebeten. Das Resultat war *unbedingt* bejahend. Der Stoff sei reizvoller, einheitlicher, konstruktiv besser als der R. K. – die Figuren seien lebendig, sympathisch und alle *neu* (tatsächlich kenne ich in der ganzen Bühnenliteratur keine Figuren wie diese beiden Mädchen, wie Mandryka, wie Waldner und Adelaide, – vergleichsweise ist die Figur und Lebenssituation der Marschallin *konventionell* – die unverbrauchte Epoche, 1860er Jahre, welche «fällig» wird – die Wahl dieser Epoche begrüßten auch Roller und Wallerstein als besonders glücklich –, kurz, ich konstatiere in so vielen von mir provozierten Urteilen nicht *einen* negativen Punkt. – Aber die Entscheidung liegt natürlich bei Ihrem Gefühl.

Über das Sprachliche ein Wort. Im Reden der Figuren sehe ich die eigentliche dichterische Kreation. Wie sie reden, wie ihr Ton wechselt, wie ihre Diktion steigt und sinkt – darin ist mir das Mittel gegeben, die Charakteristik wahrhaft lebendig zu machen, alle sozialen Unterschiede, auch vieles kaum direkt Aus-

sprechbare *zwischen* den Figuren fühlen zu machen. So den Abstand zwischen Octavian und dem verbauerten Ochs, so das bürgerlich-alberne, gespreizte, angelernte Wesen von Sophie usf. usf.
Ich arbeite in diesem Punkt immer mit der gleichen Sorgfalt. Wenn Sie schreiben, die Diktion sei «für H. v. H.» an irgendwelcher Stelle nicht auf der Höhe, so waltet da ein Irrtum. Alles kostet mich genau die gleiche Konzentration – eine Zeile von Aithra oder eine von Waldner – und die Zeile «Leopold, i zahl, i geh» ist im Grunde nicht schwerer und nicht leichter zu erfinden als «Gewogene Lüfte, führt uns zurück!»
Das Entscheidende ist, einen richtigen Ton fürs Ganze zu finden, einen gewissen Gesamtton, in dem das Ganze lebt. Dieser ist z. B. in der «Helena» zwischen elegant und feierlich (und unendlich weit von dem finster wuchtigen Ton der «Elektra», aber auch sehr verschieden von dem elegischen Ton der «Ariadne»). Der Ton der «Arabella» wieder unterscheidet sich *sehr* von dem des «Rosenkavalier». Es ist beidemal Wien – aber welch ein Unterschied liegt dazwischen – ein volles Jahrhundert! Das Wien unter Maria Theresia – und das Wien von 1866! Jenes Wien des XVIII. Jahrhunderts tauche ich mit einer (übrigens völlig erfundenen) Sprache in eine zugleich pompöse und gemütliche Atmosphäre – die Atmosphäre der «Arabella», unserer Zeit schon sehr nahe, ist gewöhnlicher, natürlicher, ordinärer. Den drei leichtfertig nach Frauen und Mädchen jagenden Grafen, dem ganzen zweifelhaften Milieu dieses kassierten Rittmeisters Waldner haftet etwas Ordinäres an, ein etwas ordinäres und gefährliches Wien umgibt diese Figuren – von diesem Grunde hebt sich die selbstverantwortliche mutige Arabella und die rührend haltlose Zdenka ab – vor allem aber ist dieses vergnügungssüchtig-frivole, schuldenmachende Wien die Folie für Mandryka – ihn umgibt die Reinheit seiner Dörfer, seiner nie von der Axt berührten Eichenwälder, seiner alten Volkslieder – hier tritt die *Weite* des großen halb-slawischen Österreich herein in eine Wienerische Komödie und läßt eine ganz andere Luft einströmen, darum war ich entzückt, daß Ihr

sicheres künstlerisches Gefühl in der Figur des Mandryka den Schlüssel des Ganzen empfindet.
Die Adelaide wird auch eine sehr gute, sehr liebenswürdige *Rolle*. Sie muß noch recht hübsch sein – ich denke an die Olszewska.
Ich lege einen Brief von Franz Werfel[1] bei, worin dieser das mündlich Gesagte mir nachts noch einmal wiederholt.
Herzlich Ihr *Hofmannsthal*

P. S. Die kleinen Sprachseltsamkeiten in den Reden des Mandryka: daß er sagt «der Donau»! – oder «hineingeschlossen wurde» – sind natürlich charakterisierende Absicht!

Lieber Freund! Garmisch, 20. 7. 1928
Herzlichen Dank für Ihren Brief vom 13. (mit dem erfreulichen Schreiben Werfels) und dem wertvollen Hinweis auf den Stil der «Arabella», wenn derselbe auch das etwas verfaulte Milieu des Wien von 1866 mir nicht schmackhafter gemacht hat. Um diesen Stil drei Akte lang durchzuhalten, bedürfte es fast des Leichtsinns und des Talentes vom Komponisten der «Fledermaus». Mir gelangen im «Rosenkavalier» zwar einige korrumpierte *Episoden* des Ochs von Lerchenau, ob ich aber hier drei Akte lang verlumpte Naivetät heucheln kann, muß sich erst zeigen. Der wirkliche Dramatiker muß ja auch das können, ob aber die Geduld ausreicht?
Nun zu dem Gedicht selbst, das ich vorgestern mit herzlichem Dank erhalten und nun schon tüchtig durchgepaukt habe. Der erste Eindruck war ausgezeichnet und blendet durch den guten Aufbau und die sichere Architektur! Bei intensiverem Durchdenken aber kam mir ein Gefühl des Unbefriedigtseins, das sich langsam und sicher endlich auf die Figur der Arabella konzentriert hat. Heute endlich sprang mir der Knopf, und jetzt glaube ich mit Bestimmtheit zu wissen, woran es in dieser wichtigsten Figur fehlt. Mit einem Wort: sie ist nicht genügend interessant

[1] Der Brief von Franz Werfel ist abgedruckt in H. v. H. Sämtl. Werke, Kritische Ausgabe, Bd. XXVI, Operndichtungen 4 (Hg. von H.-A. Koch), S. 300/301, S. Fischer, Frankfurt a. M. 1976.

und fast unsympathisch (was doch sicher nicht in Ihrer Absicht lag). Aber wo liegt der Haken?
Ich analysiere: sie flirtet mit den drei Grafen, oberflächlich, ohne tiefere Neigung. Daß sie darüber bitter wird, weil sie weiß, daß keiner der drei sie heiraten kann, ist zu selbstverständlich, um den Zuhörer zu interessieren.
Daß sie in dieser Bitternis und in der Erkenntnis ihrer Lage sogar den unsympathischen Bauunternehmer heiraten will, ist begreiflich, aber ebenfalls nicht interessant. Die plötzlich auftretende Leidenschaft für Mandryka verliert aber an innerem Wert, weil dieser unter allen Umständen ein besserer Tausch gegen den Bauunternehmer ist. Es muß also ein Motiv gefunden [werden], was dieser neuen Neigung für Mandryka (abgesehen von den materiellen Vorteilen, die ihr diese Heirat böte) eine wirkliche sittliche Bedeutung gibt. Dies ist nur möglich, wenn Arabella vorher bereits wirklich geliebt hat und vor der neuen Verbindung mit Mandryka *verzichtet* hat!
Ich schlage daher vor, daß sie den Matteo wirklich liebt und bereit gewesen wäre, ihn zu heiraten, wenn er nicht ein armer Teufel wäre. Jetzt wird man das Gefühl nicht los, daß sie ihn nicht mag, weil er eben nichts hat. Es müßte also gleich in den Anfang des I. Aktes eine entscheidende Aussprache zwischen Arabella und Matteo, worin sie ihm ihre Liebe erklärt, aber zugleich bedeutet, daß er endgültig auf ihre Hand verzichten müsse, weil sie sich verpflichtet fühlt, durch eine reiche Heirat ihre Familie zu retten.
Dieses Gespräch müßte so geführt sein, daß er sich schließlich die Hoffnung suggeriert, sie könnte doch, als Abschluß ihrer Mädchenzeit, ebenso wie sie mit den drei Grafen noch einen vergnügten Abend durchtanzt, *auch ihm noch das einmalige Rendezvous gewähren,* das ihre Schwester endlich für sie genießt. Ein Abschiedsbrief, den er als Erinnerung von ihrer Hand erbittet, könnte diese Hoffnung verstärken: die Schwester schiebt denselben unter.
Es würde die Figur des Matteo erheblich erhöhen, wenn beide Schwestern ihn lieben, und vor allem die famose Szene im III.

Akt zwischen Arabella und Matteo würde viel mehr Ernst und Bedeutung erhalten, wenn Matteo beim Eintritt des Mandryka ihr entgegenschleudern könnte: «Aber du liebst mich doch, *Du hast es mir selbst gestanden!*»
Wie viel schöner wäre die Erklärung Arabellas: «Ja, ich habe ihn geliebt, aber ich habe verzichtet, bevor ich Dich, Mandryka, kennen gelernt habe. Das Vergehen, dessen er mich jetzt beschuldigt, habe ich nicht begangen, rein komme ich in Deine Arme, in aufrichtiger Liebe.» Hierauf Mandryka (gegen den protestierenden Matteo): «Ich glaube Dir, dieses Auge kann nicht lügen.» Nun stürzt Zdenka herein, Aufklärung, Schluß.
Wie gefällt Ihnen dies? Ich weiß, Sie werden im ersten Moment einen Schrecken bekommen, denn es wirft Ihnen mein Vorschlag die halbe Oper um. Aber Gott sei Dank, ist ja II. und III. Akt erst Entwurf. Und wenn Sie meine Gedanken erst akzeptiert haben, wird die Umänderung Ihnen keine allzu großen Schwierigkeiten machen. So ist die Figur des Matteo allzu unbedeutend, ein wirklich ernster Seelenkonflikt geht nur in der Nebenfigur Zdenka vor, während die Hauptfigur Arabella allzu flach und psychologisch allzu unbedeutend ist.
Ich habe die Hoffnung, daß Sie – aus einiger Distanz, die ja im Anfang für Sie schwerer zu gewinnen ist – mir recht geben werden. Ich glaube, das Ganze wird psychologisch viel interessanter als jetzt, wo sich die Verhältnisse der Arabella ein bißchen sehr alltäglich und selbstverständlich entwickeln.
Möge dieser Brief Sie zu geneigter Stunde und willigen Ohres antreffen und seien Sie einstweilen herzlich bedankt und gegrüßt von Ihrem stets aufrichtig ergebenen

Dr. Richard Strauss

Lieber Freund! Garmisch, 23. 7. 1928

Wie wertvoll es ist, so einen knappen Entwurf zu besitzen, das nackte Gerippe, alles bestechenden poetischen Beiwerks entkleidet! Bisher hatten Sie mir stets die «Handlung» mündlich erzählt, da ist man leicht von dem Schönen, das sich darbietet, allzu leicht entzückt (so ist es anscheinend, wenn er ehrlich war,

Werfel ergangen); darauf erhielt ich immer nur gleich das fertige Ganze, wo die Schwächen noch sorgfältiger vom überwuchernden poetischen Schmuck verborgen werden; diesem reinen «Entwurf» gegenüber ist man mutiger und wagt sich mit erbarmungsloser Kritik um so eher heraus, weil es noch Zeit scheint viel zu retten und noch nicht allzu viel Arbeit daran verschwendet war.

Diese höfliche Einleitung soll Sie günstig dafür stimmen, daß ich noch recht viel auszusetzen habe und zwar an den beiden Hauptfiguren und am II. Akt, der bar jedes wirklichen Konfliktes und von Ihrer Seite entschieden nicht auf die letzten im Stoff liegenden Konsequenzen durchgedacht ist. Es ist absolut uninteressant, daß Mandryka – von Anfang an kritiklos von der Photographie begeistert – im II. Akt mit allem, was Arabella tut und verlangt, im vorhinein einverstanden, im III. ohne weiteres erklärt: «Dieses Auge kann nicht lügen.» Das ist ja der reine Marlittheld!

Auch Arabella: was tut sie denn besonders aufregendes? Matteo liebt sie von Anfang an nicht, den Flirt mit den drei Grafennullen, die in keiner Weise ein besonderes Profil zeigen und gar nicht charakterisiert sind, schätzen Sie, glaube ich, in seiner poetischen Wirkung zu hoch ein, – daß sie von dem Bauunternehmer leicht zu dem reichen Tugendbold Mandryka übergeht, ist ebenso selbstverständlich wie wenig aufregend – und was passiert dann noch zwischen den beiden? Gar nichts. Daß sie den letzten Abend mit seiner Erlaubnis ein bißchen tanzen will – das kommt doch in den besten Familien vor –, ein eigentlicher Konflikt ist nur in der Nebenhandlung Matteo-Zdenka, die sich mit den Hauptfiguren nur im III. Akt einen Moment verknüpft in der Szene mit Matteo, die dadurch doppelt unsympathisch wirkt, als die arme Arabella ganz unschuldig hineinkommt und von der fast trottelhaften Gutmütigkeit des Herrn Mandryka auch gar keine Komplikation zu befürchten ist. Auch mit dem Trunk reinen Wassers kann ich mich immer weniger befreunden! Bedenken Sie, man wirft uns vor, daß schon in der «Helena» in einem fort getrunken wird: da waren es wenigstens interessante Zaubergetränke! Der Witz «Hofmannsthal ist es ganz wässerig geworden» ist zu billig, um nicht von jedem «geistreichen» Journalisten gemacht zu werden. Auch der geigende Zigeuner ist schon von Ferdinand Bonn s. Z. reichlich ausgeschlachtet und riecht stark nach Lehár.

Seien Sie nicht böse, daß ich so erbarmungslos schlachte: aber das Gefühl, daß dem Stoff der eigentliche Konflikt fehlt, wird immer stärker.

Aber wie kann geholfen werden? Daß der Eindruck von Mandrykas «Geliebt werden auf den ersten Blick» gehoben und auch die Matteoszene im III. Akt stärker wird, wenn Arabella den Matteo wirklich geliebt und «Umstände halber» verzichtet hat, habe ich schon im letzten Brief ausgeführt. Des weiteren habe ich mir folgendes ausgedacht: Mandryka muß im Laufe des II. Aktes und dann weiter wirklich in seinem reinen Glauben an Arabella erschüttert werden. Darum darf erstens die Abschiedsszene mit den drei Grafen nicht allzu harmlos verlaufen – und dann muß unbedingt Mandryka die Verabredung Zdenka-Matteo belauschen und *hören*, daß es der Schlüssel zu Arabellas Zimmer ist. Hierauf Eifersuchtsausbruch Mandrykas, der sich dann in einer Art von Verzweiflung in den Strudel des Wiener Balles wirft und unter der Wirkung des Champagners seinerseits eine richtige Liebesszene, vielleicht mit der Fiakermilli, hat. Während nun im III. Akt in der Matteoszene Arabella ernstlich schuldig erscheint und doch total unschuldig ist, fühlt sich Mandryka als treuloser Schuldiger, wenn auch entschuldbar, da verführt durch Eifersucht und Liebesgefühle, die bei Gelegenheit der Verführungen eines solchen Balles leicht den Gegenstand verwechseln. Denken Sie an die berühmte Szene in den Wahlverwandtschaften! –

Waldner und Adelaide stehen im II. und III. Akt auch ganz außerhalb der Handlung, d. h. sie verschwinden fast gänzlich bis auf die eine Szene zwischen Adelaide und Mandryka, die ich mir offen gesagt nicht recht vorstellen kann. «Sie ist entzückt von seiner Ritterlichkeit.» Welche?

Er hat ja noch gar keine Gelegenheit gehabt, wirkliche Ritterlichkeit ernsthaft zu beweisen. «Sie hat ihre glückliche Stunde.» Ich frage nochmals, welche?

Wie wäre es, wenn, nachdem die drei Grafen von Arabella ebenso liebenswürdig wie endgiltig verabschiedet worden sind, dieselben, die von Ihnen bisher leider sehr uniform und recht stiefmütterlich behandelt worden sind, gar nicht ein bißchen Eigenprofile haben – sich halb aus Rache, halb aus Ulk in der Champagnerstimmung verabredeten, sich an die Mutter heranzumachen, da ihnen die Tochter versagt blieb?

Da Sie ausdrücklich bemerken, daß Adelaide noch jung und hübsch (etwa 40 Jahre) ist, könnte dieser anfangs spaßhafte Ballflirt mit dem einen Grafen (nicht dem, den Arabella auf die Stirn küßte) auch etwas ernstere Form (von beidenSeiten sogar) annehmen, ebenfalls in einem Kuß enden. Das wäre wirklich eine «glückliche Stunde» für die arme Mutter, *für die auch sie sich im III. Akt «schuldig» fühlt.* – Die erste Szene, wo während des Gespräches zwischen Arabella und Mandryka die drei Grafen um Tänze bitten, könnte der Kürze halber vielleicht sogar wegbleiben!

Waldner wiederum, der zum ersten Mal wieder bei Geld ist, könnte auch ein kleines Spiel- oder Liebesabenteuer haben, und wenn es nur wäre, daß er von dem eifersüchtig verzweifelnden Mandryka in den tollen Strudel hineingezogen wird, bis am Schluß des II. Aktes, nach der obenerwähnten Liebesszene Mandrykas mit der Fiakermilli, als alles mehr oder minder schuldig geworden ist, – sogar Mandryka hat diese Erfahrung mit dem Schlüssel zu Arabellas Zimmer momentan etwas vergessen und kommt erst in dem Moment zur vollen Besinnung und zur Überzeugung, daß Arabella *in dieser Weise* von ihrer Mädchenzeit im Rendezvous mit Matteo «Abschied nehmen» will, als er ihr Billet erhält. Infolgedessen müßte das Motiv der wirklichen Verlobung mit dem Trunk reinen Wassers (wenn Sie dieses etwas kindliche Symbol überhaupt beibehalten und nicht durch etwas Stärkeres ersetzen wollen) viel früher erwähnt werden und jetzt erst als Knalleffekt wirken, wenn Adelaide zur Besinnung kommt: «um Gottes willen, sie ist fort, wir müssen schleunigst nach Hause – die Verlobung!»

Mandryka ernüchtert, verzweifelt: die Verlobung – der Trunk reinen Wassers – *wer soll ihn anbieten, und wem soll er gereicht werden?*

So kommen in den III. Akt lauter mehr oder minder Schuldige oder Schuldbewußte, und nur die einzige, die wirklich kompromittiert erscheint, steigt im III. Akt völlig rein aus dem ganzen Durcheinander empor.

Es wird ja dann ein bißchen an den hübschen III. Akt «Wildschütz» erinnern, der in dem entzückenden Quartett gipfelt «Unschuldig sind wir alle, alle, alle!» Aber das macht nichts! Der brave Marlittheld Mandryka hat dann auch seinen Klaps aus der feschen Wiener Stadt bekommen, und die hübsche, brave Arabella ist wirklich die liebenswürdige Idealfigur geworden, die Ihnen vorschwebt und steigt dann nicht ohne eine letzte kleine Prüfung (wenn sie ihrem künftigen Herrn Gemahl schon in der Stunde der Verlobung etwas verzeihen muß) ins provinzielle Ehebett. – Dies wäre so ziemlich alles, was ich persönlich aus dem Stoff herauszuholen für möglich halte, und ich habe, glaube ich, nichts erwähnt, was nicht im Stoff drin ist. So wäre es wenigstens ein richtiges Theaterstück.

Aber Sie sind der Dichter! Sie werden wahrscheinlich Besseres und Originelleres noch finden; wenn ja, sollten diese Zeilen Sie nur anregen, das an sich so hübsche Szenarium mehr als bis jetzt auf alle seine psychologischen und theatralischen Möglichkeiten zu erschöpfen! So ist es zu flach, und die Hauptfigur Arabella bekommt nicht alle Glanzlichter, die sie braucht, um wirklich zu fesseln!

Schriftlich werden wir, glaube ich, nicht viel weiter kommen, als wir jetzt sind ... es kommt mir vor, wir sind auf demselben Punkt, wie s. Z. beim II. Akt «Rosenkavalier». Sie hatten damals das Vertrauen in meinen dramatischen Instinkt, der Handlung die entscheidenden Impulse zu geben –, Sie gaben mir selbst zu, daß Sie immer nur zaghaft an die letzten dramatischen Konsequenzen herangehen – ich glaube jetzt liegt ein ähnlicher Fall vor.

Der I. Akt ist gut (bis auf die Beziehungen zwischen Arabella

und Matteo, falls Sie meinen Vorschlag annehmen wollen) und mag als reine Exposition passieren!
Aber im II. Akt müssen Konflikte und Spannungen kommen, die jetzt vollkommen fehlen – das Ganze ist ein lyrisches Geplätscher –, damit im III. Akt eine wirkliche Explosion als befriedigende Lösung empfunden wird.
Wollen Sie mal auf ein paar Tage hieherkommen, damit wir alles in Ruhe durchsprechen können, und Sie sich nicht unnütze Arbeit machen, die doch nicht zu einem Ziele führt, wie ich es immer noch erhoffe? Wir sind bis 15. August bestimmt hier und gehen nachher wahrscheinlich ins Engadin: Pontresina, Hotel Saratz.
Mit herzlichen Grüßen Ihr stets getreuer

Dr. Richard Strauss

Lieber Freund, Rodaun, 26. VII. 28

um dies vorwegzunehmen: Ihr Vorschlag, betreffend das Verhältnis von Arabella zu Matteo, befremdet mich nicht, erschreckt mich nicht, und beschwert mich nicht. Ich finde ihn sehr gut; er gibt dem Ganzen, bis zu der entscheidenden Szene am Anfang des III. Aktes ein Plus an Spannung, das sehr zustatten kommt. Und – auf dem ersten ältesten Notizzettel, von Mitte Oktober vorigen Jahres, finde ich eben diese Führung angedeutet. Es stehen dort die Worte: «Neigung auch der älteren Schwester zu dem Leutnant, von ihr unterdrückt.» Daß ich von dem Motiv wieder abgekommen bin, entspringt wohl dem Wunsch, möglichst zu vereinfachen. Aber ich betrachte es als einen Gewinn, das Motiv wieder aufzunehmen. Der Platz für die Szene Matteo–Arabella[1] ist gegeben: am Anfang des I. Aktes, in der Unterredung Zdenka–Matteo tritt Arabella herein, entfernt die kleine Schwester mit einem Wink – und bleibt mit Matteo allein. Die Nuance ihrer Haltung schwebt mir ganz genau vor: sie spricht von ihrer Neigung zu ihm als einer überwundenen, doch muß man Schmerz und Liebe noch durchzittern fühlen und muß begreifen – wie er mehr die noch darin vibrierende Liebe heraus-

[1] Vgl. die Fußnote zu Hofmannsthals Brief von 11. VIII. 28; S. 661.

fühlt, als den Entschluß zur Resignation. Durch diese Szene gewinnt auch die Szene mit den drei Grafen eine wehmütige Folie – Arabellas Koketterie mit Lamoral bekommt dadurch eine kleine Nuance von Verbotenem, aus Verzweiflung hervorgehendem. Den nunmehrigen Schluß des Aktes (die Briefszene) würde ich unberührt lassen (ist das auch *Ihr* Gefühl?) – aber auch er gewinnt stärkeres Pathos dadurch, daß der aufgeopferte Liebhaber beim Schreiben *dieses* Briefes zugegen ist.
Ich habe also alle Ursache, Ihnen für den Vorschlag dankbar zu sein. Ich werde die kleine, aber nicht leichte Szene ehestens in einer guten Stunde ausführen.
Was nun Ihre Bedenken allgemeiner Art betrifft, so verstehe ich auch diese völlig: der Hinweis auf die «Fledermaus» und ihren Komponisten beleuchtet sehr genau Ihren Gedanken. – Aber ich möchte halt den Stoff um alles nicht wieder auslassen! Ich weiß aus einer nunmehr zwanzigjährigen Erfahrung, welch ein Glücksfall es ist, wenn sich einem ein Stoff so gibt: mit lebendigen, liebenswürdigen Figuren, und die Handlung klar und sicher, auf die traditionellen (und so richtigen) drei Akte aufgeteilt. Auch der einmütige Beifall von so verschiedenen Menschen bei Erzählung der Handlung (wovon Werfels Brief nicht einmal der allerlebhafteste Ausdruck war) gibt ein sehr gutes, nicht alltägliches Vorgefühl – und ist es nicht sonderbar, daß ich von wildfremden Menschen aus verschiedenen deutschen Städten erfreute und beglückwünschende Briefe bekomme, auf die bloße Andeutung der Handlung hin, die – offenbar durch Karpath – in irgendwelcher Zeitung gestanden haben muß?! Ein architektonisch gut gebautes Szenar ist nun einmal die einzige fast sichere Gewähr für den theatralischen Erfolg – und hier hätte ich Ihnen in dieser Beziehung dann ganz anders vorgewaltet, als bei der «Helena», wo, zumal für den so geistigen und subtilen zweiten Akt, eine große Last – ihn theatralisch zu bewältigen – auf Ihrer Schulter lag.
Ich verstehe genau, was Sie mit der Atmosphäre meinen – die Ihnen ein wenig gegen den Strich ist. Aber ich bin nicht Librettist der «Fledermaus», sondern der des «Rosenkavalier» – das

heißt: jenes gewisse Halb-Naive, Lumpige, das in dem französich-angehauchten Wienertum der «Fledermaus» das Element des Ganzen ist – kann bei mir immer nur Folie sein: und Arabella und Mandryka (der ja völlig als ein Fremder in diese Atmosphäre tritt, und als ein wie besonderer und opernmäßiger Gast) – und ebenso Matteo und Zdenka – all dies Wirkliche, von sehr ernstem Leben durchströmte, steht ja nur auf der Folie jenes anderen Elementes – für dieses aber haben Sie die Ausdrucksmittel, dessen liegt die Gewähr nicht nur in der Figur des Ochs, sondern auch in der des Faninal und im ganzen dritten Akt des «Rosenkavalier», ebenso wie im «Ariadne»-Vorspiel und in manchem Moment des «Intermezzo».
Es liegt, wie in jedem dieser Libretti, ein Wunsch, eine Hindeutung auf einen bestimmten Stil. Zu dem, auf welchen ich in der «Arabella» hinzudeuten, hinzuarbeiten suche, haben Sie mich selbst autorisiert: ein gewisses Gespräch,[1] retrospektiv den «Rosenkavalier» und gerade diese Frage des Stiles berührend, haben Sie selbst mir gesagt, daß Sie manches im «Rosenkavalier», insbesondere im zweiten Akt, heute anders komponieren würden – daß Sie aber *damals* nicht auf dem Punkt Ihrer Entwicklung standen – um auf gewisse fast der älteren Operette (mit diesem Namen würde ich z. B. etwa «Don Pasquale» bezeichnen) sich annähernde Intentionen noch recht einzugehen. (Etwa die operettenartig gemeinten Chorstellen nach dem Zweikampf zwischen Ochs und Octavian.)
Lassen Sie mich nun in der größten Bescheidenheit etwas auszusprechen versuchen. Eine Stärke Ihres Urteils über meine Dichtungen, und ein Grund, dieses Urteil immer besonders ernst zu nehmen, liegt für mich darin, daß Sie eben zwar ein Künstler, aber ausgesprochen Nicht-Dichter, Nicht-Literat, also in der naivsten Weise frei von allen in der Epoche liegenden literarischen Vorurteilen, Vorlieben, Modebegriffen usf. sind. In ganz gleicher Weise bin ich Nicht-Musiker, fern von musikalischem Geschmack und musikalischer Bildung, aber auch fast beängstigend frei von Zeiturteilen, Wertabstufungen usf.

[1] So im Original; statt: in einem gewissen Gespräch.

Mit einem fast barbarischen, aber sehr aufmerksamen und doch künstlerischen Sinn horche ich hinein in alle Musik, die mir ein Orchester, ein Klavier oder ein Grammophon vormacht: ob es Beethoven ist oder Lehár, eine Szene von Verdi oder von Ihnen, eine Zigeunermusik oder «L'après-midi d'un faune». Und irgendwie weiß ich, auf barbarische Weise, doch, was los ist, bin offen für das Kreative und war immer verschlossen, auch mitten unter Eiferern und Lobrednern, für das Brüchige, Hybride, mehr Ersehnte als Erschaffene der G. Mahlerschen Musik, beispielsweise.
Nach dieser Introduktion möchte ich, mit Beschämung über mein Unvermögen, mich auch nur im geringsten musiktechnisch richtig auszudrücken, das Folgende auszusprechen wagen – sicher, daß Sie mich verstehen und das vielleicht Absurde mit Nachsicht und nicht ganz ohne Empfänglichkeit aufnehmen werden: Wenn ich so in die Leute, unsere Zeitgenossen, für die wir ja schließlich diese Sachen schaffen, mich hineindenke und hineinfühle, so schwant mir freilich ganz ganz genau (aber so unfaßbar für meine barbarischen Ausdrucksmittel) – was sie ersehnen würden, wodurch man ihren nach Freude begierigen Gemütern einen Sturm von Freude abringen könnte – noch *weit* über die Freude hinaus, die ihnen der «Rosenkavalier» beschert.
Nicht daß ich meinte, Sie könnten schreiben «wie Lehár». Darüber haben Sie einmal vor Jahren, in einem Berliner Restaurant Ihrer Gattin eine ganz erschöpfende Antwort gegeben: – «So wie der schreiben kann ich nicht, denn in ein paar Takten von mir liegt *eben mehr Musik* als in einer ganzen Lehárschen Operette». – Aber, dies wohl verstanden, wohl begriffen (und es liegt darin dies, daß es eben zwei ganz unvergleichbare verschiedene Ebenen des musikalischen Kunstschaffens sind), so bleibt ein Etwas, das ich vielleicht mit folgenden ungeschickten Worten umschreiben kann: wenn sich, als ein neuer Stilversuch, nicht absteigender Kräfte, sondern gesteigerter Kunsteinsicht, zu einem *Weniger* von Musik gelangen ließe, wenn die Führung, die Melodie etwas mehr in die Stimme gelegt werden und das

Orchester, mindestens auf große Strecken, begleitend und nicht sich in der Symphonie auslebend, sich der Stimme subordinieren würde (nicht in bezug auf Klangstärke, sondern in anderer Verteilung des «Führenden») – so wäre, für ein Werk dieser Art, der Operette ihr Zauberring entwunden, mit dem sie die Seelen der Zuhörenden so *voll* bezwingt! Und hier, wenn ich Operette sage, denke ich wieder Auber und Boïeldieu, Donizetti und alles dergleichen in einem. – Aber nicht, daß ich so töricht wäre, zu denken, man könnte einfachere, naivere Kunstformen *erneuern*. Das ist Dilettantismus, Spielerei Wolf-Ferraris usf. Nein – aber wenn es gelänge, und wenn es nur zur Hälfte, zu zwei Drittel gelänge, sich dem *gelehrten* deutschen Musikgeist zu entwinden, jenem Etwas, das Zu-viel ist im deutschen Musikwesen, – das den Piccini von Gluck sagen machte: puzza di musica – es stinkt vor Musik – –, ja, wenn man als ein ganz reifer Meister ein wenig über seinen Schatten, seines deutschen XIX. Jahrhunderts Schatten, über sein Zeit-Vorurteil (das Wort ist schon zu grob, es handelt sich ums Subtilste vom Subtilen) springen könnte –, dann wäre vielleicht etwas schlechthin Bezauberndes zu gewinnen, so bezaubernd, daß alle Korngolds und Beckmessers es zunächst Verrat, Scheußlichkeit, Bankrott, Schwindel, Frechheit nennen würden – und unter solchen Ehrennamen würde das Kind unter dem Jubel der Menschen über die Welt gehen.
Verzeihen Sie mir diese Divagationen. Es sind neun Zehntel Unkenntnis darin, Barbarei, Verkennen der Kunstregeln, Übersehen des Wesentlichen usf., aber ein Zehntel darin ist Ahnung eines ganz der Zeit und der Nation entzogenen, ganz freien Kunstgefühles.

Ihr *Hofmannsthal*

Lieber Freund! Garmisch, 26. 7. 28

Ich danke Ihnen herzlich für Ihren interessanten Brief und hoffe nur, daß Sie meinen Brief von vorgestern ebenso gütig aufnehmen werden und meine Bitte um Umgestaltung des Verhältnisses von Arabella zu Matteo! Haben Sie nur keine Angst, daß das Ganze zu lang und zu kompliziert wird, dem «Rosenkavalier» hat die Länge auch nicht geschadet, und die Hauptsache ist, daß das Stück bunter, kurzweiliger und spannender wird als jetzt, wo es sich gar so glatt und ohne wirklichen, wenn auch nur scheinbaren Konflikt abwickelt. Ob Sie meine Vorschläge akzeptieren oder nicht, ist dabei gleichgiltig. Ich hoffe, daß Ihre dichterische Erfindung Besseres und Originelleres zeitigen wird, als mir eingefallen ist, der ich mich doch nur an die bisher gegebenen Figuren, Situationen und Motive halten konnte.

Ich kann nur offen und ehrlich sagen: bisher fehlen mir noch die entscheidenden «Einfälle», aber ich bin sicher, dieselben werden Ihnen kommen, wenn Sie das Ganze noch einmal von vorne bis in seine letzten dramatischen Möglichkeiten und Konsequenzen durchdenken und durcharbeiten. Es wäre jammerschade, wenn der hübsche Stoff so in den Anfängen steckenbliebe und besonders die reizende Figur der Arabella nicht das würde, was Sie doch aus ihr machen wollen.

Ich weiß, meine brutalen Forderungen legen Ihnen große Opfer, vielleicht an Entsagung, sicher aber an neuer großer Arbeit auf, aber ich glaube, es muß sein. –

Was Ihre prinzipiellen Mahnungen, den musikalischen Stil betreffend, anlangt, so verstehe ich Sie vollkommen. Sie haben auch ganz recht! Sie vergessen aber, daß ich das angedeutete Ziel schon seit «Intermezzo» mit eiserner Konsequenz verfolge und noch immer mehr bei «Arabella» mich bemühen werde, über meinen eigenen Schatten zu springen. Daß trotzdem ein Deutscher niemals ein Italiener werden kann, wußten schon Goethe und Mozart!

Bitte beruhigen Sie mich bald – womöglich durch eine Depesche – darüber, wie Sie meinen letzten Brief aufgenommen haben und ob Sie glauben, auf dem von mir betretenen Wege mit mir einig zu werden.

Ich sehe mit Spannung Ihren Nachrichten entgegen und bin mit herzlichen Grüßen Ihr stets treu ergebener

Dr. Richard Strauss

Lieber Dr. Strauss, Rodaun, 1. VIII. [1928], abends

verzeihen Sie, daß ich nicht schneller telegraphiert[1] habe als gestern. Aber ich war drei Tage fort, dann lagen Ihre Briefe da, aber ich mußte doch die Sache durchdenken, und es herrscht seit 4 bis 5 Tagen ein schweres drückendes Föhnwetter, das der Phantasie sehr ungünstig ist, den Geist matt und unfähig zu kombinatorischem Denken macht. Es ist auch dieses mich besonders beschwerende Wetter, das mich verhindert, der schon genau ausgedachten Szene Matteo–Arabella, die in ihrer Mischung von Liebe und Resignation besonders zart ausgeführt werden muß, die endgiltige Fassung zu geben. – Was nun Ihre neuen Gedanken und Anregungen betrifft, so sehe ich auch durch die Nebel dieser Föhntage klar genug, daß Sie im Hauptpunkte recht haben, und daß der Handlung noch eine Wendung abgewonnen werden muß – ich sehe dabei keine Gefahr, daß der II. Akt überlang werde; und die Hauptszene des III. wird durch eine solche Verwicklung noch wesentlich gewinnen. Das *Wie* wird die Sorge meiner nächsten Tage sein, doch fehlt es nie an einem Weg, wenn das Ziel klar erkannt ist. Nicht alles, aber manches, das Sie vorschlagen, deutet diesen Weg schon an –, der Witz ist, die Figuren durch die neuen Verwicklungen noch lebendiger, nirgends aber gröber werden zu lassen.

Ein Hinkommen für 24 Stunden ließe sich kurz vor dem 20. VIII. schon ermöglichen. Aber ich glaube, wir kommen durch den Austausch von Briefen weiter als durch ein Gespräch. Im Gespräch gerät man leicht von einem ins andere, berührt zu vieles, dann wird man doch müde und etwa ungeduldig – dagegen im brieflichen Austausch liegt immer zwischen jedem empfangenen und abgesandten Brief die Zeit, alles genau zu überlegen und aufs Wesentliche zu bringen.

Ein Mißverständnis aber, das in lebendiger Rede gelöst werden müßte, besteht ja nicht: wir verstehen einander ja ausgezeichnet. – Ich schließe für heute mit einer stärker werdenden Migräne, die sämtlichen relevanten Punkte habe ich mir in Maschinenschrift ausziehen lassen, und sobald nur das Wetter mich dieser

[1] Telegramm nicht vorhanden.

übermäßigen Spannung entledigt, möchte ich doch sehen, ob wir mit diesem Stoff nicht den «Rosenkavalier», was Handlung und Struktur anlangt, sollten übertreffen können!

Herzlich Ihr *Hofmannsthal*

P. S. Das, was Sie «marlittisch» nennen an der Mandryka-Gestalt, das sehr Einfache im Kontur, märchenartig oder volksliedartig, ist mir bewußt und ist gewiß gut – aber das hindert nicht, daß man auch dieser Figur mehr Aktion geben kann, und vielleicht soll.

Lieber Freund! Garmisch, 2. 8. 28

Herzlichen Dank für Ihr wohlgeneigtes Telegramm, das mich hocherfreut und sehr beruhigt hat. Ich harre also und hoffe auf den Nordwind!

Wird es Sie nicht verärgern oder verwirren, wenn ich Ihnen aus dem ungewählten, mehr oder minder geschmackvollen «Schatz meiner dramatischen Einfälle» auf gut Unglück noch einige unlautere Motive zuschleudere?

Aber ich kann mir nicht helfen: unsere Arabella ist bis jetzt die aufgelegte Harmlosigkeit und Herr Mandryka weiß wie ein Schimmel. Es müssen Konflikte hinein, Schuld von beiden Seiten – das Motiv des Bräutigams, der trotz seiner Liebe zu seiner Braut vor der Hochzeit noch einen Fehltritt begeht, ist meines Wissens noch ziemlich neu.

Wie wäre es: im III. Akt auch den Bauunternehmer (eine derbkomische Figur!) noch mit Ansprüchen auf Arabella auftauchen zu lassen? Er hat von der Elis[1] inzwischen Arabellas Brief bekommen (Matteo: also das war der Brief, den ich erhofft hatte!) und Mandryka kann ihr immerhin den Vorwurf machen, daß sie den Bauunternehmer noch ermuntert hat, nachdem er seine Werbung bei Waldner schon ausgesprochen hatte, was ihr doch bekannt war.

Könnte andererseits nicht auch noch im III. Akt dem Mandryka die Fiakermilli nachgelaufen kommen? Mit Ansprüchen? So

[1] Eine in der Erstfassung des I. Aktes erwähnte Freundin Arabellas.

daß die verschieden schuldig *scheinende* Arabella, tatsächlich die wirklich einzig unschuldige Arabella, ihrem braven Mandryka richtig einen ordentlichen Batzen zu verzeihen hätte. Für eine solche Geste – diese hübsch und geschmackvoll zu formen –, gerade dafür haben Sie ja die feine Hand!

Was Ihnen fehlt: zum Knotenschürzen und drastischer Situationskomik möchte ich Ihnen gerne noch ein bißchen Scribe und Sardou einimpfen, selbst auf die Gefahr hin, daß Sie mich einen altmodischen Kitschier schimpfen!

Ich habe Sie vor einem Jahr um ein großes Kulturbild à la «Meistersinger» gebeten. Wenn ich also dieses nicht haben kann, dann aber ein bißchen Scribe, Sardou oder selbst Lortzing in Hofmannsthalschem Gewande!

Seien Sie nicht böse, wenn ich Sie mutwillig aufstachle: aber es ist immer noch was Gutes herausgekommen, auch wenn Sie mir den gleichen Dienst getan haben!

Herzlichst grüßend Ihr *Dr. Richard Strauss*

Rodaun, 5. VIII. [1928]

Durchaus nicht *verärgern* mich Ihre Briefe und Vorschläge, *lieber Dr. Strauss*, sondern sie sind mir ein wirklicher Dienst, und das ist ja völlig richtig, daß ich immer von Zeit zu Zeit eine Impfung mit Scribe und Sardou ganz gut brauchen kann. Dafür ist mir gegeben, was diese beiden nicht besessen haben – den Gestalten ein Fluidum des Lebens mitzugeben. Man hat für das Sardousche Theater die Bezeichnung geprägt: Leben durch Bewegung – und dem haben die Naturalisten ihre Devise entgegengehalten: Bewegung durch Leben. Das Ziel ist freilich, beides zu vereinen, wie es Shakespeare gegeben war, den Spaniern, Molière und auch Lessing in seinen paar unzerstörbaren Theaterstücken.

Also Ihr Vorschlag, durch ein Eifersüchtigwerden Mandrykas diesen, und mit ihm Arabella, ganz anders ernsthaft, als im bisherigen Verlauf, mit der gefährlichen Geschichte Matteo–Zdenka zu verknüpfen, ist ganz ausgezeichnet – und der Nebengewinn, daß dadurch Mandryka nicht gar so harmlos bleibt (sondern gelegentlich recht wild und wüst wird, ohne aber sein Eigentliches zu verlieren, daß er ein nobler Kerl und ein naiver Mensch ist), dieser Nebengewinn ist auch beträchtlich; der Gedanke, daß im dritten Akt dann alle schuldvoller dastehen als die schwer beschuldigte Arabella, springt schön und richtig aus dem Ganzen hervor, und der Gewinn ist, in summa, sehr groß. Die Fiaker-Milli präsentiert sich wie gerufen für diesen Teil der Handlung, und lassen Sie mich nur machen, so wird sich der zweite Akt auf ein turbulentes Finale hinspielen, in dem man vor dem Mandryka und vor einem bösen Ausgang ernstlich bange wird, bis sich dann in dem großen Qui pro quo des III. Aktes alles, nach schärfster Spannung, schön und freundlich löst. Im einzelnen nun, wie das alles aus den gegebenen Figuren lebendig und natürlich herauszuholen ist, in welcher Weise Adelaide und Waldner wirkungsvoll in diese Konflikte einzubeziehen (ohne daß es zu so umständlichen Nebenerfindungen kommen müßte, wie ein Anbandeln der drei Grafen mit der Mutter; einer solchen Szene steht das Stigma: «Nebenszene» auf die Stirn gebrannt, und sogleich sinkt die Teilnahme des Publikums) – für diese eigentlich dichterische Arbeit der Ausführung nun (auf die alles ankommt) geben Sie mir freie Hand, Zutrauen und *Zeit*, vor allem Zeit, in den Herbst hinein, der mir immer sehr günstig ist. Nun handelt es sich eben darum, daß jedes Detail aus dem natürlichen Leben der Figuren quillt, dadurch allein entsteht jenes Lebensähnliche, Atmende, das etwa den «Rosenkavalier» nun seit zwanzig Jahren frisch erhält und wohl noch weitere 30 bis 50 Jahre erhalten wird. – Ich habe mich in dieser Sache Ihnen zuliebe von Schritt zu Schritt ein bißchen *geeilt*, zu Ende Oktober hatte ich noch nichts, dann stiegen mir die Gestalten auf und die Atmosphäre des Ganzen, gleich zu Winteranfang wollten Sies erzählt haben, gleich zu Anfang des Karlsbader Aufenthaltes wollten Sie den 1. Akt fertig vor sich sehen – nun gut –, jetzt aber, soll sichs zu einem wahren *Bild* entfalten, muß ich mich nicht eilen dürfen. Der kombinierende Verstand kann laufen, die Phantasie aber bekommt müde Füße und bleibt zurück – sie will nur schlendern.

Ob etwa der Bauunternehmer in das Ganze hineinpaßt (im allgemeinen ist es nicht günstig, im dritten Akt eine frische Figur [zu] zeigen, und «derbkomisch» könnte in diesem Moment leicht grob und beschwerend wirken), all dergleichen kann sich erst unter der Ausführung ergeben – der beste Reichtum entsteht, wenn man nicht die Zahl der Figuren häuft, sondern die gegebenen Figuren recht vielfältig gegen einander wendet und – wie Sie richtig sagen, alles herausholt, was in dem Stoff liegt. Hier haben Sie mir geholfen, ein wenig über meinen Schatten springen, der sich zu gern mit dem Zuständlichen der Figuren begnügt, statt ihr Letztes in der Aktion zu suchen, – nun aber sind wir überm Berg, das zu Zarte wird kräftig, das zu Schlaffe spannt sich, und was immer gut war, die Struktur, gewinnt, statt zu verlieren.
Nun wollen wir's, wenn es Ihnen recht ist, so halten. Ich mache Ihnen in den allernächsten Tagen die Szene zwischen Arabella und Matteo, damit ist der erste Akt komplett – und wird Ihnen hoffentlich, mit dem Ausblick auf die immer steigend lebendige Handlung der folgenden, zur Freude. Und dann wähle ich mir meine besten Tage für den zweiten (und dritten), damit da wirklich alles aus einem Guß werde: die Figuren in jedem Augenblick völlig natürlich, und jede Wendung der Handlung spontan und begreiflich aus den Charakteren. Ein Gemälde wirds dann schon von selber, und Kulturbild auch irgendwie – so weit halt meine Kräfte reichen. Der «Rosenkavalier», trocken erzählt, ist auch bloß eine Puppenkomödie, und der letzte Akt gar dürftig, und als Ganzes lebt es von seinem Leben.
Drängt sich Ihnen noch ein Motiv auf, das aus dem Stoff schlagend hervorgeht, so bitte schreiben Sie mirs, ich werde es ebenso willig und herzlich aufnehmen wie das bisherige*.

Ihr *Hofmannsthal*

* Aber nicht zu viel neue Kombinationen, sonst wirds wie ein übermöbliertes Zimmer! Jedes Motiv muß sich charakterologisch *ausleben* können, das ist Shakespeares wunderbares Geheimnis.

P. S. Den *geigenden* Zigeuner am Schluß von III, wenn Ihnen der zuwider ist, will ich gerne weglassen. Aber im ganzen sind die drei Figuren gut als Begleitung eines reichen Herrn aus dem Südosten: der Leibhusar, der Leibzigeuner und der Leibjude – und ich kann sie für das wüste Finale von II gut brauchen.
Daß man sich wegen der Zaubertränke in der «Helena» nicht einmal mehr das Überreichen eines Glases Wasser erlauben soll, will mir nicht in den Kopf. Und ich glaube nicht, daß ich für den stillen lyrischen Schluß von III etwas Schöneres und dabei gleich Einfaches finden werde, weder in der Phantasie, noch beim Durchblättern von slawischen Volksbräuchen. Denn es muß etwas sein, das im Dorf vorkommen kann und auf der Hotelstiege ungezwungen nachgemacht werden kann. Nimmt man aber etwas Kompliziertes, so erscheint es leicht als gezwungen, absichtsvoll und beinahe komödiantisch von Arabella, wenn sie es da um Mitternacht ins Werk setzt. Natürlich könnte man an Stelle jeder Zeremonie den bis dahin aufgesparten Verlobungskuß setzen. Aber die einfache Zeremonie: das Entgegentragen des vollen Glases, die Stiege herab, hat eben ungeheuere *mimische* Vorteile. Einen Kuß kann sie ihm nicht *entgegentragen*, sondern nur einfach auf ihn zugehen und ihm den Kuß geben – im andern liegt die bräutlichste Gebärde in der schamhaftesten Form, und nachher kann der Kuß kommen – er bekommt dadurch etwas Feierliches, über die Realität Hinausgehobenes, und von diesem letzten Moment, nach soviel Rumor, verspreche ich mir viel.

Lieber Freund! Garmisch, 8. 8. 28

Ich bin entzückt, daß Sie meine bescheidenen Vorschläge so freundlich aufgenommen haben und bitte Sie nur um eines: lassen Sie sich jetzt Zeit, schicken Sie mir auch die Matteo-Arabella-Szenen des I. Aktes nicht. Ich habe mich bereits damit abgefunden, mit der Arbeit nicht anzufangen, bevor das Ganze nicht fix und fertig ist.
Die Hauptsache ist, daß der Stoff vollkommen ausgezogen ist und das bestmöglichste aus ihm herausgeholt. Das braucht Zeit

und Muße: ich habe vorläufig genug Opern geschrieben, auch meiner Phantasie tut Ausruhen gut: ich warte also bis zum Herbst, ich warte bis Ostern, ich warte, so lange Sie wollen.
Mit meinen so freundlich aufgenommenen Anregungen machen Sie natürlich, was Sie wollen!
Das Glas Wasser, wenn es tatsächlich eine slawische Zeremonie ist, muß natürlich bleiben, auch mit dem geigenden Zigeuner will ich mich gerne abfinden, wenn es nicht kitschig und operettenhaft wird. Dagegen gefällt mir ausgezeichnet der mir bis jetzt unbekannte galizische Leibjude, dem ich gerne eine etwas größere Rolle (für einen Tenorbuffo) zuerteilen möchte. Man könnte ihn als Spion bei der Intrige des II. Aktes verwenden.
Erlauben Sie mir, Ihnen nun noch folgende Dispositionen für den II. Akt zu unterbreiten:
Am Anfang keine Tanzmusik: nur die verschiedenen Auftritte (ohne Chor, ohne Fiakermilli), nur Waldner, Adelaide (vielleicht mit den drei Grafen Arabellas), Mandryka. Erste Begegnung Arabellas mit Mandryka, wobei mir nur das Erschrecken und plötzliche Fortwollen der Arabella nicht gefällt, es erscheint mir ein bißchen trivial.
Gespräch Arabella–Mandryka, Verlobung, bis Arabella: «Jetzt geben Sie mich eine Stunde frei» etc. – Jetzt ließe ich im Orchester den Walzer beginnen und fortlaufen (wie am Schluß des II. Aktes «Fledermaus») und in diesen fortlaufenden Walzer möchte ich nun unterbringen:
die Abschiedsszene Arabellas mit den drei Grafen, die Szene Matteo–Zdenka (anfangs belauscht von dem Leibjuden?), eventuell vorübergehenden Flirt der Adelaide mit einem der Grafen – alles als verschiedene Ensembles, Quintette, Sextette wie im II. Akt «Zar und Zimmermann», wo an zwei verschiedenen Tischen parliert wird – also etwa
Arabella mit den drei Grafen – auf der andern Seite Mandryka mit seinen drei Dienern oder Arabella mit den drei Grafen – auf der anderen Seite Mandryka, Waldner, Adelaide. Hierauf etwa Matteo–Zdenka – auf der andern Seite Mandryka mit seinen drei Dienern.

Hierauf Verzweiflungsausbruch Mandrykas, dazu rauschender Höhepunkt des Balles, Eintritt und Huldigung der Fiakermilli, hier vielleicht das slawische Lied Mandrykas, zweideutig, ein Gemisch von Liebe, Eifersucht, Galgenhumor, Arabella mit dem ganzen Ensemble ab, Ende des Walzers.

Mandryka verzweifelt allein zurückbleibend, Billet der Arabella, Bestätigung ihrer Untreue – Szene Fiakermilli–Mandryka, auf dem Höhepunkt (Kuß) jäh unterbrochen von Adelaide und Waldner: «Wo ist Arabella?» «Fort? Wir müssen nach Hause», die Verlobung, das Glas Wasser – jähes Erwachen Mandrykas: nach Hause! Arabella! Tragischer Schluß!

Kein Ball mehr! Kein Jubel! Kein Ensemble! Wäre diese Linienführung nicht besser? Damit hätte man auch die Ähnlichkeit mit dem II. Akt «Fledermaus» vermieden, abgesehen davon, daß mir doch kein so zündender Walzer einfällt wie dem seligen, genialen Johann.

Der Walzer als Höhepunkt des II. Aktes in der Mitte ist entschieden eine bessere Kurve!

In dem obengenannten *fortlaufenden* Walzer könnte sehr gut ein immerwährendes Hin- und Her-Auftreten und Verschwinden der verschiedenen Personen und Gruppen stattfinden, in der Art, wie im II. Akt des Gounodschen Faustes in der Gartenszene fortwährend Gretchen und Faust, Mephisto und Marthe auftauchen und wieder verschwinden. In so einem fortlaufenden Walzer, der bald elegisch (Arabella und die drei Grafen), leidenschaftlich (Matteo und Zdenka), burlesk (Mandryka mit seinem Juden), rauschend (die Fiakermilli mit dem ganzen Ballensemble) sein kann, läßt sich jegliche Konversation (so buntscheckig sie sein will) bestens unterbringen!

Der Anfang des Aktes begänne zeremoniell, würde zärtlich-galant, die Mitte des großen Walzers als Höhepunkt, dann Leidenschaft und Verzweiflung und abrupter Schluß als spannender Wechsel auf die Entwicklung und Lösungen des III. Aktes. Wäre Ihnen diese Form genehm?

Nun will ich Sie aber definitiv in Ruhe lassen, wünsche alles Gute und *warte* – als Ihr treu ergebener *Dr. Richard Strauss*

Lieber Dr. Strauss, Rodaun, 11. VIII. 28

Hier ist die Szene Arabella–Matteo[1]. Ich hoffe, daß ich, mit ziemlich großer Bemühung, die Übereinstimmung zwischen den Charakteren, dem Ton und Stil des Ganzen und dem geforderten lyrischen Gehalt herzustellen vermocht habe. Ich glaube, daß die Gestalt der Arabella nun fest und bestimmt dasteht; gegenüber dieser schmerzlichen Szene ist nun der Flirt mit den drei Grafen im richtigen Licht, und der Schluß, ihr gebetartiger Monolog beim Schreiben des Briefes, hat nun ein ganz anderes Gewicht. – Für die Szene in II, wo Zdenka den Brief mit dem Schlüssel überbringt, ist nun ein wichtiges mimisches Motiv gewonnen: Matteo muß den «letzten» Brief ersehnen, weil er noch einmal zärtliche Worte enthalten wird – und noch mehr ihn fürchten, weil es wahrscheinlich der endgültige Abschied sein wird. So weicht er vor Zdenko zurück, und dieser ist genötigt, ihm mit dem Brief in der Hand nachzugehen, ihm den Brief aufzudrängen. Diese Szene hat etwas so Auffälliges, daß Mandryka, der gewiß kein Horcher ist, durch die Sonderbarkeit des Vorganges unwillkürlich gereizt ist, näherzutreten und so die Worte hört: «Es ist der Schlüssel zu Arabellas Zimmer». Ich hoffe, daß nun der Akt *in Ordnung* ist, möchte es aber sehr gerne von Ihnen hören. Ich bin ab 17. in Salzburg, Österr. Hof. Nicht am 18., aber am 19. könnte ich, wenn es nötig erscheint, irgendwo in Oberbayern auf halbem Weg Ihnen zu einer Besprechung entgegenkommen. Andernfalls sehen wir uns Anfang Oktober, bei der Münchener «Helena»[2]. Aber lassen Sie mich bitte nicht lang ohne Nachricht!

Immer Ihr *Hofmannsthal*

[1] In der Oper nicht verwendet. Zuerst gedruckt im Richard-Strauss-Heft der «Schweizerischen Musikzeitung», Zürich, Jg. 84, Nr. 6, Juni 1944. Die Abschiedsszene ist auch in der von W. Schuh in der «Neuen Rundschau» (vgl. Fußnote zu Strauss' Brief vom 3. 5. 1928; S. 625) veröffentlichten Erstfassung des I. «Arabella»-Aktes enthalten, ebenso in Gesammelte Werke, Lustspiele IV und in der Krit. Ausgabe, Bd. XXVI, Operndichtungen 4 (Hg. v. H.-A. Koch), 1976.

[2] Die Münchner Erstaufführung der «Ägyptischen Helena» fand am 8. Oktober 1928 statt.

Lieber Freund! Garmisch, 12. 8. 28

Die gestern eingetroffene Szene Arabella–Matteo ist sehr gut! Vivant sequentes! Mit schönsten Grüßen Ihr

Dr. Richard Strauss

28. August bis 10. September Pontresina (Hotel Saratz), 17. und 18. August bin ich in München (Jahreszeiten) und fahre am 19. nach Zermatt.

Bitte sprechen Sie unsre «Arabella» doch mit Reinhardt durch! Letzterer soll doch um Gottes willen nicht mit Marischka die verfluchte Operette zu neuem Leben erwecken, sondern lieber mit der Burg zusammen klassische Tragödie, mit der Oper Spieloper und Ballett im Theater an der Wien spielen. (Mein alter Plan!)

Lieber Dr. Strauss, Rodaun, 13. VIII. 28

Ich danke Ihnen vielmals für Ihren lieben freundschaftlichen Brief. Ich finde diese genaue briefliche Unterhaltung über das Szenar der Spieloper ganz ausgezeichnet, endlich komme ich so, vor der eigentlichen Arbeit, in Fühlung mit den Wünschen des Musikers. Es müßte doch mit dem Teufel zugehen, wenn da die Spieloper nicht *besser* würde als der «Rosenkavalier», einheitlicher im Stil, und Text und Musik wirklich wie Hand und Handschuh.

Ihre Linienführung für II. leuchtet mir auf den ersten Blick ein. Diese drei Teile – ein ruhiger, konventioneller, der bunte bewegte Mittelteil, in welchem der Walzer alles trägt, alles verbindet – dann der scharf kontrastierte Schlußteil – Sie können meiner Phantasie keine willkommenere Route weisen – und ich will in den mir günstigen Herbstmonaten alle Lust und Mühe daran wenden.

Wenn Sie die Feder nicht in die Hand nehmen wollen, bevor das Ganze abgeschlossen vor Ihnen liegt – ganz gut – aber umgekehrt will ich den zweiten Akt (von dem alles abhängt) nicht anfangen, bevor ich sicher bin, daß der erste, wie er nun ist, Ihnen (als Expositionsakt) nichts Wesentliches zu wünschen übrig läßt. Ihre Kritik überzeugt mich immer, wollen Sie noch etwas ge-

ändert – so werde ich mir Ihre Gedanken zu eigen machen und ändern –, aber *bevor* ich an die weiteren Akte herangehe. Ich will festen Boden unter den Füßen haben.
Dem Jankel etwas mehr Existenz zu geben, ist mir nur ein Spaß. Aber was den Gedanken betrifft: *er* solle Matteo mit Zdenka belauschen, so habe ich diesen wieder fallenlassen wegen der zu auffallenden Ähnlichkeit mit den Intriganten und dem Herbeirufen des Ochs in R. K. II. (Beide Szenen sitzen noch dazu genau an der gleichen Stelle, in der Mitte des II. Aktes.) Lieber also möchte ich Mandryka selbst das Gespräch belauschen lassen – und ihn dann dem Jankel den Befehl geben lassen, auf Arabella zu achten – ob diese den Ball verlasse. Jankel findet übrigens in II und III, das fühle ich voraus, noch gute Verwendung.
Nun aber heften Sie sich die neuen Blätter ein und trachten, zu dem ersten Aufzug als einem Ganzen das Verhältnis zu finden, auf Grund dessen Sie ihn approbieren oder allenfalls neuer Kritik unterwerfen. Herzlich Ihr *Hofmannsthal*
Ab 17. Salzburg. Österreichischer Hof.

Lieber Dr. Strauss, Bad Aussee, 14. IX. 28
vielleicht würde es Sie ein wenig rühren, wenn Sie, durch ein kleines Fenster zwischen den Zweigen eines alten Apfelbaumes in ein sehr kleines Zimmer hineinschauend, Ihren getreuen Librettisten erblicken könnten, beim Schein einer Stehlampe, vor sich Ihre letzten Briefe, in der Hand das Textbuch von «Zar und Zimmermann» – dem sich, trotz einiger Plattheit, doch manches ablernen läßt, wie jedem Bühnenwerk, das einmal lebendig war und durch Dezennien geblieben ist.
Die Forderungen und Wünsche, die Ihr letzter Brief für den II. Akt ausspricht, sind mir eingeprägt – wie Sie mir im ersten Augenblick eingeleuchtet haben. Die Dreiteilung, der konventionelle Anfang, die breite Mitte, ganz von dem Walzer gehalten, viele wechselnde Vorgänge dazwischen eingewoben, der aufregende und drohende Schluß –, dies alles ist ausgezeichnet, es ist mir eine Wohltat, so nahe zu fühlen, was der Komponist will und braucht, und ich möchte denken, daß, bei genauer und

glücklicher Erfüllung dieser Wünsche, der zweite Akt und auch der dritte jeden beliebigen Akt des R. K. an dramatischer Führung übertreffen müßte.

Von Einzelheiten möchte ich nur eine einzige erwähnen. Jenes Stutzen der Arabella gerade beim Anblick von Mandryka – die Angst, gerade mit diesem Menschen wieder eine Enttäuschung zu erfahren – dieses ganze Motiv erscheint mir aus dieser Mädchennatur – die schon auf einen gefährlichen Punkt gelangt ist – natürlich hervorzugehen, und ich würde ungern darauf verzichten. Sie aber bezeichnen dieses Motiv als «ein wenig trivial». Das überrascht mich, und ich denke nach und bleibe doch überrascht. Auch versuche ich vergeblich, dieses Motiv als ein schon gebrauchtes, also trivialisiertes in irgend einem bekannten Lustspiel, Roman, Libretto mir ins Gedächtnis zu rufen. Ihnen muß aber dergleichen vorgeschwebt sein. Bitte sagen Sie mir noch ein Wort darüber.

Den Juden Jankel will ich gern im zweiten Akt ein wenig hervortreten lassen. Nur nicht gerade als Belauscher der Szene Matteo–Zdenka; sonst entsteht, weil dies Belauschen, zugunsten des Auftraggebers, auch gerade wieder in der mittelsten Mitte des zweiten Aufzuges statt hätte, eine unangenehme und überflüssige Reminiszenz an Valzacchi – und auf solchen Dingern reiten dann die Kritiker herum.

An das Lortzingsche Textbuch aber möchte ich, im Vertrauen auf Ihre immer gleiche Nachsicht, noch ein Wort anknüpfen, das gewisse, im Juli geäußerte, höchst unsichere und laienhafte Gedanken noch ein letztes Mal aufnimmt. Sie sagten damals: eines freilich darf man nicht erwarten oder verlangen, daß ein Deutscher je sich zum Italiener wandle, das hat ja auch Mozart nicht vermocht. Aber italienisch-deutsch, – – liegt denn hier die Antithese? Nichts Deutscheres, nichts richtiger altväterisch Deutsches als Lortzing: und doch tritt mir gerade hier wieder mit aller Stärke dies entgegen, wodurch – wenn es sich *mutandis mutatis* einigermaßen erneuern ließe – so unendlich viel gerade für das musikalische Lustspiel zu gewinnen wäre. Wie bezeichne ich es nur richtig? Wenn ich ein solches Textbuch lese, in Erinnerung an gehörte Aufführungen dieser oder einer anderen L.'schen Oper –, so fühle ich – und mag ich noch so Laie sein –, wie die ganze Charakteristik dieses Peter, dieses van Bett, dieser Marie in den *Gesang* gelegt ist, das Orchester nur begleitend bleibt (und so auch, meine ich doch, vollzieht sichs im Vorspiel zur «Ariadne»), während im «Rosenkavalier» und doch auch im «Intermezzo» (irre ich da? habe ich unrecht?) die Stimme immer nur dem im Orchester zentrierten Leben des Ganzen sich einflicht, auftauchend, untertauchend, aber – wenn mein Gefühl mich nicht betrügt – nie ganz souverän, nie ganz *Träger*. (Ich rede jetzt nur von den Lustspielopern, die «Helena» gehört ja ihrem Stil nach ganz wo anders hin, «Salome» und «Elektra» wieder ganz wo anders.)

Nicht nur italienische Süße der Stimmführung scheint es mir zu geben, auch nicht nur lauter oder leiser, mehr oder minder polyphon, sondern den Entschluß des Komponisten, das *Entscheidende* der Singstimme zu geben – so wie etwa auch im «Freischütz».

Ich weiß wohl, was musikgeschichtliche Entwicklung ist. Aber die führt eben geradlinig zu Pfitzner und Schreker – aber das produktive Geheimnis des Individuums liegt eben darin, daß im Individuum sich jene Umkehrungen, jene Spiralen der Entwicklung vollziehen – deren Tendenz auch in der heutigen Malerei und Baukunst erkenntlich ist. Genug und schon zuviel! Verzeihen Sie! Der Draußenstehende spricht alles grob aus, als könnte man das Schiff um einen Winkel von 90 Grad wenden, der Meister weiß, was es kostet, gegen die Gewalt des Stromes auch nur die kleinste Wendung zu geben, und «Gewalt des Stromes» ist nur ein schwaches Bild für die inneren Verkettungen und Zwänge, die dem Schaffenden schicksalshaft mit gegeben sind. Also verzeihen Sie nochmals! Ihr *Hofmannsthal*

Lieber Freund! Grand Hotel Nürnberg, 29. September 1928

Ich komme eben von zwei Münchner Proben. «Helena» verspricht dort sehr schön zu werden, die ganze Besetzung sehr gute zweit-erste Klasse. Knappertsbusch macht seine Sache auch

vortrefflich. Die Dekorationen erscheinen mir sehr schön, nur bei den Kostümen Pasettis mußte ich einige Wünsche äußern; sie sind zum Teil zu schwer, zu echt griechisch, zuviel lange Stoffgewänder, besonders Aithra ist eine mittelgroße, breite Dame, die in dem langen Gewand unmöglich aussah. Ebenso gehen die drei Dienerinnen im zweiten Akt daher wie die Nonnen. Auch Helena sah eher aus wie Brünnhilde. Ich hoffe, daß Herr Pasetti meine Wünsche berücksichtigen wird, da ich aber leider morgen nach Berlin fahre und erst am 8. Oktober direkt nach München zur Première komme, wäre es höchst wünschenswert, wenn Sie selbst, sobald als möglich, im Laufe dieser Woche nach München fahren würden, um an den täglichen Proben teilzunehmen. Generalprobe ist am 6. Oktober.
Ich habe nun Herrn Pasetti auf Ihre Wünsche aufmerksam gemacht, den Kostümen den bekannten Pariser Anstrich zu geben und vor allem Aithra und die drei Dienerinnen kurzgeschürzt gehen zu lassen. Aithra sah erst gut aus und bewegte sich natürlich, als sie wieder in ihrem eigenen modernen Kleid probierte, und ich habe gebeten, ihr Kostüm diesem modernen Stil anzupassen. Ich glaube, es wäre im Interesse des Werkes sehr wichtig, daß Sie persönlich kontrollieren und raten würden. Ein weiteres: Der Maschinenmeister und Regisseur werden Ihren Wunsch erfüllen und «Helena» bei halberleuchtetem Hause spielen lassen. Dem muß natürlich auch die Bühnenbeleuchtung angepaßt werden, wozu auch Ihr Rat wünschenswert wäre.
Damit nun nicht nur die Möglichkeit gegeben ist, daß das Publikum am Abend im Textbuch nachlesen kann, sondern daß es sich auch darauf einstellt, sich für die Aufführung mit Textbüchern zu bewappnen, hatte ich die Idee, an die «Neuesten Nachrichten» ein Eingesandt mehrerer Musikfreunde zu schikken, die diesen Wunsch der Theaterleitung öffentlich kundgeben. Ich ließ mir den Kritiker Dr. von Pander kommen, mit dem ich die Sache besprach und der schließlich den guten Vorschlag machte, das Beste wäre, Sie selbst schrieben einen hübschen, vielleicht etwas humoristisch gehaltenen Artikel des Inhalts an die «Münchner Neuesten Nachrichten», vielleicht unter

dem Titel «Der verdunkelte Dichter», in dem Sie auf den Übelstand der total verdunkelten Zuschauerräume hinwiesen und den Notschrei ausstießen: zu was dichte ein Poet schöne Gedanken in schönen Worten, wenn sie niemand liest, von der Bühne herab nur teilweise versteht. Es sind dann billige Beleidigungen, den Dichter verworren und dunkel zu schelten, wenn man gar keine Gelegenheit hat, ihn auch nur kennenzulernen. Sie können ja schreiben: mein braver Komponist gibt sich die größte Mühe, meine Worte gut zu deklamieren und ein möglichst durchsichtiges Orchester zu schreiben, aber eine Oper ist eben einmal kein Schauspiel, und bei der vielfältigen Inanspruchnahme von Ohr und Auge in der Oper kommt eben doch der Dichter sehr leicht zu kurz und bittet, wer sich schon einmal ein Billett in die Oper kauft, möge auch noch die eine Mark für das Textbuch drauflegen, um am Schluß dem Dichter wenigstens nur diejenigen Vorwürfe zu machen, die er für berechtigt hält und die nicht bloß aus Unkenntnis des Werkes entspringen.
Von Berlin[1] höre ich sehr Gutes, besonders Maria Müller als Helena und Laubenthal als Menelas versprechen sehr gut zu werden. Tietjen ist sehr stolz darauf, alle technischen Bühnenprobleme gelöst zu haben, die Schoder kämpft mit Energie und Fanatismus und anscheinend siegreich gegen den Widerstand bockbeiniger Regisseure.
Auf Wiedersehen hoffentlich in München und mit herzlichen Grüßen Ihr stets treu ergebener *Dr. Richard Strauss*
Adresse Berlin: Heerstraße 100.

Lieber Dr. Strauss, Bad Aussee, 18. X. 1928
aus München zurückgekehrt und angeregt von den freundlichen Begegnungen mit Ihnen und dem gemeinsamen Werk, habe ich mich sogleich an den II. Akt «Arabella» gemacht und das Verlobungsgespräch mit Freude und Schwung und soviel Talent, als ich eben habe, niedergeschrieben. Dies getan, wende ich meine ganze Aufmerksamkeit und Phantasie daran, den

[1] Die Berliner Erstaufführung fand am 5. Oktober 1928 statt.

Mittelteil herzustellen, jene vielen wechselnden Momente zu zweien, zu dreien, zu vieren, welche – ich halte mich immer an Ihre so faßlichen und inspirierten Vorschläge – immer mehr oder weniger in den fortlaufenden Walzer eingewebt, zugleich den Fortgang der Handlung, das lebendige Sich-Beglaubigen der Figuren und ein gewisses buntes glitzerndes, hie und da derbes, hie und da sentimentales Atmosphärisches darbieten müssen. Ganz ungezwungen war es z. B. möglich, in diese Skizze einige «singende» Momente der Adelaide einzuzeichnen, durch welche die Rolle als die einer noch jungen liebenden Frau, die allzu plötzlich Schwiegermutter wird, aber auch unschwer noch (in dem Grafen Dominik) einen Verehrer findet – recht graziös hervortritt und für eine Sängerin in der Art der Olszewska appetitlich wird. Das alles (bei knappem Entwicklungsraum!) erfordert außer dem guten Willen und der inneren Freude auch etwas Glück. Also denken Sie in diesen Tagen besonders freundlich an mich!

Ich finde, daß der Akt an einheitlicher laufender Handlung und Steigerung weit mehr hergibt als der entsprechende Akt des R. K.

Ihre Gattin warf die Frage auf, wieweit man mit einer solchen Spieloper eines *breiteren* Erfolges gewärtig sein könne. Darauf läßt sich natürlich nicht mit Sicherheit antworten. Garantie eines Erfolges kann ich keine geben, und Sie haben sie nie von mir verlangt – am wenigsten beim «Rosenkavalier», wo Sie sagten: Die Leute werden natürlich schreiben, die «erwartete» deutsche Spieloper ist es *nicht!* Aber man kann immerhin die Chancen eines breiteren Erfolges einigermaßen steigern, und das scheint mir in der Wahl des Stoffes, des Milieus, der Figuren hier getan. Das Mystische, Heroische ist dem gegenwärtigen Publikum immer ein kleiner Schrecken, das Finster-Großartige (wobei man noch besonders leicht in den Bann der Tetralogie gerät) fürchten sie im Grund ihres Herzens, stellt man ihnen einen Hotelsalon, einen Ballsaal, eine Verlobungsangelegenheit, Offiziere, Fiaker, Lieferanten und Kellner hin, so wissen sie doch wie und wo. Es bleibt auch immerhin das Beispiel des eigenen, so dauernden, höchst erfolgreichen Werkes. Wenn ich fast zwanzig Jahre lang Charakter und Verstand genug gehabt habe, dieses Werk nicht wiederholen zu wollen und eine ähnliche Inspiration (bei sehr unähnlicher Handlung) geduldig abgewartet habe, so darf ich jetzt auch wohl ein wenig auf Ihr (und Ihrer Nächsten) *Zutrauen* rechnen.

Eine einfache Erwägung ist hier am Platz: Es sind zu *wenig* heitere Werke gegenwärtig mehr auf dem Repertoire, daher der immense Publikumserfolg des Librettos der musikalisch so schwachen Spieloper «Jonny»[1]. Der ganze Lortzing, Boïeldieu, Auber, Cherubini, Donizetti sind ja abgewelkt, und das Repertoire besteht fast nur aus Schwerem, Getragenem, größtenteils mit finsterem Ausgang.

Daß aber dem «Intermezzo» der *breitere* Erfolg versagt geblieben ist, das läßt sich, glaube ich, doch auch aus dem Libretto erklären – und es ist nun einmal das Libretto, das auf dem *Theater* entscheidet. Im «Intermezzo» ist ein Charaktergemälde gegeben, weit mehr als eine Handlung; was darin Handlung ist, die Episode mit dem jungen Baron, dem ist sofort die wirkende spannende Kraft dadurch genommen, daß die Figur des jungen Mannes vom Librettisten bagatellisiert ist. Diese Figur ist, das spürt man in der ersten Sekunde, als bloße Episode aufzufassen – so fällt auch der dramatische Effekt weg, der durch diese Figur ausgelöst werden sollte. Man bangt nicht um die Frau – wie sollte *diese* Frau, die soviel Schwung hat, durch diesen Schatten-Kerl wirklich *gefährdet* werden, niemand im Haus fürchtet für sie, niemand fürchtet ernstlich für den Gatten – wir werden nicht ins Geschehen hineingerissen, somit bleibt es für uns ein Gemälde, Symphonie. – Daraus aber ist keine Skepsis für die bewegte, figurenreiche, kontrastvolle musikalische Komödie abzuleiten.

Also gute Nacht! Herzlich Ihr *Hofmannsthal*

Lieber Freund Hofmannsthal! Garmisch, 1. Nov. 1928

Danke herzlich für die freudige Nachricht, daß Sie sich mit

[1] «Jonny spielt auf» von Ernst Křenek.

Schwung an den II. Akt gemacht haben; bin äußerst begierig, was nun daraus wird.
Das «Intermezzo» beurteilen Sie, glaube ich, noch immer etwas ungerecht. Daß Kritik und Publikum nicht verstehen, was es sein soll und ist, dürfte doch für uns kein Beweis dagegen sein. Natürlich hat es wenig «Handlung», im Gegenteil: die Handlung ist von vorneherein bagatellisiert (wie Sie von der Figur des Barons ganz richtig behaupten) und ironisiert. Was sind denn aber auch diese sog. dramatischen Handlungen? Seit 2000 Jahren immer das gleiche: Mord und Totschlag, Intrige des Subalternen gegen den Helden, Verlobung mit überwundenen Hindernissen oder Scheidung – das ist doch alles nicht interessant und so und so oft dagewesen. Neu aber ist – wie schon Goethe sagt, als er jedem Menschen empfiehlt, seine Memoiren zu schreiben – jede Individualität: nie in dieser Art dagewesen, nie mehr wiederkommend, und somit finde ich eine so hübsch und konsequent durchgeführte Charakterschilderung wie im «Intermezzo» interessanter als jede sogenannte Handlung, und vielleicht kommen auch noch einmal theatralisch etwas hochentwickeltere Menschen, die meinen Geschmack teilen und das «Intermezzo» besser würdigen als die heutige Kinogeneration.
Und nun komme ich auf das, was mich bis jetzt immer noch ein bißchen vor der «Arabella» bangen läßt: die Figuren sind nicht interessant, alle ein bißchen altes Theater, und ich kann mich bis jetzt (von meiner Christine und auch von Helena verwöhnt) für keine derselben besonders erwärmen. Habe auch infolgedessen musikalisch noch keinen Anfang gefunden und muß schon das Ganze abgeschlossen vor mir haben, wenn ich in den ersten Akt hineinkommen soll. Ich wünsche Ihnen also frohe Arbeitskraft und hoffe, um Weihnachten in Wien vielleicht schon Schönes zu hören.
Die Hamburger «Helena»-Aufführung war ebenfalls ausgezeichnet, von Pollak sehr schwungvoll dirigiert, von L. Sachse sehr geschickt und gewissenhaft gegen den Dichter inszeniert, hatte stürmischen Erfolg und nur teilweise die übliche dämliche Presse. Einer dieser sonst gutmütigen Kaffern: Schaub ver-

sicherte mir, nachdem er mich wegen des «meine Musik beschwerenden» Textes der «Helena» bedauert hatte, daß er trotzdem jetzt schon (nach zehn Jahren) das Buch der «Frau ohne Schatten» verstehe! Ecco!
Auch in München bis jetzt nur ausverkaufte Häuser!
Mit herzlichen Grüßen von Haus zu Haus Ihr

Dr. Richard Strauss

Lieber Freund! Garmisch, 7. 11. 28

Ich habe den ersten Akt «Arabella» nach längerer Pause wieder mal gründlich vorgenommen, auch am Anfang mich komponierend versucht – aber die Sache will mir nicht zu klingen anfangen und offen gesagt: die Figuren interessieren mich gar nicht: weder der Kroate, dieses reiche, edle Seitenstück zum armen, verlumpten Ochs, noch vor allem die Hauptperson Arabella, die in drei Akten auch nicht den geringsten seelischen Konflikt durchmacht. Denken Sie ganz nüchtern: im I. Akt verabschiedet sie kühl lächelnd einen Anbeter, den sie [wegen] Geldmangels doch nicht heiraten kann, flirtet zum letzten Male mit drei Grafen, die wiederum sie nicht heiraten würden, entschließt sich, einen Bauunternehmer zu heiraten, den wir nicht einmal kennen und der uns schon gar nicht interessiert – um dann sofort im II. Akt – «auf den ersten Blick» – sich dem noch viel reicheren und immerhin präsentableren Mandryka zuzuwenden, womit die sog. Handlung eigentlich zu Ende wäre. Was dann noch kommt, ist eine ziemlich gewaltsame Verknüpfung mit einer Nebenhandlung (Zdenko-Matteo), die der eigentlich wirkliche Konflikt des Abends ist, indem die Schwester Zdenka die einzig halbwegs interessante Figur des Stückes ist.
Die Eltern interessieren wenig, Mandryka mit seiner *Gefolgschaft* wird Ihnen nur als Umkehrung des Ochs mit seinen Trabanten angekreidet werden; die drei Grafen, der Fiakerball = II. Akt «Fledermaus». Alles ist schwächer und konventioneller als im «Rosenkavalier», wenn es Ihnen nicht noch gelingt, aus Arabella eine wirklich interessante Figur zu machen wie unsre Marschallin, die letzten Endes den «Rosenkavalier» trägt – und

sei es selbst, daß der III. Akt *tragisch* enden müßte – erschrecken Sie nicht! – ja, ja, vielleicht tragisch, in welcher Form Sie wollen, ein einfacher Verzicht ihrer- oder seinerseits – so wie es heute ist, ist auch das Ende reichlich flach –, Matteo tröstet sich mit der Schwester, alle geben gerührt ihren Segen und finden gar nichts dabei, das Verhältnis Arabella–Mandryka wird nach ganz kurzer Trübung, an die auch im Publikum niemand glaubt, so wiederhergestellt, wie es schon zu Anfang des II. Aktes war – über diesen Mangel an innerer Konsistenz eines Konfliktes wird auch die schönste poetische Himbeer-Sauce, die Dichter und Musiker in das «Glas Wasser» noch hineinschütten werden, nicht hinweghelfen. Sie sehen, ich bemühe mich, von den Herrn Kritikern der «Helena» einiges an Kaltschnauzigkeit und Bosheit zu lernen, wenn ich mir auch schmeichle (denn das Auge der Liebe sieht doch noch schärfer als das Auge des Hasses und des Neides) – in meiner Kritik der «Arabella» nicht so danebengehauen [zu] haben, als wie die Zeitungen über den Text der «Helena», den ich stets bis aufs Blut verteidigen werde und über den ich überhaupt eine Kritik nicht zulasse: denn er ist ein Meisterwerk schlechthin! Die letzte Sonntagsaufführung in München war total «ausverkauft».

Nun seien Sie mir nicht böse, denken Sie wohlwollend über meine Skrupel und Gewissensbisse nach (ich fühle es genau, wenn ich mich zu einem neuen Stoff zwingen muß, wenn die Figuren mir «nicht liegen» und in mir keine melodische Gestalt gewinnen) – vielleicht fällt Ihnen doch noch eine Steigerung des dramatischen Gehalts ein – es muß ja kein Lustspiel sein, besonders wenn es wie jetzt schon eigentlich gar nichts Komisches und Witziges enthält und alles eher nach der Tragikomödie zuneigt. Bitte erwägen Sie genau, ob der ganze Stoff (trotz Fiakerball) nicht eigentlich tragisch ist. Wie wärs, wenn der so temperamentvolle Mandryka in dem Moment, wo ihm Arabella als untreu vor Augen geführt wird, sich erschießt und Arabella dem Sterbenden das «Glas Wasser» reicht? Wie wärs? Wie wärs? Es muß ja keine «komische Oper» sein!

Viele herzliche Grüße Ihres stets getreuen *Dr. Richard Strauss*

Lieber Freund, Bad Aussee, d. 16. XI. 28

Ihr Brief vom 7. XI. ist mir ein bißl verspätet in die Hände gekommen, ich war zwei Tage in Wien und nachher habe ich gleich und mit stärkstem Schwung an dem dritten Akt zu schreiben fortgefahren, und den Einlauf nicht angeschaut, absichtlich, erst gestern habe ich Ihren Brief gelesen.

Man muß die Sache ganz nüchtern anschauen; ich habe den zweiten und (nahezu) den dritten mit *vielem* Vergnügen gearbeitet und ich glaube, daß manches, ja das meiste von dem, was Sie mit den Worten andeuten: «es muß ja nicht lustig sein», «es kann ja ans Tragisch-Komische herangehen» usf. darin realisiert ist, weil es eben im Stoff gelegen ist. Jetzt aber befassen Sie sich bitte in keiner Weise mehr mit dem ersten Akt, an dem bestimmt manches geändert werden muß, so z. B. die Haltung der Arabella in der Begegnung mit Matteo, in der etwas Irreführendes liegt. Ich bin dann von Anfang Dezember an in Wien und warte auf Sie. Dann muß man die Akte II und III miteinander lesen, dann eine ganz nüchterne Entscheidung treffen.

Die paar Leute, aber sehr verschiedenartige Leute, denen ich es gezeigt habe, finden es ausgezeichnet, und ich bin schließlich alt genug und skeptisch genug, um zu unterscheiden, was Leute aus Höflichkeit sagen und ob sie darüber hinaus animiert und interessiert sind, aber das ist alles ganz nebensächlich, ebenso nebensächlich ist es schließlich, daß ich nicht die geringste Verwandtschaft zwischen dem bös und gespannt ausgehenden zweiten Akt und der «Fledermaus» oder zwischen diesem freundlich-gütigen, dann wieder sehr männlichen und Furcht einflößenden Mandryka und dem Falstaffschen Ochs sehen kann. Kurz, alles ist nebensächlich, außer dem einen, worauf diese ganze Kollaboration ruht: Ihrem Verhältnis zu der Dichtung. Darüber muß man sich, wenn Sie das Ganze gehört haben, sehr nüchtern und klar ein Urteil bilden, denn die Nüchternheit und nicht die Verschwommenheit ist die Atmosphäre des künstlerischen Hervorbringens. Sehr herzlich Ihr *Hofmannsthal*

Wenn in Wien, wie ich annehme, eine dauernde Krankheit der

Schenker schuld an der langen Pause ist, so sollte man darüber eine Notiz veranlassen, sonst macht sich das Publikum unrichtige Gedanken.

Lieber Freund! Garmisch, 19. 11. 28

Ihren Brief vom 16. habe ich heute erhalten und werde nach Ihren Wünschen verfahren.

Ich bin vom 2. bis 20. Dezember in Berlin W., Rauchstraße 16, bei Frau Geheimrat Deutsch und dirigiere u. a. dort «Rosenkavalier», «Elektra», «Frau ohne Schatten», «Helena».

Am 1. Dezember bin ich zur 19. (Fest-) Vorstellung der «Helena» in Dresden. Tietjen meldet mir auch aus Berlin «steigende Kassenrapporte der ‹Helena›». Es scheint also, daß auch die Berliner Kritik das Werk nicht umbringen konnte. Für diese edlen Herren ins Stammbuch habe ich beim alten Reinhold Lenz folgendes Epigramm gefunden:

«Über die *Dunkelheiten* in Klopstock und Andern!»

Schmecker (!): Ich bitte, gebt mir Licht,
Herr ich versteh Euch nicht.
Antwort: Sobald *Ihr* mich versteht,
Herr, bin ich ein schlechter Poet.

Ein Hamburger Kritiker bedauerte mich, daß ich meine «herrliche Musik» mit Ihrem «unverständlichen Text» beschwert habe. Als ich ihm antwortete: die «Helena» sei doch leichter zu verstehen als die «Frau ohne Schatten», erwiderte er: «O die ‹Frau ohne Schatten› *verstehe ich jetzt schon ganz gut!*»

Na, hoffentlich braucht er zur «Helena» nicht wieder zehn Jahre!

Man muß als ernster deutscher Autor viel Geduld haben!

Wegen der Wiener «Helena»-Pause habe ich schon vor vierzehn Tagen bei Schneiderhan erinnert und soeben nochmals an Karpath in Ihrem Sinne geschrieben.

Die Unfähigkeit des euphemistisch sogenannten Herrn «Direktors des Operntheaters» lucus a non lucendo überstieg eben alle Grenzen!

Also gegen den 25. Dezember bin ich wieder in Wien und freue mich auf schöne gemeinsame Arbeit mit Ihnen als
Ihr stets treu ergebener *Dr. Richard Strauss*

Bad Aussee, 19. XI. 28 – ab 28. XI. Rodaun

Lieber Dr. Strauss,

Inliegend ein paar Zeilen[1] eines recht gescheiten Menschen; auch Wassermann urteilte ganz so lebhaft positiv wie seinerzeit Werfel, und wollte sich irgendwie äußern, wovon ich ihn aber abhielt: all das ist ja ganz nebensächlich, und kompetent über einen Text nur der eine, der ihn zu komponieren hat – aber mir ist doch lieb, daß ich etwas Freundliches hörte, ich war ganz unsicher, ob ich etwa jede Selbstkritik verloren hätte.

Ihr Brief, in diesem Moment empfangen, gerade in die Arbeit hinein, war wirklich etwas hart, auch wenn man sich Ihre schöne Devise «in künstlerischen Dingen unbeleidigbar» ganz zu eigen gemacht hat. – Indem ich ihn aber noch einmal überlege, und mir bewußt bin, wie wehrlos jede Handlung dem ausgeliefert wäre, unter einem so unfreudigen Blick *nicht* zu bestehen (und wie sehr der Text des R. K!) – die eine sympathische Figur, die Marschallin, durch 1½ Akte verschwindend, am Schluß nur mühsam herbeigeholt, der Buffo ein geschwätziger und dabei abstoßender Kerl, der 3. Akt sehr künstlich an den zweiten durch den Brief angeflickt, der Anfang des dritten unterm Niveau, gegen die Operette hin absinkend usf. usf. –, so kommt mir doch der Gedanke, ob nicht vielleicht ganz ohne Ihren Willen, ja ohne Ihr Bewußtsein etwas eingetreten ist, das sich auch in Ehen zuweilen nach 1½ Jahrzehnten oder so einstellt, und wogegen dann beide Teile ganz hilflos sind; eine innere Ermüdung, ein Erkalten – so daß Ihnen auf einmal meine ganze Palette, die Art, wie ich Figuren und was für Figuren ich hinstelle, kurz meine – natürlich begrenzte – Eigenart, die Ihnen lange reizvoll und gewissermaßen komplementär war, auf einmal unschmackhaft und unanregend geworden wäre. Auch diesem Phänomen müßte man ganz nüchtern und ruhig ins Auge se-

[1] Nicht vorhanden.

hen und die Konsequenzen daraus ziehen – aber das freilich erst, wenn Sie die neue Arbeit als ein Ganzes kennen, also nach dem 25. XII.

Im anderen Fall, wenn Ihnen die Geschlossenheit und Bewegung des Ganzen, die Komplettheit der Charaktere etwas sagt, so wie sie anderen etwas sagt, wenn man also ein Festes hätte, worauf sich weiterbauen läßt, dann würde ich trachten, an dem Expositionsakt mehrfache, selbst ziemlich einschneidende Veränderungen vorzunehmen, wovon ich einige, nicht alle, andeuten will.

Der Mandryka – den ich für eine meiner besten und eigentümlichsten Figuren halte – hat wirklich gar, aber gar keine Ähnlichkeit mit dem Ochs. Damit aber auch nicht ein äußerliches Analogon da sei, würde ich das Gefolge beseitigen, ihm nur einen einzigen Kammerdiener lassen. – Dem Auftritt der drei Grafen würde ich durch ein kleines Zeremoniell (das aber erst zu finden ist) durch eine Art kurzer Entrée de ballet mehr Glanz geben. – Die Dreizahl der Grafen ist zwar unbedingt beizubehalten; nur so kann versinnlicht werden, daß sich Arabella dem «Flirt» im allgemeinen, ohne ernste Konsequenzen, ergeben hat. Aber ich würde vielleicht im ersten, so wie im zweiten Akt (bei den Abschieden) nur einen der Grafen hervortreten lassen, die beiden anderen als Begleitfiguren behandeln. Dadurch würde dieser *eine* eine stärkere Figur werden und Arabellas Verhalten zu ihm an psychologischem Interesse gewinnen. Noch andere Veränderungen halte ich für möglich, doch ist die Voraussetzung der Lust und des Schwunges dazu, daß sich Ihr positives Verhältnis zum Ganzen – das ja von Ihrem guten Willen *völlig unabhängig* ist – einstellt und kundgibt.

Sehr herzlich der Ihre *Hofmannsthal*

Bad Aussee, den 19. XI. [1928]

Als P. S. bitte ich, meiner Frau ein paar Zeilen über «Helena» diktieren zu dürfen. Ihre schöne Haltung der Kritik gegenüber, dort, wo sie meinem Anteil mit besonderer Dummheit entgegentritt, rührt mich immer sehr, und ich freue mich, daß Sie zu Ihrem eigenen Trost das hübsche Verslein von R. Lenz gefun-

den haben. Es steht sehr merkwürdig mit der deutschen Geistigkeit. Das Höhere hat immer einen sehr schweren Stand gehabt in diesem angeblich geistigsten aller Länder (welche Bezeichnung in einem anderen Zusammenhang der Dinge auch wieder zutrifft). Es gibt ein Buch «Goethe und seine Zeitgenossen», das geradezu grausig ist, und noch 30 Jahre nach Goethes Tod verfaßte ein berühmter Ästhetiker und Universitätsprofessor, Friedrich Theodor Vischer, ein dickleibiges Pamphlet, genannt «Faust III. Teil», worin der zweite Teil der Goetheschen Dichtung als ein Sammelsurium von unverständlichem Zeug hingestellt ist. Also genug von diesen «Vermittlern zwischen den Schaffenden und dem Publikum». Ich zweifle nicht, daß die «Helena» zu einem vollen Bühnenleben kommen wird, trotz dieser Kerle, so wie die «Ariadne», aber schneller als diese. Denn der Umstand, daß man schon seit Jahren etwas Ordentliches gemacht hat und nicht erst seit 1927 auf der Welt ist und jetzt das gewisse: die Welt umstürzende Neue an den Tag bringt, diskreditiert einen zwar bei den Kritikern, gibt einem aber doch beim Publikum einen unschätzbaren Kredit.
Ich bekam vor einigen Tagen die letzte Wiener Abrechnung vor Augen. Sie enthält drei «Helena»-Abende. Die Einnahme von einem ist sehr schwach, nur 4500. Da müssen irgendwelche Umstände schuld sein. Die beiden andern Einnahmen sind ganz gut, circa 8–9000, aber doch bleiben sie hinter zwei gleichfalls verrechneten Vorstellungen des «Rosenkavaliers» beträchtlich zurück und bleiben sogar (das hat mich überrascht) hinter einer Vorstellung der «Ariadne» zurück. Das spricht eine sehr deutliche Sprache: nach dem enormen Erfolg der Juni-Vorstellungen gibt es hiefür nur eine unangreifbare Erklärung: die Vorstellung, wie sie sich jetzt gestaltete, mit einem in Wien kreditlosen, jetzt noch dazu von Leipzig ausgeliehenen Tenor, mit einer mittelmäßigen Utilité als Helena und mit demjenigen Dirigenten[1], der von allen den geringsten Kredit genießt (mag er die Sache noch so brav machen) das ist eine vollständig glanzlose Vorstellung. In Wien aber ist das «Wie» mindestens ebenso

[1] Karl Alwin

wichtig wie das «Was». Und auch den «Rosenkavalier» hätte man in seinen Anfängen mit solchem Sängermaterial umbringen können. Unsere Sachen konsolidieren sich immer mit der Zeit, darum muß man im Anfang eine so besonders vorsichtige Politik machen. Ich nehme an, daß Schalk um alles in der Welt nicht das Odium auf sich nehmen wollte, die «Helena» lange Zeit gar nicht anzusetzen. Tausendmal gescheiter aber wäre es gewesen, dies im Einverständnis mit Ihnen zu tun, meinetwegen vier Monate Pause zu machen und schon im Vorhinein eine würdig besetzte Reprise oder Fortführung der Aufführung für einen bestimmten Zeitpunkt anzukündigen. An Serientheatern wäre so etwas der Ruin, aber an einem Repertoiretheater, einem großen Opernhaus, gar nicht. Hier ist nur der Ruin, wenn es sich herumspricht, daß die Oper glanzlos dargestellt wird. Ich würde es wirksamer finden, wenn Sie dergleichen Dinge mit Schalk besprechen würden, für die so begrenzte Frist, wo er noch die Direktion führt (welche nächste Frist aber gerade für das Schicksal der «Helena» wichtig ist), denn bei den miserablen Verhältnissen zwischen Sch. und dem Generaldirektor findet alles, was durch diesen kommt, natürlich irgendwelche subtile Hindernisse, wogegen alles was Sie, solange diese Direktion einmal besteht, direkt durch den Direktor machen würden, gewiß prompter durchgeführt würde und à la longue bessere Früchte trüge. Dies aber höchst unmaßgeblich und privatim, aber *etwas Überlegtes* im Sinne von Publikationspolitik muß geschehen, sonst verfällt das im Juni so schön Errungene.

Lieber Freund! Garmisch, 21. 11. 28

Es wäre mir leid, wenn meine Kritik Ihnen die Freude an der schönen Arbeit verdürbe! Das soll sie beileibe nicht. Aber ich meine eben, ich *muß* Ihnen alles schreiben, was mir durch den Kopf geht. Aber da ich eben den II. und III. Akt nicht kenne, kommt mir bis jetzt die Figur der Arabella noch etwas blaß und konfliktlos vor und mehr wie eine Novellen- anstatt Theaterfigur! Aber wie gesagt: ich warte – hoffnungsvoll, und was Sie sonst befürchten, davon spüre ich noch nichts.

Man meldet aus Stettin, Lübeck, Nürnberg, Magdeburg sehr schöne Erfolge der «Helena». Nächsten Dienstag dirigiere ich sie in Nürnberg.
Bezüglich Wiens haben Sie vollkommen recht. Weder Schwarz noch der in Wien total unbeliebte Leuer sind auf die Dauer möglich.
Ich habe sofort an Schalk geschrieben (mit gleichzeitiger Information an Schneiderhan) und ihn gebeten, mit einleuchtender Motivierung an die Presse, «Helena» ruhen zu lassen, bis sich eine erstklassige Besetzung findet. Sie wissen, daß Frau Lehmann mich treulos im Stiche gelassen hat, die andern Helena du premier ordre singen in Amerika, bleibt nur Frau Schenker, die sich vorläufig noch nicht an die Rolle herangetraut.
Hoffnungsloser Fall!
Mit schönsten Grüßen Ihr stets getreuer *Dr. Richard Strauss*

Ich lese gerade wieder Richard Wagners «Oper und Drama»: ein herrliches Buch, zeitgemäß wie vor 80 Jahren und noch ebenso unverstanden und ungekannt!
Aber für unser einen ein Trost und Ansporn, bitte lesen Sie es wieder!

Lieber Dr. Strauss! Bad Aussee, 23. XI. 28

Verzeihen Sie, wenn ich, heute schon sehr viel geschrieben habend, meiner Frau eine kurze Antwort auf Ihren lieben Brief diktiere, worin ich vielleicht etwas praktisch Verwertbares sagen kann. Wie der Zufall manchmal Dinge fügt, bin ich mit jemandem zusammengestoßen, einer Person aus einem ganz anderen Milieu, die aber mit der Lehmann zusammenhängt und dadurch habe ich von hinten herum etwas und wahrscheinlich die Wahrheit über das Verhältnis der Lehmann und ihre Angst vor dieser doch so schönen und einladenden Rolle gehört. Es bezieht sich das auf gewisse wirkliche oder vermeintliche Gefahren in der Stimmführung, wodurch sie sich für ihre Stimme fürchtet, die ja jetzt wirklich vielleicht die schönste und intakteste in Europa ist. Es soll sich um einige, nicht um viele Stellen

handeln, bei denen dieses sogenannte «Punktieren» abhelfen würde. Dieses aber Ihnen zuzumuten erfordere zu viel Mut, also ziehe man sich lieber von der Rolle ganz zurück.
Ich übermittle das auf jeden Fall. Zunächst ist ja der Weg, den Sie eingeschlagen haben, der einzig würdige und richtige, weiterhin wäre es aber doch das einzig wirkliche Bestehen des schönen Werkes, wenn diese Frau es singen würde. Daß mir natürlich besonders viel daran liegt, werden Sie ja auch ohne weiteres verstehen. Es ist eben die Stadt, in der ich lebe und in der das andauernde, freudige Weiterleben dieser Werke für mich eine so große Freude und beständige Rekreation ist. Demgegenüber nutzen mir die schönen Erfolge in deutschen Städten und im Ausland nicht.
Also auf gutes Wiedersehen und seien Sie herzlichst gegrüßt von Ihrem getreuen *Hofmannsthal*

Lieber Dr. Strauss, Rodaun, 28. XI. 28

Nach eineinhalbstündigem Gespräch mit dem braven Alwin sehe ich, daß ich in der Wiener «Helena«-Sache einen falschen Standpunkt eingenommen habe und mich korrigieren muß. Meine indiskrete Information bezüglich Lehmann war offenbar ungenau; es handelt sich nicht um ein paar hohe Töne oder dergleichen, sondern sie will die Rolle nicht singen aus Rancune wegen Jeritza. Alwin hat durch drei Wochen mit der ihm eigenen Zähigkeit (und wie er selber sagt: bis zur Würdelosigkeit) alles versucht, um sie zu gewinnen – es liegen da offenbar auch noch besondere Einflüsse vor (eine sehr willensstarke Gesangslehrerin, die jetzt die *Isolde* mit ihr studiert), kurz, da ist offenbar nichts zu machen – ich sage nicht: für immer nicht – aber fürs nächste nicht –, und gerade auf die richtige Politik fürs nächste kommt es an: denn ab April wird es ja wohl die Jeritza ein paarmal singen und ab Herbst hat man dann die Schenker und Graarud mit Gerhardt als Aithra, also eine *wirkliche* Besetzung.
Die Schenker früher als zum Herbst in der Rolle herauszustellen, scheint undurchführbar. Sie ist keine sehr *starke* Person,

noch immer Anfängerin. Sie hat im Herbst die Iphigenie studiert, dazwischen noch eine Rolle, die mir entfallen ist, und ist jetzt, auf Schalks Veranlassung, mitten im Studium des Octavian. Ihre Kräfte sind aber offenbar begrenzt, auch ihre Nervenkraft; forciert man sie, so flüchtet sie in Krankheitszustände, dann sitzt man erst recht da.

Bliebe also die Möglichkeit, die Oper ganz ungespielt zu lassen, *ungespielt* während der Monate Ihrer Wiener Tätigkeit bis in den April! – Ich habe, nach dem Gespräch mit Alwin, eine Stunde sehr konzentriert nachgedacht: diese Pause – wie nun ein Publikum einmal ist – schiene mir soviel wie Mord an einem völlig lebenden und lebenswilligen Wesen. (NB. Das *eine* wirklich schwächere Haus war an einem Montag, zu schnell nach der vorhergehenden Vorstellung, nachher war wieder ein Haus von fast 9000, und man muß sich sagen – Alwin zitierte mir die Ziffern – daß der «Rosenkavalier» im *ersten* Jahr gar keine so *sehr* guten Häuser hatte). Alwins Vorschlag wäre nun: er dirigiert es *gar nicht mehr.* Dann dirigieren Sie mindestens zwei Vorstellungen. Eine mit V. Schwarz, Schubert und Schenker, weil *diese* Aithra ja sehr akkreditiert ist; dann eine V. Schwarz, Schubert und Gerhardt, um diese neue Aithra einzuführen. Also mindestens diese zwei; bei sehr gutem Besuch (der mir wahrscheinlich) auch noch eine oder zwei mehr. Sodann Jeritza – und somit war dann die Oper in dieser Saison etwa achtmal – und wird die Reprise für den Herbst angekündigt.

Das scheint mir nur *richtig:* Im vorigen Brief habe ich, auf falsche Prämissen, einen anderen Standpunkt eingenommen: den nehme ich zurück.

Das Ganze höchst bescheiden und unmaßgeblich, aber nach gewissenhaftem Nachdenken.

Auch über die Tatsache, daß im Dezember keine Vorstellung sein wird, sondern erst nach Ihrer Rückkehr, müßte eine Notiz kommen. Sehr herzlich Ihr *Hofmannsthal*

Salzburg, 4. XII. [1928]

Lieber Freund, (morgen wieder Rodaun)

ich habe eingehend mit Schalk gesprochen und meine nun, daß es schon am besten ist, bei dem von ihm Proponierten und von Ihnen telegraphisch Genehmigten zu bleiben, wenngleich es mit meinen Vorschlägen nicht völlig übereinstimmt, also *eine* «Helena» noch ohne Sie Anfang Dezember, die nächste unter Ihrer Leitung 30. XII. mit Schubert, dessen Stimmzustand (nach dem letzten «Tristan») mir Schalk als relativ sehr günstig bezeichnete. Als Darsteller ist er ja sehr gut. – Ihr Wunsch ist nun in Erfüllung gegangen, und Schalk nicht länger mehr Direktor. Die sehr rüden Formen dabei, die Schneiderhan möglich gefunden hat, müssen Ihnen ebenso unsympathisch sein wie mir – einfach aus Solidarität der Künstler gegenüber den Übergriffen des Beamten. Die Hauptsache ist jetzt, daß Sie recht behalten und nicht ich (viel lieber will ich mich geirrt haben!) und daß die neue Ära besser wird und nicht schlechter – für das schöne Institut und für unsere Werke.

Herzlich Ihr *Hofmannsthal*

Lieber Dr. Strauss, Rodaun, 24. XII. 28

Ich wünsche Ihnen und den verschiedenen Generationen der Ihrigen ein frohes Fest. Ich hoffe, daß Sie mit der endgültigen Lösung in der Opernfrage zufrieden sind; mir leuchtet diese Lösung mehr ein als die frühere, denn dieser Mann[1] hat doch sein Leben lang mit Theater zu tun gehabt, von dem andern aber hatte ich immer den Eindruck, daß ihn Theater nicht interessiert, sondern nur seine Person.

Ich bitte Sie nun sehr, daß Sie gleich (d. h. schon mit Geltung für die Vorstellung am 30.) durch *ein Wort* an Schalk, mündlich, telephonisch, wie immer, die Viertelbeleuchtung des Hauses, bei der man das Textbuch noch lesen kann, erwirken, analog München und Berlin. Es ist nicht möglich, daß diese Oper sich durchsetzt, wenn niemand eine Ahnung hat, was die Leute zueinander sagen. Unter solchen Bedingungen von Anfang an

[1] Clemens Krauss.

wäre auch die Tetralogie nie verstanden worden, hätte nie Popularität errungen. Man kann auch einem Librettisten nicht *unmögliche* Bedingungen stellen.

Oertel schreibt mir, er habe den Eindruck, daß die Oper jetzt allmählich auf den deutschen Bühnen festen Fuß faße. Wahrscheinlich braucht das Publikum in jeder Stadt 4 bis 6 Wochen, bis es den Unsinn, den ihm die Kritiker vorgeredet haben, abgeschüttelt hat und zu seinem eigenen Urteil kommt. Aber dazu muß man ihm helfen, und das geschieht durch die Ermöglichung des Mitlesens.

Ich bin 25. und 26. in Rodaun und habe, insbesondere am 26., die Familie meiner Frau zu Gast. 27. bis 29. rechne ich herinnen zu sein. (Ich kann nicht zu oft hin und her fahren, weil ich im Winter keinen Chauffeur habe.) – Die Spieloper habe ich, seit sie fertig ist, liegen lassen, aber verschiedentlich darüber nachgedacht. Wenn man über II und III einig wäre, könnte man daran denken, an I noch einschneidend zu ändern – vielleicht auch an der *Haltung* der Arabella-Figur. Dann würde ich die *drei* Grafen in eine Figur zusammenziehen, sowohl in I als in der Abschiedsszene: dadurch wird diese eine Figur ergiebiger, die Stellung der Arabella zu dieser Figur interessanter. Aber ich will bei der Dreizahl der *erscheinenden* gräflichen Verehrer bleiben, weil hier drei weniger ist als eins – drei Verehrer ihr Konto weniger belasten als ein ernsthafterer – will aber zwei davon nur Schatten sein lassen, stumm oder fast stumm, den einen (Elemer) eine wirkliche Liebhaberfigur.

Das alles aber ist sekundär, zunächst handelt es sich um das Ganze. Ich komme sehr gern an einem Nachmittag, wo Sie abends nicht dirigieren, zu Ihnen und lese Ihnen die zwei Akte.

Immer herzlich der Ihre *Hofmannsthal*

Lieber Freund! Wien, III, Jacquingasse 10 [Dez. 1928]

Herzlichen Dank für Ihre freundlichen Wünsche, die wir aufs wärmste erwidern!

Wenn Sie bis Sonnabend in der Stadt sind, würden meine Frau und ich uns sehr freuen, wenn Sie am Sonnabend, 29., 1/2 2 Uhr,

bei uns Mittag essen würden. Vorher oder nachher würde ich dann bitten, mir die «Arabella» zu lesen, auf die ich natürlich äußerst gespannt bin.
Erbitte kurze Zusage: Telephon U 18398.
Mit schönsten Grüßen Ihr *Dr. Richard Strauss*

1929

Lieber Dr. Strauss, Rodaun, 1. I. 1929, abends

Es freut mich zu Anfang des neuen Jahres wirklich sehr, daß Ihnen die beiden Akte gefallen haben, und ich somit sehe, daß ich mich in dem Stoff nicht geirrt habe. Ich werde alle Bemühung, deren ich fähig bin, daran setzen, den ersten Akt – soweit das bei einem Expositionsakt möglich ist – an Schwung und Leichtigkeit mit den beiden späteren in Übereinstimmung zu bringen.
Ich versäumte neulich leider, zu fragen, ob Sie das Nötige wegen halber Erleuchtung des Saales für die «Helena» schon veranlassen konnten! Jedenfalls zähle ich darauf, es geht ohne das wirklich nicht.
Sehr herzlich Ihr *Hofmannsthal*

Lieber Freund, Rodaun, 27. I. 29

bitte gewähren Sie mir folgende ganz persönliche Bitte. Schreiben Sie auf eine Visitkarte oder einen kleinen Zettel ein paar einführende Worte an den Münchener Bildhändler Böhler für Herrn Sebastian Isepp, Kunstmaler, den Sie als einen guten Freund Ihres Freundes H. v. H. bezeichnen können. Herr Isepp (Maler und ausgezeichneter Restaurator) ist in der Tat ein lieber Freund von mir. Die Sache bezieht sich darauf, daß ich im deutschen Kunsthandel aus einer Transaktion ein Guthaben habe und Herr Isepp, der nach München fährt, gebeten habe, nachzuschauen, ob vielleicht bei B. etwas Passendes wäre. Ich danke Ihnen im voraus.

Jetzt sag ich Ihnen für ein paar Wochen Adieu, wünsche Ihnen und all den Ihren die Gesundheit und das Wohlbefinden und hoffe unter anderem mit dem frischen ersten Akt zurückzukommen.
Als was für eine reizende Zdenka kündete sich neulich die Schenker-Angerer an!
Freundschaftlichst Ihr *Hofmannsthal*

München, Vier Jahreszeiten
Lieber Dr. Strauss, Montag, 23. März 29
ich hoffe, nun in wenigen Tagen nach Wien zurückzukommen. Aber das, was ich gehofft hatte: daß ich Ihnen den ersten Akt in der neuen Fassung mitbringen würde, ist leider nicht der Fall. Diese Zeit (Februar-März) ist mir nie sehr günstig; diesmal schleppte ich zuerst jene Art Magengrippe durch Wochen hin, und nun bin ich hier mit einer kleinen Bronchitis gelegen und bin erst seit gestern fieberfrei.
Ich weiß genau, wie der erste Akt sein soll, um als reizvolle Exposition der Akte II und III, die Sie nun kennen, zu dienen; und weiß auch, wie er geformt sein muß, um der Musik entgegenzukommen. Also seien Sie insofern ruhig. Sie haben in Ihren Gedanken und Gesprächen mit mir verschiedene heroisch-mythische Gegenstände gestreift; den Semiramismythus, wie ich mich erinnere, einmal auch die Geschichte von den Danaiden – die ihre Männer ermorden, mit Ausnahme der einen, die den ihren verschont. Das sind lauter großartige Gegenstände – aber, lieber Freund, ich weiß es nicht, ob ich für einen solchen Gegenstand heute den Ton in mir finde, fast bezweifle ich es aufs bestimmteste.
In mir ist dies alles einem Gesetz unterworfen, das ich weder ganz verstehe, noch mich dem entziehen kann. Ich habe mit dem Versdrama debütiert, und bin ganz zur Prosa gekommen, ob ich wollte oder nicht. Für Musik habe ich von einer der Arbeiten zur anderen eine Art bescheidener Eingebung empfangen, in welchem Ton und Stil ich etwas machen könnte. Diese gegenwärtige halb-ernste, halb-heitere Sache war die letzte solche

Eingebung. Wenn ich mir, ganz schattenhaft, hinter diesem noch etwas anderes vorstellen soll, so wäre es am ehesten etwas in Worten Knappes, in der Handlung Eigentümliches, psychologisch Gegliedertes, ganz Modernes – das schiene mir auch die Bühne zu verlangen. Für den gesteigerten Ton und die Art wie unsere Opernsänger das Heroische vorbringen (hier ist offenbar der Bann des Stiles der Tetralogie nicht zu brechen) finde ich keine Lust und keinen Mut in mir. Vielleicht kann das wieder ein Jüngerer!

Freundschaftlich Ihr *Hofmannsthal*

Lieber Freund, Rodaun, 7. Mai [1929]

ich bin sehr froh, von Ihrem Sohn zu erfahren, daß es anfängt, Ihnen besser zu gehen. Ich selbst fange auch wieder an, Herr meiner Kräfte zu sein, nach 2½ wirklich elenden Monaten.

Wir sind, eigentlich zum ersten Mal im Leben mit dieser Spieloper in eine verwickelte Lage geraten. Sehen Sie, es könnte ja sein, daß im Anfang eine Art Verliebtheit für einen Stoff mich verblendet und über dessen Schwächen hinwegtäuscht. Aber durch zwei Jahre, in denen doch Perioden kritischer und unlustiger Stimmung genug vorkommen, kann ein solcher Irrtum nicht vorhalten. Ich beharre: der neue Stoff enthält lebendige, kontrastierende und liebenswürdige Figuren (und steht darin hinter dem R.K. nicht zurück), und er verknüpft diese Figuren zu einer bis zum Schluß spannenden, von Schritt zu Schritt unerwarteten Handlung, und ist *darin* dem älteren Werk weit überlegen. Ich habe auch das Gefühl, daß Ihr Eindruck, als ich Ihnen die Akte II und III im Winter vorlas, ein wirklich positiver war – und daß die Akte Sie bewegten. (Immer vorausgesetzt eine glückliche Umformung von Akt I.) Dann überwog bei Ihnen wieder das kältere Verhältnis dazu. Ich frage mich aber, ob darin nicht wieder der Gedanke mitspielt, wie es auf *andere*, auf das Publikum, wirken würde? (Oder ob nicht jemand, irgend jemand sich zu Ihnen negativ geäußert hat?) Mit diesen fremden Urteilen nun ist es immer schwer. Ich flehe die paar Leute, denen ich es gezeigt habe, an, mir die Wahrheit zu sagen, es komme mir auf die Wahrheit an, nicht auf Höflichkeit, aber alle schienen wirklich enthusiasmiert. Und wer ist kompetent? Wenn ich Akt I fertig habe, werde ich es Reinhardt vorlesen, aber so fest ich auf sein Urteil bei Sprechstücken bauen würde, bei einem Libretto bin ich nicht so sicher. – Neulich sagte ich zu Arthur Schnitzler, daß ich vielleicht demnächst sein Urteil über diese Arbeit erbitten würde. Er sagte: «Lieber Freund, damit kann man nicht genug vorsichtig sein. Wie Sie mir vor Jahren den ‹Rosenkavalier› vorgelesen haben, mochte ich den III. Akt gar nicht. Das Abgleiten ins Schwankhafte mißfiel mir durchaus. Ich hätte unbedingt dem Komponisten von der Arbeit abgeraten, bevor der letzte Akt völlig umgearbeitet wäre – und hätte damit vielleicht Ihnen und Strauss die Lust an einer Arbeit verdorben, die ich nun mit großer Freude 12 oder 15 mal gehört habe!» Dabei N.B. kommt dieses «Schwankhafte» nur auf Ihr Kerbholz. Sie schrieben mir unaufhörlich, Brief auf Brief, es sei noch nichts zum Lachen drin, man muß in einer komischen Oper *lachen*, usf. – und dabei glaube ich noch heute, daß der dritte Akt ohne diese Tendenz hätte weit schöner werden können. – Also alles unsicher!

Ich habe jetzt in bezug auf das Umgestalten von Akt I alles getan, was guter Wille, Verstand und Überlegung tun können. Das Ganze ist wie ein wohlangelegtes, besonntes Blumenbeet, aber jetzt muß ein Regen kommen, damit die Samen aufgehen. Was jetzt zu tun ist, kann in zehn Tagen getan sein, aber diese Tage müssen eine gewisse produktive Atmosphäre in sich haben – wie sie mir im letzten Herbst für II und III zu Hilfe kam. Darum bin ich Ihnen dankbar genug, daß Sie mir keinen Termin stellen – aber nur das Gefühl, daß Sie warten, quält schon einigermaßen. Wüßte ich Sie nur mit einer Zwischenarbeit, welcher Gattung immer, versorgt! Ich würde dann nicht zögern, den ersten Föhnwind für unser kleines, am Ufer wartendes Schifflein zu nützen. Aber eben die Forderung, die Hauptfigur durch Leben und Akzent zu beglaubigen, die Sie mir stellen – damit das spätere Geschehen in unserem Gefühl seinen Mittelpunkt habe, erfordert ein inspiriertes Verknüpfen des im ersten

Akt Unterzubringenden. – Alles weitere wird weniger Reden bedürfen. Sie wollen, errate ich, im zweiten Akt das zwischen der Mutter und Dominik Vorgehende, diese Hofmacherei, lieber gestrichen haben. Das streiche ich mit Vergnügen![1] Sie schienen, in Ihren Briefen vom vorigen Sommer, etwas dergleichen für die Mutter zu wünschen. In der Möglichkeit lag es ja durchaus, die Frau ist noch jung – aber ich verzichte *gerne* darauf. Auf einen anderen Stoff, etwas heroischen Charakters, kann ich Ihnen und mir selber im gegenwärtigen Lebensmoment keine Hoffnung machen. Ich würde die Töne des gesteigert Erotischen, wie ein solcher Stoff sie mit sich bringen muß, wenn er für eine Oper möglich sein soll, nicht in mir finden. Und es ist – dergleichen Dinge sind geheimnisvoll wie alle in der Zeit vor sich gehenden Veränderungen – auch im Publikum die Fähigkeit, dergleichen aufzunehmen, verlorengegangen.
Ich gehe nächsten Montag nach Florenz, nur für 12 bis 14 Tage, mache von dort aus Ausflüge. Da mir dort die Luft sehr zuträglich, erwarte ich mir auch für unseren Zweck Gutes davon. Anfang Juni bin ich wieder hier. Hoffentlich sind Sie indessen ganz hergestellt.
Die Angerer war als Octavian wirklich ganz reizend, und wird von Vorstellung zu Vorstellung noch besser werden. Es ist bestimmt, seit die Oper existiert, im Ganzen (Gesang, Spiel, Erscheinung) die erste völlig befriedigende Besetzung. Es wäre doch ein Wahnsinn, nach Salzburg nicht sie, sondern eine gleichgültige utilité wie die Schwarz (deren Wert, eben als utilité, ich nicht verkenne) mitzunehmen, an den Ort, wo so viele Fremde (und Provinzielle) die Oper zum ersten Mal möglichst vollendet hören können!
Briefe erreichen mich immer über Rodaun.
Stets herzlich Ihr *Hofmannsthal*

Lieber Freund! Hotel Brioni, Brioni, Istria 9. 5. 29
Paul Bekker telegraphiert mir aus Wiesbaden: enthusiastische Aufnahme der «Helena».

[1] Ist bei der Komposition, allerdings nur teilweise, doch erhalten geblieben.

Natürlich soll Schenker-Angerer in Salzburg singen: hängt aber nicht von mir ab. Ich glaube, Wallerstein hat schon das Terzett Lehmann, Schenker, Kern in Aussicht genommen.
Mit meiner Gesundheit geht es täglich besser, ich bleibe noch 14 Tage hier, dann über Venedig (25. bis 27. Mai, Hotel Britannia) nach Aachen und Berlin (1. bis 12. Juni). Nachher Karlsbad. Also vor 5. Juli komme ich nicht nach Garmisch und zur Arbeit!
Sie haben also genügend Zeit für den ersten Akt! Und wenn es noch länger dauert, ich warte geduldig.
Mir tut eine Ruhepause auch gut. –
Sie haben ganz recht: Operntexte kann nur der beurteilen, wer sie komponieren soll. Drum fragen Sie nicht mehr zu viel Leute und dichten Sie! Übrigens haben Sie mich selbst darauf gebracht, diesmal bei «Arabella» andere zu fragen. Bis jetzt habe ich niemand befragt, sondern einfach komponiert, was mich angeregt hat. Das Publikum war mir stets egal. Und es war schließlich gut so!
A propos, von wem stammt denn der unglaubliche Artikel unlängst im «Wiener Journal»: *Skizze* zu «Arabella»? Können Sie den Leuten nicht verbieten, über «Arabella» zu schreiben, bevor sie zum mindesten fertig ist?
Nun gute Erholung in Florenz und fröhliches Arbeitsgedeihen!
Wäre in «Arabella» etwas mehr Lyrik anzubringen? *Die Arie* ist nun einmal die Seele der Oper! Und derartiges fehlt stark! *Geschlossene Nummern, dazwischen Rezitativ!* Das war, ist und bleibt die Oper! Im I. Akt eine große kontemplative Soloszene der Arabella! Ich schrieb Ihnen davon schon einmal!
Glück auf und schönste Grüße auch von meiner Frau!
Ihr stets getreuer *Dr. Richard Strauss*

Lieber Dr. Strauss, Rodaun, 12. V. [1929]
die Tatsache, daß etwas in dieser Zeitung über A. gestanden, erfahre ich erst aus Ihrem Brief. Ich unterhalte zu diesem Blatt (das mir gegenüber eine wenig freundliche Stellung einnimmt) gar keine Beziehungen, so wenig, daß ich nicht einmal den

Weg wüßte, dort etwas zu *verbieten*: ich kenne niemanden. Wenn man in Erfahrung bringen wollte, wer das hineingebracht hat (mir rätselhaft) wäre C. C. [1] der geeignete. – In allem, was Sie sagen, haben Sie durchaus recht. – Ich fahre morgen für 14 Tage nach Florenz, bin dort circa 10 Tage (Hotel Porta Rossa).
Freu mich innigst über Ihre Herstellung.
Herzlich *Hofmannsthal*

Lieber Freund! Grand Hotel Pupp, Karlsbad, 15. 6. 29
Bin in guter Verfassung hier gelandet und erwarte jetzt wirklich mit Ungeduld den I. Akt. Wäre aus beiliegendem Feuilleton[2] nicht ein hübsches Satyrspiel zu «Helena» zu formen? Für die Massary? Ein Akt mit 3 bis 4 Verwandlungen? Kleines Orchester? Regina – ein Operettenstar, der ein paar hübsche Couplets in den Mund gelegt werden könnten? Was meinen Sie?
Herzlichste Grüße Ihres stets getreuen *Dr. Richard Strauss*

Lieber Dr. Strauss! Rodaun, 20 VI. [1929]
ich glaube, es besteht doch ein geheimer Konnex zwischen uns. Gerade vor drei Tagen, also bevor ich Ihren Brief hatte, habe ich mir die Mappe mit den «Arabella»-Notizen vorgenommen und nach drei Vormittagen haben die Gestalten für mich wieder volles Leben bekommen. Ich hoffe, daß ich den I. Akt jetzt zusammenbringe. – Ihre Äußerungen und Wünsche habe ich mit großem Ernst aufs neue durchdacht. Um sich als Hauptfigur zu dokumentieren, genügt es nicht, daß alles Tun und Reden der Andern sich um Arabella dreht, – sie muß auch in der Hauptszene des Aktes stark sich offenbaren. Diesem, wie es zu bewerkstelligen, habe ich lange nachgesonnen. Es muß eine Hauptszene mit einem Mann sein, aber nicht mit dem elegischen und von ihr schon abgetanen Matteo, sondern mit ihrem eigentlichen letzten «Flirt», bevor der Richtige (Mandryka) kommt – mit einem der drei Grafen. Als solchen hebe ich Ele-

[1] Camillo Castiglioni.
[2] Die Beilage ist nicht mehr vorhanden.

mer heraus, während die beiden anderen bleiben wie sie sind. Durch diese starke (lyrische) Szene in I ist auch dem Abschied von Elemer unter den drei Abschieden im II. Akt der Hauptakzent gegeben, und wie Elemer an Physiognomie, gewinnt die ganze Szene an Gehalt.

Im Ganzen dürfen Sie (und Sie haben das schon akzeptiert) von dem Expositionsakt nicht das gesteigerte Tempo des II. noch die Geschlossenheit und Schlagkraft des dritten erwarten, den ich vielleicht für das beste halten möchte, was ich fürs Theater je gemacht (im Gegensatz zu dem etwas schwachen III. Akt des R.K.). Aber ich werde alles tun, um die Stimmung in größeren Maßen zusammenzuhalten (die bisherige Form fehlte gegen diesen Grundsatz) und um die Figuren und die Handlung wirksam und richtig zu exponieren, so daß die Teilnahme gesichert ist. Vom ersten Moment des II. Aktes an läuft ja alles schnell und in beständigen Überraschungen dem Ende zu.

Ich bin auch jetzt weit wohler als vor zwei Monaten. Alles Herzliche

Ihr *Hofmannsthal*

P.S. Die kleine Sache ist als Erzählung hübsch – aber wie einem Publikum auf dem Theater glauben machen, daß die Frau ihren früheren Mann nicht erkennt – oder mindestens, daß er *glaubt*, daß sie ihn nicht erkennt?

Lieber Freund! Grand Hotel Pupp, Karlsbad, 29. 6. 1929

Herzlichen Dank für Ihren Brief vom 20.! Ihre neuen Absichten für den I. Akt scheinen mir vortrefflich. Es ist sehr wichtig, daß Arabella schon im I. Akt mehr Relief bekommt. Wäre nicht der Graf, der im II. Akt mit der Mutter flirtet, auch schon im I. in Beziehungen zu Adelaide zu bringen, in der Weise, daß er hier schon etwas zwischen Mutter und Tochter schwankt, damit die betr. Szene des II. Aktes nicht gar so unvermittelt hereinplatzt? – Ich glaube, daß auch die ersten Worte, die Arabella und Mandryka zu Beginn des II. Aktes wechseln, geändert werden müssen. Arabellas Frage: «Was führt Sie denn hierher?» scheint mir etwas naiv! Also bin ich sehr gespannt! Am 5. Juli bin ich in Gar-

misch. Habe mich recht gut erholt, bin aber nach der bodenlosen Langeweile aller dieser Kuren mit Energien geladen. Den «Rächer» sende ich Ihnen wieder: ich glaube, daß sich da ein hübscher kleiner Plaudereinakter formen ließe. Ihre Bedenken teile ich nicht! Wir haben auf dem Theater schon unwahrscheinlichere Dinge gesehn! Denken Sie an «Così fan tutte»!
Alles Gute für schönen Sommer!
Mit herzlichen Grüßen stets Ihr *Dr. Richard Strauss*

Lieber Dr. Strauss, Rodaun, 30. VI. 29
ich sitze jeden Vormittag mit meinen Notizen in meinem Gartenhaus über der Umarbeitung des ersten Aktes, und ich komme auch vorwärts, aber langsam. Seit 9 Tagen ist wieder das Wetter, das meiner physischen Natur und vor allem meiner Phantasie am unzuträglichsten ist: tiefes Barometer, sehr feuchte gewittrige dumpfe Luft, bald kühl, bald schwül – ich habe fast fortwährend eine Art Migräne und einen Kopf, als wäre er so groß wie eine Butten und angefüllt mit Heu. Zum Ausdenken des genauen Inhalts reicht es in den besseren Stunden, aber um dem Dialog das letzte Leben, die Existenz, zu geben, dazu reicht es nicht. Eine gute Woche, ja nur vier gute Tage wären hinreichend, um das Ganze glatt zu Ende zu schreiben – so muß man halt Geduld haben, und ich bitte Sie auch darum. – Auf den Semmering zu gehen, hätte auch keinen Sinn, denn oben ist die gleiche Art von Wetter, nur kälter; und was meine Denk- und Einbildungskraft so herabsetzt, ist das tiefe Barometer und die übergroße Feuchtigkeit der Luft.
Ich hoffe, Ihnen *bald* bessere Nachricht zu geben. – Mein jüngerer Sohn ist gottlob über China-Singapore gut zurückgekehrt; im Herbst geht er wieder nach Kalifornien.
Herzlichst Ihr *Hofmannsthal*

Lieber Dr. Strauss, Rodaun, 2. Juli 29
unsere Briefe haben sich gekreuzt. Das schwül-gewittrige, unruhige Wetter, das mich bei der Arbeit beeinträchtigt, hält an (ich habe übrigens diese Überempfindlichkeit gegen das Atmo-

sphärische nicht etwa erst in höherem Alter, sondern von jeher, ein Erbteil von der Mutter) – aber trotzdem komme ich vorwärts, und es fehlt von dem neu zu Machenden (und das Neue wird $^3/_4$ des ersten Aktes) nur mehr eine Szene. – Ich habe mir für die Umarbeitung folgendes vorgesetzt: 1. die Figur der Arabella stärker in die Mitte zu stellen, ihr alles mögliche Relief zu geben, aber mit sanften, nicht scharfen Konturen. (Auch die Marschallin hat keine scharfen Konturen). 2. das für den Komponisten Unannehmbare, das in der ersten Fassung des Aktes in der Aufeinanderfolge so vieler Szenen mit verschiedenem Tempo, verschiedener Zielrichtung, verschiedenem Stimmungsgehalt lag, verschwinden zu machen. Ich führe also die Szenen so, daß von Anfang an sich alles nur um Arabella und ihre Verlobung dreht – (Kartenaufschlägerin–Adelaide und Matteo–Zdenka) dann Arabella hereintritt und zwei große Szenen hat, eine mit ihrer Schwester (bezüglich Matteo), eine mit Elemer (dem sie weit mehr zuneigt als dem Matteo, und dem sie für den Ballabend eine Entscheidung in Aussicht stellt). Die genannten von Arabella beherrschten Szenen erfüllen zwei Drittel des Aktes. Dann kommt die Szene Adelaide–Waldner (Notlage der Familie, Briefe Waldners an alte Kameraden) dann Waldner (allein eine Minute) und Mandryka–Waldner, sodann nur mehr eine blitzartige Szene Zdenka–Matteo, um die Briefsache für Akt II in Spannung zu stellen.

Es beherrscht also musikalisch stimmungsmäßig zuerst Arabella den Akt, dann ermöglicht sich eine kurze Überleitung auf Mandryka, sodann erfolgt dessen Besuch.

Selbstkritik, Reflexion, kühle Betrachtung und alles zusammengefaßt, erscheint mir Mandryka in dieser Besuchsszene reizvoll und eigenartig exponiert, und überhaupt diese Figur so neu, aus einem Guß und komplett, daß sie sich mit dem Besten im «Rosenkavalier» messen kann, ich meine die Figur als Ganzes, von ihrem ersten Wort an bis zum letzten am Schluß des III. Aktes; zugleich eine glänzende *Rolle* und dabei doch Rolle für einen *Sänger*.

Jetzt noch ein Wort über den Anfang der Szene Arabella–Mandryka im II. – über Arabellas Eröffnung der Konversation mit dem Satz – «...Was führt Sie dann hierher?» – Sie beanstanden diese Wendung als naiv. An sich wäre es nicht allzu schwer, diesen Konversationsanfang durch einen anderen zu ersetzen – aber ich möchte den bestehenden vor Ihnen mit Ernst verteidigen. Er resultiert, so wie er dasteht, aus sehr viel Überlegung, d.h. Hineindenken in die Figuren und ihre Lage, und ist, in Arabellas Mund, nichts weniger als naiv. – Mandryka ist seit Wochen schwer verliebt in ihr Bild – sie hat aus einer Begegnung im Hotel einen starken, sie frappierenden Eindruck empfangen (Akt I, *neu*), zudem hat ihr Vater ihr natürlich erzählt, daß dieser Herr aus dem fernsten Winkel von Slawonien nur gekommen ist, um sie zu heiraten. Beide sind sie sehr aufgeregt. (Anfang des Aktes, wie Mandryka bei ihrem Anblick Waldners Hand ganz zusammendrückt – und wie Arabella einen Moment vor Aufregung ganz schlecht wird.) Nun stehen sie einander allein gegenüber. Arabella ist in der besseren Lage: sie weiß, wie er ihr gesinnt ist – er weiß gar nichts, wie sie ihn und seine Werbung aufnehmen wird. Er steht vor ihr, elegant, stark, schwer – und sichtlich beklommen. Die größere Souveränität ist bei ihr, auch – da sie die Dame, also die Höhere ist, ist es an ihr, das Gespräch anzufangen. Da er ihr schon längst gefällt, brennt sie darauf, ihn seine Liebe, seine Werbung aussprechen zu hören. Soll sie aber anfangen: «Ich habe gehört, Sie wollen mich heiraten!» – das wäre höchst unzart. Also, gerade da sie genau weiß, nach Wien und auf diesen Ball kommt er nur um ihretwillen – so stellt sie nicht naiv, sondern sehr überlegen und ein wenig *kokett* die Frage: «Was bringt Sie eigentlich hierher? – denn wie ein Ballhabitué wirken Sie nicht, Sie wirken ja eher wie ein an Einsamkeit gewohnter ernster Landedelmann.» Mit ihrer Frage setzt sie ihn in eine leichte Verlegenheit, bringt ihn aber doch in Gang. Das Ziel des Dichters (Librettisten) mußte sein, die beiden Figuren so schnell als möglich und auf einem psychologischen, nicht opernhaft trivialen Weg zum gesteigerten Liebesausdruck, zum wahren Singen zu bringen. Ich bilde mir ein, daß mir dies durch eine Mischung von retardierenden Wendungen und Motiven («Störungen») mit dem Wunsch beider, so schnell wie möglich von Liebe zu reden (also lyrisch zu werden) in natürlicher und reizvoller Weise gelungen ist und halte dieses Stück von $3^1/_2$ Seiten für eines der besten, die mir als Librettisten je gelungen sind. Aber, hier wie in anderen Fällen will ich Sie nicht überreden, sondern überzeugen.

Herzlich Ihr *Hofmannsthal*

P. S. Die Szene der drei Grafen als Fiaker in I lasse ich fallen. Sie gibt nicht viel her, dürfte außerhalb Wiens schwer, ja kaum verständlich sein, und wegen Platzmangels können die drei Grafen nicht individuell charakterisiert sein.

Lieber Freund! Garmisch, 6. 7. 29

Seit Freitag hier, erhalte ich Ihren schönen Brief vom 2. und bin mit dem Gesamtplan des I. Aktes, wie Sie ihn mir darlegen, einverstanden bis auf eines: Arabella muß unbedingt den I. Akt schließen mit einer längeren Arie, Monolog, Kontemplation, schon aus dramaturgischen Gründen:

1. Aktschluß Arabella
2. Aktschluß Mandryka
3. Aktschluß Arabella und Mandryka

Inhalt des Monologes etwa: sie setzt sich hin, um Matteo einen Abschiedsbrief zu schreiben, dazwischen Gedanken an die Szene mit Elemer, an die erste Begegnung mit Mandryka – Vergleiche, Schwanken etc. Ich glaube, Stoff genug für einen solchen Monolog, der sich gerade in der Oper sehr gut macht und dem Publikum die nötige Erholung nach reinen Dialogszenen und dem Komponisten die wichtige Gelegenheit gibt, sich lyrisch auszubreiten und der Sängerin, eine Zeitlang allein zu *singen*.

Der bisherige Aktschluß der Arabella war auch viel zu kurz und abrupt. Bei einer dreiaktigen Oper muß gerade der 1. Aktschluß sehr wirksam sein.

Also bitte dringend, dirigieren Sie den ganzen Akt so, daß er mit zwingender Notwendigkeit auf diese lyrische Soloszene der Arabella sich zuspitzt (*nach* der kurzen «blitzartigen» Szene Zdenka–Matteo).

Hoffentlich beschert Ihnen der Himmel das nötige Wetter! Ich warte mit Ungeduld als Ihr Sie herzlich grüßender

Dr. Richard Strauss

[Auf dem folgenden Brief Hofmannsthals steht von Strauss' Hand:]
Hofmannsthals letzter Brief bei Übersendung des fertigen I. Aktes «Arabella»: 10. Juli 1929.

Lieber Dr. Strauss, Rodaun, 10. VII. 29
auf einen solchen ruhigen contemplativen Schluß hatte ich es angelegt, war aber nicht sicher, es Ihnen damit recht zu machen. Daher, als Ihr Brief kam, war mir ein Stein vom Herzen.
Es ist das Mögliche geschehen, insbesonders in der Szene der Schwestern, aus dem Dialogischen ins Lyrische überzugehen, mehrfach – sowohl Arabella allein, als die beiden Schwestern zusammen.
Was ich im übrigen angestrebt habe, hat Ihnen ja mein letzter längerer Brief gesagt.
Mit herzlichen Grüßen Ihr *Hofmannsthal*

[Telegramm[1]] [Garmisch, 14. 7. 1929]
Erster Akt ausgezeichnet. Herzlichen Dank und Glückwünsche.
Treu ergeben *Dr. Richard Strauss*

[1] Dieses Telegramm ist von Hofmannsthal nicht mehr geöffnet worden. Es traf am 15. Juli 1929, dem Tage des Begräbnisses von Hofmannsthals Sohn Franz, in Rodaun ein. Am gleichen Tage erlag der Dichter einem Schlaganfall.

Hofmannsthals letzter Brief bei Übersendung des fertigen
I. Aktes Arabella: 10. Juli 1929

Rodaun 10 VII 29.

Lieber Dr Strauss

auf einen solchen ruhigen contemplativen Monolog hatte ich es angelegt war aber nicht sicher, es Ihnen damit recht zu machen. Daher, als Ihr Brief kam, war mir ein Stein vom Herzen.

Es ist das Möglichste geschehen, insbesondere in der Scene der Schwestern, aus dem Dialogischen ins Lyrische hinüberzugehen, mehrfach –, sowohl Arabella allein, als die beiden Schwestern zusammen.

Was ich im übrigen angestrebt habe, hat Ihnen ja mein letzter längerer Brief gesagt.

Mit herzlichen Grüßen

Ihr

Hofmannsthal

Liebe Frau von Hofmannsthal! Garmisch, den 16. 7. 29

Nach dem gestrigen Schrecken über den Tod Ihres unglücklichen Sohnes[1] nun dieser furchtbare Schlag[2] für Sie, Ihre Kinder, für mich und die ganze Kunstwelt. Ich vermag es noch nicht zu fassen und meinem Schmerz noch keine Worte zu verleihen. Es ist zu schrecklich! Dieser geniale Mensch, dieser große Dichter, dieser feinfühlige Mitarbeiter, dieser gütige Freund, diese einzigartige Begabung! Noch nie hat ein Musiker einen solchen Helfer und Förderer gefunden – Niemand wird ihn mir und der Musikwelt ersetzen! Die Nachwelt wird ihm das Denkmal setzen, das seiner würdig ist, das er in meinem Herzen immer besessen – unauslöschliche Dankbarkeit in treuestem Freundesherzen wird die Empfindung sein, die ich in Bewunderung ihm bis an mein Lebensende bewahren will.

Die herrliche Dichtung, die er mir kurz vor seinem tragischen Ende geschickt hat, für die ich überglücklich nur erst in kurzer Depesche danken konnte, wird dem Edlen, Reinen, Hochsinnigen ein letztes Ruhmesblatt sein.

Ich bin aufs tiefste erschüttert, zudem selbst noch immer unpäßlich, so daß ich dem unvergeßlichen Freunde nicht einmal das letzte Geleite geben kann. Wir konnten bis jetzt nicht einmal Tag und Stunde der Beisetzung erfahren, Mein Sohn und Alice eilen nach Wien! Wenn es ihnen gelingt, noch rechtzeitig dort einzutreffen, werden sie meine Frau und mich an der Bahre des Unvergeßlichen vertreten. Pauline schickt Ihnen mit mir den Ausdruck ihrer innigsten Trauer! Ihnen und den Kindern die teilnahmsvollsten Grüße

Ihres aufs Tiefste erschütterten *Dr. Richard Strauss*

[1] Franz von Hofmannsthal hatte am 13. Juli seinem Leben selbst ein Ende gesetzt.

[2] Hugo von Hofmannsthal starb am 15. Juli 1929 in Rodaun, unmittelbar vor dem Aufbruch zur Beerdigung seines Sohnes.

Lieber Dr. Strauss, Bad Aussee, 4. VIII. 29

Immer wieder lese ich die lieben Worte Ihrer Depesche[1] – es ist mir als ob ich diese Worte, die ihm solche Freude gemacht hätten, immer wieder so vor mich hin sagen möchte – – und Ihr rührender Brief! Wie kann ich Ihnen danken ... ich kann mich noch gar nicht zu einem Gedanken fassen und nur der Wunsch Ihnen von Herzen zu danken gibt mir die Kraft diese Zeilen zu schreiben.

Daß nun in Ihrer Musik die Worte – seine letzten Worte – weiterleben sollen, erfüllt mich mit solchem Glück! Mein Einzigstes ist ja jetzt die Erinnerung, und auch Sie, lieber Dr. Strauss, haben so viel von ihm lebendig in sich, und wenn Sie mir Ihre Freundschaft bewahren und mir hie und da die Erinnerung an ihn, Ihr Verstehen der geheimsten künstlerischen Empfindungen wieder ganz gegenwärtig machen – in uns ist alles noch so dumpf, so tiefdunkel – – dann bin ich Ihnen von Herzen dankbar – es ist mein einzigster Trost, immer von ihm zu reden, an ihn zu denken, – ich kann es immer wieder nicht fassen! Lassen Sie mich schweigen. Ihre lieben Kinder waren so teilnahmsvoll, Ihrer lieben Frau auch innigsten Dank; lassen Sie hie und da ein Wort wissen, wie es Ihnen geht, vielleicht schreibt Ihr Sohn einmal – hoffentlich sind Sie wieder ganz wohl!

Nochmals innigsten Dank Ihre *Gerty Hofmannsthal*

P. S. Raimund hat in letzter Zeit viel mit Hugo von seinen letzten Arbeiten gesprochen und weiß viel von seinen Intensionen. Sollten Sie einmal etwas unklar sehen, so steht Ihnen R. jederzeit zur Verfügung. Er bleibt bis auf weiteres bei mir und wir werden bis dritten September hier sein, dann wieder in Rodaun.

Liebe Frau von Hofmannsthal! Garmisch, den 13.9.29

Ich hätte Ihnen schon längst für Ihren freundlichen Brief gedankt, wenn nicht die Arbeit an «Arabella» mich so ganz in Anspruch genommen hätte, deren erster Akt in der Skizze schon

[1] Strauss' Telegramm vom 14. 7. 1929, das die Zustimmung zum umgearbeiteten 1. Akt «Arabella» ausdrückt.

beinahe fertig ist. Bezugnehmend auf den heutigen Besuch des Baron Franckenstein möchte ich Ihnen heute (bis jetzt widerstrebte es mir, mit Ihnen Geschäftliches zu besprechen) nur bestätigen, daß selbstverständlich für «Arabella» automatisch derselbe Vertrag nunmehr in Kraft tritt, der für die «Helena» geschlossen war und der von Fürstner bei Übernahme des fertigen Werkes nach dem gleichen Schema wie bisher Ihnen übergeben werden wird. Ich habe die Verträge hier nicht zur Hand: es ist auch, glaube ich, für mich weiter nichts zu tun, als Ihnen ein Anfangsteilhonorar von 6000 Mark zu bezahlen. Bitte bestätigen Sie mir dies und teilen Sie mir mit, wohin ich die Summe überweisen soll und auf welchen Namen.
Ich höre mit Bedauern, daß Ihnen Fürstner die am 1. Juli fällige 3. Vierteljahrquote noch nicht ausbezahlen konnte. Ich empfehle, Fürstner umgehend mitzuteilen, wer gesetzlicher Erbe von Hugos Nachlaß ist. Ich werde ihm gleichzeitig schreiben, er möge die Zahlung an Sie tunlichst beschleunigen.
Wenn Sie sonst meiner Hilfe und meines Rates bedürfen, verfügen Sie über mich. Es ist mir eine Ehrenpflicht, der Gattin des teuren Hugo die treue Freundschaft zu bewahren, die mich mit dem allzu früh Dahingeschiedenen verbunden hatte.
Mit besten Wünschen für Ihre Gesundheit und herzlichen Grüßen von uns allen
Ihr stets treu ergebener *Dr. Richard Strauss*

Lieber Dr. Strauss 20. IX. 29
Vielen Dank für die lieben Zeilen die mich so recht fühlen lassen wie gut Sie es [mit] mir und den Kindern meinen.
Was die erste Zahlung von 1500 Dollar anbelangt so bitte ich Sie so anweisen zu lassen: Bankhaus Carl Cahn, Berlin V, Mohrenstraße 11–12 zu Gunsten Bankhaus Voer de Donaulanden Amsterdam. Dies ist auch für Sie eine einfache Form.
Nochmals herzlichen Dank!
Mit Fürstner korrespondieren wir und er wird bald alles vom Advokaten in Händen haben – – – es ist schon arg, daß alle diese Dinge in den Zeiten mitspielen, wo man am liebsten nur

sitzen und still denken möchte. Aber das Leben ist so unerbittlich und jeder Tag muß *gelebt* werden! Jedes Wort was Sie über «Arabella» sagen berührt mich so – es wäre eine so unendliche Freude gewesen! – –

Was die andere Sache mit Fürstner betrifft (wegen der Quartals-Zahlung) so beruht das auf einem Mißverständnis! Frankkenstein muß etwas direct falsch verstanden haben – ich sprach über die verschiedenen Schwierigkeiten und auch daß es so hart war daß man mir in einem solchen Moment alle Contos automatisch gesperrt hätte – aber nie sagte ich, daß Fürstner nicht verrechnet hätte! Fürstner hat indessen schon meine Berichtigung. Wir sind ab Anf. Oktober in Rodaun, die Kinder auch und das Kind von Christiane ist für mich der einzige Lichtpunkt, durch sein unschuldiges Dasein – von nichts ahnend, immer heiter!
Mögen Sie an Ihren Kleinen auch rechte Freude haben!
Ihre liebe Frau grüße ich herzlichst auch an die Kinder viele Grüße
In Freundschaft *Ihre Gerty Hofmannsthal.*

Liebe Frau von Hofmannsthal! Garmisch, 22. 7. 30
Ich habe noch zu danken für das schöne Buch: Loris! Die Prosa des Neunzehnjährigen ist geradezu erstaunlich; weniger erstaunlich, daß der Arme wirklich dahingehen mußte, bis er gerechte Würdigung erfahren konnte.
Was mich bei all den sonst sehr wertvollen Nachrufen der Herren Mell, Auernheimer, Salten etc. immer erstaunt, daß diese Literaten den Operndichter Hofmannsthal so ganz ignorieren. Ist dies immer noch der alte Hochmut der zünftigen «Dichter» gegen den Librettisten? Ist es Neid, daß sie selbst so etwas nicht können? Allmählich könnte man doch an den «Meistersingern» und am «Rosenkavalier» wissen, um wie viel schwerer es ist, einen guten Operntext zu schreiben, als schließlich ein Lustspiel, das ein paar Mal an der «Burg» gespielt wird.
Ich habe schon einmal mit Werfel, der dafür noch am meisten

Verständnis hat, gesprochen, er möge einmal eine analytische Studie über den Operndichter Hofmannsthal schreiben – von den andern kann mans nicht verlangen, sind alle (wie schon s. Z. Heyse, Wildenbruch, hab es selbst erlebt!) auf die erfolgreichere «Oper» neidig! –
Ich habe in diesen Tagen mit besonderer Teilnahme Ihrer gedacht und grüße Sie, auch von meiner Familie herzlichst als Ihr aufrichtig ergebener *Dr. Richard Strauss*

Der erste Akt «Arabella» ist in der zweiten Skizze so ziemlich fertig.

Liebe Frau Hofmannsthal! Garmisch, den 7. 6. 31

Herzlichen Dank für das schöne, kostbare Buch[1]! Ich höre mit Schrecken, daß Sie bei dem Zusammenbruch von Auspitz[2] auch zu Schaden gekommen sind. Hoffentlich gelingt es, Ihr Depot zu retten! Es wäre schrecklich! Wer hätte das gedacht!
In treuem Gedenken mit herzlichen Grüßen auch von den meinigen.
Ihr stets aufrichtig ergebener *Dr. Richard Strauss*

Bad Aussee Obertressen 6

Lieber Dr. Strauss, 14/VIII 30

Ich fühle aus Ihrem lieben Brief so viel liebevolle Anerkennung und Treue, daß ich Ihnen von ganzem Herzen dafür danken möchte.
Es ist so schön, daß Sie es immer wieder aussprechen und dafür kämpfen! Ich glaube es haben in Deutschland gescheidtere junge Professoren auch öfters eingehend über die Operndichtungen geschrieben, wenn ich wieder in Wien bin will ich die Dinge einmal heraussuchen. Ich erinnere mich eines Artikels von Hans H[einrich] Schaeder in der «Antike», wo viel über die «Helena» ist.
Mit der Genossenschaft Deutscher Tonsetzer bin ich noch nicht

[1] «Die Berührung der Sphären»
[2] Auspitz, Lieben und Cie., Wiener Bankhaus

ins Reine gekommen. Ich habe mich bisher geweigert ein Erbschafts-Formular zu unterschreiben (was ich eigentlich tun sollte, denn ich bekomme auch seit vorigem Jahr kein Honorar ausgezahlt, es wird mir blos gutgeschrieben, weil ich damit auch etwaige Tonfilmrechte vergeben würde. Die Antwort der Tonsetzer an meinen Advokaten lege ich bei und bitte Sie sehr mir durch Ihren Sohn ein Wort schreiben zu lassen wie ich mich gegenüber der G.D.T. verhalten soll, denn ich möchte einerseits in Ordnung kommen andererseits alles vermeiden was Unannehmlichkeiten macht.
Ihre Worte über «Arabella» freuten mich sehr, möge es gut weitergehen und Sie Freude daran haben.
Ich bin jetzt seit Anfang Juli hier und die gewohnte Umgebung tut mir ganz wohl, auch habe ich hier die Christiane mit ihrer kleinen Familie. 〈war noch da〉[1] Alice mit Raimund ist jetzt in Salzburg und dürfte bald herüberkommen. Meine Adresse bleibt nun bis Ende September Aussee. Viele Grüße Ihnen allen und nochmals Dank für Ihr liebes Gedenken.

Ihre Gerty Hofmannsthal

Liebe Frau Gerty! Garmisch, den 27.11.32

Besten Dank für das schöne Buch[2]! Ich fahre morgen nach Zürich, um die «Frau ohne Schatten» und dann nach Karlsruhe und Straßburg, um «Helena» zu dirigieren.
Es wird Sie freuen, zu hören, daß «Arabella» fertig ist: ich verhandle soeben mit Fürstner: Uraufführung wahrscheinlich im Juni in Dresden!
Mit herzlichen Grüßen Ihr stets ergebener *Dr. Richard Strauss*

Liebe Frau von Hofmannsthal! Garmisch, 18. 2. 33

Es dürfte Ihrer Aufmerksamkeit nicht entgangen sein, daß unsrer «Ägyptischen Helena» der Erfolg des Anfangs nicht treu geblieben und das edle Werk beinahe von allen Bühnen verschwunden ist. Die Schuld daran wird allgemein dem Textbuch zugeschrie-

[1] «war noch da» ist wegzudenken.
[2] «Andreas oder Die Vereinigten».

ben, für welches das Publikum von heute weder Teilnahme noch Verständnis zeigt. Ich weiß wohl, daß auch die Schwierigkeit der beiden Hauptrollen ein Hindernis bildet. Nichtsdestoweniger mußte auch ich im Laufe der Zeit mir eingestehn, daß der II. Akt dramaturgische Fehler und Mängel im Aufbau hat, die der Dichter wahrscheinlich jetzt selbst erkennen und ausmerzen würde, deren Beseitigung aber die Möglichkeit gibt, das schöne Werk zu neuem Leben zu erwecken.

Auf Anregung von Cl. Krauss und Dr. Wallerstein (letzterer hat mit Ihrem verstorbenen Gatten selbst noch eingehend über die Dichtung konferiert) habe ich mich nun zu den notwendigen Abänderungen entschlossen, den zweiten Akt gründlich umgearbeitet, auch Fürstner will das Opfer des Neudrucks auf sich nehmen und die Helena soll in dieser «neuen Wiener Fassung» im August in Salzburg neu erstehn.

Da einige Textänderungen und kleine Zusätze (die besonders das Verständnis der psychologischen Probleme des II. Aktes wesentlich fördern), muß ich Sie der Form halber bitten, mir in Kürze Ihr Einverständnis kundzugeben, bevor die Neubearbeitung in Druck gegeben wird. Mit freundlichsten Grüßen

Ihr verehrungsvoll ergebener *Dr. Richard Strauss*

Lieber Doctor Strauss, Wien d 9/III 33

Alwin zeigte mir die Einfügungen in die «Helena» und ich hoffe sie erfüllen den Zweck zum leichteren Verständnis und bilden eine gewisse Verbindung für die Striche so wie Sie es wünschen. Sie sind aber gewiß auch meiner Ansicht, daß im Falle Neuauflagen des Clavierauszuges oder des Textbuches sein werden, zwei Worte in einer Anmerkung mit einem Kreuzerl oder sonst wie, darauf hinweisen sollen, daß diese Textstellen spätere Einfügungen sind. Ich werde diese Fürstner auch direct schreiben wollte aber nichts tun ohne Sie zu fragen.

Haben wir Hoffnung daß das neue Werk unter diesen furchtbaren Umständen an der Dresdner Oper herauskommt? Das kann wohl jetzt niemand wissen! Alwin erwähnte auch daß für die Titelrolle die Lehmann in Aussicht genommen ist. Ich möchte Ihnen auf jeden Fall ganz unverbindlich sagen, daß ich in Berlin das erste Mal die Nowotna gesehen habe und singen gehört und ganz bezaubert von ihr bin, in jeder Beziehung, auch darstellerisch ausgezeichnet. Sie hat die Schönheit im Welttheater unter Reinhardts Regie gesungen (es wurde einiges componiert, alle überirdischen Dinge und auch die Schönheit, das ganze sehr zum Vorteil des Werkes, welches auch einen großen Erfolg hatte). Auch die Friedel Schuster war sehr reizend als erster Engel und auch an sie könnte man eventuell einmal denken, falls die zweite Frauenrolle in Ihrer Partitur dem entspricht was die Schuster musikalisch kann. Ich sag Ihnen dies nur weil ich einen so großen Eindruck vor allem von der Nowotna hatte. Sie bat mich übrigens auch, daß sie so gern den Rosencavalier in Salzburg einmal singen möchte aber ich glaube da hat Krauss schon bestimmt?

Mit vielen herzlichen Grüßen *Ihre Gerty Hofmannsthal*

Lieber Dr. Strauss, Wien 19 VI 33

Alwin war so lieb und hat mir einiges aus der «Arabella» vorgespielt – ich war einfach bezaubert von der Schönheit und dem wunderbar volkstümlich-slawischen Rythmus [sic] der immer wieder aufleuchtet. Eine Stelle besonders hat mich *sehr* gepackt! Sie können sich vorstellen wie tief ergriffen ich war diese seine Worte in Musik das erste Mal zu hören. Ich habe immer wieder erwogen, ob ich nach Dresden fahren soll bin aber zu dem Entschluß gekommen, daß ich *nicht* kommen werde: es sind wohl meist innerliche aber auch äußerliche Gründe die mich davon abhalten. Ich freue mich sehr darauf das Werk in seiner ganzen Schönheit in Wien zu hören – hoffen wir, daß es sein wird!

Wie sehr ich in Gedanken an dem Abend des 1ten mit Ihnen bin können Sie glauben bitte auch möglichst Telegramm nach der Aufführung, trotzdem man ja leider gleich nachher nicht immer den richtigen Eindruck hat. Aber es beruhigt mich trotzdem wenn ich was höre!

Mit vielen lieben Grüßen *Ihre Gerty Hofmannsthal*

zzt Heidelberg 9/II 34

Lieber Dr. Strauss, ständig Wien IV, Mozartg. 4

Ich gedenke Ihrer mit den herzlichsten und innigsten Wünschen und schicke Ihnen die von der Rupprechtpresse in München gedruckten Notizen zur «Semiramis», die sich im Nachlaß befanden. Das Buch wurde nur in wenigen Exemplaren als Privatdruck herausgebracht.[1]

Bitte nehmen Sie dieses Buch als Zeichen meiner großen Bewunderung an, in treuer Erinnerung an die große Verbundenheit mit meinem Mann.

Ich bin mit den aufrichtigsten Wünschen

Ihre Gerty Hofmannsthal

[1] Hugo von Hofmannsthal, Semiramis / Die beiden Götter. Als 56. Buch der Rupprecht-Presse, München 1933, in einer Auflage von 150 numerierten Abzügen mit der Hand gedruckt. – Seit 1957 auch in Ges. Werke, Dramen III.

HUGO VON HOFMANNSTHAL
AN PAULINE STRAUSS-DE AHNA[1]

Freitag früh [zweite Hälfte der 20er Jahre]

Verehrte gnädige Frau!

Ich habe das Bedürfnis, Ihnen, die Sie an Dr. Strauss' Leben den nächsten und innigsten Anteil haben, nach einem Abend, wie dem gestrigen, meine innige Mitfreude auszusprechen.

Ein Zusammenwirken *aller* Elemente zu einem schönen, freudigen und festlichen Ganzen – und dabei in einem für sich allein dastehenden Stil – wie ein solcher Abend es zeigt, bedeutet auch im Leben eines noch so berühmten und anerkannten schaffenden Künstlers einen vom Schicksal gewährten Glücksfall – und daß ein Publikum bei der sechzigsten oder wievielten Aufführung zu einem solchen beispiellosen Ausbruch von Freude und Dankbarkeit die Schwungkraft hat, wie er sich entlud, als Strauss allein auf der Bühne stand, wollen wir dieser Stadt, an der uns sonst manches ärgert, doch sehr zum Guten anrechnen.

Es ist seit Wochen mein und meiner Frau Wunsch, Sie, gnädige Frau, eines Nachmittags – nach vorhergehender Anfrage – zu besuchen. An dem beständigen Aufschieben bin ich die unschuldige Ursache, weil ich seit Wochen fortwährend Kopfneuralgien habe, und gegenwärtig haben wir wieder im Rodauner Haus Handwerker zu unaufschieblichen Reparaturen, auf die meine Frau aufpassen muß.

Also wird es in den ersten Maitagen sein, und bitte ich Sie indessen den Ausdruck meiner steten unveränderten Ergebenheit und Verehrung freundlich aufzunehmen mit dem ich verbleibe, der Ihre *Hofmannsthal*

[1] Weitere Briefe Hofmannsthals an Frau Pauline Strauss-de Ahna, die datiert oder datierbar sind, wurden des inneren Zusammenhangs wegen in die Hauptfolge eingeordnet.

ANHANG

Zu Seite 25

Mein lieber Herr v. Hofmannsthal! [Juni 1906]

Ich bin eben dabei mit zwei Verlegern über «Elektra» zu verhandeln und stoße beim Abschluß auf die Schwierigkeit, daß beide Verleger behaupten, die Abgaben für's Textbuch für Sie und Herrn Fischer seien zu hoch. Ich erlaube mir nun die Anfrage, ob Sie mir hierin nicht noch etwas entgegenkommen können?! Da die Aufführungstantieme von 25%, die ich mit Ihnen abgemacht habe, eine ziemlich hohe Summe darstellt, während die 20%, die Sie sich für ausländischen Ausgabenanteil vorbehalten haben, verhältnismäßig eine Lappalie ist, würden Sie mir einen Gefallen tun, wenn Sie auf diese 20% Anteil am ausländischen Textbuch zugunsten des Verlegers verzichten würden, da derselbe doch für die verschiedenen Übersetzungen noch ziemlich erhebliche Summen aufwenden muß, evtl. sogar die Übersetzer bezahlen muß.

Ich bemerke, daß im Auslande Opern-Textbücher sehr wenig gekauft werden. In ganz Italien und Frankreich zusammen sind bis jetzt von «Salome» kaum 6000 Textbücher verkauft.

Bitte geben Sie mir aufrichtigen Bescheid und seien Sie nicht böse Ihrem stets ergebenen *Dr. Richard Strauss*

Zu Seite 55

Lieber Herr von Hofmannsthal! Capri, 16. April 1909

Nach einem kunstgenußreichen Aufenthalt in Rom und nach 8 herrlichen Tagen in Capri reisen wir morgen nach Mailand, um dort die letzte Elektraaufführung zu hören. Montag, den 19ten bin ich in Garmisch und hoffe bestimmt, meinen ersten Akt vorzufinden.

Mit herzlichem Gruß auch an die liebe Gattin von meiner Frau und Ihrem ergebensten *Dr. Richard Strauss*

Zu Seite 93

[Venedig,] Samstag, im Moment der Abreise [11. VI. 1910]

Lieber Herr Doctor,

Folgendes bringe zu Ihrer Kenntnis, damit eventuelle Mißverständnisse vermieden werden. Soeben öffne ich einen Brief von Bloch; Agent général de la société des auteurs, Paris 12 rue Henner, worin er mich, anläßlich der Brüsseler Aufführung vom 28./V. [1] um Mitteilung bittet, nach welchem Verhältnis der Gewinn zwischen Sie, mich und Herrn Gaut[h]ier[-]Villars zu verteilen sei. Ich habe umgehend geantwortet; daß ich meinen Anteil am Gewinn immer durch Sie, niemals direkt bezöge, und daß Herr Gaut[h]ier[-]Villars *meines Wissens* an der Tantième nicht beteiligt sei, daß ich übrigens verwundert sei, ihn, den Agenten, über diesen Punkt nicht informiert zu sehen. Ich übergebe Ihnen dies zur Controlle.

Ihr ergebenster *Hofmannsthal*

[Auf dem Typoskript von «Rosenkavalier» III. Akt]

Lido, 26. VI. [1910]

neue Fassung dieser Mittelszene. Statt 91 Versen zählt sie 58, was dringend nötig war, weil die Sache hier dem Abschluß zudrängt.

Viele herzliche Grüße!

Ich bin vom 1ten Juli an in Rodaun. *Hofmannsthal*

Zu Seite 200

Garmisch, den 7. 10. 12

Lieber Freund, Hof-, Haus- und Leibdichter!

5 Minuten bevor ich heute wieder aus München *heraus*fuhr, hörte ich durch Franckenstein, daß Sie seit 8 Tagen in dieser Stadt dichten. Warum geben Sie da kein Lebenszeichen? Ich war in der letzten Woche zweimal in München. Wann fahren Sie nach Stuttgart?

[1] Die Aufführung von «Elektra» am Théâtre Royal de la Monnaie in Brüssel.

Nächsten Sonnabend den 12. und Montag den 14. spielen die Stuttgarter mir daselbst ihre fertige «Ariadne» vor. Ich fahre dazu nächsten Freitag den 11ten 8 Uhr Früh ab Garmisch per Auto. Wollen Sie nicht mitkommen? Donnerstag abend hier eintreffen, dicken Mantel, wollene Handschuhe, Lederweste – es wäre hübsch, wenn wir zusammen auteln könnten. Über Franckensteins Berufung habe ich mich kolossal gefreut: ich konnte leider nicht mehr dazuthun, als im Hoftheater selbst für ihn Stimmung machen. Man glaubt's eigentlich nicht recht, daß heutzutage so was wieder mal passieren kann: immer ist man gewöhnt, daß einer von den vielen Unrichtigen so eine Stellung bekömmt. Nun, tant mieux!
Mit herzlichen Grüßen Ihr treu ergebener *Dr. Richard Strauss*

Zu Seite 229

Lieber Dr. Strauss, Rodaun bei Wien, 9. V. 1913

Einliegend von dem guten Herrn Oertel mit der Ahnungslosigkeit, die ihn in künstlerischen Dingen auszeichnet, mir übermittelt eine Nachricht, die das vitalste Interesse des Ariadne-Abends für London geradezu prostituiert – und das volle Eintreffen des Absurden ankündigt, wie ich es damals in Rom schon vorausahnte – und Sie schon damals bat, mir beizuspringen!

Herr Beerbohm Tree spielt mit meiner Ariadne eine andere Übersetzung des Bourgeois. Als ob das möglich wäre! als ob es sich um Übersetzung handelte! Als ob nicht meine Adaptierung und Bearbeitung ganz als Piedestal für die «Ariadne» gemodelt, mit vorbereitenden Anspielungen durchsetzt wäre! als ob es überhaupt möglich wäre, einen anderen Bourgeois zu diesem Abend zu spielen! als ob nicht das Ganze eben als ein Theaterabend gedichtet wäre. – Er spielt eine andere Übersetzung! also womöglich den ganzen drei Stunden dauernden Originalbourgeois mit der Liebesintrige und der Cérémonie turque. Und kein Wort darin, daß es sich auf die Ariadne bezieht. Ebenso gut könnte er Julius Cäsar oder die Fünf Frankfurter vorher spielen, das wäre ein ebenso schöner, ebenso einheitlicher Theaterabend. Von einer Zwischenscene, ohne welche die Ariadne einfach unverständlicher Wahnwitz ist – ist überhaupt nicht die Rede (von welcher Schwierigkeit ich Ihnen schon in Rom mit Bedenken sprach) – und das streift die Zuschrift der Firma Fürstner mit keinem Wort! – Ich hoffe, daß Sie das Selbstverständliche tun werden: eine solche Vorstellung die mich einfach als Idioten prostituiert, nötigenfalls zu inhibieren, wäre es 24 Stunden vor der Première. Ich habe jedenfalls rechtzeitig gewarnt (Vor fünf Wochen in Rom).

Ihr *Hofmannsthal*

Mein lieber Doktor Strauss, Rodaun bei Wien, 11. Mai 1913
Vielen Dank für Ihr Eingreifen in meinem Sinne. Inliegendes Telegramm von Fürstner übermittle ich Ihnen und werde es meinerseits unbeantwortet lassen ebenso wie alles künftig in dieser Sache seitens Fürstners an mich ergehende. Verzeihen Sie, wenn ich offen sage, daß ich jetzt meinen Kopf zu besserem brauche als zu Londoner Geschäftsangelegenheiten. Was hier zu befürchten stand und in welcher Richtung durch Verhandlungen vorzubeugen war, habe ich rechtzeitig, d.h. Anfang April zu bedenken gegeben. Wenn ein Vertreter wie Fürstner erst in zwölfter Stunde darauf kommt, daß er ein vitales Interesse, woran die Verständlichkeit des ganzen Theaterabends hängt, verschlampt hat, einfach niemals daran gedacht hat, wie das zu lösen ist, so bedaure ich. Mit an einer fremden Molière-Übersetzung herumzuflicken weigere ich mich entschieden. Es war Sache der mit dieser Angelegenheit befaßten, dafür bezahlten und dafür verantwortlichen Personen, rechtzeitig einen möglichen Compromiss zu schaffen, d.h. eventuell meine auf «Ariadne» bezüglichen Einschiebsel in eine andere Übersetzung einzuflicken. N. B. Eine normale Molière-Übersetzung gibt ja für die Hälfte ihrer Musikeinlagen gar keinen möglichen Anlaß. –

Meines Erachtens wäre es nicht unerfreulich, wenn dieses Flickwerk einer Aufführung mit dem höchst öden, jeder Komik entbehrenden Tree nicht zustande käme und dafür Ariadne

nächstes Jahr in der für das Ausland (glauben Sie mir, mein lieber Dr. Strauss) allein möglichen uns vorschwebenden Auslandsfassung – für welche ich die Textunterlage noch im Mai, höchstens Anfang Juni Ihnen schicken will, in London gespielt wird[1].
Entscheiden Sie das bitte wie Sie wollen, ich werde auch dem jetzt Geplanten keinen Widerstand entgegensetzen, nachdem ich davor gewarnt und mein Bedauern darüber ausgesprochen habe. Warum Ariadne deshalb, wie Fürstner depeschiert, in absehbarer Zeit nicht gespielt werden sollte (in der reinen Operform) ist mir unverständlich.
Privates d. h. Künstlerisches demnächst in einem anderen Brief.

Ihr *Hofmannsthal*

Zu Seite 338

Lieber Herr von Hofmannsthal! Garmisch, 12. 5. 16.
Schönen Dank für Ihren Brief. Ihre Bedenken bezügl. des Schlusses haben mich so aufgerüttelt, daß ich Ihnen folgenden Vorschlag mache:
Was für Jourdain paßte u. ein harmonischer künstlerischer Abschluß der Jourdainkomödie mit Oper war, paßt absolut nicht mehr für die jetzige Fassung. *Seien wir also radikal u. weg mit dem Componisten* u. Haushofmeister etc. am Schluß u. beendigen wir die Oper mit dem Höhepunkt: *Ariadne u. Bacchus bei Ziffer 332.*
Weg mit Zerbinetta u. den Masken, lassen wir dies Alles bei der ersten Fassung!
Wie wäre es nun mit folgenden Aenderungen: Bacchus sagt doch 292: «So willst du mit mir gehen auf mein *Schiff?*»

[1] Die englische Erstaufführung der «‹Ariadne auf Naxos›, zu spielen nach dem ‹Bürger als Edelmann› des Molière» fand am 27. Mai 1913 in His Majesty's Theatre in London als Spezial-Produktion der Beerbohm Tree Company statt. Die Übersetzung des «Bürgers »stammte von W. Somerset Maugham. Die Oper selbst wurde deutsch gesungen. Die musikalische Leitung hatte Thomas Beecham inne, die Regie besorgten Emil Gerhäuser und T.C. Fairbairn. Es fanden bis zum 7. Juni acht Aufführungen statt. – Die neue Bearbeitung der «Ariadne» wurde in London (Covent Garden) erst im Mai 1924 erstmals gespielt (unter der Leitung von Karl Alwin).

In Stuttgart war es so schön, daß beim Eintritt des Bacchus Kronleuchter, Palmen, Höhle verschwand u. die beiden einsam gegen den weiten Nachthimmel standen. Wollen wir dies nicht beibehalten?
Mich stört akustisch das frühzeitige Verschwinden des Paares in der Höhle, das *unsichtbare* Singen von Ziffer 328 ab ist *sehr ungünstig.*
Lassen wir also Höhle u. Landschaft versinken u. nur mehr den Ausblick auf das weite Meer, auf dem von Ziffer 326 ab das *Schiff des Bacchus* erscheint. Ariadne u. Bacchus singen von 328 ab ihre Tiraden ganz vorne am Souffleurkasten, wo solche Tenorausbrüche mit hohen B's nach guter alter italienischer Weise auch hingehören.
Wenn Bacchus 332 ausgeflötet hat, schreitet er verschlungen mit Ariadne dem Meere zu, nach dem Schiff u. ich mache dazu noch ein kurzes brillantes Orchesternachspiel, während der Vorhang fällt.
Ist dies nicht besser?
Ich würde Sie nur bitten, im Text die wenigen Anspielungen auf *Höhle:* Ziffer 315, Ziffer 320 auszumerzen, zu verändern.
Die 3 Nymphen sollen Ziffer 323 sichtbar werden u. sich Ziffer 325 mit einer tiefen Verbeugung von Ariadne verabschieden u. verschwinden, damit alles musikalisch wichtige *auf* u. *nicht hinter* der Bühne gesungen wird, wogegen ich jetzt einen wahren horror habe – es ist direkt verschwendetes Notenpapier!
Bitte geben Sie mir umgehend Ihre Zustimmung u. Vorschläge kund, damit ich auch den definitiven Schluß der Oper fertig stellen kann. Denn Alles andere die Oper selbst betreffende: Striche, Aenderungen u. Kürzung der Zerbinettaarie ist schon bei Fürstner in Druck.
Die Striche des Tanzensembles sind:
Ziffer 160 bis 3. Takt nach 162
(die Stelle 169 bis 175 möchte ich jetzt beibehalten, da ich sie musikalisch schwer entbehren kann)
Ziffer 177 bis 178
Ziffer 179 bis 181

Bitte teilen Sie diese Striche, sowie den radikalen Strich vom 9. Takt nach 238 *bis Ziffer 274* schon heute Schalk mit besten Grüßen mit.
Morgen spreche ich in München Direktor Gregor u. stelle möglichst die ganze Besetzung mit ihm fest.
Vom Vorspiel ist bereits die *Hälfte* skizziert, ich hoffe in 8 Tagen mit dem Ganzen fertig zu sein: ich glaube, es wird recht hübsch u. zweckentsprechend.
Mit herzlichen Grüßen Ihr *Dr. Richard Strauss*

Zu Seite 408

Lieber Dr. Strauss Freitag abends
mündliche Rücksprache mit E. Reinhardt, der wegen Salzburger Festspielhaus hier war, heute nacht noch zurückfährt, ergibt folgendes: dort gute Einnahmen dauernd (Durchschnitt über 5500), hiesiges Gastspiel für ihn unlucrativ, er will Comödie dort bis 31. V. halten, nur für Wien bedingungslos freigeben.
Mein Vorschlag, die Comödie an Bernauer (Deutsches Volkstheater) durch Karpath geben für October und November nächsten Jahres unter folgenden Bedingungen: 1. Pallenberg als Gast, 2. Wiesenthal oder gleichwertige Spitzentänzerin (Frl. von Strohlendorf von der Oper) für die 3 Tanzrollen, 3. Ausstattung von Ernst Stern, 4. Godlewski als Ballettmeister.
Dies alles vertraglich festlegen (ferner, unter uns, ein starker Strich in der von mir unglücklich behandelten türkischen Comödie)
dies alles inzwischen schriftlich damit Sie es durchdenken können bis morgen. Ihr *Hofmannsthal*

Zu Seite 425

[Telegramm] [Berlin,] 6. 12. 18.

Hugo von Hofmannsthal, Rodaun Wien

Erbitte Depesche ob mit Uraufführung[1] Wien Oktober neunzehn einverstanden. Gruß Strauss Adlonhotel

[1] Uraufführung der «Frau ohne Schatten», die am 10. Oktober 1919 in Wien stattfand.

Zu Seite 524

Lieber Dr. Strauss! Bad Aussee, 23. IX. 24.

ich bin mit den durch Oertel mir übermittelten Vorschlag der Honorarteilung für «Ruinen» im Verhältnis 50:25:25 durchaus einverstanden; aber ich habe das Gefühl, daß Kroellers Leistung so bedeutungsvoll für das Gelingen des Ganzen ist, daß wir ihm unbedingt als Ausdruck der Anerkennung einen Anteil (etwa von 20 %) schuldig sind, wofür er eine *schriftliche* Choreographie anzufertigen hätte, die für die Theater maßgebend wird. Es würde sich, ohne eine für uns allzuschwer zu tragende Veränderung demnach folgender Schlüssel ergeben:

Hofmannsthal	40%	anstatt 50%
Strauss Fürstner	je 20%	anstatt je 25%
Kroeller	20%	

Die Anregung hiezu, wenn ich Fürstners Brief richtig verstehe, stammt ohnedies von Ihnen! Ist es Ihnen also recht, so verständigen Sie bitte Oertel.

Alles Gute Ihnen für die nächsten Reisewochen!

Herzlichst Ihr *Hofmannsthal*

Zu Seite 565

[Telegramm an Hofmannsthal] 23. X. [1926]

Sie erhalten nach Rücksprache mit Fürstner wie verabredet Vertrag. Nach Unterzeichnung steht Ihnen Ihr Resthonorar Mark 8500 sofort zur Verfügung. Sie brauchen also nicht zu klagen. *Strauss.*

Zu Seite 600

[Telegramm] [Berlin,] 3. 11. 1927

Doktor Richard Strauss, Garmisch

Wie kann Schneiderhan Wiener Uraufführung Anfang Juni garantieren, wenn ganze Wiener Oper einschließlich Jeritza Ende Mai zehntägiges Pariser Gastspiel absolviert? Bin von Unmöglichkeit überzeugt. Drahtet Ansicht Fürstner, mit dem verbunden *Hofmannsthal*

ÜBERSICHT

über die für die Entstehungsgeschichte der Hauptwerke wichtigsten Briefgruppen

ELEKTRA
März 1906–August 1908

DER ROSENKAVALIER
Februar 1909–September 1910

ARIADNE AUF NAXOS I
März 1911–September 1912

JOSEPHSLEGENDE
Juni–Juli 1912 / September–Dezember 1912 / Juli 1913 / September–Oktober 1913

DIE FRAU OHNE SCHATTEN
März–Mai 1911 / September 1912 / Januar–März 1913 / Juni 1913 / Dezember 1913 / Januar 1914 / April 1914 / Juli 1914 / Oktober 1914 / Januar 1915 / März–September 1915 / Juli–August 1916

ARIADNE AUF NAXOS II
Dezember 1912 / Januar 1913 / Juni 1913 / April–Mai 1916

DER BÜRGER ALS EDELMANN
Mai–Oktober 1917 / Dezember 1917

DIE RUINEN VON ATHEN
April–Mai 1922 / August–September 1922 / Februar–April 1924 / Juni–Juli 1924

DIE ÄGYPTISCHE HELENA
September–Dezember 1923 / Februar–März 1924 / August 1924 / November 1924 / Februar 1925 / Juni–Juli 1925 / Dezember 1925 / Januar–März 1926 / Mai 1926 / August–September 1926 / Mai 1927 / September 1927 / Dezember 1927 / Januar 1928

ARABELLA
Oktober–Dezember 1927 / April 1928–Juli 1929

DIE GEMEINSAMEN WERKE VON RICHARD STRAUSS UND HUGO VON HOFMANNSTHAL UND IHRE URAUFFÜHRUNGEN

ELEKTRA

Tragödie in einem Aufzug von Hugo von Hofmannsthal.
Musik von Richard Strauss, Op. 58.
Uraufführung: Königliches Opernhaus Dresden, 25. Januar 1909.
Musikalische Leitung: Ernst von Schuch.
Regie: Georg Toller. Dekoration: Emil Rieck. Kostüme: Leonhard Fanto.

Klytämnestra	Ernestine Schumann-Heink
Elektra	Annie Krull
Chrysothemis	Margarethe Siems
Aegisth	Johannes Sembach
Orest	Carl Perron
Der Pfleger des Orest	Julius Puttlitz
Die Vertraute	Gertrud Sachse
Die Schleppträgerin	Elisabeth Boehm-van Endert
Ein junger Diener	Fritz Soot
Ein alter Diener	Franz Nebuschka
Die Aufseherin	Riza Eibenschütz
Fünf Mägde	Franciska Bender-Schäfer Magdalena Seebe Irma Tervani Anna Zoder Minnie Nast

DER ROSENKAVALIER

Komödie für Musik in drei Aufzügen von Hugo von Hofmannsthal.

Musik von Richard Strauss, Op. 59.

Uraufführung: Königliches Opernhaus Dresden, 26. Januar 1911.

Musikalische Leitung: Ernst von Schuch. Regie: Georg Toller.

Dekorationen und Kostüme: Alfred Roller.

Die Feldmarschallin	Margarethe Siems
Ochs von Lerchenau	Carl Perron
Octavian	Eva von der Osten
Faninal	Karl Scheidemantel
Sophie	Minnie Nast
Marianne Leitmetzerin	Riza Eibenschütz
Valzacchi	Hans Rüdiger
Annina	Erna Freund
Der Haushofmeister bei der Marschallin	Anton Erl
Der Haushofmeister bei Faninal	Fritz Soot
Ein Notar	Ludwig Ermold
Ein Wirt	Josef Pauli
Ein Sänger	Fritz Soot
Ein Gelehrter	Eduard Schindler
Ein Flötist	Alexander Trobisch
Ein Friseur	Jan Trojanowski
Eine adelige Witwe	Sidonie Korb
Drei adelige Waisen	Marie Keldorfer Gertrud Sachse Paula Seiring
Eine Modistin	Elisa Stünzner
Ein Tierhändler	Josef Pauli
Der Lerchenausche Leiblakai	Theodor Heuser

Vier Lakaien der Marschallin	Josef Pauli Wilhelm Quidde Rudolf Schmalnauer Robert Büssel
Vier Kellner	Wilhelm Quidde Rudolf Schmalnauer Robert Büssel Franz Nebuschka
Ein Hausknecht	Ludwig Ermold

ARIADNE AUF NAXOS

Oper in einem Aufzug von Hugo von Hofmannsthal.
Musik von Richard Strauss, Op. 60.
Zu spielen nach dem «Bürger als Edelmann» des Molière.
Uraufführung: Königliches Hoftheater (Kleines Haus) Stuttgart, 25. Oktober 1912.
Musikalische Leitung: Richard Strauss.
Leiter der Aufführung: Max Reinhardt.
Dekorationen und Kostüme: Ernst Stern.

Schauspiel:

Jourdain	Victor Arnold
Seine Frau	Rosa Bertens
Dorimène	Else Heims
Dorantes	Alfred Abel
Nicoline	Kamilla Eibenschütz
Musiklehrer	Jakob Tiedtke
Der Komponist	Josef Danegger
Ein Tanzmeister	Paul Biensfeldt
Ein Fechtmeister	Alexander Ekert
Ein Magister der Philosophie	Rudolf Blümner
Ein Schneider	Ernst Matray
Sein erster Gesell	Leo van Marken
Zweiter Gesell	Max Schliebener
Dritter Gesell	Albert Burger
Vierter Gesell	Hans Zimmermann

Ein Schneidergeselle Ein Küchenjunge	Grete Wiesenthal
Erste Sängerin	M. Junker-Burchardt
Zweite Sängerin	Erna Ellmenreich
Dritte Sängerin	Lilly Hoffmann-Onegin
Der erste Lakai	Georg Hoetzel
Der zweite Lakai	Richard Sterneck
Ein kleiner Lakai	Mina Wenzel
Maitre d'Hotel	Artur Anwander
Oper:	
Ariadne	Mizzi Jeritza
Bacchus	Hermann Jadlowker
Najade	M. Junker-Burchardt
Dryade	Lilly Hoffman-Onegin
Echo	Erna Ellmenreich
Zerbinetta	Margarethe Siems
Harlekin	Albin Swoboda
Scaramuccio	Georg Maeder
Truffaldin	Reinhold Fritz
Brighella	Franz Schwerdt

KANTATE

Gedicht von Hugo von Hofmannsthal.
Musik (für Männerchor) von Richard Strauss.
(Für den Grafen Niklaus v. Seebach zur Feier seines 20jährigen Jubiläums als Generaldirektor der königl. sächsischen Hofbühnen). Komponiert 22. Februar 1914.

JOSEPHSLEGENDE

Handlung von Harry Graf Kessler und Hugo von Hofmannsthal.
Musik von Richard Strauss, Op. 63.
Uraufführung: Théâtre National de l'Opéra, Paris, 14. Mai 1914.
Musikalische Leitung: Richard Strauss.
Dekorationen: José-Maria Sert (Ausgeführt von O. Allegri): Kostüme: Léon Bakst. Choreographie: Michel Fokine.

Potiphar	Alexis Boulgakow
Potiphars Weib	Marie Kussnetzoff
Joseph	Léonide Miassine
Drei Verschleierte	L. Tchernicheva Sophie Pflanz Doris
Ein männlicher Erzengel	Max Frohman
Sulamith	Vera Fokina
Ein Scheich	Serge Grigorieff
Lieblingssklavin	Mlle Fokina II
Drei Unverschleierte	Mlles Majcherska, Klementowicz, Munings
Potiphars Hausmeister	M. Malygin
Der junge Diener des Scheichs	M. Kostecki
Sechs Spielkameraden Josephs	MM. Kremnev, Gavrilov, Ivanovsky, Savitsky, Zverew, Bourman
Begleiter des Scheichs	MM. Tarassov, Kegler, Worontsov
Boxer	MM. Semonov, Fedorov, Romanov, Rachmanov, Statkiewicz, Lobojko, Oumansky, Goudin
Zwei Aufseher	MM. Kowalski, Warzynski
Dienerinnen der Verschleierten	Mlles Kopycinska, Wasilewska, Konetska, Goulíouk, Milovanova, Bewicke, Hoklova, Chidlovska, Boniecka, Rozumicz, Krassovska, Slawika, Poiré, Prokovieva, Mamajeva, Lenievska.

ARIADNE AUF NAXOS

Neue Bearbeitung.

Oper in einem Aufzuge nebst einem Vorspiel von Hugo von Hofmannsthal.

Musik von Richard Strauss, Op. 60.

Uraufführung: K.K. Hof-Operntheater Wien, 4. Oktober 1916.

Musikalische Leitung: Franz Schalk.

Spielleitung: Wilhelm von Wymetal.

Vorspiel:

Haushofmeister	August Stoll
Musiklehrer	Hans Duhan
Komponist	Lotte Lehmann
Tenor	Béla von Környey
Ein Offizier	Hr. Arnold
Ein Tanzmeister	Hr. Maikl
Ein Perückenmacher	Hr. Stehmann
Ein Lakai	Hr. Madin
Zerbinetta	Selma Kurz
Primadonna	Maria Jeritza
Harlekin	Hr. Neuber
Scaramuccio	Hermann Gallos
Truffaldin	Julius Betetto
Brighella	Hr. Nemeth

Oper:

Ariadne	Maria Jeritza
Bacchus	Béla von Környey
Najade	Charlotte Dahmen
Dryade	Hermine Kittel
Echo	Carola Jovanovic
Zerbinetta	Selma Kurz
Harlekin	Hans Duhan
Scaramuccio	Hermann Gallos
Tuffaldin	Julius Betetto
Brighella	Georg Maikl

DER BÜRGER ALS EDELMANN

Komödie mit Tänzen von Molière.
Freie Bühnenbearbeitung in drei Aufzügen.
Musik von Richard Strauss.
Uraufführung: Deutsches Theater Berlin, 9. April 1918.
Musikalische Leitung: Richard Strauss.
Regie: Max Reinhardt. Bühnenbild: Ernst Stern.

Jourdain	Max Pallenberg
Lucile	Helene Thimig
Cleonte	Wanka
Dorante	Riemann
Mascarille	Bergen
Dorimène	Else Heims
Nicole	Kupfer
Covielle	Hermann Thimig
Ein Philosoph	Max Gülstorff
Ein Fechtmeister	Friedrich Kühne
Ein Tanzmeister	Helmuth Krüger
Ein Musiklehrer	Fritz Richard
Nerine } zwei leichtfertige	Gertrud Welcker
Lucette } Personen	Carola Toelle
Charles, ihr Begleiter	Walter Norbert
Ein Mufti	Rudolf Hofbauer
Sängerinnen {	Gertrud Czerlinsky
	Carin Gillberg-Gade
Ein Schneidermeister	Ernst Matray
Sein erster Gesell	Katta Sterne
Ein Küchenjunge	Lillebil Christensen
Ein Notar	Bruno Klein
Erster Lakai bei Jourdain	Richard Martienssen
Zweiter Lakai bei Jourdain	Leo Simoth
Dorantes kleiner Lakai	Freda von Brunckow

DIE FRAU OHNE SCHATTEN

Oper in drei Akten von Hugo von Hofmannsthal.
Musik von Richard Strauss, Op. 65.
Uraufführung: Operntheater Wien, 10. Oktober 1919.
Musikalische Leitung: Franz Schalk.
Spielleitung: Hans Breuer. Dekorationen: Alfred Roller.

Der Kaiser	Karl Aagard-Oestvig
Die Kaiserin	Maria Jeritza
Die Amme	Lucie Weidt
Geisterbote	Josef v. Manowarda
Die Erscheinung eines Jünglings	Sybilla Blei
Die Stimme des Falken	Felicie Mihacsek
Barak	Richard Mayr
Sein Weib	Lotte Lehmann
Der Einäugige	Viktor Madin
Der Einarmige	Julius Betetto
Der Bucklige	Anton Arnold

DIE RUINEN VON ATHEN

Ein Festspiel mit Tänzen und Chören.
Musik unter teilweiser Benutzung des Balletts «Die Geschöpfe des Prometheus» von Ludwig van Beethoven.
Bearbeitet von Hugo von Hofmannsthal und Richard Strauss.
Uraufführung: Operntheater Wien, 20. September 1924.
Musikalische Leitung: Richard Strauss. Choreographie: Heinrich Kröller. Regie: Josef Turnau. Bühnenbild: Alfred Roller.

Die alte Griechin	Carola Jovanovic
Die größere Tochter	Luise Helletsgruber
Die kleinere Tochter	Paula Hentke
Ein alter Grieche	Josef v. Manowarda
Der Fremde	Alfred Jerger
Pallas Athene	Käte Loitelsberger

DER ROSENKAVALIER-FILM

Drehbuch von Hugo von Hofmannsthal.
Musik von Richard Strauss.
Uraufführung: Opernhaus Dresden, 10. Januar 1926.
Musikalische Leitung: Richard Strauss.
Regie: Robert Wiene. Bauten und Kostüme: Alfred Roller, Stefan Wessely, Hans Rouc. Photographie: Hans Theyer, Hans Androschin, Ludwig Schaschek. Aufnahmeleitung: Karl Ehrlich. Gesamtorganisation: Theodor Bachrich. Kostüme: Werkstätte für dekorative Kunst Ges. m. b. H., Wien. Perücken: Ludwig Radlof, Wien. Produktion: Robert Wiene-Produktion der Pan-Film A.G. Wien.

Der Marschall	Paul Hartmann
Die Marschallin	Huguette Duflos
Octavian	Jaque Catelain
Ochs von Lerchenau	Michael Bohnen
Faninal	Carl Forest
Sophie	Elly Felicie Berger
Valzacchi	Friedrich Féher
Annina	Carmen Cartellieri

DIE ÄGYPTISCHE HELENA

Oper in zwei Aufzügen von Hugo von Hofmannsthal.
Musik von Richard Strauss, Op. 75.
Uraufführung: Sächsisches Staatstheater (Opernhaus), Dresden, 6. Juni 1928.
Musikalische Leitung: Fritz Busch.
Inszenierung: Otto Erhardt. Künstlerischer Beirat für Regie und Vortrag: Marie Gutheil-Schoder. Bühnenbilder: Leonhard Fanto.

Helena	Elisabeth Rethberg
Menelas	Curt Taucher
Hermione	Anneliese Petrich
Aithra	Maria Rajdl

Altair		Friedrich Plaschke
Da-ud		Guglielmo Fazzini
Die erste	Dienerin der Aithra	Erna Berger
Die zweite	Dienerin der Aithra	Sigrid Rothermel
Erster	Elf	Angela Kolniak
Zweiter	Elf	Eva Johnn
Dritter	Elf	Elfriede Haberkorn
Vierter	Elf	Sigrid Rothermel
Die Muschel		Helene Jung

ARABELLA

Lyrische Komödie in drei Aufzügen von Hugo v. Hofmannsthal. Musik von Richard Strauss, Op. 79.
Uraufführung: Sächsische Staatstheater (Opernhaus), Dresden, 1. Juli 1933.
Musikalische Leitung: Clemens Krauss.
Inszenierung: Josef Gielen. Künstlerischer Beirat für Regie und Vortrag: Eva Plaschke-von der Osten. Dekorative Ausstattung: Leonhard Fanto und Johannes Rothenberger. Kostüme: Leonhard Fanto.

Graf Waldner	Friedrich Plaschke
Adelaide	Camilla Kallab
Arabella	Viorica Ursuleac
Zdenka	Margit Bokor
Mandryka	Alfred Jerger
Matteo	Martin Kremer
Graf Elemer	Karl Albrecht Streib
Graf Dominik	Kurt Böhme
Graf Lamoral	Arno Schellenberg
Die Fiakermilli	Ellice Illiard
Eine Kartenschlägerin	Jessika Koettrik
Welko	Robert Büssel
Djura	Rudolf Schmalnauer
Jankel	Horst Falke
Ein Zimmerkellner	Ludwig Eybisch

DIE ÄGYPTISCHE HELENA

Neue Wiener Fassung
Oper in zwei Aufzügen von Hugo von Hofmannsthal
Musik von Richard Strauss
Uraufführung: Salzburger Festspielhaus Salzburg, 14. August 1933.

Musikalische Leitung	Clemens Krauss
Inszenierung	Lothar Wallerstein
Bühnenbild	Alfred Roller und Robert Kautsky
Helena	Viorica Ursuleac
Menelas	Franz Völker
Hermione	Irene Eisinger
Aithra	Margit Angerer
Altair	Alfred Jerger
Da-ud	Helge Roswaenge
Erste Dienerin der Aithra	Luise Helletsgruber
Zweite Dienerin der Aithra	Polly Batic
Erster Elf	Aenne Michalsky
Zweiter Elf	Margit Szathmary
Dritter Elf	Fanny Salinger
Vierter Elf	Frieda Stroinigg
Die alles wissende Muschel	Gertrud Rünger

VERZEICHNIS DER NAMEN

Aufgenommen wurden die in den Briefen und in den Fußnoten vorkommenden Namen, nicht aber die in den Vorbemerkungen und in der Übersicht der Uraufführungen genannten. Die Gattinnen der beiden Briefschreiber sind nur in den an sie gerichteten Briefen berücksichtigt. Einige beiläufig erwähnte Namen, die nicht identifiziert werden konnten, fallen weg. Die kurzen Erläuterungen beschränken sich auf diejenigen Personen, die mit den Briefpartnern in unmittelbarem Zusammenhang stehen. – Die Zahlen beziehen sich auf die Seiten.

ACHSEL, Wanda, Sängerin der Wiener Oper (1923–1939). 553–554

d'Albert, Eugen (1864–1932), Komponist und Pianist. 59, 245, 266, 409, 453, 579

Alfano, Francesco (1876–1954), italienischer Komponist. 464

Alwin, Karl (1891–1946), Kapellmeister der Wiener Oper. 475, 477, 484, 516, 553, 618, 630, 680–681, 704, 715

Anday, Rosette (1903–1977), Sängerin der Wiener Oper (1921–1938). 572

Andrian-Werburg, Leopold v. (1875–1951), Generalintendant der Wiener Hofoper von Juli bis Nov. 1918; Jugendfreund Hofmannsthals. 420–421, 423, 428, 434

d'Annunzio, Gabriele (1863–1938), italienischer Dichter. 28, 114–115, 273

Aravantinos, Panos (1886–1930), Leiter des Ausstattungswesens der Berliner Staatsoper; schuf die Dekorationen für die Berliner Erstaufführung der «Frau ohne Schatten». 455, 588

Arnim, Achim v. 404, 577

Arnold, Victor (1873–1914), Schauspieler an Max Reinhardts Deutschem Theater in Berlin. 202

Artôt de Padilla, Lola (1886–1933), Kammersängerin; Mitglied der Berliner Oper. 333–336, 338

Astruc, Gabriel (1864–1938), Pariser Theaterdirektor. 273

Auber, Daniel François Esprit. 141, 485, 651, 669

Auernheimer, Raoul (1876–1948), österreichischer Schriftsteller. 525, 701

Auspiz, Lieben & Cie, Wiener Bankhaus. 702

BAHR, Hermann (1863–1934), österreichischer Schriftsteller. 55, 56, 59, 78, 84–85, 93–95, 141, 144, 173, 250, 252, 324, 342, 350, 354, 428, 443

Bahr-Mildenburg, Anna (1872–1947), dramatische Sängerin; Mitglied der Wiener Oper (1898–1917); bedeutende Vertreterin der Klytämnestra-Partie. 56, 85, 88, 224, 263, 268, 363, 428, 432, 443, 483

Baklanoff, Georges (1882–1938), russischer Sänger. 602
Bakst, Leon (1868–1924), Bühnenmaler des Diaghilew-Balletts. 177, 241, 243, 589
Bassermann, Albert (1867–1952), Schauspieler. 463–464
Batka, Richard (1868–1922), Musikschriftsteller und Kritiker. 249, 253
Bauernfeld, Eduard v. (1802–1890), österreichischer Dramatiker. 402
Beecham, Sir Thomas (1879–1961), englischer Dirigent. 293, 715
Beerbohm-Tree, Sir Herbert (1852–1917), englischer Schauspieler. 713–715
Beer-Hofmann, Richard (1866–1945), österreichischer Dichter, Freund Hofmannsthals. 586
Beethoven, Ludwig van. 235, 245, 327, 477, 483, 485, 516, 650
Bekker, Paul (1882–1937), Musikkritiker der «Frankfurter Zeitung»; 1925 bis 1926 Intendant der Kasseler, 1927-1932 der Wiesbadener Oper. 447, 466, 688
Bellincioni, Gemma (1864–1950), dramatischer Sopran, die erste Santuzza in Mascagnis «Cavalleria rusticana». 122–123
Bender, Paul (1875–1947), Bassist der Münchner Oper. 107–109, 111, 602
Benedix, Roderich, österreichischer Dramatiker. 402
Benois, Alexandre (1870–1965), Bühnenmaler. 177
Berlioz, Hector. 495
Bernauer, Alfred 1879–1950), war 1918–1924 Direktor des Deutschen Volkstheaters in Wien. 404–408, 717
Bernstein, Aaron (1812–1884), Schriftsteller; Vorkämpfer der jüdischen Emanzipation. 313
Bertens, Rosa (1860–1934), Berliner Schauspielerin. 203
Beutler, Margarete, Gattin von Friedrich Freksa; Dichterin und Übersetzerin. 245
Bie, Oscar (1864–1938), Kunst- und Musikschriftsteller in Berlin; Herausgeber der «Neuen Rundschau». 245, 251–252, 260, 294, 362
Bierling, Fr. Samuel. 116
Binder, Sibylle, Schauspielerin. 483
Bing, Rudolf (1902), Direktor der Metropolitan Opera, New York. 602–603
Birkmeyer, Toni (1897), seit 1921 Tänzer der Wiener Oper; tanzte den Joseph in der Wiener Erstaufführung von «Josephslegende». 471
Birnbaum, Zdislaw (1880–1921), polnischer Theaterkapellmeister und 1911 bis 1921 Leiter der Warschauer Philharmonie. 347
Bittner, Julius (1874–1939), österr. Komponist volkstüml. Opern. 422
Bland, Elsa (1880–1935), Sängerin; war von 1906–1908 Mitglied der Wiener Oper. 492

Bloch, Generalagent der «Société des auteurs» in Paris. 712
Blech, Leo (1871–1958), Komponist und Dirigent, 1906–1935 a. d. Berliner Staatsoper, seit 1913 Generalmusikdirektor. 554
Bodenhausen-Degener, Eberhard Frhr. v. (1868–1918), Direktor der Kruppschen Werke; Mitherausgeber der Zeitschrift «Pan»; Freund Hofmannsthals. 258, 405–406
Böhler, Wilhelm, Antiquar. 354, 433, 684
Bohnen, Michael (1887–1965), Bassist der Berliner Oper; Darsteller des Ochs von Lerchenau im «Rosenkavalier»-Film. 592, 602
Boïeldieu, François Adrien. 651, 669
Bôileau-Despréaux, Nicolas. 384
Bolm, Adolph (1884–1951), Tänzer und Choreograph. 433, 435, 438
Bonetti, Camillo († 1931), Opern-Impresario in Buenos Aires. 461
Bonn, Ferdinand (1861–1933), Komponist. 644
Bosetti, Hermine (1875–1936), Sängerin der Münchner Oper (1901-1924). 125–126, 256
Boucher, François. 187
Brandt, Fritz (1854–1895), Technischer Direktor der Berliner Hofoper. 153
Brecher, Gustav (1879–1940), Kapellmeister der Frankfurter Oper, seit 1924 Operndirektor in Leipzig. 267–271, 273, 559
Brecht, Walther (1876-1950), Literarhistoriker, Professor in Wien und seit 1927 in München. 488
Breisach, Paul, Dirigent. 445, 602
Brentano, Clemens. 403
Breuer, Hans (1868-1929), Regisseur der Wiener Oper. 445, 448
Bruck, Dr. 401
Brust, Alfred (1891–1934), Lyriker, Dramatiker und Erzähler. 554
Büchner, Georg. 25, 402, 610
Bülow, Hans v. (1830–1894), Pianist und Dirigent. 574
Burckhardt, Jacob. 128, 410

CAHN, Carl, Berliner Bankhaus. 700
Calderon de la Barca, Pedro. 22, 30–31, 34, 35, 456
Callot, Jacques. 142
Carmi, Maria (1872–1941), Tänzerin in Diaghilews Russischem Ballett, Gattin des Dichters Karl Vollmoeller. 244, 268, 274, 297
Casanova. 39, 41, 49
Cassirer, Bruno (1872–1941), Berliner Verleger, Vetter von Paul Cassirer. 436, 448

Cassirer, Paul (1871–1926), Berliner Kunsthändler. 436, 448
Castiglioni, Camillo, Wiener Finanzmann und Kunstsammler. 690
Chamberlain, Houston Stewart (1855–1927). 212
Chantavoine, Jean (1877–1952), Pariser Musikforscher. 465
Cherubini, Luigi. 580, 669
Corinth, Lovis (1858–1925), Maler und Graphiker; entwarf Titelbild und Titelvignette zum «Elektra»-Klavierauszug und Textbuch. 436
Cortolezis, Fritz (1878–1934), Kapellmeister der Münchner, ab 1913 der Karlsruher Oper. 107, 109

Dante Alighieri. 256
Debussy, Claude (1862–1918). 389, 650
Degenfeld-Schonburg, Ottonie Gräfin v. (1882–1970), mit Hofmannsthal befreundet. 143, 182
Destinn, Emmy (1878–1930), dramatische Sängerin der Berliner Oper und der Metropolitan Opera, New York. 162, 165–166
Deutsch, Frau Geheimrat, Gattin von Felix Deutsch, Direktor der AEG. 674
Diaghilew, Serge (1872–1929), Erneuerer und Leiter des Russischen Balletts. 172, 187, 189, 194–196, 221, 226, 243–246, 248, 254, 257–258, 261–262, 266, 472
Diebold, Bernhard (1886–1945), Schriftsteller und Theaterkritiker der «Frankfurter Zeitung». 442
Dillmann, Alexander (1878–1951), Münchner Musikkritiker. 201, 219, 329 bis 330
Donizetti, Gaëtano. 651, 669
Dostojewsky, Fjodor Michailowitsch. 579
Droescher, Georg (1854–1944), Oberspielleiter der Berliner Oper. 153, 422 bis 423, 427, 433–434, 436, 439, 444, 446–447
Duhan, Hans (1890–1971), Kammersänger und 1914–1944 Regisseur der Wiener Oper. 432, 477, 494, 506, 517
Duse, Eleonora (1859–1924), Schauspielerin. 171
Dux, Claire (1885–1967), Sopranistin an der Berliner Hofoper. 293

Eckermann, Johann Peter. 541
Ecorcheville, Jules (1872–1915), französischer Musikforscher; Redaktor der Revue S. I. M. 188
Eden, Irene, Koloratur-Sopranistin; 1916–1924 Mitglied des Mannheimer Nationaltheaters. 363

Eger, Paul (1882–1947), Theaterdirektor; 1932–1938 Intendant in Prag; 1942–1947 in Luzern. 406, 560
Ehrhart, Robert v. 401–402
Elizza, Elise (1870–1926), Sängerin der Wiener Hofoper (1895–1919). 55
Erb, Karl (1877–1958), Kammersänger, Tenor der Münchner Oper (1913 bis 1925). 165, 257
Erhardt, Otto (1888–1971), Opernregisseur der Dresdener Staatsoper, dann am Teatro Colon in Buenos Aires. 547, 596, 599–600, 611, 619
Eysoldt, Gertrud (1870–1955), Schauspielerin des Deutschen Theaters in Berlin (Salome, Elektra). 19

Fairbairn, T. C., englischer Regisseur. 713, 715
Fanto, Leonhard (1874–1958), Bühnenbildner der Dresdener Oper; schuf mehrere Porträts von R. Strauss. 532, 569, 571, 588–590, 619, 627
Farrar, Geraldine (1882–1967), 1901–1906 Mitglied der Berliner Oper; 1907 bis 1927 an der Metropolitan Opera in New York. 54, 122, 123
Fassbender, Zdenka (1879–1954), dramat. Sängerin der Münchner Oper. 93, 263, 317
Faustina s. Hasse-Bordoni
Fay, Maud, Sängerin der Münchner Oper. 256
Fénelon, François. 384
Ferrari, Gaudenzio. 224
Ferrero, Guglielmo. 478
Fiedler, Leonhard M. (1942), Germanist, Professor an der Universität Frankfurt a. M. 383
Fischer, Samuel (1859–1934), Berliner Verleger, u. a. auch Hofmannsthals. 21–27, 66, 95, 330, 459, 534–535, 622, 711
Flotow, Friedrich v. 336
Fokin, Michael (1880–1942), russ. Tänzer und Choreograph. 243–244, 248, 433, 435, 438
Forest, Karl, Schauspieler. 405
Fragonard, Honoré. 187, 433
Franckenstein, Clemens von u. zu (1875–1942), Komponist; Generalintendant der Münchner Oper (1912–1918 u. 1924–1934), Jugendfreund Hofmannsthals. 83, 198, 217–219, 223, 230, 242, 246–248, 251, 254, 256–257, 286, 289, 293, 316–323, 341, 452, 464, 534, 576, 699, 700, 701, 712–713
Freksa, Friedrich, Schriftsteller, Gatte von Margarete Beutler; verfaßte u. a. das Szenarium zu dem an Max Reinhardts Deutschem Theater aufgeführten Ballett «Sumurûn» (1908). 245

Fried, Oscar (1871–1942), Berliner Komponist und Dirigent (zeitweilig am Deutschen Theater). 153–154, 158, 443
Frischauer, Kritiker. 268
Fuchs, Anton v. (1873–1923), Oberreg. d. Münchner Oper. 111, 114, 230–231
Fürstner, Adolph (1833–1908), Musikverleger. 24–25
Fürstner, Otto (1886–1958), Musikverleger; Sohn und Nachfolger Adolph Fürstners (1833–1908). 46, 60, 86, 96, 99, 105, 146, 161, 166, 168, 170, 175, 178, 180–181, 184, 194, 202, 205, 211, 215, 218, 226, 247–248, 254, 267, 294, 296, 299–300, 328–330, 365–366, 373–374, 393, 396, 404, 408–409, 410, 433, 437, 447–448, 452, 458, 482, 497, 499, 502, 519, 521, 532, 548, 554–555, 557, 559, 564, 567–568, 584, 586, 591–592, 594–597, 599, 601, 606, 611, 617–618, 621–622, 624, 626, 699, 700, 701, 703, 704, 714–716, 718
Furtwängler, Wilhelm (1886–1954), Dirigent. 363

Garden, Mary (1874–1967), dramatische Sängerin, die erste Louise (Charpentier) und Mélisande (Debussy). 54, 122
Gauthier-Villars, Henri (Willy), Pariser Kritiker, Gatte der Colette. 712
Genée, Franz. 606
Géraldy, Paul (1885), französ. Dichter, Übersetzer von H. v. H.s «Der Schwierige» ins Französische («L'Irrésolu»). 513
Gerhart, Maria, Koloratursopran; von 1923 bis 1938 Mitglied der Wiener Staatsoper. 680–681
Gerhäuser, Emil (1868–1917); 1908–1917 Oberregisseur der Stuttgarter Hofoper. 184, 715
Geyer, Siegfried, Direktor der Neuen Wiener Bühne. 467
Gide, André (1869–1951), französischer Schriftsteller. 46
Girardi, Alexander. 402
Gluck, Christoph Willibald v. 122, 127, 171, 419, 524, 542, 651
Godlewski, Karl, Ballettregisseur der Wiener Oper. 404–405, 717
Goethe, Johann Wolfgang v. 122, 137, 170, 212, 214, 303, 350, 367, 402, 408 bis 410, 441, 462, 477–478, 495, 539, 541, 577, 644, 652, 670, 677
Goetz, Hermann (1840–1876). 627
Goldoni, Carlo. 515
Goldstein. 497, 499, 501
Golowin, Alexander Jakolewitz (1863–1930), russischer Maler. 214
Gounod, Charles. 408, 660
Graarud, Gunnard (1886–1960), Opernsänger (Tenor). 680

Grab, Familie v., Prag; die Schwiegereltern von R. Strauss' Sohn Franz Strauss. 496, 541
Gregor, Hans (1866–1919), 1911–1918 Direktor der Wiener Hofoper. 259, 261, 333, 336, 347, 350, 356–357, 403, 407, 421, 422, 626, 717
Gregor, Joseph (1888–1960), Theaterhistoriker, Verfasser der Textbücher von «Friedenstag», «Daphne» und «Die Liebe der Danae». 459, 626
Grillparzer, Franz. 404
Gunsbourg, Raoul (1861–1955), war 1890–1952 Direktor der Oper in Monte Carlo. 261
Gurlitt, Fritz, Berliner Kunsthändler und Verleger. 436
Gutheil-Schoder, Marie (1874–1937), dramatische Sängerin an der Wiener Oper (1900–1927); bedeutende Vertreterin der Salome, Elektra, Octavian, Marschallin, Potiphars Weib und Färberin. 106, 260–262, 299, 302, 335, 354, 363, 440, 471, 477, 599–600, 611, 619, 667

Haas-Heye, Prof. am Staatl. Kunstgewerbemuseum Berlin, entwarf die Kostüme für die Wiener Erstaufführung v. «Josephslegende». 471, 475
Hackländer, Friedrich Wilhelm. 342
Händel, Georg Friedrich. 542, 551
Hagemann, Carl (1871–1945), seit 1915 Intendant in Mannheim, seit 1920 in Wiesbaden. 363
Hallier, Mme. 465
Hammerstein, Oskar (1847–1919), Impresario und Komponist. 96
Hanslick, Eduard. 578
Hardt, Ernst (1876–1947), Schriftsteller. 484
Hartung, Gustav, Regisseur. 469
Hasse, Johann Adolf. 574
Hasse-Bordoni, Faustina. 574
Hauff, Wilhelm. 110, 113
Hauptmann, Gerhart (1862–1946), Dramatiker. 389, 549, 573, 578–579, 595, 600
Hausegger, Siegmund v. (1872–1948), Komponist und Dirigent. 357–358, 470
Hebbel, Friedrich. 172
Hébertot, Jacques (1886–1970), Pariser Theaterdirektor. 482, 486, 520–521
Hellmann, Paul (1876–1939), Freund Strauss' und Hofmannsthals. Seiner Frau Irene (1882–1944) ist das Lied «Schlechtes Wetter», op. 69, Nr. 5 gewidmet. 361, 491
Hempel, Frieda (1885–1955), Sängerin der Berliner Hofoper bis 1912, seither der Metropolitan Opera in New York. 120, 122, 154, 162, 165–166, 184

Hermann, Edouard, Pariser Bankier. 267
Hérold, Ferdinand. 121, 125
Heyse, Paul. 702
Hilgermann, Laura (1867–1937), Sängerin an der Wiener Oper. 55
Hirsch, Rudolf (1905), Verleger u. Mitherausgeber der Krit. Hofmannsthal-Ausgabe. 383
Hoffmann, Ernst Theodor Amadeus. 577
Hoffmann, Dirk (1943), Germanist. 66
Hofmannsthal, Alice v., Gattin Raimund v. Hofmannsthals. 700, 701, 703
Hofmannsthal, Christiane v. (1902), die Tochter Hofmannsthals, verheiratet mit dem Indologen Heinrich Zimmer (1890–1943). 464, 632, 635, 700, 701, 703
Hofmannsthal, Franz v. (1903–1929), der ältere Sohn Hofmannsthals. 696, 698, 700
Hofmannsthal, Gerty v. (1869–1959), Frau des Dichters. 287, 288, 394, 618, 698, 699, 701, 702, 703, 705, 706
Hofmannsthal, Hugo v., der Vater des Dichters. 276, 280, 282–283, 299, 301, 316, 324, 327
Hofmannsthal, Raimund v. (1906–1974), der jüngere Sohn Hofmannsthals. 692, 699, 700, 701, 703
Holthoff v. Fassmann, Wilhelm, Stellvertreter des Operndirektors der Berliner Staatsoper. 229–230
Holy, Karl, Oberspielleiter der Berliner Staatsoper von 1920–1932. 444
Hülsen-Haeseler, Graf Georg v. (1855–1922), Generalintendant der Berliner Hofoper. 53, 111, 128, 147, 150, 153, 164–165, 191, 212, 248, 290, 297, 301–302, 333, 337, 362, 401–402, 420, 422–423, 427, 429, 432, 434, 436, 439–440, 448
Humboldt, Wilhelm v. 410

Isepp, Sebastian (1884–1957), Maler und Restaurator. 684
Ivogün, Maria (1891), Koloratursopran der Münchner und der Berliner Oper. 545, 547

Jarnach, Philipp (1892), deutsch-spanischer Komponist. 470
Jerger, Alfred (1889–1977), Bariton der Wiener Staatsoper; der erste Mandryka (Dresden 1933) und Altair, in der Wiener Fassung der «Ägyptischen Helena» (Salzburg 1933). 494
Jeritza, Marie (1891), dramatische Sängerin, Mitglied der Wiener Oper und der Metropolitan Opera in New York; bedeutende Vertreterin des Oc-

tavian, Komponisten, Ariadne, Salome, Kaiserin, Helena. 261–262, 363, 438, 445, 447, 494, 586, 588f., 591–600, 604, 616f., 619–621, 680–681, 718

Kainz, Josef (1858–1910). 43, 49
Kalisch, Alfred (1863–1933), englischer Kritiker und Übersetzer Strauss'scher Opern- und anderer Vokalwerke. 268
Kapp, Julius (1883–1962), Operndramaturg der Berliner Staatsoper, dann der Städtischen Oper Berlin. 111
Karpath, Ludwig (1866–1936), Konsulent des Unterrichtsministers für die österreichischen Bundestheater. 268, 309–310, 327, 402, 422–426, 428, 480, 626, 648, 674, 717
Karsavina, Tamara, Tänzerin des Russischen Balletts; Darstellerin von Potiphars Weib in der Londoner Aufführung von «Josephslegende» in London, abwechselnd mit Marie Kusnetzoff (1914). 274, 280, 470–471
Kaufmann, Oskar, Berliner Architekt, erbaute 1924 für Max Reinhardt die «Komödie» am Kurfürstendamm. 347–348, 353, 358
Kaulbach, Friedrich August (1850–1920), Münchner Maler. 256
Kautsky, Robert, von 1921 an Bühnenmaler der Wiener Staatsoper. 53, 436, 439–441, 444–445
Kemp, Barbara (1881–1959), dramat. Sängerin; seit 1923 Gattin Max v. Schillings'. 447
Kern, Adele (1907), Koloratursopran in Wien, später München. 689
Kerr, Alfred (1867–1948), Theaterkritiker des «Berliner Tageblatts», Verfasser der Verse zu R. Strauss' «Krämerspiegel»; plante ein Libretto für Strauss («Peregrinus Proteus»). 252, 465
Kessler, Harry Graf v. (1868–1934), Diplomat und Leiter der Cranach-Presse in Weimar. 21, 54, 187, 189–190, 194, 196, 207, 226, 236–237, 239, 241, 244, 266–270, 272, 274–275, 299, 363, 472
Kittel, Hermine (1876?–1948), Sängerin, Mitglied der Wiener Staatsoper (1901–1931). 631
Kiurina, Berta (1882–1933), Sängerin, Mitglied der Wiener Oper. 106, 440
Klatte, Wilhelm (1870–1930), Schüler und Freund von Richard Strauss, Theorielehrer und Kritiker in Berlin. 294, 362
Klenau, Paul von (1883–1946), deutscher Komponist (Opern u. a.). 246
Knappertsbusch, Hans (1888–1965), Dirigent; war 1922–1935 Opern- und Generalmusikdirektor in München. 576, 665
Knüpfer, Paul (1866–1920), Bassist der Berliner Oper. 363
Koch, Hans-Albrecht, Germanist, Mitherausgeber der Krit. Hofmannsthal-Ausgabe. 91, 625, 640, 661

Kokoschka, Oskar (1886), Maler und Graphiker. 443–446, 448
Korngold, Erich Wolfgang (1897–1957), Komponist. 309–310, 337, 434, 525, 602
Korngold, Julius (1860–1945), Musikkritiker der «Neuen Freien Presse» in Wien. 426, 429, 431, 525, 556, 570, 651
Kralik, Heinrich v. (1887–1965), Wiener Musikkritiker. 623
Krauss, Clemens (1893–1954), Dirigent, 1924–1929 Leiter der Frankfurter Oper, 1929–1934 der Wiener Oper, 1938–1945 Generalintendant der Münchner Oper; schrieb mit Richard Strauss das Textbuch zu «Capriccio». 535, 545, 553, 558, 560, 572, 682, 704, 705
Krebs, Carl (1857–1937), Musikhistoriker und -kritiker. 216
Křenek, Ernst (1900), Komponist. 625, 669
Kröller, Heinrich (1880–1930), Ballettmeister der Berliner Staatsoper (1919 bis 1921) und seit 1923 der Wiener Staatsoper. 471–472, 478, 480, 483, 485, 486, 519, 525, 530, 718
Krüger, Emmy (1886–1976), Sopranistin; der erste Zürcher Octavian. 335
Krüger, Karl-Joachim, Germanist. 262
Kruszeniski (eigentlich Kruszelnicka), Salomea (1872–1953), polnisch-italienische Sopranistin, 57
Kufferath, Maurice (1852–1919), Musikschriftsteller; Direktor des Monnaie-Theaters in Brüssel. 263
Kuh, Baron. 502
Kurz, Selma (1875–1933), Sängerin; von 1899–1927 Mitglied der Wiener Oper. 120, 121–122, 361, 362, 403
Kussnetzoff, Marie, Tänzerin in Diaghilews russischem Ballett, die erste Darstellerin von Potiphars Weib in «Josephslegende» (Paris 1914). 268, 280

Lang, Erwin (1886–1962), österreichischer Maler, Graphiker und Bühnenbildner; verheiratet mit Grete Wiesenthal. 143
Laubenthal, Rudolf (1886–1971), Tenor der Berliner Staatsoper; der erste Menelas. 667
Lehár, Franz (1870–1948), Operettenkomponist. 103, 644, 650
Lehmann, Lotte (1885–1977), war 1916–1938 an der Wiener Oper; bedeutende Vertreterin des Komponisten, Marschallin, Helena, Arabella. Sang in der Uraufführung von «Frau ohne Schatten» die Färberin, in der von «Intermezzo» die Christine. 362, 445–446, 586, 592, 595, 598, 616–617, 679–680, 689, 704
Lenz, Reinhold. 365, 367, 371, 410, 674, 676
Le Sage, Alain René. 386

Lessing, Gotthold Ephraim. 655
Leuer, Hubert, Sänger; 1904–1920 Mitglied der Wiener Oper. 679
Levetzow, Karl v. (1871–1945), österreichischer Dichter, der von Strauss als Librettist für «Zwischenarbeiten» in Aussicht genommen worden war. 115, 272
Levin, Willy († 1926). Berliner Freund Richard Strauss'. 107, 113–114, 123, 141–142, 144, 146, 156–163, 165, 168, 202, 205, 227, 229, 258, 294
Lichnowsky, Fürstin Mechthilde (1879–1958), Schriftstellerin. 95
Liebermann, Max (1847–1935), Maler und Graphiker; von ihm stammen mehrere Porträts von Richard Strauss (zwei Ölbilder, eine Lithographie, eine Radierung). 436, 448
Lion, Karl, Direktionsrat und artistischer Sekretär der Wiener Oper (1916 bis 1925). 468, 470–471
Lohse, Otto (1858–1925), war 1912–1923 Operndirektor in Leipzig. 292
Lorenzo, Magnifico. 128
Lortzing, Albert. 141, 634, 646, 655, 663–665, 669
Lothar, Rudolf, Schriftsteller und Librettist («Tiefland» u.a.). 409
Lubin, Germaine (1890), Pariser dramatische Sängerin. 513, 521, 599, 611
Lubitsch, Ernst (1892–1947), Schauspieler und Filmregisseur. 532
Ludikar, Pavel (1882–1970), Baßbariton (Scala, Metropolitan Opera, Colon); der erste Mailänder Ochs. 460
Luini, Bernardo. 224
Lukian. 447, 453, 460, 487
Lully, Jean Baptiste. 142, 364, 374–375, 382, 393, 400

Maeterlinck, Maurice (1862–1949), belgischer Dichter. 46, 389
Mahler, Gustav (1860–1911), Komponist und Dirigent; Direktor der Wiener Hofoper (1897–1907). 106, 119, 418, 650
Mandyczewski, Eusebius (1857–1929), Musikforscher. 444–446
Maran, Gustav, Schauspieler. 402
Marcel, Lucille, (1887–1921), dramatische Sängerin 1909–1910 der Wiener Staatsoper. Gattin Felix v. Weingartners; sang die Elektra in der Wiener Erstaufführung. 55, 58, 84
Marischka-Karczag, Hubert, Tenor und Regisseur; 1923–1935 Direktor des Theaters an der Wien. 662
Marlitt, E. (1825–1887), Schriftstellerin. 643, 646
Marschner, Heinrich (1795–1861), Komponist. 573
Massary, Fritzi (1882–1969), Berliner Schauspielerin. 425, 487, 490, 555, 690
Massenet, Jules. 610

Maugham, W. Somerset (1874–1965), englischer Schriftsteller. 715
Mauthner, Fritz (1849–1923), österreichischer Schriftsteller und Kritiker. 360
Mayr, Richard (1877–1935), Bassist der Wiener Oper (1902–1935); der berühmteste Ochs von Lerchenau und erste Barak. 107–108, 259, 445, 602
Méhul, Étienne. 190
Meier-Graefe, Julius (1867–1935), Kunstschriftsteller. 486
Meiningen, Marie Prinzessin v. 250
Meiningen, Herzogin v. 289
Mell, Max (1882–1972), österreichischer Schriftsteller. 303, 638, 701
Mendelssohn Bartholdy, Felix v. 499, 510
Mendelssohn-Franchetti, Giulietta v., Pianistin. 409
Mengelberg, Willem (1871–1951), Dirigent des Concertgebouw Orchesters in Amsterdam. Ihm ist «Ein Heldenleben» gewidmet. 512
Metastasio, Pietro. 515
Meyerbeer, Giacomo. 128, 336, 451
Miassin, Leonid (1896), russischer Tänzer und Ballettmeister; tanzte den Joseph in der Uraufführung von «Josephslegende» (Paris 1914). 266
Mildenburg, Anna – siehe Bahr-Mildenburg, Anna
Miller, Oskar v. (1855–1934), Architekt; Erbauer des Deutschen Museums in München. 518–519
Mocchi, Walter (1870–1955), ital. Impresario, Politiker, Journalist. 461, 491
Molière, Jean-Baptiste. 114, 116, 118–119, 141–142, 145, 148–149, 154, 156 bis 157, 159–161, 167, 169, 173, 176, 178, 180, 183, 191, 193, 202–205, 214–215, 218–219, 230, 233, 237–238, 243, 249–251, 256, 263, 296, 346, 368, 370, 373, 375, 378–385, 388–389, 394, 400, 412–413, 583, 655, 714
Montenuovo, Alfred Fürst v., erster Obersthofmeister in Wien. 84, 92, 262
Morath, Major. 307
Mottl, Felix (1856–1911), Dirigent; Direktor der Münchner Hofoper (1907 bis 1911). 107, 109
Mozart, Wolfgang Amadeus. 50, 77, 91, 113, 121–122, 127, 141, 144, 157, 206, 317, 335, 416–417, 419, 451, 479, 498, 573–574, 652, 664, 692
Muck, Carl (1859–1940), Dirigent. 153
Müller, Maria (1898–1958), dramatische Sängerin. 667
Musset, Alfred de. 487
Muzio, Claudia (1892–1936), dramatische Sängerin; kreierte zahlreiche italienische Opernpartien (Puccini, Giordano u. a.); Mitglied der Metropolitan Opera. 460

Nedbal, Oskar (1874–1930), tschechischer Dirigent und Komponist. 309, 422

Nemeth, Maria (1899–1967), Sopranistin der Wiener Oper (1924–1945). 595, 599
Nicolai, Otto. 141
Nietzsche, Friedrich. 249, 541
Nijinsky, Vaclav (1891–1950), russischer Tänzer; Mitglied von Diaghilews Russischem Ballett. 171, 187, 194–196, 207, 209, 243, 248, 472, 582
Novikoff, Laurent, russischer Tänzer und Choreograph. 470
Novotná, Jarmila, Kammersängerin, Sopranistin, seit 1929 Gast, von 1933 bis 1934 Mitglied der Wiener Oper, später an der Metropolitan Opera in New York und wieder in Wien. 705

Oertel, Johannes (1878–1961), Geschäftsführer des Verlags Adolph Fürstner; später Inhaber des Verlags Johannes Oertel in Berlin. 218, 229, 348, 404, 554–556, 566–568, 622, 683, 713, 718
Oestvig, Karl Aagard, Tenor; Mitglied der Wiener Oper (1909-1927). 363, 445, 477, 494
Oettingen, Grafen von. 198
Offenbach, Jacques. 102, 344–345, 353, 359, 613
Olszewska, Marie (1892–1969), Mitglied der Wiener Oper (1924–1930). 640, 668
Orlik, Emil (1870–1932), Maler und Radierer. 365
Orska, Maria (1893–1930), Berliner Schauspielerin. 579
Osten, Eva von der (1881–1936), Sängerin; sang den Octavian in der Dresdener Uraufführung des «Rosenkavalier» (1911). 402

Paalen, Bella, Sängerin der Wiener Oper (1907–1937). 56, 85
Palladio, Andrea. 210
Pallenberg, Max (1877–1934), Schauspieler, Komiker. 373–374, 389–391, 400, 403–408, 412–413, 479, 487, 498, 530, 717
Pander, Oscar v. (1883–1968), Musikkritiker der «Münchner N. Nachr.». 666
Pasetti, Leo (1882–1937), Bühnenbildner der Münchner Oper. 666
Pataky, Koloman v. (1896–1964), Tenor, Mitglied der Wiener Oper. 571
Paumgartner, Bernhard (1887–1971), österreichischer Dirigent, Komponist und Musikforscher. 469–470
Pawlowa, Anna (1885–1931), russische Tänzerin. 244–245
Perron, Carl (1858–1928), Sänger, der erste Ochs von Lerchenau (Dresden 1911). 107–109, 149, 156, 586
Petzel, Luise, Sängerin. 246, 317, 322
Pfitzner, Hans (1869–1949), Komponist. 412, 464, 530, 549, 558, 573, 580–581, 586, 589, 665

Phillips, Claude, Direktor der Wallace Collection in London. 90, 91
Piccini, Nicola. 651
Piccolomini, Fürstin. 363
Pini-Corsi, Antonio (1859–1918), italienischer Bassist. 60, 108
Placci, Carlo (1861), ital. Schriftsteller und Journalist. 112, 197, 221, 227
Placci, Carlo, italienischer Schriftsteller und Journalist. 112, 197, 221, 227
Plautus. 365, 367, 410
Ponte, Lorenzo da. 40, 56, 57, 214, 289
Pollak, Egon (1879–1933), Dirigent, 1906–1910 in Bremen, bis 1912 in Leipzig, bis 1917 in Frankfurt a. M.; 1917–1931 Generalmusikdirektor in Hamburg. 479, 670
Pötzl, Eduard. 84
Puccini, Giacomo (1858–1924), italienischer Opernkomponist. 451, 493, 573, 580–581
Putlitz, Joachim Gans, Edler zu (1860–1922), Generalintendant der Stuttgarter Hofoper. 165–166, 188, 202

Ramer, Rudolf (1881), war 1924–1926 österreichischer Bundeskanzler. 553
Raminger, Frau, Sekretärin der Wiener Oper. 471, 525
Ravel, Maurice (1875–1937), französischer Komponist. 465
Reichenberger, Hugo (1873–1935), war 1908–1935 Kapellmeister der Wiener Oper. 260–262, 358, 422, 459
Reichwein, Leopold (1878–1945), 1913–1920 und 1938–1944 Kapellmeister der Wiener Oper. 358, 419
Reinhardt, Edmund (1874–1929), Geschäftsführer seines Bruders Max Reinhardt. 156–158, 364, 374, 470–471, 474, 717
Reinhardt, Max (1873–1943), Regisseur und Theaterdirektor. 49, 51, 107, 109, 119–124, 128, 143, 147–151, 153–167, 174, 177–179, 181, 184, 186, 190, 192, 197, 202, 215–216, 233, 237, 243, 258–259, 289, 294, 297, 341, 346, 351, 354, 368, 373–376, 383, 387–389, 391–392, 395–397, 400, 402, 406–409, 412, 428, 436, 438, 444, 446, 449–450, 456, 464–471, 473–475, 479–481, 483–484, 507, 534, 596, 614, 632, 634, 662, 687, 705
Rembrandt. 23
Rethberg, Elisabeth (1894–1976), dramatische Sängerin. 591–594, 596–600, 604
Reucker, Alfred (1868–1959), war 1901–1921 Direktor der Zürcher Theater, von 1921–1933 Intendant der Dresdener Staatsoper. 528, 583–584, 590–593, 595–597, 599, 604, 611
Ripon, Marchioness of, Freundin und Gönnerin Diaghilews. 243

Ritter, Ellen, Mitarbeiterin an der Krit. Hofmannsthal-Ausgabe. 329, 614
Rohan, Prinz Karl Anton v. (1898), österreichischer Schriftsteller; gründete 1922 den «Kulturbund für kulturelle Zusammenarbeit der Völker»; Herausgeber der «Europäischen Revue». 480, 482
Rolland, Romain (1866–1944), französischer Schriftsteller und Musikhistoriker. 363
Roller, Alfred (1864–1935), Direktor der Kunstgewerbeschule in Wien, Ausstattungschef der Wiener Oper. 49, 60, 69, 71–74, 87, 105–107, 111, 128, 174, 177, 239, 271, 304, 307, 332, 422–423, 426, 428–429, 435–436, 438, 440–441, 443–449, 456, 460, 467, 471, 474, 478–480, 483–485, 512, 518, 525, 530, 588, 617–619, 638
Rösch, Friedrich (1862–1925), Mitbegründer der Genossenschaft Deutscher Tonsetzer und Vorsitzender des Allgemeinen Deutschen Musikvereins; Freund Richard Strauss'. 497, 532, 546
Rosenauer, Michael, Architekt; Erbauer des Wiener Hauses von Richard Strauss, Jacquingasse 10. 497–498, 499, 501–502, 515
Rossini, Giacomo. 565
Rubens, Peter Paul. 433
Rubinstein, Ida (1880–1960), Pariser Tänzerin, ursprünglich für die Rolle der Frau Potiphar ausersehen. 194, 244, 262
Rückert, Friedrich. 22–23, 124, 539

Sachs, Hans. 574
Sachse, Leopold, Theaterdirektor in Halle a.d.S. 401, 443, 479, 535, 670
Salten, Felix (1869–1945), Wiener Schriftsteller. 100–101, 701
Sanden, Aline (1876–1955), dramatische Sängerin. 335
Sardou, Victorien. 25, 581, 595, 655
Schaeder, Hans Heinrich (1869–1957), Orientalist in Königsberg, Mitverfasser eines Buches über Hofmannsthal. 702
Schaljapin, Fedor (1873–1938), russischer Bassist. 602, 605, 607
Schalk, Franz (1863–1931), Dirigent und Direktor der Wiener Staatsoper (1918–1919 und 1924–1929; 1919–1924 gemeinsam mit R. Strauss). 107–108, 130, 169, 259–261, 307, 337, 391, 393, 407, 421–427, 429, 431–432, 434–435, 438, 441, 443, 445, 446–447, 467, 470, 475, 480, 529, 534, 559–560, 564, 612, 678–679, 681–682, 717
Schanzer, Ottone, Theaterschriftsteller und Staatsbeamter in Rom, Übersetzer von «Elektra», «Rosenkavalier», «Ariadne» und «Ägyptische Helena» ins Italienische. 35, 96, 294, 363, 462, 499, 501

Schenker-Angerer, Margrit, Sängerin der Wiener Oper. 591, 593–594, 597, 616, 674, 679–681, 685, 688–689
Schiller, Friedrich v. 124, 389, 455, 495, 541, 595, 599, 628
Schillings, Max v. (1868–1933), Komponist, war 1908–1918 Generalmusikdirektor der Stuttgarter Oper, 1919–1925 der Berliner Staatsoper. 165, 184, 201–202, 323–324, 446–447, 579
Schinkel, Karl Friedrich (1781–1841), Baumeister und Maler. 439
Schmidt, Franz (1874–1939), österreichischer Komponist («Notre Dame» u.a.). 266
Schmidt, Leopold (1860–1927), Musikkritiker des «Berliner Tageblatts». 188–191, 268
Schneiderhan, Franz, Generaldirektor der österreichischen Bundestheater. 559, 588, 591–592, 595, 612, 617, 674, 679, 682, 718
Schnitzler, Arthur (1862–1931), österreichischer Schriftsteller. 78, 218–219, 250, 252, 342, 404, 406, 579, 634, 687
Schoder, Marie – siehe Gutheil-Schoder, Marie
Schönberg, Arnold (1874–1951). 625
Schönborn, Grafen von. 198
Schöne, Lotte, Koloratursopran der Wiener Oper von 1917 bis 1926. 494
Schopenhauer, Arthur. 541
Schreker, Franz (1878–1934), österreichischer Opernkomponist. 266, 665
Schröder, Rudolf Alexander (1878–1962), deutscher Dichter; Freund Hofmannsthals. 414
Schubert, Franz. 612
Schubert, Richard (1885–1959), Tenor; 1920–1929 Mitglied der Wiener Oper. 681–682
Schuch, Ernst v. (1846–1914), Generalmusikdirektor der Dresdener Oper; leitete die Uraufführungen von «Feuersnot», «Salome», «Elektra» und «Rosenkavalier». 107–108, 161, 402
Schuh, Willi (1900), Musikschriftsteller. 66, 459
Schumann, Robert. 454, 475
Schuster, Friedel, sang in einer der Aufführungen von Hofmannsthals «Salzburger Großem Welttheater» die Partie des Ersten Engels. 705
Schützendorff, Leo (1886–1931), Baß-Bariton der Berliner Staatsoper (1920 bis 1929). 317
Schwarz, Vera (1889–1964), Sängerin der Wiener Oper. 595, 679, 681, 688
Scribe, Eugène. 56–57, 128, 289, 342, 487, 550, 655
Seebach, Graf Nikolaus v. (1854–1930), war 1894–1919 Intendant der Dresdener Oper. 28, 93–94, 99, 102, 115, 161–162, 262, 290, 301–302, 595

Seipel, Ignaz (1876–1932), österreichischer Bundeskanzler, 1930 Außenminister. 474, 499, 501
Serafin, Tullio (1878–1968), italienischer Dirigent; leitete die Mailänder Erstaufführung des «Rosenkavalier». 460
Shakespeare, William. 137, 404, 525, 655, 657
Shaw, George Bernard (1858–1950), irischer Dramatiker. 608, 625
Siems, Margarethe (1879–1958), Sängerin der Dresdener Oper; die erste Marschallin (1911). 154, 402
Slevogt, Max (1868–1932), Maler und Graphiker. 436, 448
Sonzogno, Mailänder Musikverlag, 1909–1923 vom Neffen des Gründers Edoardo Sonzogno (1836–1920) geleitet. 60, 114
Specht, Richard (1870–1932), Wiener Musikkritiker; Verfasser einer Strauss-Monographie (Wien 1921–1922). 557
Speidel, Albert v. (1858–1912), Generalintendant der Münchner Oper (1905–1912). 158–159, 198
Stanislawski, Konstantin Sergejewitsch (1863–1938), russischer Schauspieler und Theaterleiter. 243
Steiner, Franz, Kammersänger; Strauss gab mit ihm zahlreiche Liederkonzerte. 239, 381–382, 390
Steiner, Herbert (1892–1965), Hrg. der 15bändigen Gesammelten Werke Hofmannsthals. 459, 614
Steinrück, Albert (1872–1929), Schauspieler. 230, 256
Stendhal, Friedrich v. (Beyle, Henri). 487
Stern, Ernst (1874–1954), Bühnenbildner des Deutschen Theaters in Berlin. 163–166, 174, 177–180, 193, 404–405, 717
Sternheim, Carl (1878–1942), Dramatiker. 173, 176
Stiehm, Lothar, Verleger. 91, 383
Stransky, Joseph (1872–1936), Kapellmeister, seit 1911 in New York. 476, 499
Strassmayer, Leopold, Wiener Komiker. 405
Straus, Oscar (1870–1954), österreichischer Operettenkomponist. 103
Strauss, Alice geb. v. Grab (1904), Richard Strauss' Schwiegertochter. 535, 544–545, 557, 698, 699, 701, 703
Strauss, Franz (1897), der Sohn Richard Strauss'. 288, 290, 332, 350, 354, 365, 377, 382, 388, 403, 408, 514–515, 528, 530, 535, 540–541, 544–545, 557, 559, 686, 698, 699, 701, 703
Strauss, Josephine geb. Pschorr (1838–1910), die Mutter Richard Strauss'. 98
Strauss, Pauline geb. de Ahna (1862–1950), Frau des Komponisten. 330–332, 452, 556, 707

Strauss, Richard (1927), der ältere Enkel des Komponisten. 601
Strauss, Johann. 640, 648, 659–660, 671, 673
Strindberg, August. 200, 389
Strnad, Oskar (1879–1935), Architekt und Bühnenbildner, schuf Dekorationen zu «Ariadne auf Naxos» für die Wiener Oper. 588, 612
Strohlendorf, Else Strohl v., Solotänzerin der Wiener Oper von 1897 bis 1924. 717
Sylvester, Julius, deutsch-österreichischer Staatsnotar, hatte vom November 1918 bis März 1919 die oberste Verwaltung des Hofärars in Wien inne. 431, 434
Szell, George (1897–1970), amerikanischer Dirigent ungarischer Herkunft. 422

Tauber, Richard (1892–1948), Tenor. 494
Taucher, Kurt (1885–1954), Tenor, der erste Menelas (Dresden 1928). 592
Tetrazzini, Luisa (1871–1940), Koloratursopran. 120, 122
Thaller, Willi, Schauspieler. 405
Thimig, Hugo (1854–1944), Schauspieler. 402, 406, 466, 483
Thomas, Ambroise. 408
Thurn und Taxis, Fürstin Marie v., geb. Prinzessin zu Hohenlohe-Waldenburg-Schillingsfürst (1855–1934), befreundet mit R. M. Rilke, Rudolf Kassner und Hugo v. Hofmannsthal. 95, 314
Tieck, Ludwig. 577
Tiepolo, Giovanni Battista. 241
Tietjen, Heinz (1881–1967), war 1927 bis 1945 Intendant der Berliner Staatsoper. 667, 674
Tintoretto, Jacopo. 241
Tittel, Bernhard. 419
Turgenjew, Iwan Sergejewitsch. 575, 578–579, 582–583
Turnau, Josef, Oberregisseur der Wiener Staatsoper von 1923–1925. 516, 518, 525, 553–554, 560

Uhland, Ludwig. 75

Varèse, Edgar (1885–1965), französisch-amerikanischer Komponist, lebte von 1916 an in den USA; schrieb die Musik zu Hofmannsthals «Ödipus und die Sphinx». 71, 73
Vauvenargues, Luc de Clapiers. 384
Verdi, Giuseppe. 32, 78, 336, 368, 551, 563–565, 650

Veronese, Paolo. 187, 206, 241, 473
Vischer, Friedrich Theodor. 677
Vollmer, Arthur (1849–1927), Schauspieler. 215–216
Vollmoeller, Frau; Künstlername: Maria Carmi, s. d.
Vollmoeller, Karl (1878–1949), Dramatiker. 273
Voltaire. 485
Voss, Johann Heinrich. 478
WACKENRODER, Wilhelm Heinrich. 577
Wagner, Cosima (1837–1930), Tochter Liszts, Gattin Hans v. Bülows, seit 1870 Richard Wagners. 625
Wagner, Siegfried (1869–1930), der Sohn Richard Wagners; Komponist und Regisseur. 144
Wagner, Richard. 32, 64, 77, 91, 110, 115, 138, 141, 172, 214, 232–233, 240, 250, 298, 302, 317, 358–359, 389, 417, 419, 442, 451, 458, 467, 541, 545, 562, 564–565, 576–578, 580, 587, 596, 599, 621, 623–624, 628, 679, 701
Waldau, Gustav (1871–1958), Schauspieler. 219, 479, 576
Wallerstein, Lothar (1882–1949), Oberregisseur der Frankfurter, von 1927 bis 1938 der Wiener Staatsoper. 553, 558, 560, 565–566, 572, 619, 630, 638, 689, 704
Walser, Karl (1877–1943), Schweizer Maler, schuf auch Bühnendekorationen sowie Radierungen zu Hofmannsthals «Lucidor» (1910). 436, 439
Walter, Bruno (1876–1962), Dirigent, 1913–1922 Generalmusikdirektor in München. 92, 106, 203, 217–220, 223, 230, 246–247, 287, 293, 317–323, 362, 422, 427, 529, 545
Wassermann, Jakob (1873–1934), österreichischer Schriftsteller. 252, 675
Wassmann, Hans, Schauspieler an Max Reinhardts «Deutschem Theater» in Berlin. 117, 202
Watteau, Antoine. 187, 433
Weber, Carl Maria v. 110, 195, 419, 503, 665
Weidt, Lucie (1879–1940), Sängerin, 1902–1927 Mitglied der Wiener Oper; sang die Amme in der Uraufführung der «Frau ohne Schatten». 55, 56, 445–446
Weingartner, Felix v. (1863–1942), Dirigent und Komponist; 1908–1911 und 1935–1936 Direktor der Wiener Oper. 55–56, 58, 83–85, 92, 106, 407, 427, 446, 553, 559–560
Wellesz, Egon (1885–1974), Komponist und Musikhistoriker. 582
Werfel, Franz (1890–1945), österreichischer Dichter. 640, 642, 648, 675, 701
Wieland, Christoph Martin. 531
Wiene, Robert, Filmregisseur («Rosenkavalier»-Film). 532–533, 535, 548

Wiesenthal, Grete (1886–1970), Tänzerin, tanzte bei der Stuttgarter Uraufführung den Schneidergesellen und den Küchenjungen im «Bürger als Edelmann». 143, 175, 181, 185, 188, 193–194, 221, 292, 296–297, 309, 404, 438, 717
Wildenbruch, Max v. 702
Wildgans, Anton (1881–1932), Wiener Dichter; 1921–1923 und 1930–1931 Direktor des Wiener Burgtheaters. 463, 474
Windheuser, Paula, 1910–1916 und 1919–1922 Sängerin der Wiener Oper. 129–130
Wittich, Marie, dramatische Sängerin, die erste Salome (Dresden 1905). 593
Wohlgemuth, Elsa (1881), Burgschauspielerin in Wien. 485
Wohlmuth, Alois, Schauspieler. 214
Wolf-Ferrari, Ermanno (1876–1948), deutsch-italienischer Komponist. 103, 249, 651
Wolff, Arthur († 1930), Direktor des Deutschen Bühnenvereins. 596, 597, 599
Wymetal, Wilhelm v., Oberregisseur der Wiener Staatsoper (1908). 347, 356, 357, 361, 438, 480

Zeiss, Karl, 1920–1924 Generalintendant der Münchner Oper. 415
Zimmer, Christiane. Siehe: Hofmannsthal, Christiane v.
Zimmer, Heinrich (1890–1943), Indologe, Gatte von Hofmannsthals Tochter Christiane. 632
Zsolnay, Paul (1895–1961), Wiener Verleger. 559

INHALT

Vorbemerkungen des Herausgebers 5
Vorbemerkungen zur Gesamtausgabe 6
Vorwort zur Ersten Ausgabe 1926 (Franz Strauss) 11
Die Briefe 15
Anhang 709
Nachträge 711
Übersicht über die wichtigsten Briefgruppen 719
Die gemeinsamen Werke und ihre Uraufführungen 720
Verzeichnis der Namen 731